Lexikographisch-grammatische Perspektiven

LEXICOGRAPHICA
Series Maior

Supplementary Volumes to the International Annual
for Lexicography
Suppléments à la Revue Internationale de Lexicographie
Supplementbände zum Internationalen Jahrbuch
für Lexikographie

Edited by
Laura Giacomini, Rufus Hjalmar Gouws, Ulrich Heid,
Thomas Herbst, Anja Lobenstein-Reichmann,
Oskar Reichmann, Stefan J. Schierholz
and Wolfgang Schweickard

Volume 170

Lexikographisch-grammatische Perspektiven

Tradition, Veränderung und Vielfalt
in Lexikographie und Wörterbuchforschung

Stefan J. Schierholz zum 70. Geburtstag

Herausgegeben von
Wiebke Blanck, Rufus H. Gouws
und Anja Lobenstein-Reichmann

DE GRUYTER

ISBN 978-3-11-163134-9
e-ISBN (PDF) 978-3-11-167653-1
e-ISBN (EPUB) 978-3-11-167658-6
ISSN 0175-9264

Library of Congress Cataloging-in-Publication Data
A CIP catalog record for this book has been applied for at the Library of Congress.

Bibliografische Information der Deutschen Nationalbibliothek
Die Deutsche Nationalbibliothek verzeichnet diese Publikation in der Deutschen Nationalbibliografie; detaillierte bibliografische Daten sind im Internet über http://dnb.dnb.de abrufbar.

Druck und Bindung: CPI books GmbH, Leck

www.degruyterbrill.com
Fragen zur allgemeinen Produktsicherheit:
productsafety@degruyterbrill.com

Inhalt

Einleitung

Dieser Band ist keine Festschrift im traditionellen Sinne, aber die Autorinnen und Autoren sowie die Herausgeberinnen und der Herausgeber möchten die akademische Rolle würdigen, die Stefan J. Schierholz in den letzten Jahrzehnten gespielt hat – und die er weiterhin spielt. Die Auswahl der Themen spiegelt einen Teil seiner vielfältigen wissenschaftlichen Interessen wider. Während seiner akademischen Laufbahn hat er sich als vielseitiger Wissenschaftler, Dozent, Forscher, akademischer Manager und Lexikograph etabliert. Seine akademischen Interessen sind breit gefächert, und die Vielseitigkeit seiner Arbeit hat Forschungsbeiträge hervorgebracht, die zahlreiche Aspekte aus dem Bereich der Linguistik, Germanistik und Lexikographie reflektieren. Der Titel des vorliegenden Bandes, *Lexikographisch-grammatische Perspektiven*, ergänzt durch den Untertitel *Tradition, Veränderung und Vielfalt in Lexikographie und Wörterbuchforschung*, bringt das wissenschaftliche Interesse und die Herangehensweise von Stefan Schierholz auf den Punkt: Seine eigene Arbeit bietet eine Vielzahl von Perspektiven auf die Linguistik und Lexikographie und ist geprägt von innovativen Ideen, die die Tradition respektieren, aber auch Innovationen vorantreiben.

Als Wissenschaftler ist er Autor und Mitautor zahlreicher Monographien und wissenschaftlicher Artikel, die seine vielfältigen Interessen auf seinem Gebiet verdeutlichen. Monographien wie *Lexikologische Analysen zur Abstraktheit, Häufigkeit und Polysemie deutscher Substantive* (1991), *Syntaktische Informationseinheiten zu deutschen Adjektiven* (1992), *„Der Film ödet das Publikum." Zum Aufbau eines maschinenlesbaren Wörterbuchs für deutsche Verben* (1992) und *Präpositionalattribute. Syntaktische und semantische Analysen* (2001) zeugen von einem umfassenden Zugang zu seinem Forschungsgebiet. Sein Hauptwerk, die mehrbändige Reihe *Wörterbücher zur Sprach- und Kommunikationswissenschaft*, zeigt eine gründliche und eingehende Behandlung aller wichtigen Zweige der Linguistik und verwandter Gebiete wie der Lexikographie und der angewandten Linguistik.

Als Universitätsprofessor und akademischer Visionär erkannte Stefan Schierholz die Notwendigkeit einer formalen akademischen Ausbildung im Bereich der Lexikographie – in der Erkenntnis, dass es sich um ein eigenständiges und wissenschaftliches Fachgebiet handelt, das weit mehr umfasst als nur die Kunst und das Handwerk der Wörterbucherstellung. Daher rief er EMLex ins Leben, den Europäischen Master für Lexikographie. Dieser internationale zweijährige Studiengang für Lexikographie läuft seit 2009 und wurde unter seiner Leitung bereits zweimal im Rahmen von Erasmus Mundus gefördert. Sowohl die Absolventinnen und Absolventen dieses Programms als auch die derzeitigen Studierenden leisten regelmäßig Beiträge zu lexikographischen Konferenzen, Forschungsprojekten und zur lexikographischen Praxis. EMLex ist bisher der weltweit einzige Studiengang zur Lexikographie und ein bedeutender Beitrag von Stefan Schierholz zur lexikographischen Ausbildung und zum Fortbestehen lexikographischer Forschung.

https://doi.org/10.1515/9783111676531-001

Als akademischer Leiter hat Stefan Schierholz die Bedeutung der wissenschaftlichen Diskussion erkannt – nicht nur auf Konferenzen, sondern auch im Seminarraum. Dementsprechend hat er Studierende immer ermuntert, bei Kolloquien und Gastvorträgen präsent zu sein und sich mit durchdachten Fragen in den wissenschaftlichen Diskurs einzubringen. Er hat ihre Ideen und neue Perspektiven auf manche ausgetretenen Pfade stets gefördert und sie ermuntert, ihre wissenschaftliche Arbeit als Doktorandinnen und Doktoranden fortzusetzen. Neben seiner Teilnahme an vielen internationalen Konferenzen, Workshops und Kolloquien hat er die Verantwortung für die Organisation mehrerer Konferenzen und Sektionen auf Konferenzen übernommen, z. B. die Sektion „Korpusdaten und grammatische Regeln" auf der IVG-Tagung in Warschau (2010), die Sektionen „Lexik und Grammatik" und „Lexikographie" auf verschiedenen GAL-Konferenzen und die GAL-Tagung in Erlangen (2012). Durch diese Arbeit hat er die kritische wissenschaftliche Diskussion gefördert und angeregt.

In der wissenschaftlichen Zusammenarbeit mit anderen war und ist Stefan Schierholz Mitglied verschiedener Forschungs- und Herausgeberteams, z. B. des Jahrbuchs *Lexicographica* sowie der Reihen *Lexicographica Series Maior* und *Spanische Akzente: Studien zur Linguistik des Deutschen.*

Die Autorinnen und Autoren der Kapitel in diesem Band hatten die Freiheit, einen Beitrag zu einem frei gewählten Aspekt einzureichen, der das wissenschaftliche Interesse von Stefan Schierholz widerspiegelt – daher die Vielfalt der Beiträge. Die Herausgeberinnen und der Herausgeber haben nicht versucht, die Kapitel thematisch zu ordnen, sondern sie in eine alphabetische Reihenfolge nach dem Nachnamen des (Erst-)Autors/der (Erst-)Autorin gebracht. Von der diachronen Lexikographie bis zur Sprachtechnologie bieten die Beiträge eine reichhaltige Auswahl an wissenschaftlichen Themen. Sie sind zu Ehren von Stefan Schierholz geschrieben worden.

Die Herausgeberinnen und der Herausgeber danken jedem Autor und jeder Autorin, die bereit waren, sich an diesem Band zu beteiligen, für ihre Beiträge. Ein großer und sehr herzlicher Dank gilt außerdem dem Verlag de Gruyter – wir wissen dessen Bereitschaft, diesen Band zu veröffentlichen und ihn mit großer und großzügiger Unterstützung zu versehen, aufrichtig zu schätzen.

Von unschätzbarem Wert war die organisatorische und technische Arbeit, die Chong Ji, Matthias Hofmann und Anna Steeger leisteten (Projekt Frühneuhochdeutsches Wörterbuch, Niedersächsische Akademie der Wissenschaften zu Göttingen). Ohne sie hätte dieser Band nicht in dieser Form erscheinen können. Ihnen danken wir ganz besonders.

Wir danken Stefan Schierholz von ganzem Herzen für seine zahlreichen bedeutsamen Beiträge in der Linguistik und Lexikographie und für sein Bestreben, die Lexikographie dauerhaft als akademisches Fach zu etablieren. Ein wichtiges Resultat dieses Bestrebens ist der Studiengang EMLex an der Friedrich-Alexander-Universität Erlangen-Nürnberg, der es Studierenden und Forschenden aus der ganzen Welt ermöglicht, gemeinsam (neue) Perspektiven auf Sprache, Welt und zwischenmenschliche Begegnung einzunehmen und diese miteinander zu teilen. Wie in der Lexikographie auch stehen dabei nicht ein einzelner Aspekt von Sprache, eine einzelne Persönlichkeit aus Forschung und Sprachgeschichte oder eine einzelne Argumentationslinie im Fokus. Der Kern ist stets gemeinschaftliches Handeln, Forschen, Sprechen, Begegnen, gemeinsame Erkenntnis und kritischer Austausch. Durch die vielfältigen Methoden der Lexikographie werden Sprache, Sprecher und Welt in ihrer ganzen Komplexität und Vielfalt erfahrbar, verstehbar, dokumentierbar. Die Lexikographie ist eine gesellschaftliche Daueraufgabe, und im Sinne von Stefan Schierholz hoffen wir, dass diese Einsicht immer wieder Menschen veranlasst, sie zu pflegen, zu fördern und weiterzuentwickeln.

Göttingen, Stellenbosch und weitere lexikographische Orte in der Welt,
Oktober 2025
Die Autorinnen und Autoren, die Herausgeberinnen und der Herausgeber

Introduction

This volume is not a *Festschrift* in the traditional sense, but the contributors and the editors wish to pay tribute to the academic role that Stefan J. Schierholz has played over the last decades – and that he continues to play. The selection of topics reflects some of his diverse academic interests. During his career as an academic he has established himself as a versatile scholar, lecturer, researcher, academic manager and lexicographer. His academic interests are wide-ranging, and his versatility has resulted in research contributions reflecting on numerous aspects from the fields of linguistics, Germanic studies and lexicography. The title of this *volume, Lexikographisch-grammatische Perspektiven* ('lexicographic-grammatical perspectives'), supplemented by the subtitle *Tradition, Veränderung und Vielfalt in Lexikographie und Wörterbuchforschung* ('tradition, change and diversity in lexicography and dictionary research') captures the essence of Stefan Schierholz's scholarly interest and approach. His own work offers a variety of perspectives on linguistics and lexicography and is characterised by innovative ideas that respect tradition but also promote innovations.

As a researcher Stefan Schierholz has authored and co-authored numerous monographs and scientific papers that illustrate his diverse interest in his field of study. Monographs like *Lexikologische Analysen zur Abstraktheit, Häufigkeit und Polysemie deutscher Substantive* (1991), *Syntaktische Informationseinheiten zu deutschen Adjektiven* (1992), *„Der Film ödet das Publikum." Zum Aufbau eines maschinenlesbaren Wörterbuchs für deutsche Verben* (1992) and *Präpositionalattribute. Syntaktische und semantische Analysen* (2001) give evidence of an encompassing approach to his research field. His magnum opus, the multi-volume *Wörterbücher zur Sprach- und Kommunikationswissenschaft*, shows a thorough and in-depth treatment of the significant branches of linguistics and its related fields like lexicography.

As a university professor and academic visionary Stefan Schierholz saw the need for formal academic training in lexicography – acknowledging that this is an independent and scientific field of study that entails much more than just the art and craft of making dictionaries. Consequently, he founded EMLex, the European Master in Lexicography. This international two-year programme in lexicography has been running since 2009 and, with him as coordinator, has received two Erasmus Mundus fundings. Alumni of the programme as well as current students contribute regularly to lexicographic conferences, research projects and the lexicographic practice. To this day, EMLex is the only study programme in lexicography worldwide and a significant contribution by Stefan Schierholz to lexicographical education and the continuation of lexicographical research.

As an academic manager Stefan Schierholz realised the importance of scientific discussion – both on conferences and in the classroom. Thus, he has always encouraged students to participate in colloquia and guest lectures and enter scientific discourse with well-considered questions. He has also fostered their ideas and new per-

https://doi.org/10.1515/9783111676531-002

spectives on well-trodden paths and encouraged them to continue their research as PhD students. Besides participating in many international conferences, workshops and colloquia himself, he also took the responsibility to arrange a number of conferences and sections of conferences, for example the section "Korpusdaten und grammatische Regeln" at the IVG Conference in Warsaw (2010), the sections "Lexik und Grammatik" and "Lexikographie" at various GAL Conferences and the GAL Conference in Erlangen (2012). Through this work he promoted and stimulated critical academic discussion.

As participant in academic teamwork Stefan Schierholz has been a member of research and editorial teams, for example of the annual journal *Lexicographica*, the monograph series *Lexicographica Series Maior* and the series *Spanische Akzente: Studien zur Linguistik des Deutschen* ('Spanish perspectives: studies on the linguistics of German').

The authors of the chapters in this volume were given the freedom to submit a contribution on any aspect reflecting the academic interests of Stefan Schierholz – hence the diverse nature of these contributions. The editors have not tried to present a thematic arrangement of the chapters but have ordered them alphabetically according to the surname of the (first) author. From diachronic lexicography to natural language technology, the papers present a selection of scholarly contributions written in honour of Stefan Schierholz.

The editors wish to thank each and every author who was willing to participate in this volume for their contribution. We sincerely appreciate de Gruyter's willingness and continued support to publish this volume and to endow it with great and generous support.

In particular, the organisational and technical contribution that Chong Ji, Matthias Hofmann and Anna Steeger made (project Frühneuhochdeutsches Wörterbuch of Niedersächsische Akademie der Wissenschaften zu Göttingen) was invaluable for the publication of this volume. Without the three of them, this volume could not have been published in this way. Our very special thanks go out to them.

We express our heartfelt gratitude to Stefan Schierholz for his numerous important publications in linguistics and lexicography and his continued efforts to establish lexicography as an academic discipline. One result of these efforts is the master's degree programme EMLex at Friedrich-Alexander-Universität Erlangen-Nürnberg. The programme enables students and researchers from around the globe to take (new) perspectives on language, the world and personal encounters, and to share these in all their diversity. As in lexicography, the focus is not on a single aspect of language, a single personality from research or the history of language, neither on a single argument. The core is always communal and collaborative action, research, speaking and encounter, communal recognition and critical discussion. Through the variety of methods that lexicography offers, language, speakers and the world can be experienced, understood and documented in all their complexity and diversity. Lexicography is an ongoing task, and in the context of Stefan Schierholz's work we hope that this knowledge will continue to motivate people to maintain and support it and develop it further.

Göttingen, Stellenbosch and many lexicographic spots in the world,
October 2025
The authors and the editors

Laura Balbiani

Ad margines lemmatum

Nutzungsspuren in frühneuzeitlichen Wörterbüchern

Abstract: This study investigates the material dimension of early modern dictionaries (17th century), analysing readers' annotations to reconstruct historical usage practices. Moving beyond traditional 'dematerialized' approaches that often overlook individual copies, the research examines a corpus of 60 annotated dictionaries, encompassing both general and specialized types. The traces of use reveal diverse forms of active readers' engagement, challenging the notion of passive reception.

Dictionaries served as dynamic knowledge repositories, with users systematically indexing and organizing information. They also functioned as didactic tools for language learning, evidenced by grammatical additions and translations. Crucially, many became 'cooperative texts', where readers acted as co-lexicographers, correcting errors, adding missing entries, and differentiating homonyms. Some copies were even utilized as lexicographical working tools by scholars or editors for systematic revision and compilation, integrating metalinguistic comments. Ultimately, these annotations transform dictionaries into cultural ecosystems, where individual copies became unique historical artifacts, reflecting evolving knowledge creation and a rich interaction between the printed text and its users.

Keywords: traces of use, dictionary use, 17th-century dictionaries, reading practices, readers' annotations

Schlagwörter: Nutzungsspuren, Wörterbuchbenutzung, Wörterbücher des 17. Jahrhunderts, Lesepraktiken, handschriftliche Annotationen

1 Die materielle Dimension des Wörterbuchs

Im Rahmen meiner Tätigkeit als Dozentin im EMLex-Modul ‚Historische Lexikographie' gilt meine Vorliebe dem 17. Jahrhundert, das lexikographisch facettenreich und sehr produktiv war. In dieser Zeit entstanden anspruchsvolle lexikographische Projekte, die auch zu konkreten Ergebnissen führten; man experimentierte mit Form, Struktur und Inhalt; europaweit kamen umfangreiche Wörterbücher in den Druck, um die sich

Laura Balbiani, Professore Associato, Dipartimento di Scienze linguistiche e letterature straniere, Università Cattolica del Sacro Cuore (Milano), E-Mail: laura.balbiani@unicatt.it

https://doi.org/10.1515/9783111676531-003

sprachpatriotische Bestrebungen verdichteten; die Lexikographie zwischen lebendigen Sprachenpaaren erlebte eine erstaunlich schnelle Entwicklung. Die einzelnen lexikographischen Leistungen werden in ihrem europäischen Kontext betrachtet, in Bezug auf Vorgänger und Nachfolger gesetzt; man untersucht deren Makro- und Mikrostrukturen, Konzeption und Eigenschaften, und dabei abstrahiert man normalerweise von den einzelnen Exemplaren, von der Materialität des einzelnen Druckerzeugnisses – Wörterbücher werden auf einer bestimmten Weise dematerialisiert und „entsozialisiert“.[1]

Mehrmals sind mir Bände in die Hand gekommen, die das Engagement der Leser dokumentierten und sichtbare Spuren einer Nachschlagetätigkeit zeigten – Spuren, die heute im Schulbetrieb und in den von Bibliotheken ausgeliehenen Büchern streng untersagt sind. Manchmal haben mich solche bekritzelten Seiten irritiert, manchmal fand ich sie merkwürdig – mein Blick streifte sie aber immer nur kurz, weil meine Aufmerksamkeit auf Anderes gerichtet war. Nun möchte ich die Perspektive umkehren und Wörterbücher aus der Sicht des Benutzers betrachten, d. h. verortet in der Zeit und im Wirkungsraum eines bestimmten Individuums.

Eine Wörterbuchbenutzungsforschung, wie wir sie heute verstehen, ist für historische Wörterbücher nicht möglich. Paratexte informieren uns manchmal über den anvisierten Leserkreis, über die vom Verfasser intendierte Funktion und den vermeintlichen Einsatz; aber wie einzelne Nutzer das Wörterbuch gehandhabt haben, wie sie konkret damit umgegangen sind – darüber können wir keine Erhebungen durchführen. Umso wertvoller sind dann die Exemplare, die Nutzungsspuren aufweisen. Als Gebrauchsobjekte zeugen sie von konkreten Lese- und Benutzungshandlungen; sie sind Ausdruck der dynamischen Interaktion zwischen einem bestimmten Wörterbuchexemplar und seinem jeweiligen Nutzer. Am Textrand, zwischen den Zeilen, auf unbedruckten Vorsatzblättern häufen sich solche handschriftlichen Annotationen, schichtenweise, im Laufe der Zeit; mit ihrer Hilfe lassen sich individuelle Rezeptionsprozesse teilweise rekonstruieren und dabei materielle, geistige und kulturelle Leserwelten erschließen.

Die Aufmerksamkeit für Marginalien war in der klassischen Philologie schon immer präsent, hat jedoch in jüngster Zeit eine bemerkenswerte Erweiterung der Perspektive erfahren und ist zu einer wertvollen Informationsquelle für eine Vielzahl von Forschungsbereichen geworden, nicht zuletzt um daraus Informationen über Lesepraktiken und -techniken früherer Epochen abzuleiten. Nachdem sich der Fokus auf diesen Aspekt verlagert hat, vermehrten sich die Studien: Man hat die Anmerkungen

---

1 Das Forschungsparadigma privilegierte bislang das ‚Werk‘ und seinen wissenschaftlich ‚enthistorisierten‘ Textinhalt, war also meistens durch eine „Zentrierung auf die Immanenz von Texten als isolierten Einheiten“ gekennzeichnet. Der praxistheoretische Ansatz hat nun dieses Paradigmas um eine „praxeologisch perspektivierte materiale Textkulturforschung“ erweitert, die die handelnden Subjekte, die in variierenden Weisen an sozialen Rezeptionspraktiken des Gedruckten teilnehmen, berücksichtigt (Reckwitz 2014: 14–15, Hilgert 2014: 150–151).

einzelner Persönlichkeiten oder einzelner Werke untersucht; man verfolgte einen übergreifenden Ansatz und erfasste den Bestand einer gewissen Büchersammlung, man konzentrierte sich auf Spezialgebiete.[2] Es wurden allmählich genauere Methoden zur Beschreibung von annotierten Exemplaren entwickelt und die Untersuchungen wurden systematischer, doch aufgrund des persönlichen Charakters des Umgangs mit den Texten ist man noch weit davon entfernt, eine umfassende Übersicht über Annotationstechniken und -typen zu bekommen. Und innerhalb dieser nun großen Anzahl von Studien sind Nutzungsspuren in Wörterbüchern bisher unbeachtet geblieben.[3]

2 Bekritzelte Wörterbücher

Im Mittelpunkt dieses Beitrags steht die materielle Dimension des Wörterbuchs. Ein kleines, für diese Studie zusammengestelltes Korpus von Wörterbuchexemplaren wird auf der Suche nach Spuren von historischem Gebrauch ausgewertet, um die Möglichkeiten einer praxeologischen Deutung im Hinblick auf eine historische Wörterbuchbenutzungsforschung zu erkunden. Inwieweit lassen Nutzungsspuren auf konkrete Konsultationshandlungen schließen? Lässt sich das dynamische Geschehen des Nachschlagens anhand von handschriftlichen Annotationen überhaupt nachvollziehen? Was verraten diese über die verschiedenen Strategien zur Verarbeitung und selektiven Aneignung des im Wörterbuch enthaltenen Wissens?

Als Grundlage für die Analyse diente ein Korpus von 60 lexikographischen Nachschlagewerken, die zwischen 1600 und 1700 gedruckt wurden.[4] Die meisten sind allgemeine ein- und zweisprachige Wörterbücher: Die Werke des Levinus Hulsius, dessen deutsch-französisches und deutsch-italienisches Wörterbuch durch das ganze

2 Aus dieser Fülle erwähne ich nur einige Arbeiten, die Referenzcharakter haben, z. B. die Kataloge von Alston (1994) und Rosenthal (1997), die Pionierarbeit leisteten; bedeutende Ausstellungskataloge (Stoddard 1985, Cormack/Mazzio 2005); das thematische Heft der «Revue de la Bibliothèque Nationale de France» (*Le livre annoté* 1999) und stellvertretend die Studien von Sherman (2008), Stoddard (1997, 2000), Wagner/Reed (2010), Neuheuser (2012), Orgel (2015), Petrella (2022), Feuerstein-Herz (2021, 2023, 2024).

3 Eine Ausnahme sind Pacaccio (2014) und Ferrari (2017), sonst werden Wörterbücher nur am Rande berücksichtigt, z. B. bei Lerer (2002: 29–41) oder Gallagher (2019: 82–97). Für weitere bibliographische Hinweise wäre ich dankbar.

4 Das Korpus wurde nach folgenden Kriterien zusammengestellt: chronologisch (Druckjahr zwischen 1600 und 1700); medial (Druckerzeugnisse); sprachtypologisch (bevorzugt wurden Wörterbücher, die lebende Sprachen bzw. Sprachenpaare betreffen). Die kontingente Zugriffsmöglichkeit war ein weiteres Kriterium, d. h. ich habe die Werke analysiert, die mir entweder persönlich in einer Bibliothek oder als Digitalisate zur Verfügung standen. Das gibt gleichzeitig Anlass, über Möglichkeiten und Herausforderungen der materialen Textkulturforschung nachzudenken, denn ich konnte die Materialität einer beträchtlichen Anzahl von Büchern untersuchen, weil sie mir gerade in entmaterialisierter Form zur Verfügung stehen. – Alle untersuchten Exemplare (mit dem entsprechenden Zitierkürzel) sind im Anhang aufgelistet.

Jahrhundert hindurch mehrere Ausgaben erlebte, stellen mit ihren 23 Zeugen die größere Gruppe dar; das *Dittionario* von Giovanni Molino, das Italienisch und Osmanisch-Türkisch (‚turchesco') verband, ist sechsmal vertreten; weiter Werke von Matthias Kramer, Pierre Canal, Johann Güntzel, Georg Friedrich Messerschmid, Georg Henisch, Antoine Oudin u. a. m. Vom weit verbreiteten aber lexikographisch weniger interessanten *Dictionariolum cum colloquiis* wurden nur drei Exemplare untersucht und als Vertreter der Spezialwörterbücher ist das *Lexicon alchemiae* des Martin Ruland (11 Exemplare) zum Vergleich herangezogen worden. So kann man sowohl verschiedene Einsatzmöglichkeiten desselben Werks als auch eventuelle Unterschiede in den Nutzungskontexten und -zwecken in Bezug auf verschiedene Wörterbuchtypologien wahrnehmen. Alle Bände wurden sorgfältig durchgesehen, auf der Suche nach verbalen und nonverbalen Nutzungsspuren – diese wurden aufgelistet und katalogisiert.[5]

Selbstverständlich sammelt das Korpus nur einen winzig kleinen Teil der existierenden Exemplare und kann der Bedeutung, Quantität und Vielfalt der lexikographischen Leistung des 17. Jahrhunderts keineswegs Rechnung tragen; darüber hinaus ist die Zahl der untersuchten Exemplare viel zu klein und das Kriterium der Zugriffsmöglichkeit zu zufällig, um sie statistisch auszuwerten. Es ist jedoch nicht meine Absicht, allgemeingültige Aussagen über frühneuzeitliche Wörterbuchbenutzung zu formulieren oder Nutzergruppen genauer zu umreißen; ich möchte nur einzelnen Nutzern auf die Spur kommen, denjenigen, die sichtbare Spuren einer aktiven Auseinandersetzung (*reader's engagement*) mit einem bestimmten Exemplar eines Wörterbuchs hinterlassen haben. Im Folgenden sind einige historisch konkrete, jeweils ‚einmalige' Rezeptionssituationen dokumentiert.

3 Nutzungsspuren, Nutzerleben

Sehr schwierig oder sogar unmöglich ist es, herauszufinden, wie viele Hände ein Buch durchgeblättert haben, auf welchen Wegen und Umwegen es in die Büchersammlung gekommen ist, wo es sich heute befindet. Diese verschlungenen Pfade stellen manchmal spannende Rätsel dar, decken Geheimnisse, werfen Fragen auf, wie die abenteuerliche Suche nach annotierten Exemplaren von Kopernikus' *De revolutionibus* bewiesen hat, aus der sogar ein Beststeller entstand (Gingerich 2004).

Die erste Form der ‚Aneignung' eines Buches bestand darin, den eigenen Namen hineinzuschreiben, und dies war eine ziemlich weit verbreitete Praxis, wenn man die Anzahl der mit einem oder mehreren Besitzvermerken versehenen Bände betrachtet: in meinem Korpus 60 %.[6] Viel kleiner ist die Anzahl der Wörterbücher, die sonstige

5 Beschreibungsvorschläge und -kategorien bieten Stoddard (1985) und Barker (1998).

6 Aus den 60 untersuchten Exemplaren tragen 36 mindestens einen älteren Besitzvermerk; hinzu kommen dann noch zwei Bände (Ru11, Ou2), die *Exlibris* aus dem 20. Jahrhundert aufweisen.

Nutzungsspuren aufweisen, denn Besitzvermerk beiseite, scheinen viele Exemplare dann unberührt zu sein: Sie wurden offensichtlich mit Scheu und Respekt behandelt und sind nicht mit Stift und Feder ‚verunziert'.

Abb. 1: Col3: hinteres Vorsatzblatt

Nutzungsspuren[7] zeigen hingegen 22 aus den 60 untersuchten Bänden (36,6 %) und, im Vergleich zu anderen Erhebungen dieser Art, scheint dies ein verhältnismäßig hoher Prozentsatz zu sein.[8] In manchen Fällen handelt es sich um spärliche Zeichen, die vielleicht einen einzigen Wörterbuchteil betreffen: Unterstreichungen in der Vorrede, Annotationen im einleitenden Grammatikteil, Kreuze oder Striche neben einigen Lemmata, die Korrektur eines Druckfehlers. Das lässt auf sporadische und gelegentliche Nachschlage- und/oder Lesehandlungen schließen, wie man sie übrigens bei einem Wörterbuch erwarten würde, in dem man nur bei Bedarf einzelne Wörter sucht.

Zehn Exemplare (d. h. 16,6 %) dokumentieren jedoch eine intensive Auseinandersetzung mit den einzelnen Wörterbuchartikeln: Belegt sind Unterstreichungen und Markierungen im Drucktext, Kommentare, regelmäßige Korrekturen und Ergänzungen, Quellenangaben, Strukturierung von Textpassagen durch Zählungen und sogar synoptische Zusammenfassungen am Seitenrand.

7 ‚Nutzungsspuren' wird hier im engeren Sinne verwendet, d. h. Elemente, die es ermöglichen, eine gelegentliche oder kontinuierliche Nutzung eines Gegenstands vonseiten eines oder mehrerer Leser zu beweisen (*marks of use* in Stoddard 1985). Flecken, Kritzeleien und weitere, durch den Druckprozess erzeugte Zeichen fallen in diese Gruppe nicht; auch Besitzvermerke (*marks of provenance*) nicht, da Besitz nicht unbedingt Benutzung impliziert.

8 Feuerstein-Herz, die die alchemischen Drucke der Herzog August Bibliothek in Wolfenbüttel untersucht hat, entdeckte bei etwa einem Viertel der Exemplare „Besitz- und Nutzungsspuren, die aus älteren Gebrauchskontexten herrühren" (2019: 52). Sherman untersuchte die 7500 zwischen 1450 und 1700 gedruckten Bücher der Huntington Library (San Marino, Kalifornien) und stellte bei 20,3 % der Bände Marginalien und weitere Beschriftungen fest. Er weist jedoch darauf hin, dass der Anteil zu Beginn der Druckzeit höher war und im Laufe der Jahrzehnte allmählich zurückging und dass Nutzungsspuren in einigen Bereichen (beruflich, religiös) viel häufiger sind als in anderen (Sherman 2008: 5–9).

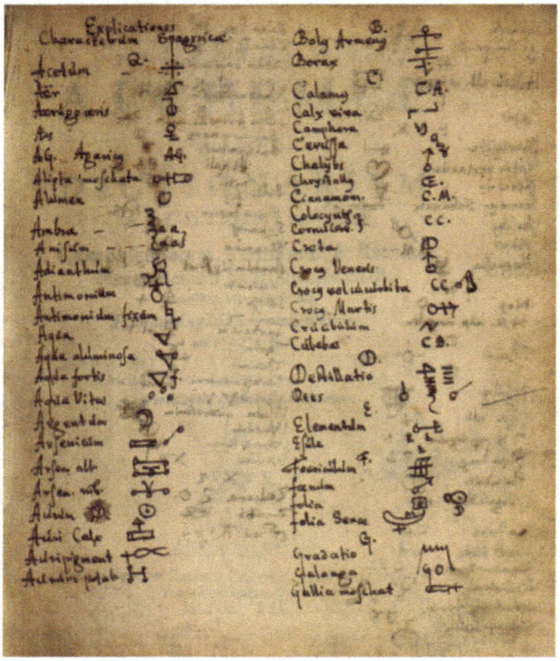

Abb. 2: Ru07: vorderes Vorsatzblatt

Lesen war in der frühen Neuzeit kein passives Aufnehmen von Inhalten, sondern ein aktiver Prozess: Man las mit der Feder in der Hand (Sherman 2008: 3–9, Głombiowski 2002: 39). Der Leser ergänzte, verbesserte, kam sozusagen ins Gespräch mit dem Text – und das galt offensichtlich auch für lexikographische Nachschlagewerke.

Manchmal sind die Beschriftungen nicht direkt auf den Text bezogen, d. h. das Buch (meistens die leeren vorderen oder hinteren Vorsatzblätter) wird als einfacher Träger für weitere Zwecke benutzt; z.B. um Rechnungen zu machen, die Feder auszuprobieren oder für eine Übung in schöner Kalligraphie, wo die einzelnen Buchstaben der Reihe nach – einmal mangelhaft, beim zweiten Versuch vollständig – aufgeschrieben wurden (Abb. 1). In einem *Lexicon* Rulands (Ru07) hat der Arzt Georg Ludwig Kirchen drei unbedruckte Vorsatzblätter intensiv benutzt, um ergänzende Sachinformationen, bibliographische Hinweise und eine alphabetische Liste zur Entschlüsselung der alchemischen Symbolsprache zu notieren (Abb. 2).[9] Ein anderes Exemplar (Ru08) zeigt eine sehr interessante Wechselbeziehung zwischen Druck und Beschriftung: Hier fehlten drei Lagen, und ein Besitzer hat die vermissten Blätter (dreimal acht Seiten) von einem

9 Da Ruland aber solche Symbole nicht benutzt, legt ihre Aufzeichnung nahe, dass die Liste, zusammen mit dem *Lexicon*, als Arbeitsinstrument zur Lektüre und Interpretation anderer alchemischer Schriften diente.

vollständigen Exemplar abgeschrieben und sie mit den gedruckten Lagen zusammen gebunden. Die handgeschriebenen Seiten dienen also als ‚Ersatz' für den gedruckten Text, um die Integrität des Werkes wiederherzustellen. Das Ergebnis ist eine einmalige, eigentümliche Hybridisierung des Mediums, die den Übergang von der Handschrift zum Druck auf eigene Weise darstellt (dazu Müller 1988).

Manchmal ist es eine einzige Hand, die den Text markiert hat, manchmal sind verschiedene Handschriften und Tinten zu unterscheiden; einige Annotationen sind verblasst und unlesbar geworden, andere wurden von späteren Nutzern gestrichen und zensuriert, und obwohl die meisten Besitzer unerwähnt bleiben und im Nebel der Geschichte untergehen, kommen außergewöhnliche Begegnungen zwischen einem historischen Individuum und einem konkreten Buch doch manchmal ans Licht.

Das ist der Fall beim Exemplar der *Teütschen Sprach und Weißheit* (1616) von Georg Henisch, das in der British Library aufbewahrt ist (He3). Das Wörterbuch gehörte Theodore Haak,[10] der eine wichtige Rolle als Kulturvermittler zwischen England und Deutschland spielte und zu den *Original Fellows* der Royal Society zählt. Auch in England war die Sprachpflege ein wichtiges Thema. Die Royal Society hatte 1665 ein ‚Committee for Improving the English Tongue' gegründet und 1670 erkundigte man sich bei Martin Kempe, einem Mitglied der Fruchtbringenden Gesellschaft, der vorübergehend in London weilte, nach dem von Henisch angefangenen *Thesaurus*, "which the Society was anxious to see" (Waterhouse 1914: 116) – man hatte offensichtlich den ersten Band eingesehen, den Haak besaß, und man wartete immer noch auf die Fortsetzung. Darüber hinaus zeigen Haaks Annotationen, dass er sein Exemplar als Fundgrube für eine eigene Sprichwörtersammlung benutzte:[11] Seine Spuren betreffen tatsächlich fast ausschließlich die Volksweisheiten, die Henisch zu jedem Lemma auflistet. Haak verbesserte hier eine falsche Schreibung, dort vermerkte er eine Variante, hier schlug er eine bessere Zuordnung vor, dort fügte er eine neue Redewendung hinzu. Nicht nur hat der angesehene Besitzer sein Exemplar in einem Kreis hochkarätiger, sprachinteressierter Gelehrten kursieren lassen; die Nutzungsspuren zeigen deutlich, wie und wozu er das Wörterbuch auswertete.

---

10 Aus der Pfalz gebürtig, hatte Theodore Haak (1605–1690) in Oxford und Cambridge studiert und war dann in London als Diplomat und Übersetzer tätig. Er pflegte ein europaweites Korrespondentennetz, ist für seine (die erste) Übersetzung von Milton's *Paradise Lost* bekannt und war an der Gründung der Royal Society beteiligt (Barnett 1962, Poole 2007).

11 Wood (1820: 280) berichtete: "he [d. i. Theodore Haak] also made ready for the press before his death about 3000 proverbs out of the German into the English tongue".

4 Wörterbuchbesitzer

Bücher stellten in der frühen Neuzeit ein wertvolles Eigentum dar und als solches wurden sie oft von ihren rechtmäßigen Besitzern kenntlich gemacht, meistens durch einfache Unterschriften auf den Titelblättern. Wohlhabende oder adlige Sammler ließen die losen Blätter in wertvolle Deckel mit ihrem Wappen oder Monogramm heften; später wurden künstlerisch gestaltete Exlibris auf die Vorsatzblätter geklebt. Einige Leser behaupten stolz ihr Eigentum („Padrone io Giuseppe Maria sono di questo libro", Mol1), manchmal ergreifen die Bücher selbst das Wort und bekennen sich zu ihrem menschlichen Besitzer: „Georgius Ludovicus Kirchenn Kittinga Francus me possidet" (Ru07) oder „Sum ex libris Georgij Hummelij Med. D." (Ru04). Und da sie weiterhin als Luxusobjekte galten, notierten einige Besitzer sogar, wo sie das Buch erworben und wieviel es gekostet hatte (Hu02).

In vielen Fällen sind es geistliche Anstalten, die im Besitz solcher Werke sind, *in primis* Jesuitenkollegien und Klosterbibliotheken, die sehr oft auch Büchernachlässe von Privatpersonen aufnahmen. Überraschend sind die verschlungenen Wege, die Wörterbücher nehmen, um an die ungewöhnlichsten Orte zu gelangen, wie das französisch-italienische Wörterbuch von Pierre Canal (1603), das in den Besitz der Bibliothek der abgelegenen Kamaldulenser Einsiedelei von Wigry (Polen) kam (Can1). Wir entdecken sie als Begleiter von Menschen, die zwischen Kulturen reisten, wie Tommaso Macolino aus Chiavenna am Lago Maggiore. Tommaso, Sohn des in der Region bekannten Malers Giovan Battista Macolino (1604–1673), versuchte sein Glück nördlich der Alpen und erwarb die Erstausgabe des deutsch-italienischen Wörterbuchs von Levinus Hulsius (1605), um sprachliche Schwierigkeiten der neuen Umgebung zu bewältigen (Hu05).[12]

Beim Fachwörterbuch von Martin Ruland lassen sich die Besitzer der Berufsgruppe der Ärzte und Apotheker eindeutig zuschreiben, und da die akademische Laufbahn durch offizielle Schriften belegt werden musste, sind die meisten Besitzer historisch leicht nachweisbar. Dass das *Lexicon alchemiae* nach wie vor attraktiv und erwerbswürdig bleibt, beweisen modernere Besitzvermerke, denn eins kam in die bedeutende Paracelsica-Sammlung des Medizinhistorikers Karl Sudhoff, heute in der Bayerischen Staatsbibliothek (Ru07; vgl. Frewer 2003), ein anderes hatte Umberto Eco antiquarisch erworben (Ru11).

Die Suche nach historischen Herkunftskontexten bringt auch kleine Perlen ans Licht, wie der Schenkungsvermerk von Georg Henisch, dem Verfasser der *Teutschen Sprach und Weißheit*, der ein Exemplar (He1) des gerade erschienenen ersten Bandes

12 Seine Tätigkeit als Maler und *Hofmusicus* ist am bayerischen Hof belegt. Inwieweit er das Wörterbuch nutzte, lässt sich nicht sagen, denn abgesehen vom dreimal wiederholten Besitzvermerk, sind keine weiteren Gebrauchsspuren im Band vorhanden.

an Philipp Eduard Fugger schickte, der zu den bedeutenden Persönlichkeiten des Augsburger Humanistenkreises zählte.[13]

So interessant wie sie auch sein können, geben solche Vermerke jedoch keine Informationen über die eigentliche Verwendung der Wörterbücher; und auch wenn ein Besitzer namentlich erwähnt wird, bedeutet es schließlich nicht, dass er es war, der den Text unterstrichen oder mit Marginalien versehen hat. Deswegen möchte ich auf Annotationen und Handbeschriftungen genauer eingehen und sie im dynamischen Zusammenhang zum Gedruckten betrachten, um konkrete Konsultationshandlungen und Benutzungssituationen daran abzulesen.

5 Typische Gebrauchskontexte

5.1 Wörterbücher als Wissensspeicher

Als ‚Nutzungsspuren' (*marks of use*) gelten verbale und nonverbale Annotationen, die in zahlreichen Kombinationen auf den Wörterbuchseiten erscheinen. Kreuze, Striche und Wellenlinien am äußeren Seitenrand, Unterstreichungen im Drucktext, Glossen, Inhaltsangaben, Kommentare, Korrekturen, Ergänzungen u. a. m.: Vielfältige Zeichen und Beschriftungen beweisen die Auseinandersetzung des Lesers mit dem Buch.

Am häufigsten kommen Unterstreichungen und kleine Striche im Drucktext vor, die entweder ein Lemma oder einen Ausdruck im fortlaufenden Text hervorheben. Solches Markieren von Informationen deutet auf eine Sortierungs- und Indexierungsintention hin und die Auswahl verrät, von Fall zu Fall, Schwerpunkt und Zweck der Konsultationshandlung.

In der Vorrede von Gu1 sind einige Schlüsselwörter unterstrichen: Es sind Sprach- und Völkerbezeichnungen (wie Hebräisch, „Teutsch" oder „Tuisconer") und ein paar Begriffe („uhralte Sprache", „Buchtruckerey") – in diesem Fall denkt man eher an eine inhaltliche Indexierung wie sie von vielen Gelehrten praktiziert wurde,[14] da auch die meisten hier unterstrichenen Begriffe um eine der damals brisanten Fragen kreisen, und zwar den Ursprung und das Alter der Sprachen (Głombiowski 2002: 68–69). Schlagwörter anzusetzen war eine beliebte Lesestrategie, um sich Inhalte schneller und

13 Der Augsburger Philipp Eduard Fugger (1546–1618) war sehr gelehrt und als Mäzen und leidenschaftlicher Büchersammler bekannt. Henisch war als Gymnasialprofessor und Dekan des Ärztekollegiums in Augsburg tätig und bewegte sich im selben Humanistenkreis. Das in diesem Kontext entstandene Widmungsexemplar wurde später für die Wiener Hofbibliothek angekauft (Lehmann 1956: 214–237).

14 Solche Strategien waren in den damals weit verbreiteten Leseanleitungen wärmstens empfohlen, z. B. vom italienischen Jesuiten Francesco Sacchini (*De ratione libros cum profectu legendi libellus.* 1614) und von Jeremias Drexel (*Aurifodina artium et scientiarum omnium, excerpendi solertia.* 1638). Darüber Zedelmaier (2001), Blair (2004: 98).

erfolgreicher zu merken, die dann zur Indexierung der Lektüren dienten. Denselben Zweck hatten Marginalien, die den Inhalt des entsprechenden Abschnitts in synthetischer Weise angaben: Sie waren eine Art „Navigationshilfe“ und dienten dazu, im durchlaufenden Text nicht gleich auffindbare Informationen schnell zu lokalisieren. Sie waren eine erste Stufe zum Sammeln von Zitaten und Verweisen, die dann ausführlich in Exzerptheften und ähnlichen „Lektürespeichern“ festgehalten wurden (Décultot/Krämer/Zedelmaier 2020, Blair 2004: 92). Dort, wo Striche und Kreuze häufiger und auffälliger werden, verdichtet sich das Interesse des Lesers. An diesen Stellen kommen dann verbale Annotationen hinzu – wie auf den Seiten von Ruland, die das *lapis philosophorum* und seine Verwandlungen behandeln (Ru11: 294–301).

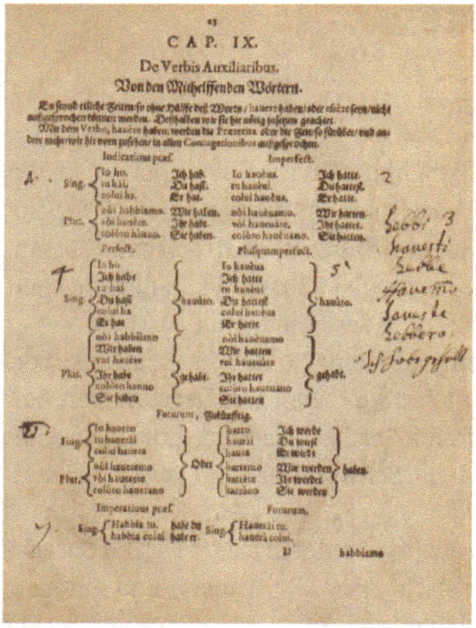
CAP. IX.
De Verbis Auxiliaribus.
Von den Mithelffenden Wörtern.

Abb. 3: Hu04: 25

5.2 Wörterbücher im Spiegel dynamischer Lernpraktiken

Oft sind Nutzungsspuren auf einen didaktischen Gebrauchskontext zurückzuführen. Levinus Hulsius, der selbst als Sprachlehrer tätig war, verfasste seine Wörterbücher, um den Bedürfnissen derjenigen entgegenzukommen, die „mitten im Teutschenland / ohn sonderliche Mühe / zu ziemlicher Wissenschafft gemelter Sprachen kommen möchten“ (Hu04: *Dedicatio*). Diesem didaktischen Vorhaben entsprach der einleitende „gründliche und nothwendige Bericht“ über Aussprache und Grammatik der jeweiligen Fremdsprache und die Anzahl der Exemplare, die auf diesen Seiten Nutzungsspuren aufweisen, bestätigt eine intensive Auseinandersetzung der Lernenden mit diesem

Wörterbuchteil.[15] Jemand hat die italienischen Formen des *Passato remoto* eigenhändig ergänzt und die Verbkonjugation durchnummeriert (Abb. 3); einer hat Beispiele übersetzt, ein anderer Hinweise zur Aussprache hinzugefügt usw.

Besonders fleißig war ein weiterer Hulsius-Besitzer, der sich intensiv mit allen Teilen des Werkes auseinandersetzte (Hu02). Er hat mehrere Druckfehler korrigiert; in allen Abschnitten schwierige Textstellen und Besonderheiten unterstrichen; in der Liste der Adverbien und Konjunktionen die wichtigsten durch Striche markiert. Der Lernende beschäftigte sich sowohl mit dem „Druckobjekt" (irrige Seitenzahlen werden berichtigt) als auch mit den Inhalten von A bis Z. Seine Aufmerksamkeit konzentrierte sich auf bestimmte Bereiche: Untersucht man die markierten Lemmata, dann betreffen die meisten das Wortfeld des Handelns, Alltagssituationen mit typischen Wendungen (wie z. B. „*ò beve ò vadasi.* Entweder drinck / oder pack dich darvon"), das Militär und schließlich Schimpfwörter in allen Variationen. Der Nutzer muss aber auch ein Bibliophiler gewesen sein, denn unter den (wenigen) von Hulsius aufgenommenen Fachwörtern sind diejenigen, die mit Büchern zu tun haben, ausnahmslos hervorgehoben.[16]

Die Notationssprache verrät die Herkunft des Lernenden, der selbstverständlich viel leichter in seiner Muttersprache korrigierte und Ergänzungen oder vermisste Lemmata notierte (Gallagher 2019: 79–100); manchmal wurde sogar Latein als Brückensprache benutzt.

Zu didaktischen Zwecken fand auch das Werk des aus Armenien stammenden Giovanni Molino Einsatz. Sein italienisch-türkisches Wörterbuch entstand in der Umgebung der *Pia Domus Neophytorum*, der Bildungsanstalt der katholischen Kirche in Rom, wo die aus dem Islam und dem Judentum Neubekehrten beherbergt und unterrichtet wurden.[17] Molinos Leistung wurde also nicht primär durch das damalige modische Interesse für das Osmanische veranlasst, sondern entsprach einem konkreten Bedürfnis nach Sprachverständigung in einem bestimmten religionspädagogischen Kontext. Aus den sechs gesichteten Exemplaren tragen drei intensive Nutzungsspuren. In Mol1 und Mol2 stammen die Beschriftungen von kompetenten Benutzern: Es werden fehlende Lemmata mit ihren jeweiligen Äquivalenten angemerkt, Druckfehler korrigiert und Homonyme genauer differenziert (*e* als Konjunktion und *e* [eigentlich: *è*] als Verbform; *ora* als Adverb [jetzt] und als Substantiv [Stunde]) u. a. m. Im zweiten Teil, der aus einem dreispaltigen Verzeichnis der türkischen Wörter mit Verweis auf die Seitenzahl besteht,

15 Von Hulsius wurden insgesamt 20 Exemplare von verschiedenen Ausgaben (von 1602 bis 1687) gesichtet. Acht weisen Nutzungsspuren auf, drei davon wurden besonders intensiv benutzt.

16 Hu02: s.v.: *Legare i libri, legatura, libreria* (Biblioteck / hauffen Bücher) und *libraria, bottega di libraro* (Buchladen), *coperchio del libro* (Einband), *ligator di libri* (Buchbinder) usw.

17 Laut Besitzvermerk wurde das Exemplar Mol2 vom Vorsteher der *Pia Domus* an einen nicht näher identifizierbaren Francesco Perego verschenkt. – Mit dem Oberbegriff „turchesco" bezeichnete man die vielen Varietäten des Osmanisch-Türkischen, die im Mittelmeerraum gesprochen wurden. Molino bevorzugte die in Konstantinopel gesprochene Varietät und nahm über 9.000 italienische Lemmata auf; die osmanischen Entsprechungen sind im lateinischen Alphabet transliteriert (vgl. Swięcicka 2020).

sind die Annotationen noch dichter: Ergänzungen, fehlende Formen, Berichtigung der Seitenzahlen, Präzisierungen sind zwischen die Zeilen gequetscht und füllen die Ränder rundherum (Abb. 4).

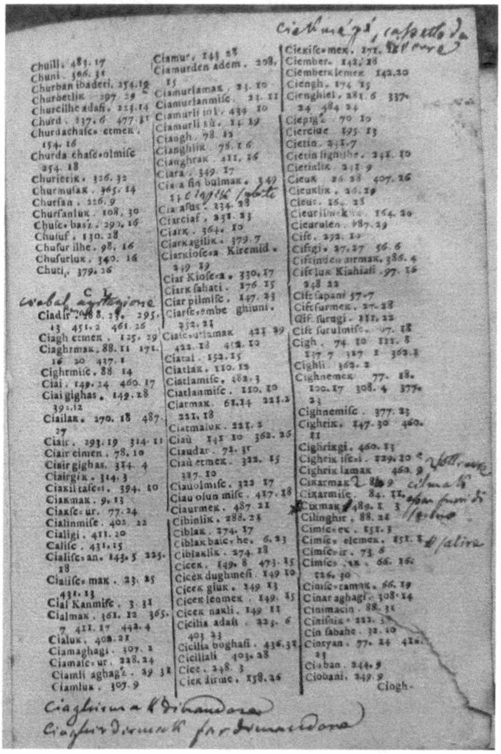

Abb. 4: Mol2

5.3 Wörterbücher als kooperative Texte

Sehr oft haben Leserhände Fehler korrigiert, die sich in den Drucktext eingeschlichen hatten – und das war bei mehrsprachigen Werken oft der Fall, denn Sprachkenntnisse konnte man bei Druckern und Setzern nicht voraussetzen. Levinus Hulsius, der nicht nur als Lexikograph, sondern auch als Drucker und Buchhändler tätig war, warnte den Leser vor den Fehlern, die „in mein Abwesen seyndt im drucken […] begangen" (Hu04: 36) und listete einige auf. Giovanni Griffio, der 1552 seine *Decameron*-Ausgabe mit einer *Errata*-Liste versah, forderte jeden Leser explizit auf, das eigene Exemplar mit Feder und Messer zu korrigieren:[18] Viele Nutzer haben dieser Einladung Folge geleistet und die im Verzeichnis aufgelisteten Fehler eigenhändig korrigiert – eine Praxis, die im Laufe der Zeit zur Gewohnheit wurde.

Korrigenda-Listen vermitteln den Eindruck, dass es sich bei dem Buch um ein *work in progress* handelt und laden den Leser ein, sich aktiv an der ‚Fertigstellung' des Buches zu beteiligen. In der frühen Neuzeit war es durchaus üblich, dass die Feder des Besitzers die Fehler des Druckers verbesserte. In Mol6 sind alle Beschriftungen eindeutig auf die Verbesserung der aufgelisteten Druckfehler zurückzuführen; der fleißige Besitzer von Hu02 korrigierte nicht nur die vom Verfasser aufgelisteten *Errata*, sondern auch weitere Druckfehler, die er beim Nachschlagen bemerkte – indem man einige Fehler korrigiert, fühlt man sich implizit aufgefordert, andere zu finden.[19]

So fühlten sich Nutzer dazu berechtigt, eventuelle Mängel zu beheben. Und gerade bei solchen allgemeinen Nachschlagewerken, die bei den Lesern eine gewisse Autorität genießen, musste der federführende Nutzer ein Gefühl von Selbstzufriedenheit empfinden, wenn er sich dem Verfasser gleichstellen und seine Kompetenz durch Berichtigungen und Ergänzungen zur Schau stellen konnte. Wenn der Leser aus eigener Initiative korrigiert, liefert er manchmal interessante Hinweise, z. B. über Aussprachеschwierigkeiten oder Sprachwandel: In Abb. 5 hat ein Nutzer, der offensichtlich kein sprachhistorisches Bewusstsein hatte, die literarische, veraltete Form *lassare* als Fehler aufgefasst und durch ihre modernere Schreibung *lasciare* ersetzt.

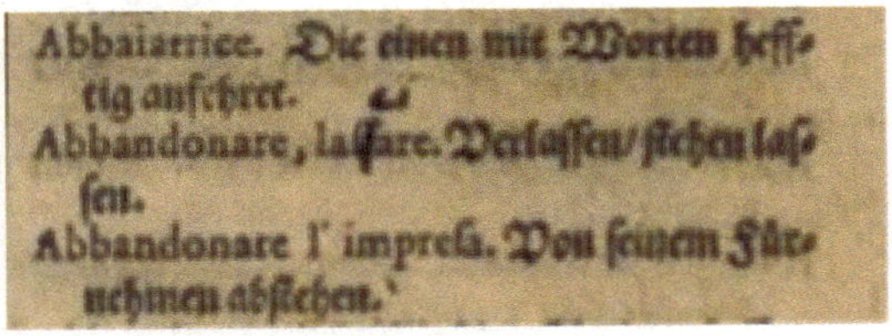
Abbaiatrice. Die einen mit Worten heff-
tig anschreit.
Abbandonare, lassare. Verlassen/stehen las-
sen.
Abbandonare l'impresa. Von seinem Für-
nehmen abstehen.

Abb. 5: Hu03: 1

Eine weitere, häufig belegte Intention der handschriftlichen Eingriffe ist die Meldung von fehlenden Formen. In diesen Fällen ist der Benutzer nicht einmal mehr Korrektor, sondern schlüpft unmittelbar in die Rolle des Lexikographen. Es ist übrigens die Konzeption des allgemeinen Wörterbuchs selbst, die es verlangt: Als Inventar von Lexemen,

18 „Potrà ciascuno corregersi il libro suo con la penna et col coltellino, radendo et aggiungendo o mutando ove bisogna". „[Anhand der Errata-Liste] wird jeder sein eigenes Buch korrigieren können, indem er mit Feder und Messer schaben, hinzufügen oder ändern kann, wo es nötig ist". *Giovan Grifio a' lettori* (1552), zitiert in Trovato (1991: 86).

19 So Lerer (2002: 18): "There is nothing like an errata sheet to prompt the reader to seek out yet more errata – that is, nothing like the admission of *some* errors to provoke us to believe that the work is *full* of errors". Vgl. auch Widmann (1964), Trovato (1991: 82–90), Lerer (2002: 15–54).

das die Gesamtheit der Realität und des Wissens umfassen soll, werden fehlende Einträge als Manko empfunden, so dass der Nutzer sich fast „verpflichtet“ fühlt, es durch seine Intervention auszugleichen. Manchmal sind diese Ergänzungen das Ergebnis von zufälligen Nachschlagehandlungen; manchmal sind sie regelmäßig und deuten auf eine systematische, lexikographisch orientierte Lektüre.

5.4 Lexikographische *Working tools*

Ein Hulsius-Exemplar (Hu13) vermittelt genau diesen Eindruck. Es weist keine nonverbalen Markierungen auf, wie sie bei lernenden oder indexierenden Nutzern üblich sind, sondern nur lexikalische Ergänzungen. Diese editorisch-lexikographische Arbeit konzentriert sich auf die Lemmasprache Italienisch: Es werden fehlende Einträge mit ihrer jeweiligen deutschen Entsprechung notiert wie *„accuorare*, behertzigen, zu hertzen nehmen“ (Hu13: 7), oder *„Conca*, ein schüssel“ (Hu13: 98). Auffällig ist, dass auch wenig geläufige Ausdrücke wie *impannare* (‚weben; mit einem Tuch bedecken‘) ergänzt werden; merkwürdig ist dabei auch die vorgeschlagene Verdeutschung „betuchern“ (Hu13: 194), die sogar beim wortbildungsfreudigen Stieler nicht belegt ist! Dabei denkt man nicht an einen proaktiven Sprecher, der das Fehlen eines gebräuchlichen Begriffs feststellt, sondern an einen Gelehrten, der sich hinsetzt und lexikographische Einträge „konstruiert“.

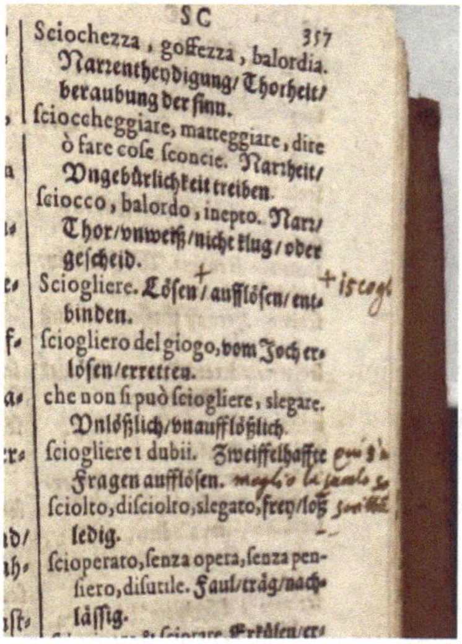
SC
Sciochezza, goffezza, balordia. 357
Narrentheydigung/Thorheit/beraubung der sinn.
sciocheggiare, matteggiare, dire ò fare cose sconcie. Narrheit/Vngebürlichkeit treiben.
sciocco, balordo, inepto. Narr/Thor/vnweiß/nicht klug/oder gescheid.
Sciogliere. Lösen/aufflösen/entbinden.
sciogliero del giogo, vom Joch erlösen/erretten.
che non si può sciogliere, slegare. Vnlößlich/vnaufflößlich.
sciogliere i dubii. Zweiffelhaffte Fragen aufflösen.
sciolto, disciolto, slegato, frey/loß ledig.
scioperato, senza opera, senza pensiero, disutile. Faul/träg/nachlässig.

Abb. 6: Hu13, II: 357

Der deutsch-italienische Teil ist nicht so intensiv beschriftet, aber die Aufmerksamkeit liegt immer auf der italienischen Sprache, indem eine weitere Entsprechung hinzugefügt wird (beim Lemma „athem / fiato, spirito, soffio" wird *halito* als weiteres Synonym hinzugefügt, oder zu „athemen / spirare, riprendere il fiato, sospirare" kommt noch *eshalare* hinzu [Hu13: 61]), oder es wird auf die Polysemie mancher Ausdrücke aufmerksam gemacht.[20] Man findet sogar einen metasprachlichen Kommentar, als der leider anonym gebliebene Nutzer schreibt: „qui s'u[serebbe?] meglio la parola so[tto] scritta" (Hu13: 357, vgl. Abb. 6).[21]

Auch andere Exemplare zeigen Spuren einer sachkundigen Auseinandersetzung mit dem Text: Sie scheinen *working tools* von Lexikographen oder Herausgebern zu sein, die keine Scheu vor dem gedruckten Werk haben und es systematisch bearbeiten, vielleicht im Hinblick auf einen Neudruck oder eine verbesserte und vermehrte Ausgabe.[22] In diesen Fällen handelt es sich um Annotationen, die für den kurzfristigen Gebrauch erstellt sind – sie werden in die verschiedenen Phasen des Überarbeitungsprozesses aufgenommen und in die Endfassung integriert, und haben so ihren Zweck erfüllt. Oft können solche Annotationen das Ergebnis der Kollation zwischen verschiedenen Wörterbüchern darstellen, die miteinander verglichen und als Vorlage benutzt wurden – ein in der frühneuzeitlichen Lexikographie übliches Verfahren (vgl. Müller 2001: 557–560 und *passim*).

Eine systematische Analyse der Annotationen würde es ermöglichen, nicht nur die für einen bestimmten historischen Kontext typischen kulturellen Erwartungen und materiellen Praktiken zur Sortierung und Aneignung von Wissen zu beleuchten, sondern sie offenbart auch die konkreten lexikographischen Verfahren, die der Produktion von Wörterbüchern in der frühen Neuzeit zugrunde lagen.

5.5 Stimmen der Leser, Wege des Wissens

Systematisch durchgearbeitet – aber aus einer ganz anderen Perspektive – ist auch ein Exemplar des alchemischen Sachwörterbuchs von Martin Ruland (Ru07). Der schon erwähnte Georg Ludwig Kirchen hat anhand von seinem Exemplar eine sorgfältige Quellenarbeit betrieben. Auf den Vorsatzblättern hat er eine Liste von einschlägigen medizinisch-chemiatrischen Lexika und *Onomastica* zusammengestellt, die einen Überblick

20 Der Eintrag lautet: „zweyfach / doppelt / doppio" und am unteren Rand wird notiert: *Falso*. In diesem Fall wird auf die Polysemie von „zweifach" hingewiesen, denn es heißt auf Italienisch nicht nur ‚in doppelter Menge/doppio' sondern auch ‚zweideutig, hinterlistig, lügnerisch', eben: *falso*, falsch (Hu13: 109).

21 „Hier würde man eher das unten angegebene Wort benutzen". Die abgeschnittenen Seitenränder sind nicht dem Digitalisierungsvorgang, sondern einem späteren Einband zuzuschreiben. Zu den Fehlleistungen beim Digitalisieren vgl. Rössler (2016).

22 Auch Mol2 und Men1 vermitteln diesen Eindruck. Dabei könnte es sich um Werkstattexemplare handeln (Trovato 1991: 83–86).

über den neusten Stand in der Aufarbeitung der paracelsischen Terminologie verschaffen; im Lexikon hat er bedeutende Textstellen durch Schlüsselworte am Seitenrand kenntlich gemacht und ein paar Einträge hinzugefügt (u. a. Ru07: 23, 132, 418), aber vor allem hat er die Exzerpte, die aus der *Nomenclatura rerum fossilium* (Zürich 1565) des sächsischen Naturforschers Johannes Kentmann (1518–1574) stammen, genau identifiziert.[23] Wieso Kirchen sich gerade auf diese Quelle Rulands fokussierte, ist schwer zu sagen. Vielleicht weil Kentmann nicht zu den bekannten Paracelsisten gehörte und deswegen verdiente er einer besonderen Erwähnung; oder weil Kirchen selbst sich für Mineralogie interessierte und das sachkundige Werk Kentmanns hochschätzte –diese Fragen könnte vermutlich nur eine einschlägige Studie über Kirchens Lebenslauf klären.

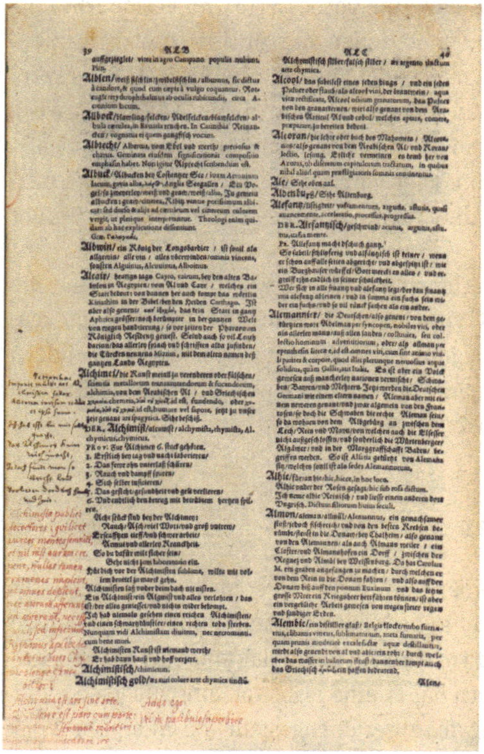

Abb. 7: He2: 39

Ein weiterer Nutzer desselben Exemplars hat diese philologische Arbeit fortgesetzt und seinerseits die Überlieferung von paracelsischem Gedankengut sorgfältig

23 Kirchen erklärt es selbst auf dem ersten Blatt: „NB. Ubi reperiunt numeri 1 2 3. 4. 5. 6. 7. 8. 9. 10. Ista omnia desumpta sunt ex Catalogo fossilium Johannis Kentmanni. Tiguri editio Anno 1565" (Ru07: 1).

dokumentiert, indem er mit einem blauen Stift neben den einzelnen Lemmata notierte, aus welchem der bekanntesten chemiatrischen Vorarbeiten Ruland seine Erläuterungen übernommen hatte.[24] Durch dieses regelmäßige Verweissystem wird das *Lexicon* eindeutig in die paracelsische Tradition gestellt und Rulands Rolle als „Vertreter des reformorientierten, Empirie und Chemiatrie propagierenden Flügels der damaligen Ärzteschaft“ (Neumann 2005: 244) hervorgehoben; gleichzeitig wird der Beitrag der früheren Paracelsus-Anhänger in den Vordergrund gestellt und die damals übliche Praktik der Kompilation in vollem Umfang sichtbar (Zweifel 2021). Das Wörterbuch wird so in ein weites Textnetzwerk eingebettet; der statische Drucktext wird zu einer dynamischen Enzyklopädie, zum offenen Raum, in dem tradiertes Wissen durch Interaktion mit den Nutzern ständig aufgebaut, ausgewertet, beglaubigt und in einen historisch und fachlich geprägten Kontext gestellt wird.

Zum Abschluss möchte ich ein letztes Wörterbuchexemplar vorstellen, das besonders reich an handschriftlichen Einträgen ist (He2). Es handelt sich um ein Exemplar von Henischs *Teutsche Sprach und Weißheit*, das einsprachige Wörterbuch, auf dessen Fortsetzung auch die Royal Society wartete.

Mehrere Hände waren hier am Werk und haben vielfältige Nutzungsspuren hinterlassen, die eine Vielfalt von Interessen und Lesestrategien verraten: einmal eine editorisch-typographische Lektüre, die Fehler verbessert, Verweise hinzufügt, Seitenzahlen berichtigt, Dubletten meldet; einmal steht der Schatz an Volksweisheiten und Sprichwörtern im Mittelpunkt, die im ganzen Band hindurch mit roter Tinte unterstrichen sind; es werden Varianten aufgezeichnet, manchmal die lateinischen Entsprechungen daneben aufgeschrieben, bibliographische Hinweise ergänzt. Einige Beschriftungen betreffen sprachliche Phänomene und liefern etymologische Angaben oder diatopische und diaphasische Kommentare; einmal ist das vermittelte enzyklopädische Wissen im Vordergrund, wenn jemand inhaltliche Marginalien ansetzt, Listen durchnummeriert und diagrammatische Zusammenfassungen zu längeren Textabschnitten verfasst.

24 Auch dieser Nutzer hat seine Absicht im Voraus erklärt: „Alles mit D bezeichnete ist aus Gerh. Dorns Dictionarium entnommen“ (Ru07: 1). Die meisten Verweise betreffen tatsächlich Gerhard Dorn (*Dictionarium Theophrasti Paracelsi*. Frankfurt/M. 1583) und die *Onomastica duo* (Straßburg 1574) des Michael Toxites. Ein großes, blaues D erscheint neben vielen Lemmata, wobei auch genau angegeben wird, ob die Erläuterung gekürzt wurde und genau welche Teile aus Dorn stammen. Ein paar Mal erwähnt ist auch der französische Arzt Roch le Baillif. Vgl. Kühlmann/Telle 2001–2013.

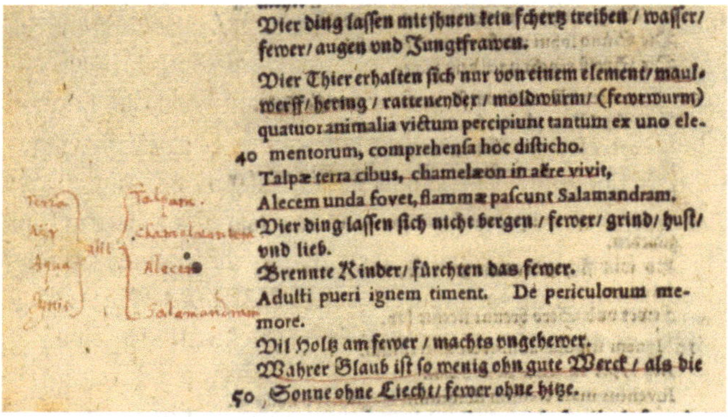

Vier ding lassen mit jhnen kein schertz treiben / wasser/ fewer/ augen vnd Jungfrawen.

Vier Thier erhalten sich nur von einem element/ maulwerff/ hering / rattenender / moldwurm/ (fewerwurm) quatuor animalia victum percipiunt tantum ex uno elementorum, comprehensa hoc disticho.

Talpæ terra cibus, chamelæon in aëre vivit,
Alecem unda fovet, flammæ pascunt Salamandram.

Vier ding lassen sich nicht bergen / fewer/ grind/ hust/ vnd lieb.

Brennte Kinder/ fürchten das fewer.
Adulti pueri ignem timent. De periculorum memore.

Vil Holtz am fewer / machts vngehewer.

Wahrer Glaub ist so wenig ohn gute Werck / als die Sonne ohne Liecht/ fewer ohne hitze.

Abb. 8: He2: 1088

Dasselbe Exemplar wurde also unterschiedlich funktionalisiert und spiegelt mehrere Leserperspektiven wider. In einem Punkt scheinen alle Nutzer übereinzustimmen, und zwar beim Lemma *Alchimei*, das umfangreiche Marginalien zeigt (Abb. 7). Henisch hat hier einige Redewendungen aufgeführt, die eine entschieden negative Haltung gegen die Alchemie zeigen und derselben Meinung sind auch seine gelehrten Nutzer. Eine erste Hand fügt einen lateinischen Spruch hinzu, der aus einer wertvoll illustrierten Petrarca-Ausgabe stammt;[25] noch heftiger ist die Kritik eines zweiten Lesers, der in roter Tinte über die Alchemisten schimpft und seine lange Annotation mit einem weiteren, damals gängigen Reim abrundet, der nicht nur die Eitelkeit dieser Kunst anprangert, sondern auch ein elendes Ende für ihre Praktikanten voraussagt. Auffällig ist der Abschluss, der hier als ein persönlicher Kommentar des Schreibers erscheint (*addo ego*, „ich füge hinzu") und bei späteren Belegen zum feststehenden Teil des Spruches wird.[26]

Das Wörterbuch ist hier nicht nur zweckorientiertes Nachschlagewerk, sondern auch dynamischer Wissensspeicher: Inhalte werden aus den langen Wörterbuchartikeln herausgeklammert und tabellarisch auf wirksame Weise bereitgestellt, komplexe Begriffsfelder synoptisch zusammengefasst (Abb. 8); Bedeutendes wird hervorgehoben, gelehrte Benutzer ergänzen den Text, damit neues Wissen späteren Lesern zur Verfügung gestellt wird, und unterstützen dabei den Verfasser in seiner meinungsaufklärerischen Aktion gegen die goldversprechenden alchemischen Künste.

---

25 *Francisci Petrarche, des hochweisen fürtrefflichen Poeten und Oratorn, zwei Trostbücher, Von Artznei und Rath beyde im guten und widerwertigen Glück*. Frankfurt/M.: Egenolff 1559. Die Ausgabe ist mit zahlreichen Kupferstichen versehen, und der lateinisch-deutsche Spruch erscheint als Legende zum Bild „Von grosser thorheit der Alchimisten unnd Alchimey" (1. Buch, Kap. 111).

26 Belege dieses Spruches (mit Varianten) u. a. bei Andreas Libavius (1599) und Joseph Hall (1605) haben Newman/Principe (1998: 53–55) und Prinke (2010: 176–178) ausfindig gemacht; die letzte Zeile („*vel in patibulo superbire*") kommt beim Jenaer Professor Werner Rolfinck (1661) vor.

6 Wörterbücher als kulturelle Ökosysteme

Durch die Beschriftung geht ein Wörterbuch in die Privatsphäre eines Einzelnen ein, es wird ein persönlicher und individuell gestalteter Gegenstand – und gleichzeitig macht der Benutzer seine Konsultationshandlungen öffentlich, teilt sein Wissen mit anderen, späteren Nutzern desselben Objekts (Cormack/Mazzio 2005: 2) und sorgt dafür, dass das Wörterbuch Teil einer dynamischen Konstellation von Wissensordnungen und sozial-kulturellen Praktiken wird. So kann der ‚gleiche' Text im Kontext unterschiedlicher Rezeptionspraktiken verschiedenartige Bedeutungen und Funktionen erlangen; in dieser Hinsicht ist das Gedruckte nicht unveränderlich, sondern wird Produkt einer Sinnzuschreibung vonseiten des jeweiligen Nutzers (Hilgert 2014: 157, Reckwitz 2006: 606–609).

Besitzvermerke liefern wertvolle Hinweise über Einzelpersonen und Institutionen, die im Besitz von Wörterbüchern waren, und manche Bände zeigen schon dadurch die Wege und Umwege ihrer Zirkulation und Rezeption im europäischen Kulturraum. Es sind aber die weißen Seitenränder, die unbedruckten Vorsatzblätter als Träger von verbalen und nonverbalen Annotationen, die ein Exemplar von allen anderen unterscheiden. Jedes Exemplar erzählt dann eine einzigartige Geschichte der Interaktion zwischen Leser und Text; bei jedem Benutzungsvorgang übernimmt es eine neue Rolle in den individuellen Wissensaneignungsprozessen, die sich *ad margines lemmatum* kristallisieren.

Manchmal hat der Gebrauch selbst diese Spuren ausgelöscht: Feuer- und Wasserschäden; Besitzvermerke, die von neuen Besitzern entfernt wurden, weil sie vielleicht einen nicht legitimen Erwerb verschleiern wollten; Buchbinder, die Seitenränder abschnitten (wie in Abb. 6), Blätter ausbleichten und Einbände ersetzten – sehr oft wurden frühere Nutzeridentitäten und Nutzungsspuren getilgt. Umso wertvoller sind die erhalten gebliebenen Beschriftungen, die erst neulich nicht mehr als Makel, sondern als Mehrwert auf dem Antiquariatsmarkt gelten (Rosenthal 1997).

Auch bei einem so kleinen Korpus, wie es hier analysiert wurde, scheint das Nutzungspotenzial frühneuzeitlicher Wörterbücher erstaunlich offen zu sein: Trotz einer relativ geschlossenen und stabilen Form sind unterschiedliche Funktionen und Funktionalisierungen zum Vorschein gekommen, die sich aus einem individuellen, stets variierenden Verhältnis zwischen Gedrucktem und Geschriebenem ergeben. Wörterbücher wurden bestimmt für sporadische, rein zweckorientierte Konsultationshandlungen herangezogen, aber Annotationen zeigen, dass sie auch systematisch, von A bis Z gelesen wurden: als Fundgrube von Welt- und Volkswissen, als didaktisch-pädagogisches Lehrwerk, als typographisch-philologisches Arbeitsinstrument. Viele Wörterbuchbenutzer haben sich aktiv an der Tradierung und Verschriftlichung des Wissens beteiligt: Sie haben Fehler korrigiert, auf Mängel hingewiesen, Lücken beseitigt. Sie fühlten sich persönlich verantwortlich für die Vollständigkeit und Zuverlässigkeit des bereits kodifizierten Wissens, haben die Meinung des Lexikographen durch eigenes Wissen unterstützt und vielleicht auch kritisiert (davon lieferte mein Korpus keinen Beleg).

Festgestellt wurde also eine bemerkenswerte Vielfalt von Einsatzmöglichkeiten, die sich bei jedem Exemplar jedes Mal unter unterschiedlichen raum-zeitlichen Bedingungen und in verschiedenen pragmatischen Gebrauchskontexten realisieren. Studenten, Gelehrte, Verleger, Geistliche, Fachleute, Büchersammler, Lexikographen, Bibliothekare – durch ihre Spuren werden Wörterbücher lebendig, jedes Exemplar kommt unzählige Male ins Leben, wird ‚historisiert', aktualisiert und neu perspektiviert.

7 Literatur

Alston, Robin C. (1994): Books with Manuscript. A Short Title Catalogue of Books with Manuscript Notes in the British Library. London: British Library.

Barker, Nicolas (1998): The Annotated Book. In: The Book Collector, Summer 1998, 161–175.

Barnett, Pamela R. (1962): Theodore Haak F.R.S. (1605–1690). The first German Translator of *Paradise Lost*. Berlin: de Gruyter.

Blair, Anne (2004): Note taking as an art of transmission. In: Critical Inquiry 31/1, 85–107.

Cormack, Bradin/Mazzio, Carla (2005): Book Use, Book Theory: 1500–1700. Chicago: University of Chicago Library.

Décultot, Elisabeth/Krämer, Fabian/Zedelmaier, Helmut (2020) (Hrsg.): Towards a History of Excerpting in Modernity. In: Berichte zur Wissenschaftsgeschichte 43/2, 163–306 (special issue).

Ferrari, Jacopo (2017): Sulle postille inedite manzoniane alla seconda edizione del *Vocabolario milanese-italiano* di Francesco Cherubini. In: Studi italiani di linguistica teorica e applicata 1, 95–108.

Feuerstein-Herz, Petra (2019): „Von heimlichkeit der natur". Benutzungsspuren in alchemischen Anleitungsbüchern. In: Medium Buch 1, 45–67.

Feuerstein-Herz, Petra (2021): „Merckt auff ihr Lieben fillj." Zur Materialität von Alchemiebüchern in der Frühen Neuzeit. In: Feuerstein-Herz, Petra/Frietsch, Ute (Hrsg.): Alchemie – Genealogie und Terminologie, Bilder, Techniken und Artefakte. Wiesbaden: Harrassowitz, 259–286.

Feuerstein-Herz, Petra (2023): Bücher im ärztlichen Alltag der Frühen Neuzeit – Nutzungsspuren und praxeologische Überlegungen. In: Rautenberg, Ursula/Schneider, Ute (Hrsg.): Das Buch als Handlungsangebot: soziale, kulturelle und symbolische Praktiken jenseits des Lesens. Stuttgart: Hiersemann, 52–70.

Feuerstein-Herz, Petra (2024): Take, do, check: Readers and Uses of Early Modern How-to Books in the Collection of the Herzog August Bibliothek. In: Laube, Stefan (Hrsg.): Tracts of Action. Material, Visual, and Practical Dimensions of Early Modern How-to Books. Leiden: Brill, 51–71.

Frewer, Andreas (2003): *Bibliotheca Sudhoffiana*. Medizin und Wissenschaftsgeschichte in der Gelehrtenbibliothek von Karl Sudhoff. Wiesbaden: Steiner.

Gallagher, John (2019): Learning Languages in Early Modern England. Oxford: Oxford University Press.

Gingerich, Owen (2004): The Book Nobody Read. Chasing the Revolutions of Nicolaus Copernicus. New York: Walker & Company.

Głombiowski, Karol (2002 [1966]): Annotazioni manoscritte e storia della lettura. In: Barbieri, Edoardo (Hrsg.): Nel mondo delle postille. I libri a stampa con note manoscritte. Con una premessa di Giuseppe Frasso. Milano: CUSL, 31–71.

Hilgert, Markus (2014): Praxeologisch perspektivierte Artefaktanalyse des Geschriebenen. Zum heuristischen Potential der materialen Textkulturforschung. In: Elias, Friederike u.a. (Hrsg.): Praxeologie. Beiträge zur interdisziplinären Reichweite praxistheoretischer Ansätze in den Geistes- und Sozialwissenschaften. Berlin/Boston: de Gruyter, 149–164.

Kühlmann, Wilhelm/Telle, Joachim (2001–2013) (Hrsg.): *Corpus paracelsisticum*. Dokumente frühneuzeitlicher Naturphilosophie in Deutschland. Berlin/Boston: de Gruyter.
Le livre annoté (1999): In: Revue de la Bibliothèque Nationale de France 2.
Lehmann, Paul (1956): Eine Geschichte der alten Fuggerbibliotheken (1. Teil). Tübingen: Mohr-Siebeck.
Lerer, Seth (2002): Error and the Academic Self: the Scholarly Imagination, Medieval to Modern. New York: Columbia University Press.
Müller, Peter O. (2001): Deutsche Lexikographie des 16. Jahrhunderts. Konzeptionen und Funktionen frühneuzeitlicher Wörterbücher. Tübingen: Niemeyer.
Müller, Jan-Dirk (1988): Der Körper des Buches. Zum Medienwechsel zwischen Handschrift und Druck. In: Gumbrecht, Hans Ulrich/Pfeiffer, Karl Ludwig (Hrsg.): Materialität der Kommunikation. Frankfurt/M.: Suhrkamp, 203–217.
Neuheuser, Hanns Peter (2012): Panorama der Spuren. Zur Erfassung und Erforschung von Überlieferungs- und Gebrauchsspuren in Handschriften und historischen Buchbeständen. In: Neuheuser, Hanns Peter (Hrsg.): Überlieferungs- und Gebrauchsspuren in historischen Buchbeständen. Köln: Universitäts- und Stadtbibliothek, 1–30.
Neumann, Ulrich (2005): Ruland, Martin. In: Neue Deutsche Biographie 22, 244. URL: https://www.deutsche-biographie.de/pnd116703318.html#ndbcontent.
Newman, William R./Principe, Lawrence M. (1998): Alchemy vs. Chemistry: The Etymological Origins of a Historiographic Mistake. In: Early Science and Medicine 3/1, 32–65.
Orgel, Stephen (2015): The Reader in the Book. A Study of Spaces and Traces. Oxford: Oxford University Press.
Pacaccio, Sara (2014): Postille di Luigi Rossari al *Dizionario universale* di Francesco D'Alberti di Villanuova. Milano: Centro Nazionale Studi manzoniani.
Petrella, Giancarlo (2022): Scrivere sui libri. Breve guida al libro a stampa postillato. Roma: Salerno Editrice.
Poole, William (2007): A Fragment of the Library of Theodore Haak (1605–1690). In: Electronic British Library Journal, Article 6. https://doi.org/10.23636/931.
Prinke, Rafał T. (2010): Beyond Patronage: Michael Sendivogius and the Meanings of Success in Alchemy. In: López Pérez, Miguel/Kahn, Didier/Rey Bueno, Mar (ed.): Chymia: Science and Nature in Medieval and Early Modern Europe. Cambridge: Cambridge Scholars Publishing, 175–231.
Reckwitz, Andreas (2006): Die Transformation der Kulturtheorien. Zur Entwicklung eines Theorieprogramms. Weilerswist: Velbrück Wissenschaft.
Reckwitz, Andreas (2014): Die Materialisierung der Kultur. In: Elias, Friederike u.a. (Hrsg.): Praxeologie. Beiträge zur interdisziplinären Reichweite praxistheoretischer Ansätze in den Geistes- und Sozialwissenschaften. Berlin/Boston: de Gruyter, 13–26.
Rosenthal, Bernard M. (1997): The Rosenthal Collection of Printed Books with Manuscript Annotations: a Catalogue of 242 Editions Mostly Before 1600 Annotated by Contemporary or Near-Contemporary Readers. New Haven: Yale University-Beinecke Library.
Rössler, Hole (2016): Googles sichtbare Hände. Das Retrodigitalisat als Ware. In: Zeitschrift für Ideengeschichte 10.2, 115–125.
Sherman, William H. (2008): Used Books. Marking Readers in Renaissance England. Philadelphia: University of Pennsylvania Press.
Stoddard, Roger Eliot (1985): Marks in Books. Illustrated and Explained. Cambridge (Mass.): The Houghton Library.
Stoddard, Roger Eliot (1997) (ed.): Marks in Books. "The Papers of the Bibliographical Society of America" 91, December.
Stoddard, Roger Eliot (2000): Looking at Marks in Books. In: Gazette of the Grolier Club n.s. 51, 27–47.
Swięcicka, Elzbieta (2020) (Hrsg.): Dictionary of Italian-Turkish Language (1641) by Giovanni Molino. Transcripted, Reversed, and Annotated. Berlin/Boston: de Gruyter.

Trovato, Paolo (1991): Con ogni diligenza corretto. La stampa e le revisioni editoriali dei testi letterari italiani. Bologna: Il Mulino.

Wagner, Bettina/Reed, Marcia (2010) (Hrsg.): Early Printed Books as Material Objects. Berlin/New York: de Gruyter Saur.

Waterhouse, Gilbert (1914): The Literary Relations of England and Germany in the 17th Century. Cambridge: University Press.

Widmann, Hans (1964): Die Lektüre unendlichen Korrekturen. Archiv für Geschichte des Buchwesens 5, 778–826.

Wood, Anthony A. (1820): *Athenae Oxonienses*, an exact history of all the writers and bishops who have had their education in the University of Oxford. Vol. IV. London: Lackington u.a.

Zedelmaier, Helmut (2001): Jeremias Drexels *Aurifodina* und die *Ars excerpendi* bei den Jesuiten. In: Zedelmaier, Helmut (Hrsg.): Die Praktiken der Gelehrsamkeit in der Frühen Neuzeit. Tübingen: Niemeyer, 51–61.

Zweifel, Simone (2021): Aus Büchern Bücher machen. Zur Produktion und Multiplikation von Wissen in frühneuzeitlichen Kompilationen. Berlin/Boston: de Gruyter.

8 Untersuchte Wörterbuchexemplare

Titel sind in abgekürzter Form aufgenommen und nach dem Zitierkürzel alphabetisch geordnet.

BH1 Heupoldt, Bernhard: Teutsches Dictionariolum. Frankfurt/M.: Egenolff 1602.
Wien, Österreichische Nationalbibliothek: 73.J.44

Cal1 Calepino, Ambrogio: Dictionarium octolingue. Genevae: Berjon 1620.
Milano, Università Cattolica del Sacro Cuore: II-13-Z- 29

Can1 Canal, Pierre: Dittionario Italiano e Francese. Genève: Chouet 1603.
Kraków, Biblioteka Jagiellońska: BJ Bien. E. IV. 3 (b)

Can2 Canal, Pierre: Dittionario Italiano e Francese. Genève: Chouet 1603.
Milano, Biblioteca Nazionale Braidense: &&. 01. 0093/01

Col1 Dictionariolum cum colloquiis aliquot quatuor linguarum. Ginevra: Stoer 1652.
Milano, Biblioteca Nazionale Braidense: &&. 01. 0050

Col2 Colloquia & dictionariolum quatuor linguarum. Hamburgi: Libezeit o.D. [um 1670].
Milano, Biblioteca Nazionale Braidense: NBXV. 10. 0003

Col3 Colloquia et dictionariolum octo linguarum. Amstelodami: Gloppenburgium 1631.
Paris, Bibliothèque nationale de France: Département Littérature et art, X-9067

Da1 Dasypodius, Petrus: Dasypodius Catholicus. Frankfurt/M.: Schönwetter 1653.
München, Bayerische Staatsbibliothek: L.lat. 180

Du1 Duez, Nathanael: Dittionario italiano & francese. Genève: Chouet 1664, 2 Bde.
Milano, Biblioteca Nazionale Braidense: &&. 15. 0062

EF1 Estienne, Robert/Frisius, Johannes: Lexicon trilingue. Argentorati: Rihelius 1609.
München, Bayerische Staatsbibliothek: 2 Polygl. 29

Gu1 Güntzel, Johann: Haubtschlüssel Der Teutschen und Italiänischen Sprache. Ausburg: Aperger 1648.

München, Bayerische Staatsbibliothek: L.lat.f. 429

Gu2 Güntzel, Johann: Haubtschlüssel Der Teutschen und Italiänischen Sprache. Ausburg: Aperger 1648.
Zürich, Zentralbibliothek: e-rara-57849

He1 Henisch, Georg: Teutsche Sprach und Weißheit. Augsburg: Francus 1616.
Wien, Österreichische Nationalbibliothek: 73.P.44

He2 Henisch, Georg: Teutsche Sprach und Weißheit. Augsburg: Francus 1616.
München, Bayerische Staatsbibliothek: Res/2 L.germ.3-1

He3 Henisch, Georg: Teutsche Sprach und Weißheit. Augsburg: Francus 1616.
London, British Library: 629.l.19

Hu01 Hulsius, Levinus: Dictionaire François-Allemand et Allemand-François. Nürnberg: Impensis Authoris 1602.
Prag, National Library of the Czech Republic: 8 J 000168

Hu02 Hulsius, Levinus: Dictionarium Teutsch-Italiänisch und Italiänisch-Teutsch. Frankfurt/M.: in Verlegung des Authorn 1605.
Bamberg, Staatsbibliothek: AGB Hb 4

Hu03 Hulsius, Levinus: Dictionarium Teutsch-Italiänisch und Italiänisch-Teutsch. Frankfurt/M.: in Verlegung des Authorn 1605.
Augsburg, Staats- und Stadtbibliothek: 4 Spw 206

Hu04 Hulsius, Levinus: Dictionarium Teutsch-Italiänisch und Italiänisch-Teutsch. Frankfurt/M.: in Verlegung des Authorn 1605.
Wolfenbüttel, Herzog August Bibliothek: Xb 5591

Hu05 Hulsius, Levinus: Dictionarium Teutsch-Italiänisch und Italiänisch-Teutsch. Frankfurt/M.: in Verlegung des Authorn 1605.
München, Bayerische Staatsbibliothek: 4 L.lat.f. 108

Hu06 Hulsius, Levinus: Dictionaire François-Allemand et Allemand-François. Frankfurt/M. Matthias Becker 1607.
München, Bayerische Staatsbibliothek: L.lat.f. 137

Hu07 Hulsius, Levinus: Dictionaire François-Allemand et Allemand-François. Frankfurt/M. Matthias Becker 1607.
Augsburg, Staats- und Stadtbibliothek: Spw 1021

Hu08 Hulsius, Levinus: Dictionarium Teutsch-Frantzösisch-Italiänisch: Frantzösisch-Teutsch-Italiänisch: Italiänisch-Frantzösisch-Teutsch. Frankfurt/M.: Kempffer 1616.
München, Bayerische Staatsbibliothek: 4 Polygl. 35

Hu09 Hulsius, Levinus: Dictionarium Teutsch-Frantzösisch-Italiänisch: Frantzösisch-Teutsch-Italiänisch: Italiänisch-Frantzösisch-Teutsch. Frankfurt/M.: Kempffer 1616.
München, Bayerische Staatsbibliothek: 4 Polygl. 35-2

Hu10 Hulsius, Levinus: Dictionarium Teutsch-Frantzösisch-Italiänisch: Frantzösisch-Teutsch-Italiänisch: Italiänisch-Frantzösisch-Teutsch. Frankfurt/M.: Kempffer 1616.
München, Bayerische Staatsbibliothek: 4 Polygl. 38-1+2

Hu11 Hulsius, Levinus: Dictionarium Teutsch-Italiänisch und Italiänisch-Teutsch. Frankfurt/M.: Hofmann 1618.

Augsburg, Staats- und Stadtbibliothek: Spw 3289

Hu12 Hulsius, Levinus: Dictionarium Teutsch-Italiänisch und Italiänisch-Teutsch. Frankfurt/M.: Hofmann 1618.

Gent, Universiteits Bibliotheek: G 7455[2]

Hu13 Hulsius, Levinus: Dictionarium Teutsch-Italiänisch und Italiänisch-Teutsch. Frankfurt/M.: Hofmann 1630.

Gent, Universiteits Bibliotheek: G 25427

Hu14 Hulsius, Levinus: Dictionaire françois-allemand-italien et latin. Frankfurt/M.: Hofmann 1631.

München, Bayerische Staatsbibliothek: 4 Polygl. 36

Hu15 Hulsius, Levinus: Dictionaire françois-allemand-italien et latin. Frankfurt/M.: Hofmann 1631.

München, Bayerische Staatsbibliothek: 4 Polygl. 38

Hu16 Hulsius, Levinus: Dictionarium Teutsch-Frantzösisch, Italiänisch, Lateinisch. Frankfurt/M.: Hofmann 1640.

München, Bayerische Staatsbibliothek: 4 Polygl. 37

Hu17 Hulsius, Levinus: Dictionarium Teutsch-Italiänisch und Italiänisch-Teutsch. Frankfurt/M.: Schönwetter 1657.

Augsburg, Staats- und Stadtbibliothek: Spw 3302

Hu18 Hulsius, Levinus: Dictionarium Teutsch-Italiänisch und Italiänisch-Teutsch. Frankfurt/M.: Schönwetter 1657.

München, Bayerische Staatsbibliothek: L.lat.f. 433

Hu19 Hulsius, Levinus: Dictionarium Teutsch-Italiänisch und Italiänisch-Teutsch. Frankfurt/M.: Schönwetter 1686.

München, Bayerische Staatsbibliothek: L.lat.f. 434

Hu20 Hulsius, Levinus: Dictionarium Teutsch-Italiänisch Und Italiänisch-Teutsch. Frankfurt/M.: Schönwetter 1687.

Bamberg, Staatsbibliothek: Phil.o.562

Kr1 Kramer, Matthias: Il nuovo dizzionario delle due lingue italiana-tedesca e tedesca-italiana. Nürnberg: Endter 1676, 2 Bde.

Milano, Biblioteca Nazionale Braidense: XA. 10. 0206/7

Kr2 Kramer, Matthias: Neu-ausgefertigtes herrlich-grosses und allgemeines Italianisch-Teutsches Sprach- und Worter-Buch. Nürnberg: Endter 1693.

Milano, Università Cattolica del Sacro Cuore: II-13-H-123

Kr3 Kramer, Matthias: Il gran dittionario reale, tedesco-italiano, cioè, Tesoro della lingua originale ed imperiale teutonica. Nürnberg: Endter 1700–1702, 2 Bde.

Milano, Università Cattolica del Sacro Cuore: II-13-H-124

Men1 Ménage, Gilles: Le origini della lingua italiana colla giunta de' modi di dire italiani. Geneva: Chouet 1685.

Milano, Università Cattolica del Sacro Cuore: XXX-6-P-1

Mes1 Messerschmid, Georg Friedrich: Tutitalologia sive Vocabularium Italo-Germanicum. Durlach: Senft 1625–1626, 2 Bde.

Halle, Universitäts- und Landesbibliothek: AB 168236

Mol1 Molino, Giovanni: Dittionario della lingua italiana, turchesca. Roma: Gioiosi 1641.
Firenze, Biblioteca Nazionale Centrale: MAGL. 3.4.42

Mol2 Molino, Giovanni: Dittionario della lingua italiana, turchesca. Roma: Gioiosi 1641.
Milano, Università Cattolica del Sacro Cuore: II-1-H-643

Mol3 Molino, Giovanni: Dittionario della lingua italiana, turchesca. Roma: Gioiosi 1641.
Milano, Biblioteca Nazionale Braidense: &&. I. 104

Mol4 Molino, Giovanni: Dittionario della lingua italiana, turchesca. Roma: Gioiosi 1641.
München, Bayerische Staatsbibliothek: L.as. 437

Mol5 Molino, Giovanni: Dittionario della lingua italiana, turchesca. Roma: Gioiosi 1641.
Krakau, Biblioteka Jagiellonska: BJ St. Dr. 591115 I

Mol6 Molino, Giovanni: Dittionario della lingua italiana, turchesca. Roma: Gioiosi 1641.
Wien, Österreichische Nationalbibliothek: 73.W.99

Mon1 Montalbani, Ovidio: Vocabolista bolognese. Bologna: Monti 1660.
Milano, Università Cattolica del Sacro Cuore: Gh-It-i-Bologna-1-Cons

Ou1 Oudin, Antoine: Nuovo Et Ampio Dittionario Di Tre Lingue, parte prima. Frankfurt/M.: Zubrodt 1674.
München, Bayerische Staatsbibliothek: Polygl. 133-1

Ou2 Oudin, Antoine: Dittionario italiano, e francese, tome premier. Venise: Curti 1693.
Milano, Università Cattolica del Sacro Cuore: ediz. MDC-G- 49

Ru01 Ruland, Martin: Lexicon Alchemiae. Frankfurt/M.: Palthenius 1612.
Augsburg, Staats- und Stadtbibliothek: 4 Phys 184

Ru02 Ruland, Martin: Lexicon Alchemiae. Frankfurt/M.: Palthenius 1612.
München, Bayerische Staatsbibliothek: 4 Alch. 77

Ru03 Ruland, Martin: Lexicon Alchemiae. Frankfurt/M.: Palthenius 1612.
Zürich, Zentralbibliothek: Rar 8248

Ru04 Ruland, Martin: Lexicon Alchemiae. Frankfurt/M.: Palthenius 1612.
Dresden, Sächsische Landesbibliothek – Staats- und Universitätsbibliothek: Chem.371

Ru05 Ruland, Martin: Lexicon Alchemiae. Frankfurt/M.: Palthenius 1612.
Zürich, Stiftung der Werke von C.G. Jung: Rar 7375

Ru06 Ruland, Martin: Lexicon Alchemiae. Frankfurt/M.: Palthenius 1612.
München, Deutsches Museum: 1927 A 527

Ru07 Ruland, Martin: Lexicon Alchemiae. Frankfurt/M.: Palthenius 1612.
München, Bayerische Staatsbibliothek: Bibl.Sud. 1431

Ru08 Ruland, Martin: Lexicon Alchemiae. Frankfurt/M.: Palthenius 1612.
Carlsbad (CA, USA), Gemological Institute Library: JSL.Ruland 1612

Ru09 Ruland, Martin: Lexicon Alchemiae. Frankfurt/M.: Palthenius 1612.
Roma, Biblioteca Nazionale Centrale: 12.26.M.15

Ru10 Ruland, Martin: Lexicon Alchemiae. Frankfurt/M.: Palthenius 1612.
Milano, Biblioteca Nazionale Braidense: XS. 02. 0106/009

Ru11 Ruland, Martin: Lexicon Alchemiae. Frankfurt/M.: Palthenius 1612.
Milano, Biblioteca Nazionale Braidense: ECO. 01. 0845

Hans C. Boas

Semantic frames as an empirical metalanguage for linguistic analysis

Abstract: This paper discusses the status and role of metalanguage in linguistics by providing a brief overview of different types of metalanguages developed for different purposes. The main part of the paper offers an analysis and comparison of two different types of metalanguages, namely Wierzbicka's Natural Semantic Metalanguage and Fillmore's semantic frames as they are implemented in the *FrameNet* database. The comparison of the two approaches discusses the "building blocks" employed for recognizing, describing, and analyzing meaning and it highlights some important differences in methodology such as the use of empirical corpus data, reproducibility, and falsifiability.

Keywords: lexical semantics, metalanguage, natural semantic metalanguage, frame semantics, *FrameNet*

Schlagwörter: lexikalische Semantik, Metasprache, Natural Semantic Metalanguage (NSM), Frame-Semantik, *FrameNet*

1 Introduction

Semantic metalanguages aim to offer systematic and transparent ways for describing meanings by breaking complex ideas into simpler components.[1] They are important, because ideally they allow, among other things, for the standardization of how meanings are analyzed and discussed, they allow for cross-linguistic comparisons of meaning, they may help with uncovering universal patterns in human language, and they provide a tool for translation, cultural analysis, and language teaching (cf. van Leeuwen 2004).[2] One of the most well-known types of semantic metalanguages are the words in definitions found in dictionaries, since lexicographers often use simplified language or paraphrases to provide clear and concise definitions of words for general

1 For very helpful feedback and suggestions on an earlier version of this paper, I would like to thank Collin Baker, Bert Cappelle, Francisco Gonzálvez-García, and Josef Ruppenhofer. The usual disclaimers apply.
2 For a comparison of different definitions of the term "metalanguage", see Berry (2005: 5).

Hans C. Boas, The Raymond Dickson, Alton C. Allen, and Dillon Anderson Centennial Professor, Department of Germanic Studies and the Department of Linguistics, The University of Texas at Austin, 2505 University AVE, C3300, Burdine Hall 336, 3rd Floor, Austin, TX 78712-1802, E-Mail: hcb@austin.utexas.edu

https://doi.org/10.1515/9783111676531-004

understanding. An example of a simplified paraphrase explaining the meaning of a word in a dictionary is the definition 'A man who is not married' for the word *bachelor*.[3]

The goal of this paper is to show how the concept of semantic frames developed by Charles Fillmore (1982) in his theory of Frame Semantics can be employed as a metalanguage for systematic analysis of meaning, form, and function. More specifically, I argue below that the application of semantic frames to the analysis of the lexicon of English (and later to those of other languages) in the context of the Berkeley *FrameNet* project exhibits all the hallmarks of a semantic metalanguage. In this context, I propose that the workflow underlying the *FrameNet* project, is to a very large degree empirically based, because its results, the lexical database resulting from that workflow, can be verified (and, if need be, falsified) based on new empirical data.

The remainder of this paper is structured as follows. In Section 2 I first provide a very brief overview of the concept of metalanguage in the history of linguistics (and related fields). Then, I discuss Wierzbicka's theory of Natural Semantic Metalanguage (NSM) to show how an approach that is explicitly labeled as a semantic metalanguage operates. In Section 3, I first introduce Fillmore's (1982) theory of Frame Semantics. Then, I show how Frame Semantics has been applied to the description and analysis of the English lexicon in the context of the Berkeley *FrameNet* project (Baker et al. 1998, Fillmore et al. 2003, Ruppenhofer et al. 2017, Boas et al. 2024). More specifically, I argue that the semantic frames derived on the basis of a relatively complex workflow combining linguistic intuition with corpus evidence constitute a type of semantic metalanguage that differs from Wierzbicka's NSM in a number of methodological and empirical points. Section 4 summarizes the results of the paper.

2 Different metalanguages for describing meaning

2.1 A (very) brief overview

Metalanguages have come a long way from classical Greece and Rome until today. While Plato's *Cratylus* explored the relationship between words and their meanings, suggesting that language could be examined critically, Aristotle's *On Interpretation* formalized ideas about propositions, nouns, and verbs, marking the first step toward metalanguage as a tool for analysis. Ancient grammarians in India, such as Panini (see his *Ashtadhyayi* in the 4th century BCE), and Greece used a form of metalanguage – technical terms and symbols – to describe language structures. The Early Modern Period saw the emergence of symbolic logic during the 17th and 18th centuries. For example, Leibniz sought a universal symbolic language (*characteristica universalis*) that

3 See Hanks (1987) and Sinclair (1991) on the distinction between "traditional" lexicographese and the more user-friendly metalanguage of Cobuild publications, in particular the Collins-Cobuild dictionaries.

represented a foundation for metalanguage. Subsequently, philosophers and linguists began to separate object language (language being described) from a so-called metalanguage (language used to describe it).

During the course of the 20th century, formal logic, semiotics, and structural linguistics all saw major developments in metalanguage(s). Bertrand Russell and Gottlob Frege developed formal logical systems, using metalanguage to describe the truth conditions of sentences. Ludwig Wittgenstein's (1921) *Tractatus Logico-Philosophicus* emphasized the distinction between language and metalanguage. During the 1930s, Alfred Tarski revolutionized the concept of metalanguage by formalizing the idea of object language and metalanguage. One way of achieving this goal was to define "truth" in language by introducing a metalanguage to define truth in an object language without leading to contradictions. For example, a metalanguage statement such as "*Snow is white* is true if and only if snow is white" explains the truth of the sentence in a way that avoids ambiguity. His formalization became foundational in formal semantics and logic approaches that sought to analyze the logical form of sentences and their truth conditions (cf. Heim/Kratzer 1998). For example, the predicate logic analysis of the sentence *All humans are mortal* consists of a metalanguage representation in formal logic that looks as follows: $\forall x\ (Human(x) \rightarrow Mortal(x))$, where $\forall$ = "For all" and $\rightarrow$ = "implies". In short, in predicate logic, the metalanguage uses formal symbols and logical operators (e.g., $\wedge$ for "and", $\neg$ for "not") to describe relationships between meanings and to express what is considered by some the logical structure of natural language sentences.

In the early 20th century, Ferdinand de Saussure proposed that language itself should be regarded as a system of signs that, in themselves, are only indirectly associated with real-life phenomena. Saussure's concept of the "arbitrariness" of the linguistic sign lays the foundation for the idea that language can take as its "object" not only material objects but abstractions, and "language" itself as one of these. In Saussure's view, there is a distinction between the signifier (word form) and the signified (concept). In many ways, this distinction pretty much laid the foundation for discussing language "about itself" for decades afterwards. To this end, Coupland/Jaworski (2004: 17) point out that "[a]n interest in metalanguage (...) as a recursive quality, or an in-built self-referential potential of linguistic systems, then surfaces in many of the formative movements of early linguistics – the Prague School, American and European Structuralism, Russian Formalism, and others." More specifically, many linguists during the second half of the 20th century commented in one way or another on the importance of metalanguage for linguistic description and analysis, including Hockett (1958), Hjelmslev (1972), Chomsky (1965), Weinreich (1966), Lyons (1977), Halliday (1978), Lucy (1992), and Gumperz/Levinson (1996).

Starting in the 1960s, researchers aimed to capture various types of meanings by developing different types of metalanguages. The goal of these efforts was to develop a system used to describe and analyze the meanings of words, phrases, or sentences in a given natural language. The key idea is that a semantic metalanguage provides a framework for explaining meanings in a clear, precise, and consistent way, often using simplified vocabulary or symbols to explain complex meanings. In other words, a semantic metalanguage breaks meanings down into basic components, showing how complex concepts can be paraphrased using more fundamental elements.

A prominent semantic metalanguage approach developed during the 1970s is Montague Grammar, which employs a formal, logic-based metalanguage to describe the semantics of natural language sentences by integrating syntax and semantics using tools from formal logic (cf. Partee 1976). For example, a sentence like *John runs* can be analyzed in Montague Grammar using a metalanguage that represents it as a function and argument as in *'run (john)'*. This metalanguage representation is supposed to identify the predicate (*run*) and the argument (*john*).

However, while Montague Grammar significantly advanced formal semantics, it also has several limitations. First, since it relies heavily on formal logic, lambda calculus, and type theory it makes the framework difficult to understand and apply for linguists or researchers who lack training in formal logic or mathematics (cf. Bach 1989). Second, Montague Grammar's overemphasis on formalism stands in the way of accounting for natural language variability. In other words, Montague Grammar's strict formalism can lead to overly rigid or abstract representations that do not align well with the inherently flexible, ambiguous, and context-dependent nature of natural languages (cf. Dowty et al. 1981, Heim/Kratzer 1998).

In addition, because of its focus on syntax and semantics, Montague Grammar largely ignores pragmatics, i.e. how context, speaker intention, and conversational implicature influence meaning in different types of contexts (cf. Levinson 2000). Third, Montague Grammar offers only a limited account of lexical semantics because it assumes a close correspondence between words and their meanings, often treating words as fixed logical symbols. As such, this approach struggles with the rich, context-sensitive nature of lexical meaning, such as polysemy and metaphor. Fourth, Montague Grammar does not pay much attention to the integration of cognitive and psychological aspects of real-world language use, because it prioritizes abstract, logical models of meaning over how humans actually process and use language cognitively. In other words, it does not account for how meaning is grounded in human experiences, perception, or embodiment (as emphasized in cognitive semantics). However, psycholinguistic evidence suggests that people do not mentally compute complex logical formulas when understanding sentences (cf. Jackendoff 2002).

Montague Grammar, as well as the other approaches briefly mentioned above, use abstract notation systems consisting of symbols and terms that are not easily accessible to non-specialists. In contrast, natural metalanguages do not typically rely on such abstract symbols and terms. Instead, they use natural language to talk about language. Lyons (1995: 7) characterizes natural metalanguages as follows:

> Now it is a commonplace of philosophical semantics that natural languages (in contrast with many non-natural, or artificial, formal languages) contain their own metalanguage: they may be used to

> describe not only other languages (and language in general), but also themselves. The property by virtue of which a language may be used to refer to itself (in whole or in part) I will call reflexivity.

In the following sub-section, we will turn our attention to one particular natural metalanguage, namely Wierzbicka's NSM. Based on a summary of its main characteristics, I will point out a number of issues with this approach before turning to a different type of natural metalanguage in Section 3, namely the metalanguage employed by Frame Semantics and *FrameNet*.

2.2 Natural Semantic Metalanguage (NSM)

During the 1970s, Anna Wierzbicka proposed a novel approach to linguistic meaning by first observing that many formal approaches to meaning such as Montague Grammar did not capture how humans actually express meaning across languages and cultures. This observation served as the basis for what would later become known as NSM, an approach based on the hypothesis that all natural languages are based on a finite set of semantic universals – concepts that are so fundamental that they cannot be further simplified (cf. Wierzbicka 1972). The idea was to identify these basic concepts (primitives) and create a metalanguage based on them that could describe meaning across all languages (cf. Goddard 2010).

In a first step, Wierzbicka (1972) proposed a set of so-called semantic primitives, i.e. words or concepts that she claimed are irreducible and universal across languages. For example, she identified words like *I*, *you*, *someone*, *something*, *good*, *bad*, *think*, *say*, and *know* as universal concepts. According to Wierzbicka, these words were chosen based on their occurrence in a wide variety of unrelated languages. Wierzbicka's proposal to use these minimal, universal words allowed linguists to define and describe more complex meanings in any natural language, which was a radical shift away from earlier semantic theories that often relied on complex or culture-specific concepts. During the 1980s, Wierzbicka worked on refining the list of semantic primitives and applying them to a broader range of languages such as English, Russian, Polish, Japanese, Ewe, and Warlpiri to test whether her primitives could be regarded as universal (Wierzbicka 1980). Furthermore, Wierzbicka and her colleagues started developing so-called "explications", i.e. paraphrases of complex meanings using only semantic primitives. The explications were designed to provide for a clear, culture-free way of explaining words and concepts.

During the 1990s, Wierzbicka and her colleagues, especially Cliff Goddard, further refined the list of semantic primitives, adding words that had been overlooked earlier and dropping others that failed cross-linguistic tests (cf. Goddard/Wierzbicka 1994). This resulted in a list of approximately 60–70 universal concepts and it provided a way to compare languages without imposing culture-specific frameworks, according to

Wierzbicka (1996). Since the early 2000s, the NSM metalanguage has been slightly revised, resulting in about 65 universal concepts.

The NSM approach "is a decompositional system of meaning representation based on empirically established universal semantic primes, i.e., simple indefinable meanings which appear to be present as identifiable word-meanings in all languages." (Goddard 2008a: 1) According to Goddard, the NSM is different from the other types of semantic metalanguages discussed above, since (1) it avoids cultural bias by using universal semantic primes (universal applicability), (2) it respects the meanings of words and concepts as understood in their cultural contexts (cultural sensitivity), and (3) it provides a simple, clear, and cross-linguistic tool for analyzing meaning (practicality). According to Goddard (2008a: 1), the words and grammar of the metalanguage can be thought of as a highly disciplined and standardized subset of natural language: a small subset of word-meanings (63 in number (...)), together with a subset of their associated properties."[4]

According to Wierzbicka (1996), semantic primes are those meanings in any language that cannot be paraphrased in simpler terms.[5] On this view, exponents of semantic primes are lexical units, i.e. pairings of a single sense with a lexical form.[6] Goddard (2018: 318) presents a list of 65 primes, including different types of Substantives (*I, you, someone, something*), Actions (*do, happen, move*), Qualities (*big, small, good, bad*), Mental Predicates (*think, know, feel, want*), Speech (*say, words, true*), Time and Space (*when, where, here, now*), and Logical Concepts (*if, not, because*). Besides English, comparable lists of semantic primes for about 30 other languages have been compiled (Goddard 2018: 317). The availability of counterparts of semantic primes, i.e. a simple cross-translatable metalanguage, across various languages makes it possible to show how lexical units that share a given primitive meaning can be matched across languages. Goddard (2008a: 5) points out that when "exponents of a given prime have different polysemic extensions (as they frequently do), there is a match-up between lexical units, but not between whole lexemes." To illustrate how words can be explicated directly in terms of universal semantic primes, consider the verb *to think* as in the following example.

---

4 This paper focuses primarily on a discussion of semantic primes and their use for explications of word meanings. NSM also encompasses grammatical semantics, ethnopragmatics, and cultural scripts. See Goddard (2010) for more details.

5 For a discussion of how primes can be discovered, see Goddard (2010: 463).

6 According to Goddard (2008a: 12), universal semantic primes "have an inherent grammar – a 'conceptual grammar' – which is the same in all languages; that is, each semantic prime has certain combinatorial properties (cf. Goddard/Wierzbicka 2002: 41–85) by virtue of the particular concept it represents. The formal realisations (marking patterns, word order, constituent structure, etc.) may differ from language to language without these underlying combinatorial properties being disturbed. Because their inherent syntactic properties are manifested in all languages, semantic primes bring with them a substantial slab of universal syntax: the syntactic properties of semantic primes are literally universals of syntax."

(1) X thinks about Y
- X knows something about Y.
- Because of this, something happens in X's mind.
- When this happens, X feels something.

The NSM explication in (1) is a semantic predicate, a combination of semantic primes that describes relationships or actions involving other elements. While semantic predicates are not universal in themselves, they are composed of universal semantic primes and are used to help describe complex meanings by showing how semantic primes interact and relate to each other. According to Goddard (2008a), explications such as in (1) avoid culture-specific or language-specific terms and use only NSM primes such as *think*, *about*, and *something* to create a universal meaning representation of "thinking". The first part of the explication "X knows something about Y" captures the fact that thinking presupposes some knowledge or awareness of the subject (Y). The second part "Something happens in X's mind" represents the fact that thinking involves mental activity, which is a process that happens internally. The third part, "When this happens, X feels something" represents the fact that thinking is often accompanied by emotions, or it causes a cognitive or emotional response. Note that the explication in (1) provides only one specific valence pattern associated with *to think*. However, as Goddard (2008a: 14) points out, every "NSM predicate has a set of valency options [...] which are seldom recognized in mainstream grammars and which may have no standard labels." Goddard goes on to point out that

> [the] semantic prime THINK universally allows a "cognitive topic" valency option such that one can say, in all languages, the semantic equivalent of a sentence like 'I was thinking about this someone (person) (this thing, this place, etc.)'. (Goddard (2018a: 14)

Goddard (2008: 14) notes that THINK also has additional complement options by pointing to the "full valency array for THINK" in (2), where the "third and fourth frames show sentential complement options: ways in which an expression analogous to a full sentence can be embedded inside the scope of THINK."[7]

7 In related work, Goddard/Karlsson (2008: 238) discuss two specific uses of *think*: "We have also identified and explicated two English-specific uses of *think*, namely, the generic or 'opinion' frame (as in *She thinks that – –*) and the conversational formula *I think*, which have no exact equivalents in Swedish. [...] it seems clear now that the propositional complement construction, i.e., the think *that* frame, is possible only in relation to a temporally grounded concrete thought."

(2) a. someone THINKS about someone/something [topic of cognition]
b. someone THINKS something (good/bad) about someone/something [topic + complement]
c. someone THINKS like this: " – – " [quasi-quotational thought]
d. (at this time) someone THINKS that [——]s [propositional complement][8]

(Goddard 2008a: 14)

The NSM approach has a number of advantages over other approaches to meaning in that it offers a metalanguage that uses natural language. As such, it is intended to be accessible and easy to understand. To this end, Goddard (2008a: 2) comments on "the consistency or stability of its notation, in particular, the use of reductive paraphrases." In his view, "[t]his stands in sharp contrast to the situation in linguistics at large." In addition, according to Wierzbicka (1996), the primes used in NSM definitions ensure simple, clear, and culturally neutral definitions, and they provide a non-ethnocentric and non-circular way of analyzing meaning across different languages and cultures. As such, Wierzbicka's NSM has all the features of a semantic metalanguage: (1) It operates above the language being described and it serves as a system for defining meanings and relationships between words. (2) It uses simpler concepts or terms to explain complex meanings. (3) It breaks meanings down into basic components, showing how complex concepts can be paraphrased using more fundamental elements. (4) It can be applied to analyze and explain meanings in different natural languages.

At the same time, however, there are a few issues with the NSM approach. First, the claim of NSM to be universally applicable across all languages needs to be taken with a grain of salt. Just because the NSM approach has been shown to work for selected portions of the lexicons (as well as syntax and pragmatics) of several dozen typologically diverse languages does not automatically mean that it is universally applicable (cf. Levinson 2000). In my view, the jury is still out on the universal applicability of NSM, because we do not yet have full descriptions let alone analyses of all of the world's languages. In other words, the sheer diversity of the world's languages and cultural contexts makes comprehensive validation difficult (see also Lucy 1992 and Evans/Levinson 2009). In addition, as Croft (2001) argues, it appears as if languages and their

8 Goddard (2008b: 72) observes the special status of propositional complements: "An outstanding property of a small number of primes – KNOW, THINK, WANT – is the possibility of taking a clausal ('propositional') complement. For example, one can KNOW THAT someone did something, something happened, etc., or THINK THAT someone did something, something happened, etc." These clausal complements, however, do not cover variants with a *that*-clause (the most frequently occurring one) is mentioned, but not the non-finite (e.g. *I knew him to be loyal to me*) and verbless (e.g. *I have never known him sick*) variants. Related lower-level configurations such as *Consider yourself warned* or cases of semantic shift from cognition to volition (e.g., *He thought to break her heart*) are also not mentioned by Goddard. Thanks to Francisco Gonzálvez-García for this important observation.

categories and constructions need to be described and analyzed separately, using only language-internal features and descriptions. This bottom-up approach requires separate analyses of languages before arriving at any specific claims about the possible universal status of categories, features, or linguistic units. Thus, more cross-linguistic research is needed to validate the universality of the proposed semantic primes.

Another issue with the NSM appears to be its heavy reliance on linguistic intuition without paying too much attention to corpus evidence.[9] Research in usage-based linguistics over the past two decades (see, e.g., Barlow/Kemmer 2000, Sampson 2001, Bybee 2023) has shown that it is important to account for actual language use in context. In this view, "an ideal usage-based analysis is one that emerges from observation of such bodies of usage data, called corpora" (Kemmer/Barlow 2000: xv). In other words, despite aiming for objectivity, creating explications typically involves subjective interpretations and different NSM researchers might propose different explications for the same word, leading to potential disagreements. A related problem is that the process of choosing and combining primes can be influenced by the analyst's own linguistic and cultural background and that some primes like *think* and *feel* may not have clear counterparts in some languages (cf. Levinson 2000). Note, though, that even though NSM research may not have fully incorporated a usage-based approach to linguistic analysis, it is still compatible with it.

A third issue with NSM is empirical, namely that there are some languages that do not have clear lexical equivalents for certain primes. For example, the Pirahã language, spoken in the Brazilian Amazon, is often cited as lacking words for certain presumed universal primes, such as numbers and quantifiers (*many*, *few*), or even temporal expressions (*before*, *after*). According to Everett (2005), Pirahã speakers use approximate quantifiers (*some*, *a lot*), but there is no evidence of discrete words for specific primes such as *one*, *two*, *many* (see also Nevins et al. 2009). A related issue is the finite number of semantic primes (currently around 65), which might not cover all meanings in all languages. Certain complex or abstract concepts such as emotions and cultural practices might require more nuanced primes or extensions to be fully explicated.[10] In other words, if one needed a new prime for every new culture-specific word or concept to explicate it, then this would mean that one of the main goals of NSM, i.e. to come up with a relatively limited set of universal semantic primes, does not work.

---

9 A related issue is the coverage of NSM explications. Most NSM research focuses on a select number of words from specific lexical domains instead of covering a broader range of semantically related words, similar to the methodology pursued by Levin (1993) or the *FrameNet* approach (Fillmore/Baker 2010). If the sampling is not comprehensive enough in NSM, it is not clear how the set of proposed semantic primes is in itself sufficient enough to also handle semantically related words. I thank Francisco Gonzálvez-García for this important observation.

10 See Levinson (2003), Haspelmath (2010), and Henrich et al. (2010) for observations on different concepts in a variety of different languages.

This problem is reminiscent of the issues faced by Fillmore's (1968) *Case Grammar*, which aimed to identify a limited number of universal deep cases (which later became known as semantic roles, see also Gruber 1965) to describe how meanings of verbs are realized syntactically. During the 1970s, several researchers applied Fillmore's (1968) proposals to different phenomena and languages (see Busse 2012 for an overview). It turned out that Fillmore's original ideas were problematic because there are no systematic tests for determining abstract semantic roles. Similarly, it was shown that it is difficult to determine the exact grain size of semantic roles, which in turn makes it difficult to distinguish between different types of semantic roles (see Levin/Rappaport Hovav 2005 and Boas/Dux 2017 for discussion). Despite its tremendous initial success, Fillmore and most other researchers eventually abandoned the original concept of semantic roles (for an exception, see Ágel/Höllein 2021, for discussion, Boas/Ziem 2022).

A fourth issue concerns the granularity of semantic primes and how they are used to represent meanings of different words that are closely related in meaning. Consider, for example, the two verbs *jog* and *stroll*. According to Al-Hammadi/Yagi (2024), the NSM explications for these two verbs can be represented as follows:

(3) Strolling:
- Someone X goes somewhere.
- X does something with X'S legs.
- This is slow.
- X does this because X wants to do this.
- X feels something good.

(4) Jogging:
- Someone X goes somewhere.
- X does something with X's legs.
- This is fast(er).
- X does this because X wants to do this.
- X does this because X wants to be healthy.

Both NSM explications cover the similarities in meaning, namely by characterizing the self-motion as "SOMEONE X GOES SOMEWHERE; X DOES SOMETHING WITH X'S LEGS" and that "X DOES THIS BECAUSE X WANTS TO DO THIS." The difference between the two verbs is that *stroll* involves a slower speed and that the activity of strolling results in that person feeling something good, while *jog* involves a fast(er) speed and the jogger supposedly wanting to be healthy. While the two NSM explications cover the similarities and differences between these two verbs, they are also missing a number of important aspects of meaning.[11]

First, it is not clear why "X FEELS SOMETHING GOOD" only occurs in the explication of *stroll*, but not *jog*. Many people like to jog to relieve stress (e.g. *After a stressful day at work, Sarah laces up her running shoes and jogs through the park to clear her mind and release built-up tension*), to feel a sense of accomplishment (e.g. *Lisa loves the sense of accomplishment she feels after finishing her jog, knowing she's done something good for her body and mind*), to sleep better (e.g. *After jogging for five miles in the afternoon, Kim slept a lot better than the night before*), and to find time for reflection (e.g. *The rhythmic sound of her footsteps and the fresh air during her jog help Emily feel calmer and more grounded*). In other words, the activity of jogging also leads to the person jogging feeling something good.

Furthermore, it is not apparent why "X DOES THIS BECAUSE X WANTS TO BE HEALTHY" is only a part of the explication of *jog*, but not *stroll*, since strolling has several health benefits, even though it might not be as intense as jogging or brisk walking. For example, strolling has a number of physical health benefits such as improving circulation (e.g. *After sitting at her desk all day, Maria takes a stroll around the block to get her blood flowing and stretch her legs*), boosting mobility (e.g. *Joe makes it a habit to stroll around the garden every morning to keep his joints flexible and reduce stiffness*), burning calories (e.g. *Even though it's a slow-paced walk, Kim enjoys his daily evening stroll to burn a few extra calories after dinner*), supporting digestive health (e.g. *Strolling around the neighborhood after lunch helps Marc feel less bloated and aids his digestion*), and reduction of blood sugar levels (e.g. *Doctors recommended that Harold take a 10-minute stroll after meals to help manage his blood sugar levels*). In addition, strolling has different mental health benefits, including reducing stress (e.g. *Suzie finds that a leisurely stroll by the lake helps her unwind after a busy day at work*), improving mood (e.g. *Whenever he feels down, Sascha takes a stroll through the park, and the fresh air instantly lifts his spirits*), and enhancing creativity (e.g. *Strolling through the quiet streets of her neighborhood gave Nicole the mental clarity to solve a tricky problem at work*).[12] Another problem with the explication in (4) is that HEALTHY might mean different things to different people, and its meaning might shift over time. *Healthy* used to be about not being overweight. Today it is all about having enough muscle strength. In some years' time, it might all have to do with certain brain wave patterns one exhibits in a state of rest, for all we know. Or with how fast one's cells regenerate.[13]

11 The same observation can be made about NSM coverage of members of other classes of verbs, including verbs of cognition (e.g. *know, think, believe, consider*) and verbs of saying (e.g. *announce, declare, state, say*).

12 Note, too, that wanting to be healthy is not a necessary component of jogging: *He jogged over to some nearby picnic tables and searched their underbellies, but found nothing.*

13 Thanks to Bert Cappelle for this important insight.

Second, both explications make reference to some type of speed, i.e. slow vs. fast(er), but it is not clear how these two concepts can be explicated further using the current set of 65 semantic primes.[14] Put differently, the concept of speed (and the words evoking it, such as slow or fast(er)) involves a number of interrelated concepts that a speaker needs to know in order to know how to understand the concept. This involves knowledge of the concepts of motion, distance, and time, and it involves knowledge of a scale on which words that express speed appear in a particular order (e.g., *slowest, slow, slower, normal, fast, faster, fastest*). At present, it is not clear how these interrelated concepts expressed by the NSM explications above can be broken down further with the current inventory of semantic primes. A related problem is the use of certain concepts such as *slow* or *fast* in the explications, since these are vague and often context-dependent (and perhaps even subjective).

Third, certain NSM explications might turn out to be too coarse-grained, because they are not structurally set up to capture the many fine meaning nuances of different words that are closely related in meaning.[15] Besides *jog* and *stroll*, consider other self motion verbs such as *amble, barge*, bustle, *crawl, dance, frolic, hitchhike, limp, lurch, march, meander, rush, shuffle, skip, sleepwalk, sneak, stagger, step, stumble, swagger, tiptoe, trudge, waddle, wade*, and *wriggle*. These verbs differ from each other not only with respect to speed, but also with respect to the nature of the surface on which the motion takes place, the type(s) of movement of limbs, the body posture of the person moving, the mental and/or physical state of the person moving, the direction of movement, and the types of possible obstacles involved that might hinder the motion. Note, too, that if each of these verbs needed to be distinguished from all of the others in the list, then the explications would have to become quite long. For more details on the subtle differences in meaning of English motion verbs, see, e.g. Snell-Hornby (1983) and Boas (2006).

In summary, while NSM provides a valuable tool for semantic analysis, the difficulties discussed above highlight significant differences between languages and concepts and the need for ongoing refinement and critical evaluation of NSM as a metalanguage for semantic analysis. In the following sections, we turn to a discussion of an alternative theory of meaning that employs semantic frames as a metalanguage for linguistic analysis. I first review some of the main claims of the theory of Frame Semantics (Fillmore 1982), then I discuss the practical implementation of Frame Semantics in a corpus-based lexicography project called *FrameNet* (Fillmore et al. 2003) that seeks to account for different types of meaning using semantic frames. Finally, I argue that semantic frames, together with their so-called frame elements (situation-specific semantic roles), should

---

14 For a current list of NSM primes, see https://en.wikipedia.org/wiki/Natural_semantic_metalanguage.

15 A related issue is the question of how semantic primes and explications can be employed to account for grammatical meaning similar to the way that semantic frames can be used to account for constructional meanings in Construction Grammar (cf. Boas 2025).

be regarded as a type of semantic metalanguage that overcomes many of the issues of Wierzbicka's NSM.

3 Combining meaning, form, and function

3.1 Frame Semantics

Fillmore's (1982) theory of Frame Semantics offers rich and detailed examples of how cultural and world knowledge motivates and is embedded in linguistic expressions. One of the main differences from his 1968 Case Grammar is that it does not rely on a limited set of semantic roles to account for word meanings (cf. Fillmore 2003). Instead, it relies on a potentially very large inventory of so-called frame elements that make up semantic frames (conceptual structures evoked by words that provide context for elements of interpretation) to cover the multitude of different types of linguistic meanings.[16] The main ideas of Frame Semantics are summarized in the following quote:

> A word's meaning can be understood only with reference to a structured background of experience, beliefs, or practices, constituting a kind of conceptual prerequisite for understanding the meaning. Speakers can be said to know the meaning of the word only by first understanding the background frames that motivate the concept that the word encodes. (Fillmore/Atkins 1992: 76–77)

One of Fillmore's examples showing the important role played by semantic frames is the sentence *We never open our presents until morning*. The words in this sentence individually evoke specific semantic frames (conceptual structures), e.g. *open* evokes the `Closure` frame, in which an Agent manipulates a Fastener to open or close a Containing Object, while *morning* evokes the `Calendric unit` frame that serves to structure different parts of the calendric cycle, both man-made and natural.[17] Fillmore points out that while each of the words have their own meanings, the sentence as a whole evokes the `Christmas` frame by describing a situation that captures relevant facts of Christmas practice, even though no word in it is specific to Christmas (cf. Gawron 2019: 60).[18]

Based on such observations, Fillmore proposes that one should characterize word meanings in terms of experience-based schematizations of events and objects in the speaker's world. Depending on the situation and the context, different types of references to extrinsic knowledge that are structured in terms of semantic frames are needed. Frames are used to capture different types of knowledge of various sorts and

16 For details on Frame Semantics, see Petruck (1996), Busse (2012), and Gawron (2019).

17 Frame names appear in Courier New font.

18 Note that this requires knowledge of the various beliefs and customs around Christmas. Someone not familiar with the beliefs and customs will most likely not arrive at the Christmas interpretation of this sentence.

levels of complexities, such as the following: (1) events, such as `Revenge` (evoked by words such as *to avenge, vengeful, revenger*), `Giving_birth` (evoked by words such as *to birth, to bear),* and `Complaining` (evoked by words such as *to bitch, to gripe,* and *to whine*); (2) relations, such as `Personal_Relationships` (evoked by words such as *to date, marital, romance,* and *wife*); (3) entities, such as `Gizmo` (evoked by words such as *apparatus, gear,* and *utensil*), (4) scales, such as `Temperature` (evoked by words such as *lukewarm* and *cold*), (5) states, such as `Being_located` (evoked by words such as to *find, located,* and *whereabouts*), as well as person and spatial deixis.

During the 1990s, research in Frame Semantics began to focus on lexicographic and grammatical questions surrounding the syntactic realization of participants (a.k.a. frame elements). Fillmore/Atkins' (1992) pioneering study presents a detailed investigation of how the concept of 'risk' is realized linguistically by (a) identifying all participants in the risk scenario, (b) documenting how participants are formally realized in concrete linguistic expressions, and finally (c) summarizing the various ways in which the concept can be realized syntactically. In a follow-up study, Atkins (1994) argues that many definitions in traditional dictionaries are not appropriate, because they do not explain differences among near-synonyms such as *glimpse, spy, behold,* and *see*. Based on her observations, Atkins (1994) proposes a new corpus-based approach of lexicographic analysis that offers a more nuanced and systematic differentiation of the meanings of various semantically close verbs of seeing. Studies such as Fillmore/Atkins (1992), Atkins (1994), and Fillmore/Atkins (1994) laid the basis for the practical application of Frame Semantics to lexicography, as the following subsection shows.

3.2 *FrameNet* (FN)

In 1997, Fillmore founded the FN project at the International Computer Science Institute in Berkeley, California, with financial support from the National Science Foundation. The main goal of the FN project is to compile a lexicographic database by applying semantic frames to the structure and documentation of the English lexicon. The FN database (https://framenet.icsi.berkeley.edu/) offers rich frame semantic knowledge about the core vocabulary of English based on manually annotated corpus data, including valence description for each item analyzed (cf. Fillmore et al. 2003, Fillmore/Baker 2010). FN, which is freely available for academic research, currently contains about 1,200 frame definitions (including definitions of their respective FEs), together with lexical entries for more than 13,100 LUs evoking frames, more than 200,000 annotated corpus examples, and nearly 1,800 frame-to-frame relations illustrating how semantic frames are connected to each other via a frame hierarchy. The workflow underlying the creation of the contents in the FN database consists of three related stages.

First, a group of FN lexicographers proposes new semantic frames and lexical units (LUs) that evoke them.[19] When defining the boundaries of frames, FN lexicographers make sure that all LUs evoke the same type of event and share the same inventory and configuration of FEs (cf. Ruppenhofer et al. 2013). This process typically begins with finding a specific sense of a word that represents the prototypical meaning of that word and the frame more generally. For example, *to comply* expresses the prototypical meaning of the `Compliance` frame (see below). FN lexicographers formulate a first draft of a frame description by comparing the definitions of prototypical LUs in different dictionaries. Then, they discuss these definitions and compare them with their own intuitions. During this first stage, FN lexicographers also work closely with electronic corpora to study the different contexts in which the relevant LUs appear (cf. Fillmore/Atkins 1998, Atkins et al. 2003, Ruppenhofer et al. 2013). This three-part investigative process consisting of existing dictionary definitions, linguistic intuition, and corpus evidence helps FN lexicographers to arrive at a clearer (initial) definition of semantic frames and their frame elements.

This process also forms the basis for discussions about defining the boundaries of frames and identifying the different LUs that evoke them (cf. Johnson/Petruck 2003, Petruck et al. 2004, Boas 2005b). In the case of the `Compliance` frame, FN lexicographers identified other verbal LUs besides *comply* that evoke the same frame, such as *conform, follow*, and *observe*, as well as nouns such as *compliance, conformity*, and *observance*, and adjectives such as *compliant, obedient*, and *observant*. Figure 1 shows the FN definition of the Compliance frame.

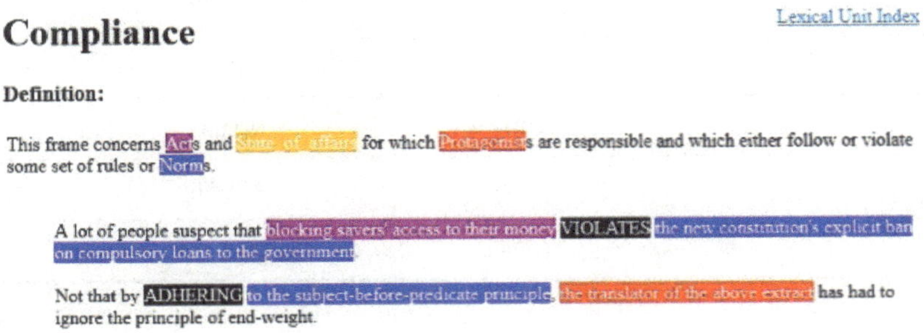
Compliance

Lexical Unit Index

Definition:

This frame concerns Acts and State of affairs for which Protagonists are responsible and which either follow or violate some set of rules or Norms.

A lot of people suspect that blocking savers' access to their money VIOLATES the new constitution's explicit ban on compulsory loans to the government.

Not that by ADHERING to the subject-before-predicate principle, the translator of the above extract has had to ignore the principle of end-weight.

Fig. 1: First part of the FrameNet Definition of the Compliance frame[20]

Frame definitions in FN consist of multiple parts. The first part, as in Figure 1, provides a prose definition of the situation described by the LUs evoking the frame. The FEs,

19 A LU is a word in one of its senses. In FN, each sense of a word is a lexical unit and evokes a separate semantic frame.

20 See https://framenet.icsi.berkeley.edu/fnReports/data/frameIndex.xml?frame=Being_located.

situation-specific semantic roles, are color coded and defined in the second part of the frame definition. For example, the core FEs of the Compliance frame are Act (This FE identifies the Act that is judged to be in our out of compliance with the Norms), Norm (This FE identifies the rules of Norms that ought to guide a person's behavior), Protagonist (The Protagonist's behavior is in or out of compliance with norms), and State of Affairs (A State of Affairs may violate a law or rule).[21] The frame description in Figure 1 also includes two sentences exemplifying the Compliance frame. In these sentences, the frame-evoking LUs (*violate*, *adhere*) are marked in black, while the FEs of the Compliance frame appear in color.

The second stage in the FN workflow involves a second group of FN researchers, who annotate example sentences that were automatically extracted for each target LU from electronic corpora such as the British National Corpus and the American National Corpus. These annotators use a specific software, the co-called FN Desktop, to manually annotate about 10-20 example sentences per LU, depending on the LU's frequency in the corpus. Using the FN Desktop, annotators manually apply FE labels showing which parts of the sentence fill which FE role, labels for their phrase type(s) (PTs) and grammatical functions (GFs) vis-a-vis the target LU are added automatically (for details, see Fillmore et al. 2003, Boas 2017a, Ruppenhofer et al. 2017, Boas et al. 2024).[22] Table 1 provides an example annotation of one particular valence configuration of *to comply* in the Compliance frame.[23]

Tab. 1: Excerpt of one specific FE configuration from the valence table of the lexical entry of to comply in the Compliance frame[24]

	Kim	complies	100 percent	with the rules
FE	Protagonist		Degree	NORM
PT	NP		AVP	PP[with]
GF	Ext		Dep	Dep

21 So-called core FEs are those types of FEs that uniquely define a frame, e.g. Act and Norm in the Compliance frame. Non-core FEs are peripheral FEs used to describe aspects of events more generally, such as Time, Manner, and Place (see Ruppenhofer et al. 2016). In contrast, extra-thematic FEs do not conceptually belong to the frame per se, but they situate an event against the backdrop of another state of affairs. For example, in *Sue baked the cookies for me*, the PP *for me* is an extra-thematic Recipient FE that is not an important part of a situation in which some edible entity is created (see Boas 2017b).

22 The automatically generated information for PT and GF can be corrected manually if necessary.

23 See Fillmore (2003) on how the concept of "valence" is implemented in FN.

24 https://framenet.icsi.berkeley.edu/fnReports/data/lu/lu2332.xml?mode=lexentry.

The goal of annotating example sentences for each LU evoking a frame is to arrive at an annotation set for every possible combination of FE, PT, and GF. When annotating example sentences, annotators first have to read and understand the frame description devised by the first group of FN lexicographers, including the definitions of the various FEs. When reading through the extracted corpus example sentences, the annotators have to identify those constituents that represent specific FEs of the semantic frame under consideration and annotate them accordingly with the labels of those FEs that were defined by the first group of lexicographers. In most cases, this manual annotation process works very well. However, the annotation process is not always straightforward and linear. On a regular basis, annotators encounter extracted corpus example sentences that do not fit nicely into the frame descriptions provided by the first group of FN lexicographers. In many cases, these example sentences are instances of a different LU (evoking a different semantic frame) of the same word. Annotators then simply pick different sentences for annotation.

If, however, this problem re-occurs repeatedly and the annotators do not find any good example sentences among the extracted corpus examples, then they call a meeting with the first FN group of lexicographers to discuss these difficulties. The goal of the discussions between FN lexicographers (the first group in the workflow) and FN annotators (the second group in the workflow) is to determine possible issues causing the problems with annotating the difficult corpus examples under discussion and to resolve these issues. In many cases, the problems encountered by annotators are due to unclear boundaries of individual semantic frames. In other cases, the problems are caused by imprecise definitions of FEs of frames. Sometimes, it turns out that a specific LU has been misidentified by the first group as evoking a particular semantic frame (see, e.g., Petruck et al. 2004).

Usually, all three types of issues are caused by the output of the workflow by the first group of FN lexicographers. Then, the FN lexicographers engage in a discussion with the FN annotators to re-determine the boundaries of individual frames, or to re-define specific FEs of a frame, or to re-assign example sentences illustrating a particular use of a LU in a specific context to a different semantic frame. This process of reformulating frames is parallel to the more general process of reframing (cf. Petruck et al. 2004), in which the new analysis of a frame needs to be redone because the specific existing frame in question is too close to or overlaps with a new frame under development.[25] This process typically results in (1) more fine-grained definitions of FEs re-drawing the boundaries of existing semantic frames vis-a-vis other newer frames on which the FN lexicographers work, (2) re-defined frame descriptions (often coupled with an analysis and definition of a new semantic frame that is closely related to the original

25 See Petruck et al.'s (2004) discussion of how the original `Noise` frame is reframed by the FN lexicographers, resulting in two separate but related frames, namely `Make_noise`, `Cause_to_make_noise`, `Sound_movement`, and `Sounds`.

frame under reconsideration), or (3) re-assignment of automatically extracted corpus examples sentences to a different frame (or deleting it altogether because it does not illustrate use of a particular LU vis-a-vis a specific frame).

After FN annotators complete manual annotation of extracted corpus sentences with FE annotations, lexical entries are produced automatically for each LU in a frame during the third and final stage of the FN workflow. Each lexical entry of an LU includes a brief definition of the LU together with the frame it evokes and how each individual FE is realized syntactically in the annotated corpus sentences, see Figure 2 for the first part of the lexical entry report of *comply* in the `Compliance` frame.

comply.v

Frame: Compliance

Definition:

COD: act in accordance with a wish or command

Frame Elements and Their Syntactic Realizations

The Frame Elements for this word sense are (with realizations):

Frame Element	Number Annotated	Realization(s)
Act	(3)	NP.Ext (3)
Degree	(5)	PP[in].Dep (1) AVP.Dep (3) NP.Dep (1)
Manner	(1)	PP[in].Dep (1)
Norm	(25)	PP[with].Dep (23) DNI.-- (1) NP.Ext (1) PP[to].Dep (1)
Protagonist	(20)	NP.Ext (17) CNI.-- (3)
State of affairs	(2)	NP.Ext (2)
Time	(1)	AVP.Dep (1)

Figure 2: First part of the FN lexical entry of *comply* in the `Compliance` frame.

The second part of a lexical entry provides detailed valence tables providing exhaustive information about every attested combinatorial possibility of FEs and their syntactic realizations (PT and GF), so-called FE configurations (cf. Fillmore et al. 2003, Boas 2005b, Ruppenhofer et al. 2016). See Figure 3 for the second part of the lexical entry of *comply* in the Compliance frame.[26]

26 Note that the concept of "realization" used by FN covers cases in which FEs are not overtly realized at all but instead "null instantiated" (indefinite null instantiation (INI), definite null instantiation (DNI),

Valence Patterns:

These frame elements occur in the following syntactic patterns:

Number Annotated	Patterns		
1 TOTAL	Act	Degree	Norm
(1)	NP Ext	PP[in] Dep	PP[with] Dep
2 TOTAL	Act	Norm	
(2)	NP Ext	PP[with] Dep	
4 TOTAL	Degree	Norm	Protagonist
(3)	AVP Dep	PP[with] Dep	NP Ext
(1)	NP Dep	PP[with] Dep	NP Ext
1 TOTAL	Manner	Norm	Protagonist
(1)	PP[in] Dep	PP[with] Dep	NP Ext

Figure 3: Excerpt from the second part of the FN lexical entry of *to comply* in the Compliance frame.

For each LU in the FN database there is also an annotation report that presents the results of the manual annotation process by the FN annotators. These annotation reports illustrate how the relevant frame-evoking target LUs occur in different contexts. These reports form the basis of the detailed valence tables in the lexical entries of each LU as in Figure 3. FN users typically access information about LUs by directly searching for them on the FN website. Alternatively, they can search for LUs via an alphabetized index of LUs or via an alphabetized index of names of semantic frames. Another option for accessing FN data is via the FrameGrapher visualization tool,[27] which allows users to interactively explore the topology of relations that exist in a set of related frames. For additional ways of accessing FN data, see Fillmore & Baker (2010), Ruppenhofer et al. (2013) and Boas et al. (2024). With this brief overview of Frame Semantics and FN, we now turn to a discussion of how semantic frames function as a metalanguage and we compare Fillmore's application of Frame Semantics in FN with Wierzbicka's Natural Semantic Metalanguage.

---

and construction al null instantiation (CNI)). See Fillmore (1986), Ruppenhofer et al. (2013), and Boas (2017b) for details.

27 https://framenet.icsi.berkeley.edu/FrameGrapher.

3.3 Comparing semantic frames as a metalanguage with NSM

Wierzbicka's NSM and Fillmore's Frame Semantics (as applied to FN) both aim to capture meaning, but they approach it from different angles and with different tools. In the remainder of this subsection, I compare and contrast these two approaches, arguing that Frame Semantics (as applied to FN) offers a number of methodological and empirical advantages.

One key difference between the two approaches is that Wierzbicka explicitly labels her framework as a "natural semantic metalanguage", while Fillmore makes no explicit claims about semantic frames per se being a natural metalanguage. Another key difference is the level of granularity of semantic description and analysis. While NSM aims to define individual word meanings in terms of universal primes (see Section 2.2 above), FS offers different levels of abstraction of meaning descriptions. At the lowest level we find the prose definition of each LU in its lexical entry. At a more abstract level, meanings in FN are captured and defined via semantic frames that organize different levels of conceptual knowledge. These semantic frames capture a level of meaning generalization that captures meanings of situations, events, and states and the LUs that evoke the same frame. Recall from the previous subsection that the `Compliance` frame is not only evoked by the verb *comply*, but by many other verbs such as *adhere, breach, circumvent, follow, honor*, and *obey*, as well as by nouns such as *compliance, contravention*, and *adherence* and adjectives such as *compliant, contrary, lawless, obedient*, and *observant*.

NSM does not appear to offer systematic ways of expressing such broader-scale generalizations that make it possible to capture layers of meanings shared by semantically related LUs at different levels of abstraction while at the same time accounting for distinctions in meaning between different LUs evoking the same frame. Consider, for example, the NSM analysis of *jog* and *stroll* in (3) and (4) above. The NSM explications offer fine-grained individual analyses of the meanings of these verbs without explicitly capturing their similarities or differences in how their meanings are realized syntactically. In contrast, FN captures the meaning similarities by explicitly stating that the two LUs evoke the same `Self_motion` frame[28] while at the same time capturing the meaning differences in the definitions of the individual lexical entries (*to jog: run at a steady, gentle pace, especially as a form of exercise; to stroll: walk in a leisurely way*).

In addition, some FN frames are evoked by only a few LUs, while other frames are evoked by dozens of different LUs. At an even higher level of abstraction, frames are related to other frames via the frame hierarchy that can be visualized using the FrameGrapher tool discussed in the previous section. Consider, for example, Figure 4 that illustrates a set of frames related to the overall concept of employment. The dashed lines indicate Subframe relations, the solid lines indicate Perspective On relations. The

28 https://framenet.icsi.berkeley.edu/fnReports/data/frameIndex.xml?frame=Self_motion.

frames at the bottom in Figure 4 are related to each other (they represent the different stages of employment) via the higher-level frames that make up the entire Employment Scenario.

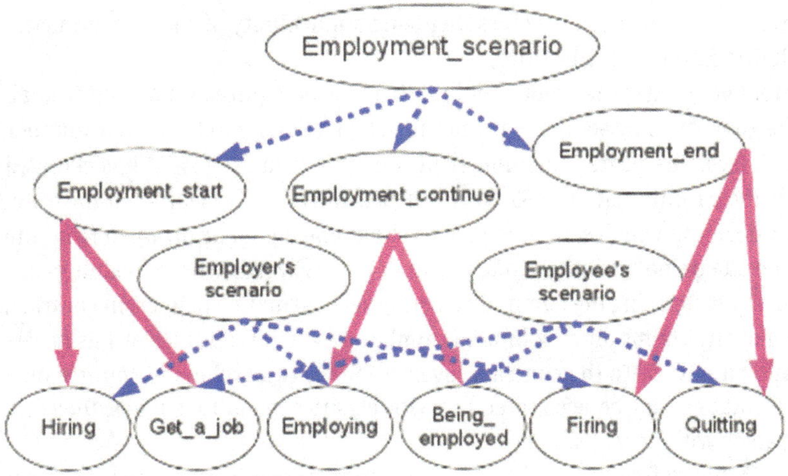

Figure 4: Relations among frames related to employment (based on Boas et al. 2024).

Another major difference between the two approaches is that NSM makes an explicit statement about the universal applicability of semantic primes and their usefulness for semantic analysis. As summarized in Section 2.2 above, NSM claims to avoid cultural bias by using universal semantic primes, which are supposed to work across all languages and cultures since they supposedly rely on universal concepts. In contrast, FS does not make any claims about universal applicability of semantic frames to all of the world's languages. More specifically, FS places a heavy emphasis on describing and analyzing meanings primarily within single languages without proposing any universal status of semantic frames used to account for these meanings. On the FS view, meanings in each language are primarily accounted for individually and not cross-linguistically.

This is not to say that semantic frames derived on the basis of one language are not applicable to other languages. For example, the semantic frames created in the context of the Berkeley FN for English have been shown to also be applicable (for the most part) to the creation of framenets for a diverse set of other languages, including Brazilian Portuguese, Chinese, Finnish, French, German, Hebrew, Japanese, Korean, Spanish, and Swedish, among others (see, e.g. Boas 2005a and the contributions in Boas 2009). Over the last few years, the Global FN initiative has made significant progress towards identifying semantic frames that are applicable across different languages.[29] The important difference between the NSM approach and the FS approach is that the latter does not make any a priori assumptions about the universality of the descriptive tools (i.e. semantic frames) used for the analysis of meanings across different languages. Instead, FS takes a usage-based bottom-up approach and only makes claims about the status of semantic frames, such as any cross-linguistic applicability, if there is empirical evidence for it (for details, see Boas 2020).

A closely related point is the amount of building blocks required for semantic analysis. One of the goals of using semantic primes for explications is to keep their number relatively small. Over the years, the number of semantic primes of NSM has changed back and forth, it currently stands at 65. However, it is not entirely clear what the exact criteria are for deciding which semantic primes should be added or dropped from the list or how to decide on new primes if one encounters new words whose meanings are not possible to explicate using the currently existing set of semantic primes. In contrast, FS does not make any claims about a limited number of semantic frames or FEs necessary for semantic analysis. To the contrary, every time FN researchers encounter new word meanings that cannot be accounted for with existing semantic frames, they formulate new frames with new FEs.

Since 1997, FN has defined more than 1,200 semantic frames, containing more than 10,000 frame-specific FEs, covering more than 13,000 LUs (based on more than 200,000 instances of frames in naturally occurring sentences) (cf. Boas et al. 2024: 13). Recall that the number of FEs that form the core of frame descriptions is potentially open-ended. This means that until FN comes closer to achieving a more elaborate coverage of the English lexicon it is close to impossible to arrive at any definite claims about the possible number of FEs (and semantic frames) needed to account for the structure of the English lexicon, let alone that of other languages.[30]

Another key difference between NSM and FS is the ability to reproduce and verify the building blocks of the two approaches in a systematic way. NSM claims to provide objective, empirically verifiable representations of meaning using a finite set of semantic primes that are supposedly universal across languages and cultures. I argue that NSM explications are not always entirely free from subjectivity because they involve paraphrasing complex meanings using a limited set of primes. In my view, the paraphrasing relies heavily on the researcher's interpretation of how speakers understand a word or concept, which might lead to blurry boundaries between explicating a meaning and imposing a subjective interpretation. This issue could probably be resolved by having groups of NSM researchers develop explications together.

29 See, e.g., Torrent et al. (2018).

30 Even though FN offers a large number of semantic frames and lexical entries, its coverage of the English lexicon has large gaps, which are primarily due to a lack of time and funding, see Boas et al. (2024) for details.

Consider, for example, Goddard's (2008a) discussion of *to think* in (2) above. There is relatively little empirical testing of whether native speakers (laypersons) in fact agree with the explications offered for words such as *to think* (cf. Evans and Levinson 2009). The process of refining NSM explications iteratively based on new linguistic data or an improved understanding of a word's meaning relies on the researcher's interpretations, which might introduce another level of subjectivity. See, for example, the different refinements of *think* offered by Wierzbicka (1996), Goddard/Wierzbicka (2002), Goddard (2010), and Goddard/Wierzbicka (2014).

In contrast, FS as it is implemented in FN offers various levels of empirical testing of meaning descriptions as a part of the FN workflow. First, as discussed above, it is not a single researcher who formulates a frame description (together with FE definitions and lists of LUs evoking the frame). Instead, it is a group of several FN lexicographers who together formulate frame descriptions and who have to agree on the level of granularity of meaning(s) as well as the boundaries of frames and the LUs evoking the frame. This process is based on a combination of linguistic intuitions by several researchers (who need to agree) and objective verifications of these intuitions based on corpus evidence. Second, the group of FN annotators who receive the output of the work of the first group of FN lexicographers have to apply the frame descriptions with FE definitions to automatically extracted corpus data and identify specific constitutions in the context of the relevant target LUs in order to annotate them with the correct FE labels. During this process, FN annotators first need to understand the meanings of the FE definitions vis-a-vis the frame and then they have to carefully read each new corpus example to identify which constituents fit specific FE definitions and annotate them accordingly. In my view, the annotation process is a type of empirical verification of the frame definitions compiled by the FN lexicographers, because FN annotators need to "apply" the FE definitions to corpus data that they have not seen before.[31] If annotators are able to successfully annotate corpus examples based on the frame definitions this can be seen, in my view, as an empirical verification of the frame definitions derived by the group of FN lexicographers, because the frame definitions can be replicated with the support of new corpus data.[32]

Another difference between NSM and FS concerns the treatment of polysemy. Verbs such as *think*, like most other common words, are polysemous and NSM

31 Recall from above that if the FN annotators are unable to correctly apply the FE labels to the extracted corpus data, then most often there is a problem with the frame definition and FN annotators meet with the group of FN lexicographers to revise the frame and frame descriptions.

32 Once all the LUs that evoke the same semantic frame have been annotated and their lexical entries have been compiled and stored in the FN database, the frame descriptions and associated lexical entries typically do not get changed. In the over 25-year long history of FN, the only changes affecting the status of existing frames happen when FN researchers are working on another closely related semantic frame. During this process, it sometimes happens that existing frames need to be re-framed, i.e. split up in different ways. See Petruck et al. (2004) for discussion.

explications should offer a systematic way for distinguishing different senses in context (see Hanks 2013 for details). However, it is not clear how to systematically break a word's meanings down into separate NSM explications. For example, Goddard's (2008a) explication of *think* in (2) above does not make it clear which senses of the verb it covers. While refinements of the NSM explanations of *think* over the years have improved, its broad semantic range continues to pose challenges for a single universal explanation.[33] In contrast, FN does not per se place an emphasis on a specific sense of a word and it also does not aim for a single universal explication. Instead, FN researchers first carefully study the full range of a word's distribution in different contexts in corpus data before working on distinguishing different senses based on the situations they describe (cf. Fillmore/Atkins 2000, Boas 2001, Ruppenhofer et al. 2016). Then, each of the proposed senses of a word such as *think* is further verified based on different syntactic contexts in which they occur, before FN researchers decide on which sense to work on first.

Thus far, FN lexicographers have documented four distinct senses of *think* and developed separate semantic frames for each of the four LUs: (1) `Awareness`[34] (e.g. *I thought about what he said*), which is also evoked by other verbal LUs such as *conceive, imagine, presume,* and reckon, nominal LUs such as *awareness, presumption,* and *understanding,* and adjectival LUs such as *aware, cognizant,* and *knowledgeable*; (2) `Cogitation`[35] (e.g. *I think we know what we're going to speak about*), which is also evoked by other verbal LUs such as *contemplate, dwell,* and *ponder* and nominal LUs such as *consideration, reflection,* and *thought*; (3) `Opinion`[36] (e.g. *I think that is why I welcomed doing a book*), which is also evoked by other verbal LUs such as *believe, hold, subscribe,* and *feel* and nominal LUs such as *believer, sense,* and *view*; and (4) `Regard`[37] (e.g. *I think better of the law than that*), which is also evoked by other verbs such as *appreciate, find,* and *regard,* nouns such as *esteem* and *impression,* and adjectives such as *appreciative.*

Another important difference between the FN approach and the NSM is that the former is corpus-based and that it combines semantic analysis with documentation of its syntactic form and function, while the latter does not. In the previous paragraphs I have already compared how the two approaches go about verifying the status of their building blocks (semantic frames with FEs vs. semantic primes) and how they differ in their treatment of polysemy. Closely related to these issues is the question of how it is possible to clearly identify the building blocks and verify them in corpus data. While FN follows an objective corpus-based workflow that seeks to validate linguistic intuitions of multiple FN lexicographers to check on the validity of its building blocks for semantic analysis, researchers such as Levinson (2000) and Evans/Levinson (2009) have argued

---

33 For different evolving NSM explications of *think,* see Wierzbicka (1992), Wierzbicka (1996), Goddard/Wierzbicka (2002), Goddard (2010), and Goddard/Wierzbicka (2014).

34 https://framenet.icsi.berkeley.edu/fnReports/data/frameIndex.xml?frame=Awareness.

35 https://framenet.icsi.berkeley.edu/fnReports/data/frameIndex.xml?frame=Cogitation.

36 https://framenet.icsi.berkeley.edu/fnReports/data/frameIndex.xml?frame=Opinion.

37 https://framenet.icsi.berkeley.edu/fnReports/data/frameIndex.xml?frame=Regard.

that NSM explications are too subjective, because they rely too heavily on linguistic intuition. Note that intuition plays a role in both approaches, but in FN, it is constrained by the commitment to find corpus evidence for the representations proposed by linguists. In fact, the valence tables are generated automatically from data created by the annotation decisions made while looking at individual sentences.

A related point is how the two approaches deal with the relationship between meaning, form, and function. Usually, NSM explications make no direct mention of this relationship, as Al-Hammadi/Yagi's (2024) comparison of *jog* and *stroll* above has shown. Goddard's (2008) analysis of *think* discussed in Section 2.2 above does mention the "full valency array for THINK" (Goddard 2008a: 14), but it is unclear how the four options of the supposedly full valency array for THINK in (2a)–(2d) above link meaning with form or function, or which exact meanings are expressed by each of the four valency options. In contrast, the FN approach distinguishes between different senses of a word, as discussed in the previous paragraphs, explicitly stating which LU of a word evokes which frame. In the case of *think*, one of the four frames documented by FN is the `Opinion` frame, in which a "Cognizer holds a particular Opinion, which may be portrayed as being about a particular topic" (FN).[38]

As shown in Section 3.2 above, each lexical entry contains a valence table (derived on the basis of the manually annotated corpus data), which lists how the combinations of the FEs of a frame are realized syntactically in terms of PT and GF. In the case of the lexical entry of *think* evoking the `Opinion` frame, its valence table looks as in Figure 5. The valence table shows how different configurations of FEs are realized differently in terms of PT and GF. For example, the FE configuration *Circumstances*, *Cognizer*, and *Opinion* in the first line of the valence table can be realized syntactically in two different ways: First with the valence pattern <PP[as]/Dep, NP/Ext, Sfin;Obj> as in *[$_{\text{<Circumstances>}}$As she was walking] [$_{\text{<Cognizer>}}$she] thought^{tgt} [$_{\text{<Opinion>}}$they were in danger]*, and second with the valence pattern <PP[from]/Dep, NP/Ext, NP/Obj>), as in *[$_{\text{<Circumstances>}}$From where I was sitting] [$_{\text{<Cognizer>}}$I] thought^{tgt} [$_{\text{<Opinion>}}$the Microsoft trial has been the really obvious turning point]*. In contrast to the two syntactic realizations of the first FE configuration, the fourth FE configuration from the top in Figure 5, *Cognizer* and *Opinion*, has six different syntactic realizations in terms of PT and GF.

38 https://framenet.icsi.berkeley.edu/fnReports/data/frameIndex.xml?frame=Opinion.

Number Annotated	Patterns		
2 TOTAL	Circumstances	Cognizer	Opinion
(1)	PP[as] Dep	NP Ext	Sfin Obj
(1)	PP[from] Dep	NP Ext	NP Obj
1 TOTAL	Cognizer	Constancy	Opinion
(1)	NP Ext	PP[for] Dep	Sub Dep
1 TOTAL	Cognizer	Evidence	Opinion
(1)	NP Ext	Sub Dep	Sfin Dep
26 TOTAL	Cognizer	Opinion	
(1)	NP Ext	QUO Obj	
(19)	NP Ext	Sfin Dep	
(2)	NP Ext	Sfin Obj	
(2)	NP Ext	Sub Dep	
(1)	NP Obj	Sfin Dep	
(1)	NP Obj	Sfin Obj	

Figure 5: Partial FN valence table of the lexical entry of *think* evoking the `Opinion` frame.[39]

Figure 5 shows that in contrast to Wierzbicka's NSM, the corpus-based FN approach offers a much greater level of detail regarding the scope of valency options that are possible for realizing a word's different facets of meanings syntactically. Note, however, that the information shown in Figure 5 is only a part of the valence table of the LU *think* that evokes the `Opinion` frame. Other verbal LUs evoking the `Opinion` frame include *believe*, *feel*, *hold*, and *suppose* and the valence tables of each of these LUs differ from that of think in the `Opinion` frame, thereby providing different syntactic realizations of the semantics of the frame.

Furthermore, each of the three other frames which *think* can evoke, namely `Awareness`, `Cogitation`, and `Regard`, offers additional valence tables showing how the semantics of the LU in that frame are realized syntactically. Each of these three other frames are evoked by other LUs, as well. For example, the `Awareness` frame is also evoked by other verbal LUs (as well as nominal and adjectival LUs) such as

39 https://framenet.icsi.berkeley.edu/fnReports/data/lu/lu11959.xml?mode=lexentry.

comprehend, conceive, imagine, presume, reckon, and *suspect*. The `Cogitation` frame is also evoked by other verbal LUs, including *consider, contemplate, deliberate, muse, reflect,* and *wonder*. The `Regard` frame is also evoked by other verbal LUs such as *appreciate, find,* and *regard*. The crucial point is that each of the LUs in each of these frames have their own unique valence tables that set them apart from the valence tables of the different LUs of *think* in the respective other frames, thereby showing how each LU comes with a unique syntactic realization of a frame.

The FN approach also makes it possible to use the same semantic metalanguage (semantic frames with their FEs) to study how different LUs evoking the same frame realize the semantics of that frame in different ways. For example, in the case of the `Opinion` frame, which is evoked by a total of 15 different nominal and verbal LUs, researchers can investigate how the semantics of the frame is realized differently by each of the different LUs by carefully studying the valence tables in the entries of the LUs to determine how different FE configurations are realized in terms of different combinations of PTs and GFs.[40] As previous case studies by Boas (2010) and Boas (2011) show, the insights derived from such detailed investigations of verbal semantics are directly transferable to Construction Grammar, the sister theory of Frame Semantics. The influence of meaning on the realization of syntactic form and function strongly suggests that a fine-grained and potentially open-ended analysis of word meaning as implemented in the FN project is advantageous.

4 Conclusions

In this paper I proposed that semantic frames (together with their FEs) and their implementation in the FN database should be regarded as an empirical semantic metalanguage. In Section 2, I first provided a brief overview of different semantic metalanguages. Then, I reviewed the main ideas of Wierzbicka's NSM that uses universal semantic primes (irreducible atoms of meaning in NSM) to arrive at explanations for capturing meanings of words.

In Section 3, I introduced Fillmore's (1982) theory of Frame Semantics and showed how it has been applied to the creation of the Berkeley FN project, which is in the process of compiling a lexicographic database of English based on frame-semantic principles. Focusing on the workflow of FN, I pointed out that it offers a systematic procedure to test and verify frame-semantic analyses of meanings that relies on data from large natural language corpora. This observation led me to argue that semantic frames,

40 Space limitations do not allow for a detailed discussion of the details of such an analysis. See Boas (2010) for a case study for communication verbs that develops such an approach and Boas (2011) that applies this methodology to *build* verbs. Dux (2020) presents a similar approach, comparing the syntactic realization patterns of different verb classes in English and German.

together with their descriptive and analytical apparatus that also involves representations of how meaning is realized syntactically (and how semantic frames are related to each other in a hierarchy), should be regarded as an empirical semantic metalanguage.

The comparison of Wierzbicka's NSM and Fillmore's Frame Semantics as it is implemented in the context of the Berkeley FN project showed a number of important methodological and theoretical differences. First, the unit of analysis in Frame Semantics is the semantic frame, which seeks to account for a situation or state of affairs that can be described by multiple words (more specifically, lexical units), often of different parts of speech (both from a perspective of decoding and encoding). The unit of analysis in NSM explications are individual words.

Second, the building blocks of Frame Semantics are the FEs that make up the semantic frames, together with the relations between the FEs as well as the relations between frames. The exact number of FEs is to date impossible to determine, because we do not know yet the number and types of semantic frames needed to cover the (core) vocabulary of English (and other languages).[41] Frame Semantics makes no specific claim about the universality of semantic frames (yet), though it is very likely that many (especially higher-level) frames that are universal to human cognition, such as `Motion`, `Communication`, and `Ingestion`, are good candidates. In NSM, the building blocks of explications are the universal primes that are assumed to be limited in number and universally applicable across all languages.

Third, semantic frames are based on the FN workflow involving two groups of researchers that use both linguistic intuition and corpus evidence to discover, define, and apply semantic frames to the analysis of data from large balanced natural language corpora. In my view, the NSM workflow is different, because it does not involve two separate groups of researchers (lexicographers and annotators) that work together to check each other's results. Second, the semantic frames and associated lexical entries in FN are derived on the basis of a number of different manually annotated corpus sentences, which form the primary source data on which the analysis of each LU and each semantic frame is based. Since they are readily accessible on the FN website, it allows other researchers to determine whether the information in the lexical entries and the definitions of semantic frames are accurate or not, because the primary source data makes it possible to recreate the annotation process and linguistic analysis that formed the basis for the creation of the lexical entries and the frame definitions. In contrast, the primes and explications of NSM appear to be usually based on the intuitions of individual researchers studying selected texts, which can then be further refined in an iterative

41 Goddard (2018: 340) views the unconstrained growth of FEs and semantic frames as a problem: "I think the FrameNet linguists are making trouble for themselves by not adopting a systematic approach to the metalanguage." In my opinion, this view is problematic, because at this time it is not clear how big the inventory of frames of a language like English really is. Put differently, it is too early to decide what the "correct" number of frames or semantic primes should be, because of our limited coverage to date.

process by other researchers. For researchers not intimately familiar with the latest developments in NSM it is sometimes difficult to follow this process by which NSM researchers develop specific semantic primes and explications, because the full range of primary data on which they are based is not always readily available for verification. There is an additional practical issue with NSM, namely that there is no publicly shared online repository of all NSM explications, parallel to the online lexicographic database that publicizes the research results of the FN project.[42]

Fourth, the FEs, i.e. situation-specific semantic roles, that form the basis of each frame description, can be empirically verified through analysis of new data, which is a part of the FN workflow described in Section 3.2. This process allows researchers to validate or falsify Fes and the frames that they constitute. NSM offers a similar process by drafting and testing explications that are then refined iteratively, but this process does not typically involve the systematic use of large balanced natural language corpora such as the British National Corpus (cf. Levisen 2012). NSM could perhaps benefit from adopting a workflow similar to that of FN whereby two different groups of researchers work together in order to analyze data, draft first meaning descriptions, verify these in corpus data, and finally have the proposed explications and primes tested.

Fifth, in FN semantic frames and their FEs are almost always paired with their respective forms and functions in the lexical entries of the words that evoke the frame. Following the principles of Construction Grammar (the sister theory of Frame Semantics) (cf. Fillmore/Kay 1993, Goldberg 1995, Hoffmann 2022), a difference in meaning spells out a difference in meaning/function.[43] These pairings of form with meaning and function are documented in great detail in the lexical entries of FN. This allows researchers to systematically validate frame-semantic descriptions using new data, thereby leading to a more empirically accurate semantic metalanguage with semantic frames. Frame Semantics is thus different from NSM, because it makes it possible to explicitly relate semantics to syntax, not just at the lexical level but also at more abstract levels of grammar (cf. Boas 2017a, Boas et al. 2019).

Finally, FN offers meanings descriptions at two different levels of abstraction, i.e. individual lexical entries and semantic frames, as well as higher-level meaning relations through frame relations in the FN frame hierarchy. This "macro" view of meaning, which looks at how words fit into larger cognitive structures, is different from the "micro" view of meaning, which breaks meanings of individual words down into what are thought to be the most basic elements.

---

42 I thank Josef Ruppenhofer for pointing out this important difference to me.

43 Note that there are exceptions to this generalization (mainly of a diachronic nature). This principle has been tested empirically by different scholars (cf. Hilpert et al. 2023, Laporte et al. 2021 and Levshina/Lorenz 2022), and it seems the principle does not always work at a lower level of resolution, while at a middle and high level of resolution, it does work. I thank Francisco Gonzálvez-García for this observation.

A comparison of NSM explications and their primes with the frames and FEs of FS as implemented in FN show that they take two different and perhaps complementary approaches to meaning analysis. In my view, both approaches could probably benefit from each other in various aspects. For example, the FN workflow might benefit from the NSM approach by writing definitions of word senses in lexical entries and definitions of FEs with semantic primes. This might help with breaking the meaning of FEs down into more basic bits of meaning that require less interpretation. NSM might benefit from the frames approach by considering different ways of mapping relations between explications similar to the relations between frames and FEs in FS. This would help with capturing similarities and interconnections between different senses of words.[44]

Obviously, future research is required to investigate in more detail how the two approaches could benefit from each other, both methodologically and theoretically. A possible blueprint for how to go about combining insights from two different but compatible approaches with each other is proposed by Perek/Patten (2019). They show how the semantic frames from FN can be combined with the grammar patterns documented by the *COBUILD* project (Francis et al. 1996, 1998; Hunston/Francis 2000) in order to arrive at construction descriptions that combine information from both approaches. The goals of the present paper have been more modest: To compare the NSM approach with the Frame Semantics approach, and to discuss the various ways in which they describe and analyze meanings.

5 Bibliography

Ágel, Vilmos/Höllein, Dagobert (2021): Satzbaupläne als Zeichen: Die semantischen Rollen des Deutschen in Theorie und Praxis. In: Binanzer, Anja/Gamper, Jana/Wecker, Verena (eds.): Prototypen – Schemata – Konstruktionen. Berlin/Boston: de Gruyter, 125–251.

Alhammadi, Nada/Yagi, Sane (2024): An NSM-based contrastive semantic analysis of 'strolling' and 'jogging' in English and Arabic. In: Cogent Arts & Humanities 11.1, 1–15.

Atkins, Beryl T.S. (1994): Analyzing the verbs of seeing: a frame semantics approach to corpus lexicography. In: Annual Meeting of the Berkeley Linguistics Society, 42–56.

Bach, Emmon (1989): Informal Lectures on Formal Semantics. Albany: SUNY Press.

Baker, Collin F./Fillmore, Charles J./Lowe, John B. (1998): The Berkeley FrameNet Project. In: COLING 1998 Volume 1: The 17th International Conference on Computational Linguistics. Montreal: Association for Computational Linguistics, 86–90.

44 To this end, Goldberg (1995) points to various similarities between her own work on meaningful grammatical constructions in the context of Construction Grammar (where the meaning of constructions is modelled in terms of Frame Semantics) and Wierzbicka's (1988) research on the meaning of grammatical constructions. More specifically, Goldberg (1995: 223) states the following: "Wierzbicka's approach fits squarely into the approach of construction grammar, generally defined."

Barlow, Michael/Kemmer, Suzanne (2000) (eds.): Usage-based models of languages. Stanford: CSLI Publications.
Berry, Roger (2005): Making the most of metalanguage. In: Language Awareness, 14.1, 3–20.
Boas, Hans C. (2001): Frame Semantics as a framework for describing polysemy and syntactic structures of English and German motion verbs in contrastive computational lexicography. In: Rayson, Paul/Wilson, Andrew/McEnery, Tony/Hardie, Andrew/Khoja, Shereen (eds.): Proceedings of Corpus Linguistics 2001, Lancaster, U.K., 64–73.
Boas, Hans C. (2005a): From Theory to Practice: Frame Semantics and the Design of FrameNet. In: Langer, Stefan/Schnorbusch, Daniel (eds.): Semantik im Lexikon. Tübingen: Narr, 129–160.
Boas, Hans C. (2005b): Semantic Frames as Interlingual Representations for Multilingual Lexical Databases. In: International Journal of Lexicography 18.4, 445–478.
Boas, Hans C. (2006): A frame-semantic approach to identifying syntactically relevant elements of meaning. In Steiner, Petra/Boas Hans C./Schierholz, Stefan J. (eds.): Contrastive Studies and Valency. Studies in Honor of Hans Ulrich Boas. Frankfurt/New York: Peter Lang, 119–149.
Boas, Hans C. (2009) (ed.): Multilingual FrameNets in Computational Lexicography. Methods and Applications. Berlin/New York: Mouton de Gruyter.
Boas, Hans C. (2010): The syntax-lexicon continuum in Construction Grammar: A case study of English communication verbs. In: Belgian Journal of Linguistics 24, 58–86.
Boas, Hans C. (2011): A frame-semantic approach to syntactic alternations with build-verbs. In: Guerrero Medina, Pilar (ed.): Morphosyntactic alternations in English. London: Equinox, 207–234.
Boas, Hans C. (2017a): Computational Resources: FrameNet and Constructicon. In: Dancygier, Barbara (ed.): The Cambridge Handbook of Cognitive Linguistics. Cambridge: Cambridge University Press, 549–573.
Boas, Hans C. (2017b): What you see is not what you get: Capturing the meaning of missing words with Frame Semantics. In: Proceedings of the Chicago Linguistics Society 52, 53–70.
Boas, Hans C. (2020): A roadmap for determining the universal status of semantic frames. In: Enghels, Renata/Defrancq, Bart/Jansegers, Marlies (eds.): New Approaches to Contrastive Linguistics. Berlin/Boston: de Gruyter, 21–52.
Boas, Hans C. (2025): What happened to Frame Semantics? Journal of English Linguistics 41, 1–55.
Boas, Hans C./Dux, Ryan (2017): From the past into the present: From case frames to semantic Frames. In: Linguistics Vanguard 2017, 1–14.
Boas, Hans C./Lyngfelt, Benjamin/Torrent, Tiago (2019): Framing Constructicography. In: Lexicographica 35, 41–95.
Boas, Hans C./Ruppenhofer, Josef/Baker, Collin (2024): FrameNet at 25. In: International Journal of Lexicography 37.3, 263–284.
Boas, Hans C./Ziem, Alexander (2022): Debunking some myths about the role and relevance of (restricted) semantic role sets: Some thoughts on Ágel & Höllein 2021. In: Gallez, Françoise /Hermann, Manon (eds.): Cognition and Contrast. Festschrift for Sabine De Knop. Brussels: Saint-Louis University Press, 65–96.
Busse, Dietrich (2012): Frame Semantik. Berlin/New York: Mouton de Gruyter.
Bybee, Joan (2023): What is usage-based linguistics? In: Diaz-Campos, Manuel/Balasch, Sonia (eds.): The Handbook of Usage-based Linguistics. Oxford: Wiley Blackwell, 9–30.
Chierchia, Gennaro/McConnell, Sally (1989): Meaning and Grammar. Cambridge: MIT Press.
Chomsky, Noam (1965): Aspects of a Theory of Syntax. Cambridge: MIT Press.
Coupland, Nikolas/Jaworski, Adam (2004): Sociolinguistic perspectives on metalanguage: Reflexivity, evaluation and ideology. In: Language Power and Social Process 11, 15–52.
Croft, William (2001): Radical Construction Grammar. Oxford: Oxford University Press.
Cruse, Allan (1986): Lexical Semantics. Oxford: Oxford University Press.

Dowty, David. R./Wall, Robert E./Peters, Stanley (1981): Montague's General Semiotic Program. In: Dowty, David R./Wall, Robert E./Peters, Stanley (eds.): Introduction to Montague Semantics. Dordrecht: Kluwer, 252–268.
Dux, Ryan (2020): Frame-constructional verb classes. Amsterdam/Philadelphia: John Benjamins.
Evans, Nick/Levinson, Steven C. (2009): The myth of language universals: Language diversity and its importance for cognitive science. In: Behavioral and brain sciences 32.5, 429–448.
Everett, Dan L. (2005): Cultural Constraints on Grammar and Cognition in Pirahã: Another Look at the Design Features of Human Language. In: Current Anthropology, 46.4, 621–646.
Fillmore, Charles J. (1968): The case for case. In: Bach, Emmon/Harms, Robert T. (eds.): Universals in Linguistic Theory. New York: Holt, Rinehart and Winston, 1–88.
Fillmore, Charles J. (1982): Frame Semantics. In: Linguistic Society of Korea (ed.): Linguistics in the Morning Calm. Seoul: Hanshin, 111–137.
Fillmore, Charles J. (1986): Pragmatically controlled zero anaphora. In: Proceedings of the 12th annual meeting of the Berkeley Linguistics Society, 95–107.
Fillmore, Charles J. (2003): Valency and semantic roles: The concept of deep structure case. In: Ágel, Vilmos (ed.): Dependenz und Valenz: Ein internationales Handbuch der zeitgenössischen Forschung. Berlin/New York: Mouton de Gruyter, 457–474.
Fillmore, Charles J./Atkins, Berly T. S. (1992): Toward a Frame-based Lexicon: The Semantics of RISK and its Neighbors. In: Lehrer, Adrienne/Kittay, Eva F. (eds.): Frames, Fields and Contrasts: New Essays in Semantic and Lexical Organization. Hillsdale: Erlbaum, 75–102.
Fillmore, Charles J./Atkins, Berly T. S. (1994): Starting where the dictionaries stop: The challenge of corpus lexicography. In: Atkins, Berly T. S./Zampolli, Antonio (eds.): Computational Approaches to the Lexicon. Oxford: Oxford University Press, 349–394.
Fillmore, Charles J./Atkins, Berly T. S. (2000): Describing polysemy: The case of crawly. In: Ravin, Yael/Laecock, Claudia (eds.): Polysemy. Oxford: Oxford University Press, 91–110.
Fillmore, Charles J./Baker, Collin (2010): A frames approach to semantic analysis. In: Heine, Bernd/Narrog, Heiko (eds.): The Oxford Handbook of Linguistic Analysis. Oxford: Oxford University Press, 13–340.
Fillmore, Charles J./Johnson, Christopher R./Petruck, Miriam R. L. (2003): Background to FrameNet. In: International Journal of Lexicography 16.3, 235–250.
Francis, Gill/Hunston, Susan/Manning, Elizabeth (1996): Collins COBUILD Grammar Patterns 1: Verbs. London: HarperCollins.
Francis, Gill/Hunston, Susan/Manning, Elizabeth (1998): Collins COBUILD Grammar Patterns 2: Nouns and Adjectives. London: HarperCollins.
Gawron, Mark. (2019): Frame Semantics. In: Maienborn, Claudia/v. Heusinger, Klaus von/Portner, Paul (eds.): Semantic Theories. Berlin/Boston: de Gruyter, 57–85.
Goddard, Cliff (ed.) (2008a): Cross-Linguistic Semantics. Amsterdam: John Benjamins.
Goddard, Cliff (2008b): Natural Semantic Metalanguage: The state of the art. In: Goddard, Cliff (ed.): Cross-Linguistic Semantics. Amsterdam: John Benjamins, 1–34.
Goddard, Cliff (2010): The Natural Semantic Metalanguage Approach. In: Heine, Bernd/Narrog, Heiko (eds.): The Oxford Handbook of Linguistic Analysis. Oxford: Oxford University Press, 459–484.
Goddard, Cliff (2018): Ten Lectures on Natural Semantic Metalanguage. Leiden: Brill.
Goddard, Cliff/Karlsson, Susanna (2008): Re-thinking THINK in contrastive perspective: Swedish vs. English. In: Cross-linguistic semantics, 225–240.
Goddard, Cliff/Wierzbicka, Anna (1994): Semantic and Lexical Universals. Amsterdam: John Benjamins.
Goddard, Cliff/Wierzbicka, Anna (2002): Meaning and Universal Grammar: Theory and Empirical Findings. Amsterdam/Philadelphia: John Benjamins.
Goddard, Cliff/Wierzbicka, Anna (2014): Words and Meanings: Lexical Semantics Across Domains, Languages, and Cultures. Oxford: Oxford University Press.

Goldberg, Adele E. (1995): Constructions. A Construction Grammar Approach to Argument Structure. Chicago: Chicago University Press.
Gruber, Jeffrey S. (1965): Studies in lexical relations. Ph.D. Cambridge: Dissertation.
Gumperz, John T./Levinson, Stephen (1996): Rethinking linguistic relativity. Cambridge: Cambridge University Press.
Halliday, Martin A. K. (1978): Ideas about language. In: Arts: The Journal of the Sydney University Arts Association 11, 20–38.
Hanks, Patrick (1987): Definitions and explanations. In: Sinclair, John M. (ed.): Looking Up. London: Collins.
Hanks, Patrick (2013): Lexical Analysis. Cambridge: MIT Press.
Haspelmath, Martin (2010): Comparative concepts and descriptive categories in crosslinguistic studies. In: Language, 86.3, 663–687.
Heim, Irene/Kratzer, Angelika (1998): Semantics in Generative Grammar. Oxford: Blackwell.
Henrich, Joseph/Heine, Steven/Norenzayan, Ara (2010): The weirdest people in the world? In: Behavioral and Brain Sciences 33, 61–135.
Hilpert, Martin/Correia Saavedra, D./Rains, Jennifer (2023): Meaning differences between English clippings and their source words: A corpus-based study. In: ICAME Journal, 47.1, 19–37.
Hjelmslev, Louis (1972): Structural analysis of language. In: Malmberg, Bertil (ed.): Readings in Modern Linguistics. Berlin/Boston: de Gruyter, 97–105.
Hockett, Charles (1958): A course in modern linguistics. New York: McMillan.
Hunston, Susan/Francis, Gill (2000): Pattern Grammar: A Corpus-driven Approach to the Lexical Grammar of English. Amsterdam/Philadelphia: John Benjamins.
Jackendoff, Ray (2002): Foundations of Language. Oxford: Oxford University Press.
Jaworski, Adam/Coupland, Nikolas/Galasinski, Dariusz (2004) Metalanguage: Why now? In: Jaworski, Adam/Coupland, Nikolas/Galasinski, Dariusz (eds.): Metalanguage: Social and Ideological Perspectives. Berlin/New York: Mouton de Gruyter, 3–8.
Johnson, Marc (1987): The Body in the Mind. Chicago: Chicago University Press.
Kamp, Hans/Reyle, Uwe (1993): From Discourse to Logic. Introduction to Modeltheoretic Semantics of Natural Language, Formal Logic and Discourse Representation Theory. Dordrecht: Springer.
Lakoff, George (1987): Women, Fire, and Dangerous Things. Chicago: Chicago University Press.
Laporte, Samantha/Larsson, Tove/Goulart, Larissa (2021): Testing the Principle of No Synonymy across levels of abstraction: A constructional account of subject extraposition. In: Constructions and Frames 13.2, 230–262.
Levin, Beth (1993): English Verb Classes and Alternations. Chicago: Chicago University Press.
Levin, Beth/Rappaport Hovav, Malka (2005): Argument Realization. Oxford: Oxford University Press.
Levinson, Stephen C. (2000): Presumptive Meanings. Cambridge: MIT Press.
Levinson, Stephen C. (2003): Space in language and cognition: Explorations in cognitive diversity. Cambridge: Cambridge University Press.
Levisen, Carsten (2012): Cultural Semantics and Social Cognition: A Case Study on the Danish Universe of Meaning. Berlin/New York: de Gruyter Mouton.
Levshina, Natalia/Lorenz, David (2022): Communicative efficiency and the Principle of No Synonymy: Predictability effects and the variation of *want to* and *wanna*. In: Language and Cognition 14.2, 249–274.
Lucy, John A. (1992): Language diversity and thought: A reformulation of the linguistic relativity hypothesis. Cambridge: Cambridge University Press.
Lyons, John (1977): Semantics: Volume 1. Cambridge: Cambridge University Press.
Lyons, John (1995): Linguistic Semantics. An Introduction. Cambridge: Cambridge University Press.
Nevins, Andrew/Pesetsky, David/Rodrigues, Cilene (2009): Evidence and argumentation: A reply to Everett (2009). In: Language 85.3, 671–681.
Partee, Barbara (2004): Compositionality in Formal Semantics. Oxford: Blackwell.

Perek, Florent/Patten, Amanda (2019): Towards an English Constructicon using Patterns and Frames. In: International Journal of Corpus Linguistics 24.3, 354–384.
Petruck, Miriam R. L. (1996): Frame Semantics. In: Verschueren, Jef/Östman, Jan-Ola/Blommaert, Jan/Bulcaen, Chris (eds.): Handbook of Pragmatics. Amsterdam/Philadelphia: Benjamins, 1–13.
Petruck, Miriam R. L./Fillmore, Charles J./Baker, Collin/Ellsworth, Michael/Ruppenhofer, Josef (2004): Reframing FrameNet data. Proceedings of the 11th EURALEX International Congress, Lorient, France. Rapenburg: European Association for Lexicography, 405–416.
Ruppenhofer, Josef/Boas, Hans C./Baker, Collin (2013): The FrameNet approach to relating syntax and semantics. In: Gouws, Rufus H./Heid, Ulrich/Schweickard, Wolfgang/Wiegand, Herbert E. (eds.): Dictionaries. An International Encyclopedia of Lexicography. Berlin/New York: Mouton de Gruyter, 1320–1329.
Ruppenhofer, Josef/Boas, Hans C./Baker, Collin (2017): FrameNet. In: Fuertes-Olivera, Pedro A. (ed.): The Routledge Handbook of Lexicography. New York: Routledge, 383–398.
Ruppenhofer, Josef/Ellsworth, Michael/Petruck, Miriam/Johnson, Chris/Scheffczyk, Jan (2016): FrameNet II: Extended theory and practice. Available at http://framenet.icsi.berkeley.edu.
Sampson, Geoffrey (2001): Empirical Linguistics. London: Continuum.
Sinclair, John (1991): Corpus, Concordance, Collocation. Oxford: Oxford University Press.
Snell-Hornby, Mary (1983): Verb Descriptivity in English and German. Heidelberg: Carl Winter.
Talmy, Leonard (2000): Toward a Cognitive Semantics. Vol. I and II. Cambridge: MIT Press.
Torrent, Tiago/Ellsworth, Michael/Baker, Collin F./Matos, Ely E. (2018): The multilingual FrameNet shared annotation task: a preliminary report. In: Proceedings of the Eleventh International Conference on Language Resources and Evaluation, 62–68.
Verschueren, Jeff (2012): Ideology in language use: Pragmatic guidelines for empirical research. Cambridge: Cambridge University Press.
Weinreich, Uriel (1966): On the semantic structure of language. In: Greenberg, Joseph (ed.): Universals of Language (2nd edn). Cambridge: MIT Press, 142–216.
Wierzbicka, Anna (1972): Semantic Primitives. Königstein im Taunus: Athenäum Verlag.
Wierzbicka, Anna (1980): Lingua Mentalis. The Semantics of Natural Language. Sydney/New York: Academic Press.
Wierzbicka, Anna (1988): The Semantics of Grammar. Oxford: Oxford University Press.
Wierzbicka, Anna (1996): Semantics: Primes and Universals. Oxford: Oxford University Press.
Wierzbicka, Anna (2006): English: Meaning and Culture. Oxford: Oxford University Press.
Wittgenstein, Ludwig (1921): Tractatus Logico-Philosophicus. New edition, edited by Wolfgang Kienzler. Frankfurt: Reclam Verlag.

Dieter Cherubim

„Gehobener Transport"

Zur Rekonstruktion von historischen Formen der Personenbeförderung im Spiegel der Sprache

Abstract: By the examples of sedan chairs, carriages, taxis and their time-bound pragmatic contexts (frames), this contribution presents techniques for linguistic exploration, classification and disposal of phenomena relating to local public transport and indicates their diverse connections to other historical contexts.

Keywords: history of language, historical pragmatics, passenger transport in public space, sedan chair, carriage, taxi

Schlagwörter: Sprachgeschichte, historische Pragmatik, Personenbeförderung im öffentlichen Raum, Sänfte, Kutsche, Taxi

mir kam es versuchenswert vor, ob nicht der geschichte unsers volks das bett von der sprache her stärker aufgeschüttelt werden könnte [...]
(Jacob Grimm 1848: XIII)

1 Einleitung

Menschliche Sprachen sind mediale Techniken, die mittels komplexer Zuordnungen von Formen und Bedeutungen unterschiedliche pragmatische Funktionen erfüllen können (vgl. Linke/Ortner/Portmann-Tselikas 2003). Als eine der zentralen Funktionen kann die **Aneignung**, d. i. die Konzeption, Bewahrung und Aktualisierung von Wirklichkeiten angesehen werden, in denen wir leben, seien sie nun materieller oder immaterieller Art. Man kann hier auch von der kulturhistorischen Funktion von Sprachen sprechen, da das, was wir uns auf diesem Wege aneignen, ebenso der Selbstrepräsentation wie der Verhaltensorientierung von bestimmten Menschengruppen im Unterschied zu anderen dient.[1]

1 Vgl. auch Cherubim (2016) und mehrere Beiträge in Cherubim (2017a); generell Antenhofer/Schlie (2023).

Dieter Cherubim, Prof. em., Am Windmühlenberg 3, 38100 Braunschweig, E-Mail: DieterCherubim@web.de

https://doi.org/10.1515/9783111676531-005

Dabei werden die Wirklichkeiten mit ihren verschiedenen Merkmalen im „Spiegel“ der Sprachen nicht einfach abgebildet, sondern unter jeweils relevanten Aspekten konstruiert und können in der Praxis weiterer Aneignungen immer wieder verändert bzw. rekonstruiert werden. Hierfür stehen in der deutschen Sprache – wie in anderen Sprachen auch – unterschiedliche Sprachmittel zur Verfügung: z. B. Wörter ohne und mit metaphorischer Qualität, Wortbildungen, Phrasen mit einfachen wie komplexen Strukturen, bestimmte Formen von Sprachhandlungen oder vielseitig variable Text- und Diskurstypen.[2]

Am Spracherwerb lässt sich das gut verdeutlichen: Ein gesundes Kind bringt zwar generell die Fähigkeit mit auf die Welt, eine oder mehrere Sprachen zu erwerben und damit die Wirklichkeiten, in denen es zurechtkommen soll, Schritt für Schritt zu verarbeiten, muss aber dazu mindestens eine spezielle Sprache mit ihren besonderen Techniken und deren Anwendung in verschiedenen, z. B. praktischen und sozialen Zusammenhängen erlernen. Das geschieht fortlaufend in kreativen, kumulativen, sich ergänzenden, aber auch korrigierenden Schritten: anfänglich etwa durch nonverbales, deiktisches Zeigen mit Blicken oder Gesten, dann durch exemplarisches Benennen mit einzelnen Wörtern oder Wortkonstruktionen oder kreativen Neu- und Analogbildungen; weiterhin durch komplexe Fügungen wie z. B. attributive Kennzeichnungen, Aussagen oder Fragen; schließlich durch Einbettung in größere Textmuster wie in Handlungsentwürfe, Erzählungen oder Gespräche.

Eine Art von Wirklichkeit, die jedes Kind sich auch sprachlich früh erschließen muss, ist die „Welt“ von Bewegungen,[3] die ja zuerst nonverbal bzw. praktisch durch Nachahmen und Üben entwickelt wird. Sprachlich wird dann bald, zunächst passiv, zwischen ortsgebundenen und ortsverändernden Bewegungen, etwa *strampeln* vs. *kriechen*, oder zwischen eigen- oder fremdkontrollierten Bewegungen, so zwischen *krabbeln* und *laufen* einerseits, *schieben* und *ziehen* andererseits differenziert.[4] Relativ früh gelernt werden dann auch Transportverben wie *tragen* oder das vielseitig verwendbare *fahren*. Und das alles wird weiter im Prozess des Erwachsenwerdens differentiell ausgebaut, zumal ja auch materiell immer wieder neue Möglichkeiten des Fahrens mit anderen Fahrzeugen, z. B. nach dem Transport im Kinderwagen eigenes Fahren mit Laufrädchen, Dreirad oder Rollbrett, dazu anregen. Was wiederum bald so beherrscht werden muss, dass man danach fragen oder darüber berichten kann.

---

2 Auf einer metasprachlichen Ebene werden solche Prozesse der historischen Aneignung auch in mehrschichtigen historischen Wörterbüchern nachgezeichnet, die, wie schon im 18. Jahrhundert Johann Leonhard Frisch (1741), von „Stammwörtern“ ausgehen und deren zunehmende Diffusion in verschiedene Richtungen (einschließlich der dabei auftretenden Verluste) wiederzugeben versuchen. Man vgl. dort z. B. die ausführlichen Artikel zu *Stock* und *Stab*, zu *Stock* auch im Wörterbuch von Paul (2002).

3 Vgl. dazu die Arbeiten von Diersch (1972) und Maienborn (1990).

4 Bestimmte Verben sind auch für beide Möglichkeiten verwendbar, z. B. *hüpfen*: *auf der Stelle* vs. *zur Mama*.

Im Folgenden soll es jedoch nicht um Erscheinungen des Spracherwerbs, sondern um die historische Versprachlichung von speziellen Formen des Transports erwachsener Personen gehen, die

a) vielfach als „gehoben“ gelten, weil sie sich besonderer Techniken bedienen und nur bestimmten Einzelpersonen oder sozialen Gruppen zugänglich sind,[5] und die
b) im Zuge ihrer Entwicklung dadurch „professionalisiert“ werden, dass sie mit institutionell gesicherten Ordnungen verbunden werden, was sich dann auch in speziellen „Berufsbildern“ zeigen kann.[6]

Dabei handelt es sich also um Erscheinungen, die sich aus heutiger Sicht dem Sektor „Öffentlicher Personennahverkehr“ (ÖPNV) zuordnen lassen und nicht nur durch ihre Abgrenzung voneinander, sondern auch durch ihre übergreifende Vergleichbarkeit, z. B. als *Kutschen* oder *Taxis* charakterisiert werden können. Drei Formen der Entwicklung dieser historischen Möglichkeiten des gehobenen, professionellen Nahverkehrs sollen hier näher betrachtet werden: die Beförderung mit Sänften im 18. Jahrhundert und mit Droschken vor allem im 19. Jahrhundert sowie mit Automobilen seit dem 20. Jahrhundert. Vollständigkeit ist dabei weder angestrebt noch erreichbar, hauptsächlich geht es mir um exemplarische Demonstrationen.

2 Personenbeförderung mit Sänften

Grundformen von Personenbewegungen, die auf eine Ortsveränderung abzielen oder sie zur Folge haben, sind das *Gehen* bzw. *Laufen* zu Fuß, dann aber auch der Transport mithilfe von Tieren (*Reiten*) oder Fahrzeugen (*Fahren*). Gehen und Laufen sind zwar primär selbstbestimmt, können aber auch von äußeren oder inneren Umständen (z. B. Freude, Angst) motiviert sein und sind u. a. von der Qualität des Weges (etwa der Festigkeit, Unebenheiten oder Steigungen) und vom jeweiligen Zustand der Subjekte, die es praktizieren (z. B. ihrer Kondition, Müdigkeit) abhängig. Reiten ist vor allem abhängig von der Ausbildung derjenigen, die es ausführen, und der jeweiligen Verfassung der Tiere (z. B. der Pferde, Mulis oder Esel), die dafür benötigt werden. Der Transport mit auf Rädern rollenden Fahrzeugen (*Wagen*) wird besonders durch den Entwicklungsstand spezieller Techniken (z. B. der Radbefestigung und der Federung) und ebenso durch die Qualität der Wege bestimmt, die bewältigt werden müssen.

Neben diesen prototypischen Formen von Personenbewegungen (Gehen/Laufen, Reiten, Fahren) gibt es aber noch andere, die auch auf eine sehr alte Tradition zurück-

5 In diesem Sinne könnte man hier auch vielleicht von Techniken des „gehobenen Bedarfs“ sprechen (vgl. unten 4.).

6 Zu historischen Berufsbildern wie den hier relevanten Sänftenträgern vgl. Vieser (2010) und Palla (2014).

blicken. Schon in frühen sumerischen oder ägyptischen Darstellungen[7] finden wir z. B. Formen des Transports von Personen in einer Art von Behältnissen, die von Menschen oder von Tieren bewegt wurden.

Dabei bildeten den Kern solcher Behältnisse Sessel, Stühle oder Bänke, die entweder nur mit einer Überdachung versehen oder in umfassende Gehäuse eingeschlossen waren.[8] Nach der Grundfunktion wurden diese Geräte vor allem als *Tragstühle, Port-Chaisen* o.ä. bezeichnet.[9] Und es besteht kein Zweifel daran, dass diese Formen des Personentransports im Sitzen von Beginn an auch elitäre oder exklusive Bedürfnisse erfüllten (Bill 2010): Wer damit getragen werden wollte, musste entweder einen „höheren" sozialen Rang (wie z. B. Fürsten, Adlige, militärische Kommandeure, Kirchenleute, Magistrate, Professoren, Ärzte) einnehmen oder ein besonderes Schutzbedürfnis (wie z. B. Frauen, Kranke, Alte oder Behinderte) beanspruchen können. Die „Prestigefunktion" der Sänften konnte zusätzlich noch dadurch demonstriert werden, dass sie äußerlich auffallend (z. B. durch Farbgebung, Wappen, Verzierungen) geschmückt waren und/oder ihnen ein bestimmtes Begleitpersonal (z. B. Beiläufer, Fackelträger, Lakaien, Reiter) mit oder ohne spezielle Bekleidung (*Livree, Montur*) zugeordnet war. Auch durch auffällige Träger, wenn etwa exotische Tiere (z. B. Kamele oder Elefanten in Asien)[10] oder fremdartige Menschen (z. B. schwarze Sklaven, sog. *Mohren*) eingesetzt wurden, konnte dieser elitäre Effekt veranschaulicht werden.

Im Zusammenhang mit anderen kulturellen Entwicklungen der Frühen Neuzeit kam es jedoch in Europa später zu grundlegenden Veränderungen dieser besonderen Form des Personentransports, was sich heute vielleicht als Formen von *Demotisierung* und *Professionalisierung* verstehen lässt. Speziell in Deutschland war es der Kurfürst Friedrich Wilhelm von Brandenburg (1620–1688), der „Große Kurfürst", der nach französischem Vorbild für die vermehrte Anschaffung und Institutionalisierung von Mietsänften in Berlin sorgte, so dass dieses ursprünglich exklusive Verkehrsmittel nun auch breiteren bürgerlichen Kreisen zugänglich wurde. Und das wurde wiederum bald von anderen größeren Städten, meist mit Residenzen, übernommen und dementsprechend tauchten dann *Sänften-Ordnungen* vielerorts auf: nach Berlin (1688), München und Wien ebenfalls in Leipzig (1703), Dresden (1705), Frankfurt am Main (1709), auch in Nürnberg (1713) usw. Auf diese Weise wurde das achtzehnte Jahrhundert zur

7 Vgl. generell dazu Shaw (2007: 70), Köpp-Junk (2014).

8 Von diesen Formen des Transports im Sitzen werden Formen des Transports im Liegen unterschieden, für die dann die Ausdrücke *Bahren* oder *Tragen* (auch *Tragbahren*, medizintechnisch: *Fahrtragen*) als Bezeichnungen verwendet werden. Lateinisch entspricht dem der Ausdruck *lectica* (zu *lectus* 'Bett'), der auch dem engl. Ausdruck *litter* zugrunde liegt. Mit beiden (lat. *lectica* und engl. *litter*) konnten jedoch auch Sänften (in Form von Tragstühlen) bezeichnet werden.

9 Bezogen auf das Gehäuse oder *Coupé* konnte (seltener) auch die Bezeichnung *Traghäuschen* verwendet werden.

10 In den spanischen Besitzungen Südamerikas konnten so auch Lamas als Tragtiere für Sänften eingesetzt werden.

Hauptepoche für den Bau und den Gebrauch von Sänften ähnlichen Typs (s. Abb. 1), was dann erst im nächsten Jahrhundert allmählich durch die Konkurrenz mit den neuen *Kutschen*, speziell den hier vor allem interessierenden *Lohnkutschen* beendet wurde.

Abb. 1: Typische Sänfte des 18. Jahrhunderts (private Aufnahme, Ort nicht mehr bekannt)

Doch zunächst noch einmal zur sprachlichen Bezeichnung und Erklärung dieses exklusiven Traggeräts: Das [sog. *Zedlersche*] *Universal-Lexicon aller Wissenschaften und Stände*, das ab 1731 in 64 Bänden in Halle und Leipzig publiziert wurde, lieferte dazu unter dem Stichwort *Sänfte* (1742, Bd. 33: 477) folgende vielseitige Erläuterung:

> **Sänfte, Tragsessel**, franz. **Porte Chaise**, lat. *Sella gestatoria*, ist ein hölzernes, mit Leder überzogenes und mit Fenstern versehenes Behältniß, darinne man sich durch Hülfe zweyer Menschen, oder auch wohl durch ein paar Thiere, gar sanfft und gemächlich von einem Ort zum andern bringen lässet.

Die häufigste Bezeichnung für dieses Transportmittel im achtzehnten Jahrhundert war demnach wohl der alamodische Ausdruck *Porte-Chaise*, der somit auch auf die französische Leitkultur dieser Zeit verwies.[11] Als Lehnbildung entspricht er ziemlich genau den deutschen Wortbildungen *Tragstuhl* oder *Tragsessel*, die damals ebenfalls üblich

11 In Frankreich wurde hingegen der Ausdruck *chaise à porteurs* benutzt. Zu den komplexen Hintergründen des französischen Sprachprestiges in Deutschland im 17. Jahrhundert vgl. Harndt (1998), zu den Techniken der Lehnbildungen auch v. Polenz (1994: 64).

waren.[12] Die hier angeführte lateinische Paraphrase *sella gestatoria* konnte an den Unterschied zur *lectica* erinnern, das schon erwähnte antiken *Tragbett*, das in den *Tragen* oder *Bahren* z. B. der Rettungsdienste oder moderner Bestattungsinstitute bis zur Gegenwart seine Fortsetzung fand. Die Bezeichnung *Sänfte* für das heute meist nur noch in Museen oder bei sog. historischen „Spektakeln" präsentierte Gerät wird zudem im zitierten Artikel motiviert: Die Beförderung mit ihm war gegenüber den Wagen oder Karren, die schwerfällig über schlechte Straßen rumpelten und kaum durch die engen, verwinkelten Gassen der alten Städte passten, für die Passagiere schonender oder „gemächlich", wie es hieß, eine praktisch Herleitung, die damals gerne akzeptiert wurde.[13] Zur weiteren sprachlichen Aneignung gehörten dann vereinfachte oder verballhornte Bezeichnungen in den Dialekten wie z. B. schwäb. *portschäs*, obersächs. *portschöse* und niederdeutsch *patraschäs*,[14] ferner Bezeichnungen für bestimmte Spezialtypen wie z. B. *Leib-*, *Rats-* oder *Galasänfte*. Die Exklusivität der Sänften und die Besonderheit des Transports durch menschliche Träger verleitete aber auch zur Bildung von Spottnamen wie *Affenkasten und Fettschlepper*, und der bekannte Göttinger Physiker Georg Christoph Lichtenberg hat das Gerät, das er offensichtlich selbst gerne benutzte, als „bekanntes vierfüßiges Tier" charakterisiert, „das noch in keinem zoologischen Werk beschrieben ist, und das unter dem Namen *Portechaise* in allen großen Städten häufig herumschleicht."[15]

Zu den weiteren Schritten der sprachlichen Aneignung gehören selbstverständlich verschiedene Fachtermini in einschlägigen Schriften zur Konstruktion solcher Transportmittel, an der unterschiedliche Handwerke (z. B. *Wagner*, *Sattler*, *Riemer*, *Schlosser*, *Glaser* und *Tischler*) mitwirkten (vgl. W. Rausch 1984). Auf sie kann ich hier nicht eingehen. Aufschlussreich sind jedoch auch die entsprechenden Ausführungen in den *Sänften-Ordnungen*. Und ebenso zeigt der Blick über den Gartenzaun der einzelnen Sprachen verschiedene Wege der sprachlichen Aneignung:[16] Neben z. B. niederländisch *reytebare* und spanisch *silla de manos* findet man etwa dänisch *baere-stole* oder *baere-chaise*, und im Englischen war neben *litter* (das eher zur Bezeichnung von Liegen oder Tragen diente) besonders die Bezeichnung *sedan-chair* gebräuchlich, wofür wiederum, ohne eine Entscheidung treffen zu können, zwei Motivationen genannt werden: nach der lat. Wurzel *sed-* ('sitzen') und dem Ort Sedan in Frankreich, wo im 18. Jahrhundert tatsächlich bekannte Manufakturen für Sänften existierten.

12 Ebenfalls möglich waren hybride Bildungen wie *Tragchaise* oder *Tragsänfte*.

13 Ein früher Beleg für die Bezeichnung *Sänfte* findet sich bei Erasmus Alberus (1540: 4ª). Auch die großen Wörterbücher des 18. und 19. Jahrhunderts (z. B. von Krünitz, Adelung, Campe und der Brüder Grimm) bieten s.v. *Sänfte* ähnliche Informationen an.

14 Vgl. Schulz/Basler (1913–1988, Bd. 2: s.v. *Portechaise*).

15 Vgl. Lichtenberg (1844: 92). Ein anderer Spottname war „gehende Kunstmaschine". Vgl. auch die Sendung *Zeitreise* des MDR vom 5. Juni 2018 (http://www.mdr.de/zeitreise/saenfte-oepnv-dresden-100.html).

16 Vgl. auch Wiktionary s.v. *litter*.

Die Sänften-Ordnungen steckten vor allem den Handlungsrahmen dieser Geräte ab: So musste u. a. geregelt werden (vgl. auch Krünitz, Bd. 115, 1810: 179–185), wie die Finanzierung (Kauf, Instandhaltung, Reparaturen) gestaltet werden sollte und welche Gebühren für welche Leistungen (z. B. das Herumtragen innerhalb und außerhalb der Stadtmauern) verlangt werden konnten; außerdem wieviel und welche Paare von Trägern für welche Löhne angeworben werden mussten und ob die Position eines Aufsehers. des sog. *Sänftenmeisters* (auch: *Tragstuhlmeister* genannt), eingerichtet werden sollte, der u. a. die Organisation und Abrechnung an den *Standplätzen* übernahm, jedoch ebenfalls für das angemessene Benehmen der Träger verantwortlich war. Die grundlegende Sänftenhandlung folgte einem einfachen Schema: Personen, die den entsprechenden Wunsch hatten oder von anderen dazu veranlasst wurden, an irgendeinen anderen Ort getragen zu werden, mussten dazu eine Sänfte engagieren, die sie entweder an einem bestimmten Punkt abholte oder an einem bekannten Standplatz treffen konnten. Es folgte der Einstieg durch die vordere Tür des Tragegeräts, für die Damen konnten, wenn man bestimmten satirischen Darstellungen folgt (vgl. Weigl 2014), zusätzlich noch Dachkonstruktionen geöffnet werden, um höhere Hutaufsätze (z. B. Federn oder aufwendige Blumengestecke) unterbringen zu können.

Die meist zwei Sänftenträger (*Sänftenknechte, Porteure, Stuhlträger*, auch: *Portchaisenträger*, engl. *chairmen*) mussten dann die Tragestangen jeweils an den Seiten vorne und hinten fassen,[17] das Gerät mit der Person darin *anheben* und es in gleichmäßiger Gangart in Richtung auf das vereinbarte Ziel hintragen. Dort angekommen erfolgte der wiederum etwas umständliche Ausstieg durch die Vordertür und die Verabschiedung bzw. Übergabe der getragenen Person an vorgesehene Empfänger oder die Institution, die Ziel des Transports war.

Als Klassiker früher Sänftenbeschreibungen kann die *Abhandlung der Porte-Chaises oder Trage-Sänfften durch Menschen oder Thiere* [...] des „Reichs-Gräflich-Sollmischen Amts-Rhates" Carl Christian Schramm von 1737 (s. Abb. 2) angesehen werden, die bereits wesentliche Aspekte und Regelungen dieser exklusiven Transporttechnik behandelte.

17 Speziell für die Bewältigung von Treppen gab es sogar bewegliche Tragestangen, für enge Kurven zudem Tragebalken in gekrümmter Form.

Abhandlung
der
PORTE-CHAISES
oder
Trage-Sänfften
durch
Menschen
oder
Thiere,
in allen
Vier Theilen der Welt,
nach der
Critic, Mechanic, Historie,
dem Recht, wie auch Cammer- und
Policey-Wesen
ausgeführet und erläutert
mit Urkunden und Kupffern
von
Carl Christian Schramm,
Reichs-Gräflich-Solmischen Amts-Rathe.

Abb. 2: Titelblatt von Schramm (1737, eigene Aufnahme)

Sie enthält u. a. als Exempel die Leipziger Sänften-Ordnung von 1703, deren komplex verschachtelte Einleitung die zeitgenössische pragmatische Verwendung dieses Geräts recht anschaulich vermitteln kann:

> Nachdem E.E. Hochweiser Rath der Stadt Leipzig, dem überflüßigen und öfters sonderlich zu Meß-Zeiten beschwerlichen und hinderlichen Brauch der Carrethen einiger massen zu steuren, zugleich auch denen Einwohnern Fremden, bevorab des Winters, oder bey unfreundlichen Wetter und andern bedürfenden Fällen zum Nutz und Bequemlichkeit, nicht aber zur Hoffart und Üppigkeit, nach dem Exempel vieler Handels- und anderer vornehmen Städten gewisse öffentliche Sänfften-Träger, welcher einen jeden, der es begehret, um leidlichen Lohn in der Stadt und Vorstädten von einem Ort zum andern in Trage-Sesseln oder Sänfften tragen können, anzustellen diensam erachtet, ihnen gewisse Ordnung vorzuschrieben und sie darauf vereydet. Als hat derselbe zu männigliches Nachricht solches hiemit öffentlich kund machen wollen, nemlich [...]

Auf diese Einführung folgt dann der Text der eigentlichen Ordnung, in dem u. a. die folgenden konstitutiven Aspekte beim Gebrauch der Lohn-Sänften geregelt werden:

1. Die Auswahl der Träger als Hauptakteure: Zu Beginn in Berlin (1688) sind es noch Hugenotten, also französische Glaubensflüchtlinge, die der Große Kurfürst zuvor

aufgenommen hatte und sinnvoll einsetzen wollte. In München waren es zunächst kriegsgefangene Türken (vgl. Krischer 2014). In Wien galten auch bestimmte Ausgrenzungen: Sog. *Heiducken*, d.h. Gesetzlose aus dem südostslawischen Raum, und Juden durften nicht Träger sein. Über die die anderen Hauptakteure oder Beteiligten, die Kunden, wird nichts gesagt. Die Möglichkeit von nicht öffentlich zugänglichen Privatsänften neben den Lohnsänften wird beibehalten.

2. Die Träger sollen eigenverantwortlich für Anschaffung, Sauberkeit und Erhaltung der Sänften in einem guten Zustand sein: „wohl und reinlich" ist hier die einschlägige Formel.
3. Die Träger können mit einer einheitlichen Kleidung (einer *Livrée* oder *Montur*) ausgestattet werden und sollten eine Nummer tragen, um die Reihenfolge bei der Abarbeitung der angeforderten Leistungen kontrollieren zu können.
4. Die Sänften müssen zu festen Zeiten (wochentags von morgens 6 bis abends 8 Uhr) an festgelegten Standorten bereitstehen, für Sonntage gelten andere Zeiten, z. B. um dem Gottesdienstbesuch nicht in die Quere zu kommen.
5. Das Tragen sollte mit „hurtigen und steten" Schritten erfolgen, Stehenbleiben und Schwatzen war verpönt, d.h. konnte auch bestraft werden.
6. Die Entlohnung der Träger richtete sich nach einer festen *Taxe* (so heißt das schon zu Beginn des 18. Jahrhunderts), je nach Verabredung z. B. innerhalb oder außerhalb der Ringmauer und/oder nach dem Zeitraum, für den die Sänfte benötigt wurde. Wartezeiten mussten extra bezahlt werden.
7. Für die Konkurrenz mit anderen Fahrzeugen, Kutschen oder Wagen, gab es Vorfahrtsregelungen (also Regelungen der Vor- oder Nachrangigkeit); im Unterschied zu den Kutschen durften die Sänften den sog. *breiten Stein* in der Straßenmitte nutzen – Bürgersteige im heutigen Sinne gab es ja noch nicht! Und um sich gegenüber den Fußgängern Platz zu verschaffen, durften die Sänftenträger – freilich nur in gebührlicher Form und Lautstärke – Warnrufe von sich geben, z. B. frz. *Attention*!, dt. *Achtung*!, obd. *Obacht*! oder *Aufg'schaut*!
8. „Moralische" Anforderungen an die Träger konnten verschiedene Verhaltensweisen betreffen. Im Original lautet das so (vgl. Schramm 1737, vgl. auch Krünitz, Bd. 115, 1810: 183):

> Der Völlerey und des übrigen Trunckes, wie auch bey dem Tragen des Toback-Schmauchens sollen sie sich enthalten, einen jeden auf Erfordern willig aufwarten und mit der Sänffte abholen, niemand mit unfreundlichen oder schimpfflichen Wörtern anlassen, weniger das Tragen denen so es begehren versagen, jedoch bleibet ihnen das Trager-Lohn nach Beschaffenheit der Umstände voraus zu fordern unbenommen.

Nicht behandelt werden die mit dem Sänftentransport verbundenen Möglichkeiten der sprachlichen Interaktion: Verabredungen, auch Preisverhandlungen zwischen Kunden und Trägern konnte man getrost den Sänftenmeistern (s. Abb. 3) überlassen, zumal wenn die Träger Ausländer und/oder sehr einfache, ungebildete Leute waren. Zwischen den Trägern waren selbstverständlich einfache Gespräche an den Standplätzen normal,

Abb. 3: Sänfte und Sänftenmeister auf dem Münchner Marienplatz (Wening 1701)

wobei jedoch Streit und Zank zwischen ihnen in den Ordnungen ausdrücklich untersagt waren. Da die Träger sich im Gewühl der Städte durch ihre Warnrufe oder energisches Drängeln effektiv Platz verschaffen mussten, um ihre Aufträge zu erfüllen, galten sie oft als grob und unhöflich. Kurze höfliche Begrüßungen der Kunden durch Passanten oder Zurufe von außen waren hingegen jederzeit möglich, längere Gespräche zwischen den Kunden in verschiedenen Sänften eher weniger. Dennoch werden solche Situationen in Karikaturen gerne vorgestellt.

Die Beförderung in Sänften war wegen des beschränkten Platzes meist nur für eine Person möglich, stellte also schon von daher eine exklusive, nichtkommunikative Situation dar. Gegenbespiele gab es aber schon immer: So berichtete Plutarch in *Vitae parallelae*, dass Caesar bei seinen vielen Reisen per Sänfte einem neben ihm sitzenden Schreibsklaven Texte diktiert habe. Und der französische Kardinal Richelieu soll sogar Großsänften mit Bett, Abort und Schreibtisch für Sekretäre im Gebrauch gehabt haben.

Über den alltäglichen Umgang mit Sänften findet man im 18. Jahrhundert vielseitige, oft auch vergleichbare Berichte vor allem in Tagebuchaufzeichnungen und Reiseberichten. Ein Text von Goethe aus dem Jahre 1801 mag hier als Exempel stehen:

> Ein gewaltsamer Regenguß überschwemmte den untern Garten und einige Straßen in Göttingen standen unter Wasser. Zu einem herrlichen, bei Hofrat Martens angestellten Gastmahl sollten wir uns in *Portechaisen* hinbringen lassen. Ich kam glücklich durch, allein der Freund, mit meinem Sohn zugleich eingeschachtelt, ward den Trägern zu schwer, sie setzten wie bei trockenem Pflaster den Kasten nieder, und die geputzten Insitzenden waren nicht wenig verwundert, den Strom zu ihnen hereindringen zu fühlen. (Goethe, WA I, Bd. 35: 108)

Häufig wiederkehrende Erfahrungen konnten so klischeeartig verdichtet werden, sich im äußersten Fall sogar in festen Redensarten oder Sprichwörtern widerspiegeln. So konnte die französische Redensart *mener une vie de bâton de chaise* auf das unstete oder liederliche Leben (im Sinne von avoir une vie désordonnée) adliger oder dünkelhafter bürgerlicher Sänftennutzer anspielen, und Schramm (1737) führt die Redewendung *faire une litière* ('sich eine Sänfte machen') an, die von Menschen gesagt werden konnte, die das Schreckliche in der Welt partout nicht zur Kenntnis nehmen wollten. Vergleichbare Phraseologismen habe ich im Deutschen bisher nicht gefunden.

3 Droschken im Wandel

Für den Transport von Gegenständen und Waren, aber auch von Personen wurden von jeher auf Rädern fahrende Wagen größerer oder kleinerer Art genutzt. Kleinere, bewegliche Streitwagen kennen wir schon aus unterschiedlichen antiken Hochkulturen, größere robuste Typen waren als Lastfahrzeuge für verschiedene Zwecke (z. B. Kriegszüge, Reisen, Handel) immer schon unentbehrlich. Erst nach dem Mittelalter wurden sie vermehrt auch im Personennahverkehr eingesetzt. Wagen in frühmodernen Städten zu benutzen, brachte aber noch einige unangenehme Erfahrungen mit sich, vor allem solange die Straßenverhältnisse schlecht und die Technik der Wagen, besonders die Lenkung, die Radaufhängung und Federung, noch zu primitiv waren. Hier stellten die Sänften, als sie einem breiteren Publikum zugänglich gemacht und als Mietfahrzeuge institutionalisiert worden waren, eine Alternative dar, die zudem mit einem höheren Prestige punkten konnten (vgl. oben 2.).

Als Mietfahrzeuge wurden Sänften und Wagen von Beginn an nebeneinander genutzt, mussten sich also den Verkehrsraum teilen, was in den Städten nicht ohne explizite Regelungen abging. Von den eher abwertend konnotierten *Carrethen*, die Johann Christoph Adelung später in seinem Wörterbuch (Bd. 1, 1774) als *Kaleschen* paraphrasierte, war schon in der Einleitung *der Leipziger Sänften-Ordnung* von 1703 (vgl. oben) die Rede. Seit dem 16. Jahrhundert wurde für diese leichteren Wagen zum Personentransport von *Kutschen* gesprochen, speziell wenn es um die schnellere Beförderung „besserer“, d.i. „hochgestellter“ Personen über gewisse Distanzen ging. Sänften und Kutschen konkurrierten also vor allem im innerstädtischen Verkehr miteinander, was daher in Ordnungen, besonders hinsichtlich der Vorfahrt, geregelt werden musste. Das mehr oder weniger geregelte Miteinander prägte also das Bild vom Verkehr auf den öffentlichen Plätzen im 18. Jahrhundert, wo man neben den Fußgängern und Reitern selbstverständlich Sänften mit Sänftenträgern, bisweilen auch mit gestikulierenden Sänftenmeistern, sowie Kutschen unterschiedlicher Art sehen konnte (s. Abb. 4).

Abb. 4: Der Altstadtmarkt in Braunschweig im 18. Jahrhundert (vgl. Spies 1976: 86)

Das bestaunte auch ein „Fräulein vom Lande", die Jungfer Margaretha Dornbusch, in Adolph Freiherrn von Knigges „comischen" Roman *Die Reise nach Braunschweig* (1792), als sie voller Interesse das ihr fremde Verkehrsgewimmel vor dem Opernhaus auf dem Hagenmarkt in Braunschweig ansah, bevor sie dort einen Maskenball besuchte:

> [...] ihre Neugier, ein ihr so fremdes Schauspiel kennen zu lernen, wurde immer aufs neue gereizt, so oft sie in Kutschen, Portechaisen und zu Fuße, einen frischen Transport von verkleideten Personen beyderley Geschlechtes in das nahe gelegene Opernhaus eintreten sahe. (Knigge 1792: 203)

Und das Chaos auf den Straßen Londons im 18. Jahrhundert beschreibt schon vorher Tobias Smollett in seinem Briefroman *The Expedition of Humphry Clinker* (1771) in satirischer Form:

> All is tumult and hurry; one would imagine they were impelled by some disorder of the brain, that will not suffer them to be at rest. The foot-passengers run along as if they were pursued by bailiffs. The porters and chairmen trot with their burthens. People, who keep their own equipages, drive through the streets at full speed. Even citizens, physicians, and apothecaries, glide in their chariots like lightning. The hackney-coachmen make their horses smoke, and the pavement shakes under them; and I have actually seen a waggon pass through Picadilly at the hand-gallop. In a word, the whole nation seems to be running out of their wits. (Smollett 1771/1951: 84)

Doch mit der Verbesserung der Straßenverhältnisse und der Wagentechnik entfiel langsam der namengebende Vorteil der Sänften, und sie kamen zunehmend aus der Mode, zumal die soziale Kritik an dieser Form menschlicher „Ausbeutung" auch niemals nachließ. Zu Beginn des 19. Jahrhunderts erschienen die Sänften manchen Zeitgenossen dann geradezu als „antediluvianisch" (*vorsintflutlich*);[18] sie eigneten sich bestenfalls noch für satirische Zwecke, wie ein Beispiel aus dem Marburger Studentenleben am Anfang des 20. Jahrhunderts zeigt:

> Ein studentischer Zug seltsamster Art bewegte sich im Frühjahre 1905 eines Nachmittags durch die Straßen. [...] Der Zug stellte in witziger Weise den Transport des akademischen Schwerverbrechers [d.h. eines zu einer Karzerstrafe verurteilten korporierten Studiosus, D. Ch.] dar. Voran der Couleurdiener mit einer Tafel, die dem staunenden Publikum Ziel und Grund der Reise enthüllte. Unter Bedeckung zweier unheimlicher Gesetzeswächter, folgte eine Porte-Chaise, von zwei Trägern getragen, in welcher der Delinquent mit rasiertem Schädel und blauer Sträflingsjacke die Huldigungen der Menge entgegennahm. Bettzeug, Kleider, Bücher, Pfeife und Tabacksbeutel reihten sich an. Ein würdiges Männerquartett in Gala gab dem Schwerverbrecher die letzte Ehre, und ein Nachtwächter am Schluß wirkte ebenso durch Hellebarde und Tuthorn, als durch seine außerordentlich passende Physiognomie. (Bickert/Nail 2013: 15).

Abb. 5: Hansom Cab (Wikipedia s.v. *Hansom Cab*, Andrew Dunn, HansomCab, CC BY-SA 2.0)

18 Für Hedwig von Bismarck war die Sänfte, die sie 1852 in Dresden benutzte, „ein noch übliches Beförderungsmittel aus Urväterzeit" (Beleg aus: DWDS s.v. *Portechaise*, https://www.dwds.de/wb/Portechaise).

Abb. 6: Zweispännige Kutsche (vgl. Wikipedia s.v. Zweispänner, Gryffindor, Fiaker Vienna October 2006 001, CC BY-SA 3.0)

Mit dem Ausdruck *Kutsche*, einer aus dem Ungarischen stammenden Bezeichnung, die ursprünglich als 'Wagen aus Kocs' (ungar. *kocsi skezer*) verstanden wurde und im 16. Jahrhundert in Deutschland u. a. als *Cotschien Wagen* oder auch *Gutschenwagen*, dann verkürzt als *Gutsche*, *Gotzi*, *Kotsche* oder *Kutze* erschien, wurde also ein mit einer Kabine oder einem zusammenklappbaren Verdeck aufgerüsteter, leichter Wagen bezeichnet, der mit zwei Rädern an einer Achse (wie beim englischen *Hansom Cab* (s. Abb. 5) oder mit vier Rädern an zwei Achsen von einem Pferd oder von mehreren Pferden gezogen wurde (s. Abb. 6). Gelenkt wurde dieses Gefährt von einem Kutscher, der von hinten (also hinter der Kabine, wie beim Cab) oder von vorne auf einem Kutschbock sitzend ein oder mehrere Pferde in einem Geschirr zügelte. Die Ausstattung eines eleganten Gespannes mit Pferden, Geschirr, Wagen und Kutscher konnte als Equipage bezeichnet werden. Der Transport besonders wichtiger, eben „höhergestellter" Personen konnte, wie schon bei den Sänften, auch durch eine entsprechende Ausstattung und/oder Begleitpersonal (z. B. Vorreiter) signalisiert werden. Es gab je nach Form und Ausstattung unterschiedliche Typen von Kutschen, die besondere Namen bekamen

(z. B. Landauer, Kremser, Karriole, Berline oder sogar Komfortabel – eine Wissenschaft für sich![19]

Wie das Reisen mit Kutschen, auch über längere Strecken hin, speziell im 18. Jahrhundert, aussah bzw. wahrgenommen wurde, kann man wiederum vor allem anhand von Reiseromanen, z. B. dem schon genannten „comischen“ Roman von Knigge (1792), gut nachvollziehen. Auch Giacomo Casanovas Autobiographie Geschichte meines Lebens (zuerst 1789 erschienen) enthält vielerlei Kutschen-Erfahrungen.[20]

Im Folgenden geht es mir jedoch nur um die im öffentlichen Nahverkehr eingesetzten *Lohn-* oder *Mietkutschen*, die wie die Sänften einerseits ähnlichen Bedingungen (z. B. hinsichtlich Ordnungen und polizeilichen Kontrollen) unterlagen, andererseits aufgrund ihrer Konstruktion, Größe und Komplexität insgesamt aufwendigere Aktionen von Kutschern und Pferdegespannen erforderten, damit auch Eigenarten aufwiesen, die andere kommunikative Auswirkungen haben mussten. Ihr Anteil am öffentlichen Nahverkehr wuchs rasch an: In Berlin soll es 1758 nur 20 Pferdetaxis gegeben haben, 1841 schon 622 derartige Kutschen und nur 65 Jahre später waren es fast 9000. Über die technische Ausstattung gaben bereits im achtzehnten Jahrhundert Handbücher (vgl. Krünitz 1773–1858, W. Rausch 1876, 1883) Auskunft. Die Schwierigkeiten bei der „Zügelung“ von Pferden, eigentlich Fluchttieren, im lärmenden Gedränge förderte sicher noch mehr das Klischee vom groben, schimpfenden Kutscher, der nicht nur vom *Kutschbock* herunter seine Pferde mit Schnalzlauten oder einfachen Zurufen wie *Hüh!* und *Hott!* antrieb, sondern sich bisweilen auch gegen die Fahrzeugkonkurrenten und gegen die Fußgänger mit Peitschenknallen oder sogar Peitschenhieben Platz verschaffen musste. Über 200 Jahre war die berühmte gelbe *Postkutsche* das wichtigste öffentliche Verkehrsmittel in Europa, das weithin auch die sprachlich gebundenen Vorstellungen vom Kutschenfahren bestimmt hat.

Als weiterer Name für die Mietkutschen des Nahverkehrs wurde seit dem Ende des 18. Jahrhunderts auch der Ausdruck *Droschke* eingeführt, der aus dem Russischen (*drožki*) stammte und über das Baltikum bzw. Polen nach Deutschland kam. Synonym dazu wurde zunächst auch noch die Bezeichnung *Fiaker* verwendet, die aus dem Französischen des 17. Jahrhunderts stammte, abgeleitet von einem Haus mit dem Bild des Hl. Fiacrius (*Hôtel St. Fiacre*), eines irischen Heiligen, auf einem Platz in Paris, wo lizensierte Lohnkutschen standen. Diese Bezeichnung war aber bald nur noch im Südosten des deutschen Sprachgebietes und besonders in Wien gebräuchlich.[21] Bekannt ist, dass der Ausdruck übertragen auch zur Bezeichnung für den Kutscher, vor allem den

---

19 Ihle (1958), Sallmann (1994), Furger (2009); vgl. auch Wikipedia s.v. *Kutsche* (https://de.wikipedia.org/wiki/Kutsche).

20 Für das Englische könnte man hier auf den bereits zitierten pikaresken Roman von Tobias Smollett, *The Expedition of Humphry Clinker* (zuerst London 1771) hinweisen, in dem über vielfältige Reiseerfahrungen, insbesondere auch über den Verkehr im traditionellen Badeort Bath berichtet wird (vgl. Fawcett 1988).

21 Informationen und Zitate nach dem *Altwienerischen Wörterbuch* von Schuster/Schikola (1996: 43ff.).

„urichen Weaner Fiaker“, gebraucht wurde, der schon durch seine Kleidung unter den Leuten auf der Straße hervorstach, z. B. mit einem besonderen, schmalrandigen Zylinder (dem *Stößer*), einer samtenen Joppe, einer großen, bunten Krawatte und einer quadratisch gemusterten (*gadraillierten*) Hose. Zu ihm heißt es auch:

> Die vorderen Lockenhaare kämmte er sich in Sechserform vor die Ohren (*fürapickte Scharln*). Im Mund baumelte ihm die Lieblingszigarre des Wieners, die Virginierzigarre, und mit den Worten „Fähr ma, a [=Euer] Gnådn“, zu denen er meist artig den Stößer abnahm, lud er Fahrgäste ein [und hielt ihnen den *Schlag* auf]; – als die mit Gummi bereiften Wagenräder aufkamen, die ein fast stoß- und geräuschfreies Fahren ermöglichten, setzte er noch [das werbewirksame] „mit Gummiradeln“ hinzu. (Schuster/Schikola 1996: 43–44).

Schließlich wurde als Ausdruck für die Mietwagen dann auch die pars-pro-toto-Bezeichnung *Taxameter* benutzt,[22] was wiederum zur Bezeichnung *Taxe* oder *Taxi* für das Fahrzeug verkürzt wurde und sich bis heute für die *Benzinkutschen* gehalten hat. Der Verdacht auf Renommage blieb aber ebenso bei der Nutzung der Pferdedroschken, selbst noch bei den *Kraftdroschken*, bestehen, als im neunzehnten Jahrhundert Massenverkehrsmittel wie die Dampfzüge und um 1900 die elektrischen Straßenbahnen aufkamen. In einer seiner sprachlich so lebendigen Erzählungen aus dem Münchner Alltag schildert der bayerische Schriftsteller Ludwig Thoma, wie eine „Frau aus dem Volke“ eine *Trambahn* (engl. *Tramway*) mit einem Federbett besteigt und damit beim Hinsetzen einem ihrer Nachbarn durchs Gesicht fährt:

> Das ärgert den Herrn. Er klemmt den Zwicker fester auf die Nase und blickt strafend auf das Weib. [...]: „Aber erlauben Sie, mit einem solchen Bett! [...] Die Leute im Wagen werden aufmerksam. Der Mann scheint ein Norddeutscher zu sein; der Sprache nach zu schließen. Ein besserer Herr, der Kleidung nach zu schließen. Was fällt ihm ein, die arme Frau aus dem Volke zu beleidigen? Ein dicker Mann, dessen grünen Hut ein Gamsbart ziert, verleiht der allgemeinen Stimmung Ausdruck. „Warum soll denn dös arme Weiberl net da herin sitzen? Soll's vielleicht draußen bleib'n und frier'n? Bloß well's dem nobligen Herrn net recht is? Wenn man so noblig is, fahrt ma halt mit da Droschken! (Thoma 1956: 9–10)

Die Droschken wurden noch bis zum Anfang des 20. Jahrhunderts von Pferden gezogen. Im Jahre 1886 erfand jedoch Carl Benz das erste *Automobil*, das zunächst noch wie eine Kutsche mit Motor (s. Abb. 7) aussah, erst später als modernes *Kraftfahrzeug* (s. Abb. 8, 9) allmählich ein eigenes Gesicht bekam.

---

22 Ein *Taxameter* war zunächst ein Fahrpreisanzeiger auf der Basis der Messung von Radumdrehungen. Ein derartiges Gerät war von Friedrich Wilhelm Gustav Bruhn erfunden worden und wurde seit Anfang der 1880er Jahre noch auf den Pferdedroschken montiert.

Abb. 7: Daimler-Motorkutsche (vgl. Wikipedia s.v. *Kutsche*, Arnaud 25, Daimler Motorkutsche 003, CC BY-SA 4.0)

Abb. 8: Neuere Kraftdroschke (vgl. Wikipedia s.v. Droschke, Bundesarchiv, Bild 183-J0716-500-003 / Unknown / CC-BY-SA 3.0, Bundesarchiv Bild 183-J0716-500-003, Berlin, erste Kraftdroschke, CC BY-SA 3.0 DE)

Abb. 9: Londoner Taxi (Black Cab, vgl. Wikipedia s.v. Taxi, AnTu, London taxi, als gemeinfrei gekennzeichnet, Details auf Wikimedia Commons)

Schon um 1900 sind die *Kraftdroschken* als Taxis unterwegs, die wegen ihres Aussehens früher noch als *Motor*- oder *Benzinkutschen* bezeichnet werden konnten. Und sogar bis in die jüngste Zeit ist in juristischen Kontexten noch von *Kraftdroschken* die Rede. Die alten, von Pferden gezogenen Kutschen blieben nur als historische Schaustücke und touristisch-nostalgische Fahrzeuge, z. B. im Pferdesport, bei Hochzeiten, Beerdigungen auf dem Lande oder bei ähnlichen Gelegenheiten, bis heute erhalten.

Mit dem Lenker von Pferdedroschken während der Fahrt zu sprechen, war für die Kunden, die *Passagiere*, prinzipiell leicht, obwohl Verhandlungen zu Fahrtstrecke und Preisgestaltung, auch zum Verhalten der Beteiligten während der Fahrt, schon vor Antritt der Fahrt stattfinden konnten. Ausführlichere, zusammenhängende Gespräche während der Fahrt waren aber wegen der starken Außengeräusche eher schwierig, konnten jedoch als Kommentare zu den damit verbundenen Erlebnissen im Nachherein selbstverständlich geführt werden, wenn es gewünscht wurde. Auch hier wäre wieder auf biographische Aufzeichnungen oder rekonstruktive Reiseberichte in literarischen Texten (z. B. in Hans Falladas bekanntem Roman *Der eiserne Gustav* von 1938) zu verweisen, auch wenn das natürliche keine dokumentarischen Aufzeichnungen sind.[23]

23 Thema des Romans war dabei u. a. der Übergang von den Pferde- zu den Motorkutschen.

Solche Dokumentationen sind in den modernen Autotaxis nach Absprache und mit bestimmten Geräten zwar heute möglich, wie die 2006–2009 produzierte Sendereihe des Rundfunk Berlin-Brandenburg (rrb) *Berliner Nachttaxe* mit Michael Kessler zeigte. Andere moderne Sammlungen, wie die 120 Miniaturen von Johannes Rausch (2017), beruhen auf nachträglich angefertigten Gesprächsnotizen und stellen ausdrücklich anonymisierte literarische Überarbeitungen dar. Das in den modernen Massenverkehrsmitteln (z. B. in Bussen) manchmal noch zu findende Verbotsschild „Nicht mit dem Fahrer/der Fahrerin sprechen!“ gilt hier offenbar nicht. Und selbst diese Verbote ließen ja Ausnahmen zu, z. B. wenn kurze Auskünfte erbeten wurden. Versuche mit Trennscheiben zwischen Fahrern und Kunden, um gewalttätige Übergriffe zu verhindern, die aber auch die Gespräche erschwerten, wurden nur für kurze Zeit (1964–1969) in Deutschland unternommen.

Dass Taxis heute ebenso wie die Kutschen oder Droschken früher mit bestimmten typischen Erzählungen (z. B. über bemerkenswerte Passagiere oder Unfälle) verbunden wurden, darüber hinaus sogar als Modelle für „Lebensfahrten“ (Kollektivsymbole) gedeutet werden konnten, wie es Jürgen Link (1998) gezeigt hat, möchte ich nur erwähnen.[24] Schon die spezielle Semantik der Verbableitungen zu *Kutsche* wie rum*kutschen* oder *herumrumkutschieren* weisen m. E. in diese Richtung. Oft kommt es in Taxen wegen der Kürze der Fahrtdauer auch nicht zu ausführlicheren Gesprächen, die etwa mit Smalltalk über das Wetter, den genutzten Autotyp, die aktuelle Straßensituation oder Fragen nach Lokalen eingeleitet werden können. In der Buchfassung von Michael Kesslers Berliner *Nacht-Taxe-Gesprächen* (2008) wird auch darüber geredet, über welches Repertoire an englischen Äußerungen man verfügen muss, wenn man ein Taxi im Ausland benutzt oder die Taxifahrer in Deutschland heute nicht genug Deutsch beherrschen. Ausgiebiger werden komplexe Gesprächssituationen in Taxen in einigen modernen Filmen (z. B. mehrsprachig in *Night on Earth*, 1991; Regie: Jim Jarmusch) dargestellt. Die große Vielfalt heutiger Typen des Gebrauchs von Autotaxis (unterscheidbar nach Erreichbarkeit, Fahrzweck, Fahrstrecken, Ausstattung, Preisgestaltung, Organisationsformen u. a.) ist beeindruckend, erschwert aber einfache Generalisierungen über das Verhalten der Insassen. Feste Phraseologismen oder Sprichwörter zu Kutschen oder Taxen sind selten, finden sich mehr zu den Kutschern,[25] die aber meist negativ charakterisiert werden: z. B. „Alle Kutscher knallen gern“, „Sich wie ein Kutscher benehmen“ (i. S. v. ‘schlechte Manieren haben’) oder „Das kann mein/Lehmanns Kutscher auch“ (i. S. v. ‘Dazu gehört nicht viel’). Aber auch „Von der Kutsche kommen“ (i. S. v. ‘sein

24 Vgl. auch das bekannte Volkslied „Hoch auf dem gelben Wagen“, Text von Rudolf Baumbach (1840–1905).

25 In der Sammlung *Wörter und Wendungen* (Agricola et al. 1963: 605) werden lediglich für *Taxis* häufige oder festere Kombinationen mit Verben (wie z. B. *Taxis rufen, bestellen, holen* usw., oder *mit dem Taxi kommen, aus dem Taxi steigen* usw.) aufgeführt.

Ansehen verlieren').[26] Vielleicht passt auch die Wendung *etwas auf die sanfte Tour machen* in diesen Sinnbereich, was für die berühmte *Retourkutsche* sicher gilt.

4 Ausblick

Nur drei historische Formen des öffentlichen Nahverkehrs, d. i. der Beförderung von Personen gegen Bezahlung und in institutionell regulierten, städtischen Kontexten, wurden hier für eine Betrachtung historisch-pragmatischer Art herausgegriffen. An ihnen sollte in exemplarischer Weise, wenn auch nur punktuell gezeigt werden, wie die damit verbundenen „Wirklichkeiten" sprachlich erschlossen und zu kommunikativ verwertbaren „Welten" geformt werden konnten. Zweifellos könnte man weitere ähnliche Verkehrsformen hinzufügen,[27] die unter dem Gesichtspunkt ihrer Versprachlichung ebenso interessant sind. Beispiele wären etwa die Massenverkehrsmittel wie Bahnen und Busse, die erst im Laufe des 19. Jahrhunderts entstanden,[28] oder wie die neuen mit Kabinen bestückten Fahrräder,[29] die im Rahmen der umweltpolitischen Diskussionen heute besondere Aufmerksamkeit finden. Denn auch im letzten Fall gibt es zu diesen aktuell gerne als *Mama-* oder *Elterntaxis* bezeichneten Fahrzeugen (s. Abb. 10) gewisse Rahmungen oder ältere Traditionen:

Abb. 10: Mamataxi (private Aufnahme)

26 Wander (1867, Bd. 2: 137–1738).

27 Vgl. Löper (1881/1984). Nicht eingegangen bin ich auf Mischformen wie z. B. die französischen Sänften mit Rädern, (*chaises roulantes*) des 17. Jahrhunderts, die auch als *vinegrettes* oder *brouettes* bezeichnet werden konnten: vgl. Schramm (1737: 49).

28 Um 1900 gab es auch schon Pferdeomnibusse, also von Pferden gezogene Droschken für größere Gruppen von Personen.

29 Vgl. allgemein zur sprachhistorischen Aneignung des Fahrrads Cherubim (2017b).

Längst etabliert war z. B. der kommerzielle Transport von Personen mit von Menschen gezogenen oder per Fuß angetriebenen Fahrrädern, den sog. *Rikschas*, in Ostasien (s. Abb. 11), wobei auch die Motorisierung dieser Fahrzeuge letztlich nicht aufzuhalten war. Heute, im fahrradfreundlichen Europa, wird gerne auf dieses einfache Mittel der Personenbeförderung im Nahverkehr wieder zurückgegriffen.

Abb. 11: Asiatische Rikscha (vgl. Wikipedia s.v. *Rikscha*)

Aufmerksamkeit verdienen hier nicht nur die Verschiedenheiten, so die akzidentellen Bezeichnungen (*Sänfte, Fiaker, Kutsche, Automobil*), sondern auch die Vergleichbarkeit dieser unterschiedlichen „Kabinen-Transporter“ (als *Trage-*, *Pferde-* oder *Benzinkutschen*) und deren übergreifende Charakterisierung als *Lohnkutschen* oder *Taxis*. Unterschiedlich darstellbar sind dabei nicht nur die verschiedenen Transporttechniken mittels Menschen-, Tier- und Maschinenkraft (Jakob 1991: bes. 319ff.), sondern auch die Einbettung der verschiedenartigen Fahrzeuge in ähnliche Handlungsschemata und kommunikative Praxen, was ich jedoch nur andeuten konnte. Nicht zuletzt bemerkenswert erschien mir auch der Bezug auf bestimmte soziale Bewertungen, der selbst durch scheinbar triviale Merkmale wie die „Höhe“ des Transports signalisiert werden kann: Sänften mussten angehoben werden, wurden sogar in manchen Entwicklungsländern bisweilen auf Schultern getragen; Kutscher saßen oder standen durchaus in erhöhter Position vor oder hinter ihren Fahrzeugen und ihre Kunden nahmen durch ihr *Einsteigen* ebenfalls erhöhte Positionen ein. Selbst für das Fahrrad gab es wenigstens kurzfristig (nämlich Ende des 19. Jahrhunderts) eine Hochform, das sog. *Hochrad*, das auf die ihm begegnenden Fußgänger sicher eindrucksvoll gewirkt haben muss. Nur das Auto tendierte aus technischen Gründen eher dazu, „tiefergelegt“ zu werden.

5 Literatur

Adelung, Johann Christoph (1774–1786): Versuch eines vollständigen grammatisch-kritischen Wörterbuches Der Hochdeutschen Mundart, mit beständiger Vergleichung der übrigen Mundarten, besonders aber der oberdeutschen. 4 Teile. Leipzig: Breitkopf.

Agricola, Erhard et al. (1963): Wörter und Wendungen. Wörterbuch zum deutschen Sprachgebrauch. Leipzig: Bibliographisches Institut.

Alberus, Erasmus (1540/1975): Novum Dictionarii Genus. Frankfurt am Main: Egenolphum. Hildesheim: Olms (Neudruck).

Antenhofer, Christina/Schlie, Heike (2023) (Hrsg.): Framing – Deframing – Reframing. Wege, Mechanismen und Strategien kultureller Aneignung in Mittelalter und Früher Neuzeit. Heidenberg: Winter-Verlag.

Bickert, Hans Günther/Nail, Norbert (2013): Marburger Karzer-Buch. Kleine Kulturgeschichte des Universitätsgefängnisses. 3., neu bearb. u. verm. Aufl. Marburg: Hitzeroth.

Bill, Claus Heinrich (2010): Kultursoziologie der Portechaise. Annotationen zur soziokulturellen Bedeutung einer adeligen Mobilitätsform der Frühen Neuzeit. In: Nobilitas. Zeitschrift für deutsche Adelsforschung 8, 62, 139–156 [Teil 1], 63, 159–195 [Teil 2].

Casanova, Giacomo Girolamo (1833–1888): Geschichte meines Lebens (Histoire de ma vie (1789, dt.). Rev. u. erg. Ausg. Leipzig: Brockhaus.

Cherubim, Dieter (2016): Kulturwissenschaftliche Orientierung in der Sprachwandeltheorie. In: Jäger, Ludwig (Hrsg.): Sprache – Kultur – Kommunikation. Ein internationales Handbuch zur Linguistik als Kulturwissenschaft. Berlin/Boston: de Gruyter, 688–701.

Cherubim, Dieter (2017a) (Hrsg.): Sprachliche Aneignung der Wirklichkeit. Studien zur Sprachgeschichte des neueren Deutsch. Berlin: Frank & Timme.

Cherubim, Dieter (2017b): Fahrrad und Fahrradfahren. Zur sprachlichen Aneignung einer neuen Technik. In: Cherubim, Dieter (Hrsg.): Sprachliche Aneignung der Wirklichkeit. Studien zur Sprachgeschichte des neueren Deutsch. Berlin: Frank & Timme, 539–570.

Deutsches Fremdwörterbuch. Begonnen von Hans Schulz, fortgeführt von Otto Basler. Hrsg. v. Institut für deutsche Sprache. 7 Bde. Berlin u. a.: de Gruyter [u. a.], 1913–1988.

Deutsches Sprichwörter-Lexikon [...]. Hrsg. v. Wander, Karl Friedrich Wilhelm. Leipzig: Brockhaus, 1867. Kettwick: Akademische Verlagsgesellschaft Athenaion (Neudruck), 1987.

Deutsches Wörterbuch. Hrsg. v. Grimm, Jacob et al. 17 Bde. Leipzig: S. Hirzel Verlag, 1853-1971.

Diersch, Helga (1972): Verben der Fortbewegung in der deutschen Sprache der Gegenwart. Eine Untersuchung zu syntagmatischen und paradigmatischen Beziehungen des Wortinhalts. Berlin: Akademie-Verlag.

Duden. Das Große Fremdwörterbuch. Herkunft und Bedeutung der Fremdwörter. Hrsg. v. Wissenschaftlichen Rat der Dudenredaktion. Mannheim/Leipzig u. a.: Dudenverlag, 1994.

Eckermann, Erik (2015) (Hrsg.): Auto und Karosserie. Geschichte-Fertigung – Design. Von der Kutsche bis zum Personenwagen. 2. Aufl. Heidelberg: Springer.

Enß, Elisabet (2019): Art. Sänfte. In: Hornung, Christian et a. (Hrsg.): Reallexikon für Antike und Christentum. Bd. 29. Stuttgart: Hiersemann, 290–296.

Etymologisches Wörterbuch der deutschen Sprache. Hrsg. v. Kluge, Friedrich et al. 24., durchges. Aufl. Berlin/New York: de Gruyter, 2002.

Etymologisches Wörterbuch des Deutschen. Hrsg. v. Autorenkollektiv des Zentralinstituts für Sprachwissenschaft unter der Leitung von Wolfgang Pfeifer. 3 Teilbde. Berlin: Akademie-Verlag, 1989.

Fallada, Hans (1938/2021): Der eiserne Gustav. Roman. Hrsg. und mit einem Nachwort von Jenny Williams. Berlin: atb.

Fawcett, Trevor (1988): Chair Transport in Bath: The Sedan Era. In: Simon Hunt et al. (Hrsg.): Bath History II. Bath: Alan Sutton, 115–138.

Furger, Andres (2009): Kutschen Europas des 19. und 20. Jahrhunderts. 2., überarb. Aufl. Bd. 1: Equipagen-Handbuch. Hildesheim: Olms.

Göres, Burkhardt (1987): Berliner Prunkschlitten, Kutschen und Sänften des Barock. Ausstellungskatalog Berliner Kunstgewerbemuseum. Berlin: Staatliche Museen zu Berlin.

Grimm, Jacob (1848): Geschichte der deutschen Sprache. Bd. 1. Leipzig: Weidmannsche Buchhandlung. Großes und vollständige[s] Universal-Lexicon aller Wissenschaften und Stände [...]. Hrsg. v. Zedler, Johann Heinrich et al. 68 Bde. Halle/Leipzig: Zedler, 1732–1754.

Harndt, Ewald (1998): Französisch im Berliner Jargon. 14. Aufl. Berlin: Jaron.

Ihle, Josef (1958): Von der Pferde-Droschke zur Auto-Taxi. 100 Jahre Geschichte des Droschken-Gewerbes. München: Heinrich Vogel.

Jakob, Karlheinz (1991): Maschine, mentales Modell, Metapher. Studien zur Semantik und Geschichte der Techniksprache. Tübingen: Niemeyer 1991.

Kessler, Michael (2008): Nacht-Taxe: Die unverfälschten Geschichten der Nacht. Berlin: Berlin Verlag Taschenbuch 2008.

Knigge, Adolph Freiherr von (1792): Die Reise nach Braunschweig ein comischer Roman. Hannover: Ritscher.

Köpp-Junk, Heid (2015): Reisen im Alten Ägypten. Reisekultur, Fortbewegungs- und Transportmittel in pharaonischer Zeit. Wiesbaden: Harrassowitz.

Krischer, Markus (2014): Der Mann aus Babadag: Wie ein türkischer Janitschar 1683 nach München verschleppt und dort fürstlicher Sänftenträger wurde. Darmstadt: Theiss.

Krünitz, Johann Georg (1773–1858): Ökonomische Enzyklopädie oder Allgemeines System der Staats-, Stadt-, Haus- und Landwirtschaft und der Kunstgeschichte, in alphabetischer Ordnung. 242 Bde. Berlin: Joachim Pault.

Lichtenberg, Georg Christoph (1844): Vermischte Schriften. Mit dem Portrait, Facsimile und einer Ansicht des Geburtshauses des Verfassers. Neue vermehrte, von dessen Söhnen veranstaltete Original-Ausgabe. Bd. 1. Göttingen: Dieterich.

Link, Jürgen (1998): Zum Anteil der Kollektivsymbolik an der Sprachentwicklung im 19. Jahrhundert: Das Beispiel der Verkehrsmittel Kutsche und Eisenbahn. In: Cherubim, Dieter/Grosse, Siegfried/Mattheier, Klaus J. (Hrsg.): Sprache und bürgerliche Nation. Beiträge zur deutschen und europäischen Sprachgeschichte des 19. Jahrhunderts. Berlin/New York: de Gruyter, 384–397.

Linke, Angelika/Ortner, Hanspeter/Portmann-Tselikas, Paul R. (2003) (Hrsg.): Sprache und mehr. Ansichten einer Linguistik der sprachlichen Praxis. Tübingen: Niemeyer.

Löper, Carl (1881/1984): Stammbuch der neueren Verkehrsmittel, Eisenbahnen, Dampfschiffe, Telegraphen und Luftschiffe. Lahr: Schauenburg. Leipzig: Zentralantiquariat (Neudruck).

López, Alejandro Alvarez/Döpel, Mario (2020) (Hrsg.): Tragsessel in europäischen Herrschaftszentren: Vom Spätmittelalter bis Anfang des 18. Jahrhunderts. Wien/Köln u. a.: Böhlau.

Maienborn, Claudia (1990): Position und Bewegung. Zur Semantik lokaler Verben. Stuttgart: IBM.

Neue Braunschweiger (2024–). Osterode: FUNKE Harz Kurier GmbH.

Palla, Rudi (2014): Verschwundene Arbeit: Das Buch der untergegangenen Berufe. Wien: Brandstätter Verlag.

Paravicini, Werner/Hirschbiegel, Jan/Wettlaufer, Jörg (2005): Höfe und Residenzen im spätmittelalterlichen Reich – Bilder und Begriffe. Teilbd. 1. Ostfildern: Thorbecke.

Paul, Hermann (2002): Deutsches Wörterbuch. Bedeutungsgeschichte und Aufbau unseres Wortschatzes. 10., überarb. u. erw. Aufl. Tübingen: Niemeyer.

Polenz, Peter von (1994): Deutsche Sprachgeschichte vom Spätmittelalter bis zur Gegenwart. Bd. 2. 17. und 18. Jahrhundert. Berlin/New York: de Gruyter.
Rausch, Johannes (2017): Im Taxi. Berlin: Piper Verlag.
Rausch, Wilhelm (1876, 1883/1984): Theoretisch-praktisches Handbuch für Wagenfabrikanten und alle beim Wagenbau beschäftigten Handwerker [...]. Hannover/Weimar: Voigt. Hannover: Edition „Libri rari“ Schäfer (Neudruck).
Sallmann, Robert (1994): Kutschen Lexikon. Frauenfeld: Huber.
Schramm, Carl Christian (1737): Abhandlung der Porte-Chaises oder Trage-Sänfften durch Menschen oder Thiere, in allen Vier Theilen der Welt, nach der Critic, Mechanic, Historie, dem Recht, wie auch Cammer- und Policey-Wesen ausgeführet und erläutert mit Urkunden und Kupffern. Nürnberg: Christoph Weigel.
Schuster, Mauriz/Schikola, Hans (1996): Das alte Wienerisch. Ein kulturgeschichtliches Wörterbuch [...]. Wien: Deuticke.
Seidel, Paul (1915): Friedrich der Große und die Berliner Sänftenträger. In: Hohenzollern-Jahrbuch 19, 228.
Shaw, Ian (2007): Das alte Ägypten: eine kleine Einführung. Aus dem Englischen übersetzt von Ingrid Rein. Stuttgart: Reclam.
Smollett, Tobias (1771/1951): The Expedition of Humphry Clinker. London/New York: J.M. Dent & Sons.
Spies, Gerd (1976): Braunschweig. Das Bild einer Stadt im 18. Jahrhundert. Arbeiten der Braunschweiger Kupferstecherfamilie Beck. Braunschweig: Waisenhaus-Buchdruckerei und Verlag.
Teutsch-Lateinisches Wörter-Buch. [...]. Hrsg. v. Frisch, Johann Leonhard. Berlin: Christoph Gottfried Nicolai, 1741.
Thoma, Ludwig (1956): Auf der Elektrischen. In: Ludwig Thoma. Der Münchner im Himmel. Satiren und Humoresken. Neue, erweiterte Ausgabe in 8 Bänden. Mit einer Einführung von Johann Lachner. München: Piper , 9-14.
Vieser, Michaela (2010): Von Kaffeeriechern, Abtrittanbietern und Fischbeireißern. Berufe aus vergangenen Zeiten. Illustrationen von Irmela Schautz. 4. Aufl. München: Bassermann.
WA = Goethe, Johann Wolfgang von (1892): Tag- und Jahres-Hefte als Ergänzung meiner sonstigen Bekenntnisse [von 1749 bis 1806]. Weimar: Hermann Böhlau (Goethes Werke. Herausgegeben im Auftrage der Großherzogin Sophie von Sachsen I, 35).
Wackernagel, Rudolf (2002) (Hrsg.): Staats- und Galawagen der Wittelsbacher: Kutschen, Schlitten und Sänften aus dem Marstallmuseum Schloß Nymphenburg. 2 Bde. Stuttgart: Arnoldsche.
Weigl, Bernhard (2014): Tragen und getragen werden. Die Sänfte als öffentliches Verkehrsmittel – Geschichte, Konstruktion, Nachbau, https://bernhardweigl-buecher.hpage.com/ (letzter Zugriff: 01.07.2025).
Wening, Michael (1701): Historico-topographica descriptio [...]. Thail 1: Das Rentambt München. München.
Wohlrab, Helga (1984): Vom Tragsessel zur U-Bahn. Katalog zur Kleinausstellung des Wiener Stadt- und Landesarchivs. Wien: Wiener Stadt- und Landesarchiv.
Wörterbuch der Deutschen Sprache. Hrsg. v. Campe, Joachim Heinrich. 5. Bde. Braunschweig: In der Schulbuchhandlung, 1807–1811.

Rute Costa

Exploring terminology and specialised lexicography today

Abstract: Resources produced by lexicography and terminology are crucial for a variety of linguistic and practical applications that support translators, researchers, educators and subject-field experts. The dynamic interaction between general and specialised lexicography and terminology underscores the complexity of managing linguistic knowledge in specialised contexts. This contribution first provides a distinction of specialised lexicography and terminology. Secondly, it explores the new dynamics that the advent of large language models (LLMs) has brought to these fields, offering both opportunities and challenges for lexicographers and terminologists.

Keywords: specialised lexicography, terminology, lexical resources, large language models (LLMs)

Schlagwörter: Fachlexikographie, Terminologie, lexikalische Ressourcen, Large Language Models (LLMs)

1 Introduction

In the contemporary linguistic landscape, the disciplines of lexicography and terminology have become increasingly interrelated, profoundly influencing the ways in which general language is comprehended, documented, and employed. Lexicography, traditionally defined as the art and science of dictionary compilation, deals with the systematic recording of words, the elucidation of their meanings, and the documentation of their usage within general language contexts. Conversely, specialised lexicography focuses on particular subject fields or domains, such as law, medicine, or technology, providing accurate definitions and usage examples tailored to specialised audiences. Simultaneously, terminology as a discipline is committed to the organisation of

Acknowledgements: This work is supported by the Portuguese national funding through the FCT – Portuguese Foundation for Science and Technology, I.P. as part of the project UID/03213/2025 – Linguistics Research Centre of NOVA University Lisbon (CLUNL), cf. https://doi.org/10.54499/UID/03213/2025.

Declaration on Generative AI: During the preparation of this work, the author used ChatGPT-4 for grammar and spelling checks. The author has subsequently reviewed and edited the content and takes full responsibility for the publication's final version.

Rute Costa, Faculdade de Ciências Sociais e Humanas, NOVA FCSH, Avenida de Berna, 26-C, 1069-061 Lisboa, Portugal, E-Mail: rute.costa@fcsh.unl.pt

https://doi.org/10.1515/9783111676531-006

knowledge through the systematic analysis and definition of concepts and terms within specialised domains, with primary objectives that extend beyond merely enhancing clarity and consistency in specialised communication. It also seeks to facilitate interoperability between information systems and to facilitate the exchange and integration of knowledge across disciplines, institutions, and technological platforms, thereby enhancing accuracy and coherence in both human and machine-mediated interactions.

The extensive array of resources produced by these interconnected disciplines provides a crucial foundation for a broad spectrum of linguistic and practical endeavours. Ranging from printed dictionaries and glossaries to sophisticated digital databases, as well as lexical and terminological resources, these instruments provide essential support to translators, researchers, educators, and subject-field experts. This dynamic interaction among, specialised lexicography, and terminology underscores the intricate nature of managing linguistic knowledge within specialised domains and contexts.

Over the last years, the advent of large language models (LLMs) has introduced new dynamics into this ecosystem. These powerful AI-driven systems, trained on vast textual corpora, offer unprecedented capabilities in language generation. Their emergence presents both opportunities and challenges for lexicographers and terminologists, who must now explore how traditional practices adapt or evolve in response to these technological developments. This evolving relationship between lexicography, terminology, and artificial intelligence demands careful consideration of the methodologies, tools, and strategies that underpin modern linguistic resource development.

This chapter aims to give an overview of the relationships among general and specialised lexicography, terminology, and their respective resources. It will explore how these disciplines collaborate and diverge, and how lexical and terminological resources intersect and support one another. Furthermore, it will discuss the practical implications of integrating terminology and lexicography in the era of LLMs, highlighting emerging trends and considerations for the future. Finally, the chapter will conclude with reflections on the ongoing evolution of these fields amid technological progress and changing linguistic needs.

This chapter is organised into six sections. Following this introduction, Section 2 examines the relationship between general lexicography, specialised lexicography and terminology, emphasising their intersections and distinctions in the organisation and management of specialised knowledge. Section 3 specifically differentiates terminology form specialised lexicography. Section 4 explores the relationship between terminology resources and lexical resources, demonstrating that a lexical resource is not the same as a lexicographic resource, and that terminology resources constitute a type of lexical resource. In Section 5, we address lexicography and terminology in practice in the era of large LLMs, highlighting how advances in artificial intelligence are reshaping these fields. Finally, Section 6 presents concluding remarks.

2 General lexicography, specialised lexicography, terminology and their resources

Lexicography, specialised lexicography (a subfield of lexicography), and terminology are interrelated disciplines within the field of linguistic and knowledge representation. Despite their distinct focuses, they share several foundational principles and methodologies.

Each of these disciplines encompasses both theoretical and practical dimensions, with the overarching objective of thoroughly describing and defining what constitutes a lexicographic or terminology resource, be it a dictionary, glossary, terminology database, or encyclopaedia, among others. This involves systematic enquiry into the principles governing the organisation and structuring of such resources, specifically focusing on their microstructure and macrostructure, which collectively underpin the design and functionality of all lexicographic and terminology reference works. The macrostructure typically refers to the overall organisation of entries (e.g., alphabetical or thematic arrangement), while the microstructure concerns the internal composition of individual entries, including headwords, grammatical information, definitions, usage examples, and semantic relations.

A reference work is a systematically structured and authoritative resource intended to facilitate the retrieval of specific information, which is looked up as needed rather than read sequentially or continuously. Such works serve as reliable tools for elucidating meaning, usage, spelling, and pronunciation, as well as for presenting conceptual content and the relationships between terms and concepts, the latter elements being particularly significant in the context of terminology resources. Reference works are instrumental in both academic and applied settings, such as translation, language learning, technical writing, and standardisation. Their compilation involves rigorous linguistic analysis and editorial expertise, integrating theoretical principles, established methodologies, and user-oriented considerations to effectively represent language and specialised knowledge, thereby facilitating information retrieval, language comprehension, and the organisation and structuring of knowledge.

Despite notable differences in their scope, objectives, and methodologies, the three principal categories of linguistic resources, namely, lexicographic resources, specialised lexicographic resources, and terminology resources play complementary roles. Lexicographic resources, such as general language dictionaries, are primarily concerned with the vocabulary and usage patterns of everyday language, offering semantic descriptions that provide broad coverage for diverse user groups. In contrast, specialised lexicographic resources, which include specialised or Language for Specific Purposes (LSP) dictionaries, focus on the domain-specific vocabulary and specialised lexical combinations (e.g. collocations, phraseologies) relevant to particular domains or professional fields, thereby addressing the specific needs of subject-matter experts and practitioners.

Lastly, terminology resources, such as term banks, glossaries, terminology databases, and ontologies are dedicated to systematically collecting terms and concepts within specialised domains, where definitions play and essential role and particular emphasis is placed on accuracy and consistency in specialised communication.

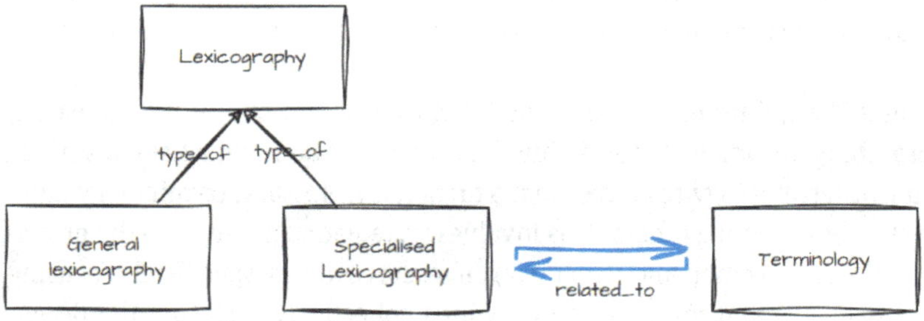

Fig. 1: Representation of the relation between General Lexicography, Specialised Lexicography, and Terminology

All these resource types share a foundational commitment to improving the clarity, accuracy, and practical usability of both linguistic and extra-linguistic information, thereby facilitating effective communication in both general and specialised contexts.

3 Specialised lexicography and terminology

The distinction between specialised lexicography and terminology has been extensively explored in the scholarly literature. (Bergenholz/Tarp 1995, Humbley 2017 [1997], Schierholz 2003, Costa 2013, Kageura 2015, Bowker 2018). Although these fields share certain points of intersection, they are often perceived as overlapping disciplines. In 1997, Humbley published an article entitled "Is terminology specialized lexicography?" in which he concluded that:

> One conclusion which may be drawn from this review of francophone points of viewis that terminology/terminography and lexicology/lexicography are overlapping sectors of activity, part of both being linguistic, and part extra-linguistic, though in varying proportions. (Humbley 2017 [1997]: 28)

Nevertheless, aligning with the theoretical framework proposed by Costa (2013), specialised lexicography and terminology science should be understood as distinct and autonomous disciplines. This differentiation is rooted in fundamental divergences in their epistemological foundations, underlying objectives, and methodological approaches.

Specialised lexicography typically adopts a descriptive and user-oriented approach, aiming to accurately document and represent specialised lexical units (terms) within distinct subject domains. This discipline places significant emphasis on the needs of the target users, such as professionals, researchers, or students, by providing clear, contextually relevant definitions and usage examples. By focusing on domain-specific vocabulary, specialised lexicography facilitates effective communication and knowledge acquisition within particular fields, while also addressing terminological nuances and variations that may arise across different disciplines.

This approach prioritises how terms and phrases are actually used by language users, aiming to produce resources that facilitate comprehension and communication for professionals, translators, and learners within specific fields. This perspective can be further enriched by incorporating sociocognitive and socioterminological approaches, which emphasise the social and cognitive dimensions of specialised language use. The sociocognitive approach (Temmerman 2000) highlights how individual cognition interacts with social context in the formation, interpretation, and negotiation of terms. It suggests that the lexicographic or terminology entries should account for how users mentally organise and process domain knowledge.

Faber (2015: 14) developed the Frame-Based Terminology (FBT), which is a cognitive approach grounded in frame-like representations, employing conceptual templates that underpin the knowledge conveyed in specialised texts. FBT links the representation of specialised knowledge with principles from cognitive linguistics and semantics, drawing on methodological elements from both psychological and linguistic frameworks. EcoLexicon[1] is a multilingual terminology database representing the conceptual structure of the specialised domain of the Environment.

Meanwhile, the socioterminological approach (Delavigne/Gaudin 2022) focuses on the social construction and evolution of terminology within expert communities, highlighting how power relations, institutional practices, and collaborative knowledge-building shape term use and meaning. Together, these approaches challenge a purely descriptive, usage-based model by underscoring the dynamic, socially situated, and cognitively grounded nature of specialised lexicography – more so than terminology –, and encourage resource creators to consider not only linguistic forms but also the social realities that influence terminology and specialised language.

While the distinction between general lexicography and terminology is well established, the relationship between specialised lexicography and terminology science is more complex and has prompted ongoing debate. In many cases, these two fields are considered complementary, or even converging, particularly because they both deal with domain-specific language and support expert communication. However, despite their shared focus on terms and LSP, specialised lexicography and terminology differ significantly in terms of their aims, theoretical underpinnings, and methodological frameworks. Specialised lexicography is primarily concerned with compiling user-oriented reference works, such as domain-specific dictionaries or glossaries, that describe

1 Cf. http://ecolexicon.ugr.es/en/index.htm.

the actual usage of terms in context. It adopts a descriptive approach, often based on corpus data, and aims to meet the needs of various user profiles.

In contrast to specialised lexicography, terminology science is fundamentally concerned with the conceptual structuring of knowledge within specialised domains. Its primary objective is to define and systematise terms based on the underlying concepts they represent and their relationships within a broader conceptual framework. Terminology, therefore, tends to adopt a prescriptive orientation grounded in descriptive methodologies, particularly within institutional, technical, or scientific contexts. Its aim is to develop semi-formal or formal knowledge organisation systems to ensure unambiguous communication, especially in multilingual and multicultural environments.

Neglecting this distinction risks conflating the aims of the two disciplines and obscuring the specific contributions each makes to the organisation and dissemination of domain-specific knowledge and communication. While both fields are engaged in the representation of specialised knowledge, they operate from distinct epistemological premises and methodological approaches, an important distinction that supports the view of specialised lexicography and terminology as autonomous yet complementary areas of study.

Terminology science is fundamentally concerned with the study and management of concepts and their linguistic representations within specialised domains. A central principal underlying this field is the double dimension of terminology, which embraces both its conceptual and linguistic dimensions.

According to the ISO 704:2022 standard, which establishes the foundational principles for terminology work, terminology comprises two complementary dimensions. This theoretical and methodological framework informed the work of Costa (2013), Roche et al. (2019), Costa et al. (2020) and Vezzani/Costa (2024), among others. The first is the conceptual dimension, which involves the identification and definition of concepts within concept systems, using semi-formal and formal languages. This dimension pertains to the system of concepts and their interrelations within a particular knowledge domain. The second is the linguistic dimension, which involves the designations, verbal expressions, or terms used to represent those concepts in one or more languages. The standard highlights that effective terminology management requires consideration of both dimensions to ensure clarity, accuracy, and unambiguous communication within and across languages. Expanding on this foundation, the conceptual dimension relates to the knowledge structures associated with concepts, including how they are understood and organised by experts. In parallel, the communicative dimension addresses the linguistic means through which this knowledge is expressed and shared, foregrounding the role of language in disseminating specialised information. This duality is especially significant in contexts where the alignment between conceptual knowledge and linguistic representation is crucial for semantic interoperability in digital and multilingual environments. The more clearly a concept system is defined, the simpler it gets to write accurate definitions in natural languages and, consequently, to produce high-quality specialised texts.

Furthermore, terminology can be viewed as the intersection between conceptual modelling, which involves the formal definition of concepts and their relationships (often using ontologies), and linguistic representation, which concerns the terms, labels, and linguistic variants associated with those concepts. Harmonising these two dimensions enables effective knowledge sharing and integration across different languages and information systems. This perspective is particularly relevant in computational multilingual terminology resources, where the organisation, structuring, and representation of concepts, together with linguistic accuracy are essential for supporting automated reasoning and information retrieval.

The double dimension in terminology underscores the essential interplay between conceptual knowledge and linguistic expression. The ISO 704:2022 standard provides the formal framework for this duality, emphasising that recognising and integrating both dimensions is fundamental for advancing terminology science and developing robust terminology resources that support clear communication, knowledge management, and interoperability across diverse domains.

Terminology cannot be reduced to specialised lexicography; rather, it constitutes a distinct yet related discipline that provides essential conceptual foundations for the systematic representation and dissemination of concepts and terms.

4 Terminology and lexical resources

According to ISO 24613-1:2024, a lexical resource is defined as a "database consisting of one or several lexicons." In turn, within the context of this standard, a lexicon is defined as a "resource comprising lexical entries for one or several languages." The standard further notes that "a special language lexicon or a lexicon prepared for a specific natural language processing application can comprise a specific subset of a language." Here, a natural language processing application is understood as "a field of computer science covering the knowledge and techniques involved in the processing and analysis of linguistic data by a computer." Based on these definitions, it is reasonable to conclude that terminology resources, reflecting the linguistic dimension of terminology, can be considered a subcategory of lexical resources.

This means that terminology resources may be classified as either lexicographic or lexical, depending on their purpose, structure, and intended use. In computational linguistics and digital lexicography, the terms database and resource are often used in overlapping ways, yet they represent distinct conceptual layers. A database refers to a structured system for storing, organising, and retrieving data, typically managed by a database management system. It provides the technical infrastructure required for efficiently handling large volumes of structured information. In contrast, a resource, in this context, refers to a broader conceptual or functional entity, such as a lexical or terminology dataset, which may be designed for human consultation, computational processing, or both.

From this perspective, a database can be considered a type of resource, particularly when "resource" is understood in its general sense as any digital or informational asset that serves a specific function or purpose. However, not all resources are databases; a resource may include unstructured or semi-structured content (e.g. a PDF dictionary, an annotated corpus, or an ontology) and may also incorporate theoretical models, annotation schemes, and usage guidelines that go beyond mere data storage.

In lexical and terminological systems, databases often serve as the underlying storage mechanism for resources, enabling structured access to entries, definitions, semantic relationships, and metadata. For instance, a multilingual terminology resource may be presented through a user interface for translators or domain experts, while the actual data is stored in a relational or graph-based database. Thus, while the database supports the functionality of the resource, the resource itself encompasses the content, structure, and intended use, often guided by linguistic, terminological, or computational principles.

In conclusion, while a database may function as a resource in technical terms, it is more accurately viewed as the infrastructure that supports a broader, conceptually richer lexical or terminology resource. Recognising this distinction is essential for understanding the layered architecture of modern language technologies and for designing interoperable and user-oriented linguistic tools.

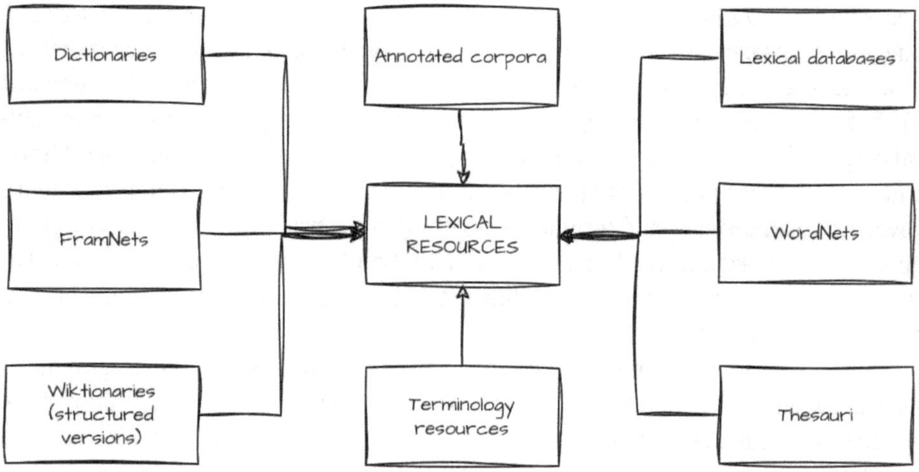

Fig. 2: Types of lexical resources

Terminology resources, by definition, consist of curated sets of domain-specific terms and their associated definitions, often accompanied by contextual information such as synonyms, usage notes, and semantic relationships. In the context of Natural Language Processing (NLP) and ontology engineering, terminology resources are frequently developed as computational artefacts, structured, machine-readable datasets designed to support automated language understanding and knowledge representation. Computational terminology resources leverage standardised formats such as XML, RDF, or OWL, enabling interoperability across systems and facilitating complex operations such as term disambiguation, semantic search, and ontology alignment.

However, it is relevant to distinguish between terminology resources in general and those specifically designed for computational use. While traditional terminology resources, such as printed glossaries or unstructured term lists, provide valuable linguistic and domain knowledge, they lack the formal structure necessary for integration into automated processing pipelines. Only when terminology resources are systematically encoded with unique identifiers, formal definitions, and explicit semantic relations do they qualify as computational resources. This structuring is essential to enable their effective application in NLP tasks, including entity recognition and semantic annotation.

Therefore, while terminology resources are not inherently computational, their utility in modern language technologies and ontology-driven applications requires that they be developed with computational considerations in mind. The transition from static repositories of terms to dynamic, machine-interpretable resources marks a critical evolution in the role of terminology within computational linguistics and knowledge management.

The classification of a terminology resource is ultimately not fixed but it is contingent upon its design parameters and intended applications. Consequently, in academic and professional contexts, it is essential to explicitly articulate the perspective from which such resources are described or evaluated.

5 Terminology and lexicography in practice in the era of large language models

Tarp/Gouws (2023: 426) referenced Grefenstette (1998), who asked whether there would still be lexicographers in the year 3000, and Rundell (2012), who responded that while lexicographers would still exist, their roles would be fundamentally different. The same question and answer apply in our opinion equally well to terminologists.

Despite the centrality of the concept in terminology studies, the specialised text remains a fundamental object of analysis and constitutes a corpus. A corpus is generally defined as a large and structured set of texts, stored in an electronic format and used for linguistic analysis. Corpora are often compiled to be representative of a language, variety, genre, or domain, and they allow researchers to observe patterns, frequencies, and structures in real language use.

A specialised corpus shares all defining characteristics of a corpus, authenticity, representativeness, and structured organisation, but is composed of texts related to a subject field. These texts are usually authored by domain experts and are addressed to various audiences. The intended audience, whether experts, laypersons, or children, plays a central role in shaping the discursive strategies, both conscious and unconscious, employed by the authors. Writing for fellow experts differs significantly from communicating with non-experts or younger audiences, and such distinctions are reflected in the language, structural organisation, and communicative conventions of specialised discourse.

The genre of a text is also a crucial fact in corpus compilation. A genre refers to texts that share specific structural, linguistic, and functional characteristics, shaped by their communicative purpose, audience, and context of use. Genres are socially recognised and recurrent forms of discourse, such as scientific articles, legal contracts, news reports, or instructional manuals, and are defined by conventions that guide both production and interpretation. As Swales (1990: 58) succinctly defines, "A genre comprises a class of communicative events, the members of which share some set of communicative purposes." However, the advent of LLMs, trained on vast and heterogeneous datasets, has introduced a new paradigm in linguistic analysis and natural language understanding. This shift invites a re-examination of methodological tools and professional competencies within terminology and lexicography. A question that arises, is how are corpora and LLMs related?

LLMs, such as GPT (Generative Pre-Trained Transformer) and BERT (Bidirectional Encoder Representations from Transformers) are fundamentally dependent on corpora for their training and development. A corpus, in this context, functions as the primary linguistic resource from which the model learns to generate, interpret, and predict language based on patterns and contextual associations. Unlike rule-based systems, LLMs acquire linguistic competence through exposure to extensive and diverse textual data, allowing them to simulate aspects of human language processing. The performance, accuracy, and bias of the resulting model are directly influenced by the quality, size, balance, and coverage of the text corpus. For instance, while a model trained on a general corpus may demonstrate broad linguistic fluency, it may lack the accuracy required in domain-specific applications. In contrast, fine-tuning an LLM on a specialised corpus, such as texts from the legal, medical, or scientific domains, can significantly enhance its ability to produce accurate and contextually appropriate outputs within that field.

Both LLMs and corpora offer complementary insights into language use. Corpora provide empirical documentation of real-world discourse (Realia) for descriptive and quantitative analysis, while LLMs enable probabilistic modelling and simulation of language behaviour. This dual capacity positions LLMs not only as technological tools but also as novel resources for expanding corpus-based linguistic inquiry. Although LLMs often function as "black boxes" with limited interpretability, they can be fine-tuned on specialised corpora, combining the broad knowledge of large models with the precision of focused datasets.

Even within the concept-oriented approach to terminology, where the concept constitutes the starting point of terminological work [*Ausgehen von den Begriffen* (Wüster 1985: 1)] and the focus is limited to the lexical level [*Beschränkung auf den Wortschatz* (Wüster 1985: 2)], corpora remain clearly relevant due to their essential role in identifying and analysing terms and other terminology data in context.

According to ISO 1087:2019, a concept is defined as a "unit of knowledge created by a unique combination of characteristics", whereas a term is defined as the "designation of a concept by a linguistic expression." Concepts belong to the conceptual dimension of terminology and are not necessarily tied to specific language. In contrast, terms are language-dependent and must be linguistically well-formed within the language they belong. In this sense, concepts and terms represent two interrelated yet distinct facets of terminological analysis, two sides of the same coin. Within this approach, concepts and the relationships between them are embedded in texts, albeit represented by terms. This explains why specialised corpus analyses and LLMs engage with terms and other lexical data rather than with conceptual data, which, in our framework, are considered non-linguistic entities.

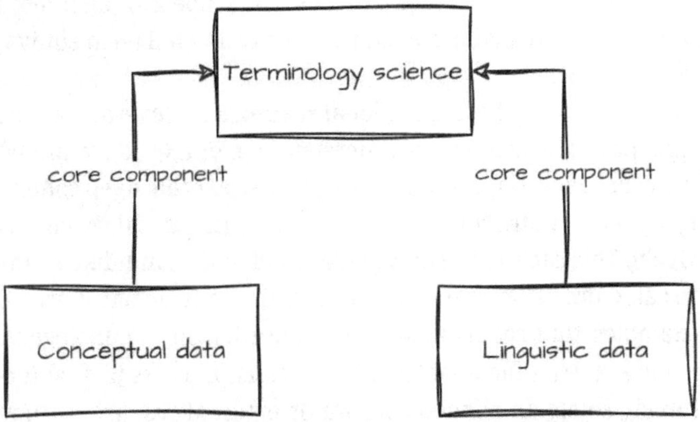

Fig. 3: Core components of Terminology science

The conceptual dimension inherent in terminology science, with its emphasis on, systematised representations of domain-specific knowledge, poses significant challenges for integration with LLMs. LLMs learn by identifying patterns and statistical associations in large amounts of text, rather than using structured systems such as logic rules or formal knowledge frameworks. While they can appear to understand and reason, their responses are based on patterns in language rather than an organised, explicit understanding of concepts. This prompts inquiry into the extent to which concept-oriented methodologies align with the underlying architectures and training paradigms of

LLMs. Such tensions echo the enduring challenges historically encountered in corpus-based research.

To the best of our knowledge, LLMs contribute significantly to advancing linguistic analysis by processing and generating language data at scale; however, they do not replace the critical conceptual knowledge and rigorous data validation processes that are fundamental to the discipline of terminology. Although both LLMs and corpora offer valuable support for linguistic analysis, they do not supplant the terminologist's core responsibilities, which remain fundamentally conceptual, analytical, and disciplinary in nature. As Heinisch (2025: 20) notes, "Biases and hallucinations present major challenges in multilingual and domain-specific terminology tasks, highlighting the crucial role of human expertise in addressing these problems." Corpus-based approaches are fundamental to terminology work, particularly for extracting and analysing terms within specialised corpora. These functions were typically carried out using tools such as SketchEngine[2], Antcon[3] or Lancsbox[4]. Corpus analyses rely heavily on semi-automatic methods, including concordances, keyword extraction tools, and statistical techniques to identify frequent occurrences, co-occurrences and their contexts. These methods, while effective, require extensive human intervention for disambiguation, synonym identification, and the interpretation of term usage patterns. The scope is often limited by the size and representativeness of available corpora, and cross-lingual term equivalence remains challenging to establish.

LLMs represent advancement over these traditional methods by leveraging vast amounts of training data and powerful contextual understanding. Unlike conventional tools that primarily detect surface-level linguistic patterns, LLMs generate deep contextual embeddings, enabling them to capture subtle semantic relationships and variations in term usage more effectively. This capability allows LLMs to identify candidate terms and their variants with greater precision and to propose definitions or paraphrases based on diverse corpus examples, thus reducing the manual burden on terminologists.

Moreover, LLMs' multilingual training enables them to assist in cross-lingual terminology tasks without relying solely on aligned corpora or external resources. They can suggest equivalent terms across languages, detect false friends, and reveal gaps; functions that were significantly more resource-intensive and less accurate with traditional corpus methods.

In summary, LLMs enhance terminology work by automating and enriching linguistic analysis with greater semantic depth, multilingual capability, and contextual awareness. This represents a shift from primarily data-driven, frequency-based extraction toward more nuanced, knowledge-informed support, thus expanding the terminologist's toolkit while preserving the essential human role in concept definition and

2 Cf. https://www.sketchengine.eu/.

3 Cf. https://www.laurenceanthony.net/software/antconc/.

4 Cf. http://corpora.lancs.ac.uk/lancsbox/download.php.

systematisation. (For more information on topics related to these issues, see Rigouts et al. 2020 and Di Nunzio 2025)

In the field of contemporary lexicographic practice, corpus linguistics forms the fundamental methodology underlying the compilation and analysis of dictionaries. Modern lexicographers increasingly rely on both specialised and general corpora to obtain empirical evidence concerning actual language use. These corpora enable lexicographers to identify and analyse linguistic patterns such as frequency distributions, collocations, semantic shifts, and contextual meanings with a high level of accuracy. Consequently, the integration of corpus-based data ensures that lexicographic descriptions reflect the dynamic and evolving characteristics of language, thereby enhancing the reliability and relevance of dictionary entries for both academic and practical purposes.

One of the core methodological tasks in lexicography is the semantic analysis of lexical units, which inform the design and content of the microstructure, such as definitions, usage labels, collocations, and example, within dictionary entries. This involves word sense disambiguation using corpus evidence, definition and explanation writing, sense ordering, and the use of register, regional, and domain labels to guide users on contextual appropriateness Il also includes the treatment of pragmatic uses such as metaphorical, idiomatic, and culturally bound meanings.

In digital environments, lexicographic content must be encoded in structured formats to ensure interoperability and reusability. Common standards and models include TEI LEX-0[5] for structured textual representation, LMF (Lexical Markup Framework) (ISO 24613-1:2024) for modelling lexical resources, and OntoLex-Lemon[6] for linking lexical data to ontologies and the semantic web. This enables integration into language technologies like search engines, machine translation systems, and AI agents, transforming lexicographic data into machine-readable, interoperable lexical resources that are both accessible and usable by automated systems. MORDigital[7] project exemplifies this interdisciplinary approach to historical lexicography. It integrates lexicographic and terminological methodologies through systematic analysis of both micro- and macrostructural elements, preserving historical lexicographic nuance. At the same time, it engages with computational linguistics and ontologies by embedding established standards such as TEI Lex-0, and OntoLex-Lemon into its digital workflow to support semantic structuring and machine readability. The project is also grounded in the principles of the digital humanities and linked open data, with a strong emphasis on semantic interoperability, long-term accessibility, and the reusability of resources in line with FAIR principles.

5 Cf. https://dariah-eric.github.io/lexicalresources/pages/TEILex0/TEILex0.html.

6 Cf. https://www.w3.org/2019/09/lexicog/.

7 Cf. https://mordigital.fcsh.unl.pt/.

Its methodological contributions offer replicable models and standards for the retro-digitisation of historical dictionaries, with valuable insights into data modelling and structuring. Through the development of CDMOR[8], a SKOS[9]-based classification system, the project achieves significant semantic enrichment, enabling domain-aware search and linking across lexical items and Portuguese-language resources. Moreover, by aligning with international standards and open data paradigms, MORDigital advances the harmonisation of lexicographic practices and contributes actively to the global movement towards interoperable, FAIR-aligned digital lexicography.

Recent developments in natural language processing (NLP) and LLMs have introduced new methodological tools for lexicography. These include automated extraction of definitions and usage examples, word sense induction using distributional semantics, definition generation through fine-tuned generative models, and support for multilingual alignment and automatic translation equivalents. Similarly, to terminologists, AI tools boost productivity but cannot replace the expert judgment of lexicographers.

LLMs present new opportunities to enhance language analysis and resource development, but also introduce methodological and epistemological challenges that must be addressed to maintain the rigour and reliability of traditional corpus-based practices. LLMs have become valuable tools for supporting the compilation and formulation of dictionary definitions. By leveraging extensive multilingual corpora and advanced natural language understanding, they generate preliminary definitions that serve as foundational drafts for lexicographers. These models synthesise semantic information and contextual usage patterns, enabling the production of definitions that capture multiple senses and subtle nuances inherent in natural language.

Furthermore, LLMs can provide illustrative example sentences derived from diverse linguistic contexts, which aid in elucidating word meanings and usage scenarios. This capability enhances the descriptive quality of dictionary entries, making them more informative and accessible to users. Additionally, LLMs facilitate the identification of synonyms, antonyms, and related lexical items, thereby enriching the lexical network associated with a given lemma.

As an illustrative case, ChatGPT-4 was tasked with generating a specialised dictionary entry for the term “climate change”. The following output is presented here *verbatim*, without any alterations:

8 Cf. https://vocabs.rossio.fcsh.unl.pt/pub/morais_domains/en/.

9 Cf. https://www.w3.org/2004/02/skos/.

Tab. 1: Dictionary entry generated by ChatGPT-4

climate change

noun | /ˈklaɪmət ˌtʃeɪndʒ/

Definition:
A sustained and significant change in the Earth's climate system, particularly in temperature, precipitation, and atmospheric composition, caused by natural phenomena and human activities such as greenhouse gas emissions. In current scientific and policy contexts, it primarily denotes human-driven changes since the mid-20th century that contribute to global warming and environmental disruption.

Etymology:
From Middle English *climate* (via Old French *climat*, Latin *climatus*, from Greek *klima*, meaning "region, slope") + Old English *change* (meaning "to alter").

Usage Notes:
- Different from *weather*, which refers to short-term atmospheric conditions.
- Closely related to *global warming*, which refers specifically to rising global temperatures.
- Encompasses mitigation (reducing emissions) and adaptation (adjusting to impacts).
- Frequently discussed in international climate negotiations and scientific reports.

Synonyms:
- Global climate change
- Anthropogenic climate change (human-caused)
- Climate variability (natural fluctuations)

Related Terms:
- Greenhouse effect
- Carbon footprint
- Sustainability
- Climate adaptation
- Climate mitigation

Examples:
- "Climate change is increasing the frequency of extreme weather events worldwide."
- "Policies aimed at combating climate change include renewable energy adoption and reforestation."
- "The IPCC provides scientific assessments that inform global climate change policy."

Translations:
- Spanish: cambio climático
- French: changement climatique
- German: Klimawandel
- Chinese (Simplified): *气候变化 (qìhòu biànhuà)*

Historical Context:
Scientific study of climate change dates back to the 19th century, with early work on the greenhouse effect by Svante Arrhenius. The term gained widespread use after the 1980s with increased awareness of human impacts on climate and the establishment of the IPCC.

Despite these advantages, the role of LLMs remains complementary rather than substitutive. The expert judgment of lexicographers is indispensable for validating the accuracy, appropriateness, and cultural relevance of definitions. Lexicographers critically evaluate and refine LLM-generated content to ensure terminological precision, stylistic consistency, and alignment with lexicographic standards. In this collaborative dynamic, LLMs function as intelligent assistants that significantly enhance productivity and efficiency while preserving the essential human oversight required for authoritative dictionary compilation.

Contemporary lexicography involves a complex blend of linguistic theory, empirical analysis, and digital innovation. Its methodology is inherently multifaceted, integrating semantic analysis and definition writing with advanced corpus linguistics tools, structured data modelling, and user-centred interface design. As dictionaries become increasingly dynamic, interconnected, and adaptive, the lexicographer's role shifts from that of a traditional compiler to a language data strategist, balancing human insight with computational capabilities.

6 Final remarks

Throughout the article, we examined the distinction between specialised lexicographic work and terminology, highlighting that a lexical resource is not necessarily equivalent to a lexicographic resource. We further clarified that terminology resources should be understood as a specific category within the broader class of lexical resources. This discussion takes place within the framework of the dual nature of terminology, which encompasses both linguistic and conceptual dimensions. In particular, we emphasised the relevance of the concept-oriented approach, which has become increasingly significant in supporting computational lexicography and computational linguistics, where structured conceptual representations are essential for effective processing and analysis.

In all areas of structural lexical research, practitioners across various communities routinely engage with specialised corpora to extract lexical data. Within the fields of terminology and specialised lexicography, this process, commonly known as terminology extraction, involves identifying terms, semantic content, semantic relations, collocations, definitions, knowledge-rich contexts, and illustrative examples. Such corpora are essential tools for supporting tasks such as drafting natural language definitions, conducting semantic analyses, and performing corpus annotation. Over the past few decades, the scope and significance of these tasks have increased considerably, driven by the growing availability of textual data, much of which is now freely accessible through open-access platforms.

Now, LLMs have become part of our lives, having a significant impact on terminologists and lexicographers alike. LLMs represent an extension of what has previously been achieved with corpora. However, we must now confront both the positive and negative aspects. The concern is that human intervention may be reduced in tasks traditionally carried out by people. While LLMs can prepare work for us, they cannot fully perform these tasks on our behalf.

On the positive side, once we receive a generated response, we can refine it and propose better solutions to improve multilingual texts, providing more accurate translations and equivalents to those who need them. In both terminology and lexicography, human intervention remains irreplaceable when it comes to decision-making.

The innovation brought about by LLMs has a significant impact on the profiles we are training at universities and on the programmes we offer. Future academic courses and professional training must adapt accordingly, equipping language specialists not only with corpus analysis techniques but also with a critical understanding of AI technologies and their epistemological implications.

7 Bibliography

Bergenholz, Henning/Tarp, Sven (1995) (eds.): Manual of Specialised Lexicography. Amsterdam/Philadelphia: John Benjamins Publishing Company.

Bowker, Lynn (2018): Lexicography and Terminology. In: Fuertes-Oliveira, Pedro A. (ed.): The Routledge Hand-book of Lexicography. London/New York: Routledge, 138–151.

Costa, Rute et al. (2020): Ontologie des marques de domaines appliquée aux dictionnaires de langue générale. In: Blanco, Xavier (ed.): La lexicographie en tant que méthodologie de recherche en linguistique, 201–230. DOI: https://doi.org/10.5565/rev/languesparole.70.

Costa Rute (2013): Terminology and Specialised Lexicography: two complementary domains. In: Lexicographica 29(1), 29–42.

Delavigne, Valérie/Gaudin, François (2022): Founding principles of Socioterminology. In: Faber, Pamela/L'Homme, Marie-Claude (eds.): Theoretical Perspectives on Terminology: Explaining terms, concepts and specialized knowledge. Amsterdam/Philadelphia: John Benjamins Publishing Company, 177–196.

Di Nunzio, Giorgio Maria (2025): Terminology-Augmented Generation (TAG): Foundations, Use Cases, and Evaluation Paths. In: Journal of Digital Terminology and Lexicography 1(1), 97–104.

Faber, Pamela (2015): Frames as a framework for terminology. In: Kockaert, Hendrik J./Steurs, Frieda (eds.): Handbook of Terminology. Vol. 1. Amsterdam/Philadelphia: John Benjamins Publishing Company, 14–33.

Grefenstette, Gregory (1998): The Future of Linguistics and Lexicographers: Will There Be Lexicographers in the Year 3000? In: Fontenelle, Thierry et al. (eds.): *Proceedings of the Eighth EURALEX International Congress in Liège, Belgium*. Liège: English and Dutch Departments, University of Liège, 25-41.

Heinisch, Barbara (2025): Large language models for terminology work: A question of the right prompt? In: Journal for Language Technology and Computational Linguistics 38(2), 13–30, https://doi.org/10.21248/jlcl.38.2025.280 (last access: 15.08.2025).

Humbley, John (2017) [1997]: Is terminology specialized lexicography? The experience of French-speaking countries. In: HERMES – Journal of Language and Communication in Business 10(18), 13–31.

ISO 24613-1:2024 = Language resource management. Lexical markup framework (LMF) – Part 1: Core model. International Organization for Standardization, https://www.iso.org/obp/ui/en/#iso:std:iso:24613:-1:ed-2:v1:en (last access: 15.08.2025).

ISO 1087:2019 = Terminology work and terminology science. Vocabulary. Genève: International Organization for Standardization, https://www.iso.org/obp/ui/#iso:std:iso:1087:ed-2:v1:en. (last access: 15.08.2025)

ISO 704:2022 = Terminology work. Principles and methods. Genève: International Organization for Standardization, https://www.iso.org/obp/ui/en/#iso:std:iso:704:ed-4:v1:en (last access: 15.08.2025).
Kageura, Kyo (2015): Terminology and Lexicography. In: Kockaert, Hendrik J./Steurs, Frieda (eds.): Handbook of Terminology. Vol. 1. Amsterdam/Philadelphia: John Benjamins Publishing Company, 45–59.
Rigouts, Ayla Terryn et al. (2020): TermEval 2020: Shared Task on Automatic Term Extraction Using the Annotated Corpora for Term Extraction Research (ACTER) Dataset. In: Daille, Beatrice/Kageura, Kyo/Rigouts, Ayla Terryn (eds.): Proceedings of the 6th International Workshop on Computational Terminology. Marseille, France: European Language Resources Association, 85–94.
Roche, Christophe et al. (2019): Knowledge-based terminological e-dictionaries: The EndoTerm and al-Andalus Pottery projects. In: Terminology 25(2), 259–291.
Rundell, Michael (2012): The Road to Automated Lexicography: An Editor's Viewpoint. In: Granger, Sylviane and Magali Paquot (eds.): Electronic Lexicography. Oxford: Oxford University Press, 15–30.
Schierholz, Stefan. J. (2013): New developments in lexicography for special purposes I: An overview of linguistic dictionaries. In: Gouws Rufus et al. (eds.): Dictionaries. An International Encyclopaedia of Lexicography: Supplementary Volume (HSK 5.4). Berlin/Boston: de Gruyter, 431–442.
Schierholz, Stefan J. (2003): Fachlexikograhie und Terminographie. In: Zeitschrift für angewandte Linguistik 39, 5–28.
Swales, John M. (1990): Genre Analysis: English in Academic and Research Settings. Cambridge: Cambridge University Press.
Tarp, Svan/Gouws, Rufus H. (2023): A Necessary Redefinition of Lexicography in the Digital Age: Glossography, Dictionography and Implications for the Future. In: Lexikos 33(1), 425–447.
Temmerman, Rita (2000): Towards New Ways of Terminology Description: The Sociocognitive approach. Amsterdam/Philadelphia: John Benjamins.
Vezzani, Federica/Costa, Rute (2024): Variation and perception of psychopathological terminology: A case study of Body Dysmorphic Disorder. In: Terminology 30(1), 81–106.
Wüster, Eugen (1985): Einführung in die Allgemeine Terminologielehre und Terminologische Lexikographie. 2. Aufl. Kopenhagen: Fachsprachliches Zentrum, Handelshochschule.

María José Domínguez Vázquez

Das Substantiv aus multilingualer und multidisziplinärer Sicht

Kriterien und Quellen zur Entwicklung eines mehrsprachigen kulturspezifischen Wörterbuchs als Fallstudie

Abstract: This paper addresses the question of how to define and compile semantic domains and their lexical candidates for a multilingual cultural dictionary, as well as which reliable data sources are available for this purpose. After a brief introduction to the concept of cultural words, various data sources such as dictionaries, large language models, WordNet, and other tools are examined. A case study on the development of a multilingual culture-specific dictionary is also presented, which can provide an example for other lexicographic products.

Keywords: cultural dictionary, semantic domains, ontologies, WordNet, lexicography

Schlagwörter: Kulturwörterbuch, semantische Domänen, Ontologien, WordNet, Lexikographie

1 Einführung

Im Zusammenhang mit den aktuellen Entwicklungen von *Large Language Models* (LLMs)[1] und sogenannten „intelligenten“ Chatbots und Robotern wurde mir die Anfrage übermittelt, welche Ressourcen für die Entwicklung eines multilingualen Kulturwörterbuchs (KW) zur Verfügung stehen. Die Antwort darauf ist jedoch nicht so einfach, wie es zunächst vorkommen mag, was unter anderem auf den Begriff *Kultur* und auf die Erhebung mehrsprachiger Daten mit vergleichbarer Qualität zurückgeht. Hinzu

1 Einige große Sprachmodelle sind u. a. die *GPT*-Modelle von OpenAI oder *Gemini* von Google. Sie werden auch bei *Grok*, *Open Assistant* oder *Ernie Bot* (dem sogenannten chinesischen *ChatGPT*) u. a. eingesetzt.

Article note: Dieser Beitrag wurde im Rahmen des Forschungsvorhabens ESMAS-ES+ - Projekt PID2022-137170OB-I00 entwickelt (finanziert durch das spanische Ministerium für Wissenschaft und Innovation /Nationale Forschungsagentur/10.13039/501100011033 und ERDF/EU)

María José Domínguez Vázquez, University of Santiago de Compostela, English and German Department and Institute of Galician Language (ILG), Faculty of Philology, Avenida Castelao, s/n, 15705, Santiago de Compostela, E-Mail: majo.dominguez@usc.es

https://doi.org/10.1515/9783111676531-007

kommt, dass paradoxerweise wenige eher traditionelle Ressourcen vorhanden sind oder vollständig entwickelt wurden (vgl. Kap. 3).

Nutzt man neue computergestützte Techniken und Strategien zur Erhebung und Verarbeitung linguistischer Daten, lässt sich im Falle einiger Sprachen – wie dem Englischen – eine beachtliche Datenmenge zusammenstellen. Dabei wird häufig jedoch übersehen, dass eine große Datenmenge nicht zwangsläufig mit deren Qualität einhergeht, wenn überhaupt eine Methode zu ihrer Qualitätsauswertung angewandt wird. Ferner ist in Betracht zu ziehen, dass die erhobenen Daten u. a. aufgrund des Forschungsziels nicht immer relevant sind, und zwar aus unterschiedlichen Gründen, wie mangelnder Adäquatheit, der notwendigen Datenlesbarkeit oder der Codeinkompatibilität u. a. Dazu stellt sich eine ausgewogene Zusammensetzung der Forschungsgruppe als unentbehrlich heraus, die für den Ansatz der Forschungsfrage selbst, bei der Auswahl der Datenquellen und beim Design des Werkes entscheidend sind. Hinzu kommt eine weitere zentrale Aufgabe, und zwar die notwendige *Vermenschlichung* der maschinellen Ergebnisse.

Weiterhin stützt sich mein Vorschlag auf folgende Grundprinzipien: Erstens muss es sich bei der Entwicklung neuer Ressourcen um eine sozial verantwortliche Lexikographie handeln. Zweitens sollte die Ressource multiterritorial, kollaborativ und in diesem Fall mehrsprachig sein, was eine nachhaltige und kooperative Arbeitsweise erfordert. Das schließt die Verlinkung unterschiedlicher Ressourcen, den Einsatz menschlicher Intelligenz, die fachliche Erfahrung und die interkulturelle Kompetenz von Fachleuten mit ein. In diesem Zusammenhang erfolgt die Bearbeitung eines kulturspezifischen Wörterbuchs „durch Lexikographen, die meist ebenfalls von dieser Kultur geprägt sind, und zwar auf der Grundlage von Textmaterial, das dieser Kultur entstammt und das von den Lexikographen als geeignet ausgewählt wird“ (Wiegand et al. 2020: 181).

Aus den bisherigen Ausführungen können Überlegungen zu geeigneten Quellen zwecks Datenerhebung und Auswahl der Lemmata für ein mehrsprachiges KW angestellt werden. Dies ermöglicht die Beantwortung der Ausgangsfrage und kann auch für weitere Forschungsvorhaben von Nutzen sein.

2 Kulturell geprägte Wörter für ein Kulturwörterbuch

Ein kulturspezifisches Wörterbuch ist ein Wörterbuch, „dessen Gegenstandsbereich kulturell geprägt ist“ (Wiegand et al. 2020: 180). Zunächst ist zu klären, was unter kulturellen Wörtern – auch Kulturema, Kulturspezifika oder Realia genannt – zu verstehen ist. Sie werden von Sanmarco Bande (2006: 617) wie folgt definiert:

> Cada idioma posee un sistema propio, singular, que – de forma arbitraria – representa la realidad circundante. Esta característica intrínseca de las lenguas motiva la asimetría existente entre las mismas, da lugar al anisomorfismo señalado por Zgusta (1971: 294), que encuentra uno de sus mayores exponentes en las denominadas palabras culturales, aquellas voces, que aluden a realidades específicas, correspondientes exclusivamente a una cultura determinada.[2]

Es ist allgemein bekannt, dass Kulturema mit bestimmten thematischen Bereichen – Bräuchen, Traditionen usw. – verbunden sind. Eine Suche mit *Perplexity* liefert folgende Ergebnisse:

> Kulturelle Wörter sind Begriffe, die eng mit einer bestimmten Kultur oder Gesellschaft verbunden sind und deren Bedeutung, Werte, Traditionen oder Lebensweisen widerspiegeln. Diese Wörter haben oft kein direktes Äquivalent in anderen Sprachen und sind daher schwer zu übersetzen. Sie umfassen:
> 1. Bezeichnungen für spezifische Bräuche und Rituale, wie „Karneval“, „Fastnacht“, „Fasching“ im deutschsprachigen Raum[4].
> 2. Wörter, die aus anderen Kulturen übernommen wurden und nun Teil der eigenen Sprache sind, wie „Jaguar“ aus der Tupi-Sprache[5].
> 3. Begriffe, die kulturelle Praktiken oder Konzepte beschreiben, wie „Esskultur“ oder „Diskussionskultur“[3].
> 4. Wörter, die sich auf spezifische kulturelle Artefakte oder Traditionen beziehen, wie „Kulturlandschaft“ oder „Kulturtechniken“[3].
> 5. Begriffe, die mentale Orientierungssysteme oder Werte einer Gesellschaft ausdrücken[3].
>
> Kulturelle Wörter sind oft Teil des kulturmarkierten Wortschatzes einer Sprache und tragen zur sprachlichen und kulturellen Vielfalt bei[4]. Sie spiegeln die Geschichte, Entwicklung und Besonderheiten einer Gesellschaft wider und können sich im Laufe der Zeit verändern oder erweitern, um neue kulturelle Phänomene zu beschreiben[1][2].[3]

Auf der Grundlage anderer Kriterien verwendet Nied (2020: 186–187) als Hyperonym den Begriff *kulturell geprägte Wörter*, der Kulturspezifika, Kulturwörter und kulturelle Paare abdeckt. Zur Unterscheidung der Kohyponyme werden folgende Kriterien angewandt: a) Vorhandensein (oder Nichtvorhandensein) sprachlicher Äquivalenz, b) Vorhandensein (oder Nichtvorhandensein) kultureller Äquivalenz und c) Anzahl der Kulturwelten. Die folgende Tabelle zeigt die Wechselwirkungen der angegebenen Kriterien in jeder Klasse:

---

2 Jede Sprache hat ihr eigenes, einzigartiges System, das die sie umgebende Wirklichkeit auf willkürliche Weise darstellt. Diese den Sprachen innewohnende Eigenschaft ist der Grund für die zwischen ihnen bestehende Asymmetrie, die zu dem von Zgusta (1971: 294) beschriebenen Anisomorphismus führt, der in den so genannten kulturellen Wörtern einen seiner größten Vertreter findet. Diese Wörter beziehen sich auf spezifische Realitäten, die ausschließlich einer bestimmten Kultur entsprechen. [Übersetzung der Autorin].

3 Auf die Quellen in *Perplexity*, gekennzeichnet mittels Ziffern in eckigen Klammern, wird hier verzichtet.

Tab. 1: Unterklassen von kulturell geprägten Wörtern und Kriterien

Kulturspezifika	Kulturwörter	Kulturelle Paare
eine bestimmte Kultur	mehrere Kulturen	eine bestimmte Kultur
Ø sprachliche Äquivalenz	+ sprachliche Äquivalenz	+/ Ø sprachliche Äquivalenz kulturbedingt
Ø kulturelle Äquivalenz	Ø kulturelle Äquivalenz	vergleichbar kulturelle Äquivalenz
Bsp. BAföG, Bretzel, Gemütlichkeit, Kirchensteuer	Bsp. Professor, Kaffee	Bsp. Christstollen – panettone, Spätzle – gnocchi

Aufgrund der bisherigen Ausführungen ist zu überlegen, ob in einem geplanten KW i) alle Klassen der kulturell geprägten Wörter oder nur bestimmte Unterklassen Eingang in ein KW finden sollten und/oder ii) (nur) bestimmte Konzepte – daher onomasiologische Anordnung – miteinbezogen werden sollten. Diese Entscheidungen hängen mit dem konkreten Wörterbuchtyp und dessen Struktur, dem Objektbereich des Wörterbuchs und dem anvisierten Benutzerkreis zusammen. Eine weitere zentrale Frage ist die der heranzuziehenden Datenquellen und Ressourcen (vgl. Kap. 3 und 4).

3 Überblick über Datenquellen mit kultureller Information

3.1 Wörterbücher

Zur Beantwortung der Frage, welche Kulturema für ein mehrsprachiges KW ausgewählt werden sollten, ist es zunächst sinnvoll, auf bestehende Wörterbücher und Studien zurückzugreifen, darunter einsprachige (Herrmann 1962; Ódor 2010; Rey 2005), zweisprachige (Luan 2017) und/oder mehrsprachige (Ledesma 1997). Außerdem laufen derzeit Forschungsvorhaben zu kulturspezifischen Wörterbüchern, wie beispielsweise eins für Deutsch als Fremdsprache (Roelcke 2015, Pichler/Roelcke 2024) sowie ein multilinguales Projekt (Nied/Barozzi/Phoodai 2023). Damit sind jedoch nicht alle Quellen ausgeschöpft, da auch auf Bedeutungswörterbücher zurückgegriffen werden kann. Beispielhaft zeigt Abbildung 1 in der Lesart 3 die Bedeutung des spanischen Wortes ASZENSIÓN auf dem Gebiet des Katholizismus:

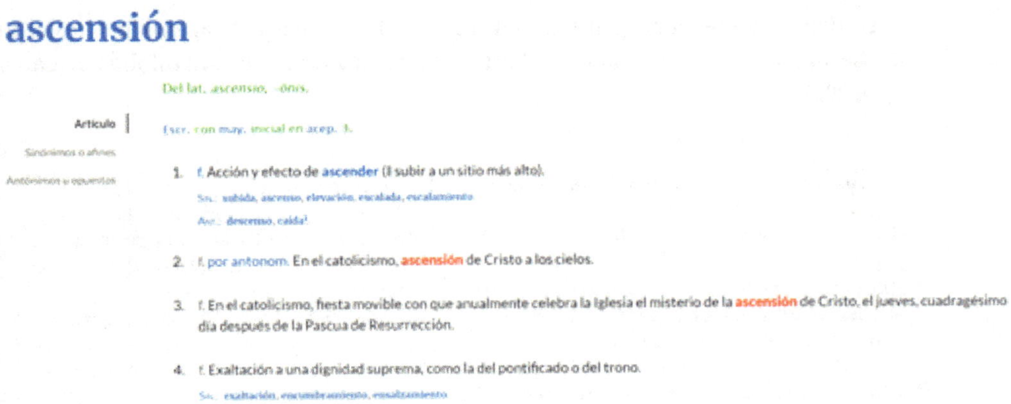

ascensión

Artículo
Sinónimos o afines
Antónimos u opuestos

Del lat. ascensio, -ōnis.

Escr. con may. inicial en acep. 3.

1. f. Acción y efecto de ascender (‖ subir a un sitio más alto).
Sin.: subida, ascenso, elevación, escalada, escalamiento
Ant.: descenso, caída[1]

2. f. por antonom. En el catolicismo, ascensión de Cristo a los cielos.

3. f. En el catolicismo, fiesta movible con que anualmente celebra la Iglesia el misterio de la ascensión de Cristo, el jueves, cuadragésimo día después de la Pascua de Resurrección.

4. f. Exaltación a una dignidad suprema, como la del pontificado o del trono.
Sin.: exaltación, encumbramiento, ensalzamiento

Abb. 1: ASCENSIÓN im *Diccionario de la lengua española*

Bei zweisprachigen Wörterbüchern wird ebenfalls kulturell geprägte Information vermittelt. Zur Veranschaulichung dienen die nachstehenden Einträge aus dem Wörterbuch *Hoepli-Dizionario Spagnolo-Italiano*:

relicario
\Selikárjo\ [sm]
1 rel reliquiario • 2 medaglione • | lleva un relicario con la foto del marido: porta un medaglione con la foto del marito.

STAMPA

paella
\paéLa\ [sf] coc paella (inv).

STAMPA

tapa
\tápa\ [sf]
1 coperchio (m) • 2 edit (cuaderno, libro) copertina • 3 (calzado) tacco (m) • | echar tapas a los mocasines: rifare i tacchi ai mocassini 4 (aperitivo) stuzzichino (m) • 5 coc (ternera) noce • 6 (caballo) strato corneo dello zoccolo • 7 (presa) saracinesca • 8 mec (balancín) coperchio (m), copertura, cappello (m) • Locuciones = ir de tapas: fare il giro dei locali; andare a prendersi un aperitivo ■ levantar la tapa de los sesos: far saltare/bruciare le cervella ■ meter en tapas: rilegare.

STAMPA

Abb. 2: Einträge aus dem Wörterbuch *Hoepli-Dizionario Spagnolo-Italiano*

Neben den verschiedenartigen Markierungen in konkreten Einträgen können kulturelle Gegebenheiten auch in anderer Form dargestellt werden, z. B. in Infoboxen (Calvo Rigual 2022: 26):

La ***movida*** è un fenomeno socioculturale sviluppatosi a Madrid durante il periodo della *Transición* post-franchista. Tra la fine degli anni '70 e i primi anni '80 la capitale spagnola attraversa un clima di grande fermento culturale che si estende ben presto alle altre città del paese, caratterizzato dall'eccezionale rilievo attribuito alle culture alternativa e underground. La *movida* nata dalle notti madrilene ha animato ogni settore della produzione culturale, dalla musica al cinema, dalla danza al teatro, con risultati artistici spesso rilevanti, come nel caso del regista Pedro Almodóvar, che di questo movimento è forse il più illustre rappresentante. Col tempo il termine *movida* ha varcato i confini nazionali ed è passato a indicare, più in generale, il clima festaiolo e la movimentata vita notturna delle maggiori città spagnole. [GAR]	Nei primi anni della transizione alla democrazia (il 1975 è l'anno della morte di Franco) la società spagnola assaporò, dopo il lungo oppressivo regime franchista, una maggiore libertà culturale e ideologica. Grazie a questo nuovo clima sociale e politico, fiorirono a Madrid molti movimenti giovanili, musicali e artistici, attivi principalmente negli anni '80. Le notti madrilene diventarono famose internazionalmente per la loro animazione e per i frequenti spettacoli delle numerose avanguardie artistiche dell'epoca. In seguito però il termine *movida española* è passato a indicare l'ambiente di divertimento smodato e di baldoria prolungata che anima le notti delle maggiori città spagnole. [ZAN]

Abb. 3: Infoboxen in *Garzanti* [GAR] und *Zanichelli* [ZAN] für das spanische Wort MOVIDA (Calvo Rigual 2022)

Im Anschluss an diese verschiedenartigen Darstellungsweisen interkultureller Informationen bleibt die Frage bestehen, was in einem mehrsprachigen kulturspezifischen Wörterbuch als *tertium comparationis* gelten sollte (vgl. Kap. 4.1) und welche Techniken, Strategien und Ressourcen für die automatische Datenanalyse und -erhebung angewandt werden können (vgl. Kap. 4.2 und Kap. 4.3).

3.2 Künstliche Intelligenz: *ChatGPT* und *Gemini*

In den letzten Jahren wurde intensiv die Qualität lexikographischer Einträge unter die Lupe genommen, die mittels der künstlichen Intelligenz (KI) generiert werden. Neben der Entwicklung von Evaluationskriterien zur Qualitätsauswertung von KI-Wörterbucheinträgen (Evert/Ganslmayer/Rink 2024) gibt es Studien, die die von *ChatGPT* gelieferten Daten in konkreten lexikographischen Aufgaben prüfen. Hier gehen die Meinungen auseinander: Während einige Autoren (wie Phoodai/Rikk 2023) *ChatGPT* aus statistischer Perspektive für leistungsfähiger als traditionelle Wörterbücher halten, erachten es andere (wie Arias-Arias/Domínguez/Valcárcel 2024) für bestimmte lexikographische Zwecke als wenig zielführend.[4] Chomsky/Roberts/Watumull (2023) bestimmen *ChatGPT* sogar als pseudowissenschaftlich. *Gemini* gilt bei semantischen Anfragen als weniger zuverlässig als *ChatGPT* (Arias-Arias/Domínguez/Valcárcel 2025), trotzdem wird es hier der Analyse unterzogen.

Als Beispiel für den potenziellen Einsatz von LLMs bei der Erstellung eines kulturspezifischen Wörterbuchs werden *ChatGPT-4o mini* von OpenAI und *Gemini* von Google herangezogen. Der verwendete *Prompt* verlangt eine Liste kulturspezifischer Wörter im Deutschen und Spanischen. Für das Deutsche und das Spanische werden die Ergebnisse jeweils einer Sitzung von *ChatGPT* und *Gemini* einzeln analysiert. Zunächst soll es um eine reine Beobachtung der gelieferten Daten gehen: Wirkt eine der beiden Ressourcen vielversprechender? Wäre eine der beiden Ressourcen im Hinblick auf das zu entwickelnde Wörterbuch genauer zu untersuchen? Dazu werden die von beiden KI-Tools gelieferten Daten sowie eine Zuordnung der Klassen und Beispiele gegenübergestellt.[5] Sollte im Ergebnis eine Übereinstimmung beider Modelle bestehen, könnte der kombinierte Einsatz beider KI-Tools als potenzieller Ansatz zur Erstellung kulturspezifischer Ressourcen betrachtet werden.[6]

Der Vergleich der Ergebnisse beider Tools[7] führt zu den folgenden Beobachtungen:

Deutsch: *Gemini* liefert in einigen Fällen einen Aufbau nach semantischen Gruppen mit Beispielen (siehe Gruppe A in Tabelle 2). Andere Gruppen hingegen werden ohne Beispiele angeboten (siehe Gruppe B[8] in Tabelle 2). Dagegen bietet *ChatGPT* eine Liste von kulturspezifischen Beispielen mit einer Bedeutungsbeschreibung an (insgesamt 35 in der zweiten Liste), aber ohne eine konkrete Gruppenzuordnung (siehe Tabelle 3). Bei der Gegenüberstellung zwischen *Gemini* und *ChatGPT* zeigt sich, dass *ChatGPT* keine Beispiele für die in Tabelle 2 aufgelisteten *Gemini*-Gruppen anbietet.

---

4 In der Fachliteratur wird zudem hervorgehoben, dass die Qualität der Ergebnisse mit Faktoren wie *Few-Shot Prompting*, Sprache des *Prompts* und Zielsprache stark korreliert. Es wird auch betont, dass die Resultate von KI-Tools zwischen verschiedenen Sitzungen variieren können und dass nicht alle Sprachen gleichermaßen repräsentiert sind. Zum Forschungsdiskurs und weiteren Literaturhinweisen siehe Arias-Arias/Domínguez/Valcárcel (2024).

5 Da die zugrunde liegende Fragestellung mit der Entwicklung eines mehrsprachigen KWs zusammenhängt, ist zu prüfen, ob KI-Tools kulturelle, soziale und emotionale Werte berücksichtigen können und ob sie in der Gesellschaft als sprachliche Autorität wahrgenommen werden. Diese Aspekte werden im vorliegenden Beitrag jedoch nicht weiter vertieft.

6 Diese Untersuchung bietet einen ersten Überblick an, der als Grundlage für weitere Analysen dienen kann.

7 Die *ChatGPT*-Sitzung kann unter https://chatgpt.com/share/6757421f-2420-800c-840b-6b5bf010d761 und die *Gemini*-Sitzung unter https://g.co/gemini/share/33094b626d19 abgerufen werden. Die Informationen aus den Ressourcen sind wortwörtlich übernommen und enthalten daher in einigen Fällen Fehler.

8 Ich habe bestimmte Gruppen als B gekennzeichnet, da *Gemini* in einigen Fällen keine konkreten Beispiele liefert. In dialogischer Form fragt der Chatbot, ob mehr Informationen benötigt werden, und bietet die Möglichkeit an, eine ausführlichere Liste weiterer Bereiche zu erstellen, wie z. B. deutsche Küche, deutsche Geschichte u. a. Das bedeutet, dass es weitere Beispiele geben könnte, aber eine weitere Sitzung oder ein neuer *Prompt* erstellt werden muss, um diese zu erhalten.

Tab. 2: Informationstypen in *Gemini* – Deutsch

	Gemini
A1	**Wörter, die ein Gefühl oder eine Stimmung beschreiben:** – **Fernweh:** Die Sehnsucht nach fernen Ländern und neuen Erfahrungen. – **Waldeinsamkeit:** Ein melancholisch-romantisches Gefühl der freiwilligen Einsamkeit im Wald. – **Kummerspeck:** Die Gewichtszunahme, die durch Trostessen in traurigen Zeiten entsteht. – **Backpfeifengesicht:** Eine umgangssprachliche Bezeichnung für jemanden, der eine Ohrfeige verdient hat. – **Fremdschämen:** Sich für das Verhalten einer anderen Person schämen.
A2	**Wörter, die soziale Beziehungen beschreiben:** – **Sandkastenfreund:** Ein Freund aus der Kindheit. – **Tantenkind:** Ein Kind eines Verwandten, oft verwendet für ein besonders verwöhntes Kind. – **Hausmeister:** Eine Person, die für die Instandhaltung eines Gebäudes zuständig ist, aber auch eine Vaterfigur darstellen kann.
A3	**Wörter, die typisch deutsche Eigenschaften beschreiben:** – **Ordnung:** Die Deutschen sind bekannt für ihre Liebe zur Ordnung und Struktur. – **Pünktlichkeit:** Pünktlichkeit wird in Deutschland sehr geschätzt. – **Direktheit:** Deutsche sind oft sehr direkt in ihrer Kommunikation.
B1	– **Deutsche Dialekte:** Regionale Besonderheiten der deutschen Sprache.

Zwecks eines Vergleichs[9] stehen in der Tabelle die *Gemini*-Daten und gleich danach die *ChatGPT*-Beispiele (grau hervorgehobene Teile)[10]:

Tab. 3: Gegenüberstellung von Kategorien und Beispielen in *Gemini* und *ChatGPT* – Deutsch

G1	**Wörter, die Traditionen oder Bräuche widerspiegeln:** – **Drachenfutter:** Ein Geschenk, das man seinem Partner bringt, um ihn zu besänftigen. – **Weihnachtsmarkt:** Ein traditioneller Markt in der Adventszeit mit vielen Leckereien und Geschenken. – **Oktoberfest:** Das größte Volksfest der Welt, das in München stattfindet.
Ch1	– **Oktoberfest:** Ein traditionelles bayerisches Volksfest. – **Weihnachtsmarkt:** Eine traditionelle Veranstaltung in der Adventszeit. – **Schützenfest:** Eine traditionelle deutsche Veranstaltung. – **Ritterspiele:** Mittelalterliche Festivals mit Turnieren und historischen Kostümen. – **Dirndl und Lederhose:** Traditionelle bayerische Trachtenkleidung. – **Biergarten:** Ein traditioneller Ort für Geselligkeit und Bier.

9 Eine allgemein gültige Zuordnung von Beispielen und Klassen ist schwierig zu erreichen. Die Ergebnisse der automatisierten Zuordnung mithilfe beider Chatbots sind wenig zufriedenstellend, da beispielsweise *ChatGPT* nicht alle bereitgestellten Daten analysiert. Die Ergebnisse von *Gemini* finden Sie unter https://g.co/gemini/share/40d18daa6a3f. Die Ergebnisse von *ChatGPT* sind im Anhang 1 vorhanden.
10 In einigen Fällen, wie bei Ch4 oder Ch5, schlage ich Untergruppen vor.

G2 **Wörter, die einen Bezug zur Natur haben:**

- **Gemütlichkeit:** Ein Gefühl von Wärme, Behaglichkeit und Geborgenheit, oft in Verbindung mit einem gemütlichen Zuhause.
- **Wanderlust:** Die Leidenschaft fürs Wandern und die Natur.

Ch2

- **Edelweiß:** Eine Blume mit symbolischem Wert für die Alpenregionen.

G3 **Möchtest du dich für ein bestimmtes Thema interessieren?** Ich kann dir gerne eine ausführlichere Liste zu folgenden Bereichen erstellen:

Deutsche Küche: Wörter, die mit Essen und Trinken verbunden sind.

Ch3

- **Bratwurst:** Ein typisches deutsches Gericht.
- **Schwarzwälder Kirschtorte:** Ein berühmtes deutsches Dessert.
- **Sauerkraut:** Ein klassisches deutsches Gericht.
- **Brezel:** Ein typisch deutsches Gebäck.
- **Zwiebelkuchen:** Ein herzhafter Kuchen, oft mit neuem Wein genossen.
- **Spreewaldgurken:** Ein bekanntes deutsches Lebensmittel.

G4 **Deutsche Geschichte:** Wörter, die historische Ereignisse oder Personen beschreiben.

Ch4 **Personen und Figuren:**

- **Goethe:** Ein zentraler Schriftsteller der deutschen Kultur, bekannt für „Faust“.
- **Beethoven:** Ein berühmter deutscher Komponist.
- **Schiller:** Ein bekannter deutscher Dichter, Autor von „Die Räuber“.
- **Wagner:** Richard Wagner, bekannt für seine Opern wie „Der Ring des Nibelungen“.
- **Heidi:** Eine bekannte Kinderbuchfigur mit Schweizer Wurzeln, die im deutschsprachigen Raum populär ist.
- **Johann Sebastian Bach:** Ein weiterer weltberühmter deutscher Komponist.
- **Christkind:** Eine Figur der deutschen Weihnachtskultur.

Architektur und Kunst:

- **Berliner Mauer:** Ein symbolträchtiges Bauwerk der deutschen Geschichte.
- **Bauhaus:** Eine einflussreiche Kunst- und Architekturbewegung.
- **Fachwerkhaus:** Ein charakteristischer Baustil in Deutschland.
- **Kuckucksuhr:** Ein Symbol der Schwarzwälder Handwerkskunst.
- **Neuschwanstein:** Ein ikonisches Schloss in Bayern.

Literatur und Kultur:

- **Rheinromantik:** Eine kulturelle Bewegung inspiriert von der Schönheit des Rheintals.
- **Grimms Märchen:** Klassische Erzählungen, z. B. „Rotkäppchen“ oder „Hänsel und Gretel“.
- **Lutherbibel:** Eine zentrale Schrift der Reformation, übersetzt von Martin Luther.
- **Nibelungenlied:** Ein mittelalterliches Heldenepos.

G5 **Deutsche Feste und Bräuche:** Wörter, die mit Feiertagen und Traditionen verbunden sind.

Ch5 **Feste:**

- **Weihnachtsmarkt:** Eine traditionelle Veranstaltung in der Adventszeit.
- **Karneval:** Insbesondere in Städten wie Köln gefeiert.
- **Walpurgisnacht:** Eine traditionelle Feier in der Nacht vom 30. April auf den 1. Mai.
- **Frühlingsfest:** Ähnlich dem Oktoberfest, aber im Frühling.
- **Oktoberfest:** Ein traditionelles bayerisches Volksfest.
- **Ritterspiele:** Mittelalterliche Festivals mit Turnieren und historischen Kostümen.

Musik und Tanzstil:

- **Walzer:** Ein Tanzstil mit österreichisch-deutschem Ursprung.
- **Volksmusik:** Traditionelle Musik, z. B. aus Bayern oder Tirol.
- **Alphorn:** Ein traditionelles Blasinstrument aus den Alpen.

Der eingangs genannte Vergleich der Chatbots stellt sich aus folgenden Gründen als schwierig heraus:

- Konkrete Zuordnungsschwierigkeiten:
  - In Gruppe A3 (Tabelle 2) stellt sich die Frage, ob einige Substantive nicht eher als Stereotype aufzufassen sind: Ist „Ordnung“ oder „Direktheit“ wirklich nur eine typisch deutsche Eigenschaft?
  - In Gruppe G1 kommt das Wort „Oktoberfest“ vor: Sollte es als Beispiel für Ch1 oder für Ch5 stehen?
  - Warum wird „Gemütlichkeit“ – als Gefühl definiert –, als Vertreter von G2 und nicht als Vertreter von A1 („Wörter, die ein Gefühl oder eine Stimmung beschreiben“; Tabelle 2) beschrieben?
  - Gehört „Biergarten“ zu den Wörtern, die Traditionen oder Bräuche widerspiegeln?
  - Zu welcher Gruppe gehört „Weihnachtsmarkt“? Sollte „Weihnachtsmarkt“ der Gruppe über G1 („Traditionen oder Bräuche“ (G1) oder der Gruppe G5 („Deutsche Feste und Bräuche: Wörter, die mit Feiertagen und Traditionen verbunden sind“) zugeordnet werden?
  - Stellt ein „Hausmeister“ wirklich eine Vaterfigur dar (siehe Tabelle 2)?
  - Sind die von mir vorgeschlagenen Klassen zur deutschen Geschichte (G4) adäquat?

- Allgemeine Schwierigkeiten: Der Begriff „Tradition“ ist zu weit gefasst, was es manchmal erschwert, die Daten miteinander zu vergleichen oder sie in Gruppen einzuordnen. Dies zeigt sich besonders bei Gruppen wie „Wörter, die Traditionen oder Bräuche widerspiegeln“ (G1) und „Deutsche Feste und Bräuche: Wörter, die mit Feiertagen und Traditionen verbunden sind“ (G5).

Spanisch: Im Spanischen lässt sich dieselbe Struktur der Datendarstellung wie im Deutschen beobachten. In der Tabelle 4 schlage ich einen Vergleich der von beiden Chatbots gelieferten Daten vor:[11]

11 Die Sitzungen sind unter den folgenden Links verfügbar: https://chatgpt.com/share/6757421f-2420-800c-840b-6b5bf010d761 und https://g.co/gemini/share/feeb776fff66.

Tab. 4: Gegenüberstellung von Kategorien und Beispielen in *Gemini* und *ChatGPT* – Spanisch

G1	**Palabras que describen conceptos abstractos:**
	– **Saudade:** Una profunda melancolía y nostalgia por algo o alguien que se ama. (Originario de Portugal, muy utilizado en español, especialmente en Latinoamérica) – **Mestizaje:** La mezcla de culturas y razas, especialmente en referencia a la herencia indígena y europea en América Latina. – **Siesta:** La costumbre de tomar una breve siesta durante el día, especialmente en regiones cálidas. – **Compadrazgo:** Un lazo de compadrazgo entre los padres de un niño y sus padrinos, creando una relación de familia extendida. – **Machismo:** Un sistema de creencias y actitudes que otorga un privilegio excesivo a los hombres y discrimina a las mujeres.
Ch1	– **Siesta:** Die Tradition des Mittagsschlafs.
G2	**Palabras relacionadas con tradiciones y costumbres:**
	– **Fiesta**: Una celebración, a menudo con música, baile y comida. – **Carnaval**: Una celebración festiva antes de la Cuaresma, con desfiles, disfraces y música. – **Solemne**: Que expresa seriedad y formalidad, a menudo asociado con ceremonias religiosas o actos importantes. – **Costumbre**: Una práctica o hábito tradicional que se transmite de generación en generación. – **Folclore**: El conjunto de tradiciones, costumbres, creencias y expresiones artísticas de un pueblo.
Ch2	– **Siesta:** Die Tradition des Mittagsschlafs. – **Camino de Santiago:** Ein Pilgerweg, der nach Santiago de Compostela führt.
G3	**Palabras que describen elementos culturales específicos:**
	– **Hacienda**: Una gran propiedad rural, especialmente en América Latina, con una casa señorial y tierras cultivadas. – **Torero**: Un profesional que lucha contra toros en una corrida de toros. – **Maté:** Una infusión tradicional en varios países de Sudamérica, preparada en un recipiente con una bombilla. – **Guitarra**: Un instrumento musical de cuerda pulsada, muy popular en la música española y latinoamericana. – **Sombrero**: Un tipo de tocado, con muchas variaciones regionales, que es un elemento distintivo de la vestimenta tradicional en muchos países de habla hispana.
Ch3	– **Toreros** – Stierkämpfer, eine traditionelle Figur in der spanischen Kultur. – **Corrida de Toros** – Stierkampf, ein umstrittenes, aber traditionelles Element der spanischen Kultur. – **Campeones del Mundo** – Ein Ausdruck, der häufig für die spanische Fußballnationalmannschaft verwendet wird. – **Camino de Santiago** – Ein Pilgerweg, der nach Santiago de Compostela führt.
G4	**Palabras relacionadas con la comida y la bebida:**
	– **Tamal:** Un plato tradicional hecho a base de masa de maíz cocida al vapor, envuelto en hojas de plátano o maíz. – **Mole:** Una salsa mexicana elaborada con chiles, especias y semillas, que se utiliza para acompañar carnes y verduras. – **Tequila:** Una bebida alcohólica destilada del agave azul, originaria de México. – **Pisco:** Un aguardiente de uva originario de Perú, utilizado para preparar diversos cócteles. – **Empanada:** Un pastel salado o dulce, hecho con masa de harina y relleno de diversos ingredientes, muy popular en toda América Latina.

Ch4	– **Paella** – Ein berühmtes Gericht aus Valencia, zubereitet mit Reis, Safran und Meeresfrüchten oder Fleisch. – **Sangría:** Ein traditionelles spanisches Getränk aus Wein, Früchten und Gewürzen. – **Ibérico-Schinken:** Ein hochwertiger spanischer Schinken. – **Churros con chocolate:** Ein beliebtes süßes Frühstück oder Snack in Spanien. – **Gazpacho:** Eine kalte Gemüsesuppe aus Andalusien. – **Turrón:** Ein spanisches Weihnachtskonfekt aus Mandeln und Honig. – **Serranito:** Ein traditionelles andalusisches Sandwich. – **Aceitunas:** Oliven, ein fester Bestandteil der spanischen Küche. – **Tapas:** Kleine Häppchen, die in Spanien oft zu Getränken serviert werden.
G	**¿Te gustaría profundizar en algún tema en particular?** Por ejemplo, puedo proporcionarte una lista más extensa de palabras relacionadas con la cultura de un país específico, o bien centrarnos en un aspecto cultural concreto como la música, la literatura o la gastronomía. **También puedo ayudarte a encontrar palabras relacionadas con:**
G5	**Danzas tradicionales:** Tango, salsa, flamenco...
Ch5	**Musik und Tanzstil:** – **Flamenco:** Ein traditioneller Tanz und Musikstil aus Andalusien. – **Fandango:** Ein lebhafter Tanz aus Südspanien. – **Carmen:** Eine berühmte Oper, die in Sevilla spielt. – **Zarzuela:** Eine spanische Opernform. – **Jota:** Ein traditioneller spanischer Tanzstil. **Musikinstrument:** – **Castañuelas:** Kastagnetten, ein traditionelles spanisches Musikinstrument. **Personen und Figuren** – **Los Gitanos:** Eine Gemeinschaft mit starkem Einfluss auf die spanische Musik- und Tanzkultur.
G6	**Artesanía:** Cerámica, textiles, joyería...
Ch6	---
G7	**Fiestas religiosas:** Semana Santa, Día de los Muertos...
Ch7	**Feste**: – **Semana Santa:** Eine religiöse Festwoche vor Ostern, besonders in Sevilla bekannt. – **Día de los Reyes Magos:** Der Dreikönigstag, ein wichtiger Feiertag in Spanien. – **Carnaval de Cádiz:** Ein berühmtes Karnevalsfest in Spanien. – **Las Fallas:** Ein traditionelles Frühlingsfest in Valencia mit beeindruckenden Skulpturen und Feuerwerk. – **Feria de Abril:** Ein farbenfrohes Frühlingsfest in Sevilla. – **Tenerife Karneva**l: Ein spektakuläres Karnevalsfest auf den Kanarischen Inseln. – **La Tomatina:** Ein jährliches Tomatenwerf-Festival in Buñol.
G8	**Literatura:** Realismo mágico, poesía hispanoamericana...
Ch8	**Literatur, Malerei und Filmkunst:** **Personen und Figuren**: – **Don Quijote:** Eine literarische Figur aus dem Werk von Miguel de Cervantes. – **Goya:** Francisco de Goya, ein berühmter spanischer Maler. – **Picasso:** Pablo Picasso, einer der einflussreichsten Künstler des 20. Jahrhunderts. – **Almodóvar:** Pedro Almodóvar, ein bekannter spanischer Filmregisseur. – **Salvador Dalí:** Ein weltbekannter surrealistischer Künstler. – **Los Gitanos:** Eine Gemeinschaft mit starkem Einfluss auf die spanische Musik- und Tanzkultur. – **El Greco:** Ein berühmter Maler der spanischen Renaissance. – **Velázquez:** Diego Velázquez, bekannt für Gemälde wie „Las Meninas“.

Ch9	**Sport:** – **Real Madrid und FC Barcelona:** Zwei der bekanntesten Fußballvereine der Welt. **Architektur und Kunst:** – **Alhambra:** Ein weltberühmter maurischer Palast in Granada. – **Sagrada Familia:** Eine ikonische Kirche in Barcelona, entworfen von Antoni Gaudí – **El Prado:** Ein weltberühmtes Kunstmuseum in Madrid.

- Schwierigkeiten bei der Zuordnung:
  - „siesta“ kommt in *Gemini* (G1) unter den Wörtern vor, die abstrakte Konzepte wiedergeben. Aus diesem Grund habe ich „siesta“ unter Ch1 ergänzt. Eigentlich könnte es jedoch als Beispiel der G2-Gruppe stehen, denn diese Gruppe umfasst Wörter, die Traditionen und Gewohnheiten beschreiben. Aus diesem Grund habe ich „siesta“ sowohl bei Ch1 und Ch2 angegeben.
  - Nur ein einziges Adjektiv steht auf den Listen, und zwar „solemne“ (Tabelle 4, G2: „Palabras relacionadas con tradiciones y costumbres“).
  - Die G2-Gruppe zeigt sehr allgemeine und wenig kulturspezifische Beispiele. Es handelt sich um Vertreter wie „costumbre“ = ‘Gewohnheit’, „solemne“ = ‘feierlich, ernst’ oder „folclore = ‘Folklore’.
  - In der Gruppe G3 erscheint „Maté“, ein Getränk, das eigentlich der G4-Gruppe zugeordnet werden sollte. Ebenso auffällig ist das Vorhandensein von „sombrero“, das m. E. nicht unbedingt kulturspezifisch ist.
  - Ist die Bestimmung von „Fandango“ als „ein lebhafter Tanz aus Südspanien“ (Ch5) aussagekräftig?
- Allgemeine Schwierigkeiten: Die gleichzeitige Analyse der von beiden Chatbots generierten Daten stellt insbesondere bei semantisch komplexen Begriffen wie „Tradition“ und „Gewohnheit“ eine Herausforderung dar, da diese Begriffe eine Vielzahl von Wörtern umfassen. Wenn man beide Ressourcen nutzen möchte, sollte man – in Bezug auf das Spanische – außerdem berücksichtigen, dass *Gemini* Wortschatz aus Südamerika (vgl. G4) und *ChatGPT* Sprachmaterial von der spanischen Halbinsel (vgl. Ch4) anbietet.

Die Betrachtung des *Outputs* zeigt, dass beide Chatbots unterschiedlich vorgehen. Sie basieren möglicherweise auf unterschiedlichen Trainingsdaten und (Wortschatz-)Architekturen, was zu divergierenden Interpretationen führen kann. Dabei stellt sich die Frage, ob alle von ihnen angebotenen Wörter als kulturspezifisch betrachtet werden können und ob andere *Prompt*-Strategien signifikant bessere Ergebnisse liefern würden. Dieser erste Ansatz wird für die Entwicklung eines mehrsprachigen kulturellen Wörterbuchs als wenig überzeugend bewertet; ein anderes Verfahren sollte eingesetzt werden, das das *tertium comparationis*, die Auswahl der Lemmata sowie die jeweiligen Kriterien dafür in den Vordergrund stellt (vgl. Kap. 4).

4 Vorschlag zur Prozedur bei der Erstellung eines Kulturwörterbuchs

4.1 Grundkonzepte

Bei einer vergleichenden Abhandlung ist ein *tertium comparationis* unerlässlich. Im Hinblick auf eine Gegenüberstellung mehrerer Sprachen sowie zur Äquivalenz-bestimmung – auch zwecks Feststellung fehlender Äquivalenz – schlage ich drei Kernelemente bei der Entwicklung eines KWs vor:

a) **Domänen, Subdomänen und weitere Bereiche**. Es handelt sich um verschiedenartige Ebenen einer hierarchischen Struktur, die eine sprachübergreifende und onomasiologisch-semantische Herangehensweise ermöglichen, und dies sowohl bei der Erstellung als auch beim Nachschlagen. Dieses ebenenbasierte Gerüst dient verschiedenen Zwecken, darunter:
   i) Festlegung eines *tertium comparationis* bei zweisprachigen und mehrsprachigen Werken,
   ii) Festlegung einer möglichen Auswahl und einer auf Vergleich basierten Anordnung des Wortschatzes,
   iii) Festlegung einer internen Verlinkung des Wortschatzes, d. h. auch Abgrenzung.

   Als Quellen für die Wortschatzauswahl können Grundwortschatzlisten, der *Gemeinsame Europäische Referenzrahmen* (GER), semantische Domänen, onomasiologische Wörterbücher u. a. herangezogen werden.

b) **Prototypen**: Für die graduelle Entwicklung eines Werkes sollte man mit prototypischen Einheiten je nach Forschungsziel und der anzustrebenden Werkklasse arbeiten (vgl. Domínguez 2021). Die Prototypizität lässt sich anhand von statistischen Korporadaten der einzelnen zu beschreibenden Sprachen, Wortschatzlisten oder sprachlichen Ressourcen bestimmen. Die interkulturelle Sprachkompetenz bzw. Bewusstheit spielt hier ebenfalls eine Rolle (vgl. Nied 2020). Die Verwendung von Prototypen knüpft an Aufgaben wie die folgenden an:
   i) Auswahl und Anordnung innerhalb der Domäne,
   ii) Auswahl des (hochfrequenten) Wortschatzes,
   iii) Graduelle Belegung unterschiedlicher Domänen.

   Als Datenquellen stehen Korpora, Wörterbücher, lexikalische Ressourcen wie *WordNet* u. a. zur Verfügung.

c) **Äquivalenz**: Die Festlegung der Domänen und Subdomänen sowie der Prototypen trägt zur Darbietung der Äquivalenz in einem mehrsprachigen Werk bei. Verschiedenartige Strategien müssen zur Aufdeckung und Bestimmung von Äquivalenten jeglicher Art eingesetzt werden (vgl. Kap. 2).

   Zur Materialsammlung können Korpora, Wörterbücher, *WordNet*, die interkulturelle Kompetenz sowie andere Quellen herangezogen werden.

4.2 Domänen und Subdomänen

Zur Bestimmung der Domänen, Subdomänen und Bereiche sowie der Prototypen bedarf es eines Grundgerüsts, das sich ebenfalls mehrsprachig anwenden lässt. Abbildung 4 veranschaulicht ein Beispiel einer Struktur für eine einsprachige Herangehensweise:

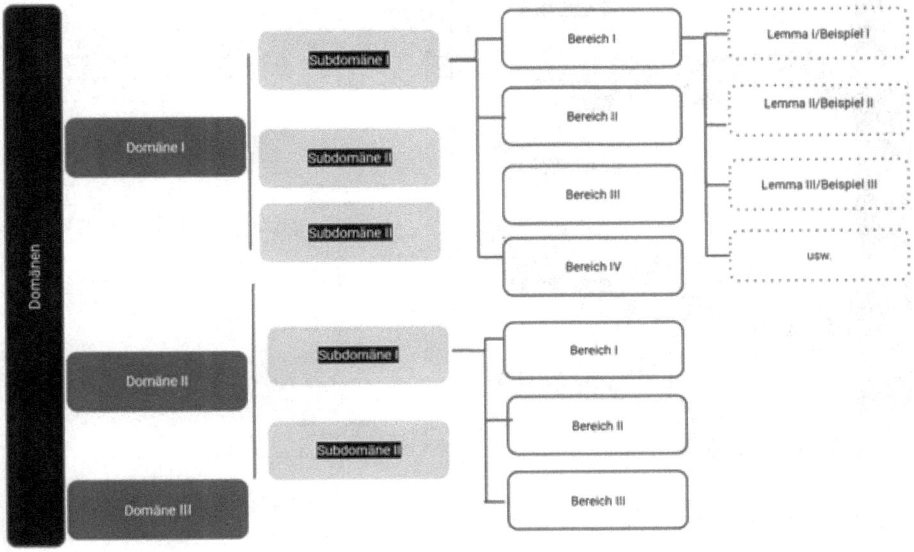

Abb. 4: Einsprachiges Multiebenen-Grundmodell

Es ist eine Überlegung wert, wie die verschiedenen Domänen etabliert und mit Wortschatz versehen werden, sowie aus welchen Quellen diese Daten erhoben werden können.

Zwar vermitteln die *WordNet*-Domains (Bentivogli et al. 2004) sowie die *EuroWordNet*-Domains (Vossen 1996) mehrsprachige Daten[12] und können für weitere Zwecke genutzt werden (siehe Kap. 4.3). Ressourcen wie der Lehrplan des Instituto Cervantes[13] erscheinen bei der Festlegung von Domänen und Subdomänen adäquat. Dieser Lehrplan unterscheidet *Referentes culturales* (Kulturelle Referenzen oder Bezüge), *Saberes y comportamientos socioculturales* (Soziokulturelles Wissen und Verhalten) und *Habilidades y actitudes interculturales* (Interkulturelle Fähigkeiten und Haltungen). Mithilfe

12 Zu erwähnen sind hier die *Suggested Upper Merged Ontology* (SUMO; Niles/Pease 2001), *Top Concept Ontology* (Top; Álvez et al. 2008), *WordNet Domains* (Bentivogli et al. 2004), *Basic Level Concept* (Izquierdo/Suárez/Rigau 2007) and *Epinonyme* (Gómez Guinovart/Solla Portela 2018).

13 Dieser Lehrplan richtet sich nach dem *Gemeinsamen Europäischen Referenzrahmen* (GER). Andere Publikationen – wie die des Goethe-Instituts – kommen auch in Frage.

dieser Ressource lässt sich Abbildung 4 zu Abbildung 5 weiterentwickeln, in der verlässliche Informationen zur Bestimmung von Domänen, Subdomänen und weiteren hierarchischen Bereichen bzw. Klassen dargestellt sind.

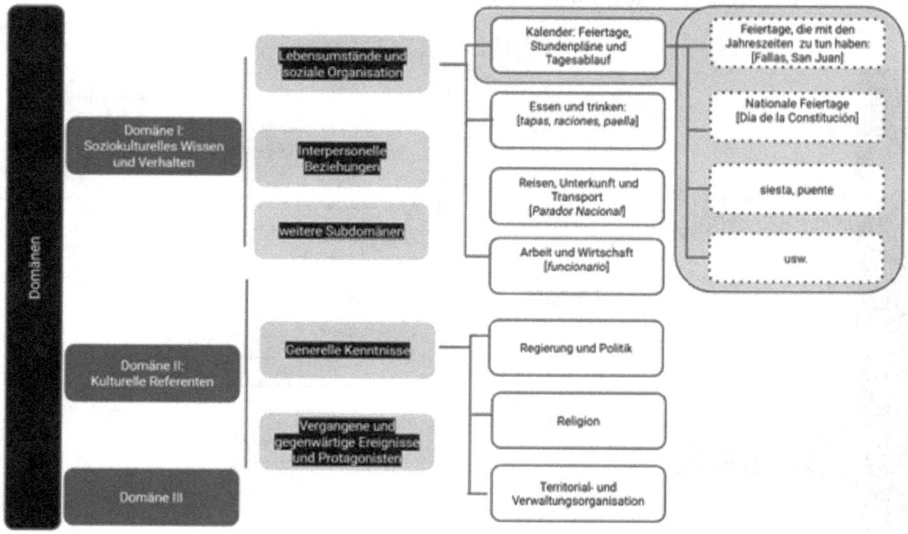

Abb. 5: Einsprachiges Multiebenen-Modell mit konkreten Vorschlägen

4.3 Wie und wo findet man Kandidaten für die Domänen?

Die Erhebung lexikalischer Vertreter für jede Domäne und Subdomäne ist nicht nur für einsprachige, sondern auch für mehrsprachige Wörterbücher von großer Bedeutung. Domínguez/Solla/Valcárcel (2019) erklären, dass eine halbautomatische Extraktion von lexikalischen Kandidaten aus *WordNet* möglich ist, denn „the synsets of the wordnets following the *EuroWordNet* model of the *Multilingual Central Repository* (MCR) (González-Agirre/Rigau 2013) are associated with semantic or cognitive features categorized in different ontologies“. Abbildung 6 zeigt beispielhaft die Kategorien der Top-Ontologie sowie die bereitstehenden Sprachen bei *Galnet 3.0*.

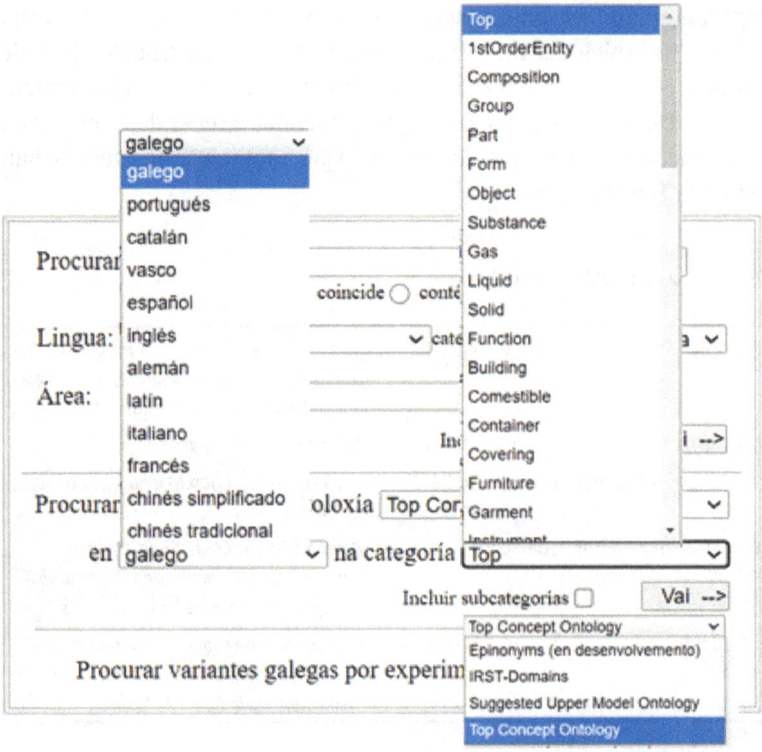

Abb. 6: Top-Kategorien und Sprachen in *Galnet 3.0*

Auf der Grundlage der *SUMO*-Ontologie wird ein Beispiel des Bereiches „Kalender: Feiertage, Stundenpläne und Tagesablauf" für das Englische illustriert (siehe Tabelle 5).[14]

Tab. 5: Englische Beispiele in der *SUMO*-Ontologie

+ 11 November	n	1	[day]	eng-30-15185837-n	*the feast of Saint Martin; a quarter day in Scotland*
+ 14 July	n	1	[day]	eng-30-15200493-n	*a legal holiday in France celebrating the storming of the Paris bastille in 1789*
+ 15 August 1945	n	1	[day]	eng-30-15162882-n	*the date of Allied victory over Japan, World War II*
+ 24-hour interval	n	1	[day]	eng-30-15155220-n	*time for Earth to make a complete rotation on its axis*
+ 6 June 1944	n	1	[day]	eng-30-15162523-n	*date of the Allied landing in France, World War II*

14 Vorgezeigt werden beispielhaft die ersten fünf vorkommenden Beispiele aus der *SUMO*-Ontologie und die Kategorie „Day" auf Englisch: https://ilg.usc.gal/galnet/galnet.php?version=dev&ontology=sumo&lg=gl&lingua=EN&category=Day.

Die zentrale Frage lautet nun, wie entsprechende Beispiele in anderen Sprachen erhoben werden können. Hier spielt der *Interlinguale Index* (ILI) eine entscheidende Rolle, da er die Verknüpfung eines Wortes aus einem *WordNet* mit Wörtern aus einer anderen Ressource ermöglicht. Dadurch wird der Zugang zu sprachübergreifenden Informationen gewährleistet. Ein konkretes Beispiel für den oben genannten Bereich veranschaulicht die nachstehende Tabelle.[15]

Tab. 6: Spanische Beispiele in der *SUMO*-Ontologie

+ 1 de agosto	n 1 [day]	spa-30-15190228-n	*commemorates Saint Peter's miraculous deliverance from prison; a quarter day in Scotland; a harvest festival in England*
+ 1 de enero	n 3 [day]	spa-30-15182189-n	*the first day of the year*
+ 1 de enero	n 2 [Church of Rome]	spa-30-15192890-n	*(Roman Catholic Church) a holy day of obligation*
+ 1 de enero	n 1 [Church of Rome]	spa-30-15193271-n	*(Roman Catholic Church and Anglican Church) feast day celebrating the circumcision of Jesus; celebrated on January 1st*
+ 1 de mayo	n 1 [day]	spa-30-15189033-n	*observed in many countries to celebrate the coming of spring; observed in Russia and related countries in honor of labor*

Da sowohl das konkrete Wort als auch die Kategorie „day" mit anderen Informationen verlinkt sind, ist es ebenfalls möglich, weitere Informationen abzurufen. Dies bedeutet, dass durch ein einfaches Klicken auch sprachvergleichende Angaben zugänglich sind, wie das Beispiel „14. Juli" zeigt:

15 Spanisch: https://ilg.usc.gal/galnet/galnet.php?version=dev&ontology=sumo&lg=gl&lingua=ES&category=Day. Für das Deutsche können ebenfalls Daten abgerufen werden: https://ilg.usc.gal/galnet/galnet.php?version=dev&ontology=sumo&lg=gl&lingua=DE&category=Day.

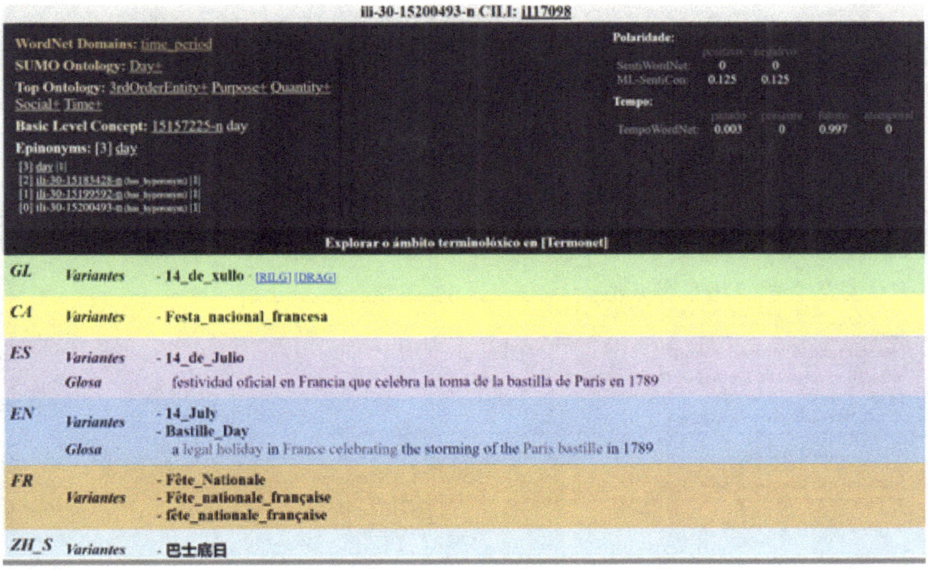

Abb. 7: Mehrsprachige Informationen zu „14 July"

Bei der Datensammlung ist nicht auszuschließen, dass bei bestimmten Subdomänen, wie beispielsweise der Gastronomie, eine Einschränkung der Suchabfrage notwendig ist.[16] In solchen Fällen kann man Tools wie *Combina*[17] einsetzen, das eine ein- oder ausschließende kombinierte Abfrage der *WordNet*-Ontologien, der Wortklassen und der Sprachen ermöglicht. Ein Beispiel hierfür stellt Abbildung 8 dar:

16 Ein Beispiel aus dem Spanischen lässt sich unter folgendem Link abrufen: https://lc.cx/CsmCN7.

17 *Combina* ist auf http://portlex.usc.gal/ gehostet.

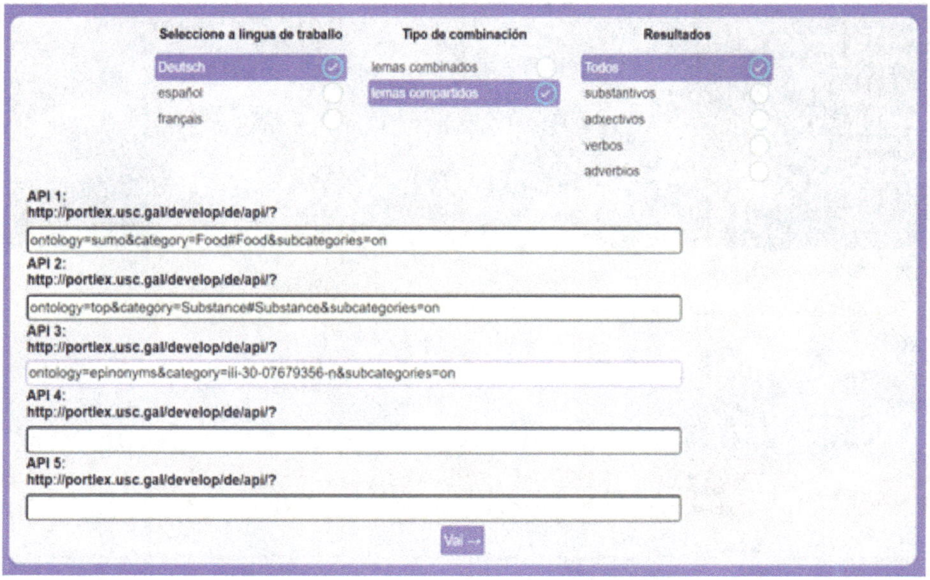

Abb. 8: Abfrage in Combinatoria für Gastronomie – Deutsch

Die nachstehende Tabelle zeigt die Ergebnisse der erstellten Abfrage:

Tab. 7: Ergebnisse aus *Combinatoria* – Deutsch

1 07691539-n Apostelkuchen	9 07691650-n Hörnchen	17 07685730-n Roggenbrot
2 07687381-n Baguette	10 07687053-n Hostie	18 07684517-n Rosinenbrot
3 07695742-n Breze	11 07682808-n Knoblauchbrot	19 07686873-n Röstbrot
4 07695742-n Brezel	12 07683786-n Laib	20 07685730-n Schwarzbrot
5 07691539-n Brioche	13 07690273-n Muffin	21 07686873-n Toast
6 07679356-n Brot	14 07693590-n Plunderteig	22 07686873-n Toastbrot
7 07680932-n Brötchen	15 07695742-n Pretzel	23 07687211-n Weißbrot
8 07691650-n Croissant	16 07685730-n Pumpernickel	24 07689842-n Zwieback

Mithilfe der genannten Ressourcen sowie interkultureller Kompetenz lassen sich mehrsprachige Daten effizient erheben und verarbeiten, was für die Erstellung eines kulturbezogenen KWs von großer Bedeutung ist.

5 Schlussfolgerung

In dieser Studie werden verschiedene Ansätze und Ressourcen vorgeschlagen: Die Gegenüberstellung der von *ChatGPT* und *Gemini* gelieferten Daten zeigt die Notwendigkeit, Suchabfragen zu verbessern, und weist auf bestimmte Zuordnungsschwierigkeiten der Daten hin. Der bevorzugte Ansatz zur Erstellung eines KWs basiert auf einem gestaffelten Gerüst mit Domänen, Subdomänen und Bereichen. Mithilfe der dargestellten Ressourcen – *WordNet*-Ontologien, *Combina* usw. – sowie durch interkulturelle Kompetenz lassen sich mehrsprachige Daten effizient erheben und verarbeiten.

Der Vorschlag knüpft an den Begriff der Nachhaltigkeit an: Die effektive Wiederverwertung von Daten und Ressourcen trägt wesentlich zur Nachhaltigkeit bei, was jedoch nicht im Widerspruch dazu steht, neue Forschungswege zu beschreiten. Wichtig ist ebenfalls, bei der Entwicklung eines KWs den konkreten Wörterbuchtyp und die anvisierte Benutzergruppe zu berücksichtigen. Die Erstellung eines mehrsprachigen kulturbezogenen Wörterbuchs ist eine anspruchsvolle Aufgabe.

6 Literatur

6.1 Monographien und Aufsätze

Álvez, Javier et al. (2008): Complete and Consistent Annotation of WordNet Using the Top Concept Ontology. In: Calzolari, Nicoletta et al. (Hrsg): Proceedings of the Sixth International Conference on Language Resources and Evaluation (LREC'08). Marrakech: European Language Resources Association (ELRA), 1529–1534.

Arias-Arias, Iván/Domínguez Vázquez, María José/Valcárcel Riveiro, Carlos (2024): Der Effizienz- und Intelligenzbegriff in der Lexikographie und künstlichen Intelligenz: kann ChatGPT die lexikographische Textsorte nachbilden? In: Lexikos 34(1), 51–76.

Arias-Arias, Iván/Domínguez Vázquez, María José/Valcárcel Riveiro, Carlos (2025): People, Machines and Dictionaries: Is Artificial Intelligence Killing Dictionaries? In: Dias, Idalete/Gouws, Rufus/ Lobenstein-Reichmann, Anja/Schierholz, Stefan (Hrsg.): Regarding the Significance of Lexicography. Zur Bedeutsamkeit der Lexikographie, 235–257.

Bentivogli, Luisa et al. (2004): Revising WordNet Domains Hierarchy: Semantics, Coverage, and Balancing. In: Sérasset, Gilles (Hrsg.): COLING 2004. The 20th International Conference on Computational Linguistics Post-Conference Workshop. Proceedings of the Workshop on Multilingual Linguistic Resources MLR 2004. Geneva: COLING, 94–101.

Calvo Rigual, Cesáreo (2022): Cultura e ideología: la imagen de España en la lexicografía bilingüe español-italiano. In: Revista de Lexicografía 28, 7–29.

Chomsky, Noam/Roberts, Ian/Watumull, Jeffrey (2023): The False Promise of ChatGPT. In: The New York Times 8.3.2023, https://www.nytimes.com/2023/03/08/opinion/noam-chomsky-chatgpt-ai.html.
Domínguez Vázquez, María José/Solla Portela, Miguel Anxo /Valcárcel Riveiro, Carlos (2019): Resources Interoperability: Exploiting Lexicographic Data to Automatically Generate Dictionary Examples. In: Kosem, Iztok et al. (Hrsg.): Electronic Lexicography in the 21st Century. Proceedings of the eLex 2019 Conference. Sintra, Portugal, 1–3 October 2019. Brno: Lexical Computing CZ, s.r.o., 51–71.
Domínguez Vázquez, María José (2021): Zur Darstellung eines mehrstufigen Prototypbegriffs in der multilingualen automatischen Sprachgenerierung: vom Korpus über *word embeddings* bis hin zum automatischen Wörterbuch. In: Lexikos 31(1), 20–50.
Evert, Stephanie/Ganslmayer, Christine/Rink, Christian (2024): Multi-level Analysis as a Systematic Approach to Evaluating the Quality of AI-generated Dictionary Entries. In: Despot, Kristina Š./ Ostroški Anić, Ana/ Brač, Ivana (Hrsg.): Lexicography and Semantics. Proceedings of the XXI EURALEX International Congress. 8–12 October 2024 Cavtat. Institut za hrvatski jezik, 317–334.
Gómez Guinovart, Xavier/Solla Portela, Miguel Anxo (2018): Building the Galician Wordnet: Methods and Applications. In: Language Resources and Evaluation 52, 317–339.
González-Agirre, Aitor/Rigau, German (2013): Construcción de una base de conocimiento léxico multilingüe de amplia cobertura: Multilingual central repository. In: Linguamática 5(1), 13–28.
Herrmann, Georg (1962): Deutsches Kulturwörterbuch: illustriertes Taschenlexikon der Lebenserneuerung für Vegetarismus und Lebensreform, Tier- und Naturschutz, gewaltlose Lebensordnung, Mythologie, Philosophie, Religion und einschlägige Gebiete. Konstanz: Kultur Verlag.
Izquierdo, Rubén/Suárez, Armando/Rigau, German (2007): Exploring the Automatic Selection of Basic Level Concepts. In: Galia, Angelova et al. (Hrsg.): Proceedings of the International Conference on Recent Advances in Natural Language Processing. Shoumen: INCOMA Ltd., 298–302.
Luan, Yun (2017): Propuesta de un diccionario cultural bilingüe español-chino. In: Bargalló Escrivà, Maria (Hrsg.): Recerca en humanitats 2017. Tarragona: Publicacions Universitat Rovira i Virgili, 119–133.
Nied Curcio, Martina (2020): Kulturell geprägte Wörter zwischen sprachlicher Äquivalenz und kultureller Kompetenz. Am Beispiel deutsch-italienischer Wörterbücher. In: Lexicographica 36, 181–204.
Nied Curcio, Martina/Barozzi, Francesca/Phoodai, Chayanon (2023): Representation of Culture-bound Items in a Culture Dictionary for German Readers. In: Lexicographica 39, 55–96.
Niles, Ian/Pease, Adam (2001): Towards a Standard Upper Ontology. In: FOIS '01. Proceedings of the International Conference on Formal Ontology in Information Systems. New York: Association for Computing Machinery, 2–9.
Roelcke, Thorsten (2015): „Kulturwörterbuch Deutsch als Fremdsprache“ (Deutsch-Chinesisches Kulturwörterbuch). Eine lexikographische Skizze. In: Informationen Deutsch als Fremdsprache 42(5), 469–475.
Pichler, Anna Malena/Roelcke, Thorste (2024): Kulturwörterbuch Deutsch als Fremdsprache: Neue Perspektiven. In: Informationen Deutsch als Fremdsprache 51(1), 16–44.
Phoodai, Chayanon/Rikk, Richárd (2023): Exploring the Capabilities of ChatGPT for Lexicographical Purposes: A Comparison with Oxford Advanced Learner's Dictionary within the Microstructural Framework. In: Medveď, Marek et al. (Hrsg.): Electronic Lexicography in the 21st Century (eLex 2023): Invisible Lexicography. Proceedings of the eLex 2023 Conference. Brno, 27–29 June 2023. Brno: Lexical Computing CZ s.r.o., 345–375.
Sanmarco Bande, María Teresa (2006): Las palabras culturales en el diccionario bilingüe. In: Corino, Elisa/Marello, Carla/Onesti, Cristina (Hrsg.): Atti del XII Congresso Internazionale di Lessicografia: Torino, 6-9 settembre 2006. Alessandria: Edizioni dell'Orso, 617–622.
Vossen, Piek (1996): Right or Wrong. Combing Lexical Resources in the EuroWordNet Project. In: Gellerstam, Martin et al. (Hrsg.): Proceedings of Euralex-96. Stockholm: Norstedt Publishing Company, 715–728.

Wiegand, Herbert Ernst et al. (2020) (Hrsg.): Wörterbuch zur Lexikographie und Wörterbuchforschung: Bd. 3: I–U. Berlin/Boston: de Gruyter.

6.2 Wörterbücher und andere Ressourcen

ChatGPT = https://chatgpt.com.
Combina = http://portlex.usc.gal/develop/combina.php.
Diccionario de la lengua española = https://dle.rae.es.
Galnet = Galnet. WordNet 3.0 do Galego, https://ilg.usc.gal/galnet/.
Gemini = https://gemini.google.com.
Hoepli-Dizionario Spagnolo-Italiano = https://www.grandidizionari.it/Dizionario_Spagnolo-Italiano.aspx?idD=5, Dizionario Spagnolo-Italiano, dizionario online tratto da Grande Dizionario Hoepli spagnolo con CD-Rom, hrsg. v. Tam, Laura [letzter Zugriff: 22.01.2025]
Instituto Cervantes = Plan Curricular del Instituto Cervantes: https://cvc.cervantes.es/Ensenanza/Biblioteca_Ele/plan_curricular/indice.htm.
Ledesma 1997 = Diccionario Cultural: Multilingue. Hrsg. v. Ledesma, Guillermo. Buenos Aires: Abeledo-Perrot, 1997.
Ódor 2010 = Helvetismen. Deutsches Kulturwörterbuch der Schweizerischen Eidgenossenschaft. Hrsg. v. Ódor, László. München: Meidenbauer, 2010.
Perplexity = https://www.perplexity.ai/search/was-sind-kulturelle-worter-xnl0COQmSyyHP6vBUGyRZA.
Rey 2005 = Dictionnaire culturel en langue francaise. Hrsg. v. Rey, Alain. Paris: Dictionnaires Le Robert, 2005.
WordNet = WordNet. A Lexical Database for English. Princeton University, https://wordnet.princeton.edu.

Anhang 1:

Wörter, die ein Gefühl oder eine Stimmung beschreiben:

Rheinromantik
Walpurgisnacht

Wörter, die soziale Beziehungen beschreiben:

Biergarten
Weihnachtsmarkt
Schützenfest
Ritterspiele

Wörter, die als typisch deutsch geltende kulturelle Erzeugnisse benennen:

Fachwerkhaus
Kuckucksuhr
Dirndl und Lederhose
Alphorn

Wörter, die Traditionen oder Bräuche benennen:

Oktoberfest
Karneval
Frühlingsfest
Weihnachtsmarkt
Walpurgisnacht
Schützenfest

Wörter, die einen Bezug zur Natur haben:

Edelweiß

Deutsche Küche:

Schwarzwälder Kirschtorte
Bratwurst
Sauerkraut
Brezel
Zwiebelkuchen
Spreewaldgurken

Deutsche Dialekte:

(In dieser Liste werden keine expliziten Dialektwörter aufgeführt.)

Deutsche Geschichte:
Lutherbibel
Berliner Mauer
Grimms Märchen
Nibelungenlied

Deutsche Feste und Bräuche:
Oktoberfest
Frühlingsfest
Schützenfest
Weihnachtsmarkt
Walpurgisnacht
Ritterspiele

Stephanie Evert, Christine Ganslmayer, Christian Rink

KI-generierte Wörterbuchartikel bewerten

Ein Beitrag zur Methodik der Wörterbuchkritik

Abstract: In this paper, we report on our development of a multi-stage analysis framework that allows us to assess (AI-generated) lexicographic texts on both a quantitative and qualitative level and compare them with human-written texts. We approach this problem through a systematic and fine-grained evaluation, based on a writing experiment in which human subjects create dictionary articles with the help of ChatGPT. The stages of our framework concern the assessment of individual entries, a comparison with existing dictionary entries written by experts, an analysis of the writing experiment, and the discussion of AI-specific aspects. For the first stage, we propose an elaborate evaluation grid that enables a fine-grained comparison of dictionary entries. While this grid has been developed in the context of a specific writing experiment, it can be adapted by metalexicographical experts for the evaluation of all kinds of dictionary entries and all kinds of dictionary information categories.

Keywords: conversational AI, natural language generation, dictionary criticism, evaluation methodology, semantic analysis, standard dictionaries

Schlagwörter: dialogbasierte KI, automatische Textgenerierung, Wörterbuchkritik, Evaluationsmethoden, semantische Analyse, allgemeinsprachige Wörterbücher

1 Einleitung: LLMs und Wörterbuchkritik

Seit OpenAI im November 2022 mit ChatGPT der Öffentlichkeit eine leicht zugängliche und niederschwellig bedienbare, dialogbasierte KI zur Verfügung gestellt hat, ist KI in aller Munde. Textgenerierende KI auf Basis großer LLMs ist aus dem Alltag längst nicht mehr wegzudenken; der kommunikative Veränderungsprozess betrifft sämtliche

Stephanie Evert, Friedrich-Alexander-Universität Erlangen-Nürnberg, Department Germanistik und Komparatistik, Lehrstuhl für Korpus- und Computerlinguistik, Bismarckstr. 6, 91054 Erlangen,E-Mail: stephanie.evert@fau.de
Christine Ganslmayer, Friedrich-Alexander-Universität Erlangen-Nürnberg, Department Germanistik und Komparatistik, Lehrstuhl für Germanistische Linguistik, Bismarckstr. 1, 91054 Erlangen, E-Mail: christine.ganslmayer@fau.de
Christian Rink, Friedrich-Alexander-Universität Erlangen-Nürnberg, Institut für Systematische Theologie, Lehrstuhl für Religionswissenschaft und Interkulturelle Theologie, Jordanweg 2, 91054 Erlangen, E-Mail: christian.rink@fau.de

https://doi.org/10.1515/9783111676531-008

Bereiche, in denen mit Texten produktiv und rezeptiv gearbeitet wird. Entsprechend ist auch die Lexikographie betroffen, und mehrere Pilotstudien widmen sich bereits den Einsatzmöglichkeiten von ChatGPT in der Lexikographie. Zusammenfassend kommt de Schryver (2023: 377) zu dem Fazit:

> We have seen that, with the right prompts, an LLM like ChatGPT can already be brought in to either compile a dictionary on its own, or, somewhat more safely, to speed up dictionary compilation by providing quality draft material which human lexicographers then assess and improve upon.

Noch wird aus aktuellen Experimenten meist die Schlussfolgerung gezogen, dass ChatGPT infolge seiner abweichenden Funktionalität die professionelle lexikographische Arbeit derzeit nicht ersetzen kann (z. B. Arias-Arias et al. 2024). Und dennoch sind die Ergebnisse (freilich sprachenabhängig) mindestens auf den ersten Blick oft bereits verblüffend gut, selbst wenn man die Vorgängerversion ChatGPT-3.5 zugrunde legt. Dies konnte in einer eigenen kleinen Untersuchung bestätigt werden: Laien ohne lexikographische Vorkenntnisse waren nicht in der Lage, zuverlässig zu entscheiden, ob ein Wörterbuchartikel (WbA) in einem deutschen allgemeinsprachigen Wörterbuch von einem Menschen oder von einer menschengeleiteten Maschine erstellt wurde. Anders sieht es aus, wenn diesbezüglich lexikographische Experten befragt werden: Ihnen gelingt die korrekte Identifizierung zuverlässiger, da die KI-generierten Wörterbuchartikel eben doch (noch) gewisse Schwächen beinhalten. Ähnlich kommt Lew zu einem differenzierten Urteil, wenn er ChatGPT zwar zugesteht, dass es qualitativ hochwertige Wörterbuchartikel zu generieren vermag: Bedeutungsangaben seien "indistinguishable in quality from those written by highly trained human lexicographers" (Lew 2023: 8). Bezüglich der Beispielangaben jedoch wird ein niedrigeres Qualitätsniveau konstatiert: "The quality of original examples generated by ChatGPT turned out not to be as impressive, and significantly worse than those crafted by professional human lexicographers" (Lew 2023: 9).

Dies wirft weitere Fragen auf und zeigt, mit welch differenziertem Blick die Auswirkungen der KI-Revolution auf Wörterbuchartikel bzw. auf Wörterbücher als Produkte und ebenso auf ihre Planung, Benutzung sowie kritische Beurteilung metalexikographisch (vgl. Wiegand 1998: 79–80) reflektiert werden müssen. Nach wie vor ist viel Aufklärung nötig über das, was LLMs sind und was sie können (vgl. z. B. Müller/Fürstenberg 2023). In diesem Beitrag fokussieren wir uns im Anschluss an de Schryver (2023: 377) darauf, dass es aktuell (noch) unabdingbar ist, dass mit KI generierte Wörterbuchartikel von Menschen überprüft und gegebenenfalls verbessert werden müssen, entweder mittels einer Anpassung des Promptings oder auch manuell. Entscheidend ist dabei, dass der textuelle Output der KI einer differenzierten Überprüfung unterzogen werden muss, und hier ergibt sich ein direkter Anschluss an eine bekannte Frage der Wörterbuchkritik (vgl. Bielińska/Schierholz 2017: 6): Wie können Wörterbuchartikel, seien es menschengeschriebene oder mit maschineller Unterstützung generierte, am besten auf ihre Leistungsfähigkeit hin beurteilt werden?

Die Wörterbuchkritik hat hierzu bereits diverse Konzepte vorgelegt. Svensén (2009: 482–485) beschreibt verschiedene methodische Verfahren, wie welche Daten für eine Wörterbuchevaluation gesammelt und ausgewertet werden können: 1. Analyse des Wörterbuches durch einen oder mehrere Rezensenten, 2. Wörterbuchvergleich, 3. Benutzung von Wörterbüchern durch Probanden mit sich anschließender Befragung, 4. speziell designte Benutzungssituationen von Wörterbüchern bei einzelnen Benutzergruppen wie etwa Lernern einer Sprache. Bei Tarp (2017) (aber auch bei Engelberg/Lemnitzer 2009: 190–222, Nielsen 2009, Kemmer 2010, Pearsons/Nichols 2013) werden dazu verschiedene Kriterien genannt, die sich grundlegend auf den funktionellen Wörterbuchtyp und die Adressaten des Wörterbuches beziehen. Weitere bewertungsrelevante Kategorien beziehen u. a. die Quantität und Qualität von lexikographischen Angaben sowie die Präsentation dieser und das Design mit ein (vgl. Tarp 2017: 127). Dass zunehmend qualitative Aspekte in die Bewertung einfließen, ist wünschenswert, auch wenn diese schwieriger zu operationalisieren sind als quantitative Kriterien.

Um die verschiedenen erarbeiteten Bewertungskategorien anwendungsbezogen zu modellieren, sind konkrete Bewertungsraster notwendig. Hier dominieren in der Wörterbuchkritikforschung bislang Stufenmodelle, die eine skalare Bewertung des jeweiligen Kriteriums ermöglichen. Ein solches Bewertungsraster entwickelte beispielsweise Ripfel (1989: 57): Sie erarbeitete auf Basis einer Auswertung von 736 Wörterbuchrezensionen Kriterien (z. B. Qualität der Bedeutungserläuterungen), die fünfstufig skalar bewertet werden sollen (von „sehr verständlich / einfach" bis „unverständlich/umständlich"). Auch Pearson/Nichols (2013), aufgegriffen von Lew/Szarowska (2017), schlagen für ihre Bewertungskategorien eine fünfstufige Skala vor, jedoch werden hier ausschließlich quantitative Kategorien berücksichtigt. In Lew (2023) bewerten vier Experten von GPT-4 generierte Wörterbuchartikel für 15 Kommunikationsverben. Der Fokus liegt dabei ausschließlich auf drei Kategorien (Bedeutungsangaben, Beispielangaben, Gesamtbewertung des WbA), die auf einer Fünf-Punkte-Skala (von schlecht bis sehr gut) bewertet werden, ohne dass allerdings detaillierte Bewertungskriterien bereitgestellt würden.

Was man in Bezug auf bisherige lexikographische Bewertungsraster vermisst, sind also zum einen die systematische Einbindung qualitativer Kriterien und zum anderen genaue, operationalisierbare Ausführungen, nach welchen Kriterien eine Bewertung jeweils erfolgen soll – analog zu den unverzichtbaren Annotationsrichtlinien bei computerlinguistischen Aufgabenstellungen.

Einen weiteren Fortschritt bei der Bewertung von Wörterbuchqualitäten kann man unseres Erachtens erzielen, wenn man Forschungsergebnisse der germanistischen Textlinguistik (Nussbaumer 1991, Sieber/Nussbaumer 1994, 1995, Fritz 2017, Abel et al. 2020, Wolfer et al. 2023), empirischen Schreibdidaktik (Becker-Mrotzek 2014, Becker-Mrotzek et al. 2018) und qualitativen Medienforschung und Pädagogik (Mayring/Gläser-Zikuda 2008, Mayring/Hurst 2017) zur Bestimmung und Erfassung von Textqualitäten integriert. Hier gelten Bewertungen dann als zuverlässiger, wenn zunächst kritisch-hermeneutisch verschiedene, in die Bewertung einzubindende Einzelmerkmale textsortenspezifisch eruiert werden und wenn diese Einzelmerkmale anschließend in ein möglichst detailliertes Kategoriensystem bzw. einen Kriterienkatalog überführt werden, bei dem die Bewertung auf einem numerischen Punktesystem basiert (vgl. Neumann 2017: 208–211, Mayring/Hurst 2017: 498, Becker-Mrotzek 2014: 507–510).

In diesem Beitrag möchten wir am Beispiel eines Wörterbuchartikels in einem deutschen allgemeinsprachigen Wörterbuch ein mehrstufiges Bewertungsmodell vorstellen (vgl. Abschnitt 3), das speziell für die Bewertung von KI-generierten Texten konzipiert ist, die im Regelfall im Rahmen von Schreibexperimenten erstellt werden (vgl. Abschnitt 2). Das Modell basiert darauf, einen Text (hier: Wörterbuchartikel) nach verschiedenen quantitativen und qualitativen Aspekten zu untersuchen und mit von Menschen erstellten Texten der gleichen Textsorte zu vergleichen. Den Referenzrahmen bilden hierbei sowohl von Experten geschriebene Standardtexte als auch Laientexte, die ebenfalls mittels Schreibexperimenten erhoben werden. Im Zentrum steht ein differenziertes Bewertungsraster, das wir in Abschnitt 4 skizzieren. Dieses kann (und muss) in Abhängigkeit zum funktionellen Wörterbuchtyp modifiziert werden und kann auch als genereller Bewertungsrahmen für KI-generierte Wörterbuchartikel herangezogen werden. Um die Operationalisierung der Bewertungskriterien zu erproben und zu verbessern, wurde das hier vorgestellte Bewertungsraster im Kontext des in Abschnitt 2 dargestellten Schreibexperiments entwickelt. Ein weiterer Fokus des Beitrags liegt darauf, wie sich mittels des Bewertungsrasters die spezifischen Probleme der KI-basierten Textgenerierung systematisch und passgenau herausarbeiten lassen. In Abschnitt 5 führen wir dazu eine detaillierte Analyse KI-generierter Wörterbuchartikel durch und widmen uns auch der Frage, wie mögliche Lösungen für dabei erkannte spezifische Einschränkungen der KI erarbeitet werden können. Das skizzierte Verfahren kann auf andere Textsorten übertragen werden und liefert damit ein allgemeines Modell für die Bewertung KI-generierter Texte jenseits von Wörterbuchartikeln. Das Flussdiagramm in Abb. 1 zeigt einen gesamthaften Überblick zu unserem Vorgehen.

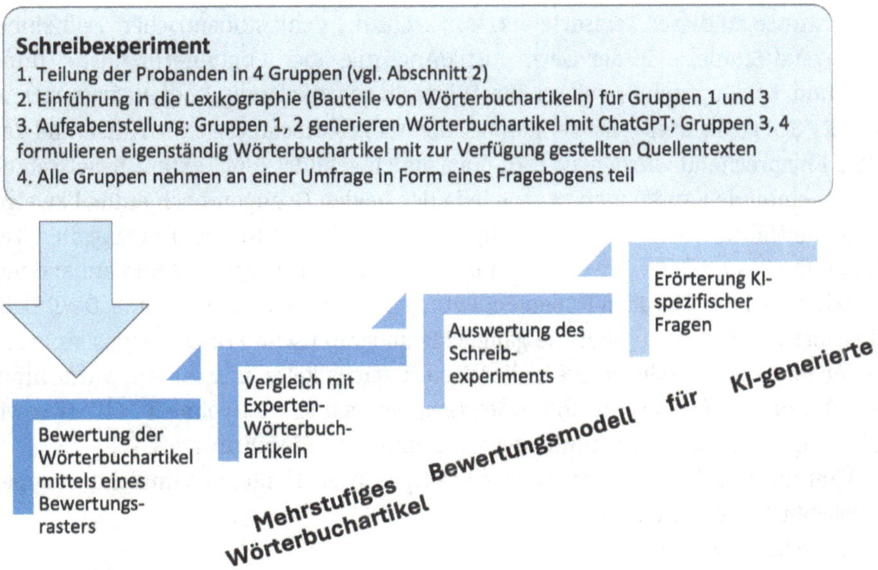

Abb. 1: Methodischer Ansatz des mehrstufigen Bewertungsmodells, dargestellt am Beispiel der Auswertung eines Schreibexperiments zu Wörterbuchartikeln mit und ohne KI-Unterstützung

2 Schreibexperiment „Wörterbuchartikel"

Eine besondere Herausforderung für die Evaluation KI-generierter Texte liegt darin, dass die Ergebnisse nicht nur von den jeweiligen KI-Modellen, sondern ganz wesentlich von den verwendeten Prompts abhängen (und sogar wiederholte Durchläufe mit identischen Prompts zu sehr unterschiedlichen Texten führen können). Zudem erfolgt die Textgenerierung im praktischen Einsatz meist semiautomatisch, d.h. in einem iterativen Prozess werden die Prompts sukzessive verbessert oder die KI angewiesen, die Textentwürfe im Hinblick auf spezifische Aspekte zu überarbeiten. Aus diesen Gründen müssen unseres Erachtens die zu bewertenden KI-Texte im Rahmen von Schreibexperimenten erhoben werden, in denen menschliche Probanden geeignete Prompts formulieren und Textentwürfe überarbeiten lassen. Auch erscheint es notwendig, eine größere Anzahl von Textvarianten vergleichend zu bewerten, um eine verlässliche Einschätzung spezifischer KI-Modelle zu gewinnen.

Unsere kleine qualitative Pilotstudie ist dementsprechend in Verbindung mit einem Schreibexperiment entstanden, das im Kontext der germanistisch-linguistischen Lehrveranstaltung „Textproduktion mit KI-gestützten Writingtools aus linguistischer Perspektive" im April 2024 an der FAU Erlangen-Nürnberg durchgeführt wurde. Im Rahmen des Experiments wurden Wörterbuchartikel auf Basis unterschiedlicher

Vorkenntnisse zu dieser Textsorte verfasst; sechs der zehn studentischen Teilnehmer (vorwiegend Studierende der Germanistik/Anglistik, auch Computerlinguistik, Informatik und Lexikographie) sollten die Wörterbuchartikel mittels dialogbasierter KI (ChatGPT-3.5) generieren, vier Teilnehmer die Artikel selbständig ohne Hilfsmittel verfassen. Entsprechend wurden zwei Hauptgruppen gebildet. Um Textmusterwissen als Variable einbinden zu können, wurde jede der beiden Gruppen noch einmal zweigeteilt: Je die Hälfte erhielt eine 15-minütige lexikographische Kurzeinführung, in deren Rahmen die Bestandteile einer Wörterbuchmikrostruktur vorgestellt und anhand von Beispielen (Artikel „Pferd“ in Duden Bedeutungswörterbuch, Duden online, DWDS) demonstriert wurden. Auch über die gängige lexikographische Praxis, korpusbasiert zu arbeiten und authentische Belege in die Wörterbuchartikel zu integrieren, wurde informiert. Daraus ergeben sich die folgenden Gruppen: mit KI = I, II; ohne KI = III, IV sowie mit lexikographischer Kurzeinführung = I, III und ohne Einführung = II, IV.

Während der 45-minütigen Bearbeitungsphase bearbeiteten sämtliche Gruppen die gleichen Aufgabenstellungen:

Gruppen mit KI (I, II):

> Erstellen Sie einen Wörterbuchartikel zu den Stichwörtern *Maus* und *köpfen*. Nutzen Sie dazu ChatGPT 3.5 und dokumentieren Sie alle Ihre Versuche, indem Sie sowohl Ihre Eingabe als auch die Ergebnisse (Chatbot-Output) in ein Word-Dokument kopieren (Reihenfolge Ihres Vorgehens beibehalten). Nutzen Sie ausschließlich die KI. Internet darf keinesfalls benutzt werden, um die Ergebnisse der Studie nicht zu verfälschen.

Gruppen ohne KI (III, IV):

> Erstellen Sie einen Wörterbuchartikel in WORD zu den Stichwörtern *Maus* und *köpfen*. Nutzen Sie die dazu beigelegten Quellen. Internet sowie KI dürfen keinesfalls benutzt werden, um die Ergebnisse der Studie nicht zu verfälschen.

Die Teilnehmer, die ohne KI arbeiteten, erhielten pro Lemma sechs Belegzettel, um den lexikographischen Prozess bei der Erarbeitung der Bedeutungsansätze zu simulieren und die semantische Analyse zu unterstützen. Wer ChatGPT 3.5 zur Verfügung hatte, musste sich auf die Trainingsdaten der KI verlassen.

Ziel des Schreibexperiments war es unter anderem, eine vergleichbare Datenbasis für die intendierte Bewertung KI-generierter Wörterbuchartikel zu erhalten und damit die Entwicklung des Bewertungsrasters zu unterstützen.

Ein weiterer Teil des Schreibexperiments bestand im Ausfüllen eines gruppenspezifischen Fragebogens, in dem im Anschluss an das Experiment die Teilnehmer/-innen zu ihren Vorkenntnissen zu Wörterbüchern, zu KI sowie den individuellen Erfahrungen während des Schreibexperiments befragt wurden.

3 Ein mehrstufiges Bewertungsmodell für KI-generierte WbA

Unser Bewertungsmodell für KI-generierte WbA schließt an verschiedene Vorarbeiten an und ergänzt diese: Die Teilaspekte des Bewertungsrahmens orientieren sich an Svensén (2009). Unser Fokus im vorliegenden Beitrag liegt auf der Entwicklung eines Bewertungsrasters für WbA, genauer für WbA in einem deutschen allgemeinsprachigen Wörterbuch. Bei der Erarbeitung der Bewertungskategorien wurden die grundlegenden, bekannten Parameter der Wörterbuchmikrostruktur zugrunde gelegt, und zwar in genauer Adaption für diesen Wörterbuchtyp. Hierfür wurden die Bewertungskriterien von Nielsen (2009) und Tarp (2017) abgeglichen; unser Bewertungsraster greift auch einzelne Aspekte von Ripfel (1989) sowie Pearsons und Nichols (2013) auf. Weiterhin wurden vorhandene Musterartikel (Duden-Bedeutungswörterbuch, Duden online, DWDS) als Vergleichsgröße herangezogen. Die induktiv ermittelten Bewertungskategorien und -kriterien wurden anschließend mittels Analysen (Bewertung der Wörterbuchartikel aus dem Schreibexperiment) deduktiv erprobt. Da wir davon ausgehen, dass KI-generierte Wörterbuchartikel mit von Menschen generierten Artikeln konkurrieren, wurden im Kontext des Schreibexperiments sowohl Wörterbuchartikel von Menschen ohne KI-Unterstützung als auch von Mensch-KI-Teams erstellt. Beide Artikelkategorien wurden bei der Anwendung des Bewertungsrasters gleichermaßen berücksichtigt. Bei einer Evaluation KI-generierter Wörterbuchartikel sind als weitere Dimension KI-spezifische Fragestellungen zu integrieren. Von besonderem Interesse ist hier, inwiefern beispielsweise die Prompts einen Einfluss auf die Qualität des Outputs haben.

Ziel war es, insgesamt einen Bewertungsrahmen zu entwickeln, der von Experten für die Evaluation von (KI-generierten) Wörterbüchern oder -teilen adaptiert, aber auch von Laien auf eine ad-hoc Bewertung von KI-generieren Wörterbuchartikeln und ähnlichen Texten angewendet werden kann, ohne auf primitive automatisierte Verfahren zurückgreifen zu müssen (z. B. Celikyilmaz et al. 2020).

Für die Evaluation eines einzelnen Wörterbuchartikels wurden ausschließlich Aspekte der Mikrostruktur sowie Adressatenbezug und Wörterbuchtyp als relevant erachtet, nicht sonstige wörterbuchrelevante Kategorien wie etwa Makro-, Medio- oder Zugriffsstrukturen, da der zu beurteilende Text nur einen Wörterbuchausschnitt darstellt. Mit Bezug auf den Wörterbuchtyp (allgemeinsprachiges Wörterbuch) wurde ein Fokus auf semantische Kategorien als Bewertungsgrundlage gelegt. Weiterhin wurden allgemeine qualitative Aspekte integriert, die textsortenspezifisch die ästhetische, inhaltliche und sprachliche Angemessenheit des Textes berücksichtigten. Die erarbeiteten Kategorien und Kriterien bilden die Basis eines differenzierten Bewertungsrasters (vgl. Abschnitt 4), in dem bei einer bewertenden Analyse die jeweiligen Merkmale mittels numerischer Punktwertangaben erfasst werden können.

Aus den oben beschriebenen Konzepten ergibt sich ein vollständiger systematischer Ansatz zur Bewertung KI-generierter Wörterbuchartikel, der die folgenden vier Ebenen umfasst:

3.1 Bewertung der Wörterbuchartikel mittels eines Bewertungsrasters

Auf der ersten Stufe des Bewertungsmodells werden KI-generierte Wörterbucheinträge anhand eines kleinteiligen Bewertungsrasters (vgl. Abschnitt 4), das quantitative und qualitative Kriterien für jede Hauptkategorie im Form- und Semantikkommentar eines Wörterbucheintrags enthält (z. B. Aussprache-, Polysemie- oder Beispielangabe), evaluiert (vgl. Abschnitt 5.1). Das Raster kann darüber hinaus auch auf von menschlichen Experten verfasste Wörterbucheinträge in verschiedenen Print- und Online-Wörterbüchern angewendet werden, insofern für den jeweiligen Wörterbuchtyp spezifische Anpassungen vorgenommen worden sind.

3.2 Vergleich mit anderen Wörterbuchartikeln

Die zweite Stufe des Bewertungsmodells stellt der Vergleich mit anderen WbA dar (vgl. Abschnitt 5.2). Zum einen werden alle auf Basis des Bewertungsrasters evaluierten KI-generierten WbA miteinander verglichen, zum anderen erfolgt ein Vergleich mit existierenden WbA, die von Experten abgefasst sind (hier: Duden.de), sowie mit von Laien erstellten WbA aus Schreibexperimenten (soweit vorhanden).

3.3 Auswertung eines Schreibexperiments

Wie in Abschnitt 2 dargelegt, sind die zu bewertenden KI-generierten WbA im Rahmen eines Schreibexperiments (inklusive Fragebogenerhebung) entstanden. Die Auswertung dieses Schreibexperiments bildet die nächste Stufe unseres Bewertungsmodells (vgl. Abschnitt 5.3). Im Mittelpunkt der Auswertung stehen Aspekte wie ein Vergleich der mit bzw. ohne KI-Unterstützung verfassten WbA, ein Vergleich von generierten bzw. menschlich verfassten WbA mit bzw. ohne lexikographische Kurzeinführung sowie die im Fragebogen erfassten Informationen zu den Vorerfahrungen der Probanden mit Wörterbüchern und KI-Tools.

3.4 Berücksichtigung KI-spezifischer Fragestellungen

Da unser Fokus auf der Auswertung KI-generierter Wörterbuchartikel liegt, werden auf der vierten Stufe des Bewertungsmodells KI-spezifische Aspekte integriert (5.4). Dazu gehören beispielsweise

- Angaben, die die KI nicht verwirklichen kann;
- die Eingabeaufforderungen (Prompt) bzw. iterative Überarbeitung der WbA;
- ein Vergleich der Mensch-KI-Teams mit einem KI-generierten Wörterbuchartikel, für den ein Prompt durch einen lexikographischen Experten optimiert wurde; und
- die Diskussion KI-spezifischer Fehler.

4 Entwicklung des Bewertungsrasters

Für die bewertende Analyse der Wörterbuchartikel werden der gesamte Artikel sowie die lexikographischen Angaben im Einzelnen unter den beiden Hauptaspekten (a) Quantität und (b) Qualität untersucht. Angaben zur Quantität beziehen sich auf das Vorhandensein von Angaben sowie auf deren Umfang bzw. Vollständigkeit. Angaben zur Qualität beziehen sich auf inhaltliche und sprachliche Korrektheit, inhaltliche und sprachliche Angemessenheit, Authentizität usw. der Angaben, wobei für jede Angabe individuell Qualitäts- und Quantitätskriterien ermittelt werden. Quantitative Kriterien werden zwar berücksichtigt, das Hauptaugenmerk liegt aber (in Abhängigkeit zum Wörterbuchtyp) auf der Qualität der Daten, welche Kriterien dementsprechend viel umfangreicher angesetzt und zudem auch höher bewertet werden. Weiterhin gilt es, Bewertungsmaßstäbe pro Kriterium festzulegen.

Die Bewertungskategorien, die entsprechenden Quantitäts- und Qualitätskriterien sowie bei der konkreten Anwendung des Rasters die Bewertungsmaßstäbe hängen im Detail unmittelbar vom jeweiligen Wörterbuchtyp und damit zusammenhängend den intendierten Adressaten ab. Der Wörterbuchtyp gibt Aufschluss über ein mögliches Informationsprogramm[1] (*sensu* Engelberg/Lemnitzer 2009: 25) der Mikrostruktur (auch Mikrostrukturenprogramm) und damit auch über die zu bewertenden Angaben. Als Vergleichsgrundlage für den in Stufe 2 integrierten Wörterbuchvergleich (vgl. Abschnitt 3) ziehen wir hier Lemmata aus dem Onlinewörterbuch Duden.de heran. Duden gibt an, „umfassende Informationen zu Rechtschreibung, Grammatik und Bedeutung eines Wortes“ und Informationen über „den richtigen Gebrauch sowie die Aussprache und

1 Generell gibt es keine festen Informationsprogramme für Mikrostrukturen in Allgemeinwörterbüchern, wobei in einigen empirischen Arbeiten, die Angaben in verschiedenen bestehenden Online- und Printwörterbüchern benannt und aufgelistet werden (vgl. Engelberg/Lemnitzer 2009, Flinz 2011, Geyken/Lemnitzer 2016, Wiegand 1989 [empirisch für Printlexikographie]).

Herkunft eines Wortes und [...] dessen Synonyme“ zu bieten.[2] Wörterbücher mit einem derartigen Umfang an Angaben werden als polyinformative Wörterbücher (*sensu* Wiegand 2010: 85) bezeichnet, welche zu den Allgemeinwörterbüchern (*sensu* Engelberg/Storrer 2016: 41) zählen, da sie im Gegensatz zu informationstyporientierten Spezialwörterbüchern (ebd.: 42) keinen Fokus auf bestimmte Angaben legen (wie z. B. ein Synonymwörterbuch) und in der Auswahl der Lemmata im Gegensatz zu lemmatyporientierten Wörterbüchern (Engelberg/Storrer 2016: 42) keine Begrenzung aufweisen (wie z. B. ein Fremdwörterbuch).[3] Der Wörterbuchtyp inkludiert darüber hinaus auch die jeweilige Wörterbuchbenutzergruppe, was ebenfalls nicht nur für die einzelnen Kriterien, sondern auch für deren Bewertung grundlegend ist. Beispielsweise ist das inhaltliche und sprachliche Niveau einer Bedeutungsangabe in einem Schülerwörterbuch ein anderes als in einem Allgemeinwörterbuch oder einem terminologischen Fachwörterbuch. Dies ist sowohl bei der Erstellung als auch bei der Anwendung des Bewertungsrasters durchgängig zu berücksichtigen.

Die für die Bewertung leitenden Hauptkategorien und einzelnen Angaben (*sensu* Wiegand 1989: 468) sind in Tab. 1 dargestellt.

Tab. 1: Hauptkategorien des Bewertungsrasters Mikrostruktur gesamt Textstruktur/Design, Gesamtbewertung

Mikrostruktur gesamt	Textstruktur / Design, Gesamtbewertung
Formkommentar	Lemmazeichengestaltangabe, Ausspracheangabe, Grammatikangaben, Rechtschreibungsangabe, Frequenzangabe
Semantikkommentar	Polysemieangabe, Pragmatikangabe, Bedeutungsangabe, Beispielangabe Kollokationsangabe, Wortbildungsangabe, Sprichwortangabe, Synonymieangabe, Etymologieangabe

Für jede Angabe wurden jeweils quantitative und qualitative Kriterien erarbeitet, die hinsichtlich der Gesamtbetrachtung und des Formkommentars hauptsächlich auf metalexikographischen Kategorien beruhen. Konkrete Fragen, die sich daraus ergeben, können wiederum abgeleitet werden (vgl. Tarp 2017: 122–125). Da es in der vorliegenden Pilotstudie um Wörterbuchartikel in einem allgemeinsprachigen Wörterbuch geht, liegt ein Bewertungsschwerpunkt auf dem Semantikkommentar und entsprechenden Bewertungskriterien. Die Erarbeitung dieser Kriterien soll im Folgenden exemplarisch am Beispiel der Bedeutungsangabe genauer erläutert werden. Eine vollständige Herleitung sämtlicher Bewertungskriterien muss hier aus Platzgründen unterbleiben.

2 https://www.duden.de/woerterbuch (letzter Zugriff: 31.05.2025).

3 Weiteres zu Wörterbuchtypologien u. a. in Kühn (1989), Hausmann (1989), Engelberg/Lemnitzer (2009), Wiegand (2010), Engelberg/Storrer (2016).

4.1 Exemplarische Herleitung von Quantitäts- und Qualitätskriterien

Quantitative Kriterien bei Bedeutungsangaben beziehen sich nur auf ihr **Vorhandensein** und ihre **Vollständigkeit**: Es wird lediglich bewertet, ob generell Bedeutungsangaben vorhanden sind und ob für jedes Semem eine Bedeutungsangabe formuliert worden ist. Quantitative Kriterien werden jeweils mit 0 oder 1 Punkt bewertet.

Die qualitativen Kriterien betreffen **Allgemeinsprachlichkeit**, **Redundanz**, **Genus proximum**, **Differentia specifica**, **sprachliche** sowie **inhaltliche Korrektheit** und die **Informationsdichte**: Allgemeinsprachlichkeit ist dann gegeben, wenn die Formulierungen nicht fachsprachlich sind oder sich beispielsweise an einem Soziolekt orientieren; Redundanz ist in einem verdichteten Wörterbuchartikel generell zu vermeiden; die Integration von Genus proximum und Differentia specifica dient dazu, Wörter kategorial systematisch zu unterscheiden und semantisch innerhalb einer Kategorie einzuordnen; sprachliche Korrektheit liegt vor, wenn weder orthographische noch grammatische Fehler zu finden sind; inhaltliche Korrektheit setzt voraus, dass die Bedeutungsangaben inhaltlich zutreffend sind; die Informationsdichte bezieht sich auf den Umfang der Bedeutungsangaben, also ob etwa nur ein Wort (Bedeutungsäquivalent) angegeben ist oder eine vollständige Bedeutungsparaphrase. Hier werden jeweils 0, 1 oder 2 Punkte vergeben, was einerseits die Qualitätskriterien in der Gesamtbewertung hervorhebt, andererseits aber auch eine feinere Bewertung zulässt: Liegt z. B. Allgemeinsprachlichkeit vor, werden 2 Punkte vergeben; liegt sie nur teilweise vor, nur 1 Punkt und liegt keine vor, 0 Punkte.

4.2 Das Bewertungsraster im Überblick

Im Folgenden wird das Gesamtraster für alle Bewertungskategorien mit sämtlichen Kriterien dargestellt (vgl. Tab. 2). Das Raster ist als metalexikographischer Beitrag für eine systematische Bewertung von Wörterbuchartikeln im Allgemeinen zu verstehen und kann sowohl für von Menschen verfasste als auch für KI-generierte WbA herangezogen werden. Generell kann und muss das Raster für die Anwendung auf verschiedene Typen von Wörterbüchern bzw. sogar für unterschiedliche lexikalische Entitäten jeweils angepasst werden. D. h., dass z. B. in bilingualen Wörterbüchern andere Angabetypen und somit andere Kriterien relevant sind (z. B. geringere Differenziertheit der Bedeutungsangabe, aber Einbindung von Äquivalenzangaben, höhere Gewichtung von Kollokationsangaben) oder dass substantivische Lemmata andere Bewertungskategorien erfordern als verbale.

Tab. 2: Bewertungsraster Mikrostrukturen

Kategorien (Bewertungsfelder)	Kriterien (max. 136)	Quantität (0–1 max. 30) / Qualität (0–2 max. 106)
Gesamte Mikrostruktur (max. 18)		
Textstruktur / Design (max. 8)	nicht-/typographische Mikrostrukturanzeiger, Absätze, Wörterbuchstruktur erkennbar	
	Korrektheit Mikrostrukturanzeiger, Verständlichkeit	
Gesamtbewertung (max. 10)	Wörterbuchfunktionen erfüllt, WB-Adressaten berücksichtigt, Prägnanz inhaltlich / sprachlich, Allgemeinsprachlichkeit	
Formkommentar (max. 32)		
Lemmazeichengestaltangabe (max. 3)	Vorhandensein	
	Korrektheit sprachlich	
Ausspracheangabe (max. 6)	Vorhandensein, Betonung vorhanden	
	Korrektheit, Betonung korrekt	
Grammatikangabe (max. 14)	Wortartangabe vorhanden, Genusangabe vorhanden, Deklinationsangabe vorhanden, Paradigma abdeckend	
	Wortartangabe korrekt, Genusangabe korrekt, Deklinationsangabe korrekt, ohne Redundanz, Paradigma korrekt	
Rechtschreibangabe (max. 6)	Vorhandensein, Worttrennung vorhanden	
	Korrektheit, Worttrennung korrekt	
Frequenzangabe (max. 3)	Vorhandensein	
	Korrektheit	
Semantikkommentar (max. 86)		
Polysemieangabe (max. 4)	Vorhandensein, Vollständigkeit	
	Gebräuchlichkeit	
Pragmatikangabe (max. 6)	Vorhandensein, Vollständigkeit	
	Korrektheit sprachlich, Differenziertheit	
Bedeutungsangabe (max. 16)	Vorhandensein, Vollständigkeit	
	Allgemeinsprachlichkeit, Informationsdichte, Korrektheit sprachlich / inhaltlich, Genus proximum, Differentia specifica, ohne Redundanz	
Beispielangaben (max. 14)	Vorhandensein, Vollständigkeit	
	Verständlichkeit, Korrektheit sprachlich / inhaltlich, Authentizität, Angemessenheit inhaltlich, Quellenangabe vorhanden	
Kollokationsangabe (max. 104)	Vorhandensein, Umfang	
	Verständlichkeit, Korrektheit sprachlich / inhaltlich, Authentizität, empirisch belegbar, Sortierung nach Lesarten	
Sprichwortangabe (max. 5)	Vorhandensein	
	Korrektheit sprachlich, Authentizität	

Wortbildungsangabe (max. 10)	Vorhandensein, Umfang
	Korrektheit sprachlich / inhaltlich, mehrere Wortbildungsarten abgedeckt, Usualitätsgrad
Synonymieangabe (max. 10)	Vorhandensein, Vollständigkeit
	Korrektheit sprachlich / inhaltlich, Gebräuchlichkeit, empirisch belegbar (Ersatzprobe)
Etymologieangabe (max. 7)	Vorhandensein
	Korrektheit sprachlich / inhaltlich, Informationsdichte

Die in Tab. 2 dargestellte Matrix für einen substantivischen Wörterbuchartikel in einem allgemeinsprachigen Wörterbuch umfasst insgesamt 136 zu vergebende Punkte, wobei 30 Punkte auf quantitative und 106 Punkte auf qualitative Kriterien entfallen. Auf allgemeine Kategorien fallen insgesamt maximal 18 Punkte, auf Angaben im Formkommentar 32 und auf Angaben im Semantikkommentar 86 Punkte. Für eine Gesamtbewertung schlagen wir (in Anlehnung an Benotungsskalen) die in Abb. 2 dargestellten Prädikate vor, wobei 94–100 % ein sehr gutes Ergebnis (Prädikat I) und alles unter 50 % unzureichende Ergebnisse darstellen. Die Farbgebung orientiert sich für eine leicht zugängliche Visualisierung an den Ampelfarben (grün = exzellent > gelb = durchschnittlich > rot = ungenügend).)

98-100 %	133-136 Punkte	Prädikat I: *erfüllt quantitative und qualitative Anforderungen*
94-97 %	128-132 Punkte	*hinsichtlich des Wörterbuchtyps hervorragend*
90-93 %	122-127 Punkte	Prädikat II: *erfüllt quantitative und qualitative Anforderungen*
85-89 %	116-121 Punkte	*hinsichtlich des Wörterbuchtyps überdurchschnittlich*
80-84 %	109-115 Punkte	
76-79 %	103-108 Punkte	Prädikat III: *erfüllt quantitative und qualitative Anforderungen*
71-75 %	97-104 Punkte	*hinsichtlich des Wörterbuchtyps durchschnittlich*
66-70 %	90-96 Punkte	
61-65 %	83-89 Punkte	Prädikat IV: *erfüllt quantitative und qualitative Anforderungen*
50-60 %	68-82 Punkte	*hinsichtlich des Wörterbuchtyps unterdurchschnittlich*
0-49 %	00-67 Punkte	Prädikat V: *erfüllt quantitative und qualitative Anforderungen hinsichtlich des Wörterbuchtyps nicht*

Abb. 2: Gesamtbewertung (Prädikate)

4.3 Exemplarische Anwendung des Bewertungsrasters

Anhand einer Bewertung des Lemmas *Maus* auf Duden.de wird im Folgenden die Anwendung des Bewertungsrasters exemplarisch vorgestellt, wobei das Ergebnis zugleich für den Vergleich in Stufe 2 des Bewertungsmodells herangezogen wird (vgl. Abschnitt 5.2). Die Auswertung der Matrix ergibt, dass der Duden-Wörterbuchartikel zum Lemma *Maus* mit 95 von 136 Punkten insgesamt eine Bewertung von 70 % erreicht und folglich im unteren Bereich des Prädikats III („erfüllt quantitative und qualitative Anforderungen hinsichtlich des Wörterbuchtyps durchschnittlich“) verortet werden kann. Dabei ist zu beachten, dass dieses Prädikat nicht generell für die Wörterbuchartikel auf Duden.de gilt, da hierfür eine repräsentative Stichprobe von WbA zu deutschen Substantiven vorgenommen werden müsste. Der Kontrollartikel zum Lemma *Katze* liegt mit 78 % beispielsweise bereits im oberen Bereich von Prädikat III. Dass der Artikel *Maus* aus Duden.de, obwohl von Experten erstellt und somit als Referenz anzuerkennen, hier keine 100 % erreicht, liegt daran, dass nicht alle möglichen Kategorien umgesetzt sind (z. B. fehlen Quellenangaben). Auch sind teilweise ungebräuchliche Synonymangaben integriert, was in Entsprechung zu den erarbeiteten qualitativen Kriterien (vgl. Abschnitt 4.1) hier negativ ins Gewicht fällt.

Exemplarische Beschreibung der Bewertung der Bedeutungsangabe: Bedeutungsangaben sind im Duden-Artikel zu *Maus* generell vorhanden, aber nicht vollständig, da die Bedeutungsangabe bei Semem „weibliche Scham; Vulva“ fehlt (bzw. fehlt die Verlinkung zum Lemma *Vulva*, wie das etwa bei Semem 2 „Kosewort“ der Fall ist). Die vorhandenen bzw. verlinkten Bedeutungsangaben sind sprachlich und inhaltlich korrekt. Die Angaben sind als allgemeinsprachlich zu bezeichnen, da sie weder fachsprachlich noch umgangssprachlich sind. Angaben zur Einordung des Wortes in übergeordnete Kategorien wie Arten von Lebewesen liegen ebenfalls vor: „kleines [graues] Nagetier“, wobei die Unterscheidung innerhalb der Kategorie etwas unspezifisch ist und keine ganz klare Abgrenzung beispielsweise gegenüber *Ratte* ermöglicht. Semantisch überdifferenziert und damit redundant erscheint die Differenzierung der Bedeutungsangaben innerhalb von Semem 4 „4. a) Geld“ und „b) Euro, Mark o.Ä.“. Die Informationsdichte ist für die Bedeutungsangaben von unterschiedlichem Umfang: Während die Angaben zu Semem 1 (Nagetier) und Semem 5 (Computermaus) relativ umfangreich sind und Bedeutungsdefinitionen im eigentlichen Sinne darstellen, werden andere wie Semem 6 (weibliche Scham, Vulva) nur mittels einer synonymen Wortgruppe umschrieben. Die Gebräuchlichkeit der Angaben wird unter der Kategorie **Polysemieangabe** bewertet, weil z. B. die Frequenz von Semem 6 allgemeinsprachlich zumindest fragwürdig erscheint.

Das insgesamt nicht ideale Abschneiden des Duden-Wörterbuchartikels rührt weiterhin daher, dass Kompositums- und Kollokationsangaben fehlen. Das bedeutet, dass der Artikel in diesen Kategorien insgesamt 24 mögliche Punkte verliert. Hier zeigt sich bereits, dass die gesamthafte Bewertung nach einem Prädikat möglicherweise zu pauschal sein kann und ein Mehrwert des Bewertungsrasters in seiner Detailhaftigkeit liegt (vgl. unten).

5 Evaluation nach dem mehrstufigen Bewertungsmodell

5.1 Bewertung von Wörterbuchartikeln mittels des Bewertungsrasters

5.1.1 Lemma *Maus*

Die generierten WbA wurden von zwei Experten unabhängig voneinander auf Basis des Bewertungsrasters (vgl. Abschnitt 4) evaluiert. Ein wichtiger Vorteil unseres Rasters ist, dass mit seiner Hilfe die Reliabilität der Bewertungen wesentlich besser überprüft werden kann als durch einen bloßen Vergleich der summarischen Gesamtbewertungen. Dies lässt sich am besten an einem Extrembeispiel verdeutlichen: Wenn wir annehmen, dass beide Experten ihre Punkte für einen WbA (aus Faulheit) völlig zufällig vergeben, so würde in beiden Fällen sehr wahrscheinlich eine Gesamtbewertung zwischen 43 % und 57 % herauskommen, was auf den ersten Blick eine recht gute Übereinstimmung suggeriert. Erst bei Betrachtung der Einzelkriterien wird sichtbar, dass sie nur in etwa bei der Hälfte aller Punkte übereinstimmen – genau der Wert, der durch rein zufällige Übereinstimmungen zu erwarten ist.

Daher berechnen wir Cohens Kappa als Maß für die tatsächliche Übereinstimmung der beiden Experten (Inter-Annotator Agreement, vgl. Artstein/Poesio 2008) und damit die Reliabilität der Annotation. Kappa-Werte liegen üblicherweise im Bereich $0 \leq \kappa \leq 1$, wobei oft $\kappa > .8$ als sehr gute und $\kappa > .67$ als akzeptable Übereinstimmung gewertet wird (Artstein/Poesio 2008: 576). Um Kappa auf unsere Daten anwenden zu können, interpretieren wir die Bewertung von qualitativen Kriterien als Kombination von zwei binären Entscheidungen: ein Punkt wird für Mindestanforderungen vergeben, ein weiterer Punkt, wenn das Kriterium in vollem Umfang erfüllt ist. Auf diese Weise erhalten wir für die Artikel aus dem Schreibexperimente zufriedenstellende Kappa-Werte zwischen .67 und .80, für die beiden Duden-Artikel sogar .86 und .87. Eine Ausnahme bildet WbA 1.2, mit einem überraschend schlechten Wert von $\kappa = .35$; hier wird noch zu untersuchen sein, warum die beiden Experten zu so unterschiedlichen Einschätzungen kamen.

Die Gesamtbewertungen beider Experten sind – wie erwartet – auch bei WbA 1.2 deutlich ähnlicher, als die Kappa-Werte nahelegen. Abb. 3 zeigt die gemittelten Ergebnisse der beiden Experten für die verschiedenen Artikel der Probanden aus dem Schreibexperiment (1.1-4.2) sowie für zwei Experten-Artikel (5.1, 5.2) und einen von einem Experten mit Hilfe der KI generierten Artikel (6.1). Dargestellt sind neben der Gesamtbewertung (Prozentsatz aller erreichbaren Punkte) auch separate Punktzahlen für jeden Bewertungsbereich sowie die einzelnen Kategorien. Auf eine detaillierte Aufschlüsselung aller Kriterien wie in Tab. 2 muss aus Platzgründen verzichtet werden. Die

Farbkodierung orientiert sich an den Farben der Abb. 2 und visualisiert, welche Kategorien im Detail mit den Prädikaten I–V bewertet wurden.

Quelle		Schreibexperiment										Duden		KI
Gruppen		I			II			III		IV		Experten		
Artikelnummer		1.1	1.2	1.3	2.1	2.2	2.3	3.1	3.2	4.1	4.2	5.1	5.2	6.1
Verwendung von KI		j	j	j	j	j	j	n	n	n	n	x	x	j
Lexikogr. Einführung		j	j	j	n	n	n	j	j	n	n	x	x	x
Expertenartikel		n	n	n	n	n	n	n	n	n	n	j	j	j
%	100	45	59	55	41	53	39	56	43	29	41	70	78	90
Kategorien / Punkte	136	61.5	80.5	74.5	56	71.5	53.5	76	58.5	39.5	56	95	106	122.5
Gesamte Mikrostruktur	18	4.5	13	14	12	15.5	10.5	15	14	10	13	18	18	17.5
Textstruktur / Design	8	1.5	6.5	6.5	6.5	7.5	5	8	7	5	7	8	8	8
Gesamtbewertung	10	3	6.5	7.5	5.5	8	5.5	7	7	5	6	10	10	9.5
Formkommentar	32	16.5	17	17.5	9.5	15.5	15.5	13.5	10	14.5	9	30.5	32	30
Lemmazeichen-gestaltangabe	3	2.5	2.5	2.5	2.5	3	3	2.5	3	3	3	3	3	2.5
Ausspracheangabe	6	1.5	0	4	3	2	4	0	2	0	0	4.5	6	4.5
Grammatikangabe	14	12.5	12	11	4	10.5	8.5	11	5	11.5	6	14	14	14
Rechtschreibangabe	6	0	0	0	0	0	0	0	0	0	0	6	6	6
Frequenzangabe	3	0	2.5	0	0	0	0	0	0	0	0	3	3	3
Semantikkommentar	86	40.5	50.5	43	34.5	40.5	27.5	47.5	34.5	15	34	46.5	56	75
Polysemieangabe	4	0.5	2.5	2.5	1	3	2	4	3	3	4	3	3.5	4
Pragmatikangabe	6	1	1	4.5	2.5	0	0	0	0	0	2.5	6	5	5
Bedeutungsangabe	16	14	11	12	8.5	13.5	10.5	13	11.5	12	13.5	12.5	14.5	14
Beispielangaben	14	11.5	10.5	10	9	10	9	14	10.5	0	14	9.5	12	12
Kollokationsangabe	14	0	8.5	0	0	0	0	0	0	0	0	0	0	12.5
Wortbildungsangabe	10	4	4	0	0	0	0	5	5	0	0	0	0	8.5
Sprichwortangabe	5	0	0	0	0	0	0	2.5	4.5	0	0	5	5	4.5
Synonymieangabe	10	9.5	7.5	8.5	7.5	7.5	0	9	0	0	0	4.5	10	8
Etymologieangabe	7	0	5.5	5.5	6	6.5	6	0	0	0	0	6	6	6.5

Abb. 3: Ergebnisse *Maus*

Bei der Auswertung der Ergebnisse fällt auf, dass bei Betrachtung der Gesamtbewertung lediglich vier der zehn Wörterbuchartikel aus den Schreibexperimenten überhaupt die Mindestanforderungen an die Qualität eines Wörterbuchartikels erfüllen. Diese treten bis auf eine Ausnahme nur bei den Gruppen auf, die eine lexikographische Einführung erhalten haben und über lexikographisches Grundlagenwissen verfügen. Dennoch sind diese jeweils im unteren Bereich des Prädikats IV („erfüllt quantitative und qualitative Anforderungen hinsichtlich des Wörterbuchtyps unterdurchschnittlich") verortet.

Die feine Granularität des Bewertungsrasters ermöglicht jedoch nicht nur eine pauschale Gesamtbewertung, sondern spezifischere Einblicke. So schneiden die sechs KI-generierten Wörterbuchartikel der Probanden aus dem Schreibexperiment (1.1 bis 2.3) in Bezug auf die Gesamtmikrostruktur noch einigermaßen befriedigend ab – ihr Layout und ihre Struktur erfüllen immerhin die Erwartungen an einen idealtypischen Wörterbuchartikel (durchschnittlich 11.6 von 18 Punkten = 64 % = Prädikat IV+). Probleme zeigen sich jedoch im Detail: Bei den inhaltlichen Aspekten, sowohl in formaler als auch in semantischer Hinsicht, erreichen die KI-Einträge durchschnittlich jeweils weniger als die Hälfte der möglichen Punkte, wobei der Semantikkommentar (39.4 von 86 Punkten = 46 % = Prädikat V) insgesamt noch etwas schlechter abschneidet als der Formkommentar (15.3 von 32 Punkten = 48 % = Prädikat V). Viele wichtige Kategorien fehlen, und es gibt einige inhaltliche Fehler. Allerdings sind die mit KI-Unterstützung generierten Artikel vergleichsweise noch besser als diejenigen der menschlichen Probanden (Studierende, keine Experten). Hier gelangen die Semantikkommentare (32.8 von 86 Punkten = 38 % = Prädikat V) minimal besser als die Formkommentare (11.8 von 32 Punkten = 37 % = Prädikat V), jedoch sind beide im Durchschnitt ungenügend. Legt man jedoch einen Fokus auf die für allgemeinsprachige Wörterbücher zentrale Bedeutungsangabe, so schneiden die Artikel der menschlichen Probanden besser ab und erreichen mit 78 % (12.5 von 16 Punkten) Prädikat III+, während die mit KI-Unterstützung generierten Artikel nur 72 % (11.6 von 16 Punkten = Prädikat III) erzielen. Die mit 8.5 Punkten hier am schlechtesten bewertete Bedeutungsangabe[4] lässt einige erwartbare Schwächen der KI hervortreten: Die Anforderung der Allgemeinsprachlichkeit ist nicht gut erfüllt („Familie der Muridae"), die Differentia specifica (im Vergleich zu *Ratte*) ist nicht gut erfasst, und es sind zu viele enzykloädische Detailinformationen enthalten.

Es folgt eine **exemplarische Auswertung des bestbewerteten Wörterbuchartikels** aus dem Schreibexperiment: WbA 1.2 wurde durch einen Probanden mit lexikographischer Einführung mittels ChatGPT 3.5 generiert. Im Bereich des Formkommentars sind weder eine Rechtschreibangabe noch eine Ausspracheangabe vorhanden. Alle berücksichtigten Grammatikangaben sind vorhanden, wobei das Deklinationsparadigma nicht abgedeckt ist. Die doppelte Angabe der Pluralform ist redundant. Sprachlich und inhaltlich sind alle Angaben korrekt. Im Bereich des Semantikkommentars fehlen die Wortbildungsangabe, eine pragmatische Angabe sowie die Sprichwortangabe. Die Bedeutungsangabe zeigt nur drei der vier geforderten Sememe, wobei Semem 3

---

4 Aus Artikel 2.1, Proband ohne lexikographische Einführung mittels ChatGPT 3.5: „Die Maus ist ein kleines Nagetier aus der Familie der Muridae. Sie zeichnet sich durch ihren schlanken Körper, die großen Ohren und den langen Schwanz aus. Mäuse sind in der Regel nachtaktiv und ernähren sich von einer Vielzahl von Nahrungsmitteln, darunter Getreide, Früchte und Insekten. Im Gegensatz zur Ratte haben Mäuse normalerweise eine schlankere Körperform und einen feineren Körperbau."

auch inhaltlich fragwürdig erscheint: „scheuer Mensch“. Die hauptsächlichen Sememe Nagetier und Computereingabegerät zeigen sehr kurze bzw. keine Bedeutungsangabe. Die kategoriale Einordnung liegt zumindest bei Semem 1 vor, wobei diese Elemente der Fachsprache aufweist („Familie Muridae“). Pro Semem liegen sowohl eine Beispielangabe als auch mehrere Kollokationsangaben vor. Die Beispiele und Kollokationen bei Semem 1 und 2 erscheinen authentisch und angemessen; die Angaben bei Semem 3 („Angst vor Mäusen haben“) sind empirisch aufgrund mangelnder Salienz fragwürdig. Quellenangaben werden bei der KI generell nicht gemacht. Die Synonymangabe liegt für Semem 1 und 2 vor. Die Etymologieangabe ist ebenfalls vorhanden, bleibt hinsichtlich der Informationsdichte eher gering. Inhaltlich und sprachlich sind bis auf die angesprochenen Aspekte alle Angaben korrekt. Hinsichtlich der Gesamtbewertung finden sich im Artikel Mikrostrukturanzeiger sowie weitere strukturelle Elemente, die den Eindruck eines Wörterbuchartikels vermitteln; der Artikel ist verständlich geschrieben, erfüllt die Wörterbuchfunktionen und berücksichtigt auch die intendierten Adressaten.

5.1.2 Lemma *köpfen*

Für das Lemma *köpfen* wurden einige Änderungen am Raster vorgenommen, die auf die unterschiedlichen Wortarten der Lemmata zurückzuführen sind. Konkret haben sich die Kriterien der Kategorien Grammatik- sowie die Bedeutungsangabe geändert. So wurde etwa innerhalb der Grammatikangabe das Kriterium *Genusangabe vorhanden* gestrichen und *Deklinationsangabe korrekt* durch *Konjugationsangabe korrekt* ersetzt. Das führt zu einer anderen Gesamtpunktzahl als bei *Maus*, die für das Lemma *köpfen* 129 beträgt. Abb. 4 zeigt wiederum den Mittelwert beider Experten:

Quelle		Schreibexperiment										Duden	KI
Gruppen		I			II			III		IV		Experten	
Artikelnummer		k1.1	k1.2	k1.3	k2.1	k2.2	k2.3	k3.1	k3.2	k4.1	k4.2	k5.1	k6.1
Verwendung von KI		j	j	J	j	j	J	N	n	n	n	x	j
Lex. Einführung		j	j	j	n	n	N	J	j	n	n	x	x
Expertenartikel		n	n	n	n	n	N	N	n	n	n	j	j
%	100	35	51	39	48	40	37	55	35	29	34	66	80
Kategorien / Punkte	129	45	66	50.5	62	52	48	71.5	45	37	44	85.5	103
Gesamte Mikrostruktur	18	6	12.5	10.5	14.5	11	13.5	15	11.5	9.5	11.5	18	15
Textstruktur / Design	8	4	7	5	8	6	7.5	7.5	6	5.5	5.5	8	7.5
Gesamtbewertung	10	2	5.5	5.5	6.5	5	6	7.5	5.5	4	6	10	7.5
Formkommentar	29	9	14	12	16.5	17	16.5	17	11	7.5	6	25.5	27
Lemmazeichen-gestaltangabe	3	3	3	3	3	2	2	3	3	3	3	3	3
Ausspracheangabe	6	1	0	4.5	3.5	4.5	4.5	0	2.5	0	0	6	5.5
Grammatikangabe	11	5	9	3.5	8.5	9.5	9.5	8	4	3	1.5	10.5	9.5
Rechtschreibangabe	6	0	0	1	1.5	1	0.5	6	1.5	1.5	1.5	3	6
Frequenzangabe	3	0	2	0	0	0	0	0	0	0	0	3	3
Semantikkommentar	82	30	39.5	28	31	24	18	39.5	22.5	20	26.5	42	61
Polysemieangabe	4	3	3	3	1	2	1	3	2	3	4	4	4
Pragmatikangabe	6	0	0	0	3.5	0	0	0	0	1.5	0	5.5	5.5
Bedeutungsangabe	12	8.5	9	9.5	8.5	8	8.5	10	9	7.5	11	11.5	10.5
Beispielangaben	14	9.5	6.5	8.5	7.5	4	6	13.5	8	5	11.5	12	11.5
Kollokationsangabe	14	0	9	0	0	0	0	0	0	0	0	0	10.5
Wortbildungsangabe	10	2	0	0	2.5	0	0	5	3.5	0	0	0	3
Sprichwortangabe	5	0	0	0	0	0	0	0	0	0	0	0	3.5
Synonymieangabe	10	7	9	4.5	3	8	0	8	0	0	0	9	8
Etymologieangabe	7	0	3	2.5	5	2	2.5	0	0	3	0	0	4.5

Abb. 4: Ergebnisse *köpfen*

98-100 %	133-129 Punkte	Prädikat I: *erfüllt quantitative und qualitative Anforderungen*
94-97 %	128-132 Punkte	*hinsichtlich des Wörterbuchtyps hervorragend*
90-93 %	122-127 Punkte	Prädikat II: *erfüllt quantitative und qualitative Anforderungen*
85-89 %	116-121 Punkte	*hinsichtlich des Wörterbuchtyps überdurchschnittlich*
80-84 %	109-115 Punkte	
76-79 %	103-108 Punkte	Prädikat III: *erfüllt quantitative und qualitative Anforderungen*
71-75 %	97-104 Punkte	*hinsichtlich des Wörterbuchtyps durchschnittlich*
66-70 %	90-96 Punkte	
61-65 %	83-89 Punkte	Prädikat IV: *erfüllt quantitative und qualitative Anforderungen*
50-60 %	68-82 Punkte	*hinsichtlich des Wörterbuchtyps unterdurchschnittlich*
0-50 %	00-67 Punkte	Prädikat V: *erfüllt quantitative und qualitative Anforderungen*
		hinsichtlich des Wörterbuchtyps nicht

Abb. 5: Gesamtbewertungsskala *köpfen*

Die Evaluation für das Lemma *köpfen* zeigt generell schlechtere Ergebnisse als für *Maus*. So weisen nur zwei der von den Probanden generierten bzw. verfassten Wörterbuchartikel ein Prädikat besser als V auf. Der **beste KI-generierte Wörterbuchartikel** (k1.2) wurde wiederum von dem Probanden mit der meisten Erfahrung in Lexikographie produziert, wobei dieser mit 51 % auch nur knapp die Mindestanforderung eines Wörterbuchartikels gemäß der von uns gesetzten Prädikate erfüllt. Im Folgenden wird auch dieser WbA exemplarisch ausgewertet:

Im Bereich des Formkommentars fehlen die Aussprache- sowie die Rechtschreibangabe; innerhalb der Grammatikangabe werden bezüglich des Verbparadigmas lediglich die Verbformen im Präsens sowie die Partizipien angegeben – andere Modi oder Tempora fehlen. Alle vorhandenen Angaben sind korrekt. Innerhalb des Semantikkommentars fehlen Pragmatik-, Wortbildungs- und Sprichwortangabe. Die angegeben Polysemieangaben stimmen zwar in ihrer Anzahl mit denen im Artikel von Duden.de überein, weichen allerdings inhaltlich stark von diesem ab. Während die erste Bedeutungsangabe „1 jemandem den Kopf abschlagen" korrekt ist, sind die Angaben „2 Entfernen des oberen Teils von etwas" bzw. „3 jemandem die Führung nehmen" fragwürdig bzw. schlicht falsch. Das zweite Semem wird etwa im Duden und im DWDS als übertragende Bedeutung zu 1 geführt; Semem 3 hingegen ist keine Bedeutung des Wortes *köpfen*. Historische bzw. dialektale Sememe wie „den oberen Teil eines Baumes absägen" (vgl. Wörterbuchnetz: BDO, DRW, DWb) sowie moderne Bedeutungen wie „mit dem Kopf stoßen" (Duden.de) bzw. „[Fußball] ⟨jmd. köpft (etw. [einen Ball])⟩ mit dem Kopf weiterbefördern" (DWDS) werden nicht generiert. Die Beispielangaben zu den Bedeutungen sind teilweise ebenfalls als unsinnig zu bezeichnen: „Er köpfte die Flasche mit dem Schwert." sowie „Der Kapitän köpfte die Entscheidung und lenkte das Schiff in den Hafen.": Während erstere immerhin noch denkbar wäre, ist letztere reiner Nonsens. Dies setzt sich dementsprechend in den Kollokationsangaben etwa zu Semem 3 fort: „Entscheidung köpfen, Richtung köpfen, Initiative ergreifen"; letztere vermeintliche Kollokation beinhaltet nicht einmal das Wort *köpfen* und ist dementsprechend keine Kollokations-angabe – auch inhaltlich entbehrt sie jeder Grundlage. Hier wird ein weiterer Schwachpunkt der KI offensichtlich: Die generierten Kollokationsangaben beinhalten häufig wie bei Semem 1 keine Kollokationen, sondern stellen sinnverwandte Wörter „Henker" oder Synonyme „enthaupten" dar. Dieser Umstand wird von der KI auch wiedergegeben, indem weitere (redundante) Angaben wie Synonyme und „Andere verwandte Wörter" gemacht werden, die diese Wörter ebenfalls beinhalten. Das indiziert wiederum, dass die KI den gesamten Artikel nicht redigiert, sondern nur von Wort zu Wort generiert. Die Richtigkeit der Inhalte der Etymologieangabe kann mittels entsprechender Wörterbücher (vgl. Wörterbuchnetz: Lexer, AWb) ebenfalls nicht verifiziert werden: „Mittelhochdeutsch kœpfen, althochdeutsch chopfōn, verwandt mit mittelniederländisch copen ‚abschneiden'" (WbA k1.2). Die Schreibungen *kœpfen* und *copen* sind nicht korrekt; auf Basis von lautgesetzlichen Entwicklungen und Schreibkonventionen wären (mhd.) *köpfen* sowie (mnl.) *koppen* zu erwarten. Es ist daher davon auszugehen, dass es sich bei dieser Etymologieangabe um eine ChatGPT-spezifische Halluzination handelt. Hinsichtlich der Gesamtbewertung ähnelt dieser WbA dem von *Maus*, wobei er jedoch inhaltlich mehr Fehler aufweist.

5.2 Vergleich mit anderen Wörterbuchartikeln

Im Vergleich zum Experten-Wörterbuchartikel *Maus* auf Duden.de (Nr. 5.1 in Abb. 3, vgl. auch Abschnitt 4.3) schneiden alle Artikel der Probanden weitaus schlechter ab. In der Gesamtbewertung erreicht der Duden-Artikel 70 % (Prädikat III-), während die Artikel aus dem Schreibexperiment zwischen 59 % (Prädikat IV-) und 29 % (Prädikat V) rangieren und die Anforderungen mehrheitlich nicht erfüllen, der Durchschnittswert liegt bei 46 % (Prädikat V). Dies war auch zu erwarten, da eine kurze lexikographische Einführung die jahrzehntelange Erfahrung von professionellen Lexikographen nicht ersetzen kann. Bei den Unterschieden zu bspw. WbA 1.2 (mit KI, mit lexikographischer Kurzeinführung) fallen folgende Einzelheiten auf: Der Experten-Wörterbuchartikel erreicht bei der Bewertung der Gesamtmikrostruktur die volle Punktzahl (18 von 18 Punkten = 100 % = Prädikat I+), und erzielt auch beim Formkommentar 95 % (30,5 von 32 Punkten = Prädikat I). Dagegen bleibt Artikel 1.2 vor allem hinsichtlich des Formkommentares (17 von 32 Punkten = 53 % = Prädikat V) weit hinter den Anforderungen zurück, da verschiedene Angaben fehlen bzw. nicht vollständig sind. Beim Semantikkommentar fällt zwar der Duden-Artikel hinsichtlich der Punkte (46,5 vs. 50,5) etwas ab. Dies ist aber vordergründig der Tatsache geschuldet, dass hier Kollokations- und Wortbildungsangaben fehlen. Bei den realisierten Kategorien erreicht der Experten-Artikel wiederum deutlich höhere Punktewerte.

Ein entsprechendes Bild zeigt sich bei *köpfen* (vgl. Abb. 4), wenngleich die Punktewerte hier bei sämtlichen Vergleichsgruppen (Probanden des Schreibexperiments, Duden-Artikel, KI-Experten-Artikel) geringer ausfallen als bei *Maus* (vgl. auch Abschnitt 5.1.2): Der Duden-Artikel erreicht hier in der Gesamtbewertung 66 % (wiederum Prädikat III-), die Artikel aus dem Schreibexperiment rangieren zwischen 55 % (wiederum Prädikat IV-) und 29 % (Prädikat V). Auch hier werden bei den meisten Ergebnissen aus dem Schreibexperiment die Anforderungen nicht erfüllt, der Durchschnittswert liegt mit 40 % (Prädikat V) noch niedriger. Auch die Detailauswertung spiegelt die Ergebnisse von *Maus* (vgl. Abb. 6).

	mit KI generierte WbA (Schreibexperiment)	ohne KI generierte WbA (Schreibexperiment)	Duden-WbA
Gesamte Mikrostruktur			
Maus	11.6/18 = 64 % = IV	13.0/18 = 72 % = III	18/18 = 100 % = I
köpfen	11.3/18 = 63 % = IV	11.9/18 = 66 % = III-	18/18 = 100 % = I
Formkommentar			
Maus	15.3/32 = 48 % = V	11.8/32 = 37 % = V	30.5/32 = 95 % = I-
köpfen	14.2/29 = 49 % = V	10.4/29 = 36 % = V	25.5/29 = 88 % = II
Semantikkommentar			
Maus	39.4/86 = 46 % = V	32.8/86 = 38 % = V	46.5/86 = 54 % = IV-
köpfen	28.4/82 = 35 % = V	27.1/82 = 33 % = V	42/82 = 51 % = IV-
Bedeutungsangabe			
Maus	11.6/16 = 72 % = III	12.5/16 = 78 % = III+	12.5/16 = 78 % = III+
köpfen	8.7/12 = 72 % = III	9.4/12 = 78 % = III+	11.5/12 = 96 % = I-

Abb. 6: Ergebnisse des Schreibexperiments im Vergleich zu den Duden-Wörterbuchartikeln

5.3 Auswertung des Schreibexperiments

In diesem Abschnitt wird das Schreibexperiment (vgl. Abschnitt 2) systematisch ausgewertet. Aus Platzgründen kann hier lediglich auf einige ausgewählte Aspekte eingegangen werden. Unser Fokus liegt auf Vergleichen der WbA aus verschiedenen, im Experiment angelegten Szenarien. Eine zentrale Rolle spielt bei den Gruppen mit KI-Nutzung die Auswertung des Promptings in Beziehung zur Artikelgenese. Die Berücksichtigung der Metadaten aus der Fragebogenerhebung bietet Aufschluss über die Auswirkung von KI-Erfahrung und/oder lexikographischen Vorkenntnissen der Probanden.

Als relevant erachten wir gruppen- und artikelorientierte Vergleiche (V): (a) zwischen Gruppen mit und ohne KI-Nutzung sowie (b) zwischen Gruppen mit und ohne lexikographische Einführung sowie (c) kombinierte Vergleiche. Bei gruppenorientierten Vergleichen kann die durchschnittliche Bewertung der jeweiligen Gruppen gegenübergestellt werden, bei artikelorientierten die WbA mit der jeweilig besten Bewertung, wobei wir uns auf das Lemma *Maus* beschränken.

Tab. 3: Systematische Auswertung des Schreibexperiments

	(a)	(b)	(c)
gruppenorientiert	V1: *mit bzw. ohne KI* = I, II vs. III, IV	V3: *mit KI* *mit bzw. ohne Einführung* = I vs. II	V7: *mit bzw. ohne KI* *mit Einführung* = I vs. III
		V4: *ohne KI* *mit bzw. ohne Einführung* = III vs. IV	V8: *mit bzw. ohne KI* *ohne Einführung* = II vs. IV
artikelorientiert	V2: mit bzw. ohne KI = 1.2 vs. 3.1	V5: *mit KI* *mit bzw. ohne Einführung* = 1.2 vs. 2.2	V9: *mit bzw. ohne KI* *mit Einführung* = V2

(a)	(b)	(c)
	V6: *ohne KI* *mit bzw. ohne Einführung* = 3.1 vs. 4.2	V10: *mit bzw. ohne KI* *ohne Einführung* = 2.2 vs. 4.2

Die möglichen Vergleiche von Gruppen oder WbA ohne KI-Nutzung (V4, V6) bleiben im Folgenden unberücksichtigt.

(a) Wie bereits aus Abb. 6 ersichtlich wird, schneiden bei V1 die generierten Artikel in Form- und Semantikkommentar etwas besser, bei der Bewertung der gesamten Mikrostruktur etwas schlechter ab. Bei der Gesamtbewertung allerdings liegen die KI-Artikel mit 3/6 Artikeln (50 %) besser als Prädikat V und die Artikel ohne KI lediglich mit 1/4 (25 %) besser als Prädikat V; die Durchschnittswerte liegen bei 49 % vs. 42 %. Da dies bei so geringen Zahlen statistisch nicht aussagekräftig ist, lohnt sich ein Blick auf die artikelorientierten Vergleiche der WbA. So fällt bei V2 auf, dass beide WbA nur im unteren Bereich von Prädikat IV nicht weit voneinander liegen (80.5 vs. 76 / 136 Punkten); während sich WbA 3.1 in der Bewertung der gesamten Mikrostruktur etwas weiter vorne befindet (13 vs. 15), liegt er in Form- (17 vs. 13.4) und Semantikkommentar (50.5 vs. 47.5) leicht zurück. Für die Bewertungskategorie *Textstruktur* erhält WbA 3.1 als einziger WbA aller Studien-TN volle Punktzahl. Auch Polysemie- und der Beispielangabe erhalten volle Punktzahl, was beim Lemma *Maus* nur noch WbA 4.2 schafft. Etymologische oder pragmatische Informationen fehlen in den Belegen für die Gruppen ohne KI, sodass im Formkommentar hier potentiell 13 Punkte nicht erlangt werden konnten, was auch bei 3.1 zutrifft. Die Kollokationsangaben fehlen in WbA 3.1 ebenfalls, selbst wenn solche aus den Belegen hätten herausgelesen werden können: *Maus huscht*, *süße Maus*. Beide Probanden in V2 verfügen laut Fragebogen bereits über Vorerfahrungen im Bereich Lexikographie, was ein Grund für das vergleichsweise insgesamt bessere Abschneiden beider WbA sein kann.

(b) Die KI-Artikel der Probanden mit lexikographischer Kurzeinführung bei V3 schneiden mit einem Durchschnitt von 53 % etwas besser ab als diejenigen der Gruppe ohne Einführung mit 44 %. Diese Diskrepanz erscheint angesichts des fehlenden Fachwissens der Gruppe II aber logisch. Auch hier lohnt ein Blick ins Detail: Nur marginal weiter auseinander als bei V2 liegen bei V5 die WbA 1.2 und 2.2 (80.5 vs. 71.5), wobei WbA 1.2 im Formkommentar lediglich ein wenig (17 vs. 15.5) und im Semantikkommentar etwas besser (50.5 vs. 40.5.) als WbA 2.2 abschneidet; in der Gesamtbewertung wird allerdings 2.2 mit 15.5 Punkten etwas besser als 1.2 mit 13 Punkten bewertet. Obschon der Proband im Chatverlauf ChatGPT nach Definition und Struktur von Wörterbuchartikeln fragt, kann das schlechtere Abschneiden von 2.2 im Semantikkommentar auf die fehlende Einführung zurückgeführt werden, da die Antwort von ChatGPT weitestgehend allgemein bleibt (s.u.) und nicht alle in der Einführung vorgestellten Angaben auflistet; der Proband war dementsprechend nicht vollständig über die Bestandteile von WbA informiert. Konkret weist WbA 2.2 somit weder Pragmatik-, noch Kollokations-,

Wortbildungs- oder Sprichwortangabe auf und verliert hier potentiell 35 Punkte; auch wenn Pragmatik- und Wortbildungsangabe auch bei 1.2 sehr schlecht bewertet werden, fehlt in diesem Artikel nur die Sprichwortangabe vollständig, so dass potentiell lediglich 10 Punkte verloren sind. Die Angaben im Fragebogen, dass 1.2 über „sehr viel Erfahrung mit Wörterbüchern" verfügt und 2.2 hingegen nur mittlere, gibt hingegen keinen Aufschluss über das ähnliche Abschneiden beider Artikel. Der Chatverlauf von 1.2 offenbart allerdings, dass der Proband lediglich einmal um eine Verbesserung (siehe auch Abschnitt 5.4) gebeten hat (insgesamt 2 Prompts), während für 2.2 der Proband 13 Prompts bis zum Endergebnis brauchte. Hieraus kann spekuliert werden, dass der Proband mit großem Erfahrungsschatz sich zu sehr auf sein vorhandenes Wissen verlässt und dadurch möglicherweise auch nicht besonders motiviert war, die Aufgabe zu lösen.[5] Bei WbA 2.2 hingegen hat der Proband so lange am Artikel gearbeitet, bis dieser zu seiner Zufriedenheit ausgefallen ist. Zwischen Anzahl der Prompts und Qualität der WbA besteht aber nicht zwingend ein Zusammenhang: so hat für 2.1 der Proband 22 Prompts eingegeben, erreicht in der Bewertung aber lediglich 40 %. Hinsichtlich eines Einflusses des lexikographischen Vorwissens kann generell festgestellt werden, dass bis auf zwei Ausnahmen alle Probanden lediglich über mittlere bis wenige Erfahrungen mit Wörterbüchern (sowie mit KI) verfügten. WbA 1.2 wurde von demjenigen Probanden generiert, der über „sehr viele Erfahrungen" mit der Lexikographie verfügt; der Artikel eines Probanden mit selbsteingeschätzt hohem Vorwissen bezüglich KI (ebenfalls 2.1) bleibt mit 40 % dagegen weit hinter Artikel 1.2 zurück. Hier zeigt sich also kein positiver Effekt auf die Artikelqualität. Vorwissen im Bereich Lexikographie scheint aber durchaus Einfluss auf die Qualität der Artikel zu nehmen, da die Durchschnittswerte sowohl bei der Gruppe mit KI-Nutzung (53 vs. 44 %) als auch bei den Gruppen ohne KI (50 vs. 35 %) relativ deutlich sind, obwohl die Probanden ohne Einführung ChatGPT nach Aufbau und Bestandteilen von WbA fragen konnten. Solche konstituierenden Fragen weisen die Chatverläufe von allen drei Probanden aus Gruppe II auf:

> 2.1: „Was sind Kriterien für gute Wörterbuchartikel? – Gute Wörterbuchartikel müssen so fesselnd sein, dass selbst die Wörter Angst haben, aus ihnen herauszuspringen!
> **1. Klarheit und Präzision:** Vermeide es, in einem Nebel von Wörtern zu ertrinken. Ein guter Artikel sollte klar und präzise sein, damit der Leser nicht das Gefühl hat, in einem Dschungel von Definitionen verloren zu gehen.
> **2. Relevanz:** Der Artikel sollte genau das abdecken, wonach die Leser suchen, und keine Zeit damit verschwenden, über Dinge zu schwadronieren, die sie nicht interessieren.
> **3. Beispiele:** Nichts verdeutlicht die Bedeutung eines Wortes besser als ein gutes Beispiel. Aber lass die Beispiele nicht so lang werden wie ein epischer Roman, sonst verlieren wir uns darin.
> **4. Etymologie:** Ein bisschen Geschichtsstunde schadet nie! Die Etymologie eines Wortes kann faszinierend sein und dem Leser helfen, seine Bedeutung besser zu verstehen.
> **5. Synonyme und Antonyme:** Ein bisschen Farbe im Wörterbuchleben schadet nie. Synonyme und Antonyme helfen dem Leser, das Wort in einen breiteren Kontext zu setzen.

5 Der Proband gibt im Fragebogen zudem an, dass er solche Aufgaben schon früher lösen musste.

6. Anwendungsbeispiele: Wie ein Handbuch für das Leben sollten gute Wörterbuchartikel praktische Anwendungsbeispiele bieten, damit der Leser weiß, wie er das Wort in der wilden Welt da draußen verwenden kann.
7. Zusätzliche Informationen: Füge interessante Fakten hinzu, die das Wort in einem neuen Licht erscheinen lassen. Ein paar lustige Anekdoten oder kulturelle Verweise können den Leser dazu bringen, das Wort mit anderen Augen zu betrachten.
Wenn du all diese Elemente zu einem Cocktail mixt, der sowohl informativ als auch unterhaltsam ist, hast du einen Wörterbuchartikel, der aus der Masse heraussticht!"
2.2: „Was bedeutet Wörterbuchartikel,geben [sic!] Sie eine [sic!] Beispiel,wie [sic!] so ein Wöterbuchartikel [sic!] aussieht? - Ein Wörterbuchartikel ist eine schriftliche Erklärung oder Definition eines bestimmten Wortes oder Begriffs. Es enthält normalerweise Informationen über die Bedeutung, die Aussprache, die Grammatik, die Herkunft und gegebenenfalls auch Beispiele für die Verwendung des Wortes in einem Satz oder Kontext. [...]"
2.3: „wie lange ist ein Wörterbuchartikel? – Die Länge eines Wörterbuchartikels kann stark variieren, abhängig von verschiedenen Faktoren wie dem Umfang des behandelten Begriffs, der Tiefe der Definitionen, der Anzahl der Beispiele, den verwendeten Quellen und dem Stil des jeweiligen Wörterbuchs. Einige Wörterbuchartikel können nur wenige Sätze oder Absätze umfassen, während andere mehrere Absätze oder sogar ganze Seiten benötigen können, um den Begriff umfassend zu erklären. Insgesamt gibt es also keine feste Regel für die Länge eines Wörterbuchartikels."

Im Chatverlauf von 2.1 wirft nicht nur der Stil einige Fragen auf, auch bleiben sämtliche Antworten weitestgehend allgemein und tragen nur wenig zum mikrostrukturellen Aufbau eines WbA bei. Grundlegendes Fachwissen kann demnach Prompts positiv beeinflussen und somit als vorteilhaft für die Generierung von Fachtexten gelten.

(c) Bei V7 (mit lexikographischer Einführung) schneidet die Gruppe mit KI-Nutzung durchschnittlich nur wenig besser ab als die Gruppe der beiden Probanden ohne KI-Nutzung (53 vs. 50 %). Analog trifft dies bei V8 (ohne lexikographische Einführung) zu: die KI-Gruppe schneidet mit 44 % nur unwesentlich besser ab als die Gruppe ohne KI mit 35 %. Ohne V9 hier berücksichtigen zu müssen (= V2), sollen abschließend WbA 2.2 (mit KI, ohne Einführung) und 4.2 (ohne KI, ohne Einführung) kurz verglichen werden. Der Unterschied in der Bewertung ist hier so groß, dass das Ergebnis als aussagekräftig betrachtet werden kann: WbA 2.2 wurde mit 71.5 Punkten mit deutlichem Abstand besser bewertet als WbA 4.2 mit 56 Punkten. Obwohl 4.2 zweimal volle Punktzahl in einer Bewertungskategorie erreicht (Polysemie- und Beispielangabe), bleibt der Artikel in Form- (15,5 vs. 9) und Semantikkommentar (40,5 vs. 34) weit hinter 2.2 zurück. Auch dies deutet darauf hin, dass die KI durch ihre Trainingsdaten zumindest Hinweise auf Struktur und Bestandteile eines WbA geben kann, wodurch die TN die Möglichkeit haben, die KI direkt zu fragen oder solche Informationen aus den generierten Artikeln abzulesen.

5.4 Berücksichtigung KI-spezifischer Fragestellungen

Mit dem folgenden Prompt konnte Wörterbuchartikel 6.1 in Abb. 3 generiert werden, der im Bewertungsrahmen mit 90 % bewertet wurde:[6]

> Generate a monolingual dictionary entry in German for the word *Maus*; including the following categories: Lemma, Aussprache, Betonung, Wortart, Genus, Deklination, Rechtschreibung, Worttrennung, Häufigkeit, Bedeutung (4) and just in brackets (pragmatische Einordnung), Beispiele, Redewendungen und Sprichwörter, Kollokationen (sorted by meanings), Synonyme, Wortbildung and Etymologie. Please highlight the category names using bold type.

Ein genauerer Blick auf das Raster zeigt, dass die Bewertung für die Bereiche 1 und 2 nahezu bei voller Punktzahl liegen. Lediglich im Bereich des Semantikkommentars fehlen dem Artikel 11 Punkte, was u. a. auf die fehlenden Quellenangaben, Ungenauigkeiten bei den Kollokationsangaben („eine Mausfalle aufstellen" = Kollokation zu *Mausefalle* und nicht *Maus*) sowie untypische Synonyme in der Synonymangabe zurückzuführen ist. Dennoch wird daraus ersichtlich, dass die KI mittels eines optimal abgestimmten Prompts durchaus in die Lage versetzt werden kann, einen adäquaten bzw. hochbewerteten Wörterbuchartikel zu erstellen, der hinsichtlich der Vollständigkeit und Vielfalt der lexikographischen Angaben sogar einen Experten-Artikel übertreffen kann. Zum Vergleich folgt hier das Prompting des besten KI-Artikels (1.2 in Abb. 3) aus dem studentischen Schreibexperiment:

> ich muss Wörterbuchartikel zu den Stichwörtern das Nomen *Maus* und das verb *köpfen* verfassen. kannst du das für mich so machen, wie die Wörterbuchartikel in duden online aussehen. also zuerst information über Grammatik, z. B. Genus, Pluralbildung, Deklination usw. und dann Bedeutung mit jeweils 5 beispiele und auch kollokationen. Es wäre super, wenn du auch verwandte wörter darunter synonyme, antonyme, und andere verwandte wörter angibst. Die Wörterbuchartikel müssen auch mit Angaben über Frequenz und Herkunft versehen werden. Verfasse mir die Artikel für Maus und köpfen.
> kannst du die informationen über die grammatik verbessern. nenne die überschriften so dass alle menschen die verstehen können. gib auch informationen darüber wie man genitiv bilden kann. kannst du versuchen die angaben zur herkunft für bestimmte bedeutung zu nennen und nicht für lemma

Der Vergleich legt folgende Schlussfolgerungen nahe: Die größten Unterschiede zwischen den beiden Prompts sind a) die Eingabesprache, b) Struktur der Sprache, c) Stil der Sprache und die Selbstkorrektur. Während sich der Experte bei der Eingabe des Englischen (Befehl) und Deutschen (Inhalte) bedient, nutzt der Proband nur die deutsche Sprache. Sein Dialogstil ist eher anredend und vermenschlichend („kannst du") und weniger befehlend („Generate"). Der Prompt des Probanden ist in konzeptionell-

6 Dabei ist allerdings auch zu berücksichtigen, dass die Trainingsdaten von GPT-3.5 sehr wahrscheinlich mehrere Artikel zum Lemma *Maus* aus Online-Wörterbüchern umfassen.

mündlicher Form verfasst und kann strukturell als linear-assoziativ beschrieben werden; inhaltlich wird die prototypische Struktur eines Wörterbuchartikels nicht vorgegeben. Bei der zweiten, korrigierenden Eingabe wird weiter formuliert und nicht reformuliert. Hingegen hat sich bei der Erstellung des Experten-Artikels herausgestellt, dass die Erweiterung eines funktionierenden Prompts viel bessere Ergebnisse erbringt als eine korrigierende Neueingabe, da dann die KI möglicherweise die gesamte Textstruktur des Artikels verändert bzw. nur einzelne Angaben korrigiert.

Beim Lemma *köpfen* fällt auch der Experten-KI-WbA schlechter aus als der zum Lemma *Maus* (90 vs. 80 %), wobei die größten Unterschiede innerhalb des Semantikkommentars zu finden sind. Der Prompt wurde hinsichtlich der Wortart angepasst:

> Generate a monolingual dictionary entry in German for the word "köpfen"; including the following categories: Lemma, Aussprache, Betonung, Wortart, Konjugation, Rechtschreibung, Worttrennung, Häufigkeit, Bedeutung and just in brackets (pragmatische Einordnung), Beispiele, Redewendungen und Sprichwörter, Kollokationen (sorted by meanings), Synonyme, Wortbildung and Etymologie. Please highlight the category names using bold type.

Anzumerken ist hier, dass bei der Generierung des Experten-KI-WbA im Januar 2025 ChatGPT 3.5 nicht mehr zur Verfügung stand und durch ChatGPT-4 ersetzt werden musste. Dies kann auch der Grund dafür sein, dass ChatGPT nun vier Sememe für die Bedeutungsangabe generiert, die mit Experten-WbA aus einschlägigen Wörterbüchern (vgl. 5.2.1) zu größeren Teilen übereinstimmen:

1. Jemandem oder einem Tier den Kopf abschlagen. (Alltagsgebrauch, Historisch)
2. Den oberen Teil einer Pflanze oder eines Objekts entfernen. (Gartenbau, Technik)
3. Den Korken einer Flasche mit einem Schlag entfernen. (Umgangssprache)
4. Einen Ball im Fußball mit dem Kopf spielen. (Sport, Fußball)

Semem 3 wird allerdings erneut als eigenständige Bedeutung angegeben, wohingegen es auf Duden.de oder im DWDS in übertragener Bedeutung von Semem 1 geführt wird (vgl. ebd.). Die Beispielangabe zu diesem Semem ist auch in dieser Version von ChatGPT inhaltlich unsinnig: „Er köpfte die Champagnerflasche mit einem Messer." Auch die Sprichwortangabe „Sein eigenes Grab schaufeln und sich selbst köpfen. […]" bleibt inhaltlich unklar. Während die Kollokationsangaben jetzt immerhin stets das Lemma selbst beinhalten und semantisch vertretbar sind, sind innerhalb der Synonymieangabe etwa bei Synonymen zu *Ball köpfen* weitere Fehler zu finden: „Mit dem Kopf spielen, nicken (Bedeutung 4)". In der Wortbildungsangabe finden sich wiederum Angaben, die ein Synonym „Enthaupten" darstellen oder falsch sind „Köpfstoß". Innerhalb des Formkommentars beinhaltet die Grammatikangabe eine weitere Zeitform (Präteritum), bleibt aber auch hier den Rest des Paradigmas schuldig. Diese Lücke kann aber mittels eines diesbezüglich angepassten Prompts gefüllt werden.

Das schlechtere Abschneiden der WbA zum Lemma *köpfen* im Schreibexperiment ist eventuell auf die niedrige Frequenz des Wortes *köpfen* zurückzuführen. Es ist anzunehmen, dass die Trainingsdaten von ChatGPT dieses Wort weitaus weniger beinhalten als *Maus*. Sucht man Korpusbelege zu beiden Wörtern in den frei zugänglichen Gegenwartskorpora in DWDS, so finden sich zu *köpfen* in der Zeitspanne von 1897–2025 lediglich 3382 Belege, zu *Maus* jedoch 26.792; auch in den DWDS-Kernkorpora von 1900-2010 tritt *köpfen* lediglich 156- und *Maus* 2334-mal auf. Dieses Bild setzt sich in allen Korpora im DWDS fort und wird sich dementsprechend mutmaßlich auch in den nicht zugänglichen Trainingsdaten von ChatGPT widerspiegeln.

5.5 Gesamtauswertung

Abschließend lassen sich für KI-generierte WbA vier zentrale Schlussfolgerungen ziehen (hier exemplifiziert an den Einträgen 1.2 und k1.2):

(1) Das Vorliegen einer Expertise zu speziellen Textsorten (Wörterbuchartikel) führt zu besseren Ergebnissen, wie der Vergleich der WbA 2.1-2.3/4.1/4.2 zeigt.
(2) Gut ausgearbeitete Prompts, die lediglich erweitert nach Korrektur erneut eingestellt werden, erzeugen ebenfalls bessere Resultate, wie der Vergleich mit dem Expert-KI-WbA (6.1) erkennen lässt.
(3) Im Vergleich mit Experten-Wörterbuchartikeln (WbA 5.1, Duden) werden strukturelle und qualitative Defizite offenbar.
(4) Niederfrequente Wörter wie *köpfen* werden von der KI möglicherweise schlechter bearbeitet, da diese in den Trainingsdaten seltener vorkommen.

Aufgrund dieser Schlussfolgerungen können einige spezifische Vorschläge für die Nutzung von KI-Chatbots zur Generierung von speziellen Textsorten wie etwa Wörterbuchartikeln gemacht werden:

a) Prompting: Prompts sollten komplex und in imperativer Form ohne Anredefloskeln formuliert werden; sie müssen strukturiert sein und spezifische Instruktionen zum sprachlichen Stil und zum Textaufbau enthalten. Sollte das Ergebnis nicht zufriedenstellend ausfallen, sollte der bereits verwendete Prompt angepasst und ggf. umformuliert erneut eingestellt werden, um eine neue Version des gewünschten Texts zu generieren. Bei Verbesserungsanweisungen im selben Thread ohne Wiederbenutzung des ersten angepassten Prompts können die Ergebnisse stark abweichen, da ChatGPT etwa die gewünschte Struktur des Textes wieder verändern kann. Bei Wiederverwendung des alten Prompts werden nur die hinzugefügten Änderungswünsche realisiert.
b) Output: Wie auch immer die Prompts formuliert werden, empfiehlt es sich nicht, den generierten Ergebnissen unkritisch zu vertrauen. Eine Überprüfung der Ergebnisse durch den Abgleich mit bestehenden Expertentexten (in unserem Falle Wörterbuchartikel) ist unerlässlich, um die Korrektheit des generierten Inhalts zu bewerten. Dies gilt umso mehr für niederfrequente Wörter. Im Bildungskontext hat dies den zusätzlichen Vorteil, dass die spezifische Textkompetenz gefördert wird,

wobei Nutzer vergleichen können, wie tatsächlich von Experten erstellte Texte inhaltlich und strukturell aussehen können.

c) Wissen und Kompetenzen: Das Schreibexperiment hat gezeigt, dass für die erfolgreiche Generierung eines fundierten Textes ein hohes Maß an (lexikographischer) Expertise und Textkompetenz auf Seiten des Nutzers notwendig ist. Nur auf dieser Basis kann eine fundierte Bewertung des Outputs erfolgen, die es dem Nutzer ermöglicht, notwendige Überarbeitungen des Prompts vorzunehmen, um schlussendlich bessere Ergebnisse bei der KI-Verwendung zu erzielen.

6 Ausblick

Generative KI hat einen Punkt erreicht, an dem es mehr als nur einen kurzen, oberflächlichen Blick auf Texte braucht, um zu erkennen, dass sie möglicherweise nicht von einem Menschen verfasst wurden. Eine detaillierte (aber zeitaufwändige) qualitative Bewertung, die sich auf die inhaltlichen und semantischen Aspekte des Textes unter Berücksichtigung texttypspezifischer Kategorien konzentriert, liefert weitaus bessere Erkenntnisse und ist der in der KI-Forschung verbreiteten oberflächlichen quantitativen Bewertung vorzuziehen. Das in dieser Arbeit vorgeschlagene Bewertungsraster ist ein erster Schritt zur praktischen Umsetzung einer solch gründlichen Evaluierung.

Methodisch steht das hier vorgestellte mehrstufige Bewertungsmodell noch vor einigen Herausforderungen und offenen Fragen. Es ist jedoch bereits ersichtlich, dass es eine relativ umfassende Bewertung der Wörterbuchmikrostruktur ermöglicht, sofern die beabsichtigten Funktionen des Wörterbuchs und die Wörterbuchadressaten berücksichtigt werden. Eines seiner wesentlichen Vorteile besteht darin, dass die verschiedenen Bewertungskategorien und einzelnen Kriterien getrennt aufgeführt und beurteilt werden können. Dies erlaubt einen weitaus detaillierteren und informativeren Vergleich von Wörterbucheinträgen als eine schlichte Gesamtbewertung. Natürlich muss das Bewertungsraster dynamisch an den jeweiligen Wörterbuchtyp und dessen Funktion angepasst werden. Dies wurde bereits für bilinguale chinesisch-deutsche Wörterbuchartikel praktiziert, wodurch verschiedene Fehlerarten, welche die KI produzieren kann, auf systematische Weise identifizieren werden konnten (vgl. Rink et al. 2024). Dies kann etwa den Weg für eine bessere Nutzung von KI-generierten Wörterbucheinträgen im Sprachunterricht ebnen.

Das hier vorgestellte mehrstufige Bewertungsmodell und insbesondere das zentrale Bewertungsraster können bei entsprechender Anpassung auch als allgemeines Modell zur Beurteilung und Optimierung KI-generierter Texte anderer Textsorten dienen.

7 Literatur

Abel, Andrea/Glaznieks, Aivars/Müller-Spitzer, Carolin/Storrer, Angelika (2020): Einführung in das Themenheft „Textqualität im digitalen Zeitalter". Themenheft Deutsche Sprache, 48, 97–100. Online: https://dsdigital.de/ce/einfuehrung-in-das-themenheft-textqualitaet-im-digitalen-zeitalter/detail.html (letzter Zugriff: 04.03.2025).

Arias-Arias, Iván/Domínguez Vázquez, María José/Riveiro, Carlos Valcárcel. (2024): Efficiency and Intelligence In: Lexicography and Artificial Intelligence: Can ChatGPT Recreate the Lexicographical Text Type? Lexikos, 34(1), 51–76. Online: https://doi.org/10.5788/34-1-1879 (letzter Zugriff: 04.03.2025).

Artstein, Ron/Poesio, Massimo (2008): Survey article: Inter-coder agreement for computational linguistics. Computational Linguistics 34(4), 555–596.

Becker-Mrotzek, Michael (2014): Schreibleistungen bewerten und beurteilen. In: Feilke, Helmuth/Pohl, Thorsten (Hrsg.), Deutschunterricht. In: Theorie und Praxis. (DTP). Handbuch zur Didaktik der deutschen Sprache und Literatur in elf Bänden. 4. Schriftlicher Sprachgebrauch – Texte verfassen. Baltmannsweiler: Schneider Hohengehren, 501–513.

Becker-Mrotzek, Michael/Böttcher, Ingrid, (2018): Schreibkompetenz entwickeln und beurteilen. Unter Mitarbeit von Julia Dreher, Jörg Jost, Frank Schneider und Klaus Tetling. Berlin: Cornelsen Verlag.

Bielińska, Monika/Schierholz, Stefan J. (2017): Einleitung. In: Bielińska, Monika/Schierholz, Stefan J. (Hrsg.): Wörterbuchkritik – Dictionary Criticism. 1–10. Berlin/Boston: de Gruyter.

Celikyilmaz, Asli/Clark, Elizabeth/Gao, Jianfeng (2020): Evaluation of text generation: A survey. arXiv:2006.14799. Online: https://doi.org/10.48550/arXiv.2006.14799 (letzter Zugriff: 04.03.2025).

Dudenredaktion (2018): Duden – Das Bedeutungswörterbuch. 5., neu bearbeitete und erweiterte Auflage. Bedeutung und Gebrauch von rund 20.000 Wörtern der deutschen Gegenwartssprache. Berlin: Dudenverlag.

Duden.de = Duden – mehr als ein Wörterbuch. Berlin: Cornelsen. Online: https://www.duden.de/ (letzter Zugriff: 31.05.2024).

dwds.de = DWDS – Digitales Wörterbuch der deutschen Sprache. Das Wortauskunftssystem zur deutschen Sprache in Geschichte und Gegenwart. Berlin-Brandenburgische Akademie der Wissenschaften. Online: https://www.dwds.de/ (letzter Zugriff: 31.05.2024).

Engelberg, Stefan/Lemnitzer, Lothar (2009): Lexikographie und Wörterbuchbenutzung. Tübingen: Stauffenburg.

Engelberg, Stefan/Storrer, Angelika (2016): Typologie von Internetwörterbüchern und -portalen. In: Klosa, Annette/Müller-Spitzer, Carolin (Hrsg.): Internetlexikografie. Ein Kompendium. Berlin: de Gruyter, 31–63.

Fritz, Gerd (2017): Dynamische Texttheorie. Gießener Elektronische Bibliothek. Online: http://dx.doi.org/10.22029/jlupub-3044 (letzter Zugriff: 04.03.2025).

Kemmer, Katharina (2010): Onlinewörterbücher in der Wörterbuchkritik. Ein Evaluationsraster mit 39 Beurteilungskriterien. Mannheim: Institut für Deutsche Sprache. Online: http://pub.ids-mannheim.de/laufend/opal/opal110-2.html (letzter Zugriff: 04.03.2025).

Lew, Robert (2023): ChatGPT as a COBUILD lexicographer. Humanities and Social Sciences Communications, 10(1), 704. Online: https://doi.org/10.1057/s41599-023-02119-6 (letzter Zugriff: 04.03.2025).

Lew, Robert/Szarowska Agnieszka (2017): Evaluating online bilingual dictionaries: The case of popular free English-Polish dictionaries. ReCALL 29(2), 138–159. Online: https://doi.org/10.1017/S0958344016000252 (letzter Zugriff: 04.03.2025).

Mayring, Philipp/Gläser-Zikuda, Michaela (2008) (Hrsg.): Die Praxis der Qualitativen Inhaltsanalyse. Weinheim/Basel: Beltz.

Mayring, Philipp/Hurst, Alfred (2017): Qualitative Inhaltsanalyse. In: Mikos, Lothar/ Wegener, Claudia (Eds): Qualitative Medienforschung. Ein Handbuch, 494–502. Konstanz: UVK.

Müller, Hans-Georg/Fürstenberg, Maurice (2023): Der Sprachgebrauchsautomat. Die Funktionsweise von GPT und ihre Folgen für Germanistik und Deutschdidaktik. Mitteilungen des Deutschen Germanistenverbandes, 70(4), 327–345.

Neumann, Astrid (2017): Zugänge zur Bestimmung von Textqualität. In: Becker-Mrotzek, Michael/Grabowski, Joachim/Steinhoff, Torsten (Hrsg.), Forschungshandbuch empirische Schreibdidaktik, 203–219. Münster/New York: Waxmann.

Nussbaumer, Markus (1991): Was Texte sind und wie sie sein sollen. Ansätze zu einer sprachwissenschaftlichen Begründung eines Kriterienrasters zur Beurteilung von schriftlichen Schülertexten. Tübingen: Max Niemeyer.

Nielsen, Sandro (2009): Reviewing printed and electronic dictionaries. A theoretical and practical framework. In: Nielsen, Sandro/Tarp, Sven (Hrsg.), Lexicography in the 21st Century. In honour of Henning Bergenholtz. Amsterdam/Philadelphia: John Benjamins, 23–41.

Pearsons, Enid/Nichols, Wendalyn (2013): Toward a Framework for Reviewing Online English Dictionaries. In: Journal of the Dictionary Society of North America, 34(1), 201–210.

Rink, Christian/Ganslmayer, Christine/Evert, Stephanie (2024): Towards a comprehensive method for evaluating and utilizing AI-generated bilingual lexicographical data in language learning using the example of Chinese as a foreign language. In: Inoue, Ai/Kawamoto, Naho/Sumiyoshi, Makoto (Hrsg.): Asian Lexicography – Merging cutting-edge and established approaches, ASIALEX 2024. Proceedings, 133–142. Online: https://www.asialex.org/pdf/Asialex-Proceedings-2024.pdf (letzter Zugriff: 04.03.2025).

Ripfel, Martha (1989): Wörterbuchkritik. Eine empirische Analyse von Wörterbuchrezensionen. Tübingen: Max Niemeyer.

Schryver, Gilles-Maurice, de (2023): Generative AI and Lexicography: The Current State of the Art Using ChatGPT. International Journal of Lexicography, 36(4), 355–387. Online: https://doi.org/10.1093/ijl/ecad021 (letzter Zugriff: 04.03.2025).

Sieber, Peter/Nussbaumer, Markus (1994): Texte analysieren mit dem Zürcher Textanalyseraster. In: Sieber, Peter (Hrsg.): Sprachfähigkeiten – Besser als ihr Ruf und nötiger denn je! Aarau: Sauerländer, 141–186.

Sieber, Peter/Nussbaumer, Markus (1995): Über Textqualitäten reden lernen – z. B. anhand des ‚Zürcher Textanalyserasters'. In: Diskussion Deutsch 141, 15–24.

Svensén, Bo (2009): A Handbook of Lexicography. The Theory and Practice of Dictionary-Making. Cambridge: University Press.

Tarp, Sven (2017): Dictionary criticism and lexicographical function theory. In: Bielińska, Monika/Schierholz, Stefan J. (Hrsg.): Wörterbuchkritik – Dicitionary Criticism. Berlin/Boston: de Gruyter, 113–132.

Wiegand, Herbert Ernst (1998): Wörterbuchforschung. Untersuchungen zur Wörterbuchbenutzung, zur Theorie, Geschichte, Kritik und Automatisierung der Lexikographie. Berlin/New York: de Gruyter.

Wiegand, Herbert Ernst (1989): Arten von Mikrostrukturen im allgemeinen einsprachigen Wörterbuch. In: Wiegand, Herbert Ernst/Steger, Hugo (Hrsg.): Dictionaries. An International Encyclopedia of Lexicography: Supplementary Volume: Recent Developments with Focus on Electronic and Computational Lexicography. Berlin/New York: de Gruyter, 556–568.

Wiegand, Herbert Ernst. (2010): Systematische Einführung. In: Wiegand, Herbert Ernst/Beißwenger, Michael/Gouws, Rufus H./Kammerer, Matthias/Storrer, Angelika/Wolski, Werner (Hrsg.): Wörterbuch zur Lexikographie und Wörterbuchforschung. Dictionary of Lexicography and Dictionary Research, Bd.1. Berlin/New York: de Gruyter, 1–121.

Wolfer, Sascha/Abel, Andrea/Glaznieks, Aivars/Linthe, Maja (2023): Ausgangspunkte für die Betrachtung von Textqualität im digitalen Zeitalter. Modellbildung, empirische Fallstudien und methodologische Reflexionen. In: Meiler, Matthias/Siefkes, Martin (Hrsg.): Linguistische Methodenreflexion im Aufbruch. Beiträge zur aktuellen Diskussion im Schnittpunkt von Ethnographie und Digital Humanities, Multimodalität und Mixed Methods. Berlin/Boston: de Gruyter, 181–202.

woerterbuchnetz.de = Trierer Initiative zum digitalen Verbund von Wörterbüchern. Universität Trier – Trier Center for Digital Humanities (TCDH). Online: https://www.woerterbuchnetz.de/ (letzter Zugriff: 25.03.2025).

Carolina Flinz, Fabio Mollica

Kontrastive Perspektiven der Stadterneuerung in Italien und Deutschland

Eine lexikographische und korpuslinguistische Untersuchung

Abstract: Our contribution presents a contrastive (Italian-German) analysis of *rigenerazione urbana* and *Stadterneuerung*, examining both lexicographical and discourse-linguistic perspectives. We explore the cultural and symbolic implications in each language, identifying semantic differences and nuances through lexicographical analysis and corpus-based research. This analysis sheds light on urban regeneration as a discursive and symbolic concept, particularly in relation to sustainability, while also revealing its social, economic, and cultural implications. The study is conducted within the framework of the Milan-based MUSA project, which focuses on urban regeneration as a means of restoring and enhancing suburban areas.

Keywords: urban regeneration, dictionaries, corpora, Italian, German

Schlagwörter: Stadterneuerung, Wörterbücher, Corpora, Italienisch, Deutsch

1 Einleitung

Rigenerazione urbana im Sinne eines Programms zur Wiederherstellung und Aufwertung der Vororte (vgl. Treccani) ist der thematische Schwerpunkt der Sektion *Spokes* 1 des Mailänder Projekts MUSA – *Multilayered Urban Sustainability Action*[1]. Das aus der Kooperation zwischen Forschern und Unternehmen bestehende Projekt hat sich zum Ziel gesetzt, eine integrierte und flexible Plattform zu schaffen, die Umwelt- und Biodiversitätsdaten mit den Bedürfnissen der Bürger und deren Verhalten verknüpft.

1 Es handelt sich um eine strategische Initiative, die vom italienischen Ministerium für Universität und Forschung im Rahmen des Nationalen Wiederaufbau- und Resilienzplans (PNRR, Mission 4, Komponente 2, Investition 1.5) gefördert wird. Vgl. https://musascarl.it [letzter Zugriff: 10.02.2025].

Article note: Der vorliegende Beitrag wurde gemeinsam konzipiert und bearbeitet. Carolina Flinz war zuständig für Kap. 2 und 4, Fabio Mollica für Kap. 1 und 3. Das Kapitel 5 (Zusammenfassung und Ausblick) haben die Autor:innen gemeinsam verfasst.

Carolina Flinz Università degli Studi di Milano, Piazza S. Alessandro, 1 - 20122 Milano (MI), Italien, E-Mail: carolina.flinz@unimi.it
Fabio Mollica Università degli Studi di Milano, Piazza Indro Montanelli, 1 - 20099 Sesto San Giovanni (MI), Italien, E-Mail: fabio.mollica@unimi.it

https://doi.org/10.1515/9783111676531-009

Städtebauliche und infrastrukturelle Aspekte sowie Prozesse und Produkte, in denen die zentralen Themen der urbanen Nachhaltigkeit behandelt werden, finden dabei besondere Berücksichtigung.

Im Rahmen dieses Projekts befasst sich unser Beitrag mit einer kontrastiven Analyse (Italienisch-Deutsch) der Begriffe *rigenerazione urbana* und *Stadterneuerung*, wobei die lexikographische und die diskurslinguistische Perspektive im Vordergrund stehen. Denn es ist durch Sprache und Narration, dass Zukunftsvorstellungen definiert und die Grundlagen für deren konkrete Realisierung gelegt werden. Wie Raco (2003: 52) in Anlehnung an Wilson (1996) hervorhebt: „Discourses provide the frameworks within which new agendas are developed and specific issues ‚problematised' or marginalised". Dies impliziert, dass die Art und Weise, wie wir Themen wie Stadterneuerung, Nachhaltigkeit und Städte der Zukunft angehen, nicht neutral ist, sondern aktiv dazu beiträgt, Prioritäten, Chancen und selbst Herausforderungen zu gestalten, die identifiziert und angegangen werden.

Die Untersuchung wird sich auf die durch das Konzept der städtischen *Regeneration* evozierten und herbeigerufenen Szenarien konzentrieren, welches Furbey (1999: 420) als „a powerful and particularly encompassing metaphor" definiert, die tief in einer langen historischen Tradition verwurzelt ist. Somit können die kulturellen und symbolischen Implikationen verstanden werden, die mit beiden Lexemen sowohl im Italienischen als auch im Deutschen verbunden sind. Die lexikographische Analyse zielt darauf ab, die jeweiligen deutschen Entsprechungen von it. *rigenerazione urbana* zu identifizieren, die Definitionen des Begriffs in italienischen und deutschen Wörterbüchern zu untersuchen und die semantischen Unterschiede sowie mögliche konzeptuellen Nuancen, die in jeder Sprache hervortreten, herauszuarbeiten. Dieser Schritt hilft dabei zu verstehen, ob und wie das Konzept formal kodifiziert wird und welche semantischen Elemente in den beiden Sprachsystemen vorherrschen. Die darauffolgende Korpusanalyse ermöglicht es, die Verwendung des Ausdrucks *rigenerazione urbana* sowie seiner deutschen Entsprechung *Stadterneuerung* in Web-korpora zu untersuchen. Durch den Einbezug des linguistischen Kontextes können die semantischen und pragmatischen Assoziationen des Begriffs im Web sichtbar gemacht werden. Diese Analyse ermöglicht es, nicht nur die Bedeutung des Begriffs in beiden Sprachen zu vertiefen, sondern auch seine Rolle als diskursive und symbolische Konstruktion – insbesondere im Zusammenhang mit Nachhaltigkeit – zu untersuchen, um seine sozialen, wirtschaftlichen und kulturellen Implikationen besser zu verstehen.

2 Stadterneuerung und Nachhaltigkeitsdiskurs

Der Diskurs über Stadterneuerung steht in engem Zusammenhang mit dem der Nachhaltigkeit, insbesondere wenn es darum geht, städtische Räume so zu erneuern und aufzuwerten, dass sie den aktuellen Bedürfnissen gerecht werden, ohne die Fähigkeit künftiger Generationen zu beeinträchtigen, ihre eigenen Bedürfnisse zu decken (vgl. Hauff 1987: 46).

Die Notwendigkeit eines Gleichgewichts zwischen den unmittelbaren Bedürfnissen und dem Schutz der Ressourcen für die Zukunft spiegelt sich in zahlreichen internationalen Dokumenten wider, die sich Nachhaltigkeit auf globaler Ebene einsetzen. Seit der UN-Konferenz 1992 in Rio wurden die Prinzipien nachhaltiger Entwicklung festgelegt und seither weiter konkretisiert. Besonders hervorzuheben ist in diesem Zusammenhang die Agenda 2030[2], die 17 Ziele für nachhaltige Entwicklung (*Sustainable Development Goals*, SDGs) mit insgesamt 169 Zielvorgaben umfasst. Diese betreffen verschiedene Aspekte der Nachhaltigkeit in wirtschaftlicher, sozialer und ökologischer Hinsicht. Ein besonderes Augenmerk gilt dem Ziel 11 „Nachhaltige Städte und Gemeinden", in dessen Zielvorgaben und Umsetzungsinstrumenten Nachhaltigkeit, Inklusion, Partizipation in städtischen, stadtnahen und ländlichen Gebieten eine zentrale Rolle spielen.[3]

Auch in der wissenschaftlichen Literatur hat sich seit den 1980er-Jahren eine Vielzahl von Publikationen mit den Konzepten der Nachhaltigkeit, der nachhaltigen Entwicklung und der Stadterneuerung auseinandergesetzt. Dabei lassen sich drei zentrale Diskursstränge identifizieren, die verschiedene miteinander verbundene Dimensionen und Entwicklungsprozesse umfassen (Görgen 2021: 53–75).[4] Diese sind entscheidend für das Verständnis der Komplexität des Diskurses und seiner Entwicklung in unterschiedlichen Kontexten:

1. Die Dimensionen: Die ökologische, wirtschaftliche und soziale Dimension. Stadterneuerung wird jedoch nicht als statischer Zustand, sondern als dynamischer Prozess verstanden, der einer ständigen Reflexion und Anpassung bedarf.
2. Die politische Ebene: Politische und ideologische Entscheidungen beeinflussen maßgeblich die Strategien nachhaltiger Entwicklung. Häufig stehen sich dabei unterschiedliche Sichtweisen gegenüber, insbesondere in der Debatte über das Spannungsverhältnis zwischen wirtschaftlichem Wachstum und Nachhaltigkeit.
3. Die soziale Umsetzungsebene: Stadterneuerung wird auf verschiedenen gesellschaftlichen Ebenen thematisiert, im Spannungsfeld Globalität und Lokalität, umgesetzt oder auch verhindert.

Die Komplexität des Diskurses schlägt sich auch in der Lexik nieder, da bei den zentralen Lexemen – it. *rigenerazione urbana* und dt. *Stadterneuerung* in unserem Fall – eine zunehmend vielschichtige Bedeutung festzustellen ist, mit dem Risiko „Leerwörter" (vgl. Laclau 2017: 235–236) zu werden, d. h. so flexibel und vage definiert zu werden, dass sie sich unterschiedlichen politischen und wirtschaftlichen Vorstellungen

---

2 Vgl. https://www.bmz.de/de/agenda-2030 [letzter Zugriff: 10.02.2025].

3 Vgl. https://www.bmz.de/de/agenda-2030/sdg-11 [letzter Zugriff: 10.02.2025].

4 Görgen (2021) konzentriert sich auf den Nachhaltigkeitsdiskurs im Allgemeinen. Die identifizierten Diskursstränge können jedoch auch auf den Stadterneuerungsdiskurs übertragen werden.

anpassen können. Die Lexeme sind heute – wie zu sehen sein wird – mit verschiedenen Bedeutungen und Anwendungen verbunden, die häufig instrumentalisiert werden, um politische oder wirtschaftliche Interessen zu rechtfertigen (vgl. Furbey 1999: 421–422). Einerseits können sie eine Chance für die Aufwertung und Neugestaltung städtischer Räume darstellen, andererseits aber auch Dynamiken der sozialen Ausgrenzung und Gentrifizierung verschleiern, die oft nicht sichtbar sind. In diesem Sinne können unterschiedliche Resonanzen erzeugt werden, die je nach politischer, religiöser oder ideologischer Ausrichtung der Akteure variieren. Da jedoch nicht alle Aspekte eines Themas gleichzeitig erfasst werden können (Furbey 1999: 421), werden je nach Kontext bestimmte soziale, politische oder wirtschaftliche Aspekte ausgeschlossen, die nicht als relevant oder nützlich für ein spezifisches Projekt oder eine bestimmte Vision erachtet werden.

Um diese Vielschichtigkeit zu untersuchen, nach einer empirischen Bestandsaufnahme in unterschiedlichen lexikographischen Ressourcen nehmen wir die linguistischen Diskursanalyse in Anspruch, deren zentrales Ziel die Analyse sozialer Aushandlungsprozesse ist, die sich in und durch Sprache manifestieren (vgl. Busse/Teubert 1994, Gardt 2007, Spitzmüller/Warnke 2011, Spieß 2011, Niehr 2014). Der Fokus liegt darauf, wie Wörter und Ausdrücke verwendet werden, um Bedeutungen zu konstruieren, Werte zu verhandeln und öffentliche Meinungen zu beeinflussen. Jüngere Studien haben sich auch mit dem Diskurs um die Stadterneuerung (vgl. die sogenannten *Urban Studies* u. a. Hess-Lüttich 2016; vgl. auch die sogenannte Ökolinguistik u. a. Fill/Penz 2018) befasst und unterschiedliche Interpretationsmodelle vorgestellt, um die dahinterliegenden Interessen offenzulegen. Dabei werden insbesondere spezifische Kommunikationsstrategien untersucht, etwa wie Städteprobleme kommuniziert werden (vgl. u. a. Gurr/Walloth 2014, Hess-Lüttich 2016), wer die zentralen Akteure sind und wie verschiedene soziale oder politische Gruppen Sprache nutzen, um die öffentliche Wahrnehmung zu beeinflussen. Kommunikation in der Stadt und um die Stadt ist somit zentraler Schwerpunkt der Untersuchungen der *urban communication* (Warnke 2011, Gerhard/Warnke 2011), die als ein komplexer, historisch und kulturell spezifischer Aushandlungsprozess beschrieben wird (Hess-Lüttich 2016: 20). Die diskursanalytischen Ansätze zeigen, dass Sprache, Ideologie und Kommunikation eine zentrale Rolle bei der Formung des Diskurses spielen. Je nachdem, wie das Thema artikuliert wird, entstehen unterschiedliche Prioritäten, Strategien und Maßnahmen zur Bewältigung der Herausforderungen in den Bereichen Ökologie, sozialer Gerechtigkeit und wirtschaftlicher Entwicklung.

In unserer Studie lehnen wir uns an die interlinguale Analyse an, da verschiedene sprachliche und kulturelle Kontexte zu unterschiedlichen diskursiven Perspektiven, Denkstilen und Interpretationsmustern führen können. Kontrastive und vergleichende Analysen helfen dabei, Gemeinsamkeiten und Unterschiede in diskursiven Praktiken aufzuzeigen und Synergien sowie Adaptionsmöglichkeiten in verschiedenen Sprach- und Kulturräumen zu identifizieren (vgl. auch Mattfeldt 2021). Während jedoch einige Studien zum deutsch-italienischen Nachhaltigkeitsdiskurs in jüngster Zeit veröffentlicht worden sind (vgl. Crestani 2017, 2018 und 2021, Rocco 2017a, 2017b, Polajnar/Rocco 2024), sind spezifische Untersuchungen zum Stadterneuerungsdiskurs noch nicht vorhanden. Genau deswegen möchten wir im Rahmen des MUSA-Projekts einen ersten Schritt in dieser Richtung gehen.

3 Stadterneuerung / *Rigenerazione urbana* in lexikografischen Ressourcen

In einer ersten Phase wurde die italienische Kollokation *rigenerazione urbana* in den italienischen Online-Wörterbüchern Sabatini/Coletti, Treccani, Il nuovo De Mauro und Garzanti nachgeschlagen. Da Online-Wörterbücher i. d. R. regelmäßig aktualisiert werden, ist zu erwarten, dass sie die neuesten Entwicklungen auf lexikalischer Ebene enthalten. Es wurde sowohl unter der Basis *generazione* als auch unter dem Kollokator *urbano* gesucht; diese Wortverbindung ist jedoch in keinem italienischen Wörterbuch vorhanden. Allerdings ist dieser Begriff in der Treccani-Enzyklopädie, und zwar in der Sektion enthalten, die dem Wortschatz des 19. Jahrhunderts gewidmet ist. Es wird behauptet, dass es sich um eine Lehnübersetzung aus dem Englischen *urban regeneration* handelt und es wird als ein Programm zur Wiederherstellung und Aufwertung der Vororte beschrieben. Im Gegensatz zum Konzept des *urban renewal* werden – laut der Enzyklopädie – alte Gebäude nicht abgerissen, um neue zu errichten, sondern die Stadtteile werden einer Reihe von Verbesserungen unterzogen, um eine höhere Lebensqualität zu gewährleisten. Die Umweltverträglichkeit spielt in diesem Prozess eine sehr wichtige Rolle.

Um das deutsche Äquivalent des italienischen Begriffs *rigenerazione urbana* zu ermitteln, wurden in einer nächsten Phase vier italienisch-deutsche Online-Wörterbücher konsultiert (*Pons, Langenscheidt, Leo, Dict.cc*) – jedoch erfolglos. Allerdings wird in der Übersetzungsfunktion des Pons-Wörterbuchs das deutsche Kompositum *Stadterneuerung* als Entsprechung der italienischen Kollokation angegeben. Um die Verwendung von *rigenerazione urbana* im Italienischen und *Stadterneuerung* im Deutschen zu bestätigen, haben wir anschließend auch die Parallelkorpora *Reverso* und *Linguee* konsultiert, die auch für lexikografische und Übersetzungs-Zwecke genutzt werden können. Als mögliche Übersetzungssäquivalente von *rigenerazione urbana* findet man *Stadterneuerung, städtliche Erneuerung, Stadtsanierung* und *nachhaltige Stadtentwicklung*. Bei der Analyse der *Reverso Context*-Seite (it.-dt.) zeigt sich, dass dieser hauptsächlich mit *Stadterneuerung* und *Stadtsanierung* wiedergegeben wird. Diese Übersetzungen spiegeln die unterschiedlichen semantischen Nuancen des Konzepts *rigenerazione urbana* im deutschen Kontext wider. So bezieht sich *Stadterneuerung* im Allgemeinen auf den Prozess der Erneuerung oder Modernisierung urbaner Gebiete, während *Stadtsanierung* die Maßnahmen zur Wiederherstellung oder Restaurierung der städtischen Bausubstanz betont. Hierbei ist es wichtig zu beachten, dass die Wahl der angemessensten Übersetzung vom spezifischen Kontext abhängt, in dem der Begriff verwendet wird, da jeder Ausdruck unterschiedliche Aspekte des urbanen Transformationsprozesses hervorheben kann.

Aus der Analyse der *Reverso Context*-Seite (dt.-it) ergibt sich, dass auch in diesem Fall mehrere Ausdrücke verwendet werden, darunter: *risanamento urbano, riqualificazione urbana, rinnovamento urbano, rigenerazione urbana, riabilitazione urbana, rivitalizzazione urbana* usw. Diese Vielfalt an Übersetzungen spiegelt die unterschiedlichen semantischen Nuancen wider, die *Stadterneuerung* je nach Kontext annehmen kann. Beispielsweise betont *risanamento urbano* Maßnahmen, die darauf abzielen, die hygienisch-sanitären und strukturellen Bedingungen einer Stadt zu verbessern, während *riqualificazione urbana* breitere Prozesse der Aufwertung und Modernisierung urbaner Räume beschreibt. *Rinnovamento urbano* und *rigenerazione urbana* implizieren einen Transformationsprozess, der darauf abzielt, bestimmten Stadtgebieten neues Leben einzuhauchen.

Da die italienische Wortverbindung *rigenerazione urbana* in den meisten Fällen mit *Stadterneuerung* ins Deutsche wiedergegeben wird, haben wir uns entschieden, die Darstellung dieses Lexems in zwei deutschen Online-Wörterbüchern (Duden online und DWDS) zu analysieren.

Beide Wörterbücher weisen eine ähnliche Paraphrase auf, denn das DWDS bezieht sich explizit auf den *Duden* (1999). In der lexikalischen Ressource DWDS findet man folgende Definition: „Maßnahmen zur Sanierung, Erhaltung o. Ä. im Bereich einer Stadt". Es wird also betont, dass *Stadterneuerung* eine Reihe von Maßnahmen zur Aufwertung, Erhaltung oder ähnlicher Initiativen im städtischen Bereich impliziert und es liegt – im Gegensatz zum Italienischen – kein Hinweis auf den Zustand (Verfall) der betroffenen Bereiche vor. Der Fokus liegt hingegen auf der Entwicklung und Erhaltung, zwei Prozessen, die scheinbar parallel ablaufen. Bemerkenswert ist auch die angegebene Information über die Frequenz des Lexems: Es handelt sich um ein Wort mit mittlerer Häufigkeit (zwischen den Polen ‚selten' und ‚häufig'). Der Gebrauch des Begriffs nahm in den Jahren 1991–1992, also nach dem Fall der Mauer, zu, insbesondere im Zusammenhang mit Städten wie Berlin und anderen ostdeutschen Gebieten. Es lässt sich außerdem aus der im DWDS automatisch generierten Karte entnehmen, dass dieser Begriff in einigen Regionen wie Berlin, Brandenburg oder Sachsen häufiger verwendet wird als in anderen (s. Abbildung 1). Schließlich werden typische Wortkombinationen in Form einer Wortwolke angezeigt wie z. B. das Lexem *Stadtumbau*, das zum gleichen semantischen Feld gehört, sowie Wörter wie *Programm* oder die Adjektive wie *nachhaltig*, *sozial* und *ökologisch*.

Abb. 1: Verteilung über Areale von Stadterneuerung im DWDS[5]

Anschließend wurde *rigenerazione urbana* auch in der kollaborativen Online-Enzyklopädie *Wikipedia* auf der italienischen Seite überprüft, in der folgende Definition zu finden ist:

> Con *rigenerazione urbana* (Urban renewal in lingua inglese) si intende un programma di riqualificazione del territorio come rimedio al degrado urbano (https://it.wikipedia.org/wiki/Rigenerazione_urbana, 14.12.24). ['Unter *rigenerazione urbana* (im englischen *Urban renewal*) versteht man ein Programm zur Aufwertung des Territoriums als Abhilfe gegen den urbanen Verfall, Übersetzung von C.F. und F.M., 14.12.24.']

Der Eintrag ist sehr informativ: In Italien wird *rigenerazione urbana* als eine Reihe von Maßnahmen definiert, die darauf abzielen, von Verfall betroffene urbane Gebiete zu verbessern, um sie sowohl städtebaulich als auch sozioökonomisch wiederzubeleben. Diese Projekte, die häufig in den Vororten konzentriert sind, zielen darauf ab, durch den Abriss maroder Bausubstanz und den Bau neuer Wohnungen sowie Gewerbeflächen – unter gleichzeitiger Integration des Bestehenden mit modernen und

5 Vgl. https://www.dwds.de/wb/Stadterneuerung [letzter Zugriff: 10.02.2025].

umweltfreundlichen Lösungen – eine Aufwertung zu erreichen. Ein emblematisches Beispiel laut *Wikipedia* (https://it.wikipedia.org/wiki/Rigenerazione_urbana) ist z. B. das Projekt „Porta Nuova" in Mailand, das ein großes Gebiet zwischen dem Bahnhof Porta Garibaldi und der Piazza della Repubblica verwandelt hat. Dabei wurde ein modernes Geschäftsviertel geschaffen, die Infrastruktur verbessert und eine Integration der angrenzenden Stadtteile erreicht. Auf der *Wikipedia*-Seite findet man zudem Links zu den englischen und deutschen Versionen. Wenn man dem Link zur deutschen Seite folgt, wird man auf dt. *Stadterneuerung* weitergeleitet, was eine erneute Bestätigung ist, dass *rigenerezione urbana* und *Stadterneuerung* als Übersetzungsäquivalente betrachtet werden können, wobei im Deutschen auch weitere Synonyme, die oben gezeigt worden sind, verwendet werden können:

> [...] mit *Stadterneuerung* werden sämtliche Eingriffe in den städtebaulichen Bestand einer Stadt oder Gemeinde bezeichnet, die über die kontinuierliche Instandhaltung und Erneuerung von Gebäuden und Freiflächen durch ihre jeweiligen Eigentümer hinausgehen und zum Wohl der Allgemeinheit die Funktionsfähigkeit eines Gebiets nachhaltig sichern, wiederherstellen oder neu definieren (https://de.wikipedia.org/wiki/Stadterneuerung, 14.12.24).

Aus dieser Definition geht hervor, dass sich die Stadterneuerung im deutschen Sprachraum von den gewöhnlichen Eingriffen im urbanen Raum, wie der Instandhaltung von Gebäuden und Freiflächen, unterscheidet. Es handelt sich vielmehr um städtebauliche Maßnahmen, die darauf abzielen, die Funktionen eines urbanen Gebiets nachhaltig zu erhalten, wiederherzustellen oder neu zu definieren – mit dem Ziel, das kollektive Wohl zu fördern. In dieser Definition findet sich kein direkter Hinweis auf Verfall. Dieser Prozess ist eine wesentliche Komponente der Raumplanung und Stadtentwicklung und häufig mit dem Wettbewerb zwischen Gemeinden um die Zuteilung von Ressourcen verbunden.

Aus dem Vergleich der italienischen und deutschen *Wikipedia*-Einträge lassen sich einige Divergenzen erkennen:

1. Fokus vs. kein Fokus auf die Verbindung zum urbanen Verfall
   – it. *rigenerazione urbana*: Die Definition betont ausdrücklich, dass es sich um ein Programm zur Bekämpfung des urbanen Verfalls handelt. Dieser Aspekt ist zentral und stellt eine der Hauptmotivationen für Erneuerungsmaßnahmen dar. Besonders hervorgehoben wird die Umgestaltung degradierter Gebiete, wie etwa der Vororte, um die sozioökonomischen und städtebaulichen Bedingungen zu verbessern.
   – dt. *Stadterneuerung*: Es gibt keinen direkten Hinweis auf urbanen Verfall als Hauptmotiv. Der Begriff konzentriert sich darauf, die Funktionsfähigkeit eines Gebiets zum Wohle der Allgemeinheit wiederherzustellen oder neu zu definieren. Die Maßnahmen werden eher als ein Anpassungsprozess an strukturelle, soziale oder klimatische Erfordernisse verstanden.

2. Typologie der Maßnahmen
   - it. *rigenerazione urbana*: Der Schwerpunkt liegt auf der Aufwertung degradierter urbaner Gebiete, insbesondere in den Vororten, mit einer Mischung aus Abrissen, Neubauten und ökologisch nachhaltigen Eingriffen. Konkrete Beispiele wie das Porta-Nuova-Projekt in Mailand werden genannt, das ganze Stadtgebiete transformiert hat.
   - dt. *Stadterneuerung*: Der deutsche Ansatz umfasst ein breiteres Spektrum an städtischen Maßnahmen, wie die Modernisierung von Infrastrukturen, die Bewältigung von Zerstörungen nach Kriegen sowie die Vorbereitung auf Herausforderungen des Klimawandels oder demografischer Veränderungen. Dabei wird auch das Konzept der „behutsamen Stadterneuerung" betont, das graduelle Verbesserungen ohne radikale Abrisse bevorzugt.
3. Keine Betonung vs. Betonung der sozialen Beteiligung:
   - it. *rigenerazione urbana*: Die italienische Definition konzentriert sich auf strukturelle Eingriffe sowie wirtschaftliche und soziale Folgen, geht jedoch nicht detailliert auf die aktive Bürgerbeteiligung ein.
   - dt. *Stadterneuerung*: Bei der Stadterneuerung wird der direkte Einbezug der lokalen Gemeinschaft und der Unternehmen in die Planungs- und Umsetzungsprozesse betont. Dabei spielt der Erhalt der charakteristischen Merkmale der Stadtviertel während der Erneuerungsprozesse eine zentrale Rolle.
4. Unterschiedliche historische Kontextualisierung:
   - it. *rigenerazione urbana*: Es wird eine historische Verbindung zu den städtischen Transformationen der viktorianischen Epoche in England sowie zu emblematischen Maßnahmen wie der von Baron Haussmann im 19. Jahrhundert geleiteten Umgestaltung von Paris hergestellt.
   - dt. *Stadterneuerung*: Die Stadterneuerung wird in den deutschen Kontext eingebettet, wobei frühere Eingriffe wie der Wiederaufbau nach dem Krieg sowie Reaktionen auf Epidemien oder Naturkatastrophen hervorgehoben werden. Diese Ereignisse haben das moderne Konzept der städtischen Erneuerung in Deutschland maßgeblich geprägt.

Diese Unterschiede lassen sich möglicherweise auch darauf zurückführen, dass sie auf zwei unterschiedlichen Metaphern beruhen. *Rigenerazione urbana* vermittelt die Vorstellung einer Wiedergeburt oder eines Neuanfangs für heruntergekommene Stadtgebiete, wobei der Fokus auf Nachhaltigkeit und der Schaffung neuer wirtschaftlicher Perspektiven liegt. Im Gegensatz dazu ist *Stadterneuerung* wörtlich als „städtische Erneuerung" zu verstehen und betont vor allem Effizienz, nachhaltige Funktionalität und die Widerstandsfähigkeit der Städte. Während *rigenerazione urbana* explizit die Idee eines Aufbruchs aus einem Zustand des Verfalls hervorruft, steht bei *Stadterneuerung* nicht zwangsläufig die Transformation aus einer vorherigen Degradierung, sondern vielmehr die langfristige Anpassungs- und Leistungsfähigkeit des städtischen Raums.

Die lexikographische Untersuchung hat gezeigt, dass die Begriffe *rigenerazione urbana* und *Stadterneuerung* nicht nur semantisch unterschiedliche Nuancen aufweisen, sondern auch in ihrer konzeptuellen Einbettung divergieren. Während in den Wörterbüchern das italienische Konzept stärker mit einer Erneuerung aus einem Zustand des Verfalls assoziiert wird, legt die deutsche Definition den Fokus auf nachhaltige Funktionalität und planerische Anpassung. Allerdings reicht eine rein lexikographische Analyse nicht aus, um die tatsächlichen Gebrauchsweisen und Bedeutungsdimensionen dieser Begriffe in der Sprachrealität vollständig zu erfassen. Wörterbücher bieten eine kodifizierte, oft statische Perspektive auf den Wortschatz, während Sprache in Gebrauch dynamisch ist und sich kontextabhängig verändert. Hier setzt die korpuslinguistische Analyse an: Durch die Untersuchung der Lexeme in umfangreichen Web-Korpora wird sichtbar, in welchen Kontexten und mit welchen semantischen Assoziationen *rigenerazione urbana* und *Stadterneuerung* tatsächlich verwendet werden. Daher wird im Folgenden die Verteilung und der Gebrauch von *rigenerazione urbana* und *Stadterneuerung* in den analysierten Web-Korpora detailliert untersucht, um festzustellen, welche diskursiven Schwerpunkte sich in den beiden Sprachräumen herauskristallisieren.

4 *Rigenerazione urbana* / Stadterneuerung in Web-Korpora

4.1 Datenbasis und Forschungsfragen

Datenbasis für unsere vergleichende korpuslinguistische Untersuchung bilden vergleichbare Webkorpora in der Sketch-Engine-Umgebung: Für den quantitativen Teil unserer Studie verwenden wir zwei synchrone Korpora aus dem Jahr 2020 – das *Italian Web Korpus 2020* (itTenTen 20) und das *German Web Korpus 2020* (deTenTen 20) – sowie zwei diachrone dynamische Korpora, nämlich das *Italian Trends Korpus* und das *German Trends Korpus* (vgl. Metadaten in Tabelle 1). Für den qualitativen Teil konzentrieren wir uns hingegen ausschließlich auf die statischen Web-Korpora des Jahres 2020.

Tab. 1: Metadaten der untersuchten Korpora (TenTen-Korpora und Trendkorpora)

	Name des Korpus	Tokenzahl
TenTen-Korpora	itTenTen 20	14.514.566.714
	deTenTen 20	20.999.598.683
Trends Korpora	Italian Trends	10.799.020.906
	German Trends	1.971.105.787

Die Korpora werden eingesetzt, um folgende Fragen zu beantworten:

- Wie oft rekurrieren die komplexen Lexeme *rigenerazione urbana* und *Stadterneuerung* in den verschiedenen Korpustypen? Welche Tendenzen können dabei festgestellt werden?
- In welchen Wortverbindungen kommen sie präferiert vor? Welche Adjektive werden bevorzugt? Was lässt sich daraus ableiten? Welche Dimension der Stadterneuerung wird hervorgehoben? Welche Gemeinsamkeiten und Unterschiede lassen sich beobachten?

4.2 Quantitative Analyse

Die Suche nach *rigenerazione urbana* und *Stadterneuerung* in den vergleichbaren Korpora aus dem Jahr 2020 hat gezeigt, dass die Kollokation mit einer relativen Häufigkeit von 1,5 pro Million Tokens (pmt) im italienischen Korpus vorkommt, während das Kompositum mit einer relativen Häufigkeit von 0,38 Vorkommen pro Million Tokens.[6] Dieses Ergebnis deutet hin, dass *rigenerazione urbana* im Vergleich zu *Stadterneuerung* viel häufiger als Diskussionsthema in den Web-Daten erscheint. Mögliche Gründe können zum einen mit dem Entstehungsjahr des Korpus - 2020 - zusammenhängen, da *Stadterneuerung* insbesondere in den Jahren nach dem Fall der Mauer verstärkt in den deutschen Medien thematisiert wurde (vgl. auch die Angaben im DWDS im Abschnitt 3). Zum anderen könnte dies auch darauf zurückzuführen sein, dass im deutschen Nachhaltigkeitsdiskurs auch weitere eng verbundene Lexeme benutzt werden, wie z. B. *Stadtsanierung* (vgl. Abschnitt 3).

Eine ähnliche Situation (vgl. Abbildung 2 und 3) ergibt sich, wenn wir dann die Suche in den weiteren verfügbaren synchronen Web-Korpora der TenTen-Familie weiterführen und zusätzliche Jahre einbeziehen: die italienischen Korpora aus dem Jahr 2010, 2016 und 2020 sowie die deutschen Korpora aus den Jahr 2010, 2013, 2018 und 2020.

6 Die absolute Häufigkeit ist: 21.718 Okkurrenzen für *rigenerazione urbana* und 8.017 Okkurrenzen für *Stadterneuerung*. Da die Korpora unterschiedlich groß sind, haben wir die relative Häufigkeit als Vergleichsgröße genommen.

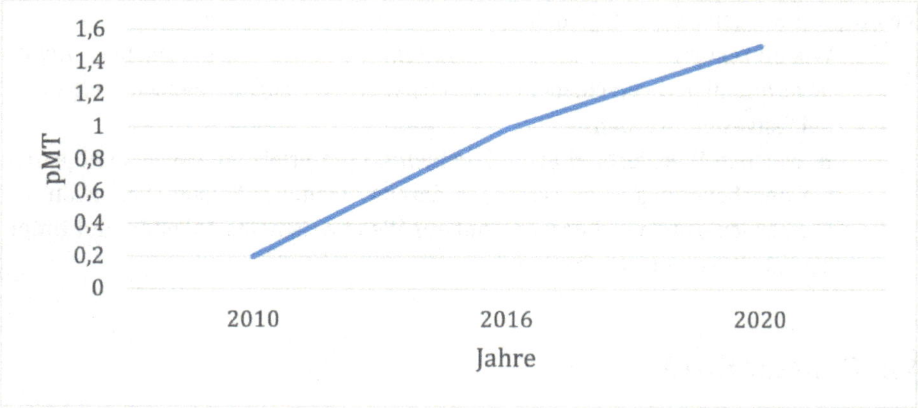

Abb. 2: *rigenerazione urbana* in itTenTen10, itTenTen16 und itTenTen20

Das Diagramm veranschaulicht, dass seit 2010 die Kollokation in den italienischen Daten zunehmend verwendet wird: Die relative Häufigkeit steigt von 0,2 pMT (2010) bis 1,5 pMT (2020). Die Daten in den deutschen Web-Korpora zeigen hingegen eine entgegengesetzte Tendenz (vgl. Abbildung 3):

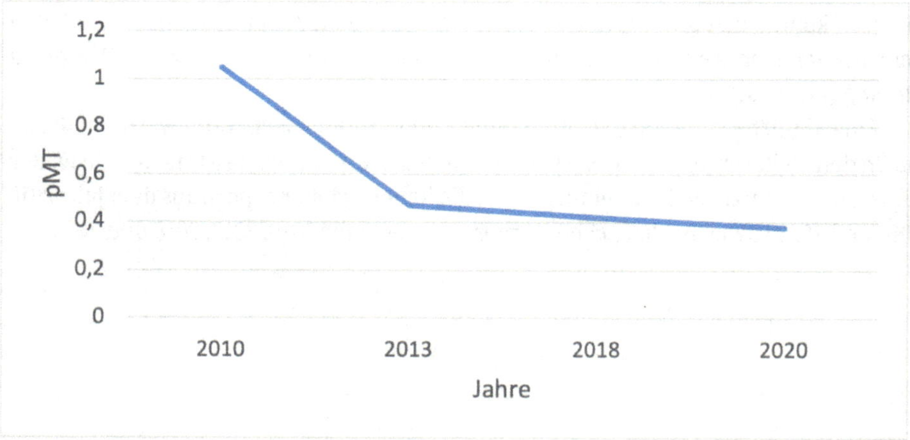

Abb. 3: *Stadterneuerung* in deTenTen10, deTenTen13, deTenTen18 und deTenTen20

Die Abbildung veranschaulicht, dass die Verwendung des Lexems *Stadterneuerung* im Zeitraum 2010-2013 stark zurückgeht und dann ab 2013 konstant bleibt. Die Rekurrenz von *Stadterneuerung* 2020 (0,38 pMT) ist jedoch viel niedriger als *rigenerazione urbana* im italienischen Web-Korpus (1,5 pMT).

Eine ähnliche Entwicklung liegt auch in den italienischen und deutschen Trends-Korpora vor (Abbildungen 4 und 5):

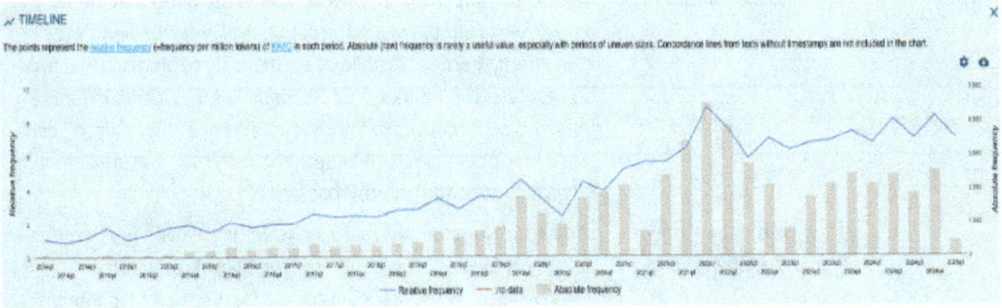

Abb. 4: *Stadterneuerung* in deTenTen10, deTenTen13, deTenTen18 und deTenTen20

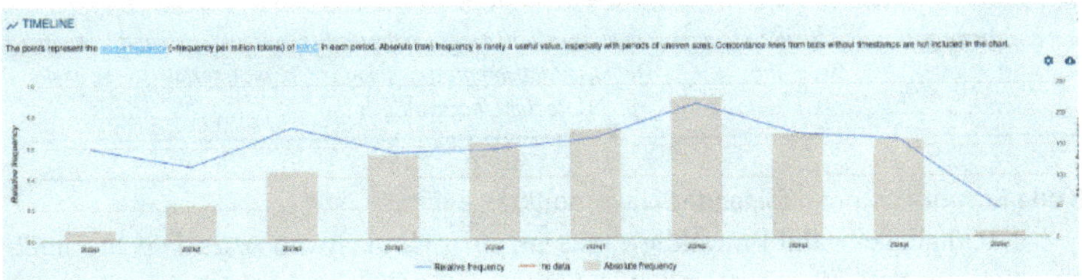

Abb. 5: *Stadterneuerung* im Korpus *German Trends*

Im ersten Quartal 2024 ist die relative Häufigkeit im italienischen Korpus deutlich höher als im deutschen Korpus (4 pMT vs. 0,9 pMT).

Zusammenfassend lässt sich festhalten, dass in allen analysierten vergleichbaren Web-Korpora, die den Zeitraum 2010 bis heute decken, *rigenerazione urbana* deutlich häufiger als *Stadterneuerung* auftritt. Dies unterstreicht die zentrale Bedeutung des Themas in den italienischen Daten.

4.3 Qualitative Analyse

Die Analyse des Gebrauchs der Kollokation *rigenerazione urbana* und des Kompositums *Stadterneuerung* mit Adjektiven sowohl in prädikativer als auch in attributiver Funktion (vgl. Tabelle 2) hat interessante Gemeinsamkeiten und Unterschiede in der Konzeptualisierung und Betonung der Begriffe in beiden Sprachräumen hervorgehoben.

Tab. 2: Adjektivische Begleiter von *rigenerazione urbana* und *Stadterneuerung*

rigenerazione urbana	*rigenerazione urbana* + Adjektiv	*sostenibile* 'nachhaltig', *partecipata* 'partizipativ', *temporanea* 'temporär', *integrata* 'integriert', *condivisa* 'geteilt/gemeinsam', *diffusa* 'verbreitet', *creativa* 'kreativ', *resiliente* 'resilient/widerstandsfähig', *eco-sostenibile/ecosostenibile* 'ökologisch/nachhaltig', *complessiva* 'umfassend', *consapevole* 'bewusst', *milanese* 'mailändisch', *innovativa* 'innovativ', *europea* 'europäisch', *periferica* 'peripher', *cittadina* 'städtisch', *culturale* 'kulturell', *bioeconomica* 'bioökonomisch/biobasiert'
	Adjektiv + *rigenerazione urbana*	*cosiddetta* 'sogenannte', *vera* 'echt/wahr', *nuova* 'neu', *grande* 'groß', *profonda* 'tiefgehend', *concreta* 'konkret', *reale* 'real/wirklich', *forte* 'stark', *autentica* 'authentisch', *continua* 'kontinuierlich/fortlaufend', *totale* 'total', *moderna* 'modern', *ampia* 'umfangreich', *efficace* 'wirksam', *strategica* 'strategisch', *complessiva* 'umfassend', *importante* 'wichtig', *completa* 'vollständig', *sociale* 'sozial'
Stadterneuerung	Adjektiv + *Stadterneuerung*	*behutsam, erhaltend, postfordistisch, energetisch, sanft, zukunftsfähig, (sozial) integrativ, ökologisch, barock, sozial, (sozial, ökologisch) integriert, nachhaltig*

Beide Korpora betonen folgende Schwerpunkte:

– Nachhaltigkeit und Umweltbewusstsein: der Gebrauch von *sostenibile* 'nachhaltig', *eco-sostenibile/ecosostenibile* 'umweltfreundlich/nachhaltig', *bioeconomica* 'bioökonomisch/biobasiert', *ökologisch* und *nachhaltig* betont eine nachhaltige und umweltfreundliche Ausrichtung;
– Soziale Dimension: die Adjektive *sociale* 'sozial', (*sozial*) *integrativ* und *sozial* weisen auf soziale Gerechtigkeit und gemeinschaftliche Prozesse hin;
– Innovation und Transformation: die Adjektive *innovativa* 'innovativ', *creativa* 'kreativ', *moderna* 'modern', *postfordistisch, neu, modern, effektiv* und *kreativ* deuten auf Fortschritt, Wandel und neue Ansätze hin.
– Resilienz und Stabilität: die Adjektive *resiliente* 'resilient/widerstandsfähig', *behutsam* und *erhaltend* zeigen die Bedeutung von Widerstandsfähigkeit und schonendem Umgang des Prozesses mit Ressourcen und Strukturen.

Im italienischen Korpus, das eine größere Vielfalt der Wortverbindungen aufweist, sind jedoch auch Spezifitäten festzustellen. Besonders markant sind die Adjektive, die auf eine größere räumliche Differenzierung hinweisen (von *periferica* 'peripher' bis *europea* 'europäisch'). Zudem gibt es viele wertende Attribute (z. B. *vera* 'echt', *autentica* 'wahr'), die auf eine stärkere diskursive Verhandlung des Begriffs in den italienischen Daten hindeuten. Auch die soziale Dimension wird unterschiedlich als im deutschen Korpus interpretiert: Die Benutzung von Adjektiven wie *partecipata* 'partizipativ', *condivisa* 'geteilt/gemeinsam' stellt die lokale Gemeinschaft in den Mittelpunkt.

Die adjektivischen Begleiter von *Stadterneuerung* konzentrieren sich hingegen stark auf spezifische Qualitäten und Strategien des Prozesses in Deutschland. Der Fokus auf einen behutsamen und erhaltenden Planungsansatz sowie auf technische oder methodische Ansätze ist noch deutlicher.

Zusammenfassend lässt sich zu den analysierten Verbindungen feststellen, dass im italienischen Korpus der Fokus stärker auf die räumliche Differenzierung sowie partizipative Aspekte liegt, während das deutsche Korpus eher technische und strategische Planungsprozesse betont. Dabei treten unterschiedliche Prioritäten und spezifische Herangehensweisen an urbane Transformationsprozesse deutlich hervor.

Bei der Analyse der Muster ‚*rigenerazione urbana* e X $_{[\text{Substantiv}]}$' und ‚*Stadterneuerung* und X $_{[\text{Substantiv}]}$' konnten auch interessante Feststellungen gemacht werden (vgl. Tabelle 3):

Tab. 3: ‚*rigenerazione urbana* e X $_{[\text{Substantiv}]}$' in itTenTen20 und *Stadterneuerung* und X $_{[\text{Substantiv}]}$' in deTenTen20

rigenerazione urbana e X	*(social) housing* '(soziales) Wohnen', *riuso* 'Wiederverwendung/Nachnutzung', *riqualificazione* 'Aufwertung', *retrofit* 'Retrofit', *riqualificazione energetica* 'energetische Sanierung', *rivitalizzazione* 'Revitalisierung', *riconversione (energetica)* '(energetische) Umstellung', *(smart/green) city* '(smart/green) city', *efficientamento (energetico)* '(Energie-)Effizienzsteigerung', *resilienza* 'Resilienz', *recupero* 'Wiedergewinnung/Sanierung', *mitigazione* 'Minderung', *contenimento* 'Begrenzung', *edilizia* 'Bauwesen', *mobilità* 'Mobilität', *inclusione* 'Inklusion', *sostenibilità* 'Nachhaltigkeit', *digitalizzazione* 'Digitalisierung', *riappropriazione* 'Rückaneignung', *incentivo* 'Förderung', *valorizzazione* 'Aufwertung', *innovazione* 'Innovation', *bonifica (ambientale)* '(Umwelt-)Sanierung', *welfare (metropolitano)* '(städtisches) Wohlfahrtssystem'
Stadterneuerung und X	*Wohnungsbauförderung, Wohnbau, Stadtumbau, Stadtplanung Bodenmanagement, Assanierung, Wohnungsbau, Bodenordnung, Städtebauförderung, Wohnungspolitik, Stadtsanierung, Quartiersentwicklung, Stadtentwicklung, Stadterweiterung, Gentrification, Stadtgestaltung, Ortsentwicklung, Denkmalpflege, Erbebensicherheit, Gentrifizierung, Quartiersmanagement, Stadtentwicklung, Dorferneuerung, Denkmalschutz*

Beide Korpora enthalten Substantive, die auf urbane Entwicklung und Sanierung hinweisen:

- Wohnungsbau und seine Förderung: *edilizia* 'Bauwesen', *incentivo* 'Förderung', *welfare metropolitano* '(metropolitanes) Wohlfahrtssystem' (itTenTen20) und *Wohnungsbau, Wohnungsbauförderung, Wohnungspolitik* (deTenTen20);
- Sanierung und Revitalisierung: *riqualificazione* 'Aufwertung', *recupero* 'Wiedergewinnung', *rivitalizzazione* 'Revitalisierung' (itTenTen20) und *Stadtumbau, Stadtsanierung, Quartiersentwicklung* (deTenTen20).

Es lassen sich allerdings auch verschiedene Akzentsetzungen feststellen. Das italienische Korpus integriert verstärkt:
- modernere urbane Konzepte wie *smart/green city*, *digitalizzazione* 'Digitalisierung' und *innovazione* 'Innovation';
- eine Betonung auf ökologische Nachhaltigkeit und Energie: *sostenibilità* 'Nachhaltigkeit', *retrofit (riqualificazione energetica)* 'energetische Sanierung', *efficientamento (energetico)* '(Energie-)Effizienzsteigerung';
- sozialpolitische Aspekte wie *(social) housing* '(soziales) Wohnen', *inclusione* 'Inklusion' und *welfare (metropolitano)* '(metropolitanes) Wohlfahrtssystem'.

Das deutsche Korpus legt hingegen einen stärkeren Fokus auf:
- Stadtplanung und Bodenmanagement: Substantive wie *Bodenordnung*, *Stadterweiterung*, *Ortsentwicklung* zeigen eine deutliche Auseinandersetzung mit der administrativen und rechtlichen Dimension;
- Förderpolitische Aspekte wie z. B. die Lexeme *Städtebauförderung* und *Wohnungsbauförderung*;
- Bewahrung und Schutz der Kulturgüter, wie der Gebrauch der Substantive *Denkmalschutz*, *Denkmalpflege*;
- die lokale Dimension (Quartiere, Dörfer), mit den Lexemen Quartiersmanagement, Quartiersentwicklung, Ortsentwicklung, Gentrifizierung und Dorferneuerung.

Abschließend lässt sich zusammenfassen, dass in Bezug auf die analysierten Muster das italienische Korpus ökologische, soziale und innovative Konzepte der Stadtenterneuerung betont, während das deutsche Korpus einen stärkeren Fokus auf Planung, Verwaltung und rechtliche Aspekte legt und besondere Aufmerksamkeit der lokalen Dimension sowie dem kulturellen Erbe widmet.

5 Zusammenfassung und Ausblick

Unsere Untersuchung, basierend auf lexikographischen Ressourcen und Web-Korpora, hat gezeigt, dass *rigenerazione urbana* und *Stadterneuerung* in ihren Bedeutungsnuancen und Gebrauchskontexten Unterschiede aufweisen.

Während in den lexikographischen Ressourcen *rigenerazione urbana* explizit die Vorstellung eines Aufbruchs aus einem Zustand des Verfalls vermittelt, steht bei *Stadterneuerung* weniger die Transformation aus einer vorherigen Degradierung im Fokus. Stattdessen betont das deutsche Lexem stärker die langfristige Anpassungs- und Leistungsfähigkeit des städtischen Raums sowie die planerische Anpassung. Zudem wird die aktive Bürgerbeteiligung in den deutschen Ressourcen deutlicher hervorgehoben als in den italienischen.

Es wurde jedoch gezeigt, dass eine rein lexikographische Analyse die tatsächliche Verwendung und Bedeutungsvielfalt dieser Begriffe nur unzureichend erfasst, da Wörterbücher statische Momentaufnahmen bieten. Korpora sind daher unerlässlich, um die Sprachdynamik (auch aus kontrastiver Sicht) besser zu erfassen.

Die Analyse der Web-Korpora zeigt deutlich, dass Nachhaltigkeit und Ökologie in beiden Sprachen zentrale Themen unter den adjektivischen Begleitern sind, während soziale Partizipation im italienischen Diskurs prominenter ist. Damit stehen die Korpus-Ergebnisse im Gegensatz zu den lexikografischen Ressourcen, die das Gegenteil betonen.

In den italienischen Daten stehen Innovation und Kreativität im Vordergrund, während im Deutschen eher traditionelle und bewahrende Aspekte betont werden. Zudem ist der Sprachgebrauch im Italienischen stärker narrativ geprägt, wohingegen der deutsche Diskurs einen stärkeren Fokus auf technische und methodische Aspekte hat. Hinsichtlich der substantivischen Begleiter zeigt sich, dass das italienische Korpus vor allem ökologische, soziale und innovative Konzepte hervorhebt, während das deutsche Korpus stärker auf strukturelle, administrative und rechtliche Aspekte eingeht. Insbesondere der Bezug zur lokalen Dimension und zum kulturellen Erbe ist im deutschen Sprachgebrauch ausgeprägter.

Unsere Analyse hat gezeigt, dass die italienischen lexikographischen Ressourcen deutlich den Fokus auf den Aufbruch aus einem Zustand des Verfalls und die Wiederbelebung eines degradierten städtischen Raums legen, während dieser Aspekt in den analysierten Wortverbindungen im italienischen Korpus nicht vorhanden ist. Auch der Vergleich mit *Stadterneuerung* in den unterschiedlichen Daten hat Unterschiede zutage gefördert: Während soziale Partizipation in den deutschen lexikographischen Quellen prominenter ist, wird das Gegenteil in den Web-Daten betont. Die Korpora zeigen deutlicher somit die Dynamik und Kontextabhängigkeit der Begriffe stärker im Vergleich zu den normierten Definitionen der lexikographischen Ressourcen.

Unsere Ergebnisse zeigen außerdem, dass eine direkte Übersetzung zwischen den beiden Begriffen nur begrenzt möglich ist, da sie zum Teil unterschiedliche Konnotationen und Schwerpunktsetzungen haben. Dies hat wichtige Implikationen für die interkulturelle Stadtplanung und die Übersetzung stadtbezogener Dokumente, die diese kontextuellen Unterschiede berücksichtigen müssen.

Diese ersten Ergebnisse liefern somit eine vorläufige systematische Annäherung an die begrifflichen Unterschiede und Gemeinsamkeiten zwischen *rigenerazione urbana* und *Stadterneuerung*. Zukünftige Forschungen könnten die Analyse auf weitere Korpora und Diskurskontexte ausweiten, um ein noch differenzierteres Bild der Bedeutungs- und Verwendungsspektren zu erhalten.

6 Literatur

6.1 Monographien und Aufsätze

Busse, Dietrich/Teubert, Wolfgang (1994): Ist Diskurs ein sprachwissenschaftliches Objekt? Zur Methodenfrage der historischen Semantik. In: Busse, Dietrich/Hermanns, Fritz/Teubert, Wolfgang (Hrsg.): Begriffsgeschichte und Diskursgeschichte. Methodenfragen und Forschungsergebnisse der historischen Semantik. Opladen: Westdeutscher Verlag, 10–28.

Crestani, Valentina (2017): Il discorso dell'alimentazione sostenibile in testi tedeschi e svizzeri. Aspetti verbali e semiotici. In: Bajini, Irina et al.: Parole per mangiare. Discorsi e culture del cibo. Milano: LED Edizioni Universitarie, 135–155.

Crestani, Valentina (2018): Sustainability in Mountain Tourism: A Multimodal Discourse Analysis of Web Sites in the German Language. In: Bielenia-Grajewska, Magdalena/Cortes de los Rios, Enriqueta (Hrsg.): Innovative Perspectives on Tourism Discourse. Hershey: Business Science Reference, 18–35.

Crestani, Valentina (2021): Deutsche und italienische Institutionenkommunikation: Nachhaltigkeitsberichte zwischen Sprach- und Bildlichkeit. In: Mattfeldt, Anna/Schwegler, Carolin/Wanning, Berbeli (Hrsg.): Natur, Umwelt, Nachhaltigkeit. Perspektiven auf Sprache, Diskurse und Kultur. Berlin/Boston: de Gruyter, 247–280.

Duden (1999): Duden: Das große Wörterbuch der deutschen Sprache in zehn Bänden. Mannheim: Dudenverlag.

Fill, Alwin F./Penz, Hermine (2018): Ecolinguistics in the 21st Century. In: Fill, Alwin F./Penz, Hermine (Hrsg.): The routledge handbook of ecolinguistics. London/New York: Routledge, 437–443.

Furbey, Robert (1999): Urban 'regeneration': reflections on a metaphor. In: Critical Social Policy 19(4), 419–445.

Gardt, Andreas (2007): Diskursanalyse – Aktueller theoretischer Ort und methodische Möglichkeiten. In: Warnke, Ingo H. (Hrsg.): Diskurslinguistik nach Foucault: Theorie und Gegenstände. Berlin/Boston: de Gruyter, 27–52.

Gerhard, Ulrike/Warnke, Ingo H. (2011): From dreamland to wasteland? The discursive structuring of cities. In: Schmid, Heiko/Urry, John/Sahr, Wolf-Dietrich (Hrsg.): Cities and Fascination: Beyond the Surplus of Meaning. Farnham: Ashgate, 129–146.

Görgen, Benjamin (2021): Nachhaltige Lebensführung. Praktiken und Transformationspotenziale gemeinschaftlicher Wohnprojekte. Bielefeld: Transcript.

Gurr, Jens Martin/Walloth, Christian (2014): Introduction: Towards a Transdisciplinary Understanding of Complex Urban Systems. In: Walloth, Christian/Gurr, Jens Martin/Schmidt, J. Alexander (Hrsg.): Understanding Complex Urban Systems: Multidisciplinary Approaches to Modeling. Heidelberg, New York: Springer, 1– 12.

Hauff, Volker (1987) (Hrsg.): Unsere gemeinsame Zukunft. Der Brundtland-Bericht der Weltkommission für Umwelt und Entwicklung. Greven: Eggenkamp.

Hess-Lüttich, Ernest W.B. (2016): Urban discourse – city space, city language, city planning: Eco-semiotic approaches to the discourse analysis of urban renewal. In: Sign Systems Studies 44(1/2), 12–33.

Laclau, Ernesto (2017): Warum Populismus. In: Marchart, Oliver (Hrsg.): Ordnungen des Politischen. Einsätze und Wirkungen der Hegemonietheorie Ernesto Laclaus. Wiesbaden: Springer VS, 233–240.

Mattfeldt, Anna (2021): Einzelsprachliche Filter und globale Probleme. Eine methodische Annäherung an die Analyse diskursiver Schwerpunktsetzungen im Kontext von Nachhaltigkeit im Sprach- und Kulturvergleich. In: Deutsche Sprache 4.21, 291–306.

Niehr, Thomas (2014): Einführung in die linguistische Diskursanalyse. Darmstadt: WBG.

Polajnar, Janja/Rocco, Goranka (2024) (Hrsg.): Kritische Perspektiven auf Nachhaltigkeitskonzepte und Nachhaltigkeitsdiskurse. Linguistica 64(1), https://journals.uni-lj.si/linguistica/issue/view/1443 [23.02.25].

Raco, Mike (2003): Assessing the discourses and practices of urban regeneration in a growing region. In: Geoforum 34, 37–55.

Rocco, Goranka (2017a): Nachhaltigkeitsberichte aus textologischer Sicht. Diachronischer und intersprachlicher Vergleich der Textsortenmerkmale. In: Fachsprache 36 (3–4), 115–141.

Rocco, Goranka (2017b): Unternehmerische und städtische Nachhaltigkeitsberichte: eine textologisch-diskurslinguistische Betrachtung. In: Engels, Jens Ivo et al. (Hrsg.): Nachhaltige Stadtentwicklung. Infrastrukturen, Akteure, Diskurse. Frankfurt a.M./New York: Campus, 240–260.

Spitzmüller, Jürgen/Warnke, Ingo H. (2011): Diskurslinguistik: eine Einführung in Theorien und Methoden der transtextuellen Sprachanalyse. Berlin/Boston: de Gruyter.

Spieß, Constanze (2011): Diskurshandlungen. Theorie und Methode linguistischer Diskursanalyse am Beispiel der Bioethikdebatte. Berlin/Boston: de Gruyter.

Warnke, Ingo (2011): Die Stadt als Kommunikationsraum und linguistische Landschaft. In: Hofmann, Wilhelm (Hrsg.): Die Stadt als Erfahrungsraum der Politik. Beiträge zur kulturellen Konstruktion urbaner Politik. Münster: LIT, 343–363.

Wilson, David (1996): Metaphors, growth discourses and black poverty neighbourhoods in a US city. In: Antipode 28, 72–96.

6.2 Online-Wörterbücher, Tools und Corpora

Duden online = https://www.duden.de [letzter Zugriff: 10.02.2025].

Dict.cc = https://www.dict.cc [10.02.2025].

DWDS = Digitales Wörterbuch der deutschen Sprache. Das Wortauskunftssystem zur deutschen Sprache in Geschichte und Gegenwart, hrsg. v. d. Berlin-Brandenburgischen Akademie der Wissenschaften, https://www.dwds.de/d/woerterbuecher [letzter Zugriff: 10.02.2025].

Garzanti = Dizionario Italiano Garzanti, https://www.garzantilinguistica.it/ricerca/?q=dizionario [letzter Zugriff: 10.02.2025].

Il nuovo De Mauro = Dizionario Italiano De Mauro – Vocabolario online della lingua italiana, *https://dizionario.internazionale.it* [letzter Zugriff: 10.02.2025].

Langenscheidt = Langenscheidt online-Wörterbuch Deutsch-Italienisch, https://en.langenscheidt.com [letzter Zugriff: 10.02.2025].

Leo = online-Wörterbuch leo.org Deutsch-Italienisch, https://dict.leo.org/tedesco-italiano/ [letzter Zugriff: 10.02.2025].

Linguee = online-Wörterbuch Deutsch-Italienisch, https://www.linguee.com [letzter Zugriff: 10.02.2025].

Pons = Pons online-Wörterbuch Deutsch-Italienisch, https://it.pons.com/traduzione [letzter Zugriff: 10.02.2025].

Reverso Context = online-Wörterbuch Deutsch-Italienisch, https://context.reverso.net/traduzione/ [letzter Zugriff: 10.02.2025].

Sabatini/Coletti = https://dizionari.corriere.it/dizionario_italiano/ [letzter Zugriff: 10.02.2025].

Treccani = *https://www.treccani.it/vocabolario/* [letzter Zugriff: 10.02.2025].

Sketch Engine = https://www.sketchengine.eu/ [letzter Zugriff: 10.02.2025].

Wikipedia = https://www.wikipedia.org [letzter Zugriff: 10.02.2025].

Alexander Geyken, Lothar Lemnitzer, Michael Solf, Frank Wiegand

Umbau auf hoher See

Bericht aus dem Inneren des DWDS

Motto: Wie Schiffer sind wir, die ihr Schiff auf offener See umbauen müssen, ohne es jemals in einem Dock zerlegen und aus besten Bestandteilen neu errichten zu können.
(Neurath 1932/33: 206)

Abstract: In an essay published in 2019, Stefan Schierholz presents a particularly pronounced external view of the DWDS word information system, in which several fundamental questions about its quality are raised. In this article, the complex and comprehensive DWDS system, its various resources and components, and their interaction are presented from the point of view of the DWDS team. The resulting challenges, which range from inconsistencies in representation to inconsistencies in dictionary information are illustrated with two examples: the harmonization of dictionary entries for etymological information and the interaction between automatically generated entries on the one hand and lexicographically curated entries on the other. Central to the control of the lexicographical processes of the project is a comprehensive issue management system, via which desiderata and deficiencies are reported in a decentralized way and corrected promptly by the project team using established workflows.

Keywords: lexical information system, DWDS, lexicographical workflow, issue management system

Schlagwörter: Wortinformationssystem, DWDS, lexikographischer Arbeitsprozess, Issue-Management-System

Alexander Geyken, Berlin-Brandenburgische Akademie der Wissenschaften, Jägerstr. 22/23, 10117 Berlin, E-Mail: geyken@bbaw.de
Lothar Lemnitzer, Berlin-Brandenburgische Akademie der Wissenschaften, Jägerstr. 22/23, 10117 Berlin, E-Mail: lemnitzer@bbaw.de
Michael Solf, Berlin-Brandenburgische Akademie der Wissenschaften, Jägerstr. 22/23, 10117 Berlin, E-Mail: solf@bbaw.de
Frank Wiegand, Berlin-Brandenburgische Akademie der Wissenschaften, Jägerstr. 22/23, 10117 Berlin, E-Mail: wiegand@bbaw.de

https://doi.org/10.1515/9783111676531-010

1 Einleitung

Der folgende Text ist ein Bericht über verschiedene Facetten des umfangreichen lexikalischen Informationssystems mit dem Namen *Digitales Wörterbuch der deutschen Sprache* (DWDS). Das Vorhaben DWDS verfolgt zwei Ziele, die eng miteinander zusammenhängen:

1. Es soll das verfügbare lexikalische Wissen, wie es in den bisherigen großen gegenwartssprachlichen Wörterbüchern seinen Niederschlag gefunden hat, zusammenführen und auf den neuesten Stand bringen. Dabei müssen im Hinblick auf die Entwicklungen der unmittelbaren Gegenwart zahlreiche Artikel neu angelegt und ausgearbeitet werden.
2. Es soll ein lexikalisches Informationssystem pflegen und weiterentwickeln, welches Belege für die vielfältigen Verwendungsweisen eines Wortes – aus sehr großen und gut erschlossenen Korpora – und eine wissenschaftlich verlässliche Beschreibung der verschiedenen Eigenschaften dieses Wortes miteinander verbindet, sich jederzeit flexibel erweitern und überarbeiten lässt und für viele – wissenschaftliche wie nichtwissenschaftliche – Zwecke nutzbar ist.

Ausgangspunkt für die lexikalische Komponente des DWDS war das *Wörterbuch der deutschen Gegenwartssprache* (WDG 1961–1977), welches an der Akademie der Wissenschaften erarbeitet und nach der Wende durch den Berliner Senat an deren Nachfolgeorganisation, die Berlin-Brandenburgische Akademie der Wissenschaften (BBAW), übertragen wurde. Hinzu kamen im Laufe der Zeit für das DWDS lizenzierte Teilbestände des *Großen Wörterbuchs der deutschen Sprache* der Dudenredaktion (GWDS 1999), das *Etymologische Wörterbuch des Deutschen* (EtymWB 1993) sowie jüngst auch das *WAHRIG Deutsches Wörterbuch* (WDW 2011). Damit konnte das DWDS das in Punkt 1 oben dargestellte Teilziel der Zusammenführung wichtiger Wörterbücher der deutschen Gegenwartssprache einlösen. Dies wurde jedoch zu einem nicht geringen Preis erkauft: Die Ressourcen sind zum Teil veraltet und zueinander nicht immer konsistent, weshalb ein Schwerpunkt der Arbeit des DWDS, seit etwa 2010, der Harmonisierung dieser Ressourcen und besonders der Beseitigung von Inkonsistenzen gewidmet ist. Genaueres hierzu in Abschnitt 2 dieses Beitrages.

Eingebettet ist die Beschreibung des lexikalischen Wissens in das lexikalische Informationssystem, welches in Gestalt der Website *dwds.de* seit mittlerweile 20 Jahren existiert. Ursprünglich als Verbindung zwischen einem Referenzkorpus und dem WDG konzipiert, wurde das Informationssystem im Laufe der Jahre nicht nur um weitere Korpora erweitert und wuchs auf eine gewaltige Menge von mittlerweile über 70 Mrd. Tokens an (Stand Februar 2025). Auch die statistischen, auf sprachtechnologischen Verfahren basierenden Software-Dienste wurden im Laufe der Jahre ausgebaut. So sind im DWDS mittlerweile detaillierte statistische Informationen zu Wortverbindungen, zur Wortfrequenz sowie zur örtlichen und zeitlichen Verteilung integriert. Diese

Informationen werden für die Erstellung von Neuartikeln und die Überarbeitung von veralteten Wörterbuchartikeln genutzt und zudem allen Sprachinteressierten für die eigene Recherche angeboten, damit diese sich jenseits der Wörterbuchkomponente des DWDS einen Eindruck von der tatsächlichen Verwendung des jeweiligen Wortes machen können. Aus diesem Zusammenspiel von Wörterbuchinformationen und automatisch aus großen Textkorpora extrahierten Informationen ergibt sich die zweite Quelle für mögliche Inkonsistenzen des DWDS. Abschnitt 4 dieser Publikation ist der Bestandsaufnahme und dem Management dieser Mängel mit dem Ziel, diese zu beheben, gewidmet.

Die beteiligten Autoren arbeiten seit Jahren, wenn nicht Jahrzehnten, an der Entwicklung dieses Informationssystems und haben dadurch eine umfassende Innensicht des Systems.

Auch der Jubilar, dem dieser Aufsatz gewidmet ist, hat sich weit über ein Jahrzehnt kontinuierlich, vielfach kritisch, aber auch konstruktiv mit dem DWDS und seiner Entwicklung auseinandergesetzt – aus der Außensicht eines Lexikologen und Metalexikographen.

Die während verschiedener Treffen an der Universität Erlangen – im Projektkontext des Netzwerks zur Internetlexikographie –, regelmäßiger Treffen auf IDS-Jahrestagungen und in Publikationen vorgenommen Analysen aus lexikologischer Perspektive kulminieren in zwei Fragen, die von Stefan Schierholz wie folgt formuliert wurden:

1. Kann das DWDS eine verlässliche Grundlage für das wissenschaftliche Arbeiten bilden? (Schierholz 2019: 186)
2. Liegt dem DWDS eine Wörterbuchtheorie zugrunde? (Schierholz 2019: 187)

Zu 1): Diese berechtigte Frage entsteht aufgrund der vielen verschiedenen Ressourcen, die im DWDS eingebunden sind. Es muss hier zwischen der subjektiv wahrgenommenen Verlässlichkeit und der tatsächlich vorhandenen Verlässlichkeit unterschieden werden. In der Tat kann eine blinde Übernahme der aus unterschiedlichen Quellen aggregierten Informationen des DWDS zu einer Falschinterpretation führen. Aus diesem Grund hat die DWDS-Projektgruppe sehr intensiv die Ressourcen dokumentiert und damit für die Nachnutzung eingeordnet. Insbesondere finden sich auf der Website Quellenauszeichnung und Datierung der lexikalischen Ressourcen, salvatorische Klauseln zu den Grenzen der maschinell extrahierten Ressourcen etc. In der Praxis zeigt sich, dass die überwiegende Mehrzahl der Nutzerinnen und Nutzer sich dieser Grenzen bewusst ist.

Die einzelnen Quellen selbst jedoch bilden in jedem Fall eine geeignete Grundlage für das wissenschaftliche Arbeiten. Dafür spricht eine mittlerweile höhere dreistellige Zahl an wissenschaftlichen Publikationen, die auf der Basis der Ressourcen des DWDS entstanden sind. In einem Punkt ist Stefan Schierholz (2019: 192) aber uneingeschränkt zuzustimmen: „Die Gesellschaft verlässt sich auf zuverlässige Daten". Diese Erwartung an das DWDS konnten wir in einer im Jahre 2022 durchgeführten Umfrage (auf einer Basis von 10.000 Rückmeldungen) eindeutig bestätigen.[1]

Zu 2): Interessant ist der Aspekt, der hier paraphrasiert werden soll: Ist es sinnvoll und nützlich, dem DWDS eine Wörterbuchtheorie zugrunde zu legen?

Das DWDS ist *auch* ein Wörterbuch und wird von den meisten vermutlich auch als solches genutzt und betrachtet. Es ist aber durch die Integration von weiteren Wörterbüchern, von textuellen Daten als empirische Basis und verschiedenen daraus gewonnenen Auswertungen *mehr* als ein Wörterbuch.

Das DWDS umfasst, wie oben erwähnt, verschiedene gegenwartssprachliche Wörterbücher, die im Bedeutungsteil des DWDS-Wörterbuchs integriert sind, darüber hinaus auch weitere lexikalische Ressourcen – das *Etymologische Wörterbuch des Deutschen* von einem Autorenkollektiv unter Leitung von Wolfgang Pfeifer etwa ist prominent auf der Wörterbuchseite platziert und mit dem DWDS-Wörterbuch auf Stichwortebene synchronisiert. Des Weiteren werden einige historische Bestandswörterbücher angeboten, insbesondere das *Deutsche Wörterbuch von Jacob Grimm und Wilhelm Grimm* in der Erstbearbeitung und der Neubearbeitung, aber auch das WDG in seiner ursprünglichen Fassung. In diesem Sinne ist das DWDS ein Wörterbuchportal.

Unter einem Wörterbuchportal soll hier, im Anschluss an Klosa/Lemnitzer/Neumann (2008), eine Website verstanden werden, innerhalb derer verschiedene lexikalische Ressourcen nicht nur aufgelistet und über Metadaten auffindbar gemacht, sondern in einem substanziellen Teil ihrer Inhalte präsentiert und integriert werden. Der Grad bzw. die Tiefe der Integration kann dabei variieren und z. B. a) den Zugang von Teilen der Wörterbücher (typischerweise einzelne Artikel) über eine Suchmaschine ermöglichen oder b) die Artikel über eine gemeinsame Lemmaliste synchronisieren. Eine tiefere Art der Verknüpfung ist c) die wörterbuchübergreifende Alignierung von Informationspositionen. Das DWDS, als Wörterbuchportal betrachtet, realisiert die Integration der Ressourcen im Sinne von a) und b). Die Integration im Sinne von c) ist das erklärte Fernziel des DWDS und konnte in Teilen realisiert werden (siehe dazu Abschnitte 2 und 3).

Drittens, und für diesen Kontext besonders wichtig, ist der Umstand, dass sich das DWDS-Wörterbuch selbst, wie bereits oben angedeutet, aus verschiedenen Quellen speist: Es enthält ca. 90.000 voll ausgebaute Artikel aus dem WDG, ca. 70.000 „Bedeutungsgerüste“ aus dem GWDS sowie mittlerweile ca. 90.000 von der DWDS-Redaktion erstellte neue Artikel bzw. vollständig überarbeitete Bestandsartikel aus den o. g. Quellen (Stand Februar 2025). Hinzu kommen im Jahr 2025 knapp 2.000 Artikel aus WDW, die weder im WDG noch im Duden in der gleichen Qualität zu finden sind.

---

1 Auswertung der Online-Umfrage zum DWDS, 2022, https://www.dwds.de/umfrage/auswertung.

Die Herausforderungen, denen sich das Team des DWDS – und seit 2019 des „Zentrums für digitale Lexikographie der deutschen Sprache“[2] – stellt, sind im Bereich der Organisation und Präsentation der wortbezogenen Informationen:

a) Die Harmonisierung der lexikographisch kuratierten Bestände des DWDS-Wörterbuchs, worunter zu einem nicht unerheblichen Teil die Überarbeitung bereits publizierter Artikel zu fassen ist, gleichzeitig aber auch deren Verlinkung untereinander über Wortbildungsangaben und Bedeutungsrelationen.
b) Die lexikographische Beschreibung neuer Wörter und deren Integration in das DWDS-Wörterbuch. Dies erfolgt auf der Grundlage eines Monitorings tagesaktueller Korpora.
c) Die Synchronisierung von Angaben aus verschiedenen lexikalischen Ressourcen.
d) Die Organisation verschiedener Korpusressourcen und deren Präsentation an der Seite des Wörterbuchs und als Informationsangebot zusätzlich zu den Kompetenzbeispielen und Belegen in den Wörterbuchartikeln.
e) Die Einbindung verschiedener, auf einem Teil der Korpora beruhenden wortbezogener Statistiken: DWDS-Wortprofil, regionale Verteilung, Worthäufigkeit, Verlaufskurve.

Es ist nicht untertrieben, diese Bemühungen als einen ständigen Umbau eines Tankers auf mal ruhiger, mal rauer See zu beschreiben.

Im Folgenden werden wir aus Platzgründen nur auf Teile dieser beständigen Arbeiten (in den Worten des Jubilars: „work in progress“) ausführlicher eingehen können und uns dabei auf die Aspekte c) bis e) konzentrieren. Diese stehen aber exemplarisch für die gewaltige Dimension der vom DWDS-Team kontinuierlich zu leistenden Aufgabe.

Abschnitt 2 ist beispielhaft einem Aspekt der Synchronisierung von dem DWDS-Wörterbuch und dem *Etymologischen Wörterbuch des Deutschen* gewidmet. Einige der in das DWDS integrierten Artikel, besonders des WDG, enthalten meist sehr knapp gehaltene Angaben zur Wortgeschichte. Diese wurden ausgebaut und mit den Angaben des *Etymologischen Wörterbuchs* in Einklang gebracht. Im Ergebnis finden die Nutzerinnen und Nutzer nun Kurzdarstellungen im DWDS-Wörterbuch, die auf die ausführlichen Darstellungen des *Etymologischen Wörterbuchs*, aber auch auf die Wortgeschichten des Göttinger Teilprojekts im ZDL – *Wortgeschichte digital*[3] –, verweisen und zu vertieften Studien einladen.

Das Zusammenspiel von Wörterbuch und den maschinell generierten Komponenten des DWDS wird in Abschnitt 3 anhand der aus den Korpora generierten Wortprofile

2 ZDL, https://www.zdl.org/ (letzter Zugriff: 10.02.2025).

3 Wortgeschichte digital – Zentrale Wörter des Deutschen von 1600 bis heute, https://wortgeschichten.zdl.org/ (letzter Zugriff: 10.02.2025).

(typische Wortverbindungen) und der auf dem ZDL-Regionalkorpus basierenden Regionalkarten diskutiert.

In Analogie zu großen Softwareprojekten verfügt der Arbeitsprozess im DWDS über ein sog. „Issue-Management-System". Interne und externe Nutzerinnen und Nutzer können dort Fehler, Ungereimtheiten usw. im Wörterbuch, aber auch im Zusammenspiel mit den anderen Komponenten, melden. Die kontinuierliche Bearbeitung und im Normalfall Lösung des Problems ist Teil des lexikographischen Arbeitsprozesses. Dieses Vorgehen wird in Abschnitt 4 ausführlicher dargestellt.

Abschnitt 5 schließlich präsentiert ein Fazit und gibt einen Ausblick auf geplante künftige Entwicklungen.

2 Etymologische Angaben im DWDS-Wörterbuch und im Etymologischen Wörterbuch des Deutschen

Einen Angabetyp, bei dem Daten aus verschiedenen lexikographischen Quellen im digitalen lexikalischen Informationssystem des DWDS aufeinandertreffen, bilden verschiedene, sehr heterogene Angaben zur Etymologie. Dazu zählen die integrierten Inhalte des *Etymologischen Wörterbuchs des Deutschen* von Wolfgang Pfeifer et al. (EtymWb), des *Deutschen Wörterbuchs von Jacob Grimm und Wilhelm Grimm* in der Erst- und in der Neubearbeitung (DWB), die aus dem *Wörterbuch der deutschen Gegenwartssprache* (WDG) in das DWDS übernommenen Herkunftsangaben sowie die an derselben systematischen Stelle zu findenden, in eigener Arbeit am DWDS erstellten Kurzetymologien. Dieser kurze Überblick allein mag deutlich machen, warum sich die Beseitigung von Widersprüchen und redaktionellen Missverhältnissen zwischen den verschiedenen Quellen sowie die Schaffung und Erprobung eines Standards für regelmäßig notwendig werdende, eigene kurze etymologische Angaben als natürliche Aufgabe einer artikelübergreifenden Redaktion ergeben hat.

Auch wenn die historische Lexikographie nicht im Zentrum der aktuellen Tätigkeit steht, umfasst der Anspruch des DWDS grundsätzlich auch die Berücksichtigung der historischen Dimension von Sprache, nicht nur durch etymologische Informationen, sondern detaillierter auch durch die systematische Beschreibung und Dokumentation des deutschen Wortschatzes in einem Zeitraum von 1600, also der auslaufenden frühneuhochdeutschen Zeit, bis zur Gegenwart, ein Ziel, dem zukünftige Arbeiten stärker verpflichtet sein sollten. Gerade die geschichtliche Dimension der Sprache wird vom Publikum regelmäßig mit akademischer Lexikographie in Verbindung gebracht. Mit eigenen Mitteln aufgebaute historische Korpora wie das *Deutsche Textarchiv*[4] und weitere integrierte historische Korpora[5] gehören ebenso in diesen Rahmen wie die bedarfsweise gegebenen Angaben zur Formgeschichte und Bedeutungsgeschichte (auf die hier nicht näher eingegangen werden soll). Gegenstand einer kurzen Betrachtung sollen hier die aus verschiedenen Quellen fließenden Herkunftsangaben im DWDS sein, die in der letzten Zeit eine formelle und inhaltliche Harmonisierung in Form von Kurzetymologien erfahren haben, mit denen zugleich ein produktives Muster für die Schaffung neuer Kurzetymologien entwickelt worden ist.

2.1 Die Ausgangslage

Den in Umfang und Bearbeitungstiefe wichtigsten unmittelbar sichtbaren Beitrag zur Auskunft über Wortetymologien leistet bislang das in das DWDS integrierte Etymologische Wörterbuch, das unter der Leitung Wolfgang Pfeifers in den 1980er-Jahren an der Akademie der Wissenschaften der DDR, dem Vorläufer der heutigen Berlin-Brandenburgischen Akademie der Wissenschaften, erstellt wurde, und dessen zweite Auflage von 1993 Grundlage der integrierten Fassung darstellt. Dieser in Druckwerken publizierte Stand wurde von Wolfgang Pfeifer bis zu seinem Tode im Jahre 2020 umfangreich weiter bearbeitet und fortgeschrieben. Das Etymologische Wörterbuch enthält heute Informationen zu fast 25.000 Lexemen des Erb- und Lehnwortschatzes. Verglichen mit der Zahl der in das DWDS insgesamt aufgenommenen knapp 260.000 Stichwörter scheint diese Zahl gering zu sein (und tatsächlich sind auch hier bestimmte Lücken, gerade bei entlegenerem, regionalem, veraltetem usw. Wortschatz unvermeidbar), allerdings bringt das *Etymologische Wörterbuch* in den etwa 9.500 Hauptartikeln jeweils alle Mitglieder einer Wortfamilie unter, die auf dieselbe Stammbedeutung zurückzuführen sind, wobei selbstverständlich eine große Menge an durch verschiedene Wortbildungsprozesse gebildeten Stichwörtern unberücksichtigt bleibt.[6] Im DWDS wird in diesen Fällen auf einer weiteren, „Zerlegung" genannten Ebene im Artikelkopf auf die zugrundeliegenden Bestandteile verwiesen, deren Einträge letztlich wiederum meistens auf einen etymologischen Eintrag führen. Das dem DWDS in großen Teilen zugrundeliegende WDG wiederum kannte in der Regel keine eigentlich etymologischen Angaben, sondern beschränkte sich auf die bloße Nennung der Ursprungssprache bei Lehn- und Fremdwörtern (wie etwa „Lateinisch", „Französisch"), seltener auch eines einzelnen Etymons (wie beispielsweise *lat.* ARCUBALLISTA zu *Armbrust*). Diese recht grobkörnigen Angaben waren im Einzelfall aus verschiedenen Gründen mit den Inhalten des EtymWb nicht immer befriedigend zusammenzubringen.

---

4 DTA, https://www.deutschestextarchiv.de/ (letzter Zugriff: 10.02.2025)

5 Historische Korpora im DWDS: https://www.dwds.de/d/korpora/dtaxl (letzter Zugriff: 10.02.2025).

6 Die Frage, wann ein etymologisches Wörterbuch „vollständig" ist, kann wohl kaum eindeutig beantwortet werden; vgl. Seebold (1990: 314–315).

2.2 Bemühungen zur Standardisierung und Homogenisierung der etymologischen Angaben

Das Nebeneinander von unterschiedlichen Quellen und Typen etymologischer Angaben stellt wohl noch nicht per se und zwangsläufig einen Nachteil dar. Nutzerinnen und Nutzer werden in der Regel zwischen überblicksartiger Darstellung hier und aufgefächerter, breiterer und tieferer Information dort zu unterscheiden wissen und beides zu eigenem Erkenntnisgewinn verbinden können. Problematisch wird ein Nebeneinander dort, wo sich Angaben widersprechen bzw. wo sie fehlerhaft sind oder wo die unterschiedliche Bearbeitungstiefe als störendes Missverhältnis wahrgenommen wird.

Ausgangspunkt der Ausgleichsbemühungen im DWDS war die auch für einen Schnellzugriff nur unbefriedigende Gestalt der Herkunftsangaben im Kopf der aus dem WDG übernommenen Artikel. Mit der Überarbeitung wurden zwei Hauptziele verfolgt.

Zum einen sollten die auf der dem Nutzer/der Nutzerin zugänglichen Webseitenansicht gebotenen etymologischen Angaben formell und inhaltlich harmonisiert werden. Diese Arbeit ist erwartbarer Teil der Redaktion nicht nur von etymologischen Wörterbüchern. Kein Wörterbuch ab einer bestimmten Größe kann immer gleichermaßen vollständig, konsequent, homogen und in allen Punkten auf dem neuesten Stand sein, auch wenn das manche Kritiker zu erwarten scheinen. Überarbeitungen dienen regelmäßig gerade dem Ausgleich von verschiedentlich entstandenen Unregelmäßigkeiten der Darstellung (vgl. Wiegand 1989: 2193 über Seebold 1990: 311), und das muss erst recht für den Fall der Zusammenführung verschiedener Quellen gelten.

Zum anderen zeigt sich bei grundständig eigenen Artikeln des DWDS immer wieder die Notwendigkeit, eigene Kurzetymologien in angemessenem Umfang zu erstellen. Für diese Fälle sollte bei dieser Gelegenheit ein flexibler Standard für Kurzetymologien entworfen werden.

Erprobt und vollständig umgesetzt wurde die Arbeit der Harmonisierung der Angaben an ca. 6.000 Artikeln, zu denen WDG und EtymWb überschneidend Informationen bieten. Hier, wo das EtymWb bereits etymologische Angaben zum Stichwort enthält, orientieren sich die neu geschaffenen Kurzetymologien grundsätzlich an dessen Entscheidungen, soweit sie nicht offenkundig einer Berichtigung bedürfen. EtymWb und DWDS treffen sich gewissermaßen im Register. Wie das DWDS ist das EtymWb „für den praktischen Gebrauch bestimmt" und zielt auf „einen großen Benutzerkreis" (EtymWb 1989: V), genügt aber andererseits unter den populäreren etymologischen Wörterbüchern in besonderem Maße auch wissenschaftlichen Ansprüchen (so etwa auch Wiegand 1989: 2196 und Grosse 1992: 344).

Dabei muss berücksichtigt und zur Schaffung von Widerspruchsfreiheit auch zum Teil in Kauf genommen werden, dass die Darstellung des EtymWb an einigen Punkten veraltet oder unvollständig (und teilweise für anschließende eigene weitere

Nachforschungen mangels Quellenangaben nur bedingt geeignet) ist.[7] Eine wünschenswerte umfassende Überarbeitung des EtymWb muss allerdings unter den prekären Bedingungen, unter denen selbst das DWDS als wichtigstes wissenschaftliches Wörterbuch der deutschen Gegenwartssprache erstellt wird, noch auf absehbare Zeit ein Desideratum bleiben.

Man würde Pfeifer und seinen Mitstreitern übrigens Unrecht tun, wenn man die materiellen und zeitlichen Beschränkungen der Entstehung des Wörterbuches in der Endzeit der DDR bei der Beurteilung mancher redaktioneller Entscheidungen und Mängel nicht in Betracht ziehen würde. Wolfgang Pfeifer hat zu Recht selbst immer wieder darauf hingewiesen (s. u. a. Pfeifer 1990: 335 und Pfeifer 1993: 84), und der unter wesentlich besseren Bedingungen arbeitende Seebold schreibt zu seiner Neubearbeitung des *Kluge*: „Was die Neubearbeitung nicht bringen kann, ist eine Aufarbeitung jedes Artikels nach dem neuesten Forschungsstand, gegebenenfalls unter Einsatz eigener Forschungsarbeit, und wirklich vollständige oder Vollständigkeit anstrebende Literaturangaben." (Seebold 1990: 311–312)

2.3 Die Kurzetymologien im DWDS-Wörterbuch

Die auf dieser Grundlage entwickelten Kurzetymologien sollen eine sinnvolle, aber kurze Antwort auf etymologische Fragen liefern. Sie folgen einerseits grundsätzlich einem einheitlichen Schema, ihr Standardisierungsgrad ist andererseits aber so gewählt, dass allfällige Besonderheiten des Einzelfalls stets berücksichtigt werden können, ohne das Schema immer wieder neu infrage stellen zu müssen.

Die Einträge bestehen in der Regel aus einem den jeweiligen Umständen angepassten Verweiszeichen (wie *aus*, *zu* oder *nach x*), einem mit der Angabe der Herkunftssprache versehenen Etymon (ggf., wie im EtymWb, unter Zugabe des Originalskriptes), ggf. auch Weiterverweisen und verschiedenen weiteren kurzgefassten Angaben. Ohne auf formale Einzelheiten einzugehen, mögen hier einige wenige Beispiele entsprechender Einträge im DWDS-Wörterbuch der Illustration dienen (Tab. 1).

7 Zur ersten Kritik am EtymWb siehe u. a. Munske (1990), Stricker (1990), Anttila (1991), Grosse (1992), Potthoff (1992) und Pfister (1995).

Tab. 1: Kurzetymologien zu einigen ausgewählten Stichwörtern

Akelei	wohl zu lat. *aculeus* ‘Stachel’
Alkali	aus mlat. *alkali, alcalia* ‘Pottasche’ < arab. *al-qalī* (القلي) ‘das Ausgelaugte’
Ankeraktionär	nach gleichbedeutend engl. *anchor shareholder*
Burka	zu arab. *burquʕ* (برقع) ‘Schleier’
Bakteriologie	zu griech. *baktḗrion* (βακτήριον) ‘Stäbchen, Stöckchen’ + *-logie* ‘-kunde, -lehre, -wissenschaft’

Die Kurzetymologien gehen trotz ihrer Kompaktheit dem EtymWb durchaus verwandte Kompromisse ein: Divergierende Lösungen werden in der Regel nicht diskutiert. Eine der Prämissen der Arbeit ist die möglichst einfache Beschaffung der notwendigen Informationen. Bei Unsicherheiten oder langen Verweisketten wird eher eine unstrittige und leichter weiterführende Information gegeben als eine spezielle Information, für deren Verifizierung und Nachvollzug umfangreichere Recherche notwendig wäre. Die Einträge geben oft nur einen Verweis auf den unmittelbaren Ursprung einer Entlehnung. Wenn es sich auch dort schon um eine Entlehnung handelt, wird oft weiterverwiesen. Rekonstruktionen werden nur in Ausnahmefällen gegeben, auf deren Diskussion wird vollständig verzichtet. Neben Einschränkungen bei Umfang und Tiefe der Darstellung ist eine Selbstbeschränkung bei der Auswahl der Stichwörter notwendig, für die überhaupt Kurzetymologien angefertigt werden. In der Regel werden bisher nur Entlehnungen behandelt, bei denen das Frage- und Informationsbedürfnis besonders hoch zu veranschlagen ist. Der Erbwortschatz wird dagegen bisher nur selten, etwa bei bestimmten undurchsichtigen Dialektwörtern und Archaismen, erörtert.

Im Ergebnis wurden in den letzten Jahren bereits etwa 9.000 etymologische Angaben nach dem neuen Muster erstellt, darunter etwa 3.000 gänzlich neu. Das DWDS hat damit einen inzwischen überaus produktiven Standard für Kurzetymologien installieren können und ist in der Lage, die von Schierholz aufgestellte wichtigste der „Villa-Vigoni-Thesen zur Lexikographie“ auch auf diesem Teilbereich als Herausforderung anzunehmen:

> Wörterbücher der Zukunft sind lexikalische bzw. sprachliche Informationssysteme, in denen die bestehenden lexikografischen Daten zusammengeführt sind, in denen Mehrsprachigkeit und sprachliche Varietät verankert sind und in denen die Menschen bei Wissenslücken eine Antwort sowie Unterstützung in Schreib- und Formulierungsprozessen von Texten finden. (Schierholz 2021: 304)

3 Zusammenspiel von Wörterbuch und automatisch extrahierten lexikalischen Informationen

In diesem Abschnitt wollen wir auf die in der Einleitung unter d) und e) aufgeführten Herausforderungen eingehen, nämlich auf das Zusammenspiel von DWDS-Wörterbuch und Korpusressourcen bzw. statistischen Auswertungen. Aus der Nutzungsperspektive stellt sich die Ergebnisseite zu einem Suchwort so dar, dass zunächst die lexikographisch kuratierten Informationen zu Form und Bedeutung angeboten werden. Diese werden – je nach vorhandener Datenlage – mit Informationen aus dem *Etymologischen Wörterbuch* und dem kollaborativ erstellten *OpenThesaurus* ergänzt. Weiter unten folgen dann – ebenso nach Datenlage – maschinell extrahierte Informationen aus Korpora: die „Guten Belege" als Ergebnis eines Verfahrens, mit dem aus den Korpora diejenigen Satzbelege extrahiert werden, die das jeweilige Stichwort in dessen Gebrauch repräsentieren, und das „DWDS-Wortprofil", mit dem aus großen Korpora des DWDS typische Wortverbindungen (Kookkurrenzen) extrahiert werden. Des Weiteren finden sich auf der Ergebnisseite Informationen zur Frequenz des Wortes in den DWDS-Korpora (gemessen auf einer Skala von 0 [selten] bis 6 [sehr häufig]) sowie zu den regionalen und zeitlichen Verteilungen des Gebrauchs.

Aus Platzgründen werden wir uns in diesem Abschnitt auf zwei dieser Informationsangebote beschränken: die korpusbasierten Angaben zur regionalen Verteilung, die wir mit den Regionalangaben im Wörterbuch vergleichen, und die maschinell ermittelten typischen Verbindungen und deren Zusammenspiel mit den Kollokationsangaben im Wörterbuch. Dabei gehen wir sowohl auf den Mehrwert aus Nutzungsperspektive als auch auf Beschränkungen des Informationswerts dieser maschinell ermittelten Informationen ein.

3.1 Regionale Verteilungen

Die Regionalangaben im DWDS-Wörterbuch sind zum großen Teil Erbe aus dem WDG und dem GWDS, werden aber seit 2019, dem Beginn des ZDL, sukzessive auf der Grundlage eines Arealkonzepts überprüft und neu vergeben. Dafür wurde, ähnlich wie im *Variantenwörterbuch des Deutschen* (VWB 2018), der deutsche Sprachraum mit den sogenannten „Vollzentren" Deutschland, Österreich und der deutschsprachigen Schweiz in insgesamt 8 Areale unterteilt.[8] Die lexikographische Aufgabe besteht darin, Wörter mit regionalem Bezug diesen Arealen zuzuordnen. Im einfachsten Fall ist das Wort genau einem Areal zuzuordnen, wie beispielsweise bei *Znüni* (Areal CH); in der Regel

8 Hinzu kommen die Halbzentren Ostbelgien, Luxemburg, Liechtenstein und Südtirol, die jeweils einem Areal der Hauptzentren zugeordnet werden.

kommt das Wort aber in zwei oder mehr Arealen vor. Dies ist z. B. bei *Gurkerl* der Fall (meist A, oft D-Südost [Altbayern]).

Die Datengrundlage für die Prüfung und Aufnahme der Regionalangaben in das DWDS-Wörterbuch ist das ZDL-Regionalkorpus,[9] welches Artikel aus Lokal- und Regionalteilen deutschsprachiger Tages- und Wochenzeitungen enthält und mit dessen Hilfe die regionale Variation im deutschen Gebrauchsstandard untersucht werden kann. Dieses Korpus wird fortlaufend ergänzt und aktualisiert. In der gegenwärtigen Version (Februar 2025) enthält das ZDL-Regionalkorpus die vollständigen digitalen Archive von 43 Zeitungen aus Deutschland, Österreich und der deutschsprachigen Schweiz. Dargestellt werden die Rechercheergebnisse des ZDL-Regionalkorpus u. a. in Form von Karten, bei denen die Vorkommenshäufigkeiten jeder Wortform[10] als Balken dargestellt werden (s. Abb. 1). Die Höhe des Balkens ist normalisiert pro 1 Million Tokens dargestellt. Je höher der Balken, desto häufiger ist die Wortform in einem Areal präsent. Die Kartenansicht ist verknüpft mit einer Belegrecherche, in der die Konkordanzen zeitlich auf- oder absteigend geordnet oder nach einzelnen Arealen gefiltert werden können.

Im DWDS-Informationssystem präsentieren wir beides, die Regionalangaben im DWDS-Wörterbuch und ergänzend dazu das ZDL-Regionalkorpus (vgl. Nolda/Barbaresi/Geyken 2023). Dabei ist natürlich klar, dass die sorgfältige lesartenbezogene lexikographische Analyse nicht immer mit den Häufigkeitsinformationen des Korpus übereinstimmt. Ursache dafür kann zum einen eine gewisse Unwucht des Korpus sein, zum anderen die Zählungsweise, die gegenwärtig rein formbasiert erfolgt und damit semantische Unterschiede nicht sichtbar macht. Beispielsweise ist es auf diese Weise nicht möglich zu entscheiden, ob das Wort *Gurkerl*, welches in beiden Arealen für das Diminutiv von 'Gewürzgurke' steht, im österreichischen Sprachraum und nur dort zusätzlich in der Fußballsprache als Synonym für 'Beinschuss' (also das 'Tunneln des Gegenspielers') verwendet wird. Auf der Grundlage der rein formbasierten Häufigkeiten ist es nicht möglich zu entscheiden, welchen Anteil die „Gemüselesart" in Österreich im Vergleich zur „Fußballlesart" hat. Solche Fälle sind keine Einzelfälle, sondern treten immer dann auf, wenn Eigennamen, Homographen oder Lesartenunterschiede in der lexikographischen Analyse unterschieden werden.

Warum haben wir uns trotz dieser möglichen Inkonsistenzen dafür entschieden, die Analyseergebnisse (visualisiert als Karten) gemeinsam mit dem Wörterbucheintrag auf der Webseite zu präsentieren? Dies hängt vor allem damit zusammen, dass die Korpusergebnisse in Form der Kartenansicht eine deutlich differenziertere Sicht auf die regionale Verteilung eines Regionalismus bieten als die im Wörterbuchartikel dargestellten Befunde, bei denen die Regionalangabe nur in Form einer Aufzählung der

9 Ergänzend kann das teilweise nach Herkunftsregionen der Texte annotierte Webmonitor-Korpus (https://www.dwds.de/d/korpora/webmonitor, letzter Zugriff: 10.02.2025) herangezogen werden.

10 Genauer gesagt: Es werden die Grundformen gezählt. Dafür wird eine automatische morphologische Analysesoftware herangezogen, TAGH (Geyken/Hanneforth 2006).

Areale und einer eingeschränkten Nuancierung wie „oft“, „gelegentlich“ oder „selten“ verzeichnet wird. Wie bereits erwähnt, stellt das ZDL-Regionalkorpus nur die Datengrundlage dar, die Ergebnisse ersetzen letztendlich nicht die lexikographische Analyse. Daher ist es stets notwendig, die quantitativen Ergebnisse der Kartenansicht anhand der Satzbelege im Korpus zu überprüfen. Aufgrund der Vereinbarungen mit den Rechteinhabern ist diese Überprüfung jedoch nicht nur den Lexikographinnen und Lexikographen des DWDS-Teams vorbehalten, sondern alle Nutzerinnen und Nutzer des DWDS können im gesamten ZDL-Regionalkorpus recherchieren und selbst im Detail nachvollziehen, wie die Regionalismen zeitlich und örtlich über die Areale verteilt sind, insbesondere auch in den einzelnen Zeitungsquellen bzw. ob es sich im Einzelfall um einen Ausreißer handelt, der Korpusartefakten geschuldet ist. Es ist dieser Mehrwert von Visualisierung und Nachprüfbarkeit, der für uns die Rechtfertigung dafür bildet, das Korpus zusätzlich zu den Wörterbuchbefunden anzubieten.

Abb. 1: Regionale Verteilung von *Gurkerl* im ZDL-Regionalkorpus

3.2 Typische Verbindungen (DWDS-Wortprofil)

Bei der Extraktion typischer Verbindungen wird das DWDS-Wortprofil (Didakowski/Geyken 2014) eingesetzt, welches methodisch auf der in der Computerlexikographie einschlägigen *Sketch Engine* (Kilgarriff 2004) aufsetzt und in den vergangenen Jahren kontinuierlich weiterentwickelt wurde.[11] Beim DWDS-Wortprofil handelt es sich um ein sprachtechnologisches Verfahren, welches statistisch signifikante Kookkurrenzpaare aus sehr großen Korpora extrahiert, dabei aber nur diejenigen Paare berücksichtigt, die in einer vordefinierten syntaktischen Beziehung stehen, also beispielsweise Subjekt, Objekt oder Adjektivattribut. Die Grundlage für das Wortprofil bildet ein kontinuierlich wachsendes Korpus, welches überwiegend aus überregionalen Zeitungen besteht und über 7 Milliarden Tokens umfasst (Stand Februar 2025). Das Wortprofil selbst wird als Datenbank verwaltet, welche die statistisch signifikanten Kookkurrenzpaare (gemäß *logDice*, Rychlý 2008) und deren jeweilige syntaktische Relation verzeichnet. Jedes Kookkurrenzpaar wiederum ist mit den Satzbelegen im Korpus verlinkt, so dass eine empirische Überprüfung jederzeit möglich ist. Mit der Wortprofil-Datenbank können Abfragen für das gemeinsame Auftreten von rund 900.000 verschiedenen Stichwörtern durchgeführt werden. Das Wortprofil bietet für 400.000 Lemmaformen (Abfragewörter) insgesamt 22,5 Millionen verschiedene Kookkurrenzpaare mit knapp 1 Milliarde Korpustreffern.

Auf der Webseite des DWDS werden die Informationen des DWDS-Wortprofils in einer Überblicksansicht als Wortwolke dargeboten (Abb. 2), bei der die Größe eines Stichworts für die Signifikanz des gemeinsamen Auftretens steht. Für eine detailliertere Analyse wird das Wortprofil in einer Tabellenansicht dargeboten (s. Abb. 3). Die Einträge in den Tabellen sind nach statistischer Signifikanz absteigend geordnet.

Abb. 2: Wortprofil zum Stichwort *Feuer* als Wortwolke

11 https://www.dwds.de/d/wortprofil (letzter Zugriff: 10.02.2025).

hat Adjektivattribut		logDice	Freq.
1. bengalisch	M W A	7.4	1302
2. olympisch	M W A	7.4	3006
3. offen	M W A	6.4	3293
4. verheerend	M W A	6.2	715
5. lodernd	M W A	6.2	533
6. ausgebrochen	M W A	5.3	287
7. gelegt	M W A	5.0	255
8. inner	M W A	5.0	505
9. heilig	M W A	4.9	413
10. feindlich	M W A	4.9	281

ist Akkusativ-Objekt von		logDice	Freq.
1. fangen	M W A	9.9	8394
2. eröffnen	M W A	8.9	10759
3. löschen	M W A	8.8	4253
4. legen	M W A	8.1	7474
5. entfachen	M W A	7.9	2008
6. gefangen	M W A	7.7	1667
7. erwidern	M W A	7.6	1679
8. entzünden	M W A	7.4	1434
9. spucken	M W A	6.4	645
10. anzünden	M W A	6.2	667

Abb. 3: Wortprofil zum Stichwort *Feuer* in der erweiterten Tabellenansicht

Neben diesen maschinell extrahierten Kookkurrenzinformationen gibt es im lexikographisch kuratierten Bedeutungsteil des Wörterbuchs eine Angabe des Typs „Kollokationen“, in denen diejenigen Wortpaare des Wortprofils aufgeführt werden, die lexikalisch relevante Kollokationen, daher also mehr als nur statistisch signifikante Kookkurrenzen sind. Die im Wörterbuch aufgeführten Kollokationen bilden eine Teilmenge der im Wortprofil gelisteten Kookkurrenzen.

Die Frage drängt sich auf, ob es nicht bei der Anzeige von statistisch ermittelten Wortverbindungen sein Bewenden haben könnte, ob also die manuelle Auswahl von Kollokationen entfallen kann. Vonseiten der (Meta-)Lexikographie ist diese Frage schon lange thematisiert und fast ebenso lang mit einem klaren „Nein“ beantwortet worden. So hat beispielsweise bereits 1995 Morton Benson in einer Rezension des *Dictionary of English Collocations: Based on the Brown Corpus* (Kjellmer 1994) den dort angewandten rein korpusbasierten Ansatz scharf kritisiert: „[...] it should be clear that Kjellmer has disregarded three major developments in collocational lexicography. [...] Second, Hausmann made the emphatic point that dictionaries should not be cluttered with unnecessary, free combinations. Third, Apresyan, Mel'cuk, and Zolkovsky pointed out the significance of lexical collocations.“ (Benson 1995: 65) Die Ergebnisse der rein statistisch und korpusbasiert ermittelten Kookkurrenzpaare haben also eine grundsätzlich andere Qualität als die für das DWDS-Wörterbuch daraus mit linguistischer Expertise ausgewählten lexikalischen Kollokationen (ausführlich zu den im DWDS verwendeten Auswahlkriterien vgl. Lemnitzer et al. 2025: Abschnitt 4). Zugleich erfüllen die Daten des Wortprofils im Zusammenspiel mit den Korpusbelegen eine andere Funktion als die Kollokationen des Wörterbuchs. Letztere dienen der praktischen Wörterbuchnutzung und dort vor allem zur Textproduktion. Die Daten des Wortprofils richten sich hingegen besonders an Forscherinnen und Forscher in der Linguistik und Lexikographie, die auch mit einer gewissen, der Korpusbasis geschuldeten Unsauberkeit der Daten (z. B. irrelevanten Verbindungen, Falschzuordnung der syntaktischen Relation) umgehen können. Auch Laiennutzer haben die Möglichkeit, über die kuratierten Daten des Wörterbuchs hinauszuschauen. Für diese ist der Hinweis auf der jeweiligen Webseite besonders wichtig, dass diese Daten „berechnet“ wurden.

4 Qualitätssicherung im DWDS

In den beiden letzten Abschnitten wurde exemplarisch gezeigt, vor welche Herausforderungen das DWDS gestellt ist, um die verschiedenen Wörterbücher bei der Anzeige auf der DWDS-Webseite zu synchronisieren (Abschnitt 2) und welche Inkonsistenzen entstehen können, wenn automatisch aus Korpora extrahierte und aggregierte Informationen neben die manuell geprüften Angaben des Wörterbuches gestellt werden (Abschnitt 3). Um diese Diskrepanzen zu ermitteln, zu dokumentieren und in der Folge dort, wo dies notwendig ist, eine manuelle Korrektur zu veranlassen, ist eine ausgefeilte Qualitätssicherung vonnöten, die den Verlauf der Arbeiten dauerhaft begleitet. Diese Art der Qualitätssicherung, wie sie für das DWDS betrieben wird, umfasst dabei sowohl die Prüfung der Prozesse (um etwa Fehler bei den manuellen Arbeiten frühzeitig zu entdecken und zu korrigieren) als auch die Kontrolle der Ergebnisse. Generell obliegt der Qualitätssicherung das systematische Auffinden potenzieller Fehler(quellen) und das Anstoßen von Maßnahmen zu deren Behebung.

Das Erstellen sowie die Überarbeitung von Wörterbuchartikeln bis zu deren Veröffentlichung obliegt den verantwortlichen Artikelschreiberinnen und -schreibern, den zuständigen Redakteurinnen und Redakteuren, ggfs. auch Kolleginnen und Kollegen mit fachspezifischem Wissen (gerade im Bereich des Fachwortschatzes oder bei Stichwörtern mit regionaler Markierung ihres Gebrauchs), schließlich den prüfenden Blicken der Endredaktion des DWDS-Wörterbuches. Dies wird hier nicht unter dem Aspekt der Qualitätssicherung betrachtet.

Trotz eines mehrstufigen Redaktionsprozesses, der von der Artikelerstfassung über eine redaktionelle Überarbeitung bis hin zur Publikation im DWDS-Wörterbuch reicht, lassen sich Fehler nicht vollständig vermeiden. Das DWDS verfolgt, anders als viele andere Online-Wörterbücher und Forschungsvorhaben aus diesem Bereich, eine Strategie der Veröffentlichung neuer und überarbeiteter Artikel in enger Taktung: Wenn Wörterbuchartikel final von der Redaktion begutachtet und freigegeben werden, durchläuft das Wörterbuch in seiner Gesamtanlage diverse Prüfungsprozesse und wird anschließend unmittelbar veröffentlicht. Dies geschieht einmal pro Woche und erlaubt so die zeitnahe Publikation der neuen und überarbeiteten Artikel.

Exemplarisch sollen in den folgenden Abschnitten einige Fehlerquellen (4.1), deren systematische Einordnung innerhalb der Qualitätssicherung des DWDS (4.2) und der Umgang damit (4.3) aufgezeigt werden. Grundlegend zu unterscheiden sind redaktionell und automatisch generierte Fehler, Fehler in den aus Korpora extrahierten oder abgeleiteten Daten sowie Inkonsistenzen im Zusammenspiel der verschiedenen Ressourcen.

4.1 Fehlerquellen

4.1.1 Redaktionelle Fehler bzw. Unvollständigkeiten

Angaben in DWDS-Wörterbuchartikeln enthalten redaktionell erstellte oder aus Softwaretools übernommene und anschließend kontrollierte Inhalte. Diese lassen sich teilweise voll- oder zumindest halbautomatisch überprüfen. Damit unterstützen Tools menschliches Auge und menschlichen Geist, zumal sie den Grundgedanken eines in sich konsistenten Wörterbuchs bzw. Informationssystems formal und auch hinsichtlich selten auftretender Phänomene zuverlässig und jederzeit umsetzen können.

Die Artikel im DWDS-Wörterbuch sind in einem Datenschema formal beschrieben. Anders als für gedruckte Wörterbücher wird also der Inhalt eines jeden Wörterbucheintrags nicht als formatierter Fließtext in einer Textverarbeitung oder einem Satzsystem verfasst, sondern einzelne Artikelteile, die

- für alle Artikel obligatorisch sind (z. B. der Lemmaansatz, Status und Zeitpunkt der letzten Änderung innerhalb des Redaktionsworkflows),
- optional angegeben werden können (z. B. Informationen zur Wortherkunft, Verweise auf das *Amtliche Regelwerk zur Deutschen Rechtschreibung*, Markierungen zum Sprachgebrauch an Lesarten),
- einander bedingen (z. B. Angabe von Wortbildungskomponenten bei Komposita, die Angabe des Partizips II bei Einträgen der Wortklasse *Verb*, das Abrufdatum eines Belegs, wenn dieser einem Korpus mit Webseiten entstammt),

innerhalb einer Autorenumgebung („Lexikographischer Arbeitsplatz“) mit den für das Stichwort relevanten Angaben versehen. In diesem System sorgen sog. Constraints (also Beschränkungen bzw. Überprüfungen der eingegebenen Daten) dafür, dass die jeweiligen Angaben nur mit festgelegtem Vokabular, definierten Zeicheninventaren oder mit bestimmten Auszeichnungen versehen eingegeben werden können bzw. müssen. Überprüfungen finden bereits beim Schreiben von Artikeln statt, sind modular und erweiterbar gestaltet, und sie werden aufgrund von Erfahrungen über die Projektlaufzeit hinweg stetig erweitert und verfeinert und ergänzen damit das Eingabesystem bzgl. Hinweisen auf mögliche Fehler in Artikeln und im Gesamtgerüst des DWDS-Wörterbuchs.

Natürlich können nicht alle Fehler, Fehlstellen oder auch unzureichende Informationsangaben im Wörterbuch mithilfe von Software aufgedeckt werden. Der Redaktionsprozess mit mehrfacher kollegialer Prüfung und Bewertung der Artikeltexte und die Instrumente der Qualitätssicherung greifen hier ineinander in dem Bestreben, bestmögliche und weitestgehend fehlerfreie Ergebnisse auf der Webseite zu veröffentlichen.

4.1.2 Fehler in maschinell extrahierten bzw. abgeleiteten Daten und Inkonsistenzen

Die Darstellung der Wörterbuchartikel auf der Webseite des DWDS ist begleitet von textuellen und grafischen Informationen, die aus den umfangreichen Textsammlungen des Projekts extrahiert und aggregiert werden. Dabei werden beispielsweise die Karten zur regionalen Verteilung, Verlaufskurven oder auch die Wortwolken im Abschnitt „Typische Verbindungen" nicht manuell erstellt. Sprachtechnologische Werkzeuge mit Zugriff sowohl auf die Informationen der Wörterbuchartikel als auch auf die linguistisch vorannotierten Korpora produzieren die Daten zu denjenigen zusätzlichen Informationsangeboten, die auf der Website angezeigt und als „automatisch generiert", „berechnet" o. ä. gekennzeichnet werden.

Die Überprüfung dieser Daten in Verbindung mit den Angaben des DWDS-Wörterbuchs ist ein nie abgeschlossener Prozess, auch weil sich die zugrundeliegenden Korpora ändern. Das Projekt ergänzt fortlaufend sowohl seinen Bestand an historischen als auch gegenwartssprachlichen Textsammlungen und füllt so v. a. Lücken im Bestand, aber auch die Qualität in der Textgrundlage und der linguistischen Annotation wird stetig verbessert.

4.2 Systematische Erfassung von Fehlern und Inkonsistenzen

Um diese Beobachtungen systematisch zu erfassen, zu dokumentieren und (innerhalb des Projekts) dauerhaft verfügbar zu machen, wurde im DWDS 2015 ein Ticket-System eingerichtet. Ähnlich wie in einem Issue-Management-System[12] für Software werden darin alle Meldungen gesammelt und organisiert, die das DWDS-Wörterbuch und seine angeschlossenen Komponenten wie z. B. Textkorpora und statistische Auswertungen betreffen. Dabei sind die Meldungen in folgende Themenfelder klassifiziert:

4.2.1 Formteil der Wörterbuchartikel

- Angaben zur Form bzw. Grammatik,
- Angabe der Worttrennung,
- Angaben zur Wortbildung,
- Aussprache: akustische Angabe als Audiodatei,
- Aussprache: IPA-Notation,
- Angaben zur Wortherkunft (Etymologie).

12 Für eine kompakte, übersichtliche Einführung sei der Wikipedia-Artikel „Issue-Tracking-System" empfohlen: https://de.wikipedia.org/wiki/Issue-Tracking-System (letzter Zugriff: 10.02.2025).

Diese Angaben werden im lexikographischen Arbeitsprozess des DWDS-Projekts separat vom Bedeutungsteil bearbeitet. Meldungen zu diesen Themenfeldern stehen durch diese Klassifikation den entsprechenden Expertinnen und Experten direkt zur Bearbeitung zur Verfügung.

4.2.2 Bedeutungsteil

- Bedeutungen bzw. Lesarten fehlen,
- Fehler bzw. Fehlstellen im Bedeutungsteil.

Der größte Teil der redaktionellen Arbeit im DWDS besteht aus der semantischen Gliederung (Lesarten) und der Bestimmung und Beschreibung einer Wortbedeutung u. a. mittels einer Definition, von Belegen, Verweisen und diasystematischen Angaben. Diese Informationen werden vornehmlich aus der Analyse von Korpusbelegen erschlossen, von denen eine kleine Auswahl jedem Artikel bzw. jeder Bedeutung eines Stichwortes zugeordnet wird. Die Korpusbelege werden dazu sorgsam ausgesucht, ggf. werden hilfreiche Ergänzungen in Form von Autorenzusätzen bzw. für das Verständnis von Belegen nützliche Paraphrasierungen (z. B. Auflösungen von Abkürzungen) gegeben. Wenn möglich, werden Kollokationen (typische Wortverbindungen) und weitere wortartenspezifische (z. B. Konstruktionsmuster für Verben) Angaben ergänzt.

4.2.3 Allgemeines

Kein Wörterbuch der deutschen Sprache ist vollständig. Für die Aufnahme ins DWDS-Wörterbuch gibt es definierte Kriterien wie z. B. die Häufigkeit in Korpora. Entsprechend sind in dieser Kategorie alle Aufnahmekandidaten versammelt, die von der DWDS-Redaktion regelmäßig überprüft und gegebenenfalls als Artikel ausgebaut oder auch für weitere Beobachtungen ihrer Rolle und Relevanz im Sprachgebrauch zunächst zurückgestellt werden.

Artikel im DWDS-Wörterbuch werden, wie oben beschrieben, anhand eines definierten Datenschemas erstellt. Für die Darstellung der einzelnen Angaben hin zu einem auf der DWDS-Webseite in Gänze angezeigten Artikel werden diese Daten entsprechend in ihre Anzeigeform transformiert. Auch diese Softwarekomponente kann Fehler oder Unzulänglichkeiten enthalten.

Das DWDS-Wörterbuch umfasst Daten aus Wörterbüchern wie dem WDG, dem Duden (GWDS 1999) und dem Wahrig (WDW 2011). Gerade im Sinne der Nachvollziehbarkeit und wissenschaftlichen Korrektheit ist es wichtig, zu dokumentieren, welche Inhalte aus den entsprechenden Quellen stammen und dies durch entsprechende Angaben kenntlich zu machen.

4.2.4 Angelagerte, aus Korpora abgeleitete Daten

Das Ticketsystem erfasst neben den genuin lexikographischen Inhalten auch die Inhalte der automatisch generierten Komponenten (Wortverlauf, Wortprofil, Regionalkarten). Tickets dieser Kategorien können direkt an die mit der Entwicklung der sprachtechnologischen Werkzeuge befassten Kolleginnen und Kollegen adressiert werden.

4.3 Workflows

Die Behebung der vorgenannten Fehler(quellen) ist ein essentieller Bestandteil der täglichen Arbeit am DWDS. Entsprechende Meldungen für das Ticketsystem können über zwei verschiedene Formulare von den Mitarbeitenden einerseits und von Nutzerinnen und Nutzern andererseits verfasst werden. Davon wird reichlich Gebrauch gemacht.

Mitarbeitende im Projekt haben direkt in einer erweiterten Ansicht der DWDS-Webseite die Möglichkeit, Meldungen abzusetzen (Abb. 4). Die Meldung wird dann jeweils der entsprechenden Webseite, meist ist dies ein Wörterbucheintrag, zugeordnet. Verweise auf die bisher aufgelaufenen Meldungen werden in der erweiterten Ansicht zusammen mit dem aufgerufenen Wörterbucheintrag angezeigt, die Tickets können so leicht im Rahmen einer allfälligen Überarbeitung berücksichtigt werden.

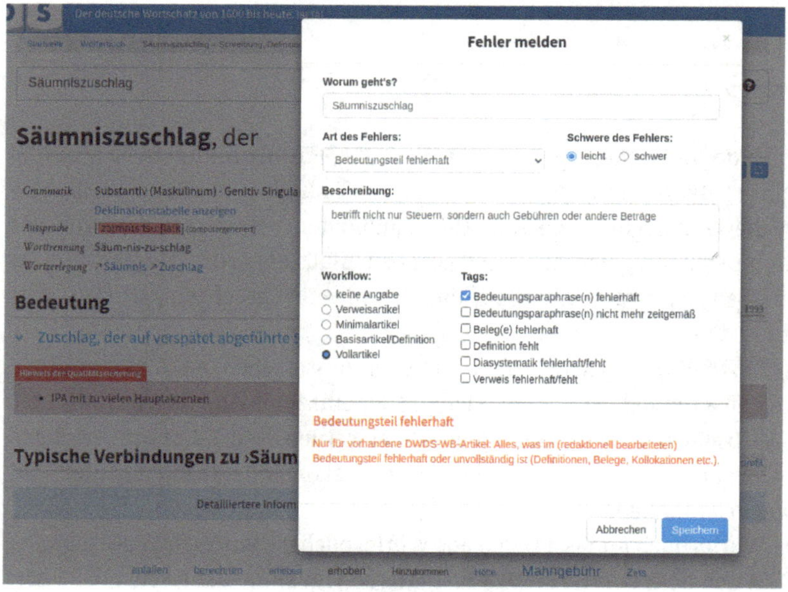

Abb. 4: Meldung zu einer unvollständigen Definition im Artikel „Säumniszuschlag“ (https://www.dwds.de/wb/S%C3%A4umniszuschlag, letzter Zugriff: 10.02.2025)

Für externe Nutzerinnen und Nutzer des DWDS gibt es die Möglichkeit, über das Kontaktformular[13] entsprechende Eingaben zu machen, die anschließend von der DWDS-Nutzerbetreuung kategorisiert und gegebenenfalls an Mitarbeitende im Projekt weitergeleitet werden. Allein für das Kalenderjahr 2024 verzeichnet das DWDS weit über 2.000 Meldungen, die größtenteils Wörterbuchinhalte betreffen.

Verwaltet werden diese Meldungen als Tickets in einer darauf spezialisierten Software.[14]

P	ID			Kategorie	Schweregrad	Status	Aktualisiert	Lemma
	0071470	1		Eintrag fehlt	kleinerer Fehler	zugewiesen	**2025-01-23**	safe
	0071436	1		Bedeutungsteil fehlerhaft	kleinerer Fehler	erledigt	**2025-01-23**	über Kreuz kommen
	0071469			Bedeutung fehlt	kleinerer Fehler	neu	**2025-01-23**	Waterboarding
	0071467	1		Etymologieteil fehlerhaft/unvollständig	kleinerer Fehler	erledigt	**2025-01-23**	Teppichetage
	0071466	2		Bedeutungsteil fehlerhaft	Feature-Wunsch	erledigt	**2025-01-23**	Teppichetage
	0071468			Bedeutung fehlt	kleinerer Fehler	neu	**2025-01-23**	löcken
	0057205			Bedeutung fehlerhaft/unvollständig	kleinerer Fehler	erledigt	**2025-01-23**	Migrationshintergrund
	0071464			Eintrag fehlt	kleinerer Fehler	zugewiesen	2025-01-23	Naheverhältnis
	0071393	2		Eintrag fehlt	kleinerer Fehler	zugewiesen	2025-01-23	siuuu
	0071465			Anderes	**schwerer Fehler**	zugewiesen	2025-01-23	eisigkalt
	0071463			Anderes	kleinerer Fehler	zugewiesen	2025-01-23	winzig
	0028284	1		Eintrag fehlt	kleinerer Fehler	zugewiesen	2025-01-23	derweise
	0071461			Eintrag fehlt	kleinerer Fehler	zugewiesen	2025-01-23	Erkundungsreise
	0071460	1		Bedeutungsteil fehlerhaft	kleinerer Fehler	zugewiesen	2025-01-23	serienweise
	0071459			Eintrag fehlt	kleinerer Fehler	zugewiesen	2025-01-23	Rightsizing
	0065382	2		Bedeutung fehlt	kleinerer Fehler	erledigt	2025-01-23	üblicherweise
	0071452			Bedeutung fehlerhaft/unvollständig	kleinerer Fehler	zugewiesen	2025-01-23	recht
	0071458			Verwendungsbeispiele fehlerhaft	kleinerer Fehler	erledigt	2025-01-23	seifen
	0071410	1		Bedeutung fehlt	kleinerer Fehler	neu	2025-01-22	wegverteidigen
	0071457			Formteil fehlerhaft/unvollständig	kleinerer Fehler	zugewiesen	2025-01-22	olivgrau

Abb. 5: Auszug aus der Ticketdatenbank des DWDS, Stand: Januar 2025

Die Verwaltung sämtlicher Befunde zu Artikeln im DWDS-Wörterbuch bietet nicht nur einen Überblick über den aktuellen Zustand im Projekt. Die Ablage in Form von Tickets ermöglicht eine Dokumentation zu Einzelfragen und deren Lösungen, die dauerhaft sowohl als Archiv als auch für die tägliche Arbeit verwendet wird. Gleichzeitig kann durch entsprechende Analysen und Quantifizierungen von besonders oft gemeldeten Problemen ein gezieltes Verteilen von Aufgaben gesteuert werden (Abb. 5).

Der einfache Zugang zum Melden von Befunden aller Art im DWDS und die konsequente Verwendung dieser Systematisierung mitsamt den daraus sich ergebenden Möglichkeiten sind seit vielen Jahren eine unverzichtbare Säule im Arbeitsalltag des Projekts. Das System ist zentral für die Steuerung der Arbeiten an der stetigen Verbesserung des Wörterbuches und der anderen Komponenten des Wortinfor-

13 Kontaktformular des DWDS: https://www.dwds.de/kontakt (letzter Zugriff: 10.02.2025).

14 MantisBT: https://mantisbt.org/ (letzter Zugriff: 10.02.2025).

mationssystems. Es ist eine Motivation für das Team, besonders im Austausch mit den Nutzerinnen und Nutzern das System weiter zu verbessern, auch wenn von den über 70.000 Meldungen zum Zeitpunkt des Schreibens dieses Textes natürlich der Großteil bereits abgearbeitet ist.

5 Fazit und Ausblick

In unserem Beitrag haben wir dargestellt, mit welchen Herausforderungen ein Wörterbuchvorhaben konfrontiert ist, das ein allzeit für die breite Öffentlichkeit verfügbares Wortinformationssystem pflegen und weiterentwickeln möchte. Ein solches System lässt sich am besten als ein modulares Gebilde aus verschiedenen Ressourcen beschreiben, deren gemeinsamer Bezugspunkt es ist, Informationen zu Eigenschaften und Gebrauch einzelner Wörter beizutragen. Einige dieser Ressourcen sind das Produkt sorgfältiger und professioneller lexikographischer Arbeit mit dem Anspruch, absolut verlässlich zu sein. Andere Ressourcen sind das Ergebnis sprachtechnologischer Verfahren und basieren auf linguistisch annotierten Korpusdaten. Diese Daten übersteigen einerseits bei weitem das Maß an lexikographisch kuratierbaren Informationen, sind aber andererseits fehleranfällig und deshalb weniger zuverlässig. Die in der Einleitung aufgeführten Herausforderungen resultieren aus den Schnittstellen zwischen diesen Ressourcen und den sich daraus ergebenden Inkonsistenzen.

In den Abschnitten 2 (Synchronisierung verschiedener Wörterbücher) und 3 (Zusammenspiel von lexikographisch kuratierten Informationen und maschinell extrahierten Informationen) wurde jeweils an Beispielen gezeigt, dass die gemeinsame Präsentation dieser verschiedenen Sichten im DWDS-Informationssystem zueinander widersprüchlich sein kann. Der Umgang mit diesen Inkonsistenzen für das DWDS-Team ist einerseits nach innen eine Aufgabe der Qualitätssicherung. Für die Außenwahrnehmung andererseits spielt es eine entscheidende Rolle, wie der unterschiedliche Charakter der einzelnen Komponenten auf der Website des DWDS dargestellt bzw. dokumentiert wird.

Exemplarisch für die Innensicht und die Außensicht auf das DWDS steht das in Abschnitt 4 beschriebene Issue-Management-System, das eine zentrale Stelle für die Steuerung des lexikographischen Arbeitsprozesses und des sprachtechnologischen Entwicklungsprozesses einnimmt. Die Sicht der Öffentlichkeit, insbesondere auch der Fachöffentlichkeit, auf das DWDS wird dabei stets eine wichtige Quelle für die weitere Entwicklung des DWDS bleiben.

Der lexikographische Arbeitsprozess orientiert sich darüber hinaus an Prinzipien und Verfahren, die innerhalb des Vorhabens etabliert wurden, aber natürlich auch an eine lange Tradition vergleichbarer Vorhaben anknüpfen. Eine besondere Herausforderung in diesem Arbeitsprozess, auf die in diesem Aufsatz nicht weiter eingegangen werden konnte, ist die Harmonisierung und Aktualisierung der verschiedenen lexikographischen Quellen, die in die Wörterbuchkomponente des DWDS eingeflossen sind. Dies wird, vor dem Hintergrund einer sich stets weiterentwickelnden Gegenwartssprache, eine Daueraufgabe des Vorhabens bleiben.

Die sprachtechnologischen Entwicklungen werden bereits jetzt von den sprunghaften Entwicklungen im Bereich der Künstlichen Intelligenz beeinflusst. Es ist zu hoffen, dass in naher Zukunft eines der gravierendsten Probleme bei der Integration der Komponenten gelöst werden kann: die Zuordnung von Belegen als Instanzen der Wortverwendung zur jeweils passenden Lesart des Wortes im Wörterbuch und damit die Überwindung der „semantischen Blindheit" der sprachtechnologischen Analysen und Verfahren.

Am Ende dieser Ausführungen möchten wir noch einmal den Jubilar in einem Punkt zitieren, in dem wir uns voll und ganz mit ihm einer Meinung sind:

Es ist gut, wenn es für die deutsche Sprache der Gegenwart ein Projekt gibt, in dem deren Zustand auf einem Informationsportal dokumentiert wird, und es ist richtig, dass dies in den Aufgabenbereich einer Akademie gelegt ist. Die Wissenschaftspolitik muss sich darüber im Klaren sein, dass es für dieses Projekt keinen Abschluss geben wird. Es handelt sich um eine unbefristete Daueraufgabe, mit der die Dokumentation der deutschen Sprache auch noch in 100 Jahren zu leisten sein wird und ein hoher Langzeitnutzen verbunden ist (Schierholz 2019: 193).

6 Literatur

6.1 Monographien und Aufsätze

Anttila, Raimo (1991): Etymologisches Wörterbuch des Deutschen by Wolfgang Pfeifer. In: Language 67.2, 417–418.

Benson, Morton (1995): Review of Göran Kjellmer, A Dictionary of English Collocations: Based on the Brown Corpus. In: International Journal of Lexicography 8, 65–67.

Didakowski, Jörg/Geyken, Alexander (2014): From DWDS corpora to a German word profile – methodological problems and solutions. In: OPAL – Online publizierte Arbeiten zur Linguistik 2, 39–47.

Geyken, Alexander/Hanneforth, Thomas (2006): TAGH: A Complete Morphology for German based on Weighted Finite State Automata. In: Yli-Jyrä, Anssi/Karttunen, Lauri/Karhumäki, Juhani (Hrsg.): Finite State Methods and Natural Language Processing. Berlin/Heidelberg: Springer, 55–66.

Grosse, Rudolf (1992): Etymologisches Wörterbuch des Deutschen. In: Zeitschrift für Dialektologie und Linguistik 59.3, 344–345.

Kilgarriff, Adam (2004): The Sketch Engine. In: Proceedings Euralex 2004. Lorient: Université de Bretagne Sud, Faculté des lettres et des sciences humaines, 105–116.

Klosa, Annette/Lemnitzer, Lothar/Neumann, Gerald (2008): Wörterbuchportale – Fragen der Benutzerführung. Lexikografische Portale im Internet. In: Klosa, Annette (Hrsg.): Lexikografische Portale im Internet, 5–35, https://ids-pub.bsz-bw.de/frontdoor/deliver/index/docId/50/file/Klosa_Lemnitzer_Neumann_Woerterbuchportale_2008.pdf.

Lemnitzer, Lothar et al. (2025): Kollokationen im DWDS-Wörterbuch und ihr Mehrwert für DaF/DaZ. In: Deutsch als Fremdsprache 62.2, 67–80.

Munske, Horst Haider (1990): Etymologisches Wörterbuch des Deutschen. In: Zeitschrift für deutsches Altertum und deutsche Literatur 119.4, 455–460.
Neurath, Otto (1932/1933): Protokollsätze. In: Erkenntnis 3, 204–214.
Nolda, Andreas/Barbaresi, Adrien/Geyken, Alexander (2023): Korpora für die lexikographische Beschreibung diatopischer Variation in der deutschen Standardsprache. In: Deppermann, Arnulf et al. (Hrsg.): Korpora in der germanistischen Sprachwissenschaft: Mündlich, schriftlich, multimedial. Berlin/Boston: de Gruyter, 29–52.
Pfeifer, Wolfgang (1990): Das Berliner Etymologische Wörterbuch des Deutschen. In: Goebel, Ulrich/Reichmann, Oskar (Hrsg.): Historical Lexicography of the German Language. Bd. 1. Lewiston, NY u. a.: Mellen, 327–339.
Pfeifer, Wolfgang (1993): Bericht über das Etymologische Wörterbuch des Deutschen. In: Bremmer, Rolf (Hrsg.): Current Trends in West Germanic Etymological Lexicography. Leiden u. a.: Brill, 77–89.
Pfister, Max (1995): Etymologisches Wörterbuch des Deutschen. In: Zeitschrift für romanische Philologie 111.4, 774.
Potthoff, Anne (1992): Etymologisches Wörterbuch des Deutschen. In: Göttingische gelehrte Anzeigen 244.3/4, 297–310.
Rychlý, Pavel (2008): A lexicographer–friendly association score. In Sojka, Petr/Horák, Aleš (Hrsg.): Proceedings of Recent Advances in Slavonic Natural Language Processing (RASLAN). Brno, 6–9.
Schierholz, Stefan J. (2019): Brauchen wir noch Wörterbücher? Ja! Aber welche? In: Eichinger, Ludwig M./Plewnia, Albrecht (Hrsg.): Neues vom heutigen Deutsch. Empirisch – methodisch – theoretisch. Berlin/Boston: de Gruyter, 163–198.
Schierholz, Stefan J. (2021): Die Villa Vigoni Thesen zur Lexikographie. In: Lexicographica 37, 303–305.
Seebold, Elmar (1990): Etymologisches Wörterbuch und Geschichte des Wortschatzes. In: Goebel, Ulrich / Reichmann, Oskar (eds.): Historical Lexicography of the German Language. Bd. 1. Lewiston, NY u. a.: Mellen, 309–326.
Stricker, Stefanie (1990). Etymologisches Wörterbuch des Deutschen. In: Beiträge zur Namenforschung, N. F. 25, 131–137.
Wiegand, Herbert Ernst (1989): Die deutsche Lexikographie der Gegenwart. In: Franz Josef Hausmann et al. (Hrsg.): Wörterbücher: ein internationales Handbuch zur Lexikographie. Bd. 2. Berlin/New York: de Gruyter, 312–322.

6.2 Wörterbücher

DWB = Deutsches Wörterbuch von Jacob Grimm und Wilhelm Grimm. Erstbearbeitung: https://www.dwds.de/wb/dwb/; Neubearbeitung: https://www.dwds.de/wb/dwb2/.
EtymWB = Etymologisches Wörterbuch des Deutschen. Hrsg. v. Pfeifer, Gerlinde/Petermann, Heinrich. 3. Aufl. Berlin: Akademie-Verlag, 1993.
GWDS = Duden. Das große Wörterbuch der deutschen Sprache. 3. Aufl. Mannheim: Bibliographisches Institut, 1999.
Kjellmer, Göran: A Dictionary of English Collocations: Based on the Brown Corpus. 3 Bde. Oxford: Clarendon Press, 1994.
VWB = Variantenwörterbuch des Deutschen. Hrsg. v. Ammon Ulrich/Bickel, Hans/Lenz, Alexandra N. 2. Aufl. Berlin u. a.: de Gruyter, 2018.
WDG = Wörterbuch der deutschen Gegenwartssprache. Hrsg. v. Klappenbach, Ruth/Steinitz, Wolfgang. Berlin: Akademie-Verlag, 1964–1977.
WDW = Deutsches Wörterbuch. Hrsg. v. Wahrig-Burfeind, Renate. 9. Aufl. Gütersloh/München: Wissenmedia, 2011.

Laura Giacomini

WSK Online as a tool for translation students

A case study in specialised lexicography

Abstract: This paper examines the use of WSK Online, an authoritative collection of specialised dictionaries, by translation students, and aims to demonstrate the effectiveness of this innovative lexicographic resource in supporting academic writing. After exploring the user profile, including lexicographic skills and consultation needs, the design and objectives of the case study are outlined. Two target groups with different competences are involved in the study and carry out consultation experiments. The results are recorded in questionnaires, which are evaluated in the paper. Further (complementary) resources used by students in academic writing, e.g. encyclopaedias, search engines and generative AI tools, are also briefly discussed and compared to specialised dictionaries.

Keywords: WSK Online, specialised dictionaries, dictionary user, usability, translation students, academic writing

Schlagwörter: WSK Online, Fachwörterbücher, Wörterbuchbenutzer, Benutzerfreundlichkeit, Studierende der Translationswissenschaft, wissenschaftliches Schreiben

1 WSK Online: creation and features

The WSK *Wörterbücher zur Sprach- und Kommunikationswissenschaft* (Dictionaries of Linguistics and Communication Science) is a series of specialised dictionaries founded in 2004 by Herbert Ernst Wiegand and Stefan J. Schierholz and published by De Gruyter (Schierholz 2010). The WSK series, which has been edited by Laura Giacomini and Stefan J. Schierholz since 2023, is a modern, comprehensive and continuously evolving reference work that offers verified expert information from important subject areas.

Since 2013, specialised dictionary articles have been available in the WSK Online version. The database currently covers a wide range of topics in linguistics and communication science: grammar (morphology and syntax), word formation, historical linguistics, phonetics and phonology, grapholinguistics, dialectology, text linguistics, stylistics, discourse analysis, quantitative and formal linguistics, theories and methods in

Laura Giacomini, University of Innsbruck, Herzog-Siegmund-Ufer 15, 6020 Innsbruck, Austria, E-Mail: laura.giacomini@uibk.ac.at

https://doi.org/10.1515/9783111676531-011

linguistics, cognitive grammar, philosophy of language, language didactics, onomastics, media studies, semantics and pragmatics, lexicology. WSK Online is continuously supplemented and annually updated. Currently more than 14,500 articles are available. For the most part, entries are in German, also providing a lemma equivalent and a definition in English. A small number of entries are in English. The online version serves as a pure consultation dictionary catering to the reference needs of students, teachers, (semi-)experts and interested readers. The content of the database can be accessed on the WSK website via a personal or institutional licence.

This contribution focuses on the use of WSK Online by translation students and aims to prove the quality of this innovative lexicographic resource as a support for academic writing. Section 2 concentrates on the type of users, their lexicographic skills and consultation needs. Section 3 describes the details of the case study, focusing on the design and objectives of the analysis and introducing the two target groups involved in the experiment as well as the forms they were asked to complete during the consultation of WSK Online. In Section 4, the results of the consultation experiments for the target groups are presented and discussed based on the answers provided in the respective forms. The section concludes with some reflections on other sources commonly used by students in academic writing. The contribution concludes in Section 5 with some remarks on the case study carried out and the importance of WSK Online as a collection of specialised dictionaries of high scientific value.

2 Translation students as WSK Online users

The target group of the case study presented in this contribution are graduate and undergraduate translation students. University curricula in translation are clearly interdisciplinary: translation studies, both in terms of their theoretical perspectives and their practical and methodological implications, have very close contacts with various disciplines of theoretical and applied linguistics, communication science, and (inter- and trans-) cultural studies. This natural interdisciplinarity provides an interesting environment in which to put WSK Online to the test.

The data commented on in this contribution were collected at the Institute of Translation at the Innsbruck University (https://www.uibk.ac.at/de/translation). The institute, which since 2024 is a certified member of the European Master's in Translation (EMT), offers both a bachelor's and a master's degree in translation, the latter with three possible majors in specialised translation and translation technology, literary and audiovisual translation, and interpreting. Students come from different backgrounds, often with prior education in linguistics, foreign languages, literature, or cultural studies.

Lexicographic resources play a crucial role in the education of translation students, serving as essential tools for enhancing their language skills and supporting the translation process. Students usually consult multiple dictionary types, e.g. monolingual and bilingual, simultaneously. Dictionaries facilitate vocabulary acquisition and help develop critical skills in (translation-oriented) text reception and production.

In the context of academic writing, lexicographic resources that support documentation and assist in delving into key concepts are also crucial. These specialised resources are valuable knowledge repositories and, as will be seen, show considerable advantages over other sources used by students for the same purpose. This can be verified, for instance, in the preparation of oral presentations, term papers, and theses. Once a topic has been assigned, students are required to deepen their theoretical knowledge of the topic and then apply this knowledge to the empirical part of the work. Precisely because of the great interdisciplinary nature of translation studies, the topics dealt with in academic works are extremely diverse, not only in terms of reference theories but also in terms of methodology.

The actual needs and expectations of the students with respect to a reference resource do not always seem to coincide completely. Expectations often seem to relate to effectiveness in terms of time spent on consultation and ease of use. An actual need is for access to reliable content with clear scientific quality. The availability of high-quality specialised lexicographic resources should always be seen as a primary need of future language professionals (or future language researchers). Quality, as will be seen in the next section, is clearly dictated by the content of the resource. In an online resource, however, further factors play a decisive role in whether a student decides to continue using the dictionary or to abandon it after the first consultation tests. At the same time, a student's metalexicographic and dictionary-using skills must also be taken into account. These skills are usually fairly uneven among translation students.

3 Design and goal of the case study

The case study presented in this contribution focuses on the consultation experience of undergraduate and graduate translation students in the context of academic writing, analysed by means of a survey (cf. Müller-Spitzer 2016 on research in dictionary use). The study is qualitative in nature and aims to identify the strengths and weaknesses of WSK Online when confronted with a usage situation of this type.

Two targets were addressed for the study, which was carried out during the winter term 2024/2025:

i) Target A - 12 students from the bachelor's degree attending an undergraduate seminar in Translation Studies, in which the final assignment is a term paper.
ii) Target B - 1 master's student writing her final thesis.

Both targets were asked to complete a form that includes a series of questions. The form was adapted to the target in accordance with the lexicographic skills of the users and also on the basis of the complexity of the scientific work which had been assigned (cf. Section 3.1 and 3.2).

The study focuses on specific aspects of usability as defined by ISO 9241-11:2018 "Ergonomics of human-system interaction — Part 11: Usability: Definitions and concepts": the document defines *usability* as the "extent to which a system, product or service can be used by specified users to achieve specified goals with effectiveness, efficiency and satisfaction in a specified context of use". The concept of usability according to the ISO standard fits very well with the quality assessment of lexicographic systems such as WSK Online (cf. Giacomini 2014 on exploring user interaction with LSP e-lexicographic tools). Tests can be carried out as far as a specified context of use is available, with a given user group performing a task in a given environment (Heid 2012).

The questions posed to the students mainly aimed to assess effectiveness ("accuracy and completeness with which users achieve specified goals") and user satisfaction ("extent to which the user's physical, cognitive and emotional responses that result from the use of a system, product or service meet the user's needs and expectations"). In addition to this, emphasis was placed on assessing the quality of data access structures in metalexicographic terms. On the other hand, efficiency, especially intended as time efficiency, was not considered because that would have required a different setting and greater supervision of the experiment. The research questions behind this case study thus concentrate on the user friendliness of the GUI, the quality of the external access structures, the understandability and adequacy of the contents for students of linguistics disciplines other than lexicography, the extent of prior knowledge in dictionary usage, and the usefulness in comparison to other reference resources in linguistics.

It should be noted that there is currently no volume on translation terminology in the WSK series. As will be seen, students consulted the resource in order to explore concepts from other disciplines.

Before administering the form, the students of both targets received an introduction to the resource. Until then, the students were not familiar with WSK Online. Although it is difficult to determine the causes of this gap with certainty, hypotheses can be made as to its origin, e.g.

i) the students' tendency to consistently use the same (few) resources in the course of study as well as teachers often not proposing the use of new resources in courses, but also
ii) the current limited visibility of WSK Online on the web compared to similar resources.

This last issue will be addressed at the end of the contribution.

The introduction to WSK Online offered, on the one hand, an overview of the creation of the resource, the lexicographical process and its current contents, and, on the other hand, a range of information on the use of the resource. This information covered the following features:

– the appearance and components of the user interface,

- the external access structures: a) search mask with its search options (Full Text, Author, Lemma, Type, Publication Year, Bibliography, Academic Discipline, Entry Language) and incremental search, b) index-based search using the headword list,
- the interpretation of the search results list,
- the application of filters to the obtained results (Access, Type, Publication Year, Academic Discipline, Entry Language),
- the microstructure of the entries (mainly the sequence of lemma, equivalent, definitions, explanation, synonyms, cross-references, and literature) and the internal access structures,
- the structure of the cross-references.

In particular, the students' attention was directed to the literature cited in each article, which together with the cross-references represents one of the most characteristic facets of the resource.

The printed version of WSK was also briefly discussed.

A targeted explanation was devoted to the metaterminology used in the resource, in particular to the term *Definiensposition* (English: 'position of the definiens') in the microstructure, based on Wiegand's lexicographical theory (REF), as well as to terms that were not readily understood such as *Verweislemma* (English: 'reference entry') or *Netzausschnitt* (English: 'net section'). Equally essential was the clarification of the treatment of multiword terms presented in a natural and non-natural form, e.g. *polares Adjektiv* (English: 'polar adjective'), which also appear as reference entries (*polares, Adjektiv*).

The search help on the WSK online site was not evaluated during the students' term consultation but was discussed separately and considered by the students as not very focused on their search needs (cf. Section 4 for further discussion).

3.1 Target A: Undergraduate seminar in Translation Studies

The students identified as Target A are students of the bachelor's degree who attended a seminar focusing on translation studies during the winter term 2024/2025. The structure of the course involves the discussion of major topics relevant to translation, such as culture-specific items, phraseology, terminology and corpus linguistics. Students choose a sub-topic to be explored in depth from among those covered in the course and make two short presentations: the first one concentrates on theoretical aspects (e.g. state of the art, definition of key concepts, relevant literature), the second one on the empirical and methodological part of the work. At the end of the course, a paper of approximately 15 pages has to be submitted.

The task of completing the form on WSK Online was assigned in preparation of the first presentation, for which students were requested to identify and define the concepts central to their topic. These concepts would then be used in the term paper. These are the instructions which were provided to the students:

> Please proceed as follows:
> Select 5 terms that are important for your topic.
> Search for these terms in WSK Online and fill in the form, answering the same questions for each of the selected terms.
> If you cannot find a term, make a note of this in the form and search for a new term.

The form administered to Target A has the following structure, with the first questions (a-e) to be repeated for each term:

> FORM A:
> Term #:
> a) Was the content easily accessible?
> b) Is the content easily understandable?
> c) Does the content relate to my topic?
> d) Is the reference list useful?
> e) Further comments:
> [...]
> General comments:
> f) Is WSK Online user-friendly?
> g) What do you like most?
> h) What would you like to be different?
> i) Other comments:

12 students took part in the course, most of them having German as their first language. The students had little or no background knowledge in metalexicography but had good first-hand experience of using online lexicographic resources, usually employed as reference tools for translation.

The topics covered in the papers are quite heterogeneous and interdisciplinary, ranging from lexicology to the interface between language and culture, to audiovisual translation, literary translation, localization, and language acquisition:

1. Treatment of Anglicisms in German-language dictionaries
2. Anglicisms in advertising language
3. Culture-specific features in a cookbook on Tyrolean cuisine: translation procedures for recipe titles
4. Culture-specific features in the musical 'Hamilton'. A comparison of the original with the German translation

5. Film title translations from English into German and French
6. Analysing the translation of Pablo Neruda's 'Veinte poemas de amor y una canción desesperada' into English
7. Comparison of the human and machine translation of Kafka's 'The Metamorphosis'
8. The description of *Weltschmerz* in 'The Sorrows of Young Werther' – a comparison of the German and English versions
9. Intralingual translation of 'Harry Potter' into youth language
10. MacOS user interface: Translation procedure for translation into German
11. Bilingualism in childhood: cognitive and cultural aspects
12. Multilingual education in the family: translation and identity formation

Each of the topics involves an explicit or implicit connection with translation, which has to be highlighted in the term paper.

3.2 Target B: Master's thesis in Translation Studies

The master's thesis, which will be approximately 100 pages long, deals with a topic at the interface between translation and lexicography, namely the treatment of culture-specific items in a monolingual phrase-based dictionary for translators, and the importance of correctly labelling them as such in the dictionary.

After compiling an entry for the verb *reiten* (English: 'to ride') in the German monolingual dictionary and discussing the cultural implications of its main senses, the student carries out a contrastive analysis of German and Spanish in order to highlight equivalence issues related to culture-specific words and the resulting lexical gaps in the translation process.

The theoretical and methodological foundation behind the chosen lexicographic model is that underlying the Phrase-Based Active Dictionary (PAD) (DiMuccio-Failla/Giacomini 2022), which is used by the student as a resource on which to test the translation implications of the cultural specificity of the lexicon. The core items of the PAD microstructure are meaning-specific phraseological patterns, seen as the core units of language in line with Sinclair's and Hanks's theories (e.g. Sinclair 2004, Hanks 2013) and with the cognitivist account of polysemy. The thesis thus focuses on the individual senses of the word *reiten*, described as phraseological lexical units in which the verb appears in a typical context, e.g. *ein gegebenes Reittier [rittlings] (auf eine bst. Art und Weise) reiten* (English: 'to ride a given mount [astride] (in a certain way)').

The main research questions can be summarised as follows: How can culture-specific items be best represented and marked in the lexical units of the PAD? How far is it possible to translate a lexical unit built according to the PAD methodology from a source language into a target language?

The thesis is interdisciplinary as it touches on aspects of different disciplines, e.g. sociolinguistics, pragmatics, translanguaging, phraseology. The student needs definitions and insights into the central concepts of her work. Some of the definitions will be later quoted in the thesis. In general, however, the search for information about terms has a learning purpose, especially in the preparation of the theoretical part of the thesis. This is also the reason why the chosen terms are rather generic and, in a way, reflect the desire to fill in some gaps in disciplines that are only partially related to the study of translation. The selected terms, both in German and English, are: *Pragmatik* ('pragmatics'), *pragmatics, cultural pragmatics, sociolinguistics, Sprache* ('language'), *Kommunikation* ('communication'), *Semantik* ('semantics'), *Konnotation* ('connotation'), *Kontext* ('context'), *Prototyp* ('prototype'), *Idiom* ('idiom'), *idiom, Prosodie* ('prosody'), *Polysemie* ('polysemy').

The student has reached a good level of lexicographic competence during her studies (e.g. knowledge of lexicographic structures and the respective terminology, as well as the ability to critically reflect on the characteristics of a dictionary from a user's perspective). This has the effect that the consultation of WSK Online is facilitated in comparison to the case of BA students and that the form can include more in-depth questions from a metalexicographic point of view. A more thorough discussion was requested of the student, including a critical reflection on the comprehensibility of the contents of the accessed entries.

The instructions provided for completing the form were basically the same as those used for the BA course. The main difference was that the number of terms to be researched was higher (10–15 plus relevant homonyms). The form administered to Target B has the following structure, with the first questions (a-j) to be repeated for each term:

FORM B:

Term #::

If a term is not available: Why? / Are there any synonyms of the term in WSK Online?

a) Was the content easily accessible (access structures)?
- In which WSK volume(s) is the entry located?
  What type of entry is it (lemma or reference lemma)?
- If reference lemma: Which entry is the target of the reference?
- If lemma: Are synonyms or references also useful?

b) Is the content (definition, explanation, etc.) easily understandable?
- If not, why?

c) Does the content match my topic?

d) Are the references useful?

e) Have you discovered errors/inconsistencies in the entry? / Further comments:

[...]

General comments:

f) Is WSK Online user-friendly? Give reasons for your answer.
g) Comment on the macrostructure of WSK Online.
h) Comment on the microstructure of WSK Online.
i) What do you like about WSK Online?
j) What would you like to be different?
k) Other comments:

4 Results and discussion

This section will analyse, classify and discuss the answers provided in the forms, distinguishing between the two target groups.

4.1 Target A: Undergraduate seminar in Translation Studies

The consultation experience of the BA students will now be summarised. As will be seen, the answers to questions A-a to A-e are strictly dependent on the topic of the term paper, while questions A-f to A-i are general. We will start with an evaluation of the more specific questions, for which a simple rating scale was applied according to the following categories: good, average, poor. Unfortunately, one of the students' forms (#12) cannot be evaluated as it is largely incomplete and with incorrect information about WSK Online entries.

Topic 1: Anglicisms in German-language dictionaries

Terms: *Anglizismus, Lehnwort, pädagogische Lexikographie, Grundwortschatz, Lernerwörterbuch* ('anglicism, loanword, pedagogical lexicography, basic vocabulary, learner's dictionary')

a) Content accessibility: good, average in the case of homographs belonging todifferent domains. The term *Lexikographie* is missing.
b) Understandability: good; examples are particularly useful. In the entry *Lernerwörterbuch*, the explanation of the dictionary structure has been positively judged.
c) Relevance: good; for the terms *Lehnwort* and *Grundwortschatz* the contents are more specific than required by the student. The contents of the entry *Anglizismus* match those found during previous searches in other resources.
d) Reference list: good for most of the terms; too specific for some terms.
e) Further comments: cross-references are useful.

Topic 2: Anglicisms in advertising language
Terms: *Anglizismus, Kommunikation, Phraseologie, Klimax, Lehnwort* ('anglicism, communication, phraseology, climax, loanword')

a) Content accessibility: good.
b) Understandability: good. The entry *Phraseologie* has been assessed as being particularly complex.
c) Relevance: good.
d) Reference list: good.
e) Further comments: -

Topic 3: Culture-specific features in a cookbook on Tyrolean cuisine
Terms: *Lehnübersetzung, Kontextualisierung, Entlehnung, interkulturelle Kompetenz, Kulturtheorie* ('loan translation, contextualisation, borrowing, intercultural competence, cultural theory')

a) Content accessibility: good, except in the case of homographs (multiple entries of the same lemma), for which disambiguation can be time-consuming.
b) Understandability: good; some contents were not understood until after the second reading.
c) Relevance: good for most of the terms.
d) Reference list: good; too short for some entries.
e) Further comments: cross-references and related terms are very useful.

Topic 4: Culture-specific features in the musical 'Hamilton'
Terms: *Namenentlehnung, Realien, Klassifikation, Übersetzbarkeit, interkulturelle Kompetenz* ('name borrowing, realia, classification, translatability, intercultural competence')

a) Content accessibility: average; one of the terms is only accessible via the lemma list, while *Übersetzbarkeit* only exists as a reference entry.
b) Understandability: the student considers the comprehensibility of the texts to be average due to the presence of many unknown terms.
c) Relevance: good.
d) Reference list: mostly good; not available for the reference entry *Übersetzbarkeit.*
e) Further comments: -

Topic 5: Film title translations from English into German and French
Terms: *Titel, Kurzwortbildung, Analogie, Namenvariation, Übersetzung* ('title, abbreviation, analogy, name variation, translation')

a) Content accessibility: good.
b) Understandability: good for most terms; however, prior knowledge of several terms is assumed.
c) Relevance: good for most terms.
d) Reference list: average for the topic of the paper.

e) Further comments: it is not easy to find relevant contents for audiovisual translation.

Topic 6: Translation of Pablo Neruda's *Veinte poemas de amor y una canción desesperada* into English
Terms: *Bedeutungsgleichheit, ästhetische Funktion, Resonanz, Form, Stil* ('meaning identity, aesthetic function, resonance, form, style')
a) Content accessibility: mostly good; for highly polysemic terms such as *Form*, identifying the correct entry among all search results requires some time; the student had difficulty in getting to the entry of *Bedeutungsgleichheit*, having first searched for the term *Äquivalenz* (a central concept in translation studies) and having found it only in the field of quantitative and formal linguistics (*logische Äquivalenz*).
b) Understandability: good for most of the terms.
c) Relevance: good for most of the terms.
d) Reference list: average for the topic of the paper.
e) Further comments: -

Topic 7: Human and machine translation of Kafka's *The Metamorphosis*
Terms: *Bedeutungsverschiebung, Transposition, Pragmatik, Metapher, Parataxe* ('meaning shift, transposition, pragmatics, metaphor, parataxis')
a) Content accessibility: good.
b) Understandability: good.
c) Relevance: good.
d) Reference list: good for most terms.
e) Further comments: -

Topic 8: Weltschmerz in *The Sorrows of Young Werther*
Terms: *Auslegung, kulturelle Kontiguität, Kultursprache, Kulturmorphologie, kontextfreie Interpretation* ('interpretation, cultural contiguity, cultured language, cultural morphology, context-free interpretation')
a) Content accessibility: good.
b) Understandability: average; prior knowledge of a topic is often required.
c) Relevance: good for most terms.
d) Reference list: good.
e) Further comments: the English definition facilitates the understanding of the German definition.

Topic 9: Intralingual translation of *Harry Potter* into youth language
Terms: *Transkription, Transliteration, Adaption, Evolution, Interferenz* (transcription, transliteration, adaptation, evolution, interference)
a) Content accessibility: good for most terms.
b) Understandability: good.

c) Relevance: average; for some terms, the student's expectations were not met (e.g. for *Evolution*, the contents mainly referred to the field of biology).
d) Reference list: average.
e) Further comments: the search bar only allows a case sensitive lemma search, which must be taken into account in order to distinguish German from English noun terms.

Topic 10: MacOS user interface: Translation procedure for translation into German
Terms: Kohärenz, Kohäsion, Konsistenz, Funktionalismus, semantischer Funktionalismus (coherence, cohesion, consistency, functionalism, semantic functionalism)
a) Content accessibility: good; however, multiword terms in a non-natural sequence within the search results slowed down the search. The search for *Konsistenz* and *consistency* leads to different search results, which also caused some uncertainty in the student.
b) Understandability: average; prior knowledge of a topic is often required.
c) Reference list: poor.
d) Further comments: -

Topic 11: Bilingualism in childhood: cognitive and cultural aspects
Terms: bilinguale Erziehung, innere Mehrsprachigkeit, interkulturelle Kompetenz, Codeswitching, Sprachfähigkeit (bilingual education, inner plurilingualism, intercultural competence, code-switching, faculty of speech)
a) Content accessibility: good.
b) Understandability: good.
c) Relevance: good.
d) Reference list: good.
e) Further comments: -

The answers to the first part of the form are very different in terms of the degree of detail but can still be evaluated from a qualitative point of view. Only two terms, *Anglizismus* and *interkulturelle Kompetenz*, were consulted by more than one student. The ratio number of terms per domain can be summarised as follows:

12: language didactics
10: philosophy of language
6: text linguistics
6: word formation
5: historical linguistics
4: lexicology and phraseology
4: onomastics
2: grapholinguistics
2: grammar
1: quantitative and formal linguistics

Although this ratio is influenced by the specific topics of the papers, a fairly transversal use of the WSK Online sections can be observed. It can therefore be assumed that this resource lends itself in its entirety to meeting the thematic interests of undergraduate translation students.

Figure 1 summarises the *effectiveness* of the resource as inferred from the responses to the first part of the form. The quality of the resource according to the crucial criteria (a) content accessibility, (b) understandability, (c) relevance of the entry, and (d) relevance of the references is presented both in terms of the evaluation categories (good, average, poor) and of the nature of the terms (single-word, or SWT, vs. multiword terms, or MWT). The distinction between SWT and MWT makes it possible to see if there is a difference at the level of external access.

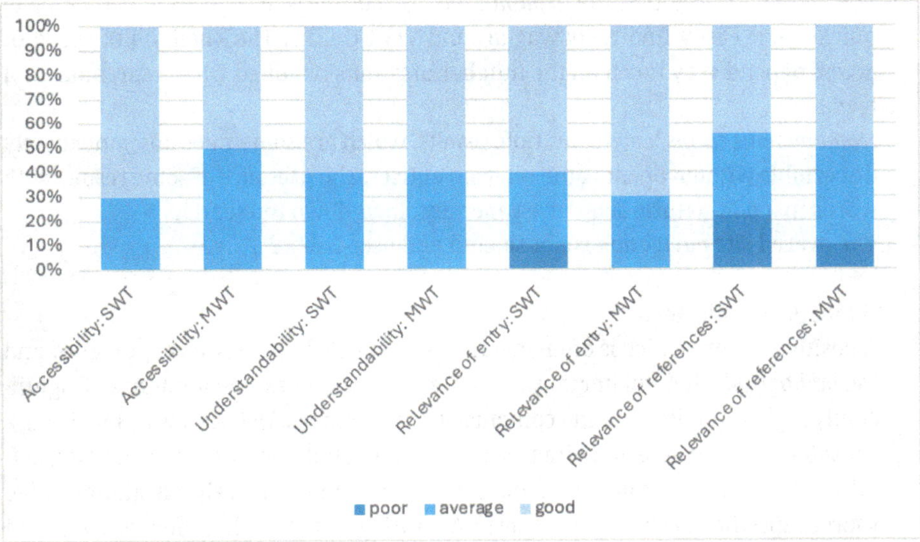

Fig. 1: Target A: consultation effectiveness for SWT and MWT

The total number of terms the students consulted was 55 (five per student): 45 SWT and 10 MWT. Answers concerning the same term given by different students were obviously taken into account as independent answers. The values expressed in the chart are percentages, which enables the results to be put in relation to the number of entries under analysis.

Figure 1 shows a good uniformity of results with respect to the evaluation criteria. WSK Online was rated as good in the majority of cases, especially in terms of accessibility, comprehensibility of information and overall relevance of the entries. A less homogeneous feedback with some criticism (category "poor") is found with regard to the relevance of the sources.

The morphology of the terms seems to slightly influence the accessibility parameter. When the search results contain MWTs with components (in our case a noun preceded by an adjective) also appearing in a non-natural order, this seems to cause uncertainty in the choice of the appropriate entry. For this reason, accessibility was rated as average for half of the MWT consulted.

The second part of the form (questions A-f to A-i) focuses on the students' overall assessment of their experience using WSK Online. This will provide insights into the degree of *user satisfaction* achieved during dictionary consultation. Since the answers in this case are not related to the consultation of individual terms, we will summarise them below without relating them to the topic of the respective paper. Italics has been used to highlight the key concepts within the answers.
(A-f) Is WSK Online user-friendly?

- The students agree that the *explanations by the course leader* were necessary to quickly and easily find their way around WSK Online. The quality and speed of access depend very much on the number of results obtained when searching for a term.
- *Homonymous terms* lead to multiple results, which are sometimes not immediately discernible without opening the relevant entries. The presence of some results with words in a non-natural sequence generally slows down the search.
- The overall *site navigation* is not smooth and user-friendly.

(A-g) What do you like most?

- A positive feature which is often mentioned is that *definitions* are very detailed and the *bibliography* helpful in many cases. Definitions and explanations are of significantly higher quality than the contents of other sources. Definitions in English are considered very useful and often easier to understand than the corresponding definition in German. Students value the fact that they can rely on authoritative sources specifically chosen by experts. A positive feature is that sources are linked to Google Scholar.
- The numerous *cross-references* are considered to be particularly useful. The presence of *synonyms and antonyms* is also praised.

(A-h) What would you like to be different?

- A compact (visual) *user's guide* with more specific information would be helpful for those visiting the website for the first time. The current "Search Help" was not deemed particularly user-friendly because its contents are not always salient for the intended users and are not clearly structured.
- The time required to access the results has sometimes been criticised as being longer than for other online lexicographic resources. In particular, the *search bar* cannot be used directly, because by clicking on it, a new window will open in which the search word must be entered. In addition, the default search is full-text, which is, however, not the primary option for the users in this case study. This implies a

further step, namely the selection of the lemma search, before one can enter the search word.
- Because of the high number of recorded terms, the *index-based search* would be more efficient if letter sequences were available (e.g. A-Ac, Ad-Af, ...).
- Homonymous terms appearing in the search results are not immediately distinguishable. Using the domain search filter is not always a good option. *Labelling each result with the relevant domain* would greatly simplify its identification.
- For longer and more articulate entries (synoptic articles) an internal *structuring of the contents* could facilitate the comprehension of the text.

(A-i) Other comments:
- Several students would have liked to find a *higher number of terms* related to their topic. This can be interpreted as a sign of interest in this type of resource.
- One form also suggested a *more detailed thematic categorisation* than the distinction by domains, i.e. by volumes. A more fine-grained categorisation would be a valuable access structure for WSK Online. A concept-based search would thus be complementary to a term-based search. This feature can potentially be implemented, as the WSK Online database already includes a further level of thematic specification than the domain to which a term belongs. This specification, called *Netzausschnitt* ('sub-domain') appears in each entry.

4.2 Target B: Master's thesis in Translation Studies

The answers to the first part of the form (B-a to B-d) will now be summarised. The resource is characterised by a good degree of *effectiveness* along the crucial criteria (a) content accessibility, (b) understandability, (c) relevance of the entry, and (d) relevance of the references. In the experiment with Target B, only SWT were searched.

With regard to the potential absence of terms, it was noted that the terms *Kultur*, *Semiotik* and *Sprachraum* were not found. The assumption is that they are relevant but the corresponding entries have not yet been compiled.

(B-a) Content accessibility:
- The student's main task is to choose the most appropriate entry when the search results are multiple. This also applies to homonyms such as for the three entries of *Kommunikation*. Access structures are sometimes quite intricate, as is the case for *Konnotation*: there are five entries with this title, which refer to four different sections of WSK Online: *Konnotation* (Sprachphilosophie), *Konnotation* (Wortbildung), *Konnotation 1* (Lexikologie und Phraseologie), *Konnotation 1* and *Konnotation 2* (Cognitive Grammar). Unfortunately, in this case the numbering of the homonyms does not help in the selection, because the reference domain is not directly indicated next to the entry. The presence of synonyms, antonyms, and cross-references

in some entries is regarded as a valuable feature. One criticism, however, was that a large number of cross-references are not linked to any entries.

(B-b) Understandability:
- Although the entries have a high information density, they are mostly comprehensible since the student already has prior knowledge of the related subjects.

(B-c) Relevance:
- The content relevance is highly variable. Specifically, definitions can also be more or less informative depending on their focus. Some definitions were found to be too concise (e.g. *sociolinguistics*). A positive element are entries with an internal structure, e.g. *pragmatics*, for which the extensive explanation is organised in 7 sections. A few cross-references that would be relevant are missing (e.g. between *sociolinguistics* and *interactional sociolinguistics*).
- Generic terms may be much less informative than more specific terms, as they lack a real thematic focus and are more concise than expected: this is true of the lemma *Sprache*.

(B-d) Reference list:
- The references are good and generally extensive enough. For very general lemmas such as *Sprache*, it would be useful to have a more extensive bibliographic list to cover as many different angles of the term as possible.

(B-e) Further comments:
- The student points out that WSK Online can be used during academic writing not only for specific consultations but also to delve into conceptual areas without a defined goal.

The ratio number of terms per domain is as follows:

4: language didactics
3: philosophy of language
3: cognitive grammar
2: theories and methods in linguistics
2: historical linguistics
2: text linguistics
2: word formation
2: grammar
1: lexicology and phraseology

For Target B, a similar distribution as for Target A is observed for the WSK Online domains with respect to the accessed terms. For both targets, language didactics and philosophy of language rank at the top.

The second part of the form (questions Bf to B-i) provides information about the degree of *user satisfaction* during dictionary consultation. Overall, the Target B experience was positive, and the student's critical ability was instrumental in highlighting positive aspects as well as aspects to be improved. Key concepts have been underlined to highlight the focus of the answers.

(B-f) Is WSK Online user-friendly?

- Once one has become familiar with the *search mask*, the resource is very user-friendly. Slight improvements, e.g. a clearer *differentiation of the results*, would prevent confusion.

(B-g) What do you like most?

- Most entries offer very good and *precise definitions and explanations*, which often help to understand lengthy descriptions in other publications.

(B-h) What would you like to be different?

- It would be useful if relevant *keywords* were directly linked in the explanation instead of appearing as cross-references at the end of the entry (cf. Wikipedia: a text with embedded links is much more appealing and it is less challenging for the user to perform a search only once.
- An interesting addition to the bibliographical list would be, next to the publications of the authors mentioned in the entry, the inclusion of standard reference works on a certain topic as *further reading options*. The links to *Google Scholar* queries could be complemented or replaced by links to publicly accessible documents.
- During the search task, it is not immediately apparent in which volume an entry is to be found. Since *search results* are not all equally relevant, a clue about the volume in which each entry is located would be of help.

(B-i) Other comments: -

The comparison between the results obtained with Target A and Target B shows a large overlap in the assessments of the quality of the resource, even though the experiment with Target B reached a higher level of detail. WSK Online is appreciated for its authoritative contents, the depth of information, and the particular features such as the indication of sources, cross-references, synonyms and antonyms. Some aspects related to data access, such as search options, posed some issues. An important issue was the perceived inadequacy of the user guide on the website, which underlines the importance of this type of lexicographic outer text. The teacher's introduction to the use of the resource was necessary and should not be underestimated when it comes to generating student interest and ensuring successful consultation. Although most of the terms the students needed and the corresponding entries were in German, the presence of English in the definitions and lemma equivalents was deemed positive. These microstructural items were not considered interesting for translation purposes but rather because they enhance text reception.

4.3 Delimitation from online resources in the same scope

In this section, some reflections will be made on works and tools competing with WSK Online which Target A students routinely use as an aid to academic writing. A criterion that is often mentioned by students as being decisive when choosing a resource is ease of use and speed in identifying answers. The fact that effectiveness, i.e. the quality of the answers in relation to the purpose of the search is not mentioned as a primary criterion has to do with user experience but also with the degree of thematic competence of the users, which does not always allow for an adequate assessment of the quality of the content.

When it comes to consulting a resource in order to gather encyclopaedic information, e.g. in search of definitions and explanations for the key concepts of a discipline, students look up a wide range of resources alongside scientific publications. In the specific case of linguistics and communication science, however, the number of reference resources offering a general or specific overview of the relevant topics is not very large. An authoritative digital resource covering the domain of grammar for German is the Grammatisches Informationssystem *grammis*. For other domains in WSK Online there are no resources of the same scope and equally authoritative.

Especially for initial research in a certain field of specialised knowledge, therefore, students resort to encyclopaedias such as Wikipedia, search engines such as Google and Google Scholar, and generative AI tools such as ChatGPT. Definitions are not infrequently looked up in general monolingual dictionaries, for example *Duden* or *DWDS* for German, with the consequences that this strategy often entails, i.e. the acquisition of non-specialist, insufficiently detailed or even incorrect information. This data confirms the outcome of a survey carried out in 2024 at Erlangen-Nuremberg University as part of a MA thesis among 23 students in Linguistics (Pandey 2024), a survey that reveals that students are not very familiar with the textual genre "specialised dictionary" and that common language dictionaries are also among the preferred sources for searching terms.

Compared to other cases, generative AI as a source of domain-specific information poses some critical issues. The lack of or limited access to sources severely constrains the assessment of content quality. Furthermore, the possibility of incorrect content being generated during the prompting process is fairly high (Lingard 2023, Selim 2024, San Martín 2024, van Niekerk 2025). By contrast, the use of AI tools serving other purposes, i.e. finding and exploring academic sources (e.g. Sourcely and Connected Papers), can support academic writing in linguistics and translation studies in a more effective and reliable manner. However, although these tools may indirectly help in the search for definitions and explanations, they do not replace direct searching in a reference resource specifically created for this type of content, i.e. a specialist dictionary or glossary, or possibly an encyclopaedia. In the future, a direct usability comparison between WSK Online and other resources employed in the same usage situations could help gain more insight into the needs and habits of their users.

5 Conclusions

The case study presented in this contribution proves the importance of testing the usability of a lexicographic resource by its ideal users. Usability can be measured from the point of view of effectiveness, efficiency and user satisfaction. The main result of the experiments carried out on WSK Online is that this resource is absolutely suitable for translation students: while an undergraduate student has some difficulties with more complex texts due to a lack of adequate pre-knowledge, a graduate student is able to understand the explanations to the fullest extent and thus exploit the scientific potential of the resource. A number of strengths and weaknesses has been pointed out and, while the depth and quality of specialised contents are greatly appreciated, user-friendliness could be improved. The suggestions given by the two targets concern content-related and technical aspects. Both types are particularly interesting for WSK editors; some of them can be easily put into practice, others are more difficult to implement.

In times of great technological innovation and the creation of new AI-based research tools, lexicography faces major challenges. As several studies have now shown, new technologies can also fundamentally contribute to the improvement of (specialised) dictionaries (cf., among others, Pinnavaia 2023 and Lew 2024). Thus, the lexicographic process of an extensive work such as WSK Online can also benefit from them, for instance in the compilation of entries. However, the identity of the specialised dictionary should remain distinct and self-contained: the specialised dictionary is a reference work intended to convey domain-specific knowledge (Fuertes-Olivera/Tarp 2014: 4 ff., WLWF 2010). The dictionary is a textual genre with distinctive characteristics. As far as academic writing is concerned, the academic environment should maintain and promote the distinction from other genres, as well as encourage the use of complementary resources.

Behind a resource such as WSK Online lies complex scientific, editorial and organisational work that guarantees the quality and authoritativeness of the product (Schierholz 2019). Greater visibility of such resources in the academic sphere would help support their creation and expansion in the future.

6 Bibliography

6.1 Monographs and articles

Fuertes-Olivera, Pedro/ Tarp, Sven (2014): Theory and Practice of Specialised Online Dictionaries: Lexicography versus Terminography. Berlin/Boston: de Gruyter.

Giacomini, Laura (2014): Testing user interaction with LSP e-lexicographic tools: A case study on active translation of environmental terms. In: Ruppenhofer, Josef/Faaß, Gertrud (eds.): Proceedings von Konvens 2014, Oktober 2014, Hildesheim (DE).

Hanks, Patrick (2013): Lexical analysis – Norms and exploitations. MIT Press.

Heid, Ulrich (2012): Electronic Dictionaries as Tools: Toward an Assessment of Usability. E- Lexicography. The Internet, Digital Initiatives and Lexicography. Continuum. London: 287–304.

Lew, Robert (2024): Dictionaries and lexicography in the AI era. Humanities and Social Sciences Communications, 11(1), 1–8.

Lingard, Lorelei (2023): Writing with ChatGPT: An illustration of its capacity, limitations & implications for academic writers. Perspectives on medical education, 12(1), 261.

Müller-Spitzer, Carolin (2016): 8. Wörterbuchbenutzungsforschung. In: Klosa, Annette/Müller-Spitzer, Carolin (eds.): Internetlexikografie: Ein Kompendium. Berlin/Boston: de Gruyter, 291–342.

Niekerk, Johan van/Delport, Petrus M. J./Sutherland, Iain (2025): Addressing the use of generative AI in academic writing. Computers and Education: Artificial Intelligence, 8.

Pandey, Utpal (2024): Benutzerperspektiven auf Fachwörterbücher. Eine empirische Untersuchung der Handlungen bei den fachspezifischen Wissenslücken [User perspectives on specialised dictionaries. An empirical study of the actions related to subject-specific knowledge gaps]. Master Thesis in Lexicography, Friedrich-Alexander-Universität Erlangen-Nürnberg.

Pinnavaia, Laura/Franceschi, Daniele (2023): New Developments in English for Special Purposes (ESP) Lexicology and Lexicography. International Journal of English Linguistics 13(7).

San Martín, Antonio (2024): What Generative Artificial Intelligence Means for Terminological Definitions. Proceedings of the 3rd International Conference on Multilingual Digital Terminology Today (MDTT 2024).

Schierholz, Stefan J. (2010): Die Fachwörterbuchreihe Wörterbücher zur Sprach-und Kommunikationswissenschaft (WSK). Bestandsaufnahme der Germanistik in Spanien. Kulturtransfer und methodologische Erneuerung. Bern [etc.], 113–122.

Schierholz, Stefan J. (2019): Brauchen wir noch Wörterbücher? Ja! Aber welche? In: Eichinger, Ludwig/Plewnia, Albrecht (eds.), Neues vom heutigen Deutsch: Empirisch – methodisch – theoretisch. Berlin/Boston: de Gruyter, 163–198.

Selim, Abir Sabry Mohamed (2024): The transformative impact of AI-powered tools on academic writing: Perspectives of EFL university students. International Journal of English Linguistics 14(1), 14.

Sinclair, John McHardy (2004): Trust the text – Language, corpus and discourse. Routledge.

6.2 Dictionaries

Duden = Duden Wörterbuch, Cornelsen Verlag GmbH, https://www.duden.de/woerterbuch (last access: 2 February 2024).

DWDS = Digitales Wörterbuch der Deutschen Sprache, project of Berlin-Brandenburgische Akademie der Wissenschaften, https://www.dwds.de (last access: 2 February 2024).

WLWF = Wiegand, Herbert Ernst et al. (2010) (eds.): Wörterbuch zur Lexikographie und Wörterbuchforschung. Dictionary of Lexicography and Dictionary Research, Berlin/New York: de Gruyter.

WSK Online = Wörterbücher zur Sprach- und Kommunikationswissenschaft / Dictionaries of Linguistics and Communication Science Online, Ed. by Schierholz, Stefan J./Giacomini, Laura, https://www.degruyter.com/database/wsk/html (last access: 10 October 2025).

6.3 Other Resources

ChatGPT = OpenAI, Large Language Model, https://chatgpt.com (last access: 2 February 2024).
Connected Papers = visual reseach tool, developed by Tarnavsky Eitan, Alex et al., [Semantic Scholar Paper Corpus], https://www.connectedpapers.com (last access: 2 February 2024).
grammis = Grammatisches Informationssystem, Institut für Deutsche Sprache (IDS), Leibnitz-Institut für Deutsche Sprache, https://grammis.ids-mannheim.de (last access: 2 February 2024).
Sourcely = research tool, developed by Mansimov, Elman et al., https://www.sourcely.net (last access: 2 February 2024).
Wikipedia = free online encyclopedia, https://www.wikipedia.org (last access: 2 February 2024).

Thomas Gloning

Zeitschriften und die Wortschatz-Dokumentation von Themenbereichen

Das *Jazzpodium* 1955

Abstract: In this contribution, dedicated to Stefan Schierholz on the occasion of his 70th birthday in April 2025, I pursue two objectives. First, I analyse the lexical profile of issue 04/1955 of the *Jazzpodium*, one of the oldest and most renowned German jazz magazines. I examine, among other aspects, the role of individual words and their usage, the internal structure of the vocabulary, the role of word formation and foreign influences as well as ideological reflections in the vocabulary. Second, I examine the perspectives of topic-specific magazines for general purpose and for specialized dictionaries and lexicographical systems. Such magazines are not only valuable sources for relevant citations; their analysis can also support the stratification and refinement of corpora.

Keywords: vocabulary of jazz, vocabulary of topic-specific magazines, Jazzpodium, evidence-based lexicography, analysis of word usage and vocabulary structure

Schlagwörter: Jazz-Vokabular, Wortschatz themenspezifischer Zeitschriften, Jazzpodium, Beleglexikographie, Wortschatzanalyse

1 Gegenstand und Fragestellungen

Als Stefan Schierholz am 22.04.1955 das Licht der Welt erblickte, war die Zeitschrift „Jazzpodium" schon gut zwei Jahre da (seit September 1952, allerdings noch unter anderem Namen), die Zeitschrift „Sterne und Weltraum" aber noch nicht, sie erschien erst ab April 1962. Beide Zeitschriften erfreuen sich, wie zahlreiche andere thematisch fokussierte Zeitschriften auch, eines beständigen Interesses, auch in Zeiten einer digitalen Umstrukturierung im Angebot von Printprodukten. Wer heute eine Bahnhofsbuch- und -zeitschriftenhandlung betritt, findet ein außerordentlich breites Repertoire von thematisch fokussierten Zeitschriften zu den unterschiedlichsten Bereichen vor, die von

Danksagung: Für die hilfreichen Kommentare, Korrekturen und Hinweise danke ich Christiane Benetz, Gerd Fritz, Dennis Kaltwasser und Marko Neumann sehr herzlich. Wiebke Blanck danke ich ebenfalls sehr herzlich für die Betreuung auf dem etwas kurvenreichen Weg bis zum Abschluss des Beitrags.

Thomas Gloning, Institut für Germanistik, JLU Gießen, Otto-Behaghel-Straße 10B, 35394 Gießen, E-Mail: thomas.gloning@germanistik.uni-giessen.de

https://doi.org/10.1515/9783111676531-012

den Spielarten der Musik (Klassik, Jazz, Rock, Pop, Metal usw.) über Architektur, Theater, Mode bis hin zu Ernährung, Gesundheit, Kochkunst oder Sport reichen. Und natürlich enthalten vielfach auch Zeitschriften, die ein offeneres thematisches Profil aufweisen – z. B. die Frauenzeitschrift „Brigitte" – Beiträge zu den genannten Themenfeldern. Viele Zeitschriften erscheinen heute auch in digitaler Form und haben zum Teil digitale Heft-Archive.

Thematisch fokussierte Publikumszeitschriften sind nicht, oder jedenfalls nicht nur, an die ausgewiesenen SpezialistInnen gerichtet, sondern auch an interessierte Laien. Wer sich für Jazz-Musik interessiert, aber nicht Jazz studiert hat und kein Instrument professionell spielt, kann sich dennoch mit Zeitschriften wie *Jazzpodium*, *JazzThing* oder *Jazzthetics* über neue Entwicklungen informieren und darüber, was es sonst noch zu wissen gibt in diesem Feld. Und so ähnlich ist es in anderen Feldern wie z. B. Astronomie, Laufsport, Kochkunst, Wirtschaft, Fahrradfahren, Tontechnik, Geldanlage und Finanzen oder Altbausanierung. Für die Wortschatz-Erforschung und die Lexikographie ist vor allem das Wortgebrauchsprofil solcher Zeitschriften attraktiv, denn aufgrund des thematischen Fokus der Beiträge ist in der Regel auch der thematische Wortschatz der betreffenden Sach- und Themengebiete reichhaltig belegt.

In diesem Beitrag verfolge ich zwei Ziele. Zum einen möchte ich am Beispiel der Zeitschrift *Jazzpodium* einen weiteren Beitrag leisten zur Geschichte des Jazz-Vokabulars im Deutschen.[1] Zum anderen möchte ich Überlegungen daran knüpfen, welche Perspektiven thematisch fokussierte Zeitschriften für die lexikologische und lexikographische Erschließung und Dokumentation von Sachgebieten bzw. thematischen Feldern haben können. Hierfür formuliere ich folgende Leitfragen:

(1) Wie lässt sich das Potenzial thematisch fokussierter Zeitschriften für die Erschließung und Dokumentation von Einzelwörtern einzelner Themenbereiche charakterisieren und beurteilen?

(2) Wie lassen sich thematisch fokussierte Zeitschriften nutzen, um die Struktur thematischer Wortschatzbereiche zu ermitteln?

(3) Wenn thematisch fokussierte Zeitschriften eine längere Publikationsgeschichte haben: Welche Entwicklungen von einzelnen Wörtern und Wortschatzbereichen lassen sich damit nachzeichnen?

(4) Wie lassen sich die gewonnenen Befunde für die Belegpraxis und die strategisch-konzeptionellen Planungen im Rahmen der Lexikographie der Gegenwartssprache und des jüngeren Deutschen nutzen? Wie lassen sich lexikographische Dokumentationsweisen ggf. mit anderen Darstellungsformen (vgl. Fritz 2020) kombinieren?

Die Perspektiven (1) bis (3) stellen den Wortgebrauch, den Wortschatz und seine Entwicklung in den Mittelpunkt. Man kann die Perspektive aber auch umdrehen:

(5) Wie können die ermittelten Wortgebrauchsbefunde beitragen zur Charakterisierung der Zeitschriften als Texte und thematisch fokussierte Medien?

---

1 Zwei bereits erschienene Beiträge zu diesem Gegenstand sind Gloning 2022 und 2023.

Im Folgenden möchte ich zunächst an einem Beispiel aus der Kochkunst (*pochieren*) zeigen, welches Potenzial thematisch fokussierte Zeitschriften aufweisen (Abschnitt 2). Sodann möchte ich exemplarisch den Bereich des Jazzwortschatzes der Jahre 1955/56 im Spiegel der Zeitschrift „Jazzpodium" charakterisieren (Abschnitte 3 und 4).[2] Anschließend werde ich einige Überlegungen zur möglichen Rolle thematisch fokussierter Zeitschriften für die Beleglexikographie anstellen (Abschnitt 5).

2 Ein Beispiel aus dem Bereich der Kochkunst: *pochieren*

In den thematisch fokussierten Zeitschriften-Texten finden sich auch themenbezogene Wörter bzw. Verwendungsweisen von Wörtern wie *Ballade* und *Snare drum* (Jazz), *Refraktor* (Astronomie) oder *pochieren* (Kochkunst). Im Hinblick auf die Lexikographie kann man sich fragen, aus welchen (Arten von) Quellen das thematisch geprägte Vokabular in Belegwörterbüchern zur deutschen Gegenwartssprache belegt ist.

Wenn wir als Beispiel den Artikel *pochieren*[3] im DWDS nachschlagen, finden wir im Belegteil die vorgesehenen fünf Belege, drei aus der Wochenzeitung *Die Zeit*, einen aus der *Süddeutschen Zeitung* und einen weiteren aus einem Buch mit dem Titel *Gekonnt serviert* von 1967. Dieses Belegprofil spiegelt in nicht untypischer Weise die lexikographische Praxis und auch den Zeitungs-Bias in den sprachwissenschaftlichen Korpora zum Gegenwartsdeutschen. Jetzt könnte man sagen, dass für diese Art von themenbezogenem Vokabular eigentlich auch die entsprechende Fachliteratur oder zumindest themenspezifische Werke die „zuständige" Beleggrundlage sein müssten, also etwa die Kochbücher. Das ist sicherlich nicht falsch. Lehrbücher, Fachbücher, themenbezogene Sachbücher usw. sind wertvolle Quellen für die Wortschatzdokumentation, auch wenn sie aus rechtlichen Gründen bisher eine im Vergleich zu den Zeitungen weniger prominente Rolle für die lexikographischen Korpora der deutschen Gegenwartssprache gespielt haben.

Hier kann man nun fragen, welche Rolle Zeitschriften mit ihren mehr oder weniger engen Themenbezügen und mit ihrer vergleichsweise schnellen Erscheinungsdynamik spielen könnten. Im Hinblick auf das Wort *pochieren* etwa finden wir zunächst Belege in Zeitschriften, die thematisch eng auf Aspekte des Essens, der Ernährung und des Kochens gerichtet sind, zum Beispiel:

---

2 In einem früheren Beitrag (Gloning 2023) habe ich in Umrissen bereits das Wortschatzprofil einer Angler-Zeitschrift beschrieben. Als Vergleichsobjekt für den Wortschatz des *Jazzpodium* (1955/56) kann vor allem das *Jazzbuch* (1953) von Joachim Ernst Berendt dienen (siehe unten, Abschnitt 3.1).

3 „pochieren", bereitgestellt durch das Digitale Wörterbuch der deutschen Sprache, https://www.dwds.de/wb/pochieren (letzter Zugriff: 18.05.2025).

> Hühner-Mais-Nudelsuppe | [...] 3 Hähnchenbrustfilet [!] mit Küchenpapier abtupfen und in die Brühe legen. Bei mittlerer Hitze in ca. 10 Minuten gar pochieren. (*Eat Smarter!* 2025/01: 122)
> Unterlechner brilliert mit klassischem Handwerk, das gilt für perfekt auf den Punkt pochierten Steinbutt mit Gänseleber, Beluga-Linsen und Erdnuss wie auch fürs Crépinette von der Rehkeule, rosa pochiert im Wirsingmantel, mit Schwarzwurzel und Buchenpilzen, am Tisch wird tiefgründige Rehessenz angegossen. (*Der Feinschmecker* 2023/04: 121)
> Spargel-Zitronen-Pasta | [...] Dieses Pastagericht ist ideal für die schnelle Feierabendküche. Um ihren Körper auch mit Proteinen zu versorgen, fügen Sie angebratene Hähnchenbrustfiletstreifen hinzu, mischen gepalte Erbsen unter oder servieren je 1 pochiertes Ei dazu. (*So isst Italien* 2023/04+05: 14)

Vergleichbare Belege finden sich auch in anderen thematisch fokussierten Zeitschriften wie z. B. *Chefkoch, Lecker, Landidee Rezepte, Rezepte pur, Falstaff Rezepte, slowly veggie!, taste explorer, Gusto, Lust auf Genuss, LandGenuss, kochen & genießen, Slow Food Magazin, essen & trinken, essen & trinken für jeden Tag, A La Carte* oder *Beef! Männer kochen anders.* Man sieht an dieser Aufzählung, dass das Spektrum der Zeitschriften dieses Bereichs sehr breit ist.

Darüber hinaus findet man Belege für *pochieren* auch in Zeitschriften, die ein breiteres Repertoire an Themen aufweisen. Hierfür wiederum nur drei Belege:

> Was schwimmt denn da? Diese fünf Arten gehören zu den gängigsten Speisefischen [...]. | Für die Zubereitung gilt grundsätzlich: Festfleischige und fettreiche Fischarten wie Forelle und Lachs eignen sich besonders gut zum Grillen. Bei mageren Sorten, zum Beispiel Kabeljau oder Seelachs, scheiden am Feuer die herkömmlichen Zubereitungsarten wie Dämpfen, Pochieren (Ziehenlassen in heißem Sud) oder Braten in Panade aus – damit er nicht trocken wird, wickelt man ihn zum Garen am besten ein [...]. (*Outdoor* 2018/03: 106)
> Talk of the Town | [...] Leipzig | [...] Innovative Leckereien | Eine ausgefallene Speisekarte bietet das Restaurant Fela im Stadtteil Connewitz. Gerichte wie Schweinefilet in Olivenkruste oder in Kräutersud pochierte Lachsforelle erfreuen Gourmets. (*Penthouse* 2007/04: 12)
> 40. Nürnberg | Restaurant Imperial | [...] Als warme Vorspeise serviert der 47-jährige [...] beispielsweise Enten-Nudel-Eintopf. Zutaten: Udonnudeln, Entenbrühe, pochiertes Ei, gebratene Entenherzen und geschmorte Entenmägen. (*AutoBild reisemobil* 2018/10: 77)

Man sieht an diesem Beispiel, das sich auf zahlreiche andere Wörter mit thematischer Prägung übertragen ließe, dass Zeitschriften eine reichhaltige Quelle für themenspezifischen Wortschatz sind. Aber trotz ihrer thematischen Vielfalt und ihrer zeitlich attraktiven Taktung spielen Zeitschriften in der lexikographischen Dokumentationspraxis bislang keine den Zeitungen vergleichbare Rolle. Das hat in Verbindung mit den rechtlichen Rahmenbedingungen, die sich mit der Reform des Urheberrechts im Jahr 2021 sehr verbessert haben, möglicherweise auch mit den korpustechnologischen Herausforderungen zu tun, welche die multimodale Machart von Zeitschriften mit sich bringen. Ich komme in Abschnitt 4 noch einmal darauf zurück.

Nun wende ich mich dem Jazz-Wortschatz und der Zeitschrift *Jazzpodium* zu. Zunächst gebe ich im Abschnitt 3 einen kurzen Überblick über Jazz, Jazz-Zeitschriften und das *Jazzpodium*, danach folgen im Abschnitt 4 die Wortschatzbefunde.

3 Jazz, Jazz-Zeitschriften und die Zeitschrift *Jazzpodium*

Der Jazz ist eine vielgestaltige Musikrichtung, die zu Beginn des 20. Jahrhunderts entstanden ist und sich schon früh auch im deutschsprachigen Raum etabliert hat.[4] Einen besonderen Entwicklungsschub erlebte der Jazz in der Nachkriegszeit, u. a. in Metropolen wie Frankfurt, Köln, Berlin und München. In Frankfurt war der Austausch mit amerikanischen Besatzungssoldaten besonders fruchtbar für die Entwicklung einer eigenen Jazz-Szene.[5] Seither hat sich die Jazzmusik im deutschsprachigen Raum musikalisch differenziert, es sind neue Angebots- und Nutzungsstrukturen entstanden (von den Jazz-Kellern bis zu Spotify-Angeboten). Für unsere Zwecke besonders wichtig ist die Ausweitung eines eigenen Medienrepertoires, das sich auf die Thematisierung von Aspekten des Jazz im weitesten Sinne bezieht.

Mit der Entwicklung des Jazz und jazzbezogener Medien war und ist ein ebenso vielgestaltiges Repertoire von sprachlich-textuellen Mitteln verbunden, auf das ich in zwei früheren Beiträgen (Gloning 2021, 2022) schon ansatzweise eingegangen bin. Die Grundidee ist, dass eine musikalische, soziale und wirtschaftliche Praxis wie die Jazzmusik nicht nur darin besteht, dass Leute Musik machen und andere zuhören, sondern dass diese Praxis aufs engste verwoben ist mit Formen des Sprach- und Mediengebrauchs. Zum Repertoire der Medien gehören u. a. Lehrbücher, Linernotes zu Platten und CDs, Bücher wie z. B. Biographien von JazzmusikerInnen und eigene Jazz-Zeitschriften, aber auch Zeitungen bringen im Feuilleton immer wieder Jazz-Beiträge (z. B. die von Andrian Kreye in der *Süddeutschen Zeitung*). Neben den Printmedien gibt es inzwischen auch ein zunehmend breites Angebot im Hörfunk,[6] im Fernsehen und in den digitalen Medien. Auch in diesen Medienbereichen spielen textuelle Anteile eine wichtige Rolle, ggf. im Zusammenspiel mit der Wiedergabe von Musikbeispielen.

Bereits früh in den 1950er-Jahren erschien mit Joachim-Ernst Berendts *Jazzbuch* eine erste deutschsprachige Gesamtdarstellung, die ein recht breites, jazzbezogenes Vokabular aufweist (vgl. Gloning 2021). Wie schon erwähnt erschien im September 1952 das erste Heft der Zeitschrift, die später in *Jazzpodium* umbenannt wurde. Später erschienen weitere Jazz-Zeitschriften in deutscher Sprache, z. B. *JazzThing* oder *Jazzthetic.* Aufgrund ihrer langen historischen Kontinuität soll für unsere Zwecke die Zeitschrift *Jazzpodium* im Vordergrund stehen, zunächst in ihrem frühen Stadium.

---

4 Vgl. hierzu u. a. Knauer (2019), Kampmann (2016).

5 Vgl. u. a. *Der Frankfurt Sound* (2005) und die Filmdokumentation *Carlo – Keep swingin* (2016) über Carlo Bohländer, in der zahlreiche Zeitdokumente und Aussagen von Zeitzeugen, z. B. Bill Ramsey, mit dokumentiert sind.

6 Neben den „großen" und weithin bekannten Hörfunk-Sendern sei hier *Radio Unerhört Marburg* genannt mit seinem gleichmäßig hochkarätigen Jazz-Angebot am Sonntag-Abend, das von Constantin Sieg inhaltlich gestaltet und moderiert wird.

Im Hinblick auf den Reichtum des Wortgebrauchs dieser Zeitschrift sind besonders drei Eigenschaften hervorzuheben: das breite Spektrum von Textsorten und Darstellungsformen – Porträts, Konzertkritiken, Albumkritiken usw. weisen in der Regel auch spezifische lexikalische Profile auf –, die thematische Breite ganz unterschiedlicher Facetten des Jazz und schließlich die Vielzahl von BeiträgerInnen. Diese Bedingungsfaktoren gelten mutatis mutandis auch für andere thematisch fokussierte Zeitschriften.

Nun soll es anhand der Zeitschrift *Jazzpodium* um die Frage gehen, welche Rolle Jazz-Zeitschriften in deutscher Sprache für die Erforschung und Dokumentation des deutschsprachigen Jazz-Wortschatzes, seiner Struktur und seiner Entwicklung spielen können. Aus gegebenem Anlass, dem Geburtstag von Stefan Schierholz im April 1955, konzentriere ich mich auf Hefte aus den Jahren 1955 und 1956, vor allem auf das Heft 1955/04.[7]

4 Das Wortgebrauchsprofil des *Jazzpodium* 1955

Um das Wortgebrauchsprofil der Zeitschrift *Jazzpodium* zu charakterisieren, gehe ich zunächst exemplarisch auf den Reichtum themenspezifischer Einzelwörter ein (Abschnitt 4.1), ich frage dann nach der internen Struktur des Jazz-Vokabulars (4.2), der Rolle von Wortbildungen (4.3) und von fremdsprachigen Anteilen (4.4). Es folgen abschließend noch einige weitere Beobachtungen zum *Jazzpodium*-Vokabular (4.5).

4.1 Einzelwörter und ihre thematische Prägung

Das Wortgebrauchsprofil thematisch fokussierter Zeitschriften ist im Hinblick auf ihren thematischen Schwerpunkt zunächst geprägt von Einzelwörtern und bestimmten Verwendungsweisen. Hierzu gehören im *Jazzpodium* z. B. *improvisieren, Combo, Rhythmusgruppe, Ventil-Posaunist, Vibraphon, Tenorsaxophonist, Phrasierung, Tempowechsel, Jump, jumpig, Jamsession, Swing, Kritiker-Poll, Solo, solistisch, Chorus* oder *Thema*, um nur einige wenige zu nennen. Dabei gibt es unterschiedliche Grade der thematischen Spezifik. In JP1955/04 heißt es in einem Beitrag „Grundlagen und Entwicklung des Jazz (I)“ z. B.:

> Typische Überrhythmen sind die meisten afrikanischen Gongformeln (gong patterns). So auch in unserem Beispiel 2. Es ist eine sich beständig wiederholende Rhythmusbildung[,] die sich über jeweils zwei Takte des zugrundeliegenden 4/4 Taktes erstreckt, folglich über zwei Normaleinheiten

7 Ich zitiere die Hefte in abgekürzter Form nach dem Muster „JP1955/04“ = *Jazzpodium*, Heft 4 des Jahres 1955.

des Grundmetrums reicht. Sie besteht darin, daß im ersten Takt die zweite Note „offbeat" geschlagen wird, während der zweite Takt aus zwei Nachschlägen besteht. (JP1955/04: 8; Herv. TG)

Während *offbeat* – im Zitat allerdings mit Bezug zur afrikanischen Musiktradition[8] – zentral für die Rhythmik des Jazz ist, sind die folgenden Belege zu zwei Verwendungsweisen von *Schule* nicht jazz-spezifisch im engeren Sinne, es ist aber klar, wofür man sie in Jazz-Texten benötigt:

Nun, jener Bekannte – übrigens ein bekannter Jazz-Kritiker der traditionellen Schule – hatte gerade an diesem Tage ein neues Jazz-Schallplattengeschäft eröffnet und war daher ein vielbeschäftigter Mann. (JP1955/04: 10) // Die letzten Aufnahmen von Humphrey zeigen deutlich, daß er viel von der Bechet-Mezzrow-Ladnier-Schule gelernt hat. Nun, er hat auch schon im Stil von Armstrong und Morton gespielt, ohne dabei seine Eigentümlichkeit zu verlieren. (11) // Shorty Rogers gewinnt mit seiner Arbeit in der West Coast Schule neuerliches Interesse. (12) // Alle 4 Namen sind mehr oder weniger mit der Tristano-Schule verbunden. (12; Herv. TG)

Man sieht an diesen Belegen zum einen, welche Facetten der Schulenbildung jeweils gemeint sind (musikalische Auffassungen, stilistische Prägungen, regionale Aspekte). Diese Verwendungsweise von *Schule* kommt auch in anderen Themenbereichen vor, so kann man z. B. von philosophischen Schulen sprechen. Dies gilt gleichermaßen für die zweite Verwendungsweise von *Schule* im Sinne von 'Lehrwerk':

Schluß mit „Freistil" auf dem Kontrabaß. | Verlangen Sie bei Ihrem Musikalienhändler: | Mäckie Ruff **Kontrabaß-Schule** für den modernen Bassisten | Teil I, Streich- und Zupfbaß DM 6.50 | Teil II, Improvisieren DM 3.50.| Ein „Bestseller" für die Trompete | Heinz Schachtner **Jazztrompeten-Schule** | Vom Anfang bis zur freien Improvisation DM 8.50. (JP1955/04: 2, Werbeanzeige)

Im Hinblick auf die ermittelten Einzelwörter und ihre Verwendungsweisen muss man also die Frage stellen, welche davon spezifisch sind für den Themenbereich Jazz und welche für das Reden und Schreiben über und im Jazz gebraucht werden, aber eben auch in anderen Themenfeldern vorkommen. Jazz-spezifische Wörter im engeren Sinne sind recht selten, Wörter wie *Swing*, *Blue note* oder *Offbeat/offbeat* gehören dazu, denn damit bezeichnet man rhythmische oder harmonische Besonderheiten der

8 In einem Buch von Dauer (1961) wird *offbeat* einerseits mit Bezug zur afrikanischen Rhythmik verwendet, dann aber auch in Textstellen, die sich klar auf den Jazz beziehen, z. B.: „Die schwunghafte Wirkung des offbeat wird zum *primären* stilistischen Prinzip, das dem Swing seinen Namen gibt." (113; Herv. Dauer) – Die weißen Jazzmusiker spielten zur gleichen Zeit meist in kleinen Bands im Chicago-Stil; dessen wichtigste Kennzeichen sind [...] Verwendung der offbeat-Phrasierung" (114-115). – „5. Schlußdefinition. Der Jazz ist eine Musikform, die durch besondere Mittel der Rhythmik, Melodik, Tonalität und Intonation spontane Erregung auslöst, einzelne und gemeinsame Stegreifgestaltung ermöglicht, und leib-seelische Bewegung bezweckt. Grundlagen dafür sind offbeat-Technik und Hot-Spiel. Beide Merkmale entstammen ursprünglich der afrikanischen Musik." (176; alle Herv. TG).

Jazzmusik.[9] Wörter wie *Ballade, Kontrabass, improvisieren, spielen* oder *Quartett* sind demgegenüber Beispiele für Wörter, die wohl *auch* im Jazz eine wichtige Rolle spielen, aber – z. T. in anderen Verwendungsweisen – eben nicht nur hier. Betrachten wir als Beispiel das Wort *Ballade.*

Der zentrale Gebrauchsaspekt eines Wortes und seines Jazzbezugs ist seine Verwendungsweise, die lexikographische „Lesart", die üblicherweise in einer eigenen Artikelposition formuliert wird. Im DWDS ist die jazz-spezifische Verwendungsweise von *Ballade* nicht eigens erkennbar,[10] allerdings bietet das DWDS-Wortprofil unter „hat Genitivattribut" auch den Eintrag „Jazz", der zu neun einschlägigen Belegen führt. Zusätzlich wird in einem der Belege des Artikels eine wichtige Jazzballade, *'Round Midnight*, erwähnt:

> Zum 100. Geburtstag der Jazz-Baroness Pannonica de Koenigswarter sind zwei Biografien erschienen *[Überschrift]* [...] Ihr Leben hatte zwei Hälften, und in der Mitte spielte ein Song: »'Round Midnight« von Thelonious Monk. Die berühmteste Ballade des Jazz, für viele so etwas wie die Nationalhymne dieser Musik. [...] (Neue Zürcher Zeitung, 20.12.2013, Herv. TG)

Im Duden-Onlineangebot ist die jazz-spezifische Verwendungsweise mit aufgeführt: „2. in langsamem oder gemäßigtem Tempo gehaltene Komposition im Bereich von Jazz und Popmusik, die meist die Form eines Liedes, eines Songs hat".[11] Im Wahrig-Wörterbuch – zugänglich über zdl.org und dwds.de[12] – lautet die Verwendungsweise 3 im Artikel zu *Ballade*: „3 ⟨Mus.⟩ ruhiges u. gefühlvolles, oft melancholisches Lied modernerer Stilrichtung (Jazz~, Pop~, Rock~)". Hier ist der Jazzbereich genannt, allerdings müsste man auch hier „Lied" im Sinne von 'Musikstück mit oder ohne Gesang' verstehen. Es ist klar, dass spezifische Nachschlagewerke zum Jazz hier genauer und ausführlicher sein können. In *Reclams Jazzlexikon* z. B. finden wir einen Artikel, in dem semantische und enzyklopädische Informationen[13] kombiniert sind.

> **Ballade**. Bezeichnung für ein langsames Stück ›erzählenden‹ Charakters, das zumeist über eine sehr sangliche und zugleich interessante Melodik, vor allem aber über eine vielfältige, den Improvisator inspirierende harmonische Substanz verfügt. Die bekanntesten von Jazzmusikern in ihr Repertoire übernommenen Balladen-Kompositionen stammen aus der Sphäre des Showbusiness

---

9 Das Wort kommt aber auch in Texten der allgemeinen Musiktheorie und in Texten der ethnographischen Musikforschung vor.

10 Verwendungsweise 2: „2. Musik: Vertonung eines (gleichnamigen) Gedichts". Unterpunkt: „in der Popularmusik: meist langsames Lied mit einer gefühlvollen, eingängigen Melodie" (DWDS.de, letzter Zugriff: 15.6.2025). Wenn man „Lied" im Sinne von ‚Musikstück (nicht notwendig mit Gesang)' auffasst, dann kann man auch Jazz-Balladen, die mit oder ohne Gesang vorkommen, darunter verstehen.

11 https://www.duden.de/suchen/dudenonline/Ballade (letzter Zugriff: 16.6.2025).

12 https://www.dwds.de/wb/wdw/Ballade, https://www.zdl.org/?q=Ballade (letzter Zugriff: 15.6.2025).

13 Seltsamerweise wird die Jazz-Ballade in der Wikipedia weder im Artikel „Ballade" noch im Artikel „Ballade (Unterhaltungsmusik)" behandelt, obwohl in letzterem ein gutes halbes Dutzend Musikgenres aufgezählt wird (letzter Zugriff: 15.6.2025).

> der 30er bis 50er Jahre (Broadway-Shows und Filmmusik), von Komponisten wie George Gershwin, Richard Rodgers, Jerome Kern, Cole Porter, Victor Young. Daneben konnten sich jedoch auch eine Reihe von Originalkompositionen von Jazzmusikern als Balladen im Standardrepertoire des Jazz durchsetzen, z. B. von Duke Ellington, Billy Strayhorn, Thelonious Monk, Benny Golson und John Coltrane. (Reclams Jazzlexikon 2003: 582)

Es wäre aus meiner Sicht eine gute Strategie, in allgemeinsprachlichen Wörterbüchern ggf. auf thematisch einschlägige Nachschlagewerke zu verlinken oder, wenn solche nicht online verfügbar sind, wichtige Passagen daraus zu zitieren.

In einem Beitrag zur Tagung „Historische Lexikographie des Deutschen" in Göttingen habe ich erstmals das Projekt „HistVokJazz" vorgestellt (Gloning 2022). Seine Konzeption umfasst u. a. das Ziel, Einzelwörter, ihre Gebrauchseigenschaften (z. B. Zugehörigkeit zu Systemstellen) und die Wortschatzstrukturen im Jazz-Vokabular integriert zu erfassen und zu dokumentieren. Für diesen Aspekt kann ich deshalb an dieser Stelle auf den älteren Beitrag verweisen.

Über die Einzelwörter und ihre Verwendungsweisen hinaus weisen Wortschätze auch komplexe, netzwerkartige Strukturen auf, deren Organisation sich aus der Kombinatorik mehrerer unterschiedlicher Kriterien ergibt. Hierfür sind die unterschiedlichen Eigenschaftsdimensionen der Einzelwörter bzw. ihrer Verwendungsweisen die wesentliche Grundlage. Diesem Grundgedanken und seiner Veranschaulichung anhand des deutschen Wortschatzes um 1600 habe ich früher ein Buch (Gloning 2003) gewidmet, er ist aber auch in anderen Konzeptionen verankert. Hier möge ein einfaches Beispiel genügen: Im Heft JP1956/03 finden wir z. B. das Wort *Schallplattenmarke*. Im Hinblick auf das Kriterium „Wortart" bekommt es den Wert „Substantiv". Im Hinblick auf das Kriterium „Wortbildung" bekommt es den Wert „Nominalkompositum" (wir können zusätzlich noch ein Strukturmuster wie „[[N + N] + N]" zuweisen). Im Hinblick auf den Aspekt „fremdsprachige Einflüsse" würden wir „Fehlanzeige" vermerken. Im Hinblick auf eine „thematische Systemstelle" könnten wir das Wort der Gruppe „Musik-Ökonomie" zuweisen, die es natürlich nicht nur in Bezug auf Jazz gibt. Die Liste der exemplarisch angeführten Charakterisierungsdimensionen ist damit nicht abgeschlossen, sie hängt auch von unseren Erkenntnisinteressen ab.

Im Hinblick auf jede dieser durch Kriterien erzeugten Dimensionen steht ein Wort in unterschiedlichen Beziehungen zu anderen Wörtern bzw. Verwendungsweisen von Wörtern. Zum Beispiel steht *Schallplattenmarke* schon in den 1950er-Jahren in Konkurrenz zu *Label*. Und an einigen Stellen des Heftes JP1956/03 wird für *Label* das Wort *Etikett* im Sinne von 'Schallplattenfirma' gebraucht, z. B.: „Über die jetzt schon vier verschiedene Etiketten umfassende Schallplattenproduktion von Norman Granz haben wir bereits im vorigen Heft berichtet" (JP1956/03: 5). Oder: „‚Les Brown and his Band of Renown' hat einen Vertrag mit ‚Capitol' und auch in Deutschland sind auf diesem Etikett Platten von diesem vorzüglichen Orchester erschienen" (10). Diese Gebrauchsweise von

Etikett im Sinne von ‚Schallplattenlabel' hat sich freilich nicht durchgesetzt.[14] Man sieht aber, dass im Gefüge der netzwerkartigen Strukturen nicht nur etablierte Wörter und Verwendungsweisen berücksichtigt werden müssen, sondern auch solche mit einem nur temporären Gebrauch.

Wer ein Wortgebrauchsprofil darstellen will, muss also über die Analyse von Einzelwörtern und ihren Verwendungsweisen hinaus auch unterschiedliche Dimensionen der Wortschatzstrukturierung abarbeiten und dabei ggf. Zusammenhänge zwischen den Dimensionen und ihren jeweiligen Werten berücksichtigen. Dies kann im Rahmen dieses Beitrags realistischerweise nur exemplarisch geschehen.

4.2 Thematische Facetten und Systemstellen des Wortschatzes

Beginnen wir mit der thematischen Dimension, denn die thematischen „Systemstellen"[15] des Wortschatzes sind ja besonders eng mit dem Themenfeld Jazz verbunden. Ich führe hier prominente Systemstellen listenartig auf und gebe zu jeder Gruppe einige Beispiele ohne Anspruch auf Vollständigkeit, sie stammen aus unterschiedlichen Heften der Jahre 1955 und 1956. Viele dieser Wörter sind nicht im engeren Sinne spezifisch für den Themenbereich Jazz, sie kommen z. T. auch in anderen Feldern vor, seien es etwa musikalische (z. B. *Orchester*) oder wirtschaftlich-technische (z. B. *Phono-Koffer*) Bereiche.

– Personenbezeichnungen (ohne MusikerInnen): *Jazzfreund, Jazzkritiker, Musikkritiker, Jazzfan, Swing-Fan, Cool-Fan, Festivalbesucher, Jazzinteressent, Jazzexperte, Disc-Jockey, Purist*
  Personengruppenbezeichnungen: *Jazzkreise* und Personenbezeichnungen im Plural, z. B. *Jazzfreunde*
– Bezeichnungen für Arten von MusikerInnen: *Jazzmusiker, Aushilfsmusiker, Posaunist, Ventil-Posaunist, Pianist, Pianistin, Negerpianist, Altsaxophonist, Tenormann,*[16]

14 Das Wort *Etikett* wird in späteren Ausgaben u. a. für Verfahren einer (starren) Klassifizierung musikalischer Leistungen verwendet: „Andere Stücke sind dann eher ‚schön' im Sinne von schönen Akkorden, schönen Melodien. Ein Etikett drauf zu kleben finde ich einfach schwierig" (JP2014/04: 31). Oder: „Das Etikett, das viele Kritiker diesem Trio und ihrer Musik gern anhängen, erweist sich mehr und mehr als zu wenig kennzeichnend, denn frei ist bei ihnen gar nichts" (JP2005/04: 40). Ähnlich JP2002/04: 64 u. a.

15 Die Wissensbestände von Sach- und Themengebieten sind nicht amorph, sondern in komplexer Weise strukturiert, sie bilden ein System. Die einzelnen Teilaspekte solcher Systeme kann man als *Systemstellen* bezeichnen. Sie hängen besonders eng mit der thematischen Struktur von Texten zusammen, in denen unterschiedliche Facetten eines Gegenstandes behandelt werden, z. B. die Eigenschaften von Pflanzen (typische Standorte, Morphologie, Reproduktion, Heilkräfte, ...). Für solche Systemstellen gibt es jeweils eigene Repertoires von lexikalischen Mitteln. Diesen Grundgedanken nutze ich für die Strukturierung des Jazz-Vokabulars.

16 Diese Bezeichnung dient offenbar der Variation im Ausdruck.

Trompeter, Baritonsaxophonist, Tenorsaxophonist, Gitarrist, „allround“-Musiker, Geiger, Solist, Berufsmusiker, Posaunist, Pick-up-Musiker, Schlagzeuger, Drummer, Gitarrist, Sängerin, Improvisationstalent (als Person)

- Bezeichnungen für Instrumente, ihre Teile und Eigenschaften: *Jazz-Trompete, Jazz-Posaune, Bass, Kontra-Baß, Besaitung, Tonabnehmer, Stärkeregler, Klangregler, Waldhorn, Tuba, Conga, Flachdraht-Chromnickelstahlsaite, Schlagzeug, Elektrobaß, Horn, Holzbläser, Flöte, Klarinette, Altsaxophon, Altsax, Tenorsax, Klavier, Piano, Banjo, Vibraphon, 5-saitiger Baß*
  Dazu gibt es Abkürzungen wie *dm* für *drums* oder *g* für *guitar/Gitarre* in Kombination mit einem Eigennamen, z. B. „Ralph Blaze g“.
- Bezeichnungen für Formationen und Teile von Formationen: *Formation, Orchester, Jazzorchester, Band, Combo, Bebop-Combo, Blechsatz, Gruppe, Swingjazzband, Trio, Rhythmusgruppe, Oldtime-Formation, Quartett, Bartrio*
- Bezeichnungen für Stilrichtungen: *Swing, Swingstil, Bebop, Bop, Bix-Stil, Dixie, New Orleans (New Orleans-Kollektiv-Improvisationen), cool*
- Bezeichnungen für Handlungen: *Jazzarbeit, arrangieren* (i. S. v. 1. ‘organisieren’, 2. ‘ein musikalisches Arrangement schreiben’; dazu auch *Arrangeur*), *swingen, improvisieren, Improvisation, spielen, Combo-Tätigkeit, konzertieren, blasen*
- Bezeichnungen für Ereignisse: *Konzert, Tournee, Europa-Tournee, Jazzsendung, Plattensession, Jamsession, Jazzfilm-Vorführung, Platten-Jazz-Debut, Jazzfestival, Abendveranstaltung, Matinée, Konzertreihe, Gastspiel, Session, Jazz-Vortrag*
- Musikalische Gestaltung, musikalische Grundlagen: *Arrangement, Jazz-Arrangement, Komposition, Rhythmusbildung, offbeat, Grundmetrum, Takt, Akzentverschiebung, Synkope, Solo, Riff, Melodieführung, Chorus, Tenorchorus, Ensemble-Chorus, Klangfarbe, Komposition* (als Produkt), *Besetzung, Phrasierung*
- (nicht im engeren Sinne jazz-bezogene) Bezeichnungen für Eigenschaften/Bewertungen: *ausgewogen, relaxed, swingend, sauber, exportreif, frisch, mitreißend, vom Stuhl fallen, empfehlenswert, nett, vielversprechend, avantgardistisch, unsterblich, kommerzialisiert*
- Örtlichkeiten: *Jazzklub, Jazzclub* (auch *JC*), *Jazzkeller, Lokal, Nachtlokal, Jazz-Lokal*
- Bezeichnungen für mediale Aspekte und Medientechnologien: *Schallplatte, Jazzplatte, Jazz-Schallplatte, Langspielalbum, Normalplatte, Langspielplatte, Importplatte, Album, Phono-Koffer, Plattenspieler, Diskographie, Aufnahme, Studio-Aufnahme, Schallplattenaufnahme, Verstärker, Kofferverstärker, 10-Watt-Mischverstärker, Allstromverstärker, Wobbler, Mikrophon, mitschneiden, Mitschnitt, aufnehmen, Aufnahme, einspielen, Einspielung, Studio*
- Soziale und ökonomische Organisation des Jazz: *Jazzföderation, Jazz Club-Föderation, Schallplattengesellschaft, Plattengesellschaft, Etikett* ‚Label, Firma‘,

Schallplattenfirma, Schallplatten-Jazz-Neueingänge, Hausarrangeur,[17] *Engagement, Amateur-Wettbewerb, Jazzplattenpreis, Polls, Jazz-Zeitschriften, auf den Markt bringen, Solistenporträt, Verlagsgesellschaft, Engagement, Plattengeschäft, Single*

Diese exemplarische und noch unsortierte Zusammenstellung gibt einen Eindruck von der Vielfalt des Wortbestandes in den einzelnen Systemstellen und von den ganz unterschiedlichen Graden der Jazz-Spezifik, man erkennt innerhalb der Gruppen und über die Gruppen hinweg schon weitere Zusammenhänge, etwa zwischen fremdsprachigen und eigensprachlichen Wörtern (*Schlagzeuger*, *Drummer*) oder zwischen Bezeichnungen für Instrumente und Bezeichnungen für Arten von Musikern. Man sieht darüber hinaus, welch erhebliche Rolle die Wortbildung spielt. Besonders in den Werbeanteilen kommt auch die Welt der Produkte in einer Weise in den Blick, wie sie etwa im *Jazzbuch* von Berendt (1953) nicht erkennbar ist (*Flachdraht-Chromnickelstahlsaite*).

Die exemplarische Nutzung ausgewählter Hefte und ihrer Textbeiträge für die Ermittlung von „Systemstellen" und darauf bezogenen Wortschatzsektoren ist nicht nur eine lexikologische Analysestrategie, sie kann in lexikographischen Zusammenhängen auch genutzt werden für die Frage nach der systematischen Abdeckung der Teilwortschätze eines bestimmten Themenfeldes, z. B. der Bezeichnungen für Arten von Jazz-InstrumentalistInnen, der Bezeichnungen für musikalische Jazz-Formationen oder für die Örtlichkeiten („Locations") der Jazzmusik. Die internen Strukturen von Themenfeldern sind teilweise auch über bereits verfügbare „Ontologien" oder Verschlagwortungsbäume (z. B. der Wikipedia) erschlossen, die man zum Vergleich mit heranziehen kann.[18]

Wenn man von „thematischen Aspekten" spricht, muss man ergänzen, dass viele dieser Wörter auch einen funktionalen Aspekt aufweisen, z. B. die Funktion „auf einen Gegenstand/eine Art von Gegenstand Bezug nehmen". Deshalb könnte man von thematisch-funktionalen Bezügen sprechen. Im Hinblick auf das Themenfeld Jazz ist aber der thematische Aspekt vorrangig, Funktionen wie das Bezug-Nehmen müssen ja in (fast) allen kommunikativen Zusammenhängen erfüllt werden.

4.3 Die Rolle der Wortbildung

Die Wortbildung hängt mit den thematischen Facetten und spezifischen kommunikativen Aufgaben von Texten zusammen. Eine zentrale Aufgabe ist es z. B., auf Personen Bezug zu nehmen. Hierfür stehen u. a. Wortbildungen für Musikerinnen und Musiker

17 In der Eigenschaft als Arrangeur gehört jemand zum künstlerischen Personal, die Bindung an ein „Haus" stellt einen sozialen bzw. ökonomischen Aspekt dar.

18 Wenn man sich von der Wikipedia-Kategorie „Jazz" weiterbewegt, kommt man etwa zur Unterkategorie „Jazz-Stil" mit zahlreichen Einträgen wie „Modern Jazz", „Hard Bop" oder „Free Jazz". Vgl. https://de.wikipedia.org/wiki/Kategorie:Jazz-Stil (letzter Zugriff: 09.06.2025).

zur Verfügung, die mit den Bezeichnungen für Instrumente gebildet wurden, z. B. *Saxofon, Saxofonist, Saxofonistin*. Auch Arten von Musikinstrumenten können mit Hilfe der Wortbildung differenziert werden, z. B. *Altsaxofon, Baritonsax, Tenorsaxofon, Sopransaxofon*, von denen dann wiederum spezifischere Personenbezeichnungen (*Altsaxofonist, Sopransaxofonist*) abgeleitet werden können. Wie das Beispiel *Baritonsax* zeigt, können auch Verfahren der Kürzung angewendet werden. Ein weiteres Beispiel ist *Sopran* für ein im Text vorerwähntes Sopransaxofon:

> Bevor Picard der Band beitrat, engagierte Humphrey den Alt- und Sopransaxophonisten Bruce Turner [...]. Zum Dixieland paßt ein Alto nicht. Bruce sollte also in dieser Band besser nur zum <u>Sopran</u> greifen. (JP1955/04: 11)

Im folgenden Textbeispiel ist *Baßtrompetenspiel* ein Kompositum für eine Art des Handelns, die vom Instrument abgeleitet ist, die Wortbildungen *Basietradition* und *balladenhaft* dienen mit dazu, die Spielweise des Trompeters Cy Touff zu charakterisieren, wobei auch allgemeinsprachliche Wörter wie *ausdrucksstark* vorkommen:

> [...] damit war eigentlich alles gesagt: einfache, klare, in jeder phase mit ‚swing' geladene improvisationen in bester <u>basietradition</u>, voll feuer und dynamik in schnellen nummern, ausdrucksstark und ausgeglichen in <u>balladenhaften</u> titeln, das sind die charakteristika von cys [Cy Touff; TG] <u>baßtrompetenspiel</u>. (JP1956/06: 9; Herv. TG; Kleinschreibung im Original)

Es ist eine fruchtbare Perspektive, die Wortbildungen auf die unterschiedlichen thematischen Facetten und kommunikativen Aufgaben zu beziehen, die in den Zeitschriftentexten erfüllt werden. Das zeigt sich auch daran, dass bei der Unterscheidung von Systemstellen im Abschnitt 4.2 viele der dort angeführten Beispielwörter Wortbildungen sind.

Besonders reich ausgeprägt sind die Wortbildungen mit *Jazz*, von denen die meisten Nominalkomposita sind:

> Jazzpodium, Jazz-Künstler, Jazzfreund, Jazztrompeten-Schule, Jazz-Trompete, Jazz-Posaune, Jazz-Festival, Jazz-Föderation, Jazzinteressent, Deutscher Jazzplattenpreis, Jazzband, Jazzmusiker, Jazzexperte, Jazz-Zeitschrift, Jazz-Orchester Arrangement, Jazz-Vortrag, Jazz-Programm, Jazz-Domicil, Jazzleben, oldtime-Jazz/ Oldtime-Jazz, Jazz Potpourri, Jazz-Zwischenspiel, Jazzveranstaltung, Jazzkreise, Jazzstil, Jazzmusik, Jazzband, Jazz-Club/ Jazzklub, Jazzbewegung, Jazzsituation, jazzbegeistert, Jazzarbeit, Jazzfan, Jazzsendung, Jazzplatte, Jazz Club-Föderation, Jazzruf, Jazzpropaganda, Jazznation, Jazzgrüße, Jazzkritiker, Jazzveranstaltung, Jazzgröße, Jazz-Magazin, Jazz-Poll, Jazztagebuch, Jazzleben, Jazz-Schallplattengeschäft, Jazz-Zeitschriften-Leser, Jazzkenner, New Orleans Jazz, Jazzgeneration, Jazzkomposition, Jazzeinschlag, Jazzband, Jazzelement, Jazz Medium, Jazz-Panorama, Jazz-Konzert, Jazz-Begleiter, Jazz-Szene, Fernseh-Jazz-Studio, Jazz-Visitenkarte, Jazzgemeinde, Jazz-Fahrplan, Jazz-Lokal, Jazz-Matinee, jazzüberfüttert, Jazz-Feeling, Jazz-Publizist, Jazz-Combo, Jazzgruppe, Jazz-Beitrag, Jazz-Discographie, Jazz-Gemeinschaft, Platten-Jazz-Debut, Jazzvater (JP1955/04, nach ihrem ersten Auftreten im Text)

Hier erkennt man wiederum die breite thematische und funktionale Streuung. Unter diesen Wortbildungen sind viele stabil etabliert (*Jazzfreund* ist z. B. die übliche und häufig gebrauchte Bezeichnung für die Jazzfans bzw. Interessierten am Jazz), andere sind vermutlich ad hoc-Bildungen wie z. B. *Jazzvater* als Epitheton für Joachim Ernst Berendt oder das im Text in Anführungszeichen gebrauchte *jazzüberfüttert* („und bemühte sich, mit neu einstudierten Themen die ‚jazzüberfütterten' Hörer zu begeistern"; JP1955/04: 16). Bei den Wortbildungen zu *-jazz-* ist der thematische Bezug natürlich gegeben, viele andere Wortbildungen erfüllen zwar wichtige thematisch-funktionale Aufgaben in den Texten, sind aber nicht spezifisch für den Bereich des Jazz, z. B. *Melodieführung, kraftvoll, einfallsreich, Paradestück, großartig-dunkles Timbre, Einfühlungsgabe* in einem Konzertbericht (JP1955/04: 17).

Das Beispiel zeigt auch, dass es – für die Charakterisierung des Mediums, weniger in lexikographischer Perspektive – fruchtbar sein kann, die Rolle von Wortbildungen für unterschiedliche Texttypen bzw. Darstellungsformen (z. B. Nachruf, Konzertbericht, Albumporträt, Produktwerbung) zu berücksichtigen.

4.4 Die Rolle fremdsprachiger Einflüsse

Im Wortbestand von JP1955/04 finden wir eine Reihe von Wörtern fremdsprachiger Herkunft, die damals aber bereits etabliert waren und zum überwiegenden Teil griechisch-lateinischer Herkunft, z. T. französischer Herkunft sind, z. B.:

> arrangieren, Arrangement, atonal, Discographie, Duett, improvisieren, Improvisation, Konzert, Matinée, Metrum, Perkussionsrhythmik, perkussiv, Rhythmus, Septett, Sopran, Synkopation, Thema, Tournée, ...

Im Hinblick auf die Geschichte der Jazzmusik im deutschen Sprachraum ist eine jüngere Schicht von Wörtern bzw. Verwendungsweisen von Wörtern mit vorwiegend englisch-amerikanischer Herkunft von Interesse. Hierzu gehören im *Jazzpodium* 1955/04 die Wörter:

> Album, Band, Bandleader, Bebop, Bigband, Chorus, Combo, Cool, Disc-Jockey, Dixieland, Drummer, Jam-Session, Jazz, Jazzclub, Jazz-Feeling, Jump-Stil, life-music, modern jazz club, new sound, Poll/ Jazzpoll, Riff/ Bop-Riff-Thema, Section, Session, Single, Swing, Wobbler

Die Unterscheidung Wörter vs. Verwendungsweisen von Wörtern ist auch hier wichtig, weil z. B. *Chorus* oder *Album* als Wörter schon länger in Gebrauch waren, die jazzbezogene Verwendungsweise aber jünger ist. Im Hinblick auf die Wortentwicklung gibt es zuweilen durchaus Beurteilungsschwierigkeiten, z. B. wenn es heißt: „Sein Hauptwerk, die vieldiskutierte ‚Summer Sequence' war ein ‚flop'." (12). Im Deutschen Fremdwörterbuch ist das Wort in der Verwendungsweise 'Misserfolg, Pleite, Reinfall' seit Mitte der 1970er-Jahre belegt. Der Beleg im *Jazzpodium* wäre also 20 Jahre älter, aber es könnte sich auch um ein vereinzeltes fremdsprachiges Zitat handeln, dafür sprechen die Anführungszeichen und die Kleinschreibung. Mehr Gewissheit hätte man, wenn frühe

Jazztexte in größerer Zahl auch im Hinblick auf den Bewertungswortschatz durchsuchbar wären, denn in diese Kategorie gehört *Flop.*[19] Ganz ähnlich liegt der Fall bei *Hangout* (Kategorie Örtlichkeiten, Locations) im folgenden Beleg:

> Ich übertreibe nicht – wie mir leicht jeder bestätigen wird, der es erlebt hat –, wenn ich behaupte, daß im Circle Room mehr und besserer Jazz zu hören war, als in allen anderen 52nd Street hangouts zusammengenommen. (JP1955/04: 19)

Im Hinblick auf die Herkunftssprachen können wir also eine Tendenz formulieren, dass es eine ältere, allgemeinere Schicht von Wörtern fremdsprachiger Herkunft gibt und dass es darüber hinaus Wörter englisch-amerikanischen Ursprungs gibt, deren Gebrauchsprofil spezifischere Bezüge zum Jazz und seinen thematischen Facetten, die wie bei den Wortbildungen ähnlich breit gestreut sind, aufweist. Im Hinblick auf die Wortarten ist ein Schwerpunkt bei den Nomina zu verzeichnen. Der Gebrauch von Wörtern und Verwendungsweisen fremdsprachiger Herkunft in der Nachkriegszeit spiegelt die Orientierung an amerikanischen Entwicklungen.

4.5 Weitere Aspekte des Wortgebrauchsprofils

Es gibt weitere Aspekte, die für das lexikalische Profil der Texte im *Jazzpodium* erheblich sind oder sein können.

Den funktionalen Aspekt habe ich an einigen Stellen schon angesprochen, dabei geht es um die Frage, welche lexikalischen Mittel für einzelne Teilfunktionen bzw. kommunikative Aufgaben genutzt werden können. Hierzu gehören u. a. Ausdrücke, mit denen positive oder negative Bewertungen zum Ausdruck gebracht werden können. Diese Funktion ist etwa in Konzertberichten oder bei der Vorstellung neuer Alben zu erfüllen. In diese Kategorie fallen etwa Substantive wie *Geschmacklosigkeit*, *Glücksfall* oder *Extraklasse*, Adjektive wie *vorzüglich*, *denkwürdig*, *wunderbar*, *einwandfrei*, *wundervoll* oder *lahm* und verbale Ausdrucksmittel wie *sich sparen können* (alle JP1955/04: 22) oder *vom Stuhl fallen* (21), alles lexikalische Mittel, die mehrheitlich nicht jazz-spezifisch sind, aber dennoch in Jazztexten benötigt werden. Eine andere Funktionsklasse ist das Identifizieren und Charakterisieren von Arten von Gegenständen, Ereignissen und Personen, sie hängt sehr viel enger mit den spezifischen Systemstellen des Jazz zusammen.

Im modernen Jazz-Feuilleton werden lexikalische Mittel auch dafür genutzt, um Maximen der Originalität und der Kreativität im Ausdruck zu folgen. Im JP1955/04 spielt dieser Gesichtspunkt keine erhebliche Rolle, wenngleich es vereinzelt interessante

19 Im JP2013/04 findet man z. B. folgende Wortbildung im Fazit einer Schallplattenkritik zu Philip Catherines Album *Côté Jardin*: „[...] und ein lyrisches Ego, das vor zu viel Geltungsdrang aus einer Riesenchance einen Zuckerbäckerjazz-Flop macht“.

Wortbildungen wie *jazzüberfüttert* gibt. Immerhin gibt es in einer Rubrik mit Scherzen zum 1. April ein Wortspiel mit dem Nachnamen von Stan Kenton (*kentonal, atonal*):

> Das IWI (Institut zur Weiterentwicklung der Jazzmusik) gibt bekannt, daß man demnächst die Progression des Jazz durch Elektronische Musik (für die Kentonale Richtung), gregorianische Harmonik (für Spirituals) und bayrischer Volksmusik (für den Dixielandstil) vorantreiben will. Der Jazz habe eine Weiterentwicklung dringend nötig und das Institut bange darum, ob der Anschluß an die atonale Musik auch rechtzeitig erreicht werde. (JP1955/04:10; Herv. TG)

Ein weiterer interessanter Aspekt sind Wort-Konkurrenzen wie z. B. *Schallplattenfirma/ Label/ Etikett* (siehe oben), *Drummer/ Schlagzeuger* oder *balladenhaft*, das später Konkurrenz von *balladesk* bekam (z. B. JP2005/04:15). Auch die Frage nach individuellen Besonderheiten von VerfasserInnen und die Frage, ob es Spezifika in den Wortgebrauchsprofilen unterschiedlicher Texttypen gibt, würden sich für die nähere Charakterisierung des Mediums anbieten, selbst wenn sie für das Jazzvokabular im engeren Sinne weniger relevant sind.

Zuletzt sollen lexikalische Mittel erwähnt werden, die für bestimmte Denk- und Sichtweisen relevant sind. Hierfür nenne ich drei Beispieldimensionen.

(1) Auch wenn die Jazzmusik in den 1950er-Jahren überwiegend eine Männerdomäne war, gab es doch einzelne herausragende Frauen, z. B. Jutta Hipp am Piano. Movierte Bezeichnungen für weibliche Personen im Jazz sind in der Zeit zwar nicht sehr häufig, aber sie kommen vor und stellen gleichsam eine Schneise dar für den späteren Ausbau. Solche Bezeichnungen sind etwas *Vibraphonistin, Sängerin, Jazzsängerin, Bluessängerin, Musikerin, Hauptinitiatorin* (einer Sendung), *Pianistin, Jazz-Pianistin* oder *Vocalistin.*

(2) Wie im *Jazzbuch* (1953) von Joachim-Ernst Berendt werden auch im JP1955/04 das Wort *Neger*[20] und Komposita wie *Neger-Magazin, Negermischling, Negerpianist, Negerlieder* oder *Negerrhythmen* gebraucht. Mit dieser Zuschreibung waren offenbar auch besondere musikalische Qualitäten verbunden: „Nicht umsonst nannte man ihn [= Jiri Verberger; TG] den weißen Neger" (JP1955/04: 6). Daneben werden auch das Adjektiv *farbig* und das Substantiv *Farbiger* verwendet. Schließlich finden sich in einem Beitrag über *Grundlagen und Entwicklung des Jazz* auch Bezeichnungen in der Tradition des Rassedenkens: *reinrassig, andersrassig, Mischling, Negermischling, Blut* (als Abstammungsanteil), *negroid,* aber auch Musik-Kennzeichnungen wie *latein-amerikanisch, afro-amerikanisch* und *euro-afrikanisch.* In einem Ausschnitt aus einem Fortsetzungsroman scheitert die Liebe zwischen einem weißen College-Mädchen und einem schwarzen Jazzmusiker an den „Rassenunterschieden", die mit diesem Wort auch angesprochen werden (JP1955/04: 19). Später heißt es:

---

20 Der rassistische Gehalt dieses Wortes sowie aller anderen in diesem Absatz genannten Wörter wird im Kontext der Jazzmusik der 1950er-Jahre noch nicht gesehen bzw. nicht benannt. Insofern sind diese Wörter Bestandteil des hier betrachteten (historischen) Wortgebrauchsprofils.

> [...] er wollte Lucy heiraten. | Er machte ihr einen ungeschickten Antrag. Lucy gab ihm einen Korb, setzte ihm auseinander, weshalb sie ihn nie heiraten würde. Sie hatte erlebt, wie Mischlinge weder von den Farbigen noch von den Weißen anerkannt werden, und dies wollte sie ihren Kindern ersparen. | „Ich liebe dich, Eddie, ich liebe dich wirklich, aber das können wir nicht tun. Wir schließen uns beide aus. Es hat keinen Sinn, es würde unsere Liebe zerstören. Liebe mich weiter, so wie bisher. Denk nicht in die Zukunft. Laß uns jetzt glücklich sein."

(3) Im Denken und Schreiben über Jazz spielen auch Kontrastierungen und Abgrenzungen eine Rolle, die an manchen Textstellen an den Wortgebrauch gebunden sind. Eine der Abgrenzungen ist die Welt der Schlager und Schnulzen, eine andere die Tendenz zur Kommerzialisierung des Jazz. Der Bezugspunkt für die Kontrastierung wird als „authentische Jazzmusik" bezeichnet:

> Der Referent, ein Vorkämpfer moderner Musik, erwies sich als guter Kenner der authentischen Jazzmusik und beleuchtete an Hand von Schallplattenbeispielen in historischer Darstellung die Stilarten des Jazz. Dabei wies er auf die fortgesetzten merkantilen Beei[n]flussungen hin, die von dem eigentlichen Wesen und den Werten des Jazz ablenken. Dammert warnte eindringlich davor, die Jazzmusik lediglich als erotische Stimulans zu betrachten, wie es nach seinen Erfahrungen leider bei weiten Publikumskreisen der Fall sei. – In einem weiteren Vortrag behandelte der amerikanische Musikwissenschaftler John Albert Sweeney das Thema „Die soziologische Umwandlung Amerikas im Spiegel seiner Musik". Besonders aufschlußreich waren für die Jazzfreunde seine Ausführungen über den entscheidenden Einfluß und Anteil der amerikanischen Neger im Musikleben der USA. Der Redner, selbst ein Farbiger, wies darauf hin, daß auch in den USA der authentische Jazz nur sechs Prozent der Schallplattenproduktion ausmache und daß dem fünfzig Prozent Tagesschlager gegenüberstehen. (JP1955/04: 18)

authentisch, eigentliches Wesen, Werte des Jazz stehen auf der positiven Seite, *erotische Stimulans, merkantile Beeinflussungen* und *Tagesschlager* sind Bezeichnungen für die Abweichungen vom Ideal. Die unterschiedliche Bewertung kommt auch in folgender Passage zum Ausdruck: „Professionals, die sich nach Schnulzenmusik beim Jazz erholen" (JP1955/04: 20). An anderen Stellen dienen Wörter wie *kommerziell, kommerzialisiert* oder *Kommerzialismus* zur Bezeichnung einer Abweichung von der authentischen, reinen Lehre. Darüber hinaus gibt es auch innerhalb des Jazz Lagerbildungen, auf die z. B. mit *puristisch* oder *Purist* Bezug genommen werden kann.

5 Thematisch fokussierte Zeitschriften und Aspekte ihrer lexikographischen Nutzung

Die Befunde zum *Jazzpodium* zeigen einen reichhaltigen und differenziert strukturierten Wortschatz im Themenbereich des Jazz. Jazz-Zeitschriften sind aufschlussreiche Mittel, um den Bestand von Einzelwörtern mit ihren Verwendungsweisen und Gebrauchseigenschaften zu ermitteln, der zu einer bestimmten Zeit gebraucht wurde, um über Facetten des Themas „Jazz" zu sprechen und zu schreiben.

Im Hinblick auf die lexikographische Nutzung besteht ihr Wert zunächst für die *allgemeinsprachliche Lexikographie* vor allem darin, dass sie Einzelwörter in einem Kernbereich von jazzspezifischen Wörtern und Verwendungsweisen belegen, der in einem allgemeinsprachlichen Korpus nicht in der Breite dokumentierbar ist. Diesen Befund stützt auch das kleine Beispiel zu *pochieren* im Abschnitt 2 und meine Ausführungen zum Wortschatzprofil einer Anglerzeitschrift, die ich an anderer Stelle publiziert habe (Gloning 2023). Welche Wörter bzw. Verwendungsweisen man auswählt und in welcher Granularität beschreibt und mit Belegen unterfüttert, kann nicht in allgemeiner Form bestimmt werden, das hängt u. a. von den Zielen und den konzeptionellen Vorgaben eines Wörterbuchs bzw. eines lexikographischen Systems ab.

Eine interessante Perspektive für die Vertiefung von Themenbereichen im Bereich der allgemeinsprachlichen Lexikographie bieten etwa die DWDS-Themenglossare.[21] Es ist leicht vorstellbar, dass eine solche Darstellungsform zu einem *eigenen Dokumentationsportal zum Themenfeld* „Jazz" ausgebaut werden kann. Dabei kann man sich auf die jazzspezifischen Wörter und Verwendungsweisen beschränken (selbst wenn die Abgrenzung im Einzelfall nicht immer leicht ist), man kann aber auch einen erweiterten Bereich zugrunde legen, wenn man von der Frage ausgeht, mit welchen lexikalischen Mitteln unterschiedliche kommunikative Aufgaben in jazzbezogenen Texten erfüllt werden. Dann kommen zusätzlich Wörter und Verwendungsweisen in den Blick, deren Rolle in Jazztexten sich erst durch die Belege aus einschlägigen Textquellen erschließt.

Zeitschriften erlauben eine differenzierte Analyse der *inneren Struktur des themenbezogenen Wortschatzes* und seiner „Systemstellen". Die Kenntnis dieser Systemstellen kann eine wichtige Grundlage sein für Korpusplanungen und für systematische Erweiterungen der lexikographischen Textgrundlagen.

Je nach dem Erscheinungsverlauf von thematisch fokussierten Zeitschriften sind sie eine zeitlich kleinschrittige Grundlage für die *Wortschatzdokumentation in historischer Perspektive*. Zeitschriften wie *Sterne und Weltraum* oder das *Jazzpodium* dokumentieren den Wortschatz ihres Themenfelds über mehrere Jahrzehnte in kontinuierlicher Abdeckung und für eine nicht rein fachliche Zielgruppe. Im Hinblick auf zeitschriftenbasierte Korpus-Strategien geht es nicht um einen neuen Primat der Zeitschriften vor anderen Quellen. Vielmehr geht es darum, thematisch fokussierte Zeitschriften im Zusammenspiel mit anderen Quellen klug für eine verbesserte lexikographische Abdeckung spezifischer Themenfelder zu nutzen.

Attraktiv erscheint mir auch die Kombination bzw. Integration von lexikographischer Einzelwortdokumentation mit anderen, systematisch ausgerichteten Darstellungsformen. Erfolgreiche Beispiele für solche Formen des Zusammenspiels sind z. B. Alfred Schirmers Abhandlung und Wörterbuch zur Kaufmannssprache (1911; vgl. Gloning 2003) oder die diskursgeschichtlichen Beiträge von Heidrun Kämper, die jeweils aus einer systematischen Monographie und einem Diskurswörterbuch bestehen (z. B.

21 https://www.dwds.de/themenglossar (letzter Zugriff: 30.06.2025).

Kämper 2005; 2007). Dies eröffnet die allgemeinere Frage danach, ob und wie sich lexikographische Dokumentationsweisen ggf. mit anderen Darstellungsformen (vgl. Fritz 2020) kombinieren lassen, z. B. im Rahmen von digitalen Portalen oder mit thematisch fokussierten Blogs, die sich schrittweise erweitern lassen.

Zusammenfassend: Die einzelnen Wörter und ihre mehr oder weniger jazz-spezifischen Verwendungsweisen sind die Grundelemente für die Erstellung des Wortgebrauchsprofils von Texten bzw. Textgruppen. Schon ein einzelnes Heft einer Zeitschrift wie des *Jazzpodium* gibt einen guten Überblick über den lexikalischen Bestand von Einzelwörtern und eröffnet darüber hinaus Perspektiven für die Analyse von Wortschatzstrukturen. Die Nutzung der Analysebefunde für die Lexikographie ist kein Abfallprodukt, sondern sollte die Wortschatz-Analyse als Anwendungsperspektive begleiten.

6 Zusammenfassung und Ausblicke

Mit diesem Beitrag verfolge ich zwei Ziele. Zum einen analysiere ich das Wortgebrauchsprofil des *Jazzpodium*-Heftes 1955/04 mit Seitenblicken auf zeitlich benachbarte Hefte. Die Befunde sind als Beitrag gedacht zu einem noch in den Anfängen befindlichen Projekt „Historisches Vokabular des Jazz“. Hierfür erläutere ich die Rolle von Einzelwörtern mit ihren mehr oder weniger engen Jazzbezügen, ich untersuche sodann die interne Struktur des thematisch-funktionalen Wortschatzes mit Hilfe sog. Systemstellen und gehe dann auf die Rolle von Wortbildungen und von lexikalischen Einheiten fremdsprachiger Herkunft ein. Weitere Aspekte, z. B. konkurrierende Wörter oder Wörter für historisch bemerkenswerte Denkweisen beschließen diesen Teil.

Zum anderen frage ich, inwiefern thematisch fokussierte Zeitschriften (z. B. *Jazzpodium, Sterne und Weltraum* oder Kochzeitschriften) für die allgemeinsprachige oder die stärker fachlich orientierte Beleglexikographie des Deutschen und ggf. für erweiterte Darstellungsformen genutzt werden können. Zeitschriften sind nicht nur Quellen für einschlägige Belege, sie können auch für Korpusplanungen (Umfang, zeitliche Abdeckung, thematische Stratifizierung von Wortschätzen und ihren Teilbereichen) genutzt werden. Zeitschriften, die – wie das *Jazzpodium* – über längere Zeiträume hinweg erscheinen, ermöglichen die Dokumentation von Wörtern und Wortschatzsektoren im historischen Längsschnitt.

Im März 1955 ist ein Großer des Jazz, Charlie Parker, gestorben, im Aprilheft des Jahres 1955 widmet ihm das *Jazzpodium* einen Nachruf. Ein Großer geht, ein anderer Großer kommt, auch wenn Stefan Schierholz am 22.04.1955 noch klein war.

7 Literatur

Berendt, Joachim-Ernst (1953): Das Jazzbuch. Entwicklung und Bedeutung der Jazzmusik. Frankfurt a.M.

Carlo – Keep swingin. Film-Dokumentation über Carlo Bohländer (2016). Verfügbar über filmfriend.de (23.3.2025).

Dauer, Alfons M. (1961): Jazz. Die magische Musik. Ein Leitfaden durch den Jazz. Bremen: Carl Schünemann Verlag.

Deutsches Fremdwörterbuch = https://www.owid.de/wb/dfwb/start.html (letzter Zugriff: 29.06.2025).

Duden = https://www.duden.de/woerterbuch (letzter Zugriff: 16.06.2025).

DWDS = https://www.dwds.de (Wörterbücher, Textkorpora, Statistiken; letzter Zugriff: 16.06.2025).

DWDS-Themenglossare = https://www.dwds.de/themenglossar (letzter Zugriff: 30.06.2025).

Frankfurt Sound (2005) = Schwab, Jürgen (2005) (Hrsg.): Der Frankfurt Sound. Eine Stadt und ihre Jazzgeschichte(n). Zweite, inhaltlich korrigierte Auflage. Frankfurt a.M.: Societäts-Verlag.

Fritz, Gerd (2020): Darstellungsformen in der historischen Semantik. Gießen: Giessen University Library Publications. Online: http://dx.doi.org/10.22029/jlupub-3048 (letzter Zugriff: 30.06.2025)

Gloning, Thomas (2003): Organisation und Entwicklung historischer Wortschätze. Tübingen: Niemeyer.

Gloning, Thomas (2021): Das Vokabular des Jazz im „Jazzbuch" (1953) von Joachim Ernst Berendt. In: Ladilova, Anna et al. (Hrsg.): Bornistik. Sprach- und kulturwissenschaftliche Perspektiven auf die Romania und die Welt. Festschrift für Joachim Born. Gießen, 471—490. Online: https://geb.uni-giessen.de/geb/volltexte/2021/15678/ (letzter Zugriff: 30.06.2025)

Gloning, Thomas (2022): Historisches Vokabular des Jazz. Wort(schatz)geschichte in kommunikativen, kulturellen und digitalen Zusammenhängen. In: Diehl, Gerhard/Harm, Volker (Hrsg.): Historische Lexikographie des Deutschen. Perspektiven eines Forschungsfeldes im digitalen Zeitalter. Berlin: de Gruyter, 57–85.

Gloning, Thomas (2023): Wissensräume von Zeitschriften in Beiträgen, Heften und Heft-Serien. Textorganisation, Multimodalität, Wortgebrauch. In: Beißwenger, Michael et al. (Hrsg.): Korpusgestützte Sprachanalyse. Grundlagen, Anwendungen und Analysen. Tübingen: Narr, Francke, Attempto, 155–169.

Jazzpodium: Die einzelnen Hefte zitiere ich nach dem Muster „JP1955/04" = Jazzpodium, Jahrgang 1955, Heft 4.

Kämper, Heidrun (2005): Der Schulddiskurs in der frühen Nachkriegszeit. Berlin: de Gruyter.

Kämper, Heidrun (2007): Opfer, Täter, Nichttäter. Ein Wörterbuch zum Schulddiskurs, 1945–1955. Berlin/New York: de Gruyter.

Knauer, Wolfram (2019): „Play yourself, man!" Die Geschichte des Jazz in Deutschland. Ditzingen: Reclam.

Kampmann, Wolf (2016): Jazz. Eine Geschichte von 1900 bis übermorgen. Stuttgart: Reclam.

Kampmann, Wolf/Jost, Ekkehard (2003) (Hrsg.): Reclams Jazzlexikon. Personenlexikon. Stuttgart: Reclam.

Schierholz, Stefan J. (2021): Die Villa Vigoni Thesen zur Lexikographie. In: Lexicographica 37, 303–305.

Schirmer, Alfred (1911/2019): Wörterbuch der deutschen Kaufmannssprache auf geschichtlichen Grundlagen. Mit einer systematischen Einleitung. Straßburg: Trübner. (Nachdruck: Berlin/Boston: de Gruyter Mouton 2019).

Wahrig = Wahrig Deutsches Wörterbuch (2011). Verfügbar über https://www.dwds.de/d/wdw (letzter Zugriff: 16.6.2025) und über https://www.zdl.org/ (letzter Zugriff: 16.06.2025).

Wikipedia = https://de.wikipedia.org (letzter Zugriff: 09.06.2025).

Zita Hollós

Wörter und Wendungen: Selektion, Update und Upload

Abstract: Constantly changing technical solutions, also in the framework of digitalization and several new trends in society, media, fashion and environment, to name just a few, have changed our everyday life. It means, objects and ideas of our cultural epoch, that of the 20th century, are gradually being supplemented or replaced by new ones. They in turn result in the emergence of new words and expressions in communication day by day. Young people use these such as *Casting, Influencer, liken, updaten* or others in dealing with e.g. social media: a big challenge for the maintenance of a learner's dictionary portal for German as a foreign language (GFL) such as E-KOLLEX DAF. Data needs to be updated first in that way, so that this resource continues to appeal to young people as the target dictionary user group and still remains up to date. This article deals with the problems of outer and inner selection. The first, the lemma selection, was already focused in my last work, which needs to be summarized for further specifications based on the latest practice, but the second, the data selection of collocations and combinations, is the next theoretical and practical challenge for the existing dictionary portal. What kind of online resources like dictionaries, tools or corpus statistics can help lexicographers to update not only the lemma inventory, but also the typical expressions in an effective way for language learners? What kind of new types of online dictionary articles should be developed in the process of updating and uploading of new lemmata in the database? The following contribution to (practical) metalexicography searches for answers to these questions.

Keywords: Learner's dictionary portal for GFL, corpus linguistics, lemma selection, neologisms, inner selection, collocations, combinations, data bank, data bank management system

Schlagwörter: Lernerwörterbuchportal für DaF, Korpuslinguistik, Lemmaselektion, Neologismen, innere Selektion, Kollokationen, Kombinationen, Datenbank, Datenbankmanagementsystem

---

Zita Hollós, Károli Gáspár Universität der Reformierten Kirche in Ungarn, Lehrstuhl für Deutsche Sprache und Literatur, Reviczky u. 4, 1088 Budapest, Ungarn, E-Mail: hollos.zita@kre.hu

https://doi.org/10.1515/9783111676531-013

1 Einleitung

Die ersten Anregungen zur Aktualisierung der Datenbestände des deutschen Lernerwörterbuchportals E-KOLLEX DAF sind aus verschiedenen Konsultationsprozessen der Ressource zu Fremdwörtern oder Neologismen während der universitären Lehre entstanden. Vermeintliche Lemmalücken oder das Fehlen mancher typischer Wortverbindungen, die im DWDS-Wortprofil als hochsignifikante Kookkurrenzen markiert waren, haben bald mein praxisbezogenes Forschungsinteresse für das notwendige Updaten der Ressource geweckt. Bald kam die ernüchternde Erkenntnis: Damit das Portal weiterhin benutzerfreundlich bleibt, müssen „neue" Wörter und Wendungen aufgenommen werden. Allerdings: Das „Wie" ist eine methodologische Herausforderung im Zeitalter großer Korpora, da hierfür eine lexikographisch praktikable und effektive Lösung erforderlich ist.

Wenn man die komplexe soziale Schichtung und die hochdiversen Gruppierungen innerhalb der deutschen Gesellschaft betrachtet und ihre Bedürfnisse, die eigenen sprachlichen Konventionen als Sozialsymbol auch im Alltag zu verwirklichen (vgl. Eichinger 2007: 42), ernst nimmt, kann man die Zielsetzung dieses Beitrages, diesem veränderten gesellschaftlichen und sprachlichen Umstand der deutschsprachigen Jugendlichen in einem deutschen Lernerwörterbuchportal – in Bezug auf die äußere und innere Selektion – Rechnung zu tragen, als überaus ambitioniert betrachten. Diese hier formulierte Zielsetzung wäre sogar unmöglich, wenn nicht bereits Vorarbeit für die Aktualisierung der Lemmaliste des Portals geleistet oder die innere Selektion in diesem Artikel nicht auf bestimmte Aspekte eingegrenzt worden wäre. Eine erste, operationalisierbare Methodenkombination für die Lemmaselektion wurde ausführlich in Hollós (2025) beschrieben, deren präzisere Bestimmung während der systematischen Erprobung als erforderlich erachtet wurde. Deshalb werden die bisherigen Ergebnisse dieser Methode für die äußere Selektion nach dem kurzen theoretischen Hintergrund zur Auswahl der Wörter und Wendungen im darauffolgenden Kapitel zusammengefasst, damit sie in diesem Beitrag weiter spezifiziert werden können. Diese präzisere Verfahrensweise wird dann für das zukünftige Updaten der Lemmastrecken wegweisend.

Als wesentlich komplizierter erweist sich die Erarbeitung der Methodologie für die innere Selektion, die ein weiteres Hauptanliegen der vorliegenden Publikation ist. Es können hier lediglich die ersten Überlegungen in Bezug auf bestimmte Aspekte dieser Selektion, d. h. auf einen Strukturtyp der Kotextangaben zu Substantivlemmata erarbeitet werden. Die systematische Erprobung und Erweiterung der hier vorgestellten inneren Selektionsmethode wird zukünftig in mehreren Phasen erfolgen.

2 Theoretischer Hintergrund zur Auswahl der Wörter und Wendungen

Im Schlusswort der überarbeiteten Neufassung von Agricolas Wörterbuch *Wörter und Wendungen* (1992), dessen ursprünglicher Titel bei der ersten Auflage im Jahre 1976 „Lexikon der Wörter und Wendungen. Wörterbuch der Formulierungskunst" lautete, ist Folgendes zu lesen:

> Diese einführenden Bemerkungen sollen den Leser anregen, beim Benutzen des Wörterbuches, beim Gebrauch und beim Hören der Redewendungen darüber nachzudenken, daß Wörter und Wendungen viel mehr sind als nur Vokabeln und ihre Zusammenstellungen; sie sollen ihn dazu führen, diese Kenntnisse bei der Betrachtung der Einzelbespiele **praktisch anzuwenden** [Hervorh. von Z. H.]. (Agricola 1992: 35)

Diese benutzerorientierte und gebrauchsbasierte Perspektive mit der Anregung zur praktischen Anwendung der sprachreflexiven Kenntnisse sowie die Titelgebung der Erstauflage, *Wörterbuch der Formulierungskunst*, war damals ziemlich bahnbrechend. Das Nachschlagewerk verzeichnet fast 8.000 Wörter, von denen rund 5.000 mehrdeutig sind (vgl. Agricola 1992: 19). Auf ein ähnliches Werk in der ungarischen Lexikographie musste man fast fünf Jahrzehnte lang warten. Nun ist es da, mit dem Titel *Szókereső írószótár. Magyar főnevek szókapcsolatai*, ins Deutsche übersetzt lautet der Titel: „Wörterbuch für Wortsuchende. Wortverbindungen ungarischer Substantive". Es enthält 6545 Substantive und dazu 124 500 Wortverbindungen, nicht korpusbasiert, sondern aus dem größten, siebenbändigen Bedeutungswörterbuch des Ungarischen ermittelt. Beide Werke sind erste Früchte eines Ideals der gebrauchsorientierten lexikographischen Praxis, nämlich repräsentative Vertreter aktiver, einsprachiger Wörterbücher für Sprachinteressierte und Fremdsprachlerner.

In Gouws/Wolski (2010: 300) finden wir folgende Definition des *aktiven Wörterbuches*: „einsprachiges oder zweisprachiges Wörterbuch mit textproduktionsunterstützender Funktion" und des Weiteren:

> Zweisprachige Wörterbücher dieses Typs eignen sich als Hilfsmittel bei der Verwendung einer Fremdsprache bzw. für das Übersetzen in eine Fremdsprache und sind behilflich bei der Assimilation des Fremdsprachensystems. Zu ihrem Lemmabestand gehören meistens nicht die weniger gebräuchlichen Synonyme, Regionalismen und Archaismen, sondern sprachliche Einheiten, die sehr häufig von den muttersprachlichen Sprechern verwendet werden. Bei der lexikographischen Bearbeitung der Lemmazeichen steht in zweisprachigen Wörterbüchern dieses Typs die Differenzierung der Äquivalente mittels Äquivalentunterscheidungsangaben im Zentrum der Aufmerksamkeit, in einsprachigen die der Polysemiestruktur. Angaben zu ko- und kontextuellen Gebrauchsbedingungen der zielsprachlichen Lemmazeichen spielen in aktiven Wörterbüchern eine zentrale Rolle. (Gouws/Wolski 2010: 300)

Im Falle eines zweisprachigen aktiven Wörterbuchs kommt noch die Beachtung des Aktiv-Passiv-Prinzips hinzu. Dieses benutzerorientierte Prinzip besagt, dass bei der

Planung und Erarbeitung eines zweisprachigen aktiven Wörterbuchs nicht nur die Sprachkenntnisse des anvisierten Benutzerkreises, sondern auch die Wörterbuchfunktionen, in diesem Fall die gestörte Textproduktionsfunktion als primäre Funktion des deutsch-ungarischen Kollokationslexikons KOLLEX weiterhin berücksichtigt werden sollte. Die Befolgung dieses Prinzips hat auf die Auswahl der zu lemmatisierenden Wörter, d. h. auf die Lemmaselektion und auf die Auswahl der Wendungen, also auf die Artikelgestaltung, einen maßgeblichen Einfluss (vgl. Wiegand 2010: 300). Aus diesen Gründen verzeichnet das 2023 im IDS-Verlag publizierte KOLLEX, das mehr als ein Jahrzehnt in einer Datenbank korpusgestützt, nach strengen metalexikographischen Prinzipien erarbeitet wurde, „nur" 2.262 Wörter (Basen einer Kollokation/Wortverbindung) mit ihren Bedeutungen und dazu ca. 61.000 Wendungen, sogenannte Kollokationen/Wortverbindungen. Im Register werden mehr als 10.000 weitere Wörter (Kollokatoren/Kotextpartner) aufgelistet. Das Aktiv-Passiv-Prinzip wirkt sich demgemäß auch auf die Mediostruktur aus, da die Kollokatoren/Kotextpartner mehrheitlich bei gestörter Textrezeption (sekundäre Wörterbuchfunktion) in der Kommunikation der Sprachlerner auftauchen und auch aus diesem Grund – sowie aus kollokationsstrukturellen Gründen – nicht im Wörterverzeichnis der Basen der Kollokationen, sondern im Register nachgeschlagen werden können. Somit beträgt die Zahl der nachschlagbaren Wörter mehr als 12.000. Die Lemmata des Basisverzeichnisses sind für den Produktionswortschatz, die der Kollokatoren, gleichzeitig Registereinträge für den Rezeptionswortschatz der anvisierten Benutzergruppe deutschlernender Kinder und Jugendlicher ausschlaggebend.[1]

Im vorliegenden Beitrag geht es allerdings um die Aktualisierung des Lemmabestandes der Onlineversion der Datenbank, d. h. des Lernerwörterbuchportals, das zwar auf der Datenebene das ganze Datensortiment der Printpublikation enthält, aber sich auf der Datenpräsentationsebene – vor allem aus technischen Gründen – z. Z. auf bestimmte Angabetypen beschränkt, bzw. mit neuen bereichert wurde. Dank des umfangreichen Datenangebots des Kollokationslexikons für Deutschlerner können die verschiedenen Angabetypen aus der Datenbank Schritt für Schritt auch auf der Datenpräsentationsebene, also im Wörterbuchportal veröffentlicht werden (vgl. Hollós 2024).

Nachdem 2016 das Redaktionssystem der Datenbank von einer Desktop-Applikation auf ein webbasiertes User-Interface umgestellt wurde, konnte nicht nur das Webdesign für die Onlineversion von KOLLEX entwickelt, sondern auch ein Teil der Datenbank unter der Internetadresse www.kollex.hu/szotar der Öffentlichkeit

1 Das erste Ergebnis dieses Wörterbuchprojekts war ein in Ungarn, im Jahre 2014 publiziertes, zweisprachiges, syntagmatisches Lernerwörterbuch für Deutschlerner auf der Mittel- und Oberstufe mit dem Titel *SZÓKAPTÁR: Német–magyar SZÓkapcsolatTÁR. KOLLEX. Deutsch-ungarisches Kollokationslexikon* (SZÓKAPTÁR/KOLLEX).

kostenlos zugänglich gemacht werden. Seitdem wird die Ressource – was die Funktionalitäten und die Module betrifft – kontinuierlich weiterentwickelt.[2]

Das Herzstück des deutschen Lernerwörterbuchportals E-KOLLEX DAF bilden die 1.274 substantivischen Wörterbuchartikel, die voll bearbeitet sind und in denen mehr als 30.000 typische deutsche Kollokationen/Wortverbindungen und im zweisprachigen Modus auch ihre jeweiligen ungarischen Äquivalente enthalten sind. In Zusammenarbeit mit dem Leipziger Korpusprojekt *Deutscher Wortschatz*[3] konnten für die Wörter der Ressource alle statistisch signifikanten Kookkurrenzen ermittelt und in einem langwierigen manuellen, sememspezifischen Selektionsprozess typische Kollokationen und lernerrelevante Wortverbindungen ausgewählt werden, die dann im Portal nach didaktisch festgelegten Strukturtypen, unter sog. Strukturlinks geordnet erscheinen, denn „entscheidende Verbesserungen im Bereich der produktiven Kompetenz sind [...] von der Kenntnis der vielfältigen Verwendungsweisen schon erworbenen Wortgutes" (Zöfgen 1994: 261) zu erwarten.

Wenn man die Termini *Lemmaselektion* oder *innere Selektion* im WLWF nachschlägt, findet man rudimentäre Wörterbuchartikel, d. h. es fehlen jegliche Definiensangaben, weitere Erläuterungen sowie ausführliche Literaturangaben. Beim letzteren Terminus gibt es gar keine Literaturangaben, beim ersten nur den Hinweis auf vier, etwas ältere wissenschaftliche Artikel, in denen die äußere Selektion für die Erstellung eines Fachwörterbuches erläutert wird. Mir sind lediglich drei deutschsprachige Beiträge mit dem Thema zur Lemmaselektion bekannt, zwei für einsprachige deutsche Lernerwörterbücher (Bergenholtz/Meder 1998, Beißwenger/Körkel 2002) und einer für ein Neologismenwörterbuch (Herberg 2002), jedoch keiner zum Updaten des Lemmabestandes für ein ein- oder zweisprachiges Lernerwörterbuch oder -wörterbuchportal. In der einschlägigen neueren Fachliteratur zur deutschen Lexik, z. B. am IDS (Engelberg/Lobin/Steyer/Wolfer 2018 u. a.) oder zur (Online-) Lexikographie (Gouws et al. 2013, Klosa/Müller 2016, Jackson 2022 u. a.), findet man keinen Artikel, der sich mit dem Updaten bereits existierender (Online-)Wörterbücher beschäftigt. Internetressourcen werden immer wieder für die Möglichkeit der kontinuierlichen Aktualisierung angepriesen, die Realisierung ist jedoch selten der Fall. Nur große Nachschlagewerke der wissenschaftlichen Internetlexikographie an

2 Für das Lernerwörterbuchportal wurden mehrere Module (vgl. Hollós 2022) geplant, drei davon sind bereits realisiert. Die ersten zwei Module *KOLLEX* und *Schulwörterbuch* (*Suliszótár*) bilden das lexikographische Grundgerüst des Portals, weil sie alle 1.274 substantivischen Vollartikel aus dem Printwörterbuch *SZÓKAPTÁR/KOLLEX* (2014) und insgesamt 1.280 printlayout-formatierte Wörterbuchartikel aus dem zweisprachigen Schulwörterbuch *Suliszótár* (Hollós 2001) umfassen. Das dritte Modul *Externe Ressourcen* impliziert die Integration lemmabezogener Portale: das lexikologische Portal DW, darin der auf „Assoziogramm" getaufte Datentyp und das Wortschatzportal DWDS, darunter die Daten mit den Namen „Belege" und „Kookkurrenzen", im Dienste neuer, fremdsprachendidaktisch motivierter Angabetypen.

3 Das Korpus ist unter http://wortschatz.uni-leipzig.de/ zu finden (letzter Zugriff: 02.02.2025).

Sprachinstituten oder Akademien, wie die Projekte OWID-Neologismenwörterbuch und DWDS können diese Chance wirklich wahrnehmen. Genauso wenig wie die Lemma- und Angabeselektionskriterien der „Wörterbuchwerkstätten" publik gemacht werden, werden die Kriterien des Updatens für die äußere und innere Selektion offengelegt. Es bleibt deshalb nichts anderes übrig als Wörterbuchbasis, Zielgruppe, Wörterbuchgegenstand- und -funktionen für beide Selektionsprozesse genauer unter die Lupe zu nehmen und dann eine praxisnahe und praktikable Methode zu erarbeiten sowie zu erproben. Für Ersteres wurden bereits die ersten Schritte getan (vgl. Hollós 2025), deshalb muss an dieser Stelle, im Kapitel 3, die Methode weiter spezifiziert und zugleich vereinfacht werden, während für die innere Selektion diese Vorarbeit eben im Kapitel 4 erfolgen muss.

3 Äußere Selektion

In Hollós (2025) wurde dafür plädiert, dass die Aktualisierung des Lemmabestandes eines Lernerwörterbuchportals thematisch erfolgen müsste. Die Gründe hierfür sind mindestens dreierlei: Erstens können die für die anvisierte Benutzergruppe relevantesten Themen zuerst im äußeren Selektionsprozess berücksichtigt werden; zweitens ist eine onomasiologisch orientierte Erweiterung nicht nur methodologisch, sondern auch aus Gründen des Wortschatzerwerbs besser vertretbar, als eine rein formale, alphabetische; drittens ist eine thematische Steuerung des Kollokationserwerbs im Rahmen eines „Produktionswörterbuchs" m. E. die einzige, didaktisch und psycholinguistisch vertretbare Methode.

In der oben erwähnten, letzten Publikation wurden alle möglichen Print- und Onlineressourcen genannt und vorgestellt. Ihre Relevanz für die Aktualisierung der Lemmaliste von E-KOLLEX DAF wurde ebenfalls analysiert und ihre Wahl unter folgenden Voraussetzungen begründet: B1-Lerner als vorrangige Zielgruppe, der Wörterbuchtyp „zweisprachiges, syntagmatisches Lernerwörterbuch" mit Fokus auf intra- und interlinguale Kollokationen[4] sowie die primäre Wörterbuchfunktion „Sprachproduktion". Daraus folgte eine Methodenkombination für die Selektion der neuen Wörter (und Sememe), die sich jedoch auf das Neologismenwörterbuch im OWID (OWID-Neo) stützt, aber auch die Wortlisten der Goethe-Zertifikate (vor allem Goethe-Wortliste B1[5]) und die Lemmaliste des neubearbeiteten E-LGWDaF berücksichtigt.[6]

---

4 Ich verwende beide Begriffe im Sinne von Hollós (2016), wo die Typologisierung der Kollokationen für die Zwecke der zweisprachigen, korpusgestützen Lernerlexikographie erfolgte.

5 Diese Wortliste zum *Goethe-Zertifikat B1* (2016) wurde für die Vorbereitung der Jugendlichen und Erwachsenen auf die Deutschprüfung zusammengestellt und ist auch online abrufbar unter https://www.goethe.de/pro/relaunch/prf/de/Goethe-Zertifikat_B1_Wortliste.pdf (letzter Zugriff: 02.02.2025).

Gemäß Wörterbuchgegenstand des Teilwörterbuchs im OWID-Portal werden darin die Neologismen nach Dekaden thematisch und darunter alphabetisch aufgelistet.

Der Terminus *Neologismus* wird hier im Sinne des OWID-Neo benutzt. Seine Bestimmung ist für die korpuslinguistische Ermittlung und Beschreibung der Neologismen maßgeblich und lautet folgendermaßen:

> Ein Neologismus ist eine lexikalische Einheit bzw. eine Bedeutung, die in einem bestimmten Abschnitt der Sprachentwicklung in einer Kommunikationsgemeinschaft aufkommt, sich ausbreitet, als sprachliche Norm allgemein akzeptiert und in diesem Entwicklungsabschnitt von der Mehrheit der Sprachbenutzer über eine gewisse Zeit hin als neu empfunden wird. (https://www.owid.de/wb/neo/konzept/Konzept21.html, letzter Zugriff: 13.02.2025)

Damit ist OWID-Neo die beste sekundäre Quelle als Basis für das Updaten des E-KOLLEX-Lemmabestandes.

3.1 Systematisches Update der Lemmaliste

Die ursprüngliche, erstrangige Quelle für die Lemmakandidatenliste von SZÓKAPTÁR/KOLLEX war das *Zertifikat Deutsch als Fremdsprache*, das bis 2009 als international anerkannte Sprachprüfung bei der Bewerbung für ein Studienkolleg in Deutschland galt und sich an den Bedürfnissen der jungen erwachsenen Deutschlerner und an der Stufe B1 des *Gemeinsamen europäischen Referenzrahmens für Sprachen* orientierte. Sowohl in diesem Zertifikatswortschatz als auch im OWID-Neo werden die wichtigsten Wortschatzeinheiten nach Lebensbereichen, d.h. onomasiologisch aufgelistet: Im Zertifikat sind es elf, bei OWID-Neo 21 Themen.[7]

Von den 21 Themenbereichen des OWID-Neo wurden im Jahre 2023 für das Testen der in Hollós (2025) beschriebenen Selektionsmethode zwei Probevorgänge für die Themenbereiche „Computer/Internet/Technologie“ und „Medien“ durchgeführt, die etwa dem Zertifikatsthema „Information und öffentliche Medien“ entsprechen. Im darauffolgenden Jahr wurden weitere sechs OWID-Neo-Bereiche bearbeitet:

- Telekommunikation
- Tätigkeiten mit Bezug auf Computer/Internet
- Freizeit/Unterhaltung
- Mode
- Umweltschutz/Energie
- Ernährung.

---

6 Untersuchungen zu vereinzelten Wortkarrieren (vgl. Androutsopoulos 2005) können zwar für die (sozio- und variations-)linguistische Beschreibung bestimmter jugendsprachlicher Wörter nützlich sein, nicht jedoch für eine systematische Erweiterung des Lemmabestandes eines Lernerwörterbuches.

7 Die Themenbereiche des Zertifikats sind bei Beißwenger/Körkel (2002: 396), die des OWID-Neo unter https://www.owid.de/docs/neo/gruppen.jsp?grp=1 (letzter Zugriff: 02.02.2025) zu finden.

Ursprüngliche Neologismen aus dem zweiten Testbereich „Medien“, die inzwischen keine mehr sind, wie *E-Book, Hörbuch* oder *Influencer* u. a., sind in der durch und durch digitalisierten Welt – vor allem in der gesprochenen Sprache – unentbehrlich und gehören damit ins Lernerwörterbuchportal.[8]

Aus den beiden Testbereichen der Probelemmaselektion mit insgesamt 435 Neulexemen wurde damals die weniger umfangreiche Liste für „Medien“ ausgewählt. Die insgesamt 152 Lemmakandidaten (u. a. *Blockbuster, Pilot-, casten* oder *kultig*) wurden zuerst in der Vorselektion auf 40 potenzielle Lemmakandidaten reduziert.[9] In der ersten redaktionellen Selektionsetappe sind elf, in der zweiten lediglich fünf übriggeblieben. Das Endergebnis der optimalisierten Lemmaselektion für die Sachgruppe „Medien“ auf der Grundlage von OWID-Neo zeigt die aktualisierte und mit Frequenzdaten des DWDS erweiterte Tabelle 1, deren Originalversion in Hollós (2025: 113) vorzufinden ist:

Tab. 1: Neue Lemmata aus der potenziellen Lemmaliste für „Medien“ im E-KOLLEX DAF

Lemma-kandidaten	DWDS (Jahr)	Goethe-Zertifikat	LGWDaF	AUFNAHME	DWDS-Freq-Balken	Datenbank ja/nein
Casting	ja (1999)	nein	ja	ja	3 (sinkend)	ja
E-Book	ja (2020)	ja	ja	ja	4	ja
Flyer	ja (2021)	nein	nein	ja	4	ja
Hörbuch	ja (2019)	nein	ja	ja	4	ja
Influencer	ja (2018)	nein	nein	ja	3 (steigend)	ja
Realityshow	ja (1999)	nein	nein	ja	2	nein
Sitcom	ja (2015)	nein	nein	ja	3 (sinkend)	nein
Soap	ja (2015)	nein	nein	ja	3 (sinkend)	nein
Spoiler	ja (2021)	nein	ja	ja	3 (niedrig)	nein
Vlog	ja (2021)	nein	nein	ja	2	nein
Voting	ja (2016)	nein	nein	ja	k.D.	nein

8 Einige, bereits selegierte Neologismen der 90er-Jahre aus dem OWID-Neo, wie *Computer, E-Mail* oder *Internet* u. a., wurden im Wörterbuch und im Portal von Anfang an lemmatisiert, alle anderen – zum Zeitpunkt Juni 2024 – noch nicht, aber sie erscheinen fortan– je nach Themenbereich – im Portal als Minimalartikel (siehe dazu Kapitel 5 in diesem Beitrag).

9 An dieser Stelle möchte ich mich bei den EMLex-Studentinnen Griselda Febrina Talitha, Aidana Koshkin, Varvara Baranovskaia und Emmanuelle Catherine Meten Baban für die Vorarbeiten bei der Erstellung der potenziellen Lemmakandidaten zum Zweck der Aktualisierung des Lernerwörterbuchportals im Rahmen ihres EMLex-Praktikums an der KRE in Budapest bedanken.

Natürlich könnte man sich auf den ersten Blick fragen, warum von elf potenziellen Kandidaten letztendlich nur fünf geblieben sind und nur diese als Minimalartikel ins Portal Eingang gefunden haben. Die Gründe für die Tilgung liegen in den DWDS-Wortstatistiken, die Worthäufigkeiten nicht nur mit Frequenzbalken (von 1 bis 7, von *selten* bis *häufig*), sondern auch mit Graphiken als Verlaufskurven (ab 1946) veranschaulichen. Letztere sind besonders entscheidend bei Frequenzbalkengröße 3. Alle potenziellen monosemen Lemmakandidaten mit Frequenzbalkengröße 4 werden (fast) automatisch für die Aufnahme in die Lemmaliste von E-KOLLEX DAF ausgewählt. Ab und zu gibt es darunter jedoch polyseme Wörter, meistens solche, die keine Fremdwörter sind. Da im DWDS nur lexem-, nicht jedoch sememspezifische Frequenzdaten für die Lemmata vorliegen, sind diese polysemen Wörter absolute Problemfälle, auf die hier aus Platzgründen nicht weiter eingegangen wird.

Eine vollkommen neue Selektion liegt für das Thema „Tätigkeiten mit Bezug auf Computer/Internet" vor, dessen potenzielle Lemmakandidaten Verben sind. Mit ihrer Aufnahme können die Jugendlichen ihre häufig verwendeten Tätigkeitsverben im Umgang mit Social Media (vgl. Böhnert/Lemke 2018) in der Ressource nachschlagen.

Die Gesamtzahl der Einträge zu diesem Thema im OWID-Neo aus allen drei Jahrzehnten beträgt 152 Neulexeme bzw. -sememe. Die folgende Tabelle zeigt, wie von 21 potenziellen Kandidaten, von denen zwei Neusememe zu polysemen Stichwörtern (**brennen 11**, **klicken 2**) von Anfang an in beiden Ressourcen von KOLLEX vorhanden waren, bei der zweiten Runde der redaktionellen Selektion 16 übriggeblieben sind.[10]

Tab. 2: Neue Lemmata aus der potenziellen Lemmaliste für „Tätigkeiten mit Bezug auf Computer/Internet" im E-KOLLEX DAF

Lemma-kandidaten	DWDS (Jahr)	Goethe-Zertifikat	LGWDaF	AUFNAHME	DWDS-Freq-Balken	Datenbank ja/nein
anklicken	ja (2020)	ja (B1)	nein	ja	4	**ja**
bloggen	ja (2021)	ja (B1)	ja (in wa zu Blog)	ja	4	**ja**
brennen	ja (2021)	nein	ja (P.15)	ja, Neusemem (drin)	[4 - polysem]	[ja]
chatten	ja (2019)	ja (A2, B1)	ja (in wa zu Chat)	ja	3	**ja**
downloaden	ja (2021)	nein	ja (in wa zu Download)	ja	3	**ja**

10 Der Anteil der Neuzugänge ist in diesem Themenkreis wesentlich höher als bei den anderen beiden Themen, d. h. 53/21/16: bei Medien 152/11/5 und bei Telekommunikation 40/5/4. Insgesamt macht das 25 neue Lemmata im Portal aus drei Themenbereichen aus.

Lemma-kandidaten	DWDS (Jahr)	Goethe-Zertifikat	LGWDaF	AUFNAHME	DWDS-Freq-Balken	Datenbank ja/nein
googeln	ja (2020)	ja (B1)	ja	ja	3	**ja**
herunterfahren	ja (2024)	ja (B1)	nein	ja, polysem!	[3 - polysem]	nein
herunterladen	ja (2021)	ja (A2)	ja	ja	4	**ja**
hochladen	ja (2022)	ja (B1)	nein	ja	4	**ja**
klicken	ja (2022)	ja (B1)	ja	ja, Neusemem (drin)	[5 - polysem]	[ja]
leaken	ja (2021)	nein	nein	ja	k.D.	nein
liken	ja (2020)	nein	ja	ja	k.D.	**ja**
mailen	ja (2021)	ja	ja (in wa zu Mail)	ja (DWDS: Kurzf. häufiger)	3	**ja**
posten	ja (2019)	nein	ja	ja	4	**ja**
scrollen	ja (2020)	nein	ja	ja	4	**ja**
simsen	ja (2021)	nein	ja	ja	2	nein
streamen	ja (2019)	nein	ja	ja	4	**ja**
surfen	ja (1999)	ja (A2)	ja	ja, polysem!	[4 - polysem]	**ja**
twittern	ja (2020)	ja (B1)	ja	ja	4	**ja**
updaten	ja (2022)	nein	nein (aber: Update)	ja	3	**ja**
wischen	ja (2021)	nein	ja	ja, polysem!	[4 - polysem]	**ja**

3.2 Zwischenergebnis des Updates der Lemmaliste

Das Ergebnis der Lemmaselektion für die Sachgruppe „Medien“ – wie aus Tabelle 1 zu entnehmen – enthält fünf neue Lemmata. Zum Thema „Tätigkeiten mit Bezug auf Computer/Internet“ wurden 16 neue Lemmata ausgewählt (siehe Tab. 2). Für den Themenkreis „Telekommunikation“ wurden von 40 Lemmakandidaten fünf ausgewählt, von denen ein Stichwort, nämlich *Handy*, sowohl im Kollokationswörterbuch als auch im Lernerwörterbuchportal E-KOLLEX von Anfang an lemmatisiert wurde.

Als Zwischenergebnis kann man feststellen, dass von insgesamt 245 OWID-Neo Einträgen aus drei Themenbereichen in der ersten redaktionellen Selektionsrunde 37 ausgewählt wurden, wovon drei bereits früher lemmatisiert wurden. Zum Schluss, nach der zweiten Runde unter Hinzuziehung bestimmter Frequenzdaten aus dem DWDS, sind nur 25 neue Lemmata – ca. 10% der Gesamtmenge – übriggeblieben, die in das E-KOLLEX-Portal auch als Minimalartikel (vgl. Kap. 5) Eingang gefunden haben. Das macht für drei Themenkreise anhand von DWDS etwa 1% Zuwachs des ursprünglichen Lemmabestandes der KOLLEX-Ressource aus.

Im nächsten Kapitel werden die ersten Überlegungen für die Richtlinien der inneren Selektion dargelegt.

4 Innere Selektion

Wie die innere Selektion für die Lemmakandidaten des Kollokationswörterbuchs SZÓKAPTÁR/KOLLEX (Hollós 2014) erfolgte, wurde in mehreren Publikationen detailliert dargelegt, von den einige auch auf der Homepage des Projektes (www.kollex.hu) als pdf-Dateien zu finden sind. Die primäre Quelle der Wörterbuchbasis haben damals – in den Nullerjahren – die Korpora des Projekts „Deutscher Wortschatz" gebildet. Die korpusbasierten Daten wurden als automatisch erstellte Kookkurrenzlisten, die dann lexikographisch bearbeitet und automatisch in die Datenbasis eingelesen wurden, für das zweisprachige Kollokationswörterbuchprojekt in Zusammenarbeit mit dem Leipziger Wortschatzprojekt bereitgestellt. Die gezielte, kollokationstypadäquate Ermittlung dieser Kookkurrenzen war damals fortschrittlich, da das Wortprofil-Tool im DWDS noch nicht entwickelt war. Ohne die kostenlose Zurverfügungstellung der extrahierten Korpusdaten wäre die innere Selektion für 2.262, meist polyseme Lemmata mit mehr als 48.000 Kollokationen/Wortverbindungen nie innerhalb von etwa vier Jahren möglich gewesen. Dank des DWDS-Wortprofils braucht man für das Updaten und die Ermittlung der Kookkurrenzen heute keine Listen mehr, da es diese umfassend in übersichtlicher Form und mit Korpusbelegen dokumentiert. Die zusätzliche Markierung der Stärke der Kohäsion im Wortprofil mit dem Sigel „MWA" erleichtert die genauere Einstufung einer Wortverknüpfung als freie Wortverbindung oder *intralinguale* Kollokation erheblich. Zur Bestimmung der *interlingualen* Kollokation und zu ihrer lexikographischen Markierung als Interferenzkandidat wie im SZÓKAPTÁR/KOLLEX (vgl. Hollós 2013) bedarf es jedoch weiterhin der Übersetzung und der genauen Analyse der morphosyntaktischen Restriktionen (vgl. Hollós 2014a) sowie der stilistisch-pragmatischen Markierungen. Letztere Einflussfaktoren konnten leider noch nicht systematisch am Material der Ressource erforscht werden.

Die korpusbasierte, sememspezifische Kodifizierung und lernerlexikographisch relevante Beschreibung der Kookkurrenzen erfordert zuerst die Auswahl der Sememe zu jedem Lemma. Diese musste ebenfalls – nach Lemmazeichentypen – erst für vier Wortarten (Substantiv, Verb, Adjektiv, Adverb), für insgesamt 2.262 Lexeme erfolgen. Lernerwörterbücher integrieren gerne Bedeutungen (bzw. Unterbedeutungen) unter einer Bedeutung und/oder selegieren die Sememe, die in allgemeinen einsprachigen Wörterbüchern wegen des höheren Grades der kontextspezifischen semantischen Beschreibung voneinander unterschieden werden, stärker. Diese Praxis dokumentiert folgende Wörterbuchartikel aus dem DWDS und E-LGWDaF zum Lemma **chillen**:

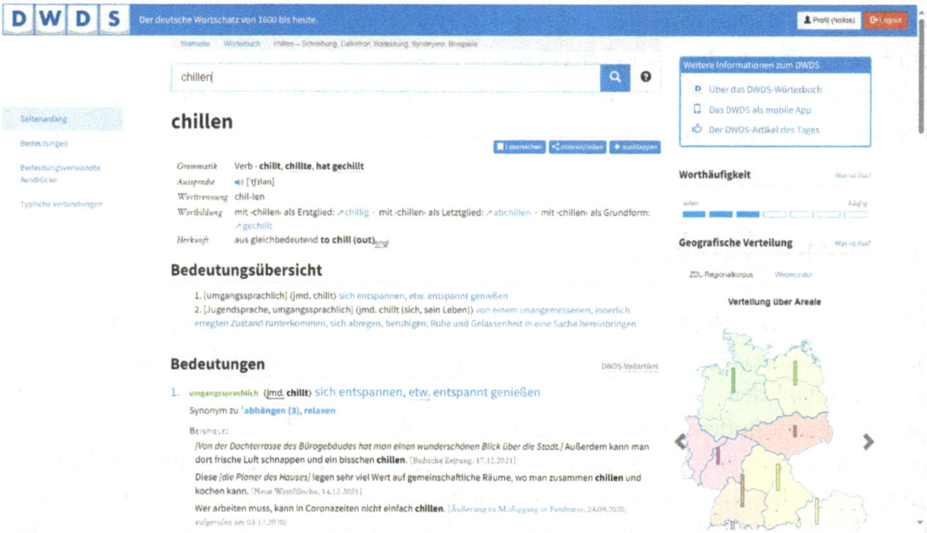

Abb. 1: wa1 zu *chillen* im DWDS, https://www.dwds.de/wb/chillen (letzter Zugriff: 23.02.2025)

Abb. 2: wa2 zu **chillen** im kostenpflichtigen E-LGWDaF, https://owb.langenscheidt.com/chillen?directions=de-%3Ede%2Cde-%3Ede&dictionaries=dd (letzter Zugriff: 23.02.2025)

Während das Lemma **chillen** im DWDS zwei Sememe aufweist, gibt es nur eins im E-LGWDaF, das als für die gesprochene Sprache typisch gekennzeichnet ist, was etwa der Markierung „umgangssprachlich" im DWDS entspricht. Das jugendsprachliche Semem wurde jedoch im Lernerwörterbuch nicht berücksichtigt. Weder der eine noch der andere Wörterbuchartikel verzeichnet Kollokationen: Im DWDS werden lediglich einige sememspezifische Belege für den Gebrauch ausgewählt. Im Fall von *chillen* sollte das E-KOLLEX-Portal den Neuzugang – ähnlich wie im E-LGWDaF – als monosem integrieren und die zu diesem Semem passende, signifikante Adverbien angeben. Die folgende Abbildung zeigt den neuen Basisartikel zu **chillen**, der lexikographisch flach bearbeitet ist, weil er nur die Angaben im Formkommentar und die ungarische Äquivalentangabe enthält.

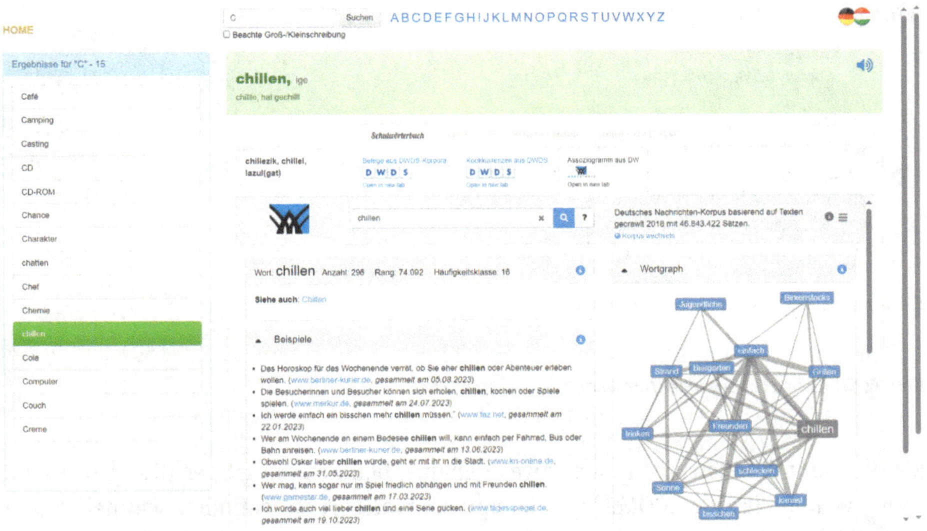

Abb. 3: Basisartikel zum Lemma **chillen** im E-KOLLEX DAF, http://kollex.hu/szotar/index.php/Welcome/search/chillen (letzter Zugriff: 23.02.2025)

4.1 Update der ADV+VERB-Kollokationen

Die sememspezifische Zuordnung der Kollokationen[11] für einen Deutschlerner auf Niveau A1 bis B2 dürfte schwierig sein, deshalb kann die KOLLEX-Ressource (Print oder online) in solchen Fällen besonders gute Dienste leisten und das nicht nur beim Lemmazeichentyp „Verb“. Für die Verblemmata sind Kollokationen mit dem Strukturtyp ADV+VERB relevant. Für die Lerner kann auch die Auflistung der typischen Substantive nützlich sein; aus diesem Grund wurden in der Mikrostruktur der Printpublikation (und selbstverständlich auch in der Datenbank) auch Valenzrealisierungen zu den obligatorischen Valenzen mitverzeichnet. Das folgende Bild aus dem Printwörterbuch KOLLEX zeigt den Wörterbuchartikel zum Lemma **klicken**, dessen zweite Bedeutung als Neusemem in der Lemmakandidatenliste (vgl. Tab. 2) genannt wird und bereits in der Datenbank enthalten ist:

11 DWDS nennt aus Benutzerfreundlichkeit die Kookkurrenzen mit dem Lemmazeichen in den Belegen des Wortprofils Kollokationen, gemäß dem Hinweis „Klicken Sie auf eine Kollokation, um Belege angezeigt zu bekommen“.

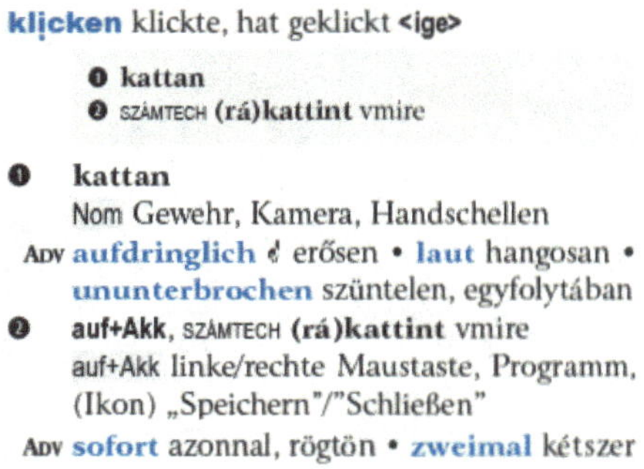
klịcken klickte, hat geklickt <ige>

❶ kattan
❷ SZÁMTECH (rá)kattint vmire

❶ kattan
Nom Gewehr, Kamera, Handschellen
ADV aufdringlich ✆ erősen • laut hangosan • ununterbrochen szüntelen, egyfolytában
❷ auf+Akk, SZÁMTECH (rá)kattint vmire
auf+Akk linke/rechte Maustaste, Programm, (Ikon) „Speichern"/"Schließen"
ADV sofort azonnal, rögtön • zweimal kétszer

Abb. 4: Printwörterbuchartikel zum Lemma **klicken** im KOLLEX

Beim Lemma **klicken** gibt es also zwei Sememe, beim ersten gibt es drei Adverbien, beim zweiten, das mit „COMP" (für Computer) markiert ist, befinden sich neben den drei Valenzrealisierungen zwei Adverbien. Derselbe Artikel ist z. Z. ein Teilartikel (ohne Kotextpartner- bzw. Kollokatorenangaben auf der Präsentationsebene) und sieht wie folgt aus:

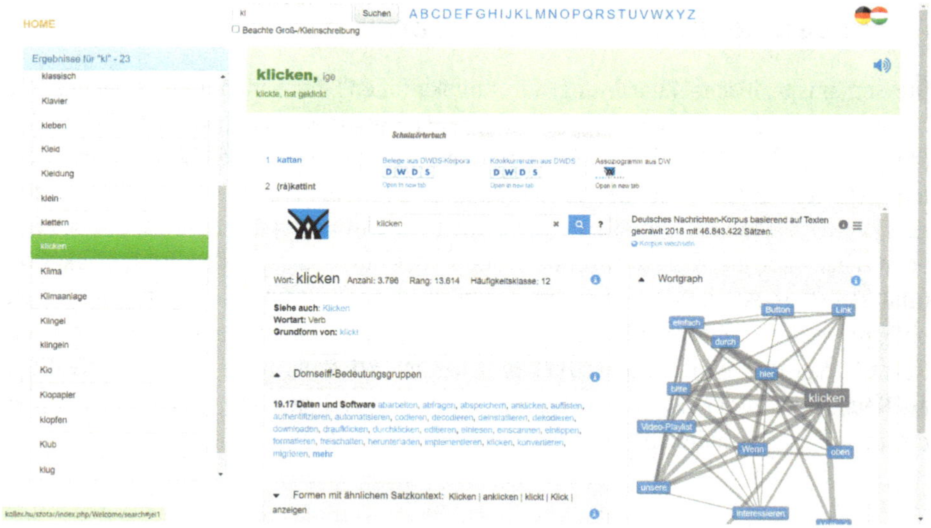

Abb. 5: Teilartikel zum Lemma **klicken** im E-KOLLEX DAF, http://kollex.hu/szotar/index.php/Welcome/search/klicken (letzter Zugriff: 23.02.2025)

4.2 Korpusbasierte Ermittlung der ADV+VERB-Kollokationen für neue Verblemmata

Gemäß den didaktisch motivierten Strukturtypen im zweisprachigen Kollokationswörterbuch müssten bei den Verben zum Thema „Tätigkeiten mit Bezug auf Computer/Internet“ wie z. B. *updaten* die statistisch signifikanten Adverbien angegeben werden. Wortverbindungen mit Substantiv plus Verb, die statistisch signifikant miteinander auftreten, werden nicht unter dem Verb, sondern unter dem jeweiligen Substantiv – falls es als Lemma verzeichnet ist – kodifiziert.

Signifikante adverbiale Kollokatoren/Kotextpartner zu einem Verblemma zu finden, die semantisch betrachtet spezifisch genug sind und abhängig von der Bedeutung des Verbs, entsprechend dem jeweiligen Valenzmuster variieren, war bereits bei der ersten inneren Selektion für die 579 Verbartikel eine Herausforderung (vgl. Hollós 2014b). Da die verbalen Neuzugänge meistens monosem sind, dürfte die Auswahl der adverbialen Kotextpartner in dieser Hinsicht etwas leichter sein. Zu Demonstrationszecken wird weiterhin das Verb *chillen* ausgewählt, dass im Portal von einem Minimalartikel (vgl. Abb. 7 zu **updaten**) zu einem Basisartikel (vgl. Abb. 3) bearbeitet wurde.[12]

Wenn man sich das DWDS-Wortprofil zu **chillen** ansieht, dessen Häufigkeit beim Frequenzbalken 3 liegt und seine Verlaufskurve seit 2000 kontinuierlich als Folge des sechsstufigen Standardisierungsprozesses jugendsprachlicher Innovationen[13] (vgl. Androutsopoulos 2005) ansteigt, ist man nicht ganz zufrieden, da nur sechs signifikante Adverbien aufgelistet sind, von denen zwei mit „MWA“ markiert sind:

12 Die Bezeichnungen *Minimalartikel, Basisartikel* und *Vollartikel* wähle ich in Anlehnung an die Artikeltypen im DWDS unter https://www.dwds.de/lemma/list (letzter Zugriff: 23.02.2025), nachdem als Ergebnis der systematischen Erweiterung des Lemmabestandes und im Zuge der sukzessiven Datenpräsentation aus der Datenbank verschiedene Artikel mit unterschiedlicher Bearbeitungstiefe entstanden sind (vgl. Kap. 5).

13 Das Wort *chillen* hat die vorletzte Stufe (Stufe 5) erreicht und ist damit noch nicht in die Standardsprache (Stufe 6) aufgestiegen, sondern hat „als markierte Variante in die altersunabhängige Umgangssprache“ (Androutsopoulos 2005: 182) Eingang gefunden. Ein Semem von *chillen* ist jedoch gemäß DWDS (und OWID-Neo) jugendsprachlich und damit „Teil eines bestimmten Soziolekts“ (Androutsopoulos 2005: 182) geblieben.

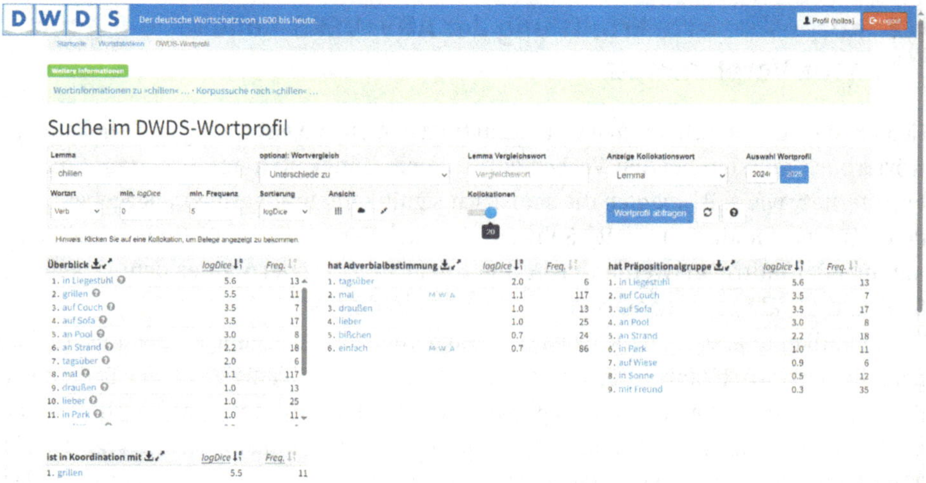

Abb. 6: WDS-Wortprofil zu **chillen**, https://www.dwds.de/wp/chillen (letzter Zugriff: 23.02.2025)

Gemäß der obigen Abbildung sind diese Adverbien die folgenden:
1. tagsüber
2. mal (MWA)
3. draußen
4. lieber
5. bißchen
6. einfach (MWA)

Von den obigen treten zwei signifikant häufig miteinander auf (*einfach mal*), zudem steht *mal* oft als Partikel mit der Imperativform *Chill* am Satzanfang, d. h. dass das Wort *mal* in solchen Fällen kein Adverb ist. Andere sind nicht als zum Verb zugehörig einzustufen, sondern als Lokaladverbialbestimmung auf der Satzebene interpretierbar. Es bleiben dann *mal*, *lieber*, *bisschen* und *einfach*.

Gibt es weitere primäre (und sekundäre Quellen) für die innere Selektion? Auf diese Frage kann man mit einem Ja antworten.

Bei der Datenauswertung im Zuge der Erstellung des Printwörterbuches konnte man – wie bereits früher erwähnt – noch nicht auf das DWDS-Wortprofil zugreifen, deshalb wurde neben den Daten des Leipziger Korpusprojekts „Deutscher Wortschatz" auch die Kookkurrenzdatenbank (kurz: Ccdb) von Belica (2001) zur Rate gezogen und systematisch genutzt, die als korpuslinguistische Experimentierplattform am IDS früh entwickelt wurde, damit die systematisch-strukturellen Eigenschaften von Kohäsionsrelationen zwischen den Wörtern erforscht und damit die Ergebnisse bei der Erstellung des elexiko-Wörterbuchs genutzt werden konnten. Die CCDB wurde dann seit 2007 nicht mehr aktualisiert und deshalb findet man dort im Kookkurrenzprofil nur elf statistisch signifikante Partner für den damaligen Neologismus *chillen*, von denen nur das Adverb *mal* zum Verb gehörig zu deuten ist. Im neuen Angebot am IDS, auf der Plattform „DeReKoVecs" gibt es ähnliche Analysen wie in der CCDB. Sie basiert auf DeReKo-Worteinbettungen und wurde auf der Basis einer aktuelleren Datengrundlage (DeReKo-2017-II) erarbeitet. Hier findet man auch Adverbien, für die auf der Korpusanalyseplattform KorAP in DeReKo mithilfe von COSMAS II keine oder nur einige Korpusbelege vorzufinden sind. Für das Adverb *gemütlich* gibt es jedoch 77 Vorkommen, für *(ein) bisschen* 146, für *ungestört* 17, für *einfach (mal/nur)* 60, für *richtig (schön/gut)* 43 und für *herrlich* lediglich 14 Treffer. Für Adverbien wie *ausgiebig, unbeschwert* oder *entspannt* gab es nur 1-2 Belege, wenn überhaupt.[14]

Die wichtigste Sekundärquelle für die innere Selektion ist OWID-Neo, wo zu **chillen** als Neologismus der Nullerjahre folgende korpusbasierte „Typische Verwendungen" aufgelistet werden:

- *gemütlich chillen*
- *einfach nur chillen*
- *zu Hause chillen*
- *in den Ferien chillen*
- *vor dem Fernseher chillen*

Hier findet man zwei Adverbien, ein einfaches und ein komplexes: *gemütlich* und *einfach nur*. Die anderen sind lokale Adverbialbestimmungen, die als fakultative Ergänzung des Verbs gemäß der Valenzstruktur <jd chillt (irgendwo)> interpretierbar sind.

Die Ergebnisse der obigen Analysen zusammenfassend können wir behaupten, dass die Daten des DWDS-Wortprofils, ergänzt mit den syntagmatischen adverbialen Kollokaten aus DeReKoVecs eine solide Grundalge für die innere Selektion bilden. Demnach müssten folgende, korpusbasierte Adverbien unter dem Lemma **chillen** in der Datenbank von E-KolleX verzeichnet sein: *gemütlich, (ein) bisschen, ungestört, einfach (mal/nur), richtig (schön/gut)* und *herrlich*, d.h. insgesamt sechs.

Auch wenn diese Kotextpartner in die Datenbank eingespeist werden können, werden sie auf der Präsentationsebene noch nicht sichtbar, weil für die Lemmazeichentypen Verb, Adjektiv bzw. Adverb die Wortverbindungen/Kollokationen noch kein Online-Release erfahren haben.

---

14 Die syntagmatisch aufgelisteten Kollokate und darunter die oben erwähnten Adverbien sind unter https://corpora.ids-mannheim.de/openlab/derekovecs/?word=chillen&cutoff=500000&n=100&N=2000 (letzter Zugriff: 23.02.2025) in DeReKoVecs zu finden. Alle dort aufgefundenen Adverbien wurden auf ihre Kotexte geprüft, damit man sich über die Stelle und den Status des jeweiligen Adverbs vergewissern kann, aber die Zahl der Belege wurde nicht bereinigt, sondern es wurden – um die Proportionen zu bewahren – immer die absoluten angegeben.

Zum Schluss wird hier der Basisartikel zum Lemma **updaten** präsentiert, weil die Neuzugänge aus den Themenkreisen des OWID-Neo in dieser Form zuerst erscheinen (werden):

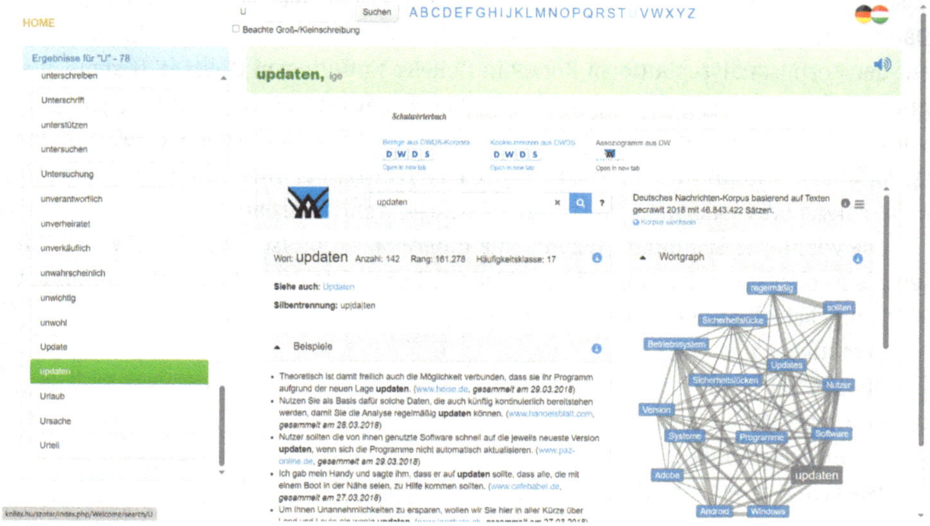

Abb. 7: Minimalartikel zum Lemma **updaten** im E-KOLLEX DAF, http://kollex.hu/szotar/index.php/Welcome/search/updaten (letzter Zugriff: 13.02.2025)

5 Uploads im Portal E-KOLLEX DAF

Die Datenbank des E-KOLLEX-Portals erlaubt es, dass für drei Sprachenpaare, Deutsch-Ungarisch, Deutsch-Englisch und Deutsch-Französisch, neue Lemmata in den Lemmabestand des Portals aufgenommen und damit neue Wörterbuchartikel erarbeitet werden können. Wenn man ein neues Lemma in die Datenbasis uploadet, muss das jeweilige Teilwörterbuch, in diesem Fall das mit der Markierung HU ausgewählt werden. Bei jedem neuen Datentyp kann man das jeweilige Teilwörterbuch ebenfalls auswählen. Weitere Spezifizierungen des Datentyps geben an, ob das Datum frei einzugeben (*vachar*), aus einer Liste auszuwählen (*select*) oder als Bilddatei (*picture*) hochzuladen ist. Für die Kotextpartner waren in der Datenstruktur von Anfang an Beispielangaben mit Quellenangaben vorgesehen, die aus Mangel an Ressourcen – es gab noch kein Wortprofil – und auch aus Zeitnot nicht realisiert werden konnten. Heute ist das zum Glück nicht mehr notwendig, weil eine Vernetzung der E-KOLLEX-Ressource zum DWDS-Wortprofil automatisch erzeugt wird. Die Verlinkung der Kollokationen mit Korpusbelegen im DWDS-Projekt (vgl. Geyken 2011) ermöglicht dem Deutschlerner als Benutzer des Portals selbst nach Belegen in den DWDS-Korpora zu suchen. Dank der dynamischen Datenstruktur konnte die Modifizierung und Anpassung des Datenangebotes auch an die einsprachige E-KOLLEX-Ressource im Jahr 2024 realisiert werden.

Die für die äußere Selektion wichtigsten Daten des Portals sind im Februar 2025 die folgenden:

- **Vollartikel mit Kollokationen/Wortverbindungen: 1274**
  zu allen Substantivlemmata aus KOLLEX
- **Teilartikel mit Äquivalenten: 988**
  zu allen Verb-, Adjektiv- und Adverblemmata aus KOLLEX
- **Automatisch erstellte Minimalartikel** (ohne Angaben)**: 25**
  zu Substantiv- und Verblemmata zum Themenbereich „Medien", „Tätigkeiten mit Bezug auf Computer/Internet" und „Telekommunikation" aus OWID-Neo
- **Lexikographisch flach bearbeitete Basisartikel** (nur mit Angaben zur Form und mit Äquivalentangabe)**: 4**
  zu Lemmazeichen wie *chillen, E-Book, Ostern, Schmetterling*

Probeartikel zu den verschiedenen Artikeltypen wurden im Beitrag ebenfalls präsentiert. Der Basisartikel zu *chillen* zeigt Abbildung 3, der Teilartikel zu *klicken* ist als Abbildung 5 zu finden, den Minimalartikel zu *updaten* zeigt die Abbildung 7. Der Vollständigkeit halber sollte auch die Startseite eines Portalartikels als Vollartikel zum Lemma **Computer** abgebildet werden:

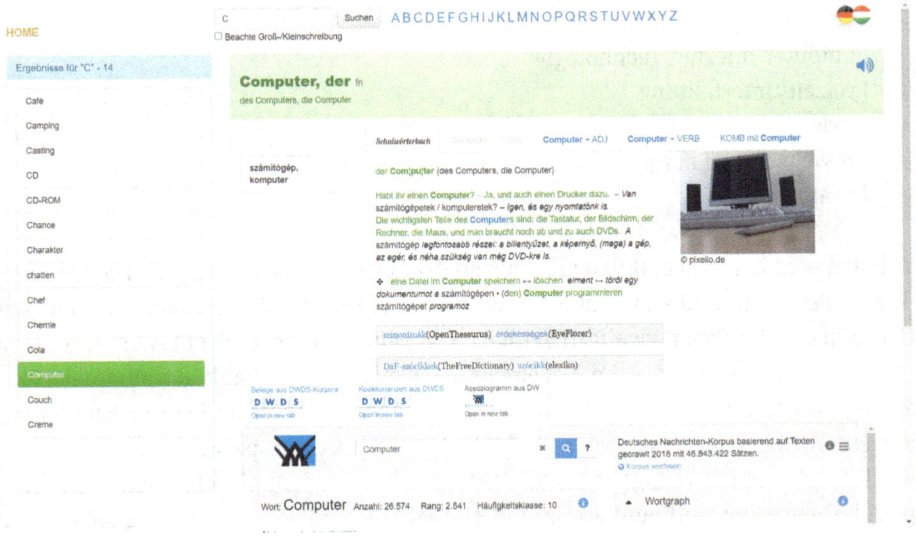

Abb. 8: Vollartikel zum Lemma **Computer** im E-KOLLEX DAF, http://kollex.hu/szotar/index.php/Welcome/search/Computer (letzter Zugriff: 13.02.2025)

Für die innere Selektion müssen in der Zukunft systematisch Daten aus DWDS-Wortprofil und DeReKoVecs ermittelt werden, um die Methode, die mit dem Lexem *chillen* erarbeitet wurde, an einem größeren Testmaterial der Verblemmata zu erproben. Erst danach können die im Prozess der Datenauswertung gewonnenen, korpusbasierten Kotextpartner in der Datenbank upgeloadet werden.

6 Kurzes Resümee

Die früher entwickelte und nun verfeinerte Methodenkombination für die äußere Selektion ermöglicht nun, den Lemmabestand des Portals mithilfe von OWID-Neo sukzessive nach bestimmten Themen upzudaten, so dass die sprachlichen Konventionen der deutschen Jugendlichen und jungen Erwachsenen als Sozialsymbol (vgl. Eichinger 2007: 42) in einer benutzerfreundlichen Form der Datenpräsentation, d.h. als verschiedene Artikeltypen (Voll-, Teil-, Minimal- und Basisartikel) im Portal E-KOLLEX DAF nach und nach für junge Deutschlerner zugänglich gemacht werden können.

Im Februar 2025 war die Zahl der thematisch ermittelten Lemmakandidatenlisten aufgrund von OWID-Neo von zwei auf acht gestiegen. Diese Themen waren die folgenden:

- Medien
- Tätigkeiten mit Bezug auf Computer/Internet
- Telekommunikation
- Computer/Internet/Technologie
- Freizeit/Unterhaltung
- Mode
- Umweltschutz/Energie
- Ernährung.

Von den acht Lemmakandidatenlisten sind drei Listen zu den Themenbereichen „Medien“, „Telekommunikation“ und „Tätigkeiten mit Bezug auf Computer/Internet“ aus OWID-Neo redaktionell zweifach gefiltert. Die Lemmata dieser drei Listen, insgesamt 25 neue Einträge, wurden im Dezember 2024 in der Datenbank als Minimalartikel erzeugt. Auch die grammatischen Angaben zu diesen gefilterten Lemmalisten liegen vor, sie wurden allerdings noch nicht in die Datenbank eingespeist.

Die Selektionsvorgänge müssten weitergeführt werden, bis alle Themenbereiche einzeln bearbeitet und gefiltert sind. Als Ergebnis der Datenauswertung sollte dann der Upload aller Neuzugänge für die Makrostruktur samt grammatischer Angaben auf der Datenbearbeitungsebene erfolgen, damit aus den Minimalartikeln nach und nach attraktivere, weil datenreichere Basisartikel für die Benutzer recherchierbar sind.

In diesem Beitrag konnte lediglich für einen kleinen Teil des Wörterbuchgegenstandes, nämlich für die Wortverbindungen mit Adverbien zu verbalen Lemmazeichen eine Methode der inneren Selektion vorgestellt werden. Dazu wurde das Testlemma **chillen** ausgewählt, zu dem auch verschiedene Wörterbuchartikel aus unterschiedlichen digitalen Wörterbuchtypen (DWDS, E-LGWDaF und E-KOLLEX DAF) abgebildet wurden.

Diese vorgestellte Datengewinnungs- und Datenauswertungsmethode mithilfe von DWDS-Wortprofil und DeReKoVecs bedarf weiterer Schritte der Präzision und Erprobung, damit der Vorgang nicht nur bei Verben, sondern auch bei Adjektiven bzw. Adverbien und Substantiven eingesetzt werden kann. Den kleinsten Lemmabestand des Portals stellen die Adjektive bzw. Adverbien dar, demgemäß müsste die hier vorgestellte Methode bei ihnen ebenfalls getestet und dann bei allen adjektivischen und adverbialen Lemmata durchgeführt werden. Dann könnten alle anderen Lemmazeichentypen (Verb, Substantiv) sowie alle Strukturtypen der Kollokationen an die Reihe kommen. Auf diese Weise könnten dann aus den Minimal- bzw. Basisartikeln in der Zukunft Vollartikel entstehen, bis hin zum vollständigen Update der E-KOLLEX-Ressource, was viele Jahre dauern kann.

7 Literatur

7.1 Monographien und Aufsätze

Androutsopoulos, Jannis (2005): *... und jetzt gehe ich chillen*: Jugend- und Szenesprachen als lexikalische Erneuerungsquelle des Standards. In: Eichinger, Ludwig M./Kallmeyer, Werner (Hrsg.): Standardvariation. Wie viel Variation verträgt die deutsche Sprache? Berlin/New York: de Gruyter, 171–206.

Beißwenger, Michael/Körkel, Boris (2002): Die Lemmaselektion im de Gruyter Wörterbuch Deutsch als Fremdsprache. In: Wiegand, Herbert Ernst (Hrsg.): Perspektiven der pädagogischen Lexikographie des Deutschen II. Untersuchungen anhand des de Gruyter Wörterbuch Deutsch als Fremdsprache. Tübingen: Niemeyer, 393–412.

Bergenholtz, Henning/Meder, Gregor (1998): Die äußere Selektion in Langenscheidts Großwörterbuch Deutsch als Fremdsprache. In: Wiegand, Herbert Ernst (Hrsg.): Perspektiven der pädagogischen Lexikographie des Deutschen. Untersuchungen anhand von Langenscheidts Großwörterbuch Deutsch als Fremdsprache. Tübingen: Niemeyer, 285–296.

Böhnert, Katharina/Lemke, Ilka. (2018): Haten, hashtaggen, posten, liken. Kommunikationspraktiken in Social Media und ihre sprachliche Realisierung als Gegenstand im Deutschunterricht. In: Praxis Deutsch. 267/2018, 40–45.

Engelberg, Stefan/Lobin Henning/Steyer Kathrin/Wolfer, Sascha (2018) (Hrsg.): Wortschätze. Dynamik, Muster, Komplexität. Berlin/Boston: IDS-Verlag.

Eichinger, Ludwig (2007): So viele Wörter. Was neue Wörter über die deutsche Sprache aussagen. In: Studia Germanica Universitatis Vesprimiensis 11/2007, 27–43.

Eisenberg, Peter (2018): Das Fremdwort im Deutschen. Berlin/Boston: de Gruyter.

Geyken, Alexander (2011): Die dynamische Verknüpfung von Kollokationen mit Korpusbelegen und deren Repräsentation im DWDS-Wörterbuch. In: Klosa, Annette/Müller-Spitzer, Carolin (2011) (Hrsg.): Datenmodellierung für Internetwörterbücher. 1. Arbeitsbericht des wissenschaftlichen Netzwerks „Internetlexikografie". Mannheim: Institut für Deutsche Sprache, 11–20, http://pub.ids-mannheim.de/laufend/opal/pdf/opal2011-2.pdf (letzter Zugriff: 13.02.2025)

Gouws, Rufus H. et al. (2013) (Hrsg.): Dictionaries. An International Encyclopedia of Lexicography. Supplementary Volume: Recent Developments with Focus on Electronic and Computational Lexicography. Berlin/Boston: de Gruyter.

Gouws, Rufus H./Wolski, Werner: aktives Wörterbuch. In: Wiegand, Herbert Ernst et al. (2010) (Hrsg.), Wörterbuch zur Lexikographie und Wörterbuchforschung. Dictionary of Lexicography and Dictionary Research. Hrsg. v. Wiegand, Herbert Ernst et al. Bd. 1: A–C. Berlin/New York: de Gruyter, 300.

Herberg, Dieter (2002): Der lange Weg zur Stichwortliste. Aspekte der Stichwortselektion für ein allgemeinsprachliches Neologismenwörterbuch. In: Haß-Zumkehr, Ulrike/Kallmeyer, Werner/Zifonun, Gisela (Hrsg.): Ansichten der deutschen Sprache. Tübingen: Niemeyer, 237–250.

Herberg, Dieter/Kinne, Michael/Steffens, Doris (2004): Neuer Wortschatz. Neologismen der 90er Jahre im Deutschen. Berlin/New York: de Gruyter.

Hollós, Zita (2013): Interferenzkandidaten in zweisprachigen Lernerwörterbüchern, insbesondere im deutsch-ungarischen Kollokationslexikon KOLLEX. In: Lexicographica 29. Tübingen: de Gruyter, 92–116.

Hollós, Zita (2014a): Syntagmatik im KOLLEX: Die lexikographische Darstellung grammatischer Syntagmatik in einem zweisprachigen Kollokationslexikon für Deutschlerner. In: Domínguez Vázquez, María José/Mollica, Fabio/Nied Curcio, Martina (Hrsg.): Zweisprachige Lexikographie zwischen Translation und Didaktik. Berlin/Boston: de Gruyter, 113–129.

Hollós, Zita (2014b): Ein Stiefkind der Kollokationsforschung. Kollokationen mit Adverbien. In: Dringó-Horváth, Ida et al. (Hrsg.): Das Wort – ein weites Feld. Festschrift für Regina Hessky. Budapest: L'Harmattan Kiadó, 25–39.

Hollós, Zita (2016): Korpusbasierte intra- und interlinguale Kollokationen. In: Corpas Pastor, Gloria (Hrsg.): Computerised and Corpus-based Approaches to Phraseology: Monolingual and Multilingual Perspectives (Full papers) – Fraseología computacional y basada en corpus: perspectivas monolingües y multilingües (Trabajos completos). Genf: Editions Tradulex, 302–315, http://www.tradulex.com/varia/Europhras2015.pdf (letzter Zugriff: 13.02.2025).

Hollós, Zita (2022): „Cross-Media-Publishing in der korpusgestützten Lernerlexikographie. Entstehung eines Lernerwörterbuchportals DaF." In: Klosa-Kückelhaus, Annette/Engelberg, Stefan/Möhrs, Christine/Storjohann, Petra (Hrsg.): Dictionaries and Society. Proceedings of the XX EURALEX International Congress. 12–16 July 2022, Mannheim: IDS-Verlag, 436–447, https://ids-pub.bsz-bw.de/frontdoor/deliver/index/docId/11220/file/Dictionaries_and_Society_Proceedings_of_the_XXEuralex_2022.pdf (letzter Zugriff: 13.02.2025).

Hollós, Zita (2024): Von der Puppe zum Schmetterling. Digitale Metamorphose eines korpusgestützten Kollokationswörterbuchs. In: Fluminensia 1/2024, 49–66, https://hrcak.srce.hr/file/461649 (letzter Zugriff: 02.02.2025).

Hollós, Zita (2025): Whatsapps, Posts, Likes & Co. Zum Einfluss lexikalischen Wandels auf ein Lernerwörterbuchportal. In: Petkova-Kessanlis, Mikaela et al. (Hrsg.): Wege und Umwege zum Wandel. Akten der Jubiläumskonferenz „100 Jahre Germanistik an der Universität Sofia". Sofia: University Press St. Kliment Ohridski. 2025, 93–119.

Jackson, Howard (2022) (Hrsg.): The Bloomsbury Handbook of Lexicography. Second Edition. London/New York/Oxford/New Delhi/Sydney: Bloomsbury Academic.

Klosa, Anette/Müller-Spitzer, Carolin (2016) (Hrsg.): Internetlexikografie. Ein Kompendium. Berlin/Boston: de Gruyter.

Tschirner, Erwin (2016): Grund- und Aufbauwortschatz. Deutsch als Fremdsprache nach Themen. Berlin: Cornelsen Verlag.

Wiegand, Herbert Ernst/Beißwenger, Michael/Gouws, Rufus H./Kammerer, Matthias/Storrer, Angelika/Wolski, Werner (2010) (Hrsg.): Wörterbuch zur Lexikographie und Wörterbuchforschung. Dictionary of Lexicography and Dictionary Research. 1. Bd. Berlin/New York: de Gruyter.

Wiegand, Herbert Ernst (2010): Aktiv-Passiv-Prinzip. In: Wiegand, Herbert Ernst et al. (2010) (Hrsg.), Wörterbuch zur Lexikographie und Wörterbuchforschung. Dictionary of Lexicography and Dictionary Research. Hrsg. v. Wiegand, Herbert Ernst et al. Bd. 1: A–C. Berlin/New York: de Gruyter, 300.
Zöfgen, Ekkehard (1994): Lernerwörterbücher in Theorie und Praxis. Ein Beitrag zur Metalexikographie mit besonderer Berücksichtigung des Französischen. Tübingen: Niemeyer.

7.2 Wörterbücher, Wörterbuchportale

Agricola, Erhard: Wörter und Wendungen. Wörterbuch zum deutschen Sprachgebrauch. Mannheim: Dudenverlag, 1992.
DW = Deutscher Wortschatz. Hrsg. v. Universität Leipzig, Institut für Informatik, Abteilung Sprachverarbeitung, 1998–2015, http://corpora.informatik.uni-leipzig.de (letzter Zugriff: 02.02.2025).
DWDS = Digitales Wörterbuch der deutschen Sprache. Das Wortauskunftssystem zur deutschen Sprache in Geschichte und Gegenwart. Hrsg. v. d. Berlin-Brandenburgischen Akademie der Wissenschaften, https://www.dwds.de (letzter Zugriff: 02.02.2025).
elexiko = Das Online-Wörterbuch zur deutschen Gegenwartssprache. In: OWID. Online Wortschatz Informationssystem Deutsch. Hrsg. v. Leibniz-Institut für Deutsche Sprache, Mannheim. 2009–2015, http://www.owid.de/wb/elexiko/start.html (letzter Zugriff: 02.02.2025).
E-KOLLEX DAF = Hollós, Zita: E-KOLLEX DAF. Deutsches Lernerwörterbuchportal für die Sprachproduktion, http://www.kollex.hu/szotar/ (letzter Zugriff: 02.02.2025).
E-LGWDAF = Langenscheidts Großwörterbuch Deutsch als Fremdsprache, Onlinewörterbuch 2016ff. Stuttgart: PONS Langenscheidt GmbH, https://owb.langenscheidt.com/ (letzter Zugriff: 06.02.2025).
KOLLEX = Hollós, Zita (2023): KOLLEX: deutsch-ungarisches KOLLokationsLEXikon. Korpusbasiertes Kollokationswörterbuch Deutsch als Fremdsprache. SZÓKAPTÁR: Német–magyar SZÓkapcsolatTÁR. Korpuszalapú kollokációs tanulószótár. Mannheim: IDS-Verlag, https://ids-pub.bsz-bw.de/frontdoor/deliver/index/docId/12089/file/Gesamt_dt-ungar-WB_Hollos.pdf (letzter Zugriff: 02.02.2025).
OWID-Neo = Neologismenwörterbuch 2006ff. In: OWID. Online Wortschatz-Informationssystem Deutsch. Hrsg. v. Leibniz-Institut für Deutsche Sprache, Mannheim: IDS, https://www.owid.de/docs/neo/start.jsp (letzter Zugriff: 06.02.2025).
Rauch, Ara (2024) (Hrsg.): Szókereső írószótár. Magyar főnevek szókapcsolatai [Wörterbuch für wortsuchende Autoren. Wortverbindungen ungarischer Substantive]. Budapest: Tinta Könyvkiadó.
SZÓKAPTÁR/KOLLEX = Hollós, Zita (2014): SZÓKAPTÁR. Német–magyar SZÓkapcsolatTÁR. Korpuszalapú kollokációs tanulószótár. KOLLEX: deutsch-ungarisches KOLLokationsLEXikon. Korpusbasiertes Wörterbuch der Kollokationen. Deutsch als Fremdsprache. Szeged: Grimm Kiadó.
WLWF = Wörterbuch zur Lexikographie und Wörterbuchforschung. Dictionary of Lexicography and Dictionary Research. Hrsg. v. Wiegand, Herbert Ernst et al. Bd. 1: A–C. Berlin/New York: de Gruyter, 2010.

7.3 Links

CCDB = Belica, Cyril: Kookkurrenzdatenbank CCDB. Eine korpuslinguistische Denk- und Experimentierplattform für die Erforschung und theoretische Begründung von systemisch-strukturellen Eigenschaften von Kohäsionsrelationen zwischen den Konstituenten des Sprachgebrauchs. 2001ff. Mannheim: Institut für Deutsche Sprache, http://corpora.ids-mannheim.de/ccdb (letzter Zugriff: 02.02.2025).
DeReKoVecs = „das neue gläserne Labor des Programmbereichs Korpuslinguistik am IDS", DEREKO-2025-I-ALPHA. Mannheim: Institut für Deutsche Sprache, https://corpora.ids-mannheim.de/derekovecs (letzter Zugriff: 02.02.2025).
KorAP = Korpusanalyseplattform der nächsten Generation. 2016ff., Mannheim: Institut für Deutsche Sprache, https://korap.ids-mannheim.de/ (letzter Zugriff: 02.02.2025).

Álvaro Iriarte

Lexical co-occurrence: from Saussure's syntagmatic relations to word embeddings in NLP

Abstract: This paper explores the treatment of lexical co-occurrence from Ferdinand de Saussure's syntagmatic relations and Bloomfield and Harris' distributionalism to modern *word embeddings* in Natural Language Processing (NLP). Statistically driven and data-based, distributional semantics has become central to NLP in the 21st century. However, despite its relevance in computational linguistics, it has had less impact on theoretical linguistics. This is particularly notable given that contemporary distributional semantics models, widely used in computational linguistics, interpret words based on their position within a system – an approach aligned with the structuralist tradition. The ideas of Saussure which gave rise to what came to be called linguistic structuralism and, in particular, the Saussurean notion of *valeur* as a functional difference, together with the so-called distributional hypothesis of Bloomfield and Harris' distributionalism, will be foundational for the development, within modern computational linguistics and NLP, of so-called distributional semantics, vector semantics, and the more recent models of *word embeddings transformers*.

Keywords: lexicography, lexical co-occurrence, distributional semantics, word embeddings, Saussurean structuralism, distributionalism, vector semantics

Schlagwörter: Lexikographie, lexikalische Kookkurrenz, Distributionssemantik, Word Embedding, Saussures Strukturalismus, distributionelle Semantik, Vektorsemantik

This work is dedicated to Stefan Schierholz.

1 Introduction

From Saussure's syntagmatic relations to North American distributionalism, theoretical linguistics has emphasised the importance of linguistic and situational context in the construction of meaning. Since Saussure, we know that the meaning of a word is defined through its relationships with other words in the linguistic system. However, in practice, for most of the 20th century, linguists and lexicographers continued to treat the

Álvaro Iriarte, University of Minho, Campus De Gualtar, Rua da Universidade, 4710-057 Braga, Portugal, E-Mail: alvaro@elach.uminho.pt

https://doi.org/10.1515/9783111676531-014

word as the primary unit of lexical analysis and description. Dictionaries remained based on the principle that words have fixed and autonomous meanings – rather than acquiring meaning in combination with other words.

The examples I use in this paper are overwhelmingly obvious. In fact, the argument can be reduced to an idea that any high school student learns in their first foreign language classes: you can't translate "word for word". However, the very fact that these examples are so obvious makes it even more problematic that dictionaries present, as the meaning of a word, something that is actually the meaning of that word in combination with other words.

Despite the success of Saussure's ideas and distributionalism in linguistic theory, these advances have had relatively little impact on linguistic and lexicographical products. Nevertheless, some models within Natural Language Processing (NLP) have successfully built upon Saussure's contributions in the second decade of the 20th century, as well as the work of Harris and Firth, developed in the middle of the 20th century, and, based on the idea that semantic differences leave marks at a formal level, they advance, initially to research on semantic disambiguation and later, in the 21st century, led to the development of word embeddings and vector representations of meaning (Mikolov et al. 2013).

The paper is organised as follows:

- Section 2: Saussure: the meaning of any lexeme includes both syntagmatic and paradigmatic relations;
- Section 3: distributionalism: a change in meaning entails some degree of formal change;
- Section 4: the dictionaries of the 20th century do not apply the teachings of structuralism and distributionalism;
- Section 5: Mel'čuk, sense-text theory and explanatory and combinatory dictionaries: "People speak in set phrases";
- Section 6: computational models of distributional semantics (vector semantics, word embeddings and transformers);
- Section 6.1.: Saussure, Harris and Firth, antecedents of distributional semantics;
- Section 6.2.: vector semantics;
- Section 6.3.: word embeddings;
- Section 6.4.: some tests with the Word2Vec algorithm;
- Section 7.: bibliographical references.

2 Saussure: the meaning of any lexeme includes both syntagmatic and paradigmatic relations

I can recall only one lesson from my first-year undergraduate course, *Introduction to Linguistics*, in 1982: the lecture on linguistic relativism (the Sapir-Whorf hypothesis), and the influence of linguistic differences on people's worldviews.

The examples used to illustrate the Sapir-Whorf hypothesis were the supposed variety of terms for "snow" in the language of the Eskimos and the distinctions in French between *bois*, *boisé*, and *forêt*, which do not directly correspond to their equivalents in Spanish.[1]

Years later, when it was my turn to teach *Introduction to Linguistics* to students enrolled in teacher training programmes at the University of Minho, I realized that although such lexical examples of single words might be intriguing, they fail to capture the complexity of how language shapes our perception of the world. This is because we do not communicate solely in isolated words (and because factors such as personal and cultural experience often play an even more significant role in shaping our worldview).

In linguistic analysis, by focusing within the limits of the word unit – and, as we shall see, overlooking the principle of the arbitrariness of the linguistic sign in the broad sense conceptualized by Saussure (1971) – we are supposed to realise, as my linguistics professors taught me during my degree, that the fragmentation of the continuum we call reality varies from one language to another (see Table 1).

Tab. 1: Does the fragmentation of reality differ from one language to another?

Portuguese	Spanish	English
hálito	aliento	breath
fôlego		
alento		encouragement

The idea that the same conceptual reality is expressed differently through the vocabulary of different languages – or conversely, that different languages fragment reality in distinct ways – reflects a discrete and atomistic conception of language. From this point of view, each word is associated with a fixed meaning, and sets of signifiers are linked one-to-one with corresponding signifieds, as if they were mere labels attached to objects. This perspective, which dominated modern linguistics for some time (and

1 The *Introduction to Linguistics* course I was taking used Spanish as the main language.

influenced semantics and lexicography), interprets meaning as being permanently tied to a signifier, regardless of situational contexts or linguistic co-texts. This approach neglects, even within the structuralist framework, the essential insight that the meaning of any lexeme is shaped by both syntagmatic and paradigmatic relations.

This persisted, as noted, despite the principle of the arbitrariness of the linguistic sign established by Saussure in his *Course in General Linguistics*. Saussure (1971) defined the arbitrary nature of the linguistic sign not only in opposition to onomatopoeic motivation, in the obvious sense that no direct relationship exists between the signifier and the signified (Saussure 1971). I, myself, once held this limited and overly simplistic understanding of the principle of arbitrariness, until I revisited and studied Saussure's *Course in General Linguistics* more deeply.

More importantly, however, it is the concept of arbitrariness that leads Saussure to challenge the idea of language as a mere nomenclature – a system in which units are simply juxtaposed – and to reconceptualize it as a structure defined by relationships:

> La première chose qui nous frappe dans cette organisation, ce sont les *solidarités syntagmatiques*: presque toutes les unités de la langue dépendent soit de ce qui les entoure sur la chaîne parlée, soit des parties successives dont elles se composent elles-mêmes. (Saussure 1971: 176) [The first thing we notice about this organisation is the syntagmatic solidarities: almost all units of the language either depend on what surrounds them in the spoken chain, or on the successive parts of which they themselves are composed.]

What structuralism taught us a century ago is that language cannot be understood as a wall, composed of bricks (words) held together by cement (grammatical rules). This principle becomes apparent to any student within the first few days of learning a foreign language: translation cannot proceed "word for word".

It is this parallelism in lexical-semantic and syntactic organization that we observe in many instances of Castilian linguistic influence in Galician, *calques* that are indicative of the process of linguistic substitution underway. This phenomenon reflects a conception of language as a nomenclature (cf. Saussure 1971), where words are seen as labels applied to pre-existing entities (see Table 2).

Tab. 2: Language conceived as a nomenclature

Spanish	**Galician**	**(English)**
El espantapájaros	O espanta-pássaros	(The scarecrow)
El alto el fuego	O alto o fogo	(The ceasefire)
Los intereses bancarios	Os interesses bancários	(The banking interests)

From a semantic and syntactic perspective, there is nothing inherent in Galician grammar that prohibits the construction of the combinations represented by these *calques*.

We are dealing with restricted lexical combinations (collocations, phrasemes) for which it is impossible to establish general syntactic rules, precisely because these phenomena are not governed by regularity.

Similarly, from a semantic and syntactic standpoint, there is no inherent barrier preventing European Portuguese from adopting combinations such as "*leite desnatado*" or "*leite inteiro*"[2], like the corresponding forms in Castilian (*leche desnatada* ['skimmed milk'] and *leche entera* ['whole milk']). However, convention has established the usage of *leite magro* ['skimmed milk'] and *leite gordo* ['whole milk'] in European Portuguese.

This arbitrariness (Saussure 1971) is also evident in the use of *passeio* with *dar* in Portuguese, *faire* in French, and *to go for* in English, or in the lexical choices for "the smallest unit of garlic", referred to as *dente* in Portuguese, *gousse* in French, and *clove* in English (see Table 3).

Tab. 3: Saussure's solidarities

Portuguese	***Dar* um passeio**	***Dente* de alho**
French	*Faire* une promenade	*Gousse* d'ail
English	*To go for a walk*	Garlic *clove*

Saussure (1971) speaks of arbitrariness because:

- In Portuguese, *passeio* combines with *dar* ('give') and not with **fazer* ('make, do') or **tomar* ('take'); in turn, in Portuguese, a unit of garlic is *dente* ('tooth') and not a **vagem* ('gousse') or a **cravo* ('clove'). But there is nothing in Portuguese grammar, from a semantic and syntactic point of view, that would prevent this.
- In French, *promenade* goes with *faire* and not with **donner* ('give') or **prendre* ('take'); in turn, in French, a unit of garlic is a *gousse* and not a **dent* ('tooth') or a **girofle* ('clove'). But there is nothing in French grammar, from a semantic and syntactic point of view, that would prevent this.
- In English, *walk* goes with *go for* (or with *take*) and not with **give*, **do*, or **make*; in turn, in English, a unit of garlic is a *clove*, not a **tooth* or a **pod*. But there is nothing in English grammar, from a semantic and syntactic point of view, that would prevent this.

So, going back to the examples in Table 1, it is not a question of one concept in Spanish being matched by three concepts in Portuguese. The meanings that could potentially be represented by the words *hálito*, *fôlego* and *alento* could be textualised (or co-textually

2 Cf. "*leite integral*" in Brazilian Portuguese.

updated), as we can see in Table 4. Spanish will not use lexical mechanisms (three different words) to express the three meanings that we find in the three Portuguese words, but other types of strategies, grammatical (combinatory) and pragmatic-contextual (information provided by the situational context or co-text, or linguistic context), which will make it possible to resolve (disambiguate) the phenomenon of polysemy, providing information about which words these terms are combined with to actualise a concrete meaning. That's why, in Table 3 (and Table 4), we've underlined the lexical strategies used in Portuguese (1st column) and the grammatical and contextual strategies used by Spanish (2nd column).

Tab. 4: Disambiguation of meanings of the Spanish word *aliento*

Portuguese	Spanish	(English)
ter mau hálito	tener mal aliento	('having bad breath')
tomar fôlego	tomar aliento	('take a breath')
palavras de alento	palabras de aliento	('words of encouragement')

You could say that the same words that go with *aliento* to disambiguate its three meanings in Spanish also co-occur with the three corresponding terms in Portuguese (*hálito, fôlego*, and *alento).* However, as is well known, redundancy is an inherent feature of natural languages. In this case, the three Portuguese constructions (*ter mau hálito, tomar fôlego, palavras de alento*) exhibit a higher degree of redundancy compared to their Spanish counterparts (*tener mal aliento, tomar aliento, palabras de aliento*).

3 Distributionalism: a change in meaning entails some degree of formal change

The Figure 5 below provides another example that I frequently present to my students, illustrating how, by situating ourselves within the boundaries of the word unit – thus disregarding, as previously discussed, the principle of the arbitrariness of the linguistic sign in the absolute sense attributed to it by Saussure (1971) – we can argue, as structuralist linguistics has taught us, that the segmentation of the continuum we call reality varies across languages.

Faced with a chart like the one in Table 5, an English speaker might think that in Portuguese there is no distinction between the concepts of *miscarriage* and *abortion*.

Tab. 5: Does the fragmentation of reality differ from one language to another?

English	Portuguese
miscarriage	aborto
abortion	

Once again, the meanings that could potentially be represented by the words miscarriage and abortion could be textualised (or co-textually updated), in Portuguese, as we can see in Table 6. Portuguese does not use lexical mechanisms (two different words) to express the two meanings that we find in the two English words, but other types of strategies – grammatical (combinatory) and pragmatic-contextual (information provided by the situational context or co-text, or linguistic context) – which will make it possible to resolve (disambiguate) the phenomenon of polysemy, providing information about which words these terms are combined with to actualise a concrete meaning. That's why, in Table 5 (as in 3 and 4), we've underlined the lexical strategies used in English (1st column) and the grammatical and contextual strategies used by Portuguese (2nd column).

Tab. 6: Disambiguation of the meanings of the word *aborto*

English	Portuguese
to have/suffer a *miscarriage*	ter um *aborto*
to have an *abortion*	fazer um *aborto*

When the speaker perceives that the context alone is insufficient for disambiguation, Portuguese allows for the use of adjectives such as *espontâneo* ('spontaneous') or *provocado* ('induced') to explicitly clarify the intended meaning, as in *aborto espontâneo* ('miscarriage') versus *aborto provocado* ('abortion').

In both cases (*aborto* combined with *ter* or *fazer*) and (*aborto* combined with *espontâneo* or *provocado*), we are faced with evidence that a change in meaning entails some change at a formal level.

Dictionaries frequently overlook the fact that a given meaning of a word – its sense – emerges specifically from its combination with other lexical elements. And vice versa: the lexicographical practice of associating lexical combinations (idioms, for example) with a certain meaning of a word is often based on the fact that the dictionary assigns a certain meaning to a word that occurs in a lexical combination which, strictly speaking, is the meaning of that word when combined with other words: *ter um aborto* vs. *fazer um aborto*; *ódio mortal* vs. *veneno mortal*.

These pluriverbal combinations should be collected (in alphabetical order) at the end of the lexicographic article, as it is not always possible to associate a pluriverbal expression with a particular meaning of the lemma. This is evident in the case of idioms. For example: under which meaning of deitar, foguete and festa, can we collect the expression "*deitar foguetes antes da festa*" (literally: 'setting off firecrackers before the party', in the sense of 'rejoice prematurely')? And, more importantly, does it make sense to collect this idiom under a certain meaning of the words that make it up?

This perspective has led certain lexical theories, such as Bloomfield's and Harris's distributionalism – although more applied to phonological and phonotactic processes – as well as distributional semantics – which originated in linguistics with the distributional hypothesis (Sahlgren 2008), but is now more prominently developed in computational linguistics and NLP – to assert that any change in meaning entails some formal change: "difference of meaning correlates with difference of distribution" (Harris 1954: 156).

There are mechanisms in the language that allow these polysemy phenomena to be resolved, pragmatic mechanisms that can be built based on information provided by the situational context, but also by the co-text,[3] which can provide information on the words with which these terms are combined to realise a concrete meaning:

> ...cuando analizamos textos reales comprobamos que, normalmente, una distinción de significados lleva aparejada una diferenciación formal, es decir, que a acepciones distintas de una misma palabra suele corresponderle estructuras formales también diferentes [...] Es decir, las diferentes acepciones de una palabra no radican exclusivamente en dicha palabra, sino en ella más otros elementos de su entorno (una determinada estructura sintáctica, la exigencia de un determinado sujeto o complemento, una particular colocación, etc. (Calderón Campos 1994: 54–55) [... when we analyse real texts we find that a distinction of meanings is usually accompanied by a formal differentiation, i.e. different meanings of the same word correspond to different formal structures [...] Thus, a word does not have different meanings exclusively, but comprises them together with other elements from its environment (a certain syntactic structure, the requirement of a certain subject or complement, a particular collocation etc.)]

Thus, in the case of the Spanish examples above with the word *aliento* (Table 1 and Table 4), we find three different meanings of the same word – as can be seen in the three different lexicalisations found in Portuguese – which often bring with them some kind of variation at the morphosyntactic level. That is to say, in most cases its meaning will be disambiguated thanks to the co-text, as we can see in the following examples:

---

3 To a certain extent, it would be the "entourage", or "contorno", in the French and Spanish lexicographical tradition. For a brilliant critique of this concept in lexicographical definition, see Alonso-Ramos (1993: 131–141).

a) *Tener mal aliento*;
b) *Tomar aliento*;
c) *Palabras de aliento*.

As we have seen (Iriarte 2001) from a lexicographical point of view, these variations in the syntactic behaviour of words can provide useful information for detecting lexicographical units.

4 The dictionaries of the 20th century do not apply the teachings of structuralism and distributionalism

Dictionaries often ignore the fact that a given meaning or sense of a word is, strictly speaking, the meaning of that word when combined with another word or words: in Portuguese, *cego* means 'blind' when combined with *menino* ('boy'), as in *menino cego* ('blind boy'), but it can also mean 'very, intense, uncontrolled, irrational' when combined with *amor* ('love'), as in *amor cego* ('blind love').

> In fact, several studies have found that collocations are a challenging aspect of language learning: see Granger (1998), Nesselhauf (2004), or Vincze et al. (2016), to cite but a few. Despite the importance of collocations in language learning, the attention given to this phenomenon in curricula or assessment materials is not always evident, as noticed by Paquot (2018). According to her, the Common European Framework of Reference for Languages – henceforth CEFR (Council of Europe 2001) – assumes a very traditional understanding of phraseology, by obviating frequent word combinations and using the term phrase mostly for stock phrases and pragmatically conditioned expressions. (García Salido/García/Alonso-Ramos 2019: 849)

It is this discrete or atomistic conception of language (one word linked to one meaning; a set of isolated signifiers linked, one by one, to a set of isolated meanings) that very often leads dictionaries to present as the meaning of a word what, strictly speaking, is the meaning of that word combined with others. We can find illustrative examples of this in the entry for **ouvido** ('ear') in Portuguese dictionaries.

The meaning recorded as definition 3 of **ouvido** ('ear') in the *Aurélio Dictionary* (Ferreira 1986), illustrated with the example *ter bom ouvido* ('having a good ear'), does not correspond to the meaning of the word **ouvido** ('ear') in isolation, but rather to the meaning of the expression *ter bom ouvido*[4] ('having a good ear'), a lexical combination that should be recorded, in the form of sub-entries, in the syntagmatic or combinatorial part of the dictionary.

4 Example adapted from Calderón Campos (1994: 58).

ouvido [Part. de ouvir] S. m. **1.** Faculdade de ouvir, ... [*'hearing, the faculty of perceiving sounds...'*] [...]. **3.** Aptidão para captar com relativa precisão sons musicais ou não, e de reproduzir aqueles sem o auxílio de partitura: *ter bom ouvido*. [*'ability to pick up musical or non-musical sounds with relative accuracy, and to reproduce them without the aid of a score: having a good ear'*] **4.** [...] ◆ [...] **Ter bom ouvido.** Ter fácil percepção de sons, especialmente musicais. [*'Having a good ear. Having easy perception of sounds, especially musical sounds'*]. (Ferreira 1986: 1240).

The same problem can be seen, for example, in the different editions of the *Dicionário da Língua Portuguesa*[5] (Costa/Melo 1998):

ouvido, s. m. audição; aparelho de audição; acto ou efeito de ouvir; facilidade em fixar de memória peças musicais, ou em distinguir faltas de afinação; [...]. (Costa/Melo 1998: 1318) [Gehör, n. Hörvermögen; Hörgerät; Vorgang oder Wirkung des Hörens; Fähigkeit, Musikstücke leicht auswendig zu lernen oder Verstimmungen zu erkennen]

Also, in the editions of Cândido de Figueiredo's Dictionary[6] (Figueiredo et al. 1996):

ouvido, m. [...] Facilidade de fixar na memória peças musicais: este aprendiz de música tem bom ouvido. [...]. (Figueiredo et al. 1996: 1857) [Gehör, n. [...] Die Fähigkeit, Musikstücke im Gedächtnis zu behalten: Dieser Musikschüler hat ein gutes Gehör.]

In contrast, the *Caldas Aulete* Dictionary[7] (Aulete et al. 1987), a good dictionary in terms of its treatment of lexical combinatorics, as Rodrigues Lapa already pointed out (Lapa 1984),[8] records this value solely as "locution":

---

5 Possibly the Portuguese dictionary best known to the general public in Portugal: Dicionário da Língua Portuguesa. Ed. by Costa, Joaquim Almeida/Melo, António Sampaio. Porto: Porto Editora, 1952. Here we use the 8th edition, in which the title of the dictionary incorporates the year (usually the year following the year of publication) and the names of the two authors disappear from the cover and title page: Dicionário da Língua Portuguesa 2009. Porto: Porto Editora. Vol. 1, 2008.

6 We are using the 25th edition here. Nearly 30 editions of this dictionary were published throughout the 20th century, also under the names *Dicionário da Língua Portuguesa* and *Grande Dicionário da Língua Portuguesa*. The first edition was published in 1899: Nôvo Diccionário da Língua Portuguêsa. Ed. by Figueiredo, António Cândido. Lisbon: Tavares Cardoso & Irmão, 1899.

7 The first edition of this dictionary was published in 1881: Diccionario Contemporaneo da Língua Portugueza feito sobre um plano inteiramente novo. Ed by. Aulete, Francisco J. Caldas. Lisbon: Imprensa Nacional, 1881. It had two more editions in Portugal (1925 and 1948, reprinted in 1952). From 1958 it was published in Brazil. The online edition of this excellent dictionary appeared in 2008: "Aulete Digital" (http://www.auletedigital.com.br/).

8 "É precisamente neste capítulo da fraseologia, muito importante, que os dicionários correntes deixam mais a desejar. O mais celebrado de entre eles e o mais moderno dos grandes dicionários, o de Cândido de Figueiredo, é muito pobre em grupos fraseológicos, o que constitui um grave defeito, porque é nessas locuções que se imprime o chamado génio da língua. Como repositório de fraseologia, nada há que possa substituir entre nós o Dicionário Contemporâneo de Caldas Aulete." [It is precisely in this very important area of phraseology that ordinary dictionaries fall most short. The most celebrated among them, as well as the most modern of the major dictionaries – Cândido de Figueiredo's –is very lacking in phraseological groups, which constitutes a serious shortcoming, since it is in these expressions that the so-called

OUVIDO, s. m. um dos cinco sentidos [...]. 4. [...] | | **Ter bom ouvido**, ter boa disposição do órgão do ouvido para perceber os sons, e especialmente os musicais. [...]. (Aulete et al. 1987: 1392) [GEHÖR, n. einer der fünf Sinne [...]. 4. [...] | | Ein gutes Gehör haben, über ein gut funktionierendes Gehör verfügen, um Geräusche, insbesondere Musik, wahrzunehmen.]

5 Mel'čuk, sense-text theory and explanatory and combinatory dictionaries: "People speak in set phrases"

Speaking is not a purely creative act, in the sense that each time we use language, we freely combine (according to the rules of the system) and in an innovative way the signs, the units, available to us. In reality, we reproduce, much more often than it seems, prefabricated lexical structures, as Casares (1992) said, or institutionalised structures, that is, formally fixed and semantically specialised (Corpas Pastor 1995: 36). In this sense, we don't function very differently from tools like ChatGPT: "Humans are constantly recycling bits of language they've encountered before and shaping their speech in ways that respond – consciously or unconsciously – to the speech of others, present or absent" (O'Connor 2023).

We don't speak through isolated words or sentences. If there really is any unity in the use of language, it is of a semantic nature, but in the sense of the semantics that studies the relationship between language and reality, the so-called referential semantics or extensional semantics – what Morris (1971) understands by semantics. We therefore speak in sets of words, making limited use of the combinatory possibilities of language, which are in theory unlimited: "PEOPLE SPEAK IN SET PHRASES rather than in separate words" (Mel'čuk 1998: 23).

When I talk about lexical combinatorics, I'm not just referring to what we know as "idioms".[9] I'm also referring to various types of lexical structures that don't combine completely freely and are "non-compositional" in the sense that, in some way, their meaning is not equal to the sum of the meaning of their components ('AB' ≠ 'A' + 'B'), contrary to what would happen with a free lexical combination, whose meaning is equal to the sum of the meanings of the lexemes that make up the combination.

genius of the language is revealed. As a repository of phraseology, nothing among us can replace Caldas Aulete's Contemporary Dictionary.] (Lapa 1984: 83).

9 Both in lexicographic practice and in the theoretical literature on the subject, there is no agreement when it comes to classifying this type of phenomenon, which is reflected in a multiplicity of terminology that further accentuates the problem: complex lexical unit, expression, fixed expression, fossilised construction, idiom, idiomatic expression, locution, multi word expression, phraseological unit, syntactic unit, syntagma, ...

Here, we are referring to *phrasemes* ('A' + 'B' = 'C'), *semi-phrasemes* ('A' + 'B' = 'AC'), and *quasi-phrases* ('A' + 'B' = 'ABC') that Mel'čuk (1998) establishes, within the "Sense-Text Theory", for the *Dictionnaire Explicatif et Combinatoire du Français Contemporain* (*DEC*).[10]

Non-free lexical combinations have some kind of restriction on the combination of their components, it is not normally possible to freely combine its elements as well as not being compositional, in the sense that their meaning is not equal to the sum of the meanings of their components.

Generally, these non-free lexical combinations do not cause problems in terms of decoding. It is a relatively simple process for a Spanish speaker to ascertain that the Portuguese expression *encerrar a sessão* ('to end the session') is equivalent to *levantar la sesión* in Spanish. Furthermore, if a Spanish speaker looks up the meaning of the Portuguese adjective *bambo*, which occurs in the combination *corda bamba*, it would be evident that it is the equivalent of *flojo* in the Spanish expression *en la cuerda floja* ('to be walking a tightrope').

The problem arises when we look in the direction of synthesis, codification or textual production, given that combinatory possibilities (lexical-syntactic-semantic uses) and pragmatic uses vary from language to language. What happens when that same speaker wants to produce, in Portuguese, the structures equivalent to *levantar la session* ('to end the session') or *en la cuerda floja* ('to be walking a tightrope')? Most current dictionaries little to no help. And not because they don't provide information on the specific meaning of *bambo* ('slack') or *encerrar* ('to end'), but because this information is usually collected in those same lexicographical articles, **bambo** and **encerrar** – precisely the terms that the user doesn't know. In other words, the user doesn't know which word in Portuguese combines with *corda* to say what in Spanish is expressed by *en la cuerda floja*. The same would happen with an English PLE student: if they can't find, under the entry **passeio**, the information that *passeio* combines with *dar* to say *to go for a walk*, where would they look for this information? Under the entry **dar**? This is precisely the information that the PLE learner doesn't know.

6 Computational models of distributional semantics (vector semantics, word embeddings and transformers)

As we know, the combinatory possibilities of words are determined both co-textually (i.e. by the linguistic context) as well pragmatically and contextually.

10 Here simplified, namely regarding to semi-phrasemes.

The meaning of a word or group of words can be delimited by the context (the universe of discourse, or frame of reference) or by the linguistic neighbours, which comprises the other lexical units that, with the word in question, constitute the syntagm (i.e. by the co-text, or the linguistic context).

In this section, the concepts of "distributional semantics", "vector semantics", and "word embeddings" will be introduced. These concepts have been pivotal in the development of NLP and AI in the 21st century, not as a direct continuation of linguistic research, but rather as a successful appropriation of ideas first explored by Saussure over a century ago and developed in linguistic distributionalism in the mid-20th century. It has been researchers in NLP and AI, rather than linguists, who have effectively harnessed these insights to advance computational models of meaning representation.

At the end (see 6.4), we will present some examples of results from tests with the Word2Vec algorithm.

6.1 Saussure, Harris and Firth, antecedents of distributional semantics

As stated in Section 2, distributional semantics is based on the principle that semantic differences leave their mark at the formal (syntactic or combinatorial) level, and vice versa, on the hypothesis that words that appear in similar contexts tend to have similar meanings.

This idea – that the meaning of a word can be inferred from the contexts in which it appears – has its foundations in North American linguistic distributionalism (Harris 1954) and the work of Firth (1962) both from the middle of the 20th century. However, it can also be traced back to Saussure's *Cours de Linguistique Générale,* in the in the early 20th century (Saussure 1971).

With the advent of computers and, above all, with the advance of their computational capacity, the so-called distributional semantics was developed in the field of NLP and, from there, vector semantics, with *word embeddings* models. Thus, we see how NLP takes up a hypothesis formulated within theoretical linguistics in the middle of the 20th century, known for the famous adaptation of the popular saying: "You shall know a word by the company it keeps." (Firth 1962: 11).

Despite the significance of Saussurean concepts such as *value* and *system* in 20th-century linguistic theory, later structuralist linguistics often overlooked the fact that so-called lexicological meanings are merely, as Hjelmslev (1943/1976: 62) pointed out, artificially isolated contextual meanings. As is well known, many of the issues related to lexical ambiguity or polysemy that theoretical linguistics addresses are, in practice, only potential and often do not occur in actual discourse. In most cases, any possible ambiguities are resolved either by the linguistic structure in which the lexical unit appears (co-text) or by the situational context, which provides the necessary cues for selecting the appropriate interpretation of a word or structure (Iriarte 2001: 151–152).

Saussure (1971) sees language as a structure (system) in which relations (which may be arbitrary) of opposition and association are established: “presque toutes les unités de la langue dépendent soit de ce qui les entoure sur la chaîne parlée, soit des parties successives dont elles se composent elles-mêmes” [almost all the units of the language depend either on what surrounds them in the spoken chain, or on the successive parts of which they themselves are composed] (Saussure 1971: 176).

Thus, the conceptual distinction that could exist in Spanish between *loncha* and *rebanada* against the single English term *slice* (see Table 7), no longer works when we consider the syntagms *slice of bread* (*rebanada de pan*) and *slice of ham* (*loncha de jamón*) (Iriarte 2001: 133), as was the case with the previous examples: *tener mal aliento* vs. *tomar aliento* vs. *palabras de aliento.*

Tab. 7: Does the fragmentation of reality differ from one language to another (2)?

Spanish	English
rebanada	slice
loncha	

As in the case of the Portuguese example *alento* presented above (see Table 4), in Spanish, lexical mechanisms (two different words) will now be used to express the two meanings that we find in the two Spanish words, *loncha* and *rebanada*, but it will be another type of strategy – a grammatical (combinatory) one – that will make it possible to resolve (disambiguate) the polysemy phenomenon, providing information on which words the term *slice* is combined with to actualise a concrete meaning. Once again, in Table 8 we have underlined the lexical strategies used by Spanish (1st column) and the grammatical (combinatory) strategies used by English (2nd column):

Tab. 8: Disambiguation of the meanings of the word *slice*

Spanish	English
rebanada de pan	slice of bread
loncha de jamón	slice of ham

Indeed, in the context of distributional semantics, “understanding of meaning consists of understanding networks of connections of linguistic forms” (Manning 2022: 135).

Statistically based and grounded in data (Boleda/Herbelot 2016: 619), distributional semantics fits, in the 21st century, within NLP and, unfortunately, with less impact on theoretical linguistics (Boleda 2020), despite the fact that the current models of distributional semantics used in computational linguistics understand words according to their position in a system, in line with the structuralist tradition (Boleda 2020, Sahlgren 2008). Distributional semantics focuses on the co-texts – linguistic context – in which a word appears and is no longer concept-oriented, unlike denotational (or referential) semantics, in which the meaning of a word is defined by the set of objects or situations in a possible world.

The meaning of a word is simply a description of the contexts in which it appears (Manning 2022: 134). It is closely tied to the linguistic structure in which it occurs, its use within the co-text (i.e., the surrounding linguistic context), and the situational context. These elements provide the framework that allows language to resolve polysemous phenomena, pragmatic mechanisms that can be built from the information provided by the situational context, but also by the co-text, which can provide information about the words with which these terms are combined to actualise a specific meaning.

The distinction between meanings is accompanied by a formal differentiation, i.e. the different meanings of the same word are generally associated with different formal structures (Calderón Campos 1994: 54–55).[11]

The models of distributional semantics in computational linguistics owe much to the contributions of Saussure (1971) in the early 20th century, as well as to the work of Harris (1954) and Firth (1962) in the mid-20th century. Despite their recognized importance in theoretical linguistics, these works had limited impact within the field at the time. In practice, the idea that semantic differences manifest at the syntactic level was largely overlooked until the emergence of research on semantic disambiguation, word embeddings, and vector representations of meaning (Mikolov et al. 2013).

Saussure's ideas, which gave rise to what came to be called linguistic structuralism – and, in particular, the Saussurean notion of *valeur* as a functional difference – along with the so-called distributional hypothesis of Bloomfield and Harris' distributionalism (Sahlgren 2008: 40), will be foundational for the development, in the 21st century, within modern computational linguistics and NLP, of the so-called distributional semantics, vector semantics, and the more recent models of *word embeddings transformers*.

> The fact that, for example, not every adjective occurs with every noun can be used as a measure of meaning difference. For it is not merely that different members of the one class have different selections of members of the other class with which they are actually found. More than that: if we consider words or morphemes A and B to be more different in meaning than A and C, then we will often find that the distributions of A and B are more different than the distributions of A and C. In other words, difference of meaning correlates with difference of distribution. (Harris 1954: 156)

11 From this principle – that different syntactic constructions generally imply semantic differentiations – comes the theory of "lexicon-grammar", a set of syntactic studies based on the works of Gross and developed in the works of type distributional of the LADL (Laboratoire d'Analyse Documentaire et Linguistique). On this model, see Guillet et al. (1984), Gross/Vivès (1986) and Danlos (1988).

6.2 Vector semantics

Vector semantics is an approach to NLP that represents the meaning of words as vectors in a space. The representation of each word as a point in this space enables the measurement of semantic similarity between words by the proximity of their respective vectors. Thus, a vector represents the context in which that word appears. The approach is based, as we have seen, on the distributional hypothesis, which states that words that occur in similar contexts tend to have similar meanings.

Word	Documents							
	1	2	3	4	5	6	7	8
w_1	0	1	0	0	0	0	0	0
w_2	0	0	1	0	0	3	0	0
w_3	1	0	0	2	0	0	5	0
w_4	3	0	0	1	1	0	2	0
w_5	0	1	3	0	1	2	1	0
w_6	1	2	0	0	0	0	1	0
w_7	0	1	0	1	0	1	0	1
w_8	0	0	0	0	0	7	0	0

Fig. 1: Word co-occurrence matrix in documents. Source: Sahlgren (2008: 43)

In Figure 1 we take an example of a matrix, with fictitious data, taken from Sahlgren (2008: 43), where we can see that words that occur in the same documents will obtain scores other than 0 (0 indicating an absence of relationship).

In vector semantics, the cosine of the angle between two vectors serves to represent linguistic meaning through vectors in a space: values close to 1 indicate high similarity, while values close to 0 indicate that they are far apart semantically. This method is useful for capturing semantic relationships and analogies between words, making it valuable in information retrieval tasks.

The example illustrated in Figure 2, which is drawn from Boleda (2020: 214), provides a visual representation of the functionality of the cosine measure.

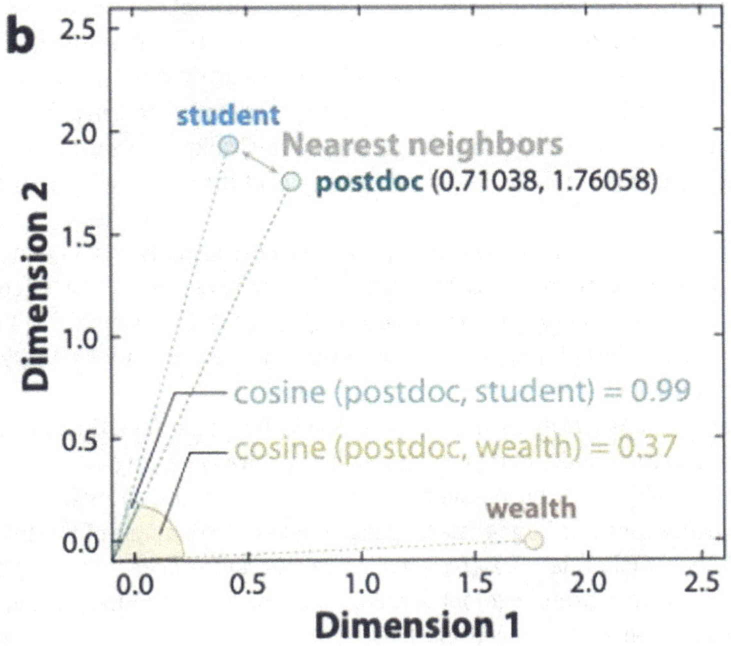

Fig. 2: Cosine of the angle between two vectors. Source: Boleda (2020: 214)

6.3 Word embeddings

Word embeddings are a technique specific to vector semantics for representing words as vectors in which words with similar meanings appear closer together.

The *word embeddings* model we tested (Word2Vec), developed by Google (Mikolov et al. 2013) – "one of the most popular modern word embedding methods" (Peterson/Chen/Griffiths 2020: 3) – creates *embeddings* that capture the semantic relationships between words, using neural networks to learn vector representations of words from large text corpora.

The application of neural networks, such as those used in Word2Vec to lexicographic tasks makes it possible to automate the creation of lexicographic resources. However, models such as those used in Word2Vec would not be able to account for the contextual aspects of meaning. Deeper neural networks combined with *transformers*, used to learn contextual representations of words in text sequences, allow the models to learn which words are important for creating apparently intelligible and natural sentences that make sense to a human being. OpenAI GPT-3 uses deep neural networks to produce text that is apparently indistinguishable from human writing (Rees/Lew 2024: 51).

Generative Pre-trained Transformer (GPT) goes beyond the limits we set for this paper, which were lexical combinations in which a word acquires a certain meaning when combined with another word or words. It remains for future work to study, from a linguistic point of view, models such as GPT and *Large Language Models* and, in particular, the RAG (*Retrieval Augmented Generation*)[12] approaches, which allow users to make queries using a specific set of documents (think, for example, of the entire dictionary collection of a language).

In a study made available in open access by the *International Journal of Lexicography* in July 2024, Ptasznik/Wolfer/Lew (2024) evaluate the effectiveness of ChatGPT compared to the *Longman Dictionary of Contemporary* English (LDOCE) in supporting English learners in lexical decoding and encoding tasks. The results reveal ChatGPT's superior performance.

Are dictionaries doomed to extinction, like the typewriter, paper files, the beautiful catalogue files in libraries, audio and video tapes, etc.? Or are we facing a new era in which old and new dictionaries, terminological databases, ontologies, etc. will serve as a source of knowledge for these large-scale language models? An example of this might be the work by Kaneko/Bollegala (2021) (*Dictionary-based Debiasing of Pre-trained Word Embeddings*) in which they propose a tool based on dictionaries to reduce the known high levels of results with gender, racial, etc. bias.

6.4 Some tests with the Word2Vec algorithm

Below we present our first test results[13] with the Word2Vec algorithm, using the Literateca-Linguateca corpus of literary texts.[14]

Some results (paradigmatic relationships):

- *homem* [man] → <u>*rei*</u> [king]:
  - *mulher* ? [woman] → *rainha* [queen] (0.9918)[15]
- *homem* [man] → <u>*avô*</u> [grandfather]:
  - *mulher* ? [woman] → *avó* [grandmother] (0.9852)

12 My thanks go to José João Almeida and Alberto Simões. Everything I've learnt about PLN etc. has been thanks to them and their ability to communicate with "humanities people".

13 My thanks to Dr Alberto Simões, who made these tests possible.

14 https://www.linguateca.pt/Gramateca/Literateca/ (last access: 10.06.2025).

15 As mentioned, values close to 1 indicate high similarity, while values close to 0 indicate that they are semantically close.

- *homem* [man] → *prior* [prior]:
  - mulher **?** [woman] → *abadessa* [abbess] (1.0014)
- *homem* [man] → *médico* [doctor]:
  - mulher **?** [woman] → *criada* [maid][16] (0.9412)

We also tested examples of syntagmatic relations. In general, this approach did not yield strong results with lexical combinatorics. Below are two examples of outcomes based on syntagmatic relations:

- LF Magn[17]: *amor* [love] → *cego* [blind]:
  - ódio **?** [hate] → *furioso* (?)[18] [furious] (0.9986)
- LF Bon[19]: *comida* [food] → *requintada* [exquisite]:
  - crítica **?** [critique] → *eloquente* (?)[20] [eloquent] (1.4497)

7 Bibliography

7.1 Monographs, edited volumes and articles in edited volumes or journals

Alonso-Ramos, Margarita (1993): Las Funciones Léxicas en el modelo lexicográfico de I. Mel'cuk [Unpublished doctoral dissertation]. Madrid: Universidad Nacional a Distancia (UNED).

Boleda, Gemma (2020): Distributional Semantics and Linguistic Theory. In: Annual Review of Linguistics 6 (1), 213–234, https://doi.org/10.1146/annurev-linguistics-011619-030303 (last access: 10.06.2025).

Boleda, Gemma/Herbelot, Aurélie (2016): Formal Distributional Semantics: Introduction to the Special Issue. In: Computational Linguistics 42 (4), 619–635, https://doi.org/10.1162/COLI_a_00261 (last access: 10.06.2025).

16 The known high levels of gender, racial, etc. biased results can provide an opportunity to study prejudice in languages.

17 Lexical Function (Mel'čuk/Clas/Polguère 1995) Magn(amor), Mag(ódio).

18 The frequent collocations in European Portuguese would be: *ódio mortal, ódio figadal, ódio profundo*.

19 Lexical Function (Mel'čuk/Clas/Polguère 1995) **Bon**(comida), **Bon**(crítica).

20 The frequent collocation in European Portuguese would be: *crítica brilhante*.

Calderón Campos, Miguel (1994): Sobre la elaboración de diccionarios monolingües de producción: las definiciones, los ejemplos y las colocaciones léxicas. Granada: Universidad de Granada.
Casares, Julio (1992): Introducción a la lexicografía moderna. Madrid: Consejo Superior de Investigaciones Científicas.
Corpas Pastor, Gloria (1995): Un estudio paralelo de los sistemas fraseológicos del inglés y del español. Málaga: Universidad de Málaga, http://hdl.handle.net/11162/41717 (last access: 10.06.2025).
Danlos, Laurence (1988): Présentation: lexique-grammaire des expressions figées [Included in a thematic issue: Les expressions figées]. In: Langages 23 (90), https://www.persee.fr/doc/lgge_0458-726x_1988_num_23_90_1987 (last access: 10.06.2025).
Firth, John R. (1962): A Synopsis of Linguistic Theory, 1930-55. In: Philological Society (eds.): Studies in Linguistic Analysis. Special Volume of the Philological Society. Oxford: Blackwell, 1–32, https://languagelog.ldc.upenn.edu/myl/Firth1957.pdf (last access: 10.06.2025).
García Salido, Marcos/García, Marcos/Alonso-Ramos, Margarita (2019): Towards a Graded Dictionary of Spanish Collocations. In: Kosem, Iztok/Kuhn, Tanara Zingano (eds.): Electronic lexicography in the 21st century. Proceedings of the eLex 2019 conference. Brno: Lexical Computing CZ s.r.o, 849–864, https://ruc.udc.es/dspace/handle/2183/36921 (last access: 10.06.2025).
Gross, Gaston/Vivès, Robert (1986): Les constructions nominales et l'élaboration d'un lexique-grammaire. In: Langue française 69 (1), 5–27, https://doi.org/10.3406/lfr.1986.6360 (last access: 10.06.2025).
Guillet, Alain et al. (1984) (eds.): Lexique-grammaire des langues romanes: actes du Premier Colloque 20européen sur la grammaire et le lexique comparés des langues romanes, Palerme, 1981. Amsterdam/Philadelphia: John Benjamins Publishing Company.
Harris, Zelling S. (1954): Distributional Structure. In: WORD 10 (2–3), 146–162, https://doi.org/10.1080/00437956.1954.11659520 (last access: 10.06.2025).
Iriarte, Álvaro (2001): A unidade lexicográfica: palavras, colocações, frasemas, pragmatemas. Braga: Universidade do Minho – Centro de Estudos Humanísticos, https://hdl.handle.net/1822/4573 (last access: 10.06.2025).
Kaneko, Masahiro/Bollegala, Danushka (2021): Dictionary-based Debiasing of Pre-trained Word Embeddings. In: Proceedings of the 16th Conference of the European Chapter of the Association for Computational Linguistics: Main Volume, 212–223. https://doi.org/10.18653/v1/2021.eacl-main.16 (last access: 10.06.2025).
Lapa, Manuel R. (1984): Estilística da língua portuguesa. 11.ª ed., rev. Coimbra: Coimbra Editora.
Manning, Christopher D. (2022): Human Language Understanding & Reasoning. In: Daedalus, 151 (2), 127–138, https://doi.org/10.1162/daed_a_01905 (last access: 10.06.2025).
Mel'čuk, Igor A. (1998): Collocations and Lexical Functions. In: Cowie, Anthony P. (eds.): Phraseology. Oxford: Oxford University Press, 23–54, https://doi.org/10.1093/oso/9780198294252.003.0002 (last access: 10.06.2025).
Mel'čuk, Igor A./Clas, André/Polguère, Alain (1995): Introduction à la Lexicologie Explicative et Combinatoire. Louvain-la-Neuve: Duculot.
Mikolov, Tomas et al. (2013): Efficient Estimation of Word Representations in Vector Space. In: arXivLabs, https://doi.org/10.48550/ARXIV. 1301.3781 (last access: 10.06.2025).
Morris, Charles W. (1971): Foundations of the Theory of Signs [second part of Sebeok, Thomas A. (eds.) (1971): Writings on the General Theory of Signs]. The Hague-Paris: Mouton.
O'Connor, Brendan H. (2023): Are You Part Robot? A Linguistic Anthropologist Explains How Humans Are Like ChatGPT – Both Recycle Language. In: The Conversation, https://theconversation.com/are-you-part-robot-a-linguistic-anthropologist-explains-how-humans-are-like-chatgpt-both-recycle-language-203477 (last access: 10.06.2025).
Peterson, Joshua C./Chen, Dawn/Griffiths, Thomas L. (2020): Parallelograms revisited: Exploring the limitations of vector space models for simple analogies. In: Cognition 205, 104440, https://doi.org/10.1016/j.cognition.2020.104440 (last access: 10.06.2025).

Ptasznik, Bartosz/Wolfer, Sascha/Lew, Robert (2024): A Learners' Dictionary Versus ChatGPT in Receptive and Productive Lexical Tasks. In: International Journal of Lexicography 37 (3), 322–336, https://doi.org/10.1093/ijl/ecae011 (last access: 10.06.2025).
Rees, Geraint Paul/Lew, Robert (2024): The Effectiveness of OpenAI GPT-Generated Definitions Versus Definitions from an English Learners' Dictionary in a Lexically Orientated Reading Task. In: International Journal of Lexicography 37 (1), 50–74, https://doi.org/10.1093/ijl/ecad030 (last access: 10.06.2025).
Sahlgren, Magnus (2008): The Distributional Hypothesis. In: The Italian Journal of Linguistics 20, 33–54, https://api.semanticscholar.org/CorpusID:23750999 (last access: 10.06.2025).
Saussure, Ferdinand de (1971): Cours de linguistique générale. Texte établi par Charles Bally, Albert Sechehaye et Albert Riedlinger 1916. Paris: Payot.

7.2 Dictionaries

Dicionário contemporâneo da língua portuguesa Caldas Aulete. Ed. by Aulete, Francisco J. Caldas/Garcia, Hamílcar/Nascentes, Antenor. Rio de Janeiro: Editora Delta, 5ª ed. 1987.
Dicionário da língua portuguesa. Ed. by Costa, Joaquim Almeida/Melo, António Sampaio. Porto: Porto Editora, 8ª ed. rev. e act. 1998.
Novo dicionário da língua portuguesa. Ed. by Ferreira, Aurelio Buarque de Holanda. Rio de Janeiro: Nova Fronteira, 2ª ed. rev. e aum. 1986.
Grande dicionário da língua portuguesa. Ed. by Figueiredo, António Cândido et al. Lisboa: Bertrand Editora, 25ª ed. 1996.

David Lindemann

Lexikografie auf Wiki-Plattformen

Abstract: This article examines lexicographic content on MediaWiki-based platforms, including Wiktionary, Wikidata/Wikibase, Wikipedia, and Wikisource. Wikipedia serves as a reference for dictionaries and lexicographers, while Wiktionary functions as a collaborative multilingual dictionary with semi-structured entries. Wikisource hosts digitized and transcribed dictionaries as well as references to digitized dictionaries available elsewhere, and Wikidata/Wikibase employs a structured data model (Ontolex-Lemon) for lexicographic purposes, ensuring interoperability and enabling advanced queries. The study highlights the growth of these platforms, emphasizing their role in modern lexicography and the potential for integrating diverse lexical resources. The findings highlight the potential of collaborative, open-access models in making lexicographic practices accessible to the public domain.

Keywords: lexicography, metalexicography, Wikimedia, Linked Data

Schlagwörter: Lexikografie, Metalexikografie, Wikimedia, Linked Data

1 Einleitung

Dieser Beitrag bietet eine Sammlung quantitativer Messungen[1] zum Stand der Lexikografie in einer Reihe auf der MediaWiki-Software basierender öffentlicher Internet-Plattformen sowie eine Beschreibung lexikografischer Strukturen auf den beiden Plattformen, auf denen lexikografische Praxis stattfindet: Wiktionary und Wikibase/Wikidata. Betrachtet werden hier jeweils diejenigen Instanzen der Plattformen, die von der Wikimedia Foundation[2] betrieben werden; im Fall von Wikibase wird zudem erörtert, dass eine Nutzung der Software für lexikografische Zwecke auch unabhängig von der Wikidata-Community erfolgen kann.

Um das Aufkommen der von Wikimedia betriebenen Plattformen und der von Wikimedia zur Nachnutzung freigegebenen Software-Produkte in der lexikografischen Diskussion nachzuzeichnen, bieten sich die Nennungen der Namen ebendieser Platt-

1 Alle Zahlen wurden, wenn nicht anders angegeben, in der ersten Woche im Januar 2025 abgerufen. Die im Folgenden referenzierten Datenbankabfragen werden jeweils den aktuellen Stand wiedergeben.

2 Der zentrale Internetauftritt der Foundation findet sich unter https://www.wikimedia.org/ (letzter Zugriff: 20.05.2025); siehe auch die Seite von Wikimedia Deutschland, https://www.wikimedia.de/ (letzter Zugriff: 20.05.2025).

David Lindemann, EHU University of the Basque Country (Dep. of Linguistics and Basque Studies), Unibertsitateko Ibilbidea, 5, 01006 Vitoria-Gasteiz, Spanien, E-Mail: David.lindemann@ehu.eus

https://doi.org/10.1515/9783111676531-015

formen in der metalexikografischen Literatur an. Eine Suche in der Sammlung LexBib (Lindemann 2021), die zurzeit gut elftausend Publikationen enthält, ergibt das in Tabelle 1 wiedergegebene Bild:[3] Wikipedia ist die weitaus meistgenannte Plattform. Seit dem Jahr 2006 spielt diese in der metalexikografischen Betrachtung in 526 Fällen eine belegbare Rolle. Ebenso früh, und dies insgesamt in 239 Fällen, erscheint die Schwesterplattform Wiktionary in der Literatur. Die Software MediaWiki, auf der alle Wiki-Plattformen basieren, wird selbst auch recht früh benannt, erscheint aber wesentlich seltener, und dies gilt ebenso im Falle von Wikisource; dieser Name wurde insgesamt nur in 9 Beiträgen gefunden. Wikidata und Wikibase werden erst gut zehn Jahre später diskutiert. Gemessen wird hier die Nennung des Namens in Titel, Zusammenfassung, Autorenschlagwörtern oder Volltext der Publikation; in welcher Beziehung die Plattformen eine Rolle spielen, bleibt bei dieser Methode zunächst unklar.

Tab. 1: Wiki-Plattformen in der metalexikografischen Literatur

Plattformname	Treffer in LexBib	Frühester Treffer
Wikipedia	526	2006
Wiktionary	239	2006
MediaWiki	41	2008
Wikidata	28	2016
Wikibase	10	2018
Wikisource	9	2010

Die folgenden Abschnitte sind den einzelnen Plattformen gewidmet. Im Fall von Wikipedia fragen wir nach dem Stand der Beschreibung in der Lexikografie besonders relevanter Entitäten (Wörterbücher, Lexikografinnen und Lexikografen) und einiger zentraler Begriffe. Die anderen Plattformen widmen sich im Unterschied hierzu der Lexikografie selbst, das heißt, sie beschreiben lexikalische Daten, sie enthalten lexikografische Datensammlungen in unterschiedlicher Form oder sind sogar dazu entworfen, dieselben zu erstellen.

3 Die Ergebnisse der einzelnen Suchen können als Sammlungen betrachtet werden, siehe https://www.zotero.org/groups/1892855/lexbib/collections/9XFTXVYA (letzter Zugriff: 20.05.2025).

2 Wikipedia

Wikipedia.org ist mit monatlich 3,9 Milliarden Aufrufen eines der zehn weltweit meistbesuchten Internetportale,[4] und eine Erörterung der Funktionen, für die die Wikipedia und ihr Inhalt heute eingesetzt werden, würde den Rahmen dieser Untersuchung sprengen. Die Durchsicht metalexikografischer Artikel, die den Namen Wikipedia enthalten, gibt kein eindeutiges Bild ab. Vielmehr findet sich auch hier eine Vielzahl von Kontexten, in denen Wikipedia eine Rolle spielt: Als Quelle für die Erstellung von Textkorpora, für eine ganz- oder teilweise Nachnutzung von Wikipedia-Artikeln im lexikografischen Prozess, als in der Bibliografie eines Beitrags aufgelistete Sekundärquelle, und, schon seit den frühesten der gefundenen Beiträge, auch als Diskussionsgegenstand in Betrachtungen der aufkommenden digitalen Lexikografie und ihrer Möglichkeiten, etwa hinsichtlich einer „Verlinkung" von Wörterbuchinhalten innerhalb und über die Grenzen einzelner Ressourcen hinaus (Haß 2006).

In einer anderen Dimension lassen sich allerdings eindeutige Messungen anstellen, nämlich in Bezug auf den Inhalt der Wikipedia. Zurzeit werden 1.975 der Klasse *Wörterbuch* oder einer Unterklasse hiervon zugeordnete Objekte in 5.248 auf die Einzelsprachen verteilten Artikeln beschrieben; die am häufigsten beschriebenen Wörterbücher sind das Wiktionary, und, mit einigem Abstand dahinter, das OED und das byzantinische Suda. Personen, die in lexikografischen Prozessen tätig waren oder sind, werden in folgender Häufigkeit beschrieben: 2.137 Personen kommen auf insgesamt 9.712 Artikel. Die am häufigsten beschriebenen in der Lexikografie tätigen Personen sind Denis Diderot, Samuel Johnson, Frédéric Mistral und Jean-Baptiste Le Rond d'Alembert.[5] Eine Karte der Geburtsorte aller dieser Personen gibt ein Übergewicht in Europa Geborener wieder. Der Anteil in der Lexikografie tätiger Frauen liegt, gemessen am Grad der Beschreibung in Wikipedia, bei 8,2%.[6] Diese und die folgenden Daten sind mithilfe von Wikidata erhoben, der Schwesterplattform der Wikipedia, die unter anderem strukturierte Daten über die in den zahlreichen einzelsprachlichen Wikipedia-Plattformen beschriebenen Entitäten enthält (siehe Verweise zu den Datenbankabfragen in den Fußnoten und Kapitel 5); Wikipedia enthält zwar „Kategorien", diese bestehen aber in jeder einzelsprachlichen Wikipedia unabhängig voneinander, werden manuell gepflegt, und sind nur auf Umwegen maschinell lesbar. Sie sind daher als remineszente Zugangsstruktur zu bezeichnen, die aus der Zeit vor Wikidata stammen. Ein Vergleich der

4 Zahlen laut https://en.wikipedia.org/wiki/List_of_most-visited_websites.

5 Siehe https://w.wiki/Cbmw (Wörterbücher) sowie https://w.wiki/Cbn3 (Lexikografen; letzter Zugriff: 20.05.2025). Für die allgemeinen Zahlen beider Kategorien https://w.wiki/Cbn6 (letzter Zugriff: 20.05.2025).

6 Siehe https://w.wiki/Cbb9 (Karte der Geburtsorte; es liegen Daten zum Geburtsort von 1.807 Personen vor; letzter Zugriff: 20.05.2025) bzw. https://w.wiki/Cbb8 (Geschlecht; Daten vorliegend für 2.167 Personen; letzter Zugriff: 20.05.2025).

Kategorien *Lexikograf* (deutschsprachige Wikipedia, 656 Einträge plus 129 Einträge in der Unterkategorie *Enzyklopädist*), *Lexicographers* (englischsprachige Wikipedia, eine Liste mit uneinheitlich definierten und uneinheitlich gepflegten Unterkategorien, darunter die „List of Lexicographers" mit 393 Einträgen) und *Lexicographe* (französischsprachige Wikipedia, ebenso uneinheitlich strukturiert und wesentlich weniger Einträge zählend als eine Liste, die im Artikel *Lexicografie* erscheint), zeigt ein diverses Bild und deutlich weniger Referenzen zu in Wikipedia beschriebenen Personen als Wikidata.[7]

Der Begriff *Lexikografie* selbst, also die Bezeichnung der Disziplin und der lexikografischen Praxis, wird in 76 Sprachen auf Wikipedia erörtert. Einige in der Lexikografie zentrale Begriffe kommen auf die in Tabelle 2 wiedergegebene Anzahl einzelsprachlicher Wikipedia-Artikel.[8]

Tab. 2: Lexikografische Begriffe in Wikipedia

Konzept (dt. preferred label)	Wikipedia-Artikel
Wörterbuch	161
Etymologie	125
Wortart	90
Redensart	81
Lexikografie	76
Textkorpus	48
Phraseologie	41
Lemma	34
Kollokation	31
Phraseologismus	31
Lemmatisierung	20
Lexikograf	15
Wörterbucheintrag	5
lexikalische Datenbank	3

Einige historische lexikografische Ressourcen geringen Umfangs werden in Wikipedia-Artikeln in Gänze wiedergegeben, wie beispielsweise die baskische Wortliste des

7 Siehe https://de.wikipedia.org/wiki/Kategorie:Lexikograf (letzter Zugriff: 20.05.2025), https://en.wikipedia.org/wiki/Category:Lexicographers (letzter Zugriff: 20.05.2025), https://en.wikipedia.org/wiki/List_of_lexicographers (letzter Zugriff: 20.05.2025), https://fr.wikipedia.org/wiki/Lexicographie (letzter Zugriff: 20.05.2025).
8 Siehe https://w.wiki/CbnL (letzter Zugriff: 20.05.2025).

Arnold von Harff (1500);[9] Wörterbücher aller Art werden zudem in Wikipedia-Artikeln referenziert, oder ein diachronischer Vergleich von Lesartenbeschreibungen in Wörterbüchern ist gar Bestandteil des Artikels.[10]

3 Wikimedia Commons und Wikisource

Wikisource ist eine von Wikimedia betriebene Plattformfamilie, auf der urheberrechtsfreie oder frei lizensierte Texte und Quellen gespeichert werden können, und das über Funktionen zur kollaborativen Transkription von als Bilddatei verfügbaren Dokumenten verfügt. Zur Familie gehören die multilinguale Wikisource-Plattform[11] sowie zurzeit 76 weitere Instanzen, die sich hinsichtlich ihrer Meta- und Gegenstandssprachen unterscheiden.[12]

Der lexikografische Inhalt von Wikisource und Wikimedia Commons lässt sich wie folgt kategorisieren:

1. Faksimiles von Wörterbüchern als PDF. Diese Dateien befinden sich auf Wikimedia Commons und können in eine oder mehrere der Wikisource-Plattformen eingebunden werden, was die Erstellung einer digitalen Transkription erlaubt. Die Transkriptionen sind auf der Ebene der einzelnen Seite mit dem Faksimile verbunden. Sie können Wikitext-Markup enthalten, was Kursiv- und Fettschrift sowie verschiedene andere das Layout betreffende Kommandos erlaubt. Des Weiteren können sogenannte Templates eingefügt werden, die etwa als Anker für eine Verlinkung fungieren, sodass einzelne Textabschnitte (hier: Wörterbuchartikel) gezielt angesteuert werden können.[13]
2. Transkriptionen von Wörterbüchern, wie in (1) beschrieben, jedoch ohne ein auf Seitenebene verlinktes PDF.
3. Listen von gemeinfreien oder frei lizenzierten Wörterbuch-Digitalisaten in allen Formaten, vorgehalten auf einer jeweils referenzierten Plattform außerhalb von Wikimedia.

Zu allen drei Kategorien sind keine erschöpfenden quantitativen Angaben zu machen, da Inhaltsverzeichnisse auf Wikisource und auf Transkriptionsprojekte verweisende

9 Siehe https://eu.wikipedia.org/wiki/Arnold_von_Harff (letzter Zugriff: 20.05.2025).

10 Siehe etwa https://de.wikipedia.org/wiki/Teenager (letzter Zugriff: 20.05.2025).

11 Siehe https://wikisource.org (letzter Zugriff: 20.05.2025).

12 Die deutschsprachige Version ist unter https://de.wikisource.org (letzter Zugriff: 20.05.2025) erreichbar.

13 Dies wird u. a. für eine Verbindung von auf Wikidata beschriebenen Lexemen mit Wörterbuchartikeln in einer Wikisource-Transkription genutzt (Lindemann/Alonso 2021).

Angaben in Wikidata (s. u.) manuell gepflegt werden. Als Annäherung können die im Folgenden beschriebenen Messungen dienen.

Eine Suche nach PDF-Dokumenten, die die Bezeichnung *Wörterbuch* bzw. eine äquivalente Bezeichnung in einer anderen Sprache als Teil des Dateinamens führen, ergibt die in Tabelle 3 wiedergegebenen Werte (alle gefundenen Werte ab 10 Treffer). Abgefragt wurden die in Wikidata als „preferred label" für das Konzept Q23622 (dt. *Wörterbuch*) kodierten Werte,[14] unter Hinzunahme der ebenfalls häufigen Bezeichnung „Lexikon". Hierbei ist zu beachten, dass ein Vorkommen einer dieser Bezeichnungen nicht unbedingt auf ein dahinterliegendes Wörterbuch schließen lässt: Die Bezeichnung kann in einer beliebigen Sprache etwas anderes als ein Wörterbuch benennen, oder die Datei kann statt ein Wörterbuch eine Kongresspräsentation oder anderes enthalten.

Tab. 3: Suchergebnisse in Wikimedia Commons

label	Sprachen	Ergebnisse
lexicon	la, en, ...	431
diccionario	an, es	351
lexikon	de, ...	313
словарь	ru	202
wörterbuch	de	187
woordenboek	nl	141
dizionario	it	137
slovar	ru, sl	76
詞典	zh, zh-hant, zh-tw	61
அகராதி	ta	51
lipu nimi	tok	35
kamus	su, gor, bew, id, ms, ha	31
słownik	dsb, hsb, pl	25
словник	rue, uk	25
lüğət	az	23
motî	wa	21
слоўнік	be-tarask, be	15
dicionario	gl, pt	14
dictionar	ro, sco	13
từ điển	vi	13
geiriadur	cy	10

14 Siehe https://w.wiki/CYrG (letzter Zugriff: 20.05.2025).

Wikisource-Transskriptionsprojekte können leicht gefunden werden, sofern der die Publikation beschreibende Eintrag in Wikidata eine entsprechende Referenz enthält. In den 188 Fällen, in denen der entsprechende Wikidata-Eintrag neben dem Link zum Wikisource-Projekt die Aussage *instance of: dictionary* enthält, können wir sicher davon ausgehen, dass es sich um Wörterbücher handelt.[15] Sofern die Wikidata-Einträge zu Wörterbüchern weitere Metadaten enthalten, können diese in Abfragen einbezogen werden; so etwa die Verteilung der Transkriptionsprojekte auf die Sprache oder die Sprachen der Wörterbücher.[16]

Ebenso wie Wikipedia können Wikisource-Instanzen auf ihren Wiki-Seiten manuell gepflegte Listen von auf jedweder Plattform angebotenen frei zugänglichen Wörterbuch-Digitalisaten enthalten. Die deutsche Wikisource bietet eine solche, mit 1.792 Einträgen.[17]

4 Wiktionary

Wiktionary.org ist eine kollaborative Plattform, „zur Erstellung eines frei zugänglichen, mehrsprachigen Wörterbuches sowie eines entsprechenden Thesaurus in jeder Sprache."[18] Im Unterschied zur enzyklopädischen Wikipedia handelt es sich bei Wiktionary um ein Sprachwörterbuch. Derzeit existieren 171 aktiv betreute Einzelinstanzen, die sich in ihrer Metasprache unterscheiden, die aber jeweils Artikel enthalten können, die Wörter unterschiedlicher Objektsprachen beschreiben. So enthält etwa das englische Wiktionary über acht Millionen Artikel zu Lemmata 68 unterschiedlicher Sprachen, darunter 789.500 englische, die 15 unterschiedlichen grammatikalischen Kategorien angehören.[19] Die nächstgrößten Wiktionary-Instanzen sind die französische, die madagassische, chinesische, griechische, russische, deutsche, kurdische, schwedische und die spanische Instanz. Etwa 90% der größten, der englischen Instanz beschreiben Wörter anderer Sprachen (mit Englisch als Metasprache), und dieses mit Abstand größte Wiktionary enthält etwa 19,4% der Summe des Inhalts aller 195 aktiven und ehemals aktiven Instanzen.[20]

15 Siehe https://w.wiki/CdSH (letzter Zugriff: 20.05.2025).

16 Siehe https://w.wiki/Cbqd (letzter Zugriff: 20.05.2025). Wikidata unterscheidet derzeit nicht zwischen Objekt- und Metasprachen in Wörterbüchern, sondern nutzt die allgemeine Kategorie *Sprache des Werks*.

17 Siehe https://de.wikisource.org/wiki/Wörterbücher (letzter Zugriff: 20.05.2025). Zusätzlich bestehen Listen zu Enzyklopädien und anderen Nachschlagewerken.

18 Quelle: https://de.wikipedia.org/wiki/Wiktionary (letzter Zugriff: 20.05.2025).

19 Siehe https://en.wiktionary.org/wiki/Category:English_language (letzter Zugriff: 20.05.2025).

20 Siehe https://en.wikipedia.org/wiki/Wikipedia:List_of_Wiktionaries#Edition_details (letzter Zugriff: 20.05.2025).

Doch nicht nur das englische, auch etwa das deutsche Wiktionary enthält überwiegend Einträge zu Lemmata anderer Sprachen. Zurzeit sind es rund 1,2 Millionen Einträge zu Wörtern in 230 Sprachen, darunter 156.000 Einträge zu deutschen Lemmata.[21] Lemma bedeutet in Wiktionary: 'eine Grundform („Hauptlemma") oder eine flektierte Form einer lexikalischen Einheit, die aus einem oder mehreren Wörtern bestehen können'. Die Makrostruktur des Wiktionary, die den Einstieg in die Wörterbuchinhalte über das Suchfenster darstellt, ist dementsprechend nach sprachunabhängig homografen Formen gegliedert: Alle Einträge zu einer homografen Form (Groß- und Kleinschreibung wird hierbei unterschieden) befinden sich auf ein und derselben Seite, auf der, zunächst nach Objektsprache, und dann nach Wortart gegliedert die Einträge präsentiert werden. Auf der Seite *last* etwa finden sich als Wortarten eine konjugierte Form des Verbs *lesen* sowie eine konjugierte Form des Verbs *lasten*, dann ein englisches Adjektiv und ein englisches Verb in ihren Grundformen, und schließlich eine estnische deklinierte Form.[22] Die Beschreibung der flektierten Formen enthält einen knappen Wörterbuchartikel mit einer flexionsmorphologischen Beschreibung („grammatische Merkmale"), Angaben zu Worttrennung und Aussprache, und einer Weiterleitung zum Haupteintrag, der unter der jeweiligen Grundform der beschriebenen lexikalischen Einheit angesiedelt ist. Auch schriftgleiche Grundformen werden grundsätzlich in mehreren untereinander angeordneten Einträgen abgehandelt, so etwa die deutschen Substantivgrundformen *Tor* (m.) und *Tor* (n.) im deutschen Abschnitt der Seite *Tor*.[23]

Einträge zu Grundformen (in Wiktionary auch Hauptlemmata genannt) enthalten die eigentlichen Wörterbuchartikel. Hier finden sich nach allgemein gültigen Vorlagen betitelte und gestaltete Abschnitte, darunter zunächst grundsätzlich Angaben zu Worttrennung und Aussprache sowie eine Flexionstabelle. Im Abschnitt „Bedeutungen" werden die Lesarten nummeriert und mit Sachgebiets- und Registerangaben in knappen Definitionen beschrieben, die typischerweise Synonyme und Hyperonyme des vorliegenden Lemmas in dieser Lesart enthalten. Angaben in nachfolgenden Abschnitten, die sich auf bestimmte Lesarten beziehen, übernehmen die jeweilige Nummer. Zusätzlich zu den bisher genannten Abschnitten ist derjenige für die Beispielsätze grundsätzlich vorgesehen. Hinzu kommen optional alle weiteren in Tabelle 4 angegebenen und kurz beschriebenen Abschnitte.[24]

21 Siehe https://de.wiktionary.org/wiki/Wiktionary:Hauptseite (letzter Zugriff: 20.05.2025)

22 Siehe https://de.wiktionary.org/wiki/last (letzter Zugriff: 20.05.2025).

23 Siehe https://de.wiktionary.org/wiki/Tor (letzter Zugriff: 20.05.2025).

24 Für ausführliche Informationen siehe https://de.wiktionary.org/wiki/Hilfe:Formatvorlage (letzter Zugriff: 20.05.2025).

Tab. 4: Angabentypen („Abschnitte") in Wörterbuchartikeln im deutschen Wiktionary

Abschnittsbezeichnung	**Kurzbeschreibung**
Lesungen	Bei logografischen Schriften (Hanja, Kanji, etc.)
Anmerkung	Angaben, die sich in anderen Abschnitten nicht sinnvoll unterbringen lassen
Alternative Schreibweisen	Bei Wörtern, die nach den aktuellen Rechtschreibregeln zwei oder mehr gültige Schreibweisen aufweisen
Nicht mehr gültige Schreibweisen	Schreibweisen, die nach der aktuellen Rechtschreibung nicht mehr gültig sind
Nebenformen	z. B. zweifache Formen wie *Hof/Hofe* (Dativ des Subst. *Hof*)
Worttrennung	Trennung des Wortes, insbesondere am Zeilenende
Strichreihenfolge	Bei logografischen Schriften (Hanja, Kanji, etc.)
Vokalisierung	Bei unvokalisierten Schriften (z. B. Arabisch, Persisch, Hebräisch)
Umschrift	Standardisierte Umschrift bei nichtlateinischen Schriften
Aussprache	Lautschriftangaben nach IPA, Audio-Dateien auf Wikimedia Commons
Grammatische Merkmale	Bei Lemmata, die als konjugierte, deklinierte oder gesteigerte Formen beschrieben werden
Bedeutungen	Beschreibung der Lesarten in nummerierten Unterabschnitten
Abkürzungen	Nachweislich verwendete abgekürzte Formen eines Wortes oder Ausdrucks
Symbole	Bei Wortart „Symbol" (ein Zeichen aus dem Unicode-Zeichensatz)
Herkunft	Angaben zur Etymologie
Wortfamilie	Mitglieder derselben Wortfamilie, nach gemeinsamer Etymologie bzw. Wortstamm
Synonyme	Wörter mit gleicher Bedeutung, unabhängig vom Register
Sinnverwandte Wörter	Wörter mit ähnlicher Bedeutung
Gegenwörter	Antonyme
Weibliche Wortformen	z. B. Arbeitslose im Eintrag Arbeitsloser
Männliche Wortformen	z. B. *Förster* im Eintrag *Försterin*
Verkleinerungsformen	Im Deutschen, Diminutive auf *-chen*, *-lein*, etc.
Vergrößerungsformen	Bei Sprachen mit Augmentativ-Flexion (Russisch, Portugiesisch, etc.)
Oberbegriffe	Hyperonyme
Unterbegriffe	Hyponyme
Holonyme	Verbandsbegriffe
Meronyme	Teilbegriffe
Kurzformen	kurze/verkürzte/abgekürzte Varianten des Lemmas
Koseformen	Hauptsächlich in Einträgen zu Vornamen
Namensvarianten	Nur in Einträgen zu Eigennamen

Abschnittsbezeichnung	Kurzbeschreibung
Weibliche Namensvarianten	Nur in Einträgen zu Eigennamen (z. B. *Paula* in Eintrag *Paul*)
Männliche Namensvarianten	Nur in Einträgen zu Eigennamen (z. B. *Paul* in Eintrag *Paula*)
Bekannte Namensträger	Nur in Einträgen zu Eigennamen (z. B. *Felix Jacoby* in Eintrag *Felix*)
Beispiele	Den Gebrauch veranschaulichende selbst formulierte Beispielsätze und Zitate
Redewendungen	Verbindung von einzelnen Wörtern mit eigenständiger Bedeutung
Sprichwörter	traditionell-volkstümliche Aussagen
Charakteristische Wortkombinationen	Kollokationen
Wortbildungen	Ableitungen, Derivationen, Komposita von oder mit dem vorliegenden Lemma
Entlehnungen	Lehn- und Fremdwörter, die vom vorliegenden Lemma abgeleitet sind
Lemmaverweis	Verweis von Nebenformen auf das Hauptlemma
Ähnlichkeiten	Ähnlich geschrieben oder ausgesprochene Wörter

Der Inhalt der einzelnen Abschnitte wird nach in der Dokumentation beschriebenen Richtlinien als Wikitext eingegeben, der Layout- und andere kodierte Kommandos und Querverweise enthalten kann. Es handelt sich also um ein semi-strukturiertes Format, das auf die Präsentation für menschliche Benutzende zugeschnitten ist (siehe Abb. 1), das aber mitnichten ein komplikationsfreies maschinelles Auslesen ermöglicht.

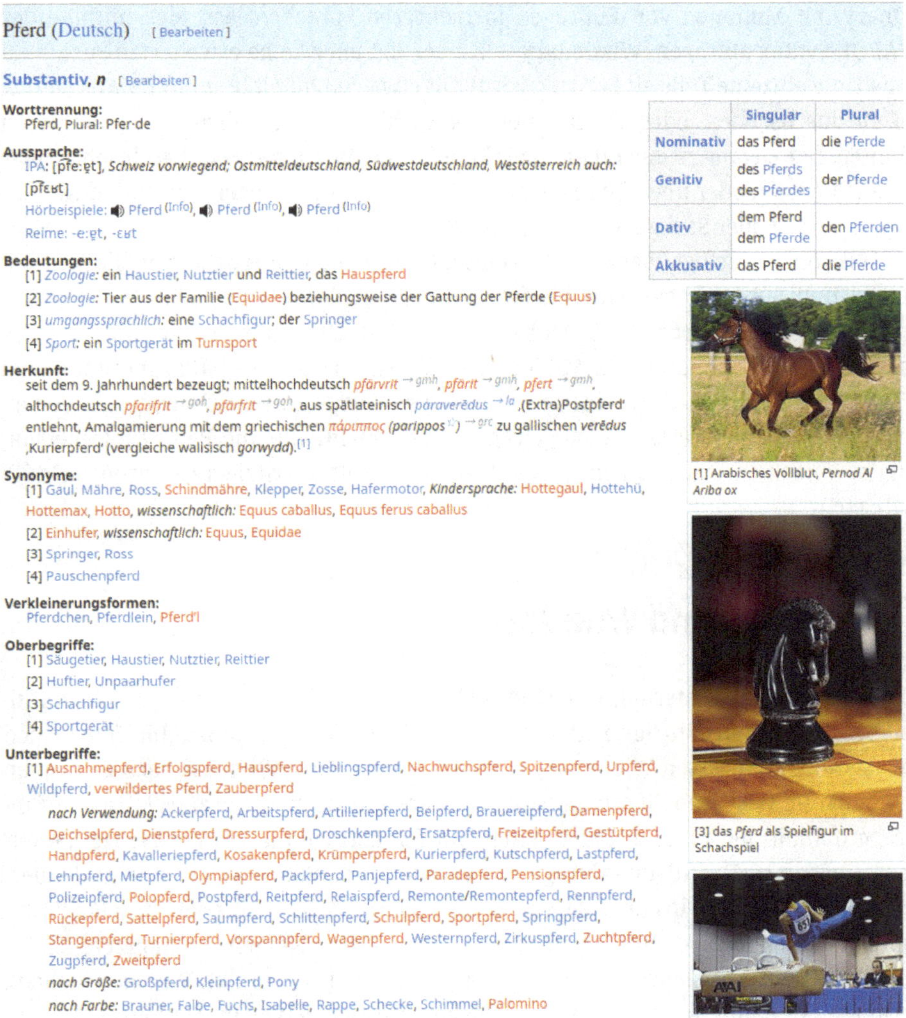

Pferd (Deutsch) [Bearbeiten]

Substantiv, *n* [Bearbeiten]

	Singular	Plural
Nominativ	das Pferd	die Pferde
Genitiv	des Pferds des Pferdes	der Pferde
Dativ	dem Pferd dem Pferde	den Pferden
Akkusativ	das Pferd	die Pferde

Worttrennung:
Pferd, Plural: Pfer·de

Aussprache:
IPA: [p͡feːɐ̯t], *Schweiz vorwiegend; Ostmitteldeutschland, Südwestdeutschland, Westösterreich auch:* [p͡fɛʁt]
Hörbeispiele: Pferd (Info), Pferd (Info), Pferd (Info)
Reime: -eːɐ̯t, -ɛʁt

Bedeutungen:
[1] *Zoologie:* ein Haustier, Nutztier und Reittier, das Hauspferd
[2] *Zoologie:* Tier aus der Familie (Equidae) beziehungsweise der Gattung der Pferde (Equus)
[3] *umgangssprachlich:* eine Schachfigur; der Springer
[4] *Sport:* ein Sportgerät im Turnsport

Herkunft:
seit dem 9. Jahrhundert bezeugt; mittelhochdeutsch *pfärvrit* →gmh, *pfärit* →gmh, *pfert* →gmh, althochdeutsch *pfarifrit* →goh, *pfärfrit* →goh, aus spätlateinisch *paraverēdus* →la ‚(Extra)Postpferd' entlehnt, Amalgamierung mit dem griechischen *πάριππος (parippos)* →grc zu gallischen *verēdus* ‚Kurierpferd' (vergleiche walisisch *gorwydd*).[1]

Synonyme:
[1] Gaul, Mähre, Ross, Schindmähre, Klepper, Zosse, Hafermotor, *Kindersprache:* Hottegaul, Hottehü, Hottemax, Hotto, *wissenschaftlich:* Equus caballus, Equus ferus caballus
[2] Einhufer, *wissenschaftlich:* Equus, Equidae
[3] Springer, Ross
[4] Pauschenpferd

Verkleinerungsformen:
Pferdchen, Pferdlein, Pferd'l

Oberbegriffe:
[1] Säugetier, Haustier, Nutztier, Reittier
[2] Huftier, Unpaarhufer
[3] Schachfigur
[4] Sportgerät

Unterbegriffe:
[1] Ausnahmepferd, Erfolgspferd, Hauspferd, Lieblingspferd, Nachwuchspferd, Spitzenpferd, Urpferd, Wildpferd, verwildertes Pferd, Zauberpferd
nach Verwendung: Ackerpferd, Arbeitspferd, Artilleriepferd, Beipferd, Brauereipferd, Damenpferd, Deichselpferd, Dienstpferd, Dressurpferd, Droschkenpferd, Ersatzpferd, Freizeitpferd, Gestütpferd, Handpferd, Kavalleriepferd, Kosakenpferd, Krümperpferd, Kurierpferd, Kutschpferd, Lastpferd, Lehnpferd, Mietpferd, Olympiapferd, Packpferd, Panjepferd, Paradepferd, Pensionspferd, Polizeipferd, Polopferd, Postpferd, Reitpferd, Relaispferd, Remonte/Remontepferd, Rennpferd, Rückepferd, Sattelpferd, Saumpferd, Schlittenpferd, Schulpferd, Sportpferd, Springpferd, Stangenpferd, Turnierpferd, Vorspannpferd, Wagenpferd, Westernpferd, Zirkuspferd, Zuchtpferd, Zugpferd, Zweitpferd
nach Größe: Großpferd, Kleinpferd, Pony
nach Farbe: Brauner, Falbe, Fuchs, Isabelle, Rappe, Schecke, Schimmel, Palomino

[1] Arabisches Vollblut, *Pernod Al Ariba ox*

[3] das *Pferd* als Spielfigur im Schachspiel

Abb. 1: *Pferd* im deutschen Wiktionary (Ausschnitt)[25]

DBnary (Sérasset 2015) ist ein Ansatz zur Extraktion und Konvertierung halbstrukturierter Inhalte aus mehreren Einzelinstanzen von Wiktionary in ein maschinenlesbares RDF-Format nach Ontolex-Lemon (siehe hierzu Abschnitt 5). Das System verfügt über separate Extraktionsregeln, die den unterschiedlichen Konventionen und Strukturen Rechnung tragen, die von den Communities verwendet werden, die die verschiedenen Instanzen des Wiktionary bearbeiten. Der resultierende lexikalische Wissensgraf

25 Quelle: https://de.wiktionary.org/wiki/Pferd (letzter Zugriff: 20.05.2025).

DBnary mit Millionen von Einträgen in mehreren Sprachen lässt sich mithilfe der SPARQL-Syntax abfragen. Wiktionary selbst verfügt über keine erweiterten Suchfunktionen, die einzelne Teile einer Artikelstruktur, etwa den Inhalt bestimmter Abschnitte, gezielt durchsuchen, oder die gar mehrere Suchkriterien miteinander kombinieren könnten. Der Zugang zu den Inhalten funktioniert bei Wiktionary wie beschrieben über das Suchfenster, oder über Verzeichnisse, die etwa nach Wortarten, Wortbildungsmustern, Herkunft oder Sachgebieten organisiert sind.[26]

Wiktionary verfügt über öffentlich einsehbare Benutzungs-Logbücher, die Bearbeitungen und Suchabfragen einschließen, und die in der Wörterbuchbenutzungsforschung eingesetzt werden (z. B. Müller-Spitzer et al. 2015, Lew/Wolfer 2024). Wiktionary.org ist mit monatlich 52 Millionen Aufrufen das weltweit fünftmeistbesuchte Wörterbuchportal,[27] und das einzige weltweit als relevant zu bezeichnende, das von einer gemeinnützigen Organisation getragen wird. Die Inhalte und Benutzungsmetadaten der einzelnen Instanzen sind uneinheitlich aber grundsätzlich frei lizenziert (CC, GNU, etc.).

5 Wikibase und Wikidata

Wikibase,[28] eine Erweiterung von MediaWiki, ist eine Softwarelösung zur kollaborativen Bearbeitung strukturierter Daten in Form eines Wissensgraphen. Im Unterschied zum semi-strukturierten Wiktionary sind alle Inhalte einer Wikibase nach Prinzipien des Semantic Web modellierte maschinenlesbare Aussagen, die also technisch auf Interoperabilität mit anderen Datensätzen, auf feinkörnige direkte Referenzierbarkeit und komplizierte Datenbank-Abfragen vorbereitet sind. Wikidata ist der Name der derzeit größten Wikibase-Instanz, die, von Wikimedia Deutschland betrieben, kollaborativ gepflegt wird, und deren Inhalte unter einer CC0-Lizenz allgemein nachnutzbar sind.

Wikibase kennt mehrere Entitätstypen (Klassen von Knoten im Wissensgraphen), darunter die „Items", die alle Arten von Objekten der realen Welt und ontologische Konzepte beschreiben, und die „Lexemes", die lexikalische Einheiten beschreiben; ferner die „Properties" (Kanten im Wissensgraphen), die allesamt mit global gültigen HTTP-URIs identifiziert sind.[29] In einer Wikibase werden Lexeme gemäß Ontolex-Lemon modelliert (siehe Lindemann 2025), dem vom W3C empfohlenen RDF-Modell zur

26 Siehe https://de.wiktionary.org/wiki/Kategorie:Verzeichnisse_(Deutsch) (letzter Zugriff: 20.05.2025).

27 Zahlen laut https://similarweb.com (letzter Zugriff: 20.05.2025).

28 Siehe https://wikiba.se (letzter Zugriff: 20.05.2025).

29 Items erhalten numerale Identikatoren mit einem vorangestellten Buchstaben Q, Lexemes mit einem L, Properties mit einem P, im Namensraum der jeweiligen Wikibase, z. B. http://www.wikidata.org/entity/Q1 (letzter Zugriff: 20.05.2025).

Repräsentation lexikalischer Daten,[30] das auch eine Nomenklatur zur Beschreibung seiner Bestandteile liefert.

Nach Ontolex-Lemon (McCrae et al. 2017) gliedert sich die Beschreibung einer *Lexical Entry* (dem Wikibase „Lexeme") in Instanzen dreier Hauptklassen: der *Lexical Entry* selbst, den Lesarten (*Lexical Sense*) und den der Entry zugeordneten Wortformen (*Lexical Form*). Die lexikografischen Angaben werden der jeweiligen *Entry-*, *Sense-* oder *Form-*Instanz in Paaren von Eigenschaften (*Properties*) und Werten angehängt. Die Werte sind so genannte *Datavalues*, wie etwa das Lemmazeichen als Wert der Eigenschaft *lemma*, oder sie sind andere Knoten im Wissensgraphen der eigenen Wikibase-Instanz und darüber hinaus. Abbildung 2 zeigt eine grafische Darstellung eines Ausschnitts der Relationen rund um eine *Lexical Entry*.[31]

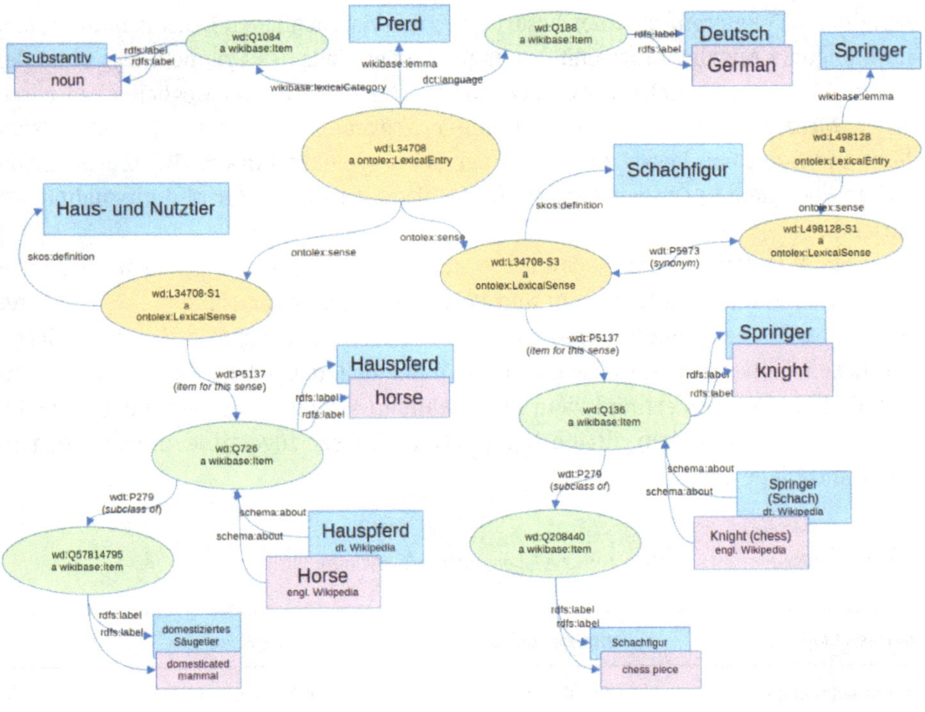

Abb. 2: Ausschnitt der Umgebung von Wikidata Lexeme L34708, mit Lemma *Pferd* (Lindemann 2025)

30 Siehe https://www.w3.org/2016/05/ontolex/ (letzter Zugriff: 20.05.2025).

31 Siehe https://www.wikidata.org/wiki/Wikidata:Data_model (letzter Zugriff: 20.05.2025) und https://www.mediawiki.org/wiki/Wikibase/DataModel (letzter Zugriff: 20.05.2025) zur Modellierung der ontologischen und https://www.wikidata.org/wiki/Wikidata:Lexicographical_data (letzter Zugriff: 20.05.2025) sowie https://www.mediawiki.org/wiki/Extension:WikibaseLexeme/Data_Model (letzter Zugriff: 20.05.2025) für die der linguistischen Seite eines Wikibase-Wissensgrafen.

Nach Ontolex-Lemon verbindet eine Eigenschaft namens *ontolex:reference* eine Lesart (*Lexical Sense*) mit einem ontologischen Konzept. Bei Wikidata hat P5137 dieselbe Funktion. Zum Beispiel beschreibt dort die *Lexical Entry* L34708, die das deutsche Substantiv *Pferd* zum Gegenstand hat (s. Abb. 2), mehrere Lesarten, die mittels dieser Eigenschaft auf je ein Item verweisen, das wiederum die referenzierte Entität (hier: das Säugetier bzw. die Schachfigur *Pferd*) im ontologischen Teil des Wissensgraphen beschreibt, was typische Begriffsrelationen beinhaltet, wie hier etwa die Einordnung als Unterklasse von *domestiziertes Säugetier* bzw. Unterklasse von *Schachfigur*. Ebenso sind ontologische Items mit den das beschriebene Objekt oder Konzept enzyklopädisch definierenden Wikipedia-Artikeln verbunden, wofür in der RDF-Ausgabe die Eigenschaft *schema:about* verwendet wird.

Da Wikidata-Items darüber hinaus mit mehrsprachigen Benennungen (*rdfs:label* und *skos:altLabel*) und Beschreibungen (*schema:description*) versehen sind, bietet allein die P5137-Referenz zu einer Lesart eines einzelsprachlichen Lexems indirekt eine multilinguale Angabe. Innerhalb des linguistischen Teils des Graphen, also ohne den Rückgriff auf ontologische Referenzen sind hierfür weitere zwei Möglichkeiten vorgesehen: Mehrsprachige Lesart-Kurzdefinitionen (sogenannte *Glosses*, in RDF *skos:definition*) und Links von Lesart zu Lesart über Sprachgrenzen hinweg (P5972 *translation*, was in etwa dem in Ontolex-Lemon vorgeschlagenen Ansatz zur Multilingualität entspricht).

Gemäß Ontolex-Lemon behandelt Wikibase also Lexical Entries als mit URI referenzierte Entitäten,[32] mit Lesarten und Wortformen als Unterentitäten. Die Instanzen dieser drei Ontolex-Lemon-Kernklassen werden jeweils zusammen auf einer editierbaren Lexem-Seite präsentiert. Dies ist im Datenmodell, das jeder Wikibase-Instanz zugrunde liegt, fest kodiert und kann nicht geändert werden, was auch für eine kleine Anzahl von Eigenschaften gilt, die den drei Hauptklassen zugeordnet und die obligatorisch sind (siehe Tab. 5).

Tab. 5: Ontolex-Klassen und obligatorische Eigenschaften in Wikibase

ontolex:LexicalEntry	ontolex:LexicalSense	ontolex:Form
wikibase:lemma	skos:definition	wikibase:grammaticalFeature
wikibase:lexicalCategory		
dct:language		

32 Siehe die Mutter aller Wikidata-Lexeme, http://www.wikidata.org/entity/L1 (letzter Zugriff: 20.05.2025).

Andere Eigenschaften der Instanzen der drei Klassen sind nicht vordefiniert und können je nach Anwendungsfall modelliert werden. Anstatt sich strikt an die vom Ontolex-Konsortium empfohlenen Module für Morphologie, Etymologie, mehrsprachige Äquivalente usw. zu halten, verwendet die Wikidata-Gemeinschaft eine kollaborativ wachsende Liste von Eigenschaften; siehe Tabelle 6 für die zehn für jede der drei Klassen am häufigsten verwendeten, mit ihren englischsprachigen Bezeichnungen.

Tab. 6: Wikidata: Die zehn am häufigsten genutzten frei definierbaren Relationen per Klasse

Lexical Entry		Lexical Sense		Form	
P5185	grammatical gender	P18	image	P7243	pronunciation
P5911	paradigm class	P5137	item for this sense	P898	IPA transcription
P5238	combines lexemes	P5972	translation	P443	pronunciation audio
P5187	word stem	P5973	synonym	P5279	hyphenation
P5402	homograph lexeme	P9488	field of usage	P5825	ISO 15919 transliteration
P5191	derived from lexeme	P6191	language style	P8881	ITRANS
P5186	conjugation class	P8394	gloss quote	P8530	alternative form
P5831	usage example	P9970	predicate for	P5276	Slavistic Phonetic Alphabet transcription
P7486	grammatical aspect	P6271	demonym of	P1721	Hanyu Pinyin transliteration
P5713	requires grammatical feature	P6084	location of sense usage	P10822	homophone form

Zusätzlich zu diesen Eigenschaften können Instanzen der drei Klassen Verweise auf externe Ressourcen enthalten, die als „external id properties" kodiert sind; diese führen menschliche Benutzende zu einem Eintrag oder einer Lesartenbeschreibung in einem Wörterbuch-Internetportal. In einigen Fällen können auch sogenannte föderierte Datenbankabfragen unter Verwendung einer solchen externen ID auf Inhalte in mehreren Graphdatenbanken gleichzeitig zugreifen. Beispielsweise kann eine Abfrage Inhalte von Wikidata und Inhalte des im Projekt Linking Latin (LiLa, Passarotti/Mambrini 2022) entstandenen Wissensgraphen einbeziehen, da Wikidata-Lateinlexeme mit LiLa-Referenzen und LiLa-Entitäten (wie etwa Autoren) mit Wikidata URI referenziert sind. Der LiLa-SPARQL-Endpunkt kann vom Wikidata Query Service aus aufgerufen werden, oder auch umgekehrt, sodass in der Abfrage beide Wissensgraphen quasi zusammenschmelzen.[33]

Das in Wikibase implementierte auf Ontolex-Lemon basierende RDF-Modell erlaubt neben direkten Datenbankabfragen vielerlei Anwendungen, wie die linguistische Annotation von Text (Lindemann 2024), die systematische Integration unterschiedlicher lexikalischer Ressourcen (Turki et al. 2017, Nielsen 2019a, 2023, McCrae/Cillessen 2021, Nugues 2022, Lindemann et al. 2023, Zinn et al. 2023), oder eine Präsentation lexikalischer Daten in wörterbuchähnlichen digitalen Formaten (Nielsen 2019b). Ein weiteres Ziel von „Wikidata Lexemes" ist es, einer regelbasierten Generierung von Text für die Erstellung fehlender Wikipedia-Artikel die Datengrundlage bieten (Morshed 2024).

Doch was hilft das beste Modell, wird es nicht mit Inhalt gefüllt. Hierzu lassen sich allerdings leicht Zahlen erheben. Wikidata enthält derzeit Beschreibungen von 1,36 Millionen lexikalischen Einheiten aus 1.327 verschiedenen Sprachen,[34] was einem exponentiellen Wachstum im Vergleich zu früheren Zahlen entspricht (Nielsen 2020). Die zwanzig Sprachen mit den meisten beschriebenen Lexemen sind in Tabelle 7 wiedergegeben.

Tab. 7: Sprachen und *Lexical Entries* auf Wikidata

Sprache	Wikidata Lexemes
Deutsch	214.129
Russisch	101.982
Dänisch	92.903
Estnisch	83.206
Englisch	67.427
Malayalam	67.366
Italienisch	64.260
Spanisch	61.648
Latein	56.242
Schwedisch	44.762
Neugriechisch	43.327
Bokmål	39.198
Aragonesisch	38.656
Tschechisch	29.873
Hebräisch	29.636

33 Siehe https://w.wiki/CcX9 (letzter Zugriff: 20.05.2025) für eine Abfrage danach, wie oft die in Wikidata als Politiker des antiken Rom beschriebenen Autoren in ihren in LiLa enthaltenen Schriften Formen des Substantivs *bellum* ('Krieg') benutzen.

34 Siehe https://w.wiki/7UtM und https://ordia.toolforge.org/language/ (letzter Zugriff: 20.05.2025).

Sprache	Wikidata Lexemes
Nynorsk	23.942
Baskisch	22.946
Indonesisch	20.214
Französisch	19.891
Persisch	18.251

Die Lexemsammlung auf Wikidata ist selbstverständlich für die kollaborative Bearbeitung offen. Einige Anwendungsfälle können aber eine eigene Wikibase-Instanz erfordern: Eine Sprache kann bereits in Wikidata beschrieben sein, sodass jede Bestandserweiterung Aufgaben der Disambiguierung und Deduplizierung von Lexemen, Lesarten und Formen mit sich bringen würde, oder ein zu kuratierender Datensatz kann als zu fehlerhaft oder zu esoterisch angesehen werden (z. B. wenn es sich um dialektale oder historische Sprachdaten handelt), um in Wikidata aufgenommen zu werden, ohne zuvor seine Relevanz und Qualität sicherzustellen. Außerdem bedeutet die Arbeit auf einer eigenen Wikibase-Instanz fast absolute Freiheit in der Datenmodellierung und in der Kontrolle der Kuratierung. Der Inhalt der eigenen Instanz kann durch SPARQL-Föderation mit dem Inhalt jeder anderen Wikibase, einschließlich Wikidata, zusammen abgefragt werden. Zudem können Mediendateien auf Wikimedia Commons auf jeder Instanz direkt in Datensätze und deren Präsentation eingebunden werden. Die zugrundeliegende MediaWiki-Software bietet umkehrbare Bearbeitungshistorien und eine API für programmatische Operationen auch in Bezug auf die Wikibase-Inhalte. Diese Kombination von Eigenschaften macht diese Software für lexikografische Projekte unterschiedlicher Art interessant (etwa Huaman et al. 2023, Lindemann et al. 2023, Lindemann/Salgado 2025).

Was die Metalexikografie angeht, enthält Wikidata in seinem ontologischen Teil Angaben zu Wörterbüchern. Grundsätzlich sind wie gesagt alle Entitäten, die Gegenstand eines Wikipedia-Artikels sind, auch in Wikidata beschrieben.[35] Daneben bestehen in Wikidata Items, die Wörterbücher beschreiben, ohne dass ein Wikipedia-Artikel vorhanden ist. Die Klasse *Wörterbuch* kennt in Wikidata 231 Unterklassen.[36] Fragt man nach den Sprachen der einer dieser Klassen zugeordneten Werke, erhält man eine Liste von 308 Sprachen; darunter sind Englisch, Französisch Russisch und Spanisch diejenigen mit den häufigsten Nennungen.[37] Hierbei ist zu beachten, dass Meta- und Objektsprachen von Wörterbüchern zurzeit nicht unterschieden werden. Daneben findet eine

35 Wikipedia-Artikel in unterschiedlichen Sprachen, die denselben Gegenstand haben, miteinander zu verbinden, ist die historisch erste Funktion von Wikidata. Zusätzliche Beschreibungen der Gegenstände wurden in Wikidata erst in einem zweiten Entwicklungsschritt möglich (Vrandečić et al. 2023).

36 Siehe https://w.wiki/Cchq (letzter Zugriff: 20.05.2025).

37 Siehe https://w.wiki/Cchv (letzter Zugriff: 20.05.2025).

Unterscheidung zwischen lexikografischem Werk und dessen Auflagen bzw. Ausgaben nur unsystematisch statt. Diese beiden Umstände können als symptomatisch dafür gelten, dass Wörterbuchmetadaten auf Wikidata insgesamt noch keinem etablierten Schema folgen.[38]

6 Ausblick

Eine kollaborativ gepflegte Datenbank erfordert einen Grundstock an Daten sowie eine Mindestmenge von teilnehmenden Benutzerinnen und Benutzern, damit sich das Projekt verselbständigt und weiter wächst. Dieser sogenannte take-off-Effekt ist bei Wikipedia schon vor Jahren,[39] bei einigen Wiktionary- und Wikisource-Instanzen ebenfalls vor geraumer Zeit,[40] und bei Wikidata wegen der späteren Einführung erst vor nunmehr zwölf Jahren, aber dann innerhalb eines Jahres eingetreten.[41] Aller Voraussicht nach werden diese Plattformen weiterhin wachsen. Mit zunehmender Größe nimmt allerdings die Notwendigkeit qualitativer Überprüfungen und Anpassungen zu, und gleichzeitig deren Schwierigkeit. Existierende große Datensätze zu harmonisieren bleibt eine Herausforderung. Ontolex-Lemon bietet hierfür eine geeignete Grundlage: Die Implementierung dieses Modells auf Wikidata zeigt dessen Eignung zur Schaffung sehr großer interoperabler Datensätze, über Sprach- und Sachgebietsgrenzen hinweg. Die universelle Dreiteilung der linguistischen Beschreibung in *Entry*, *Sense* und *Form* auf der einen Seite und dessen Anbindung an einen Begriffsrelationen enthaltenen Wissensgraphen auf der anderen Seite kann als konsensfähige Grundlage für interoperable lexikografische Projekte gelten. Inwieweit eine darüber hinausgehende, feinkörnigere Harmonisierung bei der Integration zahlreicher lexikografischer Ressourcen gelingen kann, wird sich noch zeigen. Die Vielfalt der Angabentypen, die Anzahl der Angaben und die beschriebenen Sprachen selbst werden auf Wikidata und anderen Wikibase-Instanzen stetig zunehmen. Was die Community auf Wikidata zur lexikografischen Beschreibung von Sprache, zur Beschreibung so vieler unterschiedlicher Sprachen modelliert, bietet sich als Gegenstand tiefergehender Untersuchungen an.

38 Solche Schemata sind in anderen Bereichen bereits etabliert und können zur Erstellung neuer sowie zur qualitativen Evaluierung bestehender Items herangezogen werden, siehe https://www.wikidata.org/wiki/Wikidata:Schemas (letzter Zugriff: 20.05.2025).

39 Siehe https://wikiscan.org/?menu=allsites&group=wikipedia (letzter Zugriff: 20.05.2025).

40 Siehe https://wikiscan.org/?menu=allsites&group=wiktionary bzw. https://wikiscan.org/?menu=allsites&group=wikisource (letzter Zugriff: 20.05.2025).

41 Siehe https://wikidata.wikiscan.org/ (letzter Zugriff: 20.05.2025).

7 Literatur

Für eine vollständigere Bibliografie siehe:
https://www.zotero.org/groups/1892855/lexbib/collections/9XFTXVYA.

Haß, Ulrike (2006): Verlinkungen in Internet-‚Lexika' und Begriffsrelationen. In: Lexicographica, 21, 108–121. Online: https://doi.org/10.1515/9783484604742.108 (letzter Zugriff: 20.05.2025).

Huaman, Elwin/Lindemann, David/Caruso, Valeria/Huaman, Jorge L. (2023): QICHWABASE: A Quechua Language and Knowledge Base for Quechua Communities. Online: https://doi.org/10.48550/ARXIV.2305.06173 (letzter Zugriff: 20.05.2025)

Lew, Robert/Wolfer, Sascha (2024): CEFR vocabulary level as a predictor of user interest in English Wiktionary entries. In: Humanities and Social Sciences Communications, 11(1), 340. Online: https://doi.org/10.1057/s41599-024-02838-4 (letzter Zugriff: 20.05.2025).

Lindemann, David (2021): Zotero to Elexifinder: Collection, curation, and migration of bibliographical data. SiKDD 21 Slovenian KDD Conference, October 4th, 2021. Ljubljana: Elexis. Online: https://doi.org/10.5281/zenodo.6896969 (letzter Zugriff: 20.05.2025).

Lindemann, David (2024): Corpus annotation and dictionary linking using Wikibase. Workflows: Digital Methods for Reproducible Research Practices in the Arts and Humanities – DARIAH Annual Event 2024. Lissabon: DARIAH. Online: https://doi.org/10.5281/zenodo.12078616 (letzter Zugriff: 20.05.2025).

Lindemann, David (2025): Ontolex-Lemon in Wikidata and other Wikibase instances. Proceedings of the 5th Conference on Language, Data and Knowledge: Workshops. Neapel: Unior Press. Online: https://doi.org/10.5281/zenodo.15471514 (letzter Zugriff: 20.05.2025).

Lindemann, David et al. (2023): When OntoLex Meets Wikibase: Remodeling Use Cases. CEUR Workshop Proceedings, 2773. Aachen: Sun Site Central Europe. Online: https://ceur-ws.org/Vol-3640/paper14.pdf (letzter Zugriff: 20.05.2025).

Lindemann, David/Alonso, Mikel (2021): A workflow for historical dictionary digitisation: Larramendi's Trilingual Dictionary. Electronic Lexicography in the 21st Century: Proceedings of the eLex 2021 Conference. Brno: Lexical Computing CZ, 598–614. Online: https://elex.link/elex2021/wp-content/uploads/2021/08/eLex_2021_39_pp598-614.pdf (letzter Zugriff: 20.05.2025).

Lindemann, David/Salgado, Ana (2025): ENEOLI Wikibase: Connecting bibliography and meta-terminology of the domain of Neology. FAIR data in the Wikibase Ecosystem. Workshop at ADHO 2025 conference, Lissabon: DARIAH.

McCrae, John et al. (2017): The OntoLex-Lemon Model: Development and Applications. In: Kosem, Iztok et al. (Hrsg.): Electronic lexicography in the 21st century: Lexicography from scratch. Proceedings of eLex 2017. Brno: Lexical Computing CZ, 587–597. Online: https://elex.link/elex2017/wp-content/uploads/2017/09/paper36.pdf (letzter Zugriff: 20.05.2025).

McCrae, John/Cillessen, David (2021): Towards a Linking Between Wordnet and Wikidata. Proceedings of the 11th Global Wordnet Conference. University of South Africa (UNISA): Global Wordnet Association, 252–257. Online: https://aclanthology.org/2021.gwc-1.29/ (letzter Zugriff: 20.05.2025).

Morshed, Mahir (2024): Using Wikidata lexemes and items to generate text from abstract representations. In: Semantic Web, 16, 1–14. Online: https://doi.org/10.3233/SW-243564 (letzter Zugriff: 20.05.2025).

Müller-Spitzer, Carolin/Wolfer, Sascha/Koplenig, Alexander (2015): Observing Online Dictionary Users: Studies Using Wiktionary Log Files. In: International Journal of Lexicography, 28(1), 1–26. Online: https://doi.org/10.1093/ijl/ecu029 (letzter Zugriff: 20.05.2025).

Nielsen, Finn Å. (2019a): Danish in Wikidata lexemes. In: 10th Global WordNet Conference. Online: https://orbit.dtu.dk/en/publications/danish-in-wikidata-lexemes (letzter Zugriff: 20.05.2025).

Nielsen, Finn Å. (2019b): Ordia: A Web Application for Wikidata Lexemes. In: Hitzler, Pascal et al. (Hrsg.): The Semantic Web: ESWC 2019 Satellite Events. Basel: Springer, Cham, 141–146. Online: https://doi.org/10.1007/978-3-030-32327-1_28 (letzter Zugriff: 20.05.2025).

Nielsen, Finn Å. (2020): Lexemes in Wikidata: 2020 status. Proceedings of the 7th Workshop on Linked Data in Linguistics (LDL-2020). Marseille: European Language Resources Association, 82–86. Online: https://aclanthology.org/2020.ldl-1.12 (letzter Zugriff: 20.05.2025).

Nielsen, Finn Å. (2023): Alignment of Wikidata lexemes and Det Centrale Ordregister. In: 24th Nordic Conference on Computational Linguistics. Online: https://orbit.dtu.dk/en/publications/alignment-of-wikidata-lexemes-and-det-centrale-ordregister (letzter Zugriff: 20.05.2025).

Nugues, Pierre (2022): Connecting a French Dictionary from the Beginning of the 20th Century to Wikidata. In: Proceedings of the Language Resources and Evaluation Conference, 2548–2555. Online: https://aclanthology.org/2022.lrec-1.272 (letzter Zugriff: 20.05.2025).

Passarotti, Marco C./Mambrini, Francesco (2022): Linking Latin: Interoperable Lexical Resources in the LiLa Project. In: Building new resources for historical linguistics, 103–124. Online: https://zenodo.org/records/5994271 (letzter Zugriff: 20.05.2025).

Sérasset, Gilles (2015): DBnary: Wiktionary as a Lemon-based multilingual lexical resource in RDF. In: Semantic Web, 6(4), 355–361. Online: https://doi.org/10.3233/SW-140147 (letzter Zugriff: 20.05.2025).

Turki, Houcemeddine et al. (2017): Using WikiData as a multi-lingual multi-dialectal dictionary for Arabic dialects. In: 2017 IEEE/ACS 14th International Conference on Computer Systems and Applications (AICCSA), 437–442. Online: https://ieeexplore.ieee.org/document/8308319 (letzter Zugriff: 20.05.2025).

Vrandečić, Denny/Pintscher, Lydia/Krötzsch, Markus (2023): Wikidata: The Making Of. In: Companion Proceedings of the ACM Web Conference 2023, 615–624. Online: https://doi.org/10.1145/3543873.3585579 (letzter Zugriff: 20.05.2025).

Zinn, Claus/Hinrichs, Marie/Hinrichs, Erhard (2023): Mapping GermaNet for the Semantic Web using OntoLex-Lemon. In: Proceedings of the 12th Global Wordnet Conference, 158–166. Online: https://aclanthology.org/2023.gwc-1.19/ (letzter Zugriff: 20.05.2025).

Anja Lobenstein-Reichmann

Historische Lexikographie und hermeneutisches Handeln

Abstract: The article discusses the question of why lexicographic work, especially if it wants to be semantically orientated, will not be possible in the future without hermeneutic action and the experience of people, despite *ChatGPT* and *DEEPseek*.

Keywords: lexicography, hermeneutics, language processing programmes, artificial intelligence, experiential knowledge in language, fusion of horizons

Schlagwörter: Lexikographie, Hermeneutik, Sprachverarbeitungsprogramme, künstliche Intelligenz, Erfahrungslernen in der Sprache, Horizontverschmelzung

1 Zur Einführung ein Blick in den E-Book-Reader

In modernen Lesegeräten ist es nicht nur möglich, elektronische Bücher, Zeitschriften und Zeitungen zu rezipieren. Als zusätzlichen Service kann die Leserin durch einfaches Antippen eines Wortes auch in die jeweils passenden einsprachigen oder zweisprachigen Wörterbücher springen. Wer also z. B. einen englischen Krimi liest, kann das Gerät so einstellen, dass schwierige Wörter automatisch mit englischen Kurzerläuterungen überschrieben werden. Im Unterschied jedoch zur althochdeutschen Interlineargiossierung, die von kompetenten Schreibern eingetragen wurde, entscheidet ein Sprachverarbeitungsprogramm, was für den Leser ein schwieriges Wort sein könnte und welches Interpretament bzw. welche Bedeutungserläuterung passt. Überspitzt formuliert heißt das: Das Sprachverarbeitungsprogramm entscheidet über die Sprachkompetenz des Lesers und führt darüber hinaus eine selbständige Semantisierung durch.

Zwei Beispiele: In einem Krimi von Tess Gerritson[1] hält es das Programm überraschenderweise für nötig, das international durchaus gebräuchliche Wort *babe* zu erläutern, während es andere Wörter, die sicher schwieriger wären, unerklärt lässt. Hinzu kommt, dass der interlinear überschriebene Erklärungsversuch eklatante Verstehensdefizite des Programms offenbart, sofern man das Wort *Verstehen* überhaupt für maschinelles Erkennen nutzen sollte.

1 Gerritsen (2006).

Anja Lobenstein-Reichmann, Niedersächsische Akademie der Wissenschaften zu Göttingen, Frühneuhochdeutsches Wörterbuch, Geiststraße 10, 37073 Göttingen, E-Mail: anja.lobenstein-reichmann@adwgoe.de

https://doi.org/10.1515/9783111676531-016

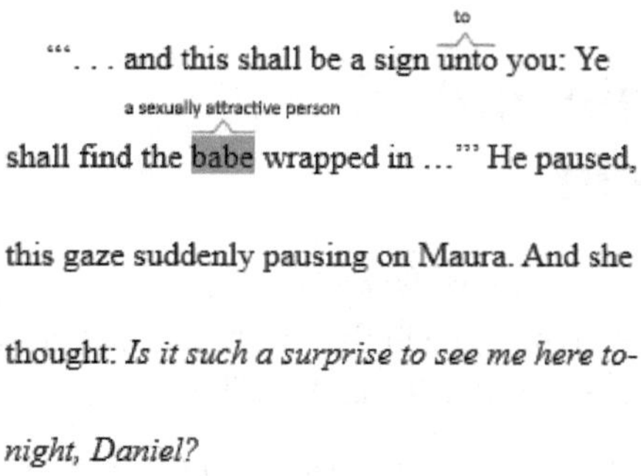
to
"'. . . and this shall be a sign unto you: Ye
a sexually attractive person
shall find the babe wrapped in . . .'" He paused,
this gaze suddenly pausing on Maura. And she
thought: *Is it such a surprise to see me here to-*
night, Daniel?

Abb. 1: Darstellung der Glossierung, wie sie im E-Book-Reader angezeigt wird

Das Wort *babe* an dieser Stelle mit ‚a sexually attractive person' zu erklären, zeugt eher von Nichtverstehen. Es ist nicht nur einfach semantisch, pragmatisch bzw. kulturhistorisch falsch, es ist geradezu unangemessen. Handelt der Text doch von der Weihnachtsgeschichte, die von einem Priester am Heiligen Abend in der Messe erzählt wird. Das *babe*, das eingewickelt in der Krippe liegt, ist das Christkind und keine ‚sexually attractive person'.

Ein zweites Beispiel derselben Art stammt aus der Krimiserie *The Thursday Murder Club. The Bullet That Missed* von Richard Osman.[2] Am Ende einer erfolgreichen Verbrecherjagd bezeichnet die Erzählerin sich und ihre, zumeist über achtzigjährigen Freunde, liebevoll selbstironisch als *gang*. Auch hier meint das Programm, mit der Glossierung ‚a group of criminals' helfen zu müssen. Auch wenn dies semantisch nicht ganz verkehrt ist, trifft es doch nicht den gemeinten Sinn. Denn mit der ausschließlich ausdruckseitig gesteuerten Verlinkung auf *Merriam-Webster* werden somit diejenigen selbst zu Ganoven erklärt, die die Ganoven zur Strecke bringen. Das kreative Spiel mit Sprache bleibt pragmatisch unberücksichtigt.

Diese E-Reader-Beispiele zeigen, dass das Sprachverarbeitungsprogramm durchaus lemmatisieren, morphologisch segmentieren, Wortart, Genus und Kasus erkennen, auch syntaktische Zuordnungen vollziehen kann. Aufgrund dieses relativ simplen ausdruckseitigen Identifizierungsprozesses erfolgt die Verlinkung des Einzelwortes mit einem Wörterbuch und, sofern gewünscht, die Übersetzung des Wortes in eine beliebig ansteuerbare andere Sprache. Was bei all dem auffällt, Sprachprogramme haben keine Angst Fehler zu machen. Während sich Sprachschüler überall auf der Welt Gedanken machen, wie blamabel es ist, eine Sprache grammatisch oder lexikalisch falsch zu sprechen, hat das Sprachprogramm solche Probleme nicht. Es macht völlig emotionslos genau diese Fehler und lernt daraus. Denn Fehler gehören zum Lernen dazu, auch zum Lernprozess der künstlichen Intelligenz. Problemlos fragt es

2 Osman (2023).

einfach am unteren Bildschirmrand nach: War das hilfreich? Ja oder nein. Tatsächlich gelingt es dem Sprachverarbeitungsprogramm auf dieser Basis in sehr vielen Fällen, den Wortsinn insofern zu disambiguieren, dass die Kontextprüfung Wahrscheinlichkeiten einer Bedeutungszuordnung ergeben. Die Zuordnung zur Textsorte Krimi ist hierzu sicher ein wichtiger disambiguierender Hinweis, aber wie diese beiden Beispiele deutlich machen, kann das täuschen. Denn bei genauerem Hinsehen sind die Vorschläge oft einfach nur konventionell, mäßig kontextspezifisch, stilistisch invariant, wenig empathisch, dafür aber gegenwartssprachgebunden, nahezu naturwissenschaftlich und rationalistisch; insgesamt holzschnittartig. Immer dann, wenn nicht die gebrauchsüblichste Bedeutung gemeint ist, wenn das kreative oder innovative Sprachspiel den Durchschnittsgebrauch durchbricht, wenn es witzig, sarkastisch, ironisch wird oder wenn kulturhistorisch relevantes Hintergrundwissen erforderlich ist, scheitert es.[3] Dann wird die Disambiguierung polysemer Ausdrücke, die in jeder Sprache den Regelfall ausmachen, für das Programm in höchstem Maße schwierig.

Die Eingangsbeispiele zeigen, dass Sprachverarbeitungsprogramme Wörter ausdrucksseitig erkennen und mit Hilfe von dahinter vernetzten Wörterbüchern auch verarbeiten können, zur selbständigen Resemantisierung bzw. Repragmatisierung sind sie aber nur bedingt in der Lage. Warum dies so schwierig ist, soll im Folgenden diskutiert werden. Zwar vernetzt der E-Book-Reader den Text mit einem Wörterbuch, das Sprachverarbeitungsprogramm „versteht“ aber eben nicht, worum es im Text geht. Die zentrale These dieser Ausführungen lautet, das Sprachverarbeitungsprogramm „versteht“ deshalb nicht, weil jedes Verstehen ein hermeneutischer Prozess ist, der einen verstehenden Menschen voraussetzt.

2 Semantisieren als hermeneutisches Handeln

Speziell das Verstehen von Sprache ist ein texthistorisch-hermeneutischer Erkenntnisprozess, der auf verschiedenen hermeneutischen Handlungen beruht, die alle genuin menschliche Qualitäten erfordern. Sprachverarbeitungsprogramme können diese zwar imitieren, bleiben im Ergebnis aber immer holzschnittartig. Menschliches Sprechen ist so variabel und facettenreich wie der Mensch selbst. Interessant wird es dann, wenn der Sprecher beginnt zu spielen, wenn er von der Konvention abweicht, individuell wird oder auf das große Spektrum von Kultur und Geschichte ausgreift. Und genau hier scheitern die auf Konvention und Durchschnitt ausgerichteten Programme. Im Zusammenwirken mit menschlicher Intelligenz kann moderne Technik

3 *Google Translator* oder *DeepL* haben es da vielleicht einfacher. Sie gehen vom Gesamttext bzw. vom Satz aus, machen aber ähnlich interessante Fehler. Bei Übersetzungen aus dem Tschechischen wurde z. B. die übliche Abkürzung UK für ‚Univerzity Karlovy‘ regelmäßig mit *Vereinigtem Königreich* übersetzt.

menschliches Verstehen zwar erleichtern, aber Sprachverarbeitungsprogramme werden auch in der Zukunft nicht in der Lage sein, selbst, ohne die Grundlage von zuvor durch Menschen erarbeitete hochwertige Wörterbücher, automatisch Bedeutungserläuterungen zu generieren. Es ist zudem fraglich, ob Sprachverarbeitungsprogramme zwischen einer Sach- und einer Spracherläuterung unterscheiden können, also den Sprung auf die Metaebene der Sprachbeschreibung schaffen. Auch dies gelingt sicher nur auf der Basis fertiger semantiksensitiver Wörterbücher. Diese These soll in drei Schritten begründet werden.

1. In denen zum einen geklärt wird, was unter hermeneutischem Handeln in der Lexikographie zu verstehen ist und wie dieses in Opposition zum „Verstehenshandeln" der Sprachverarbeitungsprogramme funktioniert.
2. Hermeneutisches Verstehen hat zwei Perspektiven. Bei der Wörterbucharbeit geht es in erster Linie um das Verstehen des Lexikographen und erst dann um das durch den Lexikographen vermittelte Verstehen des Wörterbuchbenutzers. Entsprechend soll gezeigt werden, an welchen Stellen des lexikographischen Arbeitsprozesses hermeneutisches Handeln zentral ist, und darauf aufbauend, was der verstehende Lexikograph tun muss, um seinerseits verstanden zu werden.
3. Das Gesagte wird an einem Beispiel aus dem *Frühneuhochdeutschen Wörterbuch* veranschaulicht. Gute Lexikographie, so meinen wir, wird von guten, erfahrenen Lexikographen gemacht. Erfahrung ist dabei etwas, das nicht disziplinär beschränkt und vor allem nicht von einer Maschine imitiert werden kann. Denn, so Peter Prechtl im *Metzler Lexikon Philosophie* (2015: 146f.):

> Der Begriff der E[rfahrung]. stellt in einer doppelten Hinsicht ein Grundphänomen des menschlichen Lebens dar, insofern als E. sowohl die Grundlage für die Erkenntnis abgibt, als auch in gleicher Weise die Grundlage menschlichen Lebens. Die umgangssprachliche Bedeutung von E. umfasst noch den lebenspraktischen Bezug i. S. des Sichauskennens mit etwas oder i. S. der pragmatischen Fähigkeit, mit etwas umgehen zu können, aber auch den sozialen Bezug i. S. des Mitanderen-umgehen-Könnens oder i. S. der Fähigkeit, andere Menschen einschätzen zu können.

Lexikographische Erfahrung und lexikographische Hermeneutik sind kaum voneinander zu trennen. Die Erfahrung ist einerseits auf Kenntnis und Erkenntnis des Lexikographen bezogen, ereignet sie sich zum lebenspraktischen Ziel der hermeneutischen Vermittlung appelliert sie andererseits an die Erfahrung des Wörterbuchbenutzers und wird zur Voraussetzung hermeneutischen Handelns.

2.1 Was ist unter hermeneutischem Handeln zu verstehen?

„Hermeneutik[4] ist die Kunst des *hermeneuein*, d.h. des Verkündens, Dolmetschens, Erklärens und Auslegens“, schreibt Hans-Georg Gadamer (1974: 1061). Er fährt fort: „Die Leistung der H. besteht grundsätzlich immer darin, einen Sinnzusammenhang aus einer anderen ‚Welt‘ in die eigene zu übertragen“ (ebd.). Wilhelm Dilthey, sieht die Hermeneutik als „Kunstlehre der Auslegung von Schriftdenkmalen" (Dilthey 1990: 320). Entsprechend wäre die Lexikographie die ‚Kunstlehre der Auslegung von Wörtern in Schriftdenkmälern‘ (vgl. auch Angehrn 2004: 11). Wortbezogen ist genau dies die vornehmste Aufgabe der historischen Lexikographie. Denn die historische Lexikographin vermittelt einen geschichtlichen Sinnzusammenhang differenzsemantisch und differenzpragmatisch in ihre eigene Sprach- und Diskurswelt. Dabei wird sie, die sich durch lexikographische und historische Erfahrung auskennt, zur Erklärerin und Auslegerin einer anderen Welt und zu ihrer Dolmetscherin. Ihre Aufgabe ist es, zwischen den Welten zu wandern. Voraussetzung hierzu ist nicht nur das grammatische Verstehen des Wortes, des Satzes, des Textes und des Diskurses, in dem das Wort gebraucht wird. Wirkliches Verstehen ist schon im Sinne Diltheys nicht ohne sozialen Bezug, also ohne Empathie möglich, auch wenn er das Wort *Empathie* noch nicht nutzte. Empathisches Verstehen heißt sich auf der Basis emotionaler Intelligenz und individueller Erfahrungen in die Lebenswelt anderer hineinzuversetzen und ihre Gefühle, Gedanken, Handlungen einschätzen und verstehen zu können.

Linguistisch gesprochen ist damit die Fähigkeit gemeint, echtes menschliches Sprechen und entsprechendes kommunikatives Handeln, wie es von Menschen in verschiedenen realen Situationen zu verschiedenen Zwecken in verschiedenen sozialen Bezügen vollzogen wurde, auf den jeweiligen Handlungsebenen zu resemantisieren und zu repragmatisieren. Um dies mit aller möglichen Angemessenheit zu vollziehen, ist es wichtig die Kultur und die Diskurswelt zu kennen bzw. zumindest nachvollziehen zu können, einen gemeinsamen Diskursrahmen zu haben bzw. sich empathisch hineinzudenken und sich dennoch allseits dessen bewusst zu sein, dass der eigene Diskursraum aufgrund historischer oder kultureller Distanz anders ist und der Blick in die Geschichte oder in die andere Kultur somit eine Verstehenshürde bedeutet. Der Basler Philosoph Emil Angehrn (2004: 11) definiert:

> Verstehen ist mehr als ein Aufnehmen, Entziffern und Bearbeiten von Informationen; weder Zeichen noch das System ihrer Differenzen sind der eigentliche Ort des Sinns. Verstehen enthält in der Tiefe ein Sich Ansprechenlassen durch ein anderes Subjekt, ein Antworten auf Fragen, die ein anderer aufwirft, ein Wiedererkennen eigener Fragen in dem, worauf der andere antwortet. Dies gilt nicht nur für die Situation des direkten Gesprächs, sondern ebenso für den Umgang mit Tex-

4 Vgl. auch Dilthey (1900): „Solches kunstmässiges Verstehen von dauernd fixierten Lebensäußerungen nennen wir Auslegung oder Interpretation“ (ebd.: 189).

ten, wo der Autor abwesend ist, ja nicht einmal bekannt sein muß. Vom Fernsten sich ansprechen lassen und mit ihm in ein Gespräch zu treten, gehört zum Pathos hermeneutischen Verstehens.

Betrifft das Gegenüber eine historische Sprachstufe, so tritt der Lexikograph in ein Gespräch mit den historischen Sprechern. In diesem Gespräch begegnen sich mindestens zwei Horizonte, zum einen der Horizont des modernen Lexikographen mit seinen Lebenserfahrungen, Vorurteilen, Vorprägungen, kulturellen Einbettungen und zum anderen der des historischen Sprechers, greifbar in den vielen Einzeläußerungen historischer Korpustexte, die wiederum teilhaben an einer historischen Sprachwelt mit deren kulturellen Begriffs- und Diskurswelten, ihren Deutungs-, Wertungshorizonten und nicht zuletzt ihren Handlungsdeontiken. Je näher sich die Horizonte im Prozess des Verstehens kommen, desto eher gelingt die Horizontverschmelzung als zentrale Voraussetzung des Verstehens, und zwar in beiderlei Richtung. Das Bild des Horizontes legt die Perspektivität des Verstehensprozesses offen und den damit verbundenen hermeneutischen Zirkel. Wer hermeneutisch handelt, bringt sich ein, indem er mit Hilfe seines Vorwissens, seiner Erfahrungen etwas wahrzunehmen in der Lage ist,[5] seine daraus resultierenden Erkenntnisse und auch seine Interessen auf die Vergangenheit projiziert und sie für die Gegenwart greifbar macht. Dass er dabei auch die Geschichte prägt, ist bekannt.

Verstehen ist eben ein aktiver, willentlicher und vor allem responsiver Akt. Er setzt immer schon Vorverständnis und Vorbeurteilung, letztlich Erfahrung voraus. Nur wenn ich bereits eine Vorstellung davon habe, wie eine Ananas schmeckt, kann ich versuchen, den Geschmack nachvollziehbar für andere zu beschreiben. Nur was ich schon kenne, kann ich überhaupt wahrnehmen und erkennen. Hermeneutisch handeln heißt in der Lexikographie, auf der Basis eigener Erfahrungen und mit ausgeprägter historischer Kompetenz dem geschichtlichen Sprechen beim Gebrauch seiner Sprache empathisch über die Schulter zu schauen, verstehen, wie er mit Sprache in seiner Zeit gehandelt, diese gestaltet und erlitten hat. Der Grad der angesetzten Polysemien zeugt häufig davon, ob man Wörter wie *Liebe*, *Ehre*, *Traurigkeit* oder *Trost* aus ihren historischen Handlungskontexten heraus liest oder nur synchron rational abstrahiert. Dann wird deutlich, dass z. B. das gar nicht so abstrakte Wort *Finger* nicht einfach nur das Glied einer Hand bezeichnet. Der gesamte Bedeutungsumfang tradiert antike Muster und prägt den Wortgebrauch mit seinen Metaphoriken und Phrasemen bis heute (vgl. Reichmann 2012: 264). Bis in die Gegenwart dient das Zeigen des Mittelfingers der Verächtlichmachung, das Erheben des Daumens drückt zumindest im lateinisch geprägten Europa positive Zustimmung aus.

Digitus, Ein finger / od' zehe am fůß. Pollex, Der daum. Index, Der zeyger. Aliàs salutaris. Medius, Mittelfinger. Aliàs Infamis, Impudicus, & Verpus. Annularis, qui & Medicus, Der vierd finger. Mi-

5 Vgl. Fuchs (2008: 214): „Die Einheit von verfeinerter Wahrnehmung und geübtem Handeln ist, was wir gewöhnlich als die Erfahrung bezeichnen, über die jemand verfügt."

nimus, liue auricularis, Der kleynst finger. Digit tollere, Sich bekennen vberwunden sein / oder anzeygẽ den kauff wellen annåmen. Nam qui digitum in licitatione leuabar, unnuebat sesore emptorem. Medium digitũ ostendere, Verachten. Pollicem Premere. Geünstig sein. Vtrocz pollice laudare, Mit grossem gunst loben. Conuertere pollicem, Vngünstig sein. Digitalis.[6]

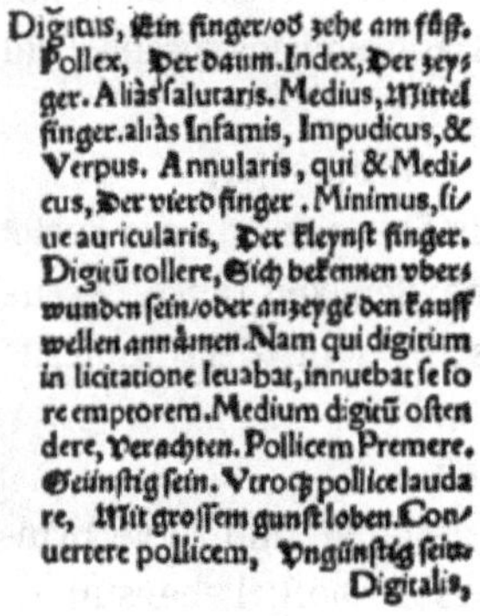
Digitus, Ein finger/od zehe am füß.
Pollex, Der daum. Index, Der zey-
ger. Aliàs salutaris. Medius, Mittel
finger. aliàs Infamis, Impudicus, &
Verpus. Annularis, qui & Medi-
cus, Der vierd finger. Minimus, si-
ue auricularis, Der kleynst finger.
Digitũ tollere, Sich bekennen vber-
wunden sein/oder anzeygẽ den kauff
wellen annåmen. Nam qui digitum
in licitatione leuabat, innuebat se so
re emptorem. Medium digitũ osten
dere, Verachten. Pollicem Premere.
Geünstig sein. Vtrocz pollice lauda
re, Mit grossem gunst loben. Con-
uertere pollicem, Vngünstig sein.
Digitalis,

Abb. 2: Auszug aus dem Wörterbuch von Dasypodius von 1536

Nichterkennung und Nichtbearbeitung solcher Informationen würde nicht nur von historischer, kultureller oder soziologischer Blindheit zeugen, oder, was heute oft gefordert wird, einfach nur einer synchronen Simplizität dienen, sie offenbart Verstehensdefizite, die zu semasiologischer und damit kulturhistorischer und soziologischer Unterdifferenziertheit führen, lexikographisch gesprochen: zu Monosemie. Jede Form der Polysemierung, die wie linguistisch Konsens ist, der Regelfall und nicht die Ausnahme im Sprechen darstellt, beruht auf sozialer, historischer, kultureller Ausdifferenzierung. Doch genau diese feinen Unterscheidungen überhaupt wahrzunehmen, ist für Sprachverarbeitungsprogramme schwierig, wenn nicht sogar unmöglich. Dazu fehlt ihnen etwas ganz Entscheidendes, nämlich menschliches Bewusstsein und das heißt auch, das Bewusstsein für den Menschen, für seine Kreativität, seine intrinsische Motivation und das ihn antreibende Erkenntnisinteresse, das wiederum neue Erkenntnis schafft. Kurzum: Ihnen fehlen Empathie und Erfahrung (vgl. dazu Fuchs 2008: 214).

Sprachverarbeitungsprogramme handeln nach Algorithmen. Sie imitieren, sind Reproduziermaschinen. Sie wiederholen beständig nur unüberschaubare Textmassen, die zuvor von individuellen Menschen geschaffen wurden. Lexikographisch bedeutet das, dass sie, wollen sie nur halbwegs qualitative Ergebnisse liefern, diese nur durch den Zugriff auf Wörterbücher ermöglichen können, die aufgrund intensiver hermeneutischer Arbeit vorliegen. Im Falle des Kindle-Sprachprogramms ist es das *Oxford-*

6 de Smet (1974: 52v).

German Dictionary, das zweifellos von kompetenten Lexikographen erstellt wurde. Ohne solche Hintergrundkompetenzen kann das Programm, siehe *ChatGPT*, bei all den Datenmassen nur den hochfrequenten Durchschnitt erkennen, nur Holzschnittartiges, also nicht das Individuelle, Besondere oder Seltene. Als anschauliches Beispiel hierzu mag das Substantiv **leben**, wie es im *Frühneuhochdeutschen Wörterbuch* mit neun Bedeutungsansätzen resemantisiert wurde, dienen. Das semasiologische Feld umfasst (in gekürzter Form):

1. ‚Existenzform sich selbst bewegender und erhaltender Organismen [...]';
2. ‚über das körperliche Dasein und den Tod hinausgehende Existenzform der Seele, ewiges Leben'; dazu metonymisch: ‚Erlösung, Gottesnähe, Seligkeit (auch bereits im irdischen Leben)'; auch: ‚ewige Existenzform Gottes'; personifiziert für Jesus und Maria;
3. ‚Lebenszeit, Lebensspanne, Zeit zwischen Geburt und Tod';
4. ‚Lebensweise, Art und Weise, sein diesseitiges Leben zu gestalten und zu verbringen; Lebenswandel, Lebensführung; Stellung in der Gesellschaft; Lebensunterhalt';
5. ‚Wirkkraft, Lebenskraft, metaphysische Energie, Kraft, die körperliche Bewegungen, aber auch insgesamt Handeln und Wirken von Lebewesen ermöglicht';
6. ‚Schicksal';
7. ‚Lärm, Aufheben, Geschrei';
8. ‚Gültigkeit, Wirkkraft (von rechtlichen Verordnungen)';
9. ‚innerer Teil des Hufes, Fleischsohle (z. B. beim Pferd)'.

Neben der grundsätzlichen Perspektive auf die körperliche Existenz steht bedeutungsdistinktiv als das Besondere der frnhd. Zeit die durchgängig sichtbare religiöse Dimension mit ihren Metaphern und Metonymien. Schon allein aufgrund der Textsortengebundenheit bzw. der etwas spärlicheren Beleglage stehen die Bedeutungen 8 und 9 als seltenere Semantikvorkommen nur erfahrenen Lexikographen offen. Der Beleg zu Bedeutungsansatz 9 würde bei rein oberflächlicher Betrachtung in seiner fachsprachlichen Semantik ‚innerer Teil des Hufes' untergehen, im besten Fall dem Ansatz 1 zugeordnet werden. Die sehr konkrete Sachreferenz käme abhanden.

> Ross Artzney (oobd., 1598): wen ain gaul dz leben im huf weicht, so laß im im ersten viertl des monden außschneiden, [...]. So khompt dz leben wider.[7]

Zwar lernen Sprachverarbeitungsprogramme aus Fehlern, aber letztlich repetieren sie sich dennoch immer wieder selbst. Es droht eine bedeutungsverengende Wissenszirkularität, die zudem je nach Text-„Futter" auch noch zur ideologischen Blase werden kann, weil das Programm keine Kategorien zu ethischem und moralischen

7 Deinhardt (1968: 140).

Handeln kennt. Maschinelle Lexikographie würde dann nicht nur den qualitativen Kompetenz- und Geltungsvorschuss wie die Glaubwürdigkeit aller lexikographischen Arbeiten in Frage stellen. Je nachdem mit welchen Meinungen, das heißt mit welcher Quellenselektion man die Maschine nährt, würde sie antworten. Über eine quellenkritische, sich selbst und die eigene Textgenese in Frage stellende Reflexionsebene verfügt sie nicht. Pragmatische Rekontextualisierungen der eingespeisten Materialien würden den Flow der Schnelligkeit ins Stottern bringen. Damit bleibt das Wort monosem, das heißt gruppen-, situations- und geschichtsenthoben, letztlich anonym. Eine notwendig gewordene kommunikative Regresspflicht schließt Anonymität der Texte aus. Im Zeitalter ethischer Beliebigkeit mag dies für viele nicht relevant sein, aber die Folgen sind dramatisch. Wenn Hitlers Meinung wieder zählt, weil sein Buch *Mein Kampf* unreflektiert von der KI abgegriffen und als Reservoir an Quellenzitaten in die Semantisierung des Wortschatzes eingeht, wird es brenzlig (vgl. hierzu Lobenstein-Reichmann 2007, 2017, 2022).

2.2 Was also genau ist die texthistorisch-hermeneutische Aufgabe des Lexikographen? Wo beginnt sie, wo hört sie auf?

Jeder lexikographische Prozess beginnt mit mindestens zwei Anliegen: Einmal soll der Wortschatz für Fragestellungen punktueller Art zugänglich gemacht werden, d.h.: das Wörterbuch dient als Nachschlagewerk für die rund 100.000 weitgehend isoliert voneinander dargestellten lexikalischen Einheiten und deren mehrere hunderttausend Bedeutungen Sememe, die einer Sprache vom Typ der deutschen ungefähr zugeschrieben werden. Lexikographie fungiert somit im Kern als Praxis, als Gebrauchsmittel.

Zum anderen: Sieht man den Wortschatz nicht nur als Menge von Einzeleinheiten, sondern als Gesamtheit, in der sich die Sprecher einer Sprache über die ihnen vorgegebene Welt verständigen und sich diese Welt damit semantisch so einrichten/gestalten/konstituieren, wie sie sie brauchen, dann reicht eine Lexikographie, die als Nachschlagehilfe für Einzelfragen konzipiert ist, nicht aus. Lexikographie muss sich vielmehr als Wissenschaft verstehen, die genau das leistet, was angedeutet wurde, sie muss die je pragmatisch sprechspezifische, damit die je einzelsprach- und sogar varietätenspezifische semantische Gesamtwelt von Sprechenden und Schreibenden zum Gegenstand machen. Und sie wird ihre Erkenntnisse immer mit bestimmten kulturpädagogischen Absichten und dementsprechenden Prägungen an ein antizipiertes Publikum vermitteln. Um es ganz klarzustellen: Diese semantische Welt ist nicht eine irgendwie verstandene Abbildung einer vorkognitiv und vorsprachlich vorhandenen klar gegliederten realfaktischen Welt. Sie kann damit auch nicht unter fortwährender orientierender Bezugnahme auf eine solche behandelt werden. Sie ist vielmehr – unter gegenstandsbezogen beschreibendem Aspekt – ein je soziofaktisches Produkt des Sprechens und – unter adressatenbezogenem Aspekt – ein Interaktionsprodukt, das den Wörterbuchbenutzer im Auge hat. Beides (also Sachbezug und Adressatenbezug) ist nicht mit Mitteln der Logik beschreibbar, etwa nach genus proximum und differentia spezifica, auch nicht sachbezüglich mit irgendwelchen Genauigkeits-, Vollständigkeits-, Richtigkeitsvorstellungen, sondern ausschließlich metasprachlich, also jeweils semantisch mit Mitteln der gleichen Sprache, die man objektsprachlich zweckgebunden nutzt und beschreiben will. Dazu ein kurzes Beispiel: Ich kann Abstrakta wie **Liebe**, **Tugend** oder **Ungehorsam**, nicht einmal Konkreta wie **Haus** oder **Stein** oder Eigenschaften wie **schön** oder **hässlich**, schon gar nicht Partikel wie **da** oder **weil** von der realfaktischen Existenzweise eines bezeichneten Gegenstandes her, sondern nur relational zu anderen derartigen semantischen Einheiten sowie eigeninteressebestimmt sowie Fremdinteresse antizipierend beschreiben. Die Komplexität der Verhältnisse erhöht sich noch dadurch, dass ich gerade dauernd von „Sprechen", nicht also von „Sprache", geredet und damit den Urtyp der Verständigung gemeint habe, nämlich das Sprechen *face* to *face*, von *Wort* und *Antwort*, aengl. *swerjan* und *answer* (also *antswern* ‚entgegenschwören'). Das alles sind einmalige Akte, sie haben ihr Sein im jeweiligen Moment des Sprechens. Das Verhältnis idiolektalen Einzel- zu allgemein üblichem Sprechen ist eine weitere Baustelle. Man müsste hier noch viele weitere nennen. Was bedeutet das für den lexikographischen Prozess?

1. Wörterbücher werden von jemandem gemacht. Schon ihre Entstehung setzt intrinsische Motivation, Kreativität, letztlich eine Vision voraus. Sie sind außerdem das Ergebnis einer ganzen Reihe menschliche Entscheidungen, die im Sinn- und Handlungszusammenhang von Erkenntnis und Interesse stehen. Sie haben den Wörterbuchbenutzer im Blick. Ob sie pragmatisch gebrauchslexikographisch aufgebaut sind oder eine bestimmte kulturpädagogische Mission haben, schon die Frage nach der Rezipientengruppe setzt Empathie und das Nachvollziehen von spezifischen Interessen voraus.
2. Entsprechend ist ein Korpus zusammenzustellen. Auch dieses kann nach Maßgabe der Schwerpunktinteressen ausgerichtet sein, muss aber in ethischer Verantwortung seine Autoren offenlegen und somit der kommunikativen Regresspflicht nachkommen. Das Korpus muss exzerpiert werden, wie dicht und nach welchen Gesichtspunkten hängt wiederum vom Erkenntnisinteresse ab. Ein historisches Wörterbuch verlangt eine andere Exzerption wie ein gegenwartssprachliches Wörterbuch mit Spezialinteressen. Auch wenn die Exzerption computergestützt verläuft, kann nur der Lexikograph die Belegauswahl und den Belegschnitt vollziehen. Bedeutungsspektren werden ansonsten nicht abzudecken sein. Der Bedeutungsansatz **leben** 9 ist hierzu ein gutes Beispiel. Ginge man die semasiologischen Felder im FWB gezielt nach solchen vermeintlichen Spezialsemantiken durch, würde man sie tausendfach finden. Das heißt auch, sie würden verloren gehen.
3. Jedes Einzelwort ist zunächst als individuelles Einzelwort graphisch, ausdrucksseitig, semantisch im vollen Umfang seines historischen und kulturellen Gebrauchswertes zu beschreiben. Jede Einzelinterpretation setzt immer eine Kennt-

nis des Gesamttextes und des Textverbundes, in dem er steht, voraus. Dies ist die zentrale Voraussetzung, Polysemien zu erkennen und entsprechend anzusetzen. Denn semantische Beschreibung beruht immer auf der Interpretation je einzelner Belegstellen und im Falle historischer Quellen deren differenzsemantischen und differenzpragmatischen Vermittlung. Die Beispiele *babe* und *gang* zeigen, wie wichtig Text- und Kontextkenntnis und deren Berücksichtigung sind.

4. Die semantische Beschreibung jedes Einzelwortes ist mit ausgewählten Belegen abzusichern. Würden man allein Durchschnittsbelege konventionellen Gebrauchswertes anfügen, erhielte man höchstens die Mitte des Gebrauchsspektrums. Doch gerade die Gebrauchsränder, die Dokumentation des sprachlichen Spiels, des humorvollen oder auch des tiefreligiösen oder philosophischen Umgangs mit Sprache machen Belegdokumentationen wertvoll und nicht zuletzt auch lesenswert. Kein Sprachverarbeitungsprogramm kann dieses Besondere herausfiltern.
5. Da jede lexikalische Einheit systematisch polysem ist bzw. als polysem interpretiert werden kann, ist nicht nur jedes Wort, sondern auch jede der angesetzten Wortbedeutungen in gesamtlexikalische Zusammenhänge einzuordnen. Erst eine zuvor erfolgte tiefensemantische Bearbeitung der onomasiologischen Vernetzung z. B. mit Bedeutungsindizes, wie es im FWB gemacht wird, ermöglicht es in derselben semantischen Tiefe einzelwortübergreifende Erkenntnisse über den Gesamtwortschatz zu gewinnen. Die üblichen maschinengenerierten Wortwolken zeigen nur beziehungslose Vorkommen von Wörtern im selben Text, lassen aber keinerlei Aussagen darüber zu, in welcher kulturgeschichtlichen Relation diese Wörter zueinander und vor allem zum Gesamtwortschatz setzen.

Von weiteren Aufgaben des Lexikographen, z. B. der Dokumentation von Syntagmen, der Motivation von Wortbildungen usw., sehen wir hier ab. Es geht uns nur darum zu sagen: Es gibt keine einzige relevante Information eines Wörterbuches, die ihre genaue Ausformulierung nicht einer Entscheidung des Lexikographen vor Ort verdankt. Anders ausgedrückt: All die genannten Teilaufgaben werden von lebendigen geschichtlichen Personen vollzogen, und zwar mit menschlicher Intelligenz aus einer je differierenden geschichtlichen Perspektive (nach rückwärts), einer je anderen zukunftsorientieren Bildungsmission und nach je anderen gegenstandsbezogenen Erkenntnisinteressen sowie selbstverständlich nach hermeneutischen Vorprägungen bewusster und unbewusster Art. *Künstliche* Intelligenz kann all das nicht. Humorvoll behauptete das Zukunftsinstitut:

> Schon im Begriff der „Künstlichen Intelligenz" entsteht ein Missverständnis. Er beruht auf dem, was Niklas Luhmann einen „Kategorienfehler" nannte. Ein Kategorienfehler ist es, wenn ein Bauer versucht, Bratkartoffeln anzubauen. Im Wortspiel der „Künstlichen Intelligenz" verwechseln wir zwei fundamental verschiedene Kategorien: das Lösen strategischer Probleme, das sich als Intelligenz interpretieren lässt. Und das Bewusstsein, das in der Fähigkeit besteht, auf die Komplexität der Welt durch Kreativität und Gefühl zu antworten. Gefühle, Instinkte, Stimmungen,

> Wahrnehmungen, Berührungen sind Teil des Bewusstseins. Sie setzen uns in Beziehung zur Welt und zu uns selbst. Computer können Go spielen, Autos steuern und einen Platz im Restaurant reservieren. Aber sie werden nie fühlen können, wie das ist. Wenn Computer im menschlichen Sinne „intelligent" sein sollten, müssten sie Fleisch, Schmerz und Sterblichkeit besitzen. Sie müssten Leid und Freude empfinden können. Dann wären sie aber keine Maschinen mehr, sondern Organismen.[8]

2.3 Das Beispiel *Schmerz* aus dem *Frühneuhochdeutschen Wörterbuch* und die Erfahrung des Lexikographen

Auf die Frage, was das Wort *Schmerz* bedeutet, hat das Programm *ChatGPT* von OpenAI[9] folgende Antworten geliefert: 1. Versuch:

> Das Wort "Schmerz" bezeichnet ein unangenehmes Gefühl, das körperlich oder emotional sein kann. Es ist ein Warnsignal des Körpers, das auf eine Verletzung oder eine Störung hinweisen kann.

2. Versuch:

> Schmerz ist ein unangenehmes Sinnes- oder Gefühlserlebnis, das durch körperliche oder seelische Verletzungen ausgelöst wird. Es dient als Warnsignal des Körpers, um auf mögliche Schäden hinzuweisen und kann sowohl physisch als auch emotional empfunden werden.

Fragt man nun danach, was das Wort im Frühneuhochdeutschen bedeutet, kommt:

> Im Frühneuhochdeutschen bedeutet das Wort "schmerz" in der Regel "Trauer" oder "Kummer". Es kann auch Schmerz im physischen Sinne bedeuten, aber oft wird es im übertragenen Sinne verwendet, um emotionales Leid auszudrücken.

Aus welchen Texten oder Wörterbüchern diese Erläuterungen generiert wurden, ist unbekannt. Deutlich ist, dass das Programm beim zweiten Versuch nicht mehr zwischen Sprachbedeutung und Sacherklärung unterscheidet. Durch näheres Nachfragen könnte man sicher mehr und Differenzierteres erfahren. Doch ein Blick in von Menschen gemachte historische Wörterbücher bietet schneller mehr.

Das Beispiel im FWB: Im FWB ist das Wort **schmerz** vierfach polysem angesetzt. Bedeutungsansatz 1 zielt auf die anthropologische Dimension des Schmerzes, vor allem in passionsgeschichtlichen Narrativen; Ansatz 2 behandelt die körperliche, 3 die psychische Dimension; 4 bezieht sich tropisch auf rechtsrelevante Bezüge des Wundschmerzes. Schon in der Gliederungsübersicht wird die Abhängigkeit des Wortes von seinen textkulturellen Bezügen angedeutet. Diese Metaebene ist noch deutlicher in

8 Zitat inzwischen hier auffindbar bei Nemeth (o.J.).
9 OpenAI (o.J.), URL: https://chatopenai.de/ (letzter Zugriff: 11.01.2025).

den vier Einzelansätzen zu finden, die das Wort nicht einfach nur quantitativ ausführlicher erklären, sondern auch hermeneutisch in qualitative, religiöse und kulturelle Handlungskontexte einbetten. Ansatz 1 unterscheidet sich von der oberflächlichen Erläuterung des Programms *ChatGPT* dadurch, dass es die religiös-metaphysische Dimension des Schmerzes in den Fokus rückt und dabei die Ebenen Körper und Psyche als nicht trennbar zusammenführt.

> 1. ›Schmerz, kreatürliches, im umfassenden Sinne physisches und untrennbar damit verbundenes psychisches Leid‹ (allgemein als den Menschen ausmachendes, unausweichliches Widerfahrnis); zugleich: ›intensive, jn. überfordernde Wahrnehmung, Empfindung von Leid, Qual, Angst, Bitterkeit, Zweifel, Sterblichkeit‹ (rezeptiv, als Wesensqualität des Menschseins verstanden und sinnstiftend mit der Erbsünde, der Sündenverfallenheit, dem Einwirken des Teufels verbunden); speziell bezogen auf: ›Passion, Leidenserfahrung des Mensch gewordenen Christus, bei der Gott in der Menschwerdung die psychische und physische Qual (oft in Verbindung mit Verachtung und Verspottung), die menschliche Ohnmacht wie die menschliche Sterblichkeit als Strafe für die Erbsünde zur Erlösung des Menschen auf sich nimmt und im Schmerzopfer am Kreuz überwindet‹; speziell: ›Sündenschuld‹. Im Vorbild der Passion als Heilsgeschehen tendiert *schmerz* dazu, positiv konnotiert zu werden als Transformator des nachahmenden oder nachleidenden Betrachters auf dem Weg zum Seelenheil.[10]

Die lange Erläuterung des Wortes liefert dem Wörterbuchbenutzer in doppelter Hinsicht Sinnstiftung. Zum einen erfährt er in gestaffelt aufgeführten paraphrastischen Erläuterungen, dass man im Frnhd. unter **schmerz** ‚physisches und untrennbar damit verbundenes psychisches Leid' bzw. ‚intensive, jn. überfordernde Wahrnehmung, Empfindung von Leid, Qual, Angst, Bitterkeit, Zweifel, Sterblichkeit' verstanden hat. Zum anderen wird er vermittels der Resemantisierung durch die Lexikographin in das zentrale Diskursuniversum der Zeit eingeführt. Das Wort wird eben nicht einfach nur zur Bezeichnung von etwas gebraucht, sondern ist mit einem Menschenbild verbunden, in dem Schmerz als ‚unausweichliches Widerfahrnis' angenommen, als ‚Wesensqualität des Menschseins verstanden und sinnstiftend mit der Erbsünde, der Sündenverfallenheit, dem Einwirken des Teufels verbunden' wird. Hermeneutische Metaebenen wie diese lassen es unwahrscheinlich werden, dass Lexikographen durch eine Maschine ersetzt werden können. Auch das an Ansatz 1 angeschlossene Phrasem „der beginn der schmerzen" bleibt ohne hermeneutische Kenntnis unberücksichtigt und letztlich unverstanden. Denn es lebt von der textuell nicht explizit gemachten Leerstelle, um welche Schmerzen es sich hier handelt. *Der beginn der schmerzen* läutet das Jüngste Gericht ein, ein im historischen Diskursuniversum alltägliches Narrativ, das aufgrund fehlender Explizitheit von keiner Maschine erkannt werden kann, aber für moderne Zeitgenossen erklärt werden muss.
Bis auf die Bedeutungskomponente „beißender Salzgehalt" entspricht Ansatz 2 den üblichen Vorstellungen des Wortes **schmerz** sicherlich am deutlichsten. Man könnte

10 Hervorhebungen im Original.

geradezu sagen, es ist die „Standardbedeutung", die unabhängig von der jeweiligen Wörterbuchkonzeption aufbereitet wird. Aber auch hier ist die kulturelle Einbettung das Besondere.

> 2. ›körperlicher Schmerz, punktuelles wie länger andauerndes, als unangenehm wahrgenommenes, die Gesundheit belastendes bis zerstörendes Empfinden aufgrund eines im Körper stattfindenden oder von außen auf ihn einwirkenden, z.T. existentiell bedrohlichen Ereignisses‹; speziell: a) ›körperlicher Schmerz aufgrund einer Krankheit‹; ›Geburtswehen einer Frau‹; ›Sterbeschmerzen‹ (als dem Menschen natürlich zufallende Schmerzerlebnisse); b) ›sozial verursachte, jm. zugefügte, körperliche Qual, Pein, Wundschmerz‹ (aufgrund von Fremdeinwirkung, beispielsweise aufgrund von äußerer Gewalt, Folter); insgesamt auf Menschen wie auf Tiere bezogen; in 1 Beleg: ›durch Berührung mit Salzwasser entstehendes beißendes Gefühl, beißender Salzgehalt‹; als Folge der conditio humana eng an 1 anschließbar, hier jedoch mit der Konzentration auf das individuelle Leiden und die individuelle Körperempfindung; als Resultat äußerer Gewalteinwirkung offen zu 4.

Ansatz 3 ist vertraut und gilt der KI wie den meisten Wörterbüchern als Übertragung zum körperlichen Schmerz, also als sekundär. Während die allgemeine Bedeutung ‚Seelenschmerz' über alle üblichen computertechnischen Möglichkeiten greifbar sind, wäre wohl die spezielle Ausfächerung der Schmerzvarianten, das Individuelle, Spezielle oder Besondere eher schwierig. Besonders die Nuance ‚Mitleid' würde eher nicht erkannt werden.

> 3. ›Herzensleid, Seelenschmerz, punktueller wie länger andauernder, die Psyche belastender bis zerstörender Affekt, emotional quälendes Sinnes- oder Gefühlserleben aufgrund eines auf die Psyche schädigend einwirkenden traumatischen bzw. aufgrund eines für die Seele in ihrer weltlichen wie in ihrer als transzendent gedachten religiösen Existenz als bedrohlich empfundenen Ereignisses‹; im Einzelnen: ›Trauer um einen Verstorbenen‹; ›Abschiedsschmerz‹; ›Liebesschmerz; Sehnsuchtsschmerz‹; ›Sorge und Angst um einen geliebten Menschen, auch: um sich selbst, elterliche Sorge‹; ›Kränkungsschmerz‹; ›Ausgrenzungsschmerz‹; ›Reue; Gewissensqual; religiöser Schmerz über die eigene, aber auch über die Sündhaftigkeit des Menschen schlechthin‹; ›Verzweiflung, Todesangst‹; ›Neid, Eifersucht‹; auch: ›Empathie, Mitleid‹.

Ansatz 4 zeigt, wie speziell Fachkontexte sein können. Besondere Übertragungsgebräuche führen zu Disambiguierungen, die ein Programm nur bedingt nachvollziehen kann.

> 4. ›Wunde‹; tropisch wie generalisierend: ›den Schmerz verursachende Körperstelle‹; ›aufgrund äußerer Gewaltanwendung erlittener körperlicher Schaden, Verwundung, Verletzung‹ (häufig als Gegenstand gerichtlicher Klagen); auch: ›Schmerzensgeld‹; eng anschließbar an 2. – Gehäuft Texte der Sinnwelt ‚Recht'.

Zugegeben, der hier vorgenommene Vergleich ist nicht ganz korrekt. Es vergleicht zwei gänzlich inkommensurable Systeme. Wäre das Wörterbuch einer der Quellentexte, mit dessen Hilfe *ChatGPT* auf die Eingangsfrage antworten könnte, würde der Benutzer ja all diese Informationen erhalten. Aber er wüsste nicht, dass er das Material eines Wörterbuches aufbereitet bekäme, das hermeneutisch mit menschlicher Kompetenz und Erfahrung geschaffen worden ist. Er würde zudem alles verpassen, was das Wörterbuch noch bietet, nämlich u. a. eine onomasiologische Vernetzungen, Textsorteninformationen, Bedeutungsgeographien, Syntagmen, Quellentransparenz und Quellenzugriff. Kurzum: der direkte Zugriff auf das lexikographische, von Menschen geschaffene Informationssystem bietet mehr.

3 Fazit

Was macht den Menschen aus? Seine Kreativität, sein Wollen, seiner Reflexion, sein Sinn für Humor, seine Empathie, seine Moral, vor allem sein Wunsch, einzigartig zu sein, sich unter den Vielen herausheben zu wollen. Immer wenn er sich vor anderen auszeichnen will, wird der Mensch spielerisch, innovativ und oft mutig im Überschreiten von Grenzen. Erkenntnishunger, kulturelles Streben und der Wunsch nach Anerkennung prägen fundamental auch das menschliche Sprachhandeln, sind treibende Kräfte des Sprachwandels. Dies nachzuvollziehen kann nur der Mensch selbst, kein Programm, keine Maschine. Doch im Zeitalter von *ChatGPT* wird die Hermeneutik immer mehr zur *Hermenautik*, so Kittler (1988).[11] Man verliert sich in der Masse und in der Beliebigkeit. Statt Tiefensemantik erhält man banalen Oberflächendurchschnitt. Es möge erlaubt sein, den Beitrag mit einem etwas längeren Zitat Noam Chomskys, in der New York Times publiziert, zu beenden:

> The human mind is not, like ChatGPT and its ilk, a lumbering statistical engine for pattern matching, gorging on hundreds of terabytes of data and extrapolating the most likely conversational response or most probable answer to a scientific question. On the contrary, the human mind is a surprisingly efficient and even elegant system that operates with small amounts of information; it seeks not to infer brute correlations among data points but to create explanations. Note, for all the seemingly sophisticated thought and language, the moral indifference born of unintelligence. Here, ChatGPT exhibits something like the banality of evil: plagiarism and apathy and obviation. It summarizes the standard arguments in the literature by a kind of super-autocomplete, refuses to take a stand on anything, pleads not merely ignorance but lack of intelligence and ultimately offers a "just following orders" defense, shifting responsibility to its creators. In short, ChatGPT and its brethren are constitutionally unable to balance creativity with constraint. They either overgenerate (producing both truths and falsehoods, endorsing ethical and unethical decisions alike) or undergenerate (exhibiting non commitment to any decisions and indifference to consequences). Given the amorality, faux science and linguistic incompetence of these systems, we can only laugh or cry at their popularity.[12]

11 Vgl. Kittler (1988: 355f.).
12 Chomsky (2023).

4 Literatur

Angehrn, Emil (2004): Interpretation und Dekonstruktion. Untersuchungen zur Hermeneutik. 2. Aufl. Weilerswist: Velbrück Wissenschaft.

Chomsky, Noam (2023): The False Promise of ChatGPT. In: The New York Times, 08.03.2023, https://www.nytimes.com/2023/03/08/opinion/noam-chomsky-chatgpt-ai.html (letzter Zugriff: 04.07.2025).

de Smet, Gilbert (1974) (Hrsg.): Petrus Dasypodius. Dictionarium latinogermanicum. Nachdruck der Ausgabe Straßburg 1536. Hildesheim/New York: Georg Olms Verlag.

Deinhardt, Uta (1968): Ein „Ross Artzney Büech" aus dem Jahre 1598. München: Diss.

Dilthey, Wilhelm (1900): Die Entstehung der Hermeneutik. Tübingen: J. C. B. Mohr (Paul Siebeck).

Dilthey, Wilhelm (1990): Gesammelte Schriften. Bd. 5. 8. Aufl. Göttingen: Vandenhoeck & Ruprecht.

Fuchs, Thomas (2008): Leib und Lebenswelt. Neue philosophisch-psychiatrische Essays. Zug: Die Graue Edition.

FWB = Frühneuhochdeutsches Wörterbuch. Hrsg. v. Goebel, Ulrich/Reichmann, Oskar/Lobenstein-Reichmann, Anja. Berlin/New York (ab 2011: Boston): de Gruyter, (1986) 1989ff.; insb. Art. schmerz.

Gadamer, Hans-Georg (1974): Art. Hermeneutik. In: Historisches Wörterbuch der Philosophie 3, 1061–1073.

Gadamer, Hans-Georg (1995): Hermeneutik im Überblick. Tübingen: Mohr Siebeck.

Gerritsen, Tess (2006): The Mephisto Club. A Rizzoli & Isles Thriller. London: Transworld Publishers.

Kittler, Friedrich (1988): Signal – Rausch – Abstand. In: Gumbrecht, Hans Ulrich/Pfeiffer, Ludwig K. (Hrsg.): Materialität der Kommunikation, Frankfurt: Suhrkamp, 342–359.

Lobenstein-Reichmann, Anja (2007): Medium Wörterbuch. In: Müller, Friedrich (Hrsg.): Politik, [Neue] Medien und die Sprache des Rechts. Berlin: Duncker & Humblot, 279–313.

Lobenstein-Reichmann, Anja (2017): Wörterbuchkritik und Wörterbuchrezension als Teil der Kultur- und Wissenschaftsgeschichte. In: Bielińska, Monika/Schierholz, Stefan J. (Hrsg.): Wörterbuchkritik. Dictionary criticism. Berlin/Boston: de Gruyter, 51–80.

Lobenstein-Reichmann, Anja (2022): Sprachliche Ausgrenzung in der deutschsprachigen Lexikographie. In: Lexikographica 38, 7–38.

Lobenstein-Reichmann, Anja/Oskar Reichmann (2020): Lexikographische Konzeption und kulturgeschichtliche Erkenntnis im digitalen Zeitalter. In: Lexikographica 36, 287–309.

Nemeth, Michaela (o.J.): Das KI-Manifest. Sechs Thesen zur Künstlichen Intelligenz, https://www.horx.com/schluesseltexte/das-ki-manifest/#mobile-menu (letzter Zugriff: 20.03.2025).

OpenAI (o.J.): ChatGPT, https://chatopenai.de/ (letzter Zugriff: 15.03.2025).

Osman, Richard (2022): The Bullet That Missed (The Thursday Murder Club 3). London: Penguin.

Prechtl, Peter/Burkard, Franz Peter (2015) (Hrsg.): Metzler Lexikon Philosophie. Begriffe und Definitionen. 3. Aufl. Heidelberg: J.B. Metzler.

Reichmann, Oskar (2012): Historische Lexikographie. Ideen, Verwirklichungen, Reflexionen an Beispielen des Deutschen, Niederländischen und Englischen. Berlin/New York: de Gruyter.

Reichmann, Oskar (2022): Fiktionalität und Pragmatik im Frühneuhochdeutschen Wörterbuch. In: Balbiani, Laura/Bär, Jochen A./Lobenstein-Reichmann, Anja (Hrsg.): Das historische Wort und seine lexikologischen und lexikografischen Beschreibungsdimensionen. Jahrbuch für Internationale Germanistik / Wege der Germanistik in transkultureller Perspektive. Akten des XIV. Kongresses der Internationalen Vereinigung für Germanistik (IVG). Bd. 10. Bern: Peter Lang, 187–197.

Martina Nied Curcio

Welche Rolle spielen Wörterbücher in einer modernen Fremdsprachendidaktik?

Eine exemplarische Analyse von DaF-Lehrwerken

Abstract: With the introduction of the communicative method into German as a Foreign Language (GFL) didactics, dictionaries have played an increasingly minor role. Even the digital transformation of the medium, which has been underway for years, does not seem to be improving the situation. On the contrary. It looks more as if working with online lexicographical resources has never found its way into GFL lessons. There is little empirical research on what actually happens in the classroom and even this is losing its validity due to the rapidly changing medium. This article attempts to use an exemplary analysis of various GFL textbooks to gain a small insight into whether lexicographical online resources, or other resources used by the learners, are integrated into today's activity-orientated and digital GFL lessons, what kind of lexicographical resources are used, what kind of task formats there are and what goals are associated with their use. Results will be presented and then discussed from a lexicographical and didactic perspective.

Keywords: Dictionary use, dictionary didactics, German as a Foreign Language (GFL), GFL-textbooks

Schlagwörter: Wörterbuchbenutzung, Wörterbuchdidaktik, Deutsch als Fremdsprache (DaF), DaF-Lehrwerke

1 Einleitung. Wörterbücher in der Wörterbuchbenutzungsforschung und in der Didaktik des Deutschen als Fremdsprache

Wörterbücher sind im Fremdsprachenunterricht (FSU) seit jeher Hilfsmittel mit dem Ziel, Sprachkenntnisse zu erwerben, zu erleichtern und zu verbessern. Doch mit der Verbreitung der kommunikativen Methode in den 1970er-/1980er-Jahren wurden Wörterbücher (vor allem zweisprachige) im FSU häufig aus den Klassenzimmern verbannt.

Martina Nied Curcio, Università degli Studi Roma Tre, Dipartimento di Lingue Letterature e Culture Straniere, Via Ostiense, 236, 00146 Roma, Italia, E-Mail: martina.nied@uniroma3.it

https://doi.org/10.1515/9783111676531-017

Aber auch einsprachige Wörterbücher waren oft nur auf den höheren Niveaustufen erlaubt. Es schien, als würde die Verwendung von Wörterbüchern den Zielen des kommunikativen Fremdsprachenunterrichts widersprechen. Zu langes Reflektieren würde im Widerspruch zu den Zielen des kommunikativ ausgerichteten Fremdsprachenunterrichts stehen und die Motivation zum Wörterlernen dämpfen (vgl. Herbst/Klotz 2003: 288). Auf keinen Fall wollte man einen Rückfall in die Grammatik-Übersetzungs-Methode riskieren. Doch wissen wir aus der frühen Wörterbuchbenutzungsforschung, dass Lernende auch während der kommunikativen Methode Wörterbücher jederzeit benutzt haben,[1] ganz unabhängig davon, ob das Arbeiten mit Wörterbüchern konkret im Unterricht gefördert wurde oder nicht. Auch heute ist das noch so. Die Folge ist jedoch, dass Lernende in ihrer Wahl, welches Wörterbuch in welcher Lernphase, zu welchem Zweck und auf welche Weise es erfolgreich benutzt werden kann, auf sich allein gestellt sind – was nicht unbedingt zu zufriedenstellenden Ergebnissen in der Benutzung führt und auch eine gewisse Kontinuität in der Wörterbuchdidaktik blockiert hat.

Inzwischen hat sich das Wörterbuch als Medium grundlegend verändert. Wörterbücher als lexikographische Nachschlagewerke waren in ihrer gedruckten Form sehr spezifische physische Gegenstände. Aus kleineren empirischen Studien im Bereich der Didaktik des Deutschen als Fremdsprache (DaF) konnte in Bezug auf die Benutzung von Online-Wörterbüchern beobachtet werden, dass DaF-Lernende nur einige wenige Internetseiten konsultieren, dass sie kaum Online-Wörterbücher mit einer hohen Qualität kennen, dass sie meist das erste Wörterbuch benutzen, das sie über eine Suchmaschine finden, dass sie sich im Wörterbuchartikel nicht wirklich orientieren können, dass sie wichtige im Artikel enthaltene Informationen überlesen und dass sie noch häufig – auch in Online-Ressourcen – einzelne Wörter nachschlagen (vgl. Nied Curcio 2015a: 450). Mit der zunehmenden Digitalisierung hat sich nicht nur die Struktur der Wörterbücher verändert, sondern es sind verschiedene Mischformen entstanden, wie z. B. Wörterbuch + Grammatiktabelle, Wörterbuch + Grammatiktabelle + Paralleltext oder sogar Wörterbuch + Paralleltext + automatischer Übersetzer – Ressourcen, die vor dem digitalen Zeitalter physisch getrennt waren. Dieser tiefgreifende Wandel in der lexikographischen Praxis führte dazu, dass frühere Printwörterbuch-Benutzer – aber auch *digital natives* – heutzutage, nicht mehr nur Wörterbücher in ihrer digitalen Form, sondern auch die oben erwähnten Mischformen verwenden, um sprachliche Probleme zu lösen (vgl. Müller-Spitzer et al. 2018). Seit kurzem werden auch vermehrt Programme mit Künstlicher Intelligenz benutzt. Im Allgemeinen kann man feststellen, dass seit dem Aufkommen digitaler lexikographischer Ressourcen für junge Fremdsprachenlernende ein immediater, schneller und kostenfreier Zugang zu diesen Hilfsmitteln sehr wichtig ist (vgl. Nied Curcio 2014).

Die Frage, die sich nun stellt, ist, ob die Fremdsprachendidaktik auf diesen Wandel in der Lexikographie reagiert hat und ob digitale lexikographische Ressourcen in die

1 "[...] nearly all the students use dictionaries practically every day" (Snell-Hornby 1987: 167).

Fremdsprachendidaktik integriert sind. Es ist bekannt, dass sich mit der Sprachenpolitik des Europarats und der Veröffentlichung des *Gemeinsamen Europäischen Referenzrahmens für Sprachen* (GeR 2001) sowie seinem Begleitband (GeRB 2018), mit der Betonung auf Handlungs- und Kompetenzorientierung, Mehrsprachigkeit und lebenslanges Lernen, Wörterbüchern wieder an Bedeutung zugeschrieben wurde. Unter Experten ist man sich einig, dass eine adäquate Benutzung von Wörterbüchern bzw. lexikographischen Ressourcen im Fremdsprachenunterricht nicht nur grundlegend für die Verbesserung der Sprachkompetenz ist, sondern auch als wichtiger Teil der zu erwerbenden Lernstrategien und einer gut entwickelten Methoden- und Medienkompetenz zu verstehen ist. In den Bildungsplänen verschiedener Bundesländer werden diese Anliegen vor allem im Bereich der Lern- und Arbeitstechniken bzw. Sprachlernkompetenzen explizit geäußert. Schülerinnen und Schüler sollen „Methoden des Umgangs mit Hilfsmitteln in den Bereichen Wortschatz (zweisprachiges Wörterbuch) [...]" erlernen und „ein- und zweisprachige Wörterbücher [...] effektiv und angemessen nutzen (auch digital)" können.[2] Weiterhin wird im Bereich der Methodenkompetenz gefordert, dass Lernende bspw. elektronische Hilfsmittel nutzen, Nachschlagetechniken anwenden, systematisch Informationen sammeln und moderne Technologien zur gezielten fremdsprachlichen Recherche kritisch einsetzen können sollen (vgl. Nied Curcio 2015b: 303-305). Gerade bei der Vielzahl lexikographischer Ressourcen, aber auch der vielen Mischformen, ist es heute besonders wichtig, mit qualitativ hochwertigen Ressourcen vertraut zu werden, Ressourcen zu vergleichen, einen kritischen Blick zu haben und mit Hilfe vorher festgelegter Kriterien unterscheiden zu können, welche Art von Ressourcen in einer bestimmten Situation, für eine bestimmte Aufgabe und für ein spezifisches Ziel geeignet ist. Die Reflexion, verbunden mit dem Aufbau von Sprachbewusstheit und Sprachlernbewusstheit ist hier zentral, und Wörterbücher können dabei einen wichtigen Beitrag leisten.

Wie sieht jedoch die unterrichtliche Praxis tatsächlich aus? Hat das Ausgrenzen der Wörterbücher in der kommunikativen Methode oder/und die digitale Transformation in der Lexikographie zu einem Bruch in der Benutzung geführt, so dass Online-Wörterbücher bzw. lexikographische Online-Ressourcen in einen modernen, handlungsorientierten und digitalen Fremdsprachenunterricht nicht wirklich Einzug hielten? Falls sie doch präsent sind, welche Rolle spielen digitale lexikographische Ressourcen? Welche Arten von lexikographischen Ressourcen werden im DaF-Unterricht benutzt? Geht es „nur" um ein- und zweisprachige Online-Wörterbücher oder wird dem konkreten, sehr vielfältigen, Angebot an lexikographischen Ressourcen (inkl. Mischformen) wirklich Rechnung getragen? Welche Aufgabentypen gibt es? Welche Ziele sind mit ihrem Einsatz verbunden? Wird ihnen eine wichtige Rolle im Bereich der Sprachlernstrategien

2 https://lehrerfortbildung-bw.de/u_sprachlit/spanisch/gym/bp2004/fb3/1_plan/1_syn/methodenkompetenz.htm (letzter Zugriff: 23.02.2025).

und für den Aufbau von Medien- und Methodenkompetenz zugeschrieben? Sind sie Thema kritischer Auseinandersetzung?

Diese Fragen können kaum beantwortet werden, da man immer noch zu wenig über die tatsächliche Benutzung dieser Ressourcen im Unterricht weiß. Es fehlt noch an verlässlichen empirischen Daten. Zudem gestaltet sich die Forschung als sehr schwierig, da die Ressourcen kontinuierlich aktualisiert werden und Forschungsergebnisse dadurch nur von kurzer Gültigkeit sein können (vgl. Nied Curcio 2022: 74).

Leider kann derzeit in Bezug auf das aktuelle unterrichtliche Geschehen nur auf einzelne Beobachtungen zurückgegriffen werden und Vermutungen angestellt werden. Es scheint oft im Ermessen der einzelnen Lehrkräfte zu liegen, ob und in welchem Umfang eine lexikographische Online-Ressource im Unterricht eingesetzt wird – vorausgesetzt, die Benutzung von Tablets, Computern oder mobilen Endgeräten ist erlaubt. Lehrkräfte sind außerdem meist davon überzeugt, dass junge Lernende mit diesen Hilfsmitteln erfolgreich umgehen können – was jedoch nicht der Fall ist.

Fragt man Lernende nach ihren Bedürfnissen in Bezug auf die Benutzung von digitalen lexikographischen Ressourcen, so äußern sie den Wunsch, mehr über die verfügbaren lexikographischen Hilfsmittel zu erfahren. Sie möchten wissen, welche Wörterbücher für das (Fremd-)sprachenlernen zur Verfügung stehen, wie sie aufgebaut und strukturiert sind, wie man zuverlässige Informationen erkennt und welche für ein bestimmtes Ziel am geeignetsten sind. Sie zeigen großes Interesse daran, ihre Fähigkeiten im Umgang mit lexikographischen Hilfsmitteln zu verbessern, um weniger Fehler zu machen und erfahrene und kompetente Benutzer zu werden (vgl. Nied Curcio 2015a). Im unterrichtlichen Geschehen scheinen Lehrkräfte jedoch kaum eine Stütze zu sein. Viele von ihnen sind selbst keine erfolgreichen Benutzer von lexikographischen Online-Ressourcen, fühlen sich mit ihren Fähigkeiten bei der Benutzung von Online-Wörterbüchern unsicher und sind ratlos, wie sie moderne lexikographische Ressourcen in den Unterricht integrieren können. Sie selbst äußern den Wunsch, in diesem Bereich weitergebildet zu werden (vgl. Nied Curcio 2024).

2 Wörterbücher in Lehrwerken zum Erlernen von Deutsch als Fremdsprache

Um sich den oben gestellten Fragen zu nähern, wird in diesem Beitrag eine exemplarische Analyse von DaF-Lehrwerken aus den Jahren 2011-2024 unter besonderer Berücksichtigung von Aufgaben zur Wörterbuchbenutzung unternommen.

2.1 Ziel der Analyse und Auswahl der Lehrwerke

Obwohl die digitale Transformation schon seit Jahren im Gange ist und seit mehr als 15 Jahren digitale lexikographische Ressourcen von Lernenden verwendet werden, gehe ich davon aus, dass in DaF-Lehrwerken

- nur wenige Aufgaben und Übungen zu Wörterbüchern in den Lehrwerken vorhanden sind. Man scheint immer noch der kommunikativen Methode verhaftet zu sein,
- wenn es Aufgaben zur Wörterbuchbenutzung gibt, die Aufgabenstellung sehr allgemein gehalten ist, z. B. „Arbeiten Sie mit dem Wörterbuch.",
- die digitale Transformation nicht wirklich angekommen ist und dass auch in neueren Lehrwerken nicht auf konkret vorhandene Online-Ressourcen (inkl. Mischformen) eingegangen wird,
- die Aufgaben zur Wortschatzarbeit immer noch sehr traditionell angelegt sind, so als würde man immer noch mit Print-Wörterbüchern arbeiten,
- sich die Aufgaben vor allem auf den Wortschatzerwerb und nicht auf konkrete sprachliche Aktivitäten (wie bspw. Lesen, Schreiben) beziehen und sich die Arbeit mit den Ressourcen in keine konkreten Verwendungsszenarien eingebettet sind,
- es keine Aufgabenformate gibt, in denen das adäquate Benutzen von lexikographischen Hilfsmitteln als Teil der Lernstrategien und Medienkompetenz erlernt wird,
- dass es keine Aufgabenformate für eine kritische Auseinandersetzung mit den lexikographischen Ressourcen gibt.

Für die exemplarische Analyse wurden Lehrwerke von unterschiedlichen Verlagen ausgewählt, die verschiedene Niveaustufen des *Gemeinsamen Europäischen Referenzrahmens für Sprachen* (GeR) beinhalten, um eventuell zu beobachten, auf welchen Niveaustufen mit digitalen lexikographische Ressourcen gearbeitet wird, ob sie vor allem im Anfängerunterricht verwendet werden und dies möglicherweise auf den höheren Niveaustufen nachlässt. Es war zudem wichtig, nicht nur aktuelle Lehrwerke nach 2020 auszuwählen, sondern auch ältere Lehrwerke zu sichten, insbesondere um zu untersuchen, ob sie den Anforderungen des GeR von Anfang an Rechnung tragen und ob sich die Situation im Laufe der Zeit verändert hat. Folgende DaF-Lehrwerke wurden analysiert:[3]

1. *DaF kompakt.* A1-A2-B1. 2011
2. *Studio. Die Mittelstufe.* B2. 2010/2011
3. *Studio. Die Mittelstufe.* C1. 2015
4. *DaF kompakt neu.* A1-A2-B1. 2016[4]
5. *Studio express.* A1-A2-B1. 2018
6. *Kompass DaF.* B2. 2020

3 Die Lehrwerke sind chronologisch aufgelistet.
4 Diese Neuausgabe von 2016 ist eine umfangreiche Überarbeitung von *DaF kompakt* (2011).

7. *Motive*. A1-A2-B1. 2023
8. *Kurs DaF*. A1-A2. 2024[5]

Wie bereits erwähnt, ging es bei der Analyse vor allem darum, herauszufinden, welche Aufgaben es für die Arbeit mit dem Wörterbuch gibt. Dafür wurden alle Arbeitsanweisungen – sowohl im Kursbuch als auch im Übungsbuch – in das Korpus aufgenommen, in denen entweder explizit das Wort „Wörterbuch" (oder mit diesem zusammenhängende Begriffe wie *Print-Wörterbuch, Online-Wörterbuch, einsprachiges Wörterbuch, zweisprachiges Wörterbuch,* aber auch *Suchmaschine, automatischer Übersetzer* oder *Übersetzungsprogramm* genannt werden) erscheint oder Aufgaben und Übungen, in denen Wörterbuchauszüge bzw. Auszüge von Wörterbuchartikeln abgebildet sind.

2.2 Ergebnisse der exemplarischen Analyse

2.2.1 Anzahl der Arbeitsanweisungen zur Wörterbuchbenutzung

Insgesamt konnten 65 Arbeitsanweisungen für die Arbeit mit dem Wörterbuch identifiziert werden. Wenn man bedenkt, dass es pro Lehrwerk und pro Niveaustufe in der Regel zwischen 600-800 Aufgaben gibt (d. h. in unserem Falle würde es sich um 9.600-12.800 handeln), ist die Anzahl der Aufgaben und Übungen zur Wörterbuchbenutzung extrem gering. Man kann demnach nicht davon ausgehen, dass Wörterbücher in den letzten Jahren eine wichtige Rolle im unterrichtlichen Geschehen gespielt haben bzw. derzeit spielen.

Leider kann keine Aussage über die Entwicklung der Wörterbucharbeit im Laufe der Jahre getroffen werden. Interessant ist, dass die 1. Ausgabe von *DaF kompakt* noch 19 Aufgaben mit dem Wörterbuch beinhaltet, während die überarbeitete Version *DaF kompakt neu* nur noch über 14 Aufgaben verfügt. Auch das Lehrwerk *Studio. Die Mittelstufe* aus den Jahren 2010/2011 und 2015 enthält noch relativ viele Belege: 17 Belege auf zwei Niveaustufen (B2 und C1). Das Lehrwerk orientiert sich sehr eng an den Richtlinien des GeR und definiert das Benutzen von Wörterbüchern als wichtige Lernstrategie. Dies zeigt sich auch an sinnvoll ausgearbeiteten Aufgaben zur direkten Wörterbuchdidaktik[6] (vgl. Abb. 13). Es sieht so aus, als wäre die Anzahl an Aufgaben zur Wörterbuchbenutzung bei den älteren Lehrwerken höher und dass das Interesse für die Wörterbucharbeit gesunken ist. Möglicherweise ist dies jedoch auch vom Verlag abhängig oder hat gerade mit dem schnellen Wandel in der digitalen Lexikographie zu tun. Lehrwerke

5 Die Niveaustufe B1 des Lehrwerks *Kurs DaF* war zum Zeitpunkt der Ausarbeitung des Beitrags noch nicht erschienen.

6 Unter direkter Wörterbuchdidaktik sind Aufgaben auf der kognitiven Ebene, der Wissensebene, zu verstehen, die das Wörterbuch direkt als Lernobjekt in den Mittelpunkt stellen und darauf abzielen, bspw. die Struktur und den Aufbau des Wörterbuchs zu erlernen.

werden über Jahre benutzt und müssen sich auf Informationen stützen können, die über eine längere Zeit beständig sind. Aktualisierungen und Weiterentwicklungen von Online-Ressourcen wirken diesem Bedürfnis entgegen. Die Daten verändern sich, Links sind nicht mehr aktuell, neue Ressourcen entstehen. Auch für die Benutzer ist es schwer, immer auf dem aktuellen Stand zu bleiben. Aufgrund der exemplarischen Analyse von Lehrwerken kann jedoch keine Aussage in Bezug auf eine Entwicklung der Arbeit mit Wörterbüchern getroffen werden. Außerdem gibt es keine verlässlichen Informationen in Bezug auf das Niveau, d.h. ob auf einem bestimmten Niveau mehr Wörterbucharbeit gemacht wird. Es scheint, wie bereits gesagt, eher von anderen Faktoren (z. B. Verlag, Autoren, Anlehnung an den GeR, GeRB, Veränderungen und Aktualisierung von Ressourcen, ...) abzuhängen. Was möglicherweise eine Tendenz darstellt, ist die Tatsache, dass die Arbeit mit dem Wörterbuch vorzugsweise im Übungsbuch angesiedelt ist, und weniger im Kursbuch. Dies macht einerseits Sinn, denn die Lernenden können sich individuell für die Wörterbucharbeit so viel Zeit nehmen, wie sie möchten. Andererseits ist es schade, denn das bedeutet, dass dadurch keine Wörterbuchdidaktik im unterrichtlichen Geschehen stattfindet, und die Lernenden mit der Wörterbuchbenutzung alleingelassen werden. Es gibt keine gemeinsame Diskussion über lexikographische Ressourcen und die Chance, eine adäquate Wörterbuchbenutzungskompetenz, inkl. Online-Ressourcen, zu erwerben, ist daher gering. Wie an späterer Stelle noch aufgezeigt wird, scheint auch der GeR mit seinen Richtlinien nur bei sehr wenigen Lehrwerken Einfluss auf die Arbeit mit Wörterbüchern im DaF-Unterricht genommen zu haben. Aber auch dies müsste anhand eines größeren Korpus überprüft werden.

In Tabelle 1 sind alle 65 Belege aufgelistet, die in den Lehrwerken zu finden sind.

Tab. 1: Übersicht der Aufgaben zur Wörterbuchbenutzung in den verschiedenen Lehrwerken

Lehrwerk	Anzahl	Aufgaben zur Wörterbuchbenutzung
DaF kompakt. A1. 2011. Klett (Kursbuch)	1	Arbeiten Sie mit dem Wörterbuch.[7] Was passt nicht: a, b oder c? Kreuzen Sie an.
DaF kompakt. A1. 2011. Klett (Übungsbuch)	9	Welchen Artikel haben die Wörter aus 1-b? *Benutzen Sie ein* ***einsprachiges Wörterbuch***. Ordnen Sie die Wörter den Artikeln zu.
		Arbeit mit dem ***Wörterbuch***: Lebensmittel und Getränke. a-Ordnen Sie die Wörter in Kategorien und ergänzen Sie die Artikel. Schreiben Sie sie in die Tabelle in Ihr Heft. b- Lebensmittel: Schreiben Sie die Pluralformen in die Tabelle.
		Arbeit mit dem ***Wörterbuch***: Ordnen Sie die Wörter den Bildern zu und notieren Sie die Artikel.

7 Die Kursiv- und Fett-Markierung wurde von der Autorin für eine bessere Ansicht vorgenommen.

Lehrwerk	Anzahl	Aufgaben zur Wörterbuchbenutzung
		Arbeit mit dem ***Wörterbuch***: Mengenangaben und Verpackungen. a- Schreiben Sie die Mengenangaben und Verpackungen in die Tabelle. b- Lesen Sie den Einkaufszettel. Was ist hier falsch? Korrigieren Sie.
		Ist in 2b alles richtig? *Schauen Sie* bei der Regel in 1d und *im* ***Wörterbuch*** *nach.*
		Arbeit mit dem ***Wörterbuch***: Suchen Sie die Wörter aus 1a und 1b in das Wortnetz zum Thema „Sport". Finden Sie mehr Wörter. Vergleichen Sie die Ergebnisse im Kurs.
		Arbeit mit dem ***Wörterbuch***: Welche Verben bilden das Perfekt mit „sein", welche mit „haben"? Schreiben Sie sie in die Tabelle in Ihr Heft. *Das* ***Wörterbuch*** *kann helfen.*
		Schlagen Sie die Bedeutung von den Wörtern im ***Wörterbuch*** *nach*. Ordnen Sie sie dann mit dem Artikel und der Pluralform in die Tabelle aus 4a ein.
		Arbeiten Sie mit dem ***Wörterbuch***: Finden Sie das Grundwort und das Bestimmungswort.
DaF kompakt A2. 2011. Klett (Kursbuch)	1	Lesen Sie die **Auszüge aus einem Wörterbuch** und beantworten Sie die Fragen.
DaF kompakt A2. 2011. Klett (Übungsbuch)	6	*Arbeit mit dem* ***Wörterbuch***: Ergänzen Sie die Tabelle und markieren Sie die Stammvokale.
		Wer oder was singt, wer oder was sinkt? *Schauen Sie im* ***Wörterbuch*** *nach* und sprechen Sie in Gruppen.
		Arbeit mit dem ***Wörterbuch***: Finden Sie das Gegenteil.
		Arbeit mit dem ***Wörterbuch***: Berufe und Ausbildung. Was ist hier gemeint? Schreiben Sie die Wörter aus dem Schüttelkasten in die passenden Lücken. *Arbeiten Sie auch mit einem* ***einsprachigen Wörterbuch***.
		Arbeit mit dem ***Wörterbuch***: Auf der Suche nach der richtigen Endung. a- Welche Endung haben die Wörter im Genitiv? Schreiben Sie die Wörter in die Tabelle in Ihr Heft.
		Arbeit mit dem ***Wörterbuch***: Wie heißen die Nomen und die Artikel?
DaF kompakt B1. 2011. Klett. (Kursbuch)	0	---
DaF kompakt B1. 2011. Klett. (Übungsbuch)	2	Suchen Sie im Text die Verben zu den Nomen. Wie heißen sie im Infinitiv? Ein Verb finden sie nicht. *Schauen Sie dann evtl. ins* ***Wörterbuch***.
		Arbeit mit dem ***Wörterbuch***: Ordnen Sie die Endungen in 4b und die folgenden Wörter nach Maskulinum Femininum, und Neutrum. Ergänzen Sie auch die Pluralformen.

Lehrwerk	Anzahl	Aufgaben zur Wörterbuchbenutzung
Studio. Die Mittelstufe. B2. 2010/2011. Cornelsen. (Kursbuch)	5	Erklären Sie die Begriffe „Recht" und „Pflicht". *Verwenden Sie dazu ein **einsprachiges Wörterbuch***. Finden Sie Beispiele und Situationen für beide Begriffe. *Arbeiten Sie mit einem **einsprachigen Wörterbuch***. Suchen Sie im Wörterbuch nach den im Text markierten Wörtern. Machen Sie sich Notizen nach dem folgenden Schema. *Lesen Sie die **Wörterbucheinträge***. Welche Bedeutungen finden Sie im Lexikoneintrag wieder? Markieren Sie. Unterstreichen Sie im Fachartikel alle Wörter, die Sie für schwierig halten. Diskutieren Sie Möglichkeiten und Strategien, wie man ihre Bedeutung – ***ohne Wörterbuch*** – herausfindet. Erklären Sie die Begriffe **ohne Wörterbuch**. Der Satzkontext hilft.
Studio. Die Mittelstufe. B2 (2010/2011) Cornelsen. (Übungsbuch)	6	Welches Verb steckt in den Nomen? Kontrollieren Sie mit dem **Wörterbuch**. *Arbeit mit dem **Online-Wörterbuch***. Lesen Sie die Suchwörter und ergänzen Sie die Synonyme aus dem Schüttelkasten. Sammeln Sie weitere Adjektive mit Hilfe des **Wörterbuchs**. Ergänzen Sie noch weitere Wörter und definieren Sie sie. *Nutzen Sie das **Wörterbuch***. Was passt nicht? Streichen Sie das nicht passende Verb. *Überprüfen Sie gegebenenfalls im Internet.* Was bedeuten diese Wortverbindungen? Ordnen Sie zu. *Das **Wörterbuch** hilft.*
Studio: Die Mittelstufe. C1. 2015. Cornelsen. (Kurs- und Übungsbuch)	6	Erarbeiten Sie die Regel. Streichen Sie die Wörter, die nicht passen, und *überprüfen Sie mit weiteren Wörtern aus dem **Wörterbuch***. Lesen Sie die drei Definitionen. Welche passt zu dem kommentierten Text unten? Lesen Sie die Wörter und schlagen Sie unbekannte Wörter im **Wörterbuch** nach. Vergleichen Sie die Definitionen. Finden Sie Gemeinsamkeiten und Unterschiede und formulieren Sie eine eigene Definition. Sammeln Sie Wortfamilien im Artikel. *Benutzen Sie auch ein **Wörterbuch***. Wendungen verstehen. Ordnen Sie die Wendungen aus dem Liedtext den Bedeutungen zu. *Das **Wörterbuch** kann helfen.* Fünf wichtige Lebensmittel in Ihrem Land. Machen Sie eine Liste. *Arbeiten Sie mit dem **Wörterbuch***. Wie heißen die Lebensmittel auf Deutsch?

Lehrwerk	Anzahl	Aufgaben zur Wörterbuchbenutzung
DaF kompakt neu. A1. 2016. Klett (Kursbuch)	1	Arbeiten Sie mit dem **Wörterbuch**. Wie heißt das auf Deutsch?
DaF kompakt neu. A1. 2016. Klett (Übungsbuch)	6	*Arbeit mit dem **Wörterbuch***: Ordnen Sie die Wörter den Bildern zu. Notieren Sie den Artikel und den Plural. *Arbeit mit dem **Wörterbuch***. Markieren Sie: Wo finden Sie die Informationen zum Wort? Vergleichen Sie mit der Regel in 1d oder *kontrollieren Sie mit dem **Wörterbuch***. (Marginalspalte: Im ***Wörterbuch*** ist der Akzentvokal immer markiert: _ = langer Vokal . = kurzer Vokal) *Arbeit mit dem **Wörterbuch***. Schreiben Sie ein Wortnetz zum Thema „Freizeitaktivitäten". Benutzen Sie die Wörter aus dieser Lektion. *Finden Sie mehr Wörter im **Wörterbuch***. Vergleichen Sie die Ergebnisse im Kurs. *Schlagen Sie die Bedeutung von den Wörtern im **Wörterbuch** nach*. Ordnen Sie sie dann mit dem Artikel und der Pluralform in die Tabelle oben ein und verbinden Sie Kleidungsstücke und Materialien. Was macht man auf den Feiern? Ordnen Sie den Kategorien zu und schreiben Sie in Ihr Heft. Es gibt oft mehrere Möglichkeiten. *Schlagen Sie neue Wörter im **Wörterbuch** nach*.
DaF kompakt neu. A2. 2016. Klett (Kursbuch)	1	Lesen Sie die **Auszüge aus einem Wörterbuch** und beantworten Sie die Fragen.
DaF kompakt neu. A2. 2016. Klett (Übungsbuch)	2	Was passiert? Schreiben Sie die Wörter aus dem Schüttelkasten in die passenden Lücken. *Arbeiten Sie auch mit einem **einsprachigen Wörterbuch***. *Versuchen Sie, die neuen Begriffe aus dem Internet **ohne Wörterbuch** zu analysieren*, z. B. „Orthopädietechnik-Mechaniker: Orthopädie – Techniker – Mechaniker" und stellen Sie eine Hypothese auf, was dieser Mechaniker macht [...].
DaF kompakt neu. B1. 2016. Klett (Kursbuch)	2	Erklären Sie einander gegenseitig die Begriffe oben. Arbeiten Sie zu zweit und *verwenden Sie bei Bedarf Ihr **Wörterbuch***. Erklären Sie die drei Begriffe. Versuchen Sie eine Definition zu schreiben, wie sie im **Wörterbuch** stehen könnte.
DaF kompakt neu. B1. 2016. Klett (Übungsbuch)	2	Schreiben Sie die Sätze aus 1a in Standardsprache. *Benutzen Sie eventuell ein **Wörterbuch***. Das Wort „Wort" hat zwei Pluralformen: „Worte" und „Wörter", mit unterschiedlichen Bedeutungen. Lesen Sie den **Auszug aus dem Online-Wörterbuch** „Digitales Wörterbuch der deutschen Sprache" (dwds.de). Ordnen Sie die Sätze den verschiedenen Bedeutungen (1-6) zu.
Studio express. A1. 2018. Cornelsen (Kursbuch)	2	Artikel *im **Wörterbuch** finden*. Schreiben Sie die Wörter in die Tabelle.
Studio express. A1. 2018. Cornelsen (Übungsbuch)	1	Hören Sie und schreiben Sie die Wörter. *Kontrollieren Sie mit dem **Wörterbuch*** oder der Wörterliste.

Lehrwerk	Anzahl	Aufgaben zur Wörterbuchbenutzung
Studio express. A2. 2018. Cornelsen (Kursbuch)	1	Lesen Sie den ***Wörterbuchausriss*** und nennen Sie Beispiele für Systemgastronomie.
Studio express. A2. 2018. Cornelsen (Übungsbuch)	1	*Arbeit mit dem **Wörterbuch***. Ordnen Sie die Definitionen zu.
Studio express. B1. 2018. Cornelsen (Kursbuch)	1	Lesen Sie den ***Wörterbuchauszug***. Welche Klischees finden Sie in dem Artikel und auf Ihrer Liste? Diskutieren Sie.
Studio express. B1. 2018. Cornelsen (Übungsbuch)	1	Wörter definieren. Lesen Sie noch einmal den Zeitschriftenartikel in 7. Definieren Sie die Wörter im Schüttelkasten. Suchen Sie Informationen im Text. *Nutzen Sie auch ein **Wörterbuch***.
Kompass DaF. B2. 2020. Klett (Kursbuch)	2	Welche Sportarten sind in den Piktogrammen abgebildet? Sammeln Sie im Kurs und notieren Sie die Namen der Sportarten unter die Bilder. *Arbeiten Sie ggf. mit einem **Wörterbuch***. Sehen Sie die beiden Fotos an, *schlagen Sie die Bedeutung der Adjektive im **Wörterbuch** nach* und sammeln Sie Vermutungen zu den Fragen.
Kompass DaF. B2. 2020. Klett (Übungsbuch)	2	Welches Wort passt nicht in die Reihe? Streichen Sie durch. *Verwenden Sie ggf. ein **Wörterbuch***. Ergänzen Sie die Partizipien Perfekt und die Nomen in der Übersicht. *Arbeiten Sie ggf. mit einem **Wörterbuch***.
Motive. A1. 2023. Hueber (Kursbuch)	0	---
Motive. A1. 2023. Hueber (Arbeitsbuch)	0	---
Motive. A2. 2023. Hueber (Kursbuch)	1	Suchen Sie die Wörter im Text in a. Ordnen Sie zuerst die Wortart zu und versuchen Sie, die Bedeutung der Wörter zu erraten. *Übersetzen Sie dann die Wörter mit einem **Wörterbuch** in Ihre Muttersprache*.
Motive. A2. 2023. Hueber (Arbeitsbuch)	0	---
Motive. B1. 2023. Hueber (Kursbuch)	2	Lesen Sie und hören Sie die 14 neuen Wörter. Suchen Sie die Bedeutung der Wörter im **Wörterbuch**. Partnerarbeit. Was passt für Sie am besten? Ordnen Sie die Verben den Themen zu. Finden Sie für jedes Thema mindestens drei weitere Verben. *Suchen Sie auch im **Wörterbuch***.
Motive. B1. 2023. Hueber (Arbeitsbuch)	0	---
Kurs DaF. A1. 2024. Klett (Kursbuch)	0	---
Kurs DaF. A1. 2024. Klett (Übungsbuch)	1	Sie kennen Artikel, Singular oder Plural nicht? *Arbeiten Sie mit dem **Wörterbuch***.
	1	Arbeiten Sie zuerst ohne **(digitales) Wörterbuch**.

Lehrwerk	Anzahl	Aufgaben zur Wörterbuchbenutzung
Kurs DaF. A2. 2024. Klett (Kursbuch)	0	---
Kurs DaF. A2. 2024. Klett (Übungsbuch)	0	---

2.2.2 Formulierungen der Arbeitsanweisungen: mit und ohne Wörterbuch

In den Arbeitsanweisungen taucht das Wort „Wörterbuch“ mit Abstand am häufigsten auf, nämlich 64 Mal.[8] Nur wenige Beispiele konnten für eine konkretere Bezeichnung des Wörterbuchs gefunden werden: fünf Belege für das „einsprachige Wörterbuch“, zwei Belege für das „(digitale) Wörterbuch“ und zwei Belege für „Online-Wörterbuch“, wobei es sich in einer Aufgabe um das „Online-Wörterbuch *‚Digitales Wörterbuch der deutschen Sprache‘*“ handelt. (s. Tab. 1). Kein einziges Mal wird das zweisprachige Wörterbuch erwähnt, auch wenn die Arbeit damit bei bestimmten Aufgabenformulierungen implizit ist, wie in *Arbeiten Sie mit dem Wörterbuch. Wie heißt das auf Deutsch?* (Abb. 1) oder *Schreiben Sie eine Kurzbiographie über eine berühmte Person aus Ihrem Land.* (*DaF kompakt neu.* A2. Übungsbuch. 2016: 105)

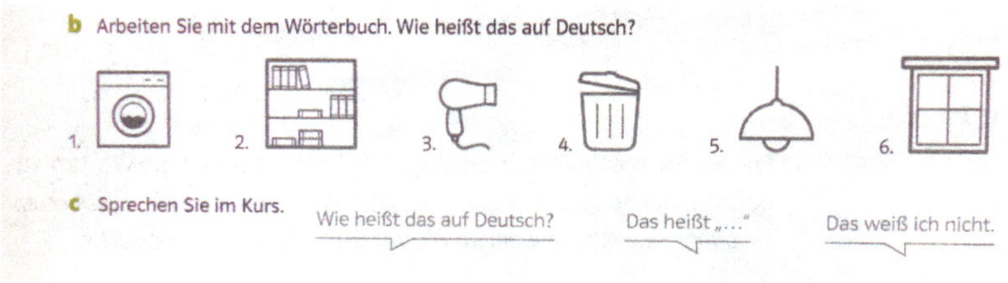

Abb. 1: DaF kompakt neu. A1 (Kursbuch) (2016: 23)

Zudem wird viermal von Wörterbuchauszug bzw. -ausriss gesprochen. Andere Termini wie „Print-Wörterbuch“[9], „Suchmaschine“, „automatischer Übersetzer“ oder „Übersetzungsprogramm“ konnten bei der Analyse nicht ausfindig gemacht werden. In einer Aufgabe wird von *Internet* gesprochen: *Was passt nicht? Streichen Sie das nicht*

8 Aufgrund der geringen Anzahl werden absolute Zahlen verwendet, und die Umrechnung in Prozentzahlen wird vermieden.

9 Dieser Terminus wird vor allem in der Fachwelt bekannt und wird im Allgemeinsprachlichen i. d. R. mit „Wörterbuch“ gleichgesetzt, auch wenn es aufgrund der vielfältigen Online-Angebote sinnvoll wäre, eine Unterscheidung zu treffen, bzw. eine exakte Bezeichnung/Kategorisierung vorzunehmen.

passende Verb. Überprüfen Sie gegebenenfalls im Internet. Wo genau, wird nicht genannt. Möglicherweise ist eine lexikographische Ressource angedacht.

Es ist interessant, dass generell – auch in den neueren Lehrwerken – fast ausschließlich von „Wörterbuch" die Rede ist, und kaum Aufgaben für die Benutzung von Online-Ressourcen existieren. In den Lehrwerken konnten nur zwei Belege aus Lehrwerken von 2011 und 2016 gefunden werden: *Arbeit mit dem Online-Wörterbuch. Lesen Sie die Suchwörter und ergänzen Sie die Synonyme aus dem Schüttelkasten.* und *Lesen Sie den Auszug aus dem Online-Wörterbuch „Digitales Wörterbuch der deutschen Sprache"* (dwds.de). Es liegt die Vermutung nahe, dass in den Lehrwerken so getan wird, als würde Wörterbucharbeit immer noch die Arbeit mit einem „traditionellen", nämlich einem Print-Wörterbuch, bedeuten. Die digitale Transformation scheint nicht angekommen zu sein und auch Ergebnisse aus der Wörterbuchbenutzungsforschung – z. B., dass Fremdsprachenlernende Suchmaschinen, automatische Übersetzer oder lexikographische Mischformen benutzen – wurden in den Lehrwerken bisher noch nicht berücksichtigt.

Die sehr allgemein gehaltene Benennung zeigt außerdem, dass – mit einigen wenigen Ausnahmen wie „einsprachiges Wörterbuch" – kein konkreter Wörterbuchtyp genannt wird. Welcher Wörterbuchtyp von den Lernenden für die jeweilige Aufgabe verwendet werden soll, muss i. d. R. von den Lernenden selbst herausgefunden oder aus dem Kontext der Arbeitsanweisung erschlossen werden. Dies wiederum setzt voraus, dass sich die Lernenden in der aktuellen Wörterbuchlandschaft auskennen. Vermutlich gehen Lehrbuchverlage und ihr Autorenteam von diesen Voraussetzungen aus. Aus der Wörterbuchbenutzungsforschung wissen wir jedoch, dass dies diese Annahme nicht zutrifft (vgl. Nied Curcio 2022).

Betrachtet man die Sätze der Aufgaben, in denen das Wort „Wörterbuch" vorkommt, so erscheint folgendes Bild:

Tab. 2: Arbeitsanweisungen mit dem Wörterbuch

Arbeitsanweisungen	**Anzahl der Belege**
Arbeit mit dem Wörterbuch./Arbeiten Sie mit dem Wörterbuch.	21
Benutzen/Nutzen/Verwenden Sie ein/Ihr Wörterbuch.	8
Schlagen Sie (...) im Wörterbuch nach.	5
Lesen Sie die Auszüge aus dem Wörterbuch und.... /Lesen Sie den Wörterbuchauszug/-aufriss	5
Kontrollieren Sie mit dem Wörterbuch.	3
Schauen Sie ... im Wörterbuch nach.	2
Schauen Sie ins Wörterbuch.	2
Suchen Sie im Wörterbuch./Suchen Sie ... im Wörterbuch.	2

Arbeitsanweisungen	**Anzahl der Belege**
Arbeit mit dem Wörterbuch./Arbeiten Sie mit dem Wörterbuch.	21
Finden Sie im Wörterbuch.../...im Wörterbuch finden.	2
Überprüfen Sie mit weiteren Wörtern aus dem Wörterbuch.	1
Übersetzen Sie ... mit einem Wörterbuch...	1
Schreiben Sie eine Definition, wie Sie im Wörterbuch stehen könnte.	1
Arbeiten Sie ohne (digitales) Wörterbuch.	3

Die mit Abstand häufigste Formulierung ist *Arbeit mit dem Wörterbuch.* (15 Belege). Schließen wir noch die Formulierung *Arbeiten Sie mit dem Wörterbuch* ein, dann erhält man 20 Belege mit der Kombination „Arbeit/arbeiten – Wörterbuch", was fast ein Drittel aller Belege ausmacht. Weitere Verb-Wörterbuch-Verbindungen sind „benutzen bzw. verwenden – Wörterbuch" (6) und „nachschlagen – Wörterbuch" (5), sowie „lesen – Wörterbuchauszug/-aufriss" (5). Nur jeweils 2 Belege erhält man für „nachschauen – Wörterbuch", „schauen – Wörterbuch", „suchen – Wörterbuch" und „finden – Wörterbuch". Die Verben „arbeiten" und „benutzen" bezeichnen nur eine sehr allgemeine Tätigkeit und in Bezug auf das Wörterbuch bedeutet es nur, dass dieses verwendet werden soll. Es gibt keinerlei spezifische Handlungsanweisung. Auch eine Arbeitsanweisung wie *Schauen Sie ins Wörterbuch.* ist m.E. relativ sinnlos. Das Verb „nachschlagen", das oft mit unbekannten Wörtern in Verbindung steht, weist zumindest auf den Dekodierungsprozess hin, nämlich, dass eine bestimmte Stelle im Wörterbuch gesucht und gelesen werden sollte. Aber auch hier ist die Arbeitsanweisung sehr vage. Bei einigen Aufgaben kann die konkrete Benutzungshandlung und das Ziel aus der gesamten Aufgabe erschlossen werden, z. B. *Welchen Artikel haben die Wörter aus 1-b? Benutzen Sie ein einsprachiges Wörterbuch. Ordnen Sie die Wörter den Artikeln zu.* Hier geht es darum, das Lemma im Wörterbuch aufzuschlagen und die Informationen zum Genus im Wörterbuchartikel zu finden.

Bei vielen Aufgaben mit dem Wörterbuch bleibt das konkrete Benutzungsziel und die konkrete Benutzungshandlung jedoch vage, auch wenn man die gesamte Aufgabenstellung mit in Betracht zieht und manchmal erscheint der Satz *Arbeit mit dem Wörterbuch* wie ein Anhängsel und die Benutzung erscheint nicht unbedingt sinnvoll.

In allen Lehrwerken konnten nur zwei Belege für konkretere Verben wie „kontrollieren" und ein Beleg für „überprüfen" gesichtet werden (vgl. Tab. 2), z. B. *Hören Sie und schreiben Sie die Wörter. Kontrollieren Sie mit dem Wörterbuch oder der Wörterliste.* Bei diesen Aufgaben geht es darum, vorher erledigte Aufgaben auf ihre Korrektheit zu überprüfen, wobei das Wörterbuch aus meiner Sicht dafür nicht unbedingt notwendig ist.

Konkreter erweisen sich dagegen Aufgaben wie *Lesen Sie die Auszüge aus einem Wörterbuch und beantworten Sie die Fragen.* (vgl. Abb. 10) Explizite Wörterbucharbeit mit einer konkreten Handlungsanweisung für eine sprachliche Aktivität (Schreiben) wird auch in der nachfolgenden Aufgabenstellung gefordert: *Erklären Sie die drei Begriffe. Versuchen Sie eine Definition zu schreiben, wie sie im Wörterbuch stehen könnte.* Eine weitere konkrete Aufgabe (Suche nach der Definition), verbunden mit einer sprachlichen Aktivität (Sprechen), ist folgende Aufgabe: *Erklären Sie einander gegenseitig die Begriffe oben. Arbeiten Sie zu zweit und verwenden Sie bei Bedarf Ihr Wörterbuch.* Derartige Aufgaben sind im Korpus jedoch kaum belegt.

Bringt man die Arbeitsanweisungen mit der Begrifflichkeit in Zusammenhang, so liegt auf der Hand, dass die Arbeit mit den lexikographischen Ressourcen i. d. R. sehr allgemein und vage formuliert wird. Es wird in fast allen Fällen weder spezifiziert, mit welchem Wörterbuch gearbeitet werden soll, noch was genau zu tun ist. Was heißt denn *Arbeit mit dem Wörterbuch* oder *Arbeiten Sie mit dem Wörterbuch*? Wie soll das Wörterbuch konkret benutzt werden? Das Gleiche gilt für *Schlagen/Schauen Sie im Wörterbuch nach.* In welchem Wörterbuch soll man nachschauen? Was soll nachgeschaut werden? Selbst wenn man die gesamte Arbeitsanweisung miteinbezogen wird, ist nicht immer verständlich, wie die konkrete Benutzungshandlung aussehen soll.

Interessant – aber nicht verwunderlich, wenn man bedenkt, dass im aktuellen DaF-Unterricht in Anlehnung an den GeR das Erlernen von Sprachlernstrategien gefördert werden soll – ist die Tatsache, dass es Aufgaben gibt, in denen bewusst gefordert wird, (zuerst) ohne das Wörterbuch zu arbeiten (4 Belege). Es geht i.d.R. darum, Sprachlernstrategien zu erlernen und anzuwenden. Diese Beobachtung kann vor allem in den Lehrwerken *DaF kompakt neu* (2016) und *Studio. Die Mittelstufe.* (2010/2011, 2015), aber auch in *Kurs DaF* (2023) gemacht werden, die sich das Erlernen von Lernstrategien auf die Fahne geschrieben haben. (vgl. Tab. 1) Außerdem muss erwähnt werden, dass im Inhaltsverzeichnis von *Studio. Die Mittelstufe* die Arbeit mit Lexika und Wörterbüchern bei den Lernstrategien spezifisch genannt werden und – im Vergleich zu anderen Lehrwerken – relativ viele (darunter auch sehr sinnvolle) Aufgaben zur Wörterbuchbenutzung vorhanden sind (11 Belege für eine einzige Niveaustufe). Bei der nachfolgenden Aufgabe (Abb. 2) geht es darum, auf den bisher erlernten Wortschatz zurückzugreifen und das Vorwissen zu aktivieren sowie den Sprachvergleich als Strategie anzuwenden (Textverständnis über internationale Wörter). Es wird bewusst vor einem schnellen Griff zum Wörterbuch gewarnt und darauf hingewiesen, dass das Verständnis aller Wörter beim selektiven Lesen nicht von Belang ist.[10]

10 Auf der Niveaustufe A1 dieses Lehrwerks sind insgesamt nur 2 Arbeitsanweisungen mit „Wörterbuch“ zu finden. Diese „Warnung“ vor der Benutzung ist eine davon.

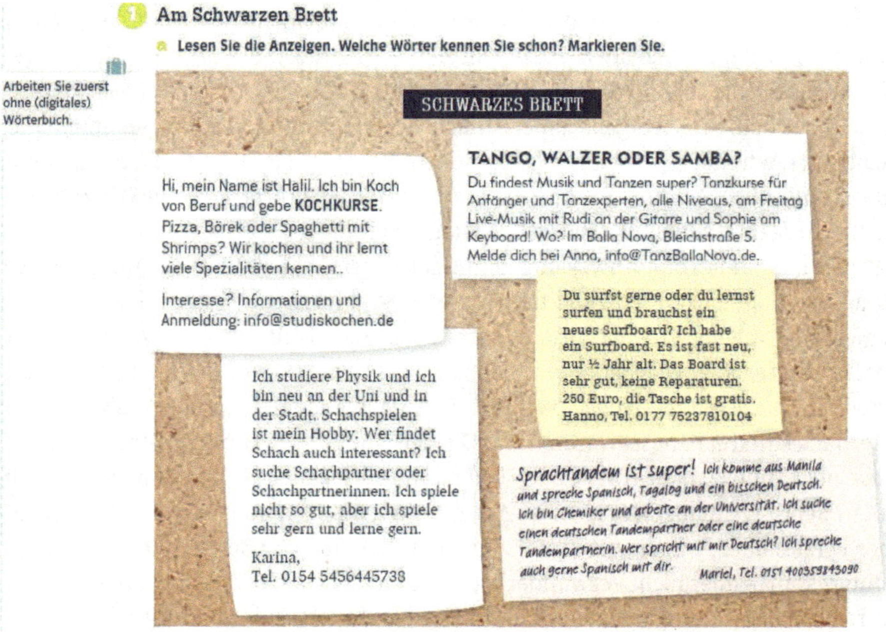

Abb. 2: *Kurs DaF.* A1 (2023: 104)

Schließlich gibt es Beispiele, bei denen das Wort „Wörterbuch“ nicht ausdrücklich erscheint, es sich aber um die Arbeit mit dem Wörterbuch oder einem abgebildeten Wörterbuchauszug handelt. Dafür konnten vier Belege gefunden werden.[11] Ein Beispiel soll hier gezeigt werden:

11 Diese Aufgaben sind nicht in Tabelle 1 repräsentiert.

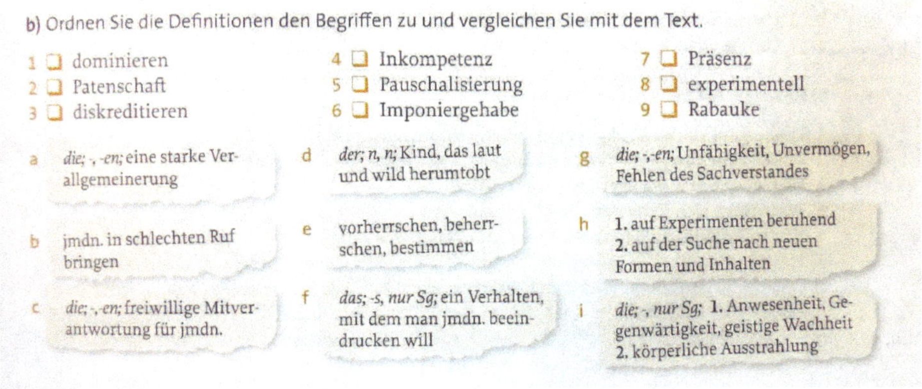

b) Ordnen Sie die Definitionen den Begriffen zu und vergleichen Sie mit dem Text.

1 ❑ dominieren
2 ❑ Patenschaft
3 ❑ diskreditieren
4 ❑ Inkompetenz
5 ❑ Pauschalisierung
6 ❑ Imponiergehabe
7 ❑ Präsenz
8 ❑ experimentell
9 ❑ Rabauke

a *die; -, -en;* eine starke Verallgemeinerung

b jmdn. in schlechten Ruf bringen

c *die; -, -en;* freiwillige Mitverantwortung für jmdn.

d *der; n, n;* Kind, das laut und wild herumtobt

e vorherrschen, beherrschen, bestimmen

f *das; -s, nur Sg;* ein Verhalten, mit dem man jmdn. beeindrucken will

g *die; -, -en;* Unfähigkeit, Unvermögen, Fehlen des Sachverstandes

h 1. auf Experimenten beruhend 2. auf der Suche nach neuen Formen und Inhalten

i *die; -, nur Sg;* 1. Anwesenheit, Gegenwärtigkeit, geistige Wachheit 2. körperliche Ausstrahlung

Abb. 3: *Studio. Die Mittelstufe*. B2/2 (2011: 129)

Wie bereits erwähnt, tauchen im Korpus viele Beispiele auf, bei denen man nicht genau weiß, wie der Akt der Wörterbuchbenutzung konkret vonstattengehen soll. Zu viele Fragen bleiben unbeantwortet: Welches Wörterbuch soll verwendet werden? Was soll konkret nachgeschlagen werden? Einige Beispiele sollen zu diesem Zwecke diskutiert werden. Vermutlich kann die Benutzung des Wörterbuchs bei einer Aufgabenstellung wie *Sehen Sie die beiden Fotos an, schlagen Sie die Bedeutung der Adjektive im Wörterbuch nach und sammeln Sie Vermutungen zu den Fragen.* von den Lernenden im Kontext genau bestimmt werden. (Abb. 4) Man soll – vor der eigentlichen Aufgabe – die Bedeutung der Adjektive „autoritär", „demokratisch", „hierarchieorientiert", „kooperativ" und „laissez-faire" im Wörterbuch nachschlagen, damit sie danach für die zu formulierenden Vermutungen zur Verfügung stehen. Trotzdem bleibt offen, in welchem Wörterbuch oder in welchen Wörterbüchern nachgeschlagen werden soll. Zudem stellt sich bei dem komplexen Adjektiv „hierarchieorientiert" die Frage, ob Wort als Lemma existiert oder ob man „(H)/hierarchie" und „orientiert" nicht getrennt nachschlagen müsste. Auch ist es nicht garantiert, dass man das aus dem Französischen entlehnte *laissez-faire* in einem allgemeinsprachigen Wörterbuch des Deutschen findet.[12] Es kommt eben auf das Wörterbuch an!

12 Im *Digitalen Wörterbuch der deutschen Sprache* (dwds.de) und im *Duden Online* (duden.de) ist das Lemma „laissez faire" ohne Bindestrich zu finden.

D Gute Chefs und Chefinnen

1 **Führungskräfte und ihre Mitarbeiter** [anhand von Leitfragen Informationen beim Hören notieren]

a Sehen Sie die beiden Fotos an, schlagen Sie die Bedeutung der Adjektive im Wörterbuch nach und sammel
Vermutungen zu den Fragen. ▶ ÜB D1

1. Wer ist der Chef / die Chefin auf den beiden Fotos? Begründen Sie.
2. Wie motiviert der Chef / die Chefin möglicherweise die Mitarbeiter und Mitarbeiterinnen?
3. Welches Adjektiv passt vielleicht zum Chef / zur Chefin und seiner Art, das Team zu führen?

autoritär | demokratisch | hierarchieorientiert | kooperativ | laissez-faire

Abb. 4: *Kompass DaF.* B2 (2020: 118)

Betrachten wir ein weiteres Beispiel (Abb. 5). Die konkrete Handlung kann hier aus der gesamten Arbeitsanweisung abgeleitet werden. Die Lernenden sollen die ihnen unbekannte Artikel, Singular- und Pluralformen verschiedener Wörter im Wörterbuch nachschlagen, d.h. sie schlagen den entsprechenden Wörterbuchartikel auf und entnehmen diesem die Angaben zu Genus und den Singular- und Pluralformen. Selbst wenn man davon ausgeht, dass die Lernenden wissen, dass diese Angaben i. d. R. in abgekürzter Form direkt nach dem Lemma stehen und sie sie sehr wahrscheinlich finden, bleibt dennoch offen, ob man in einem ein- oder zweisprachigen Wörterbuch nachschlagen soll. Bezeichnend ist auch, dass es sich hier nicht wirklich um eine Aufgabenstellung handelt, sondern um einen Tipp in der Marginalspalte, was bedeutet, dass der Information weniger Bedeutung beigemessen wird.

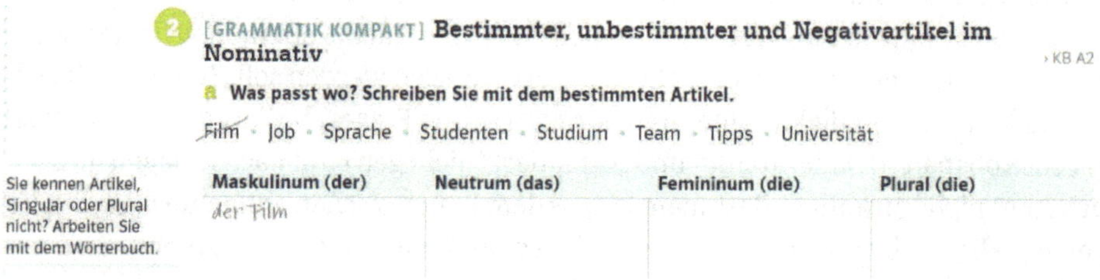
2 [GRAMMATIK KOMPAKT] **Bestimmter, unbestimmter und Negativartikel im Nominativ** › KB A2

a **Was passt wo? Schreiben Sie mit dem bestimmten Artikel.**

Film · Job · Sprache · Studenten · Studium · Team · Tipps · Universität

Sie kennen Artikel, Singular oder Plural nicht? Arbeiten Sie mit dem Wörterbuch.

Maskulinum (der)	Neutrum (das)	Femininum (die)	Plural (die)
der Film			

Abb. 5: *Kurs DaF. A1* (2023: 98)

Im folgenden Beispiel (Abb. 6) wird ein konkreter Wörterbuchtyp angegeben, aber die allgemeine Arbeitsanweisung *Benutzen Sie ein einsprachiges Wörterbuch* weist auf keine konkrete Handlung hin. Jedoch wird aufgrund des abgebildeten Ausschnittes eines Wörterbuchartikels die Aufgabenstellung klarer und die Lernenden können die durchzuführende Handlung ableiten.

d Welchen Artikel haben die Wörter aus 1b? Benutzen Sie ein einsprachiges Wörterbuch. Ordnen Sie die Wörter den Artikeln zu.

Foto das <-s,-s> Kurz für „Fotografie" ein Foto machen. Erinnerungs-, Familien, Farb-, Kinder-, Pass-, Urlaubs-

M (der)	N (das)	F (die)
Foto		

Abb. 6: *DaF kompakt.* A1 (2011: 21)

Obwohl in der Arbeitsanweisung *Fünf wichtige Lebensmittel in Ihrem Land. Machen Sie eine Liste. Arbeiten Sie mit dem Wörterbuch. Wie heißen die Lebensmittel auf Deutsch* kein konkreter Wörterbuchtyp genannt wird, ergibt sich der Wörterbuchtyp durch die Aufgabenformulierung (Abb. 7). Hier sollen die Lernenden vermutlich zuerst Lebensmittel aus ihrem Land in ihrer Sprache in einem zweisprachigen Wörterbuch suchen und diese dann vermutlich auf Deutsch übertragen. Abgesehen davon, dass es sich möglicherweise um Kulturspezifika handelt und diese nicht unbedingt ein Äquivalent in der deutschen Sprache haben, bleibt offen, ob sie in einem Print- oder Online-Wörterbuch suchen sollen, ob sie ein Übersetzungsprogramm verwenden können... Man kann sich durchaus vorstellen, dass die Lernenden im Unterricht auf unterschiedliche Ressourcen zurückgreifen und dadurch zu unterschiedlichen Ergebnissen gelangen, was einerseits für die Lehrkraft eine didaktische Herausforderung wäre, gleichzeitig aber Anlass zur Diskussion über Wörterbücher geben könnte.

3 Fünf wichtige Lebensmittel in Ihrem Land. **Machen Sie eine Liste. Arbeiten Sie mit dem Wörterbuch. Wie heißen die Lebensmittel auf Deutsch?**

—

Abb. 7: *Studio express.* A1 (2018: 107)

Unklar ist der Wörterbuchtyp auch in der folgenden Aufgabe (Abb. 8), in dem man Wörter innerhalb eines Wortfeldes finden soll. Angedacht ist vermutlich kein onomasiologisches Wörterbuch oder ein (ein- oder zweisprachiges) Bildwörterbuch, sondern vermutlich – im traditionellen Sinne – ein semasiologisches, ein zweisprachiges Wörterbuch, in dem die Lernenden das deutschsprachige Äquivalent für ein Wort in der L1 finden sollen, was jedoch zeitaufwändig ist, da man nach einzelnen in der Regel alphabetisch geordneten Wörtern der L1 nachschlagen muss. Es ist fraglich, ob heutige Lernende bei ihrer Recherche und Bearbeitung der Aufgabe tatsächlich so vorgehen, wie es möglicherweise von den Autorinnen und Autoren intendiert war. Auch bei dieser Aufgabe ist das Risiko groß, die Lösung direkt von ChatGPT präsentieren zu lassen.

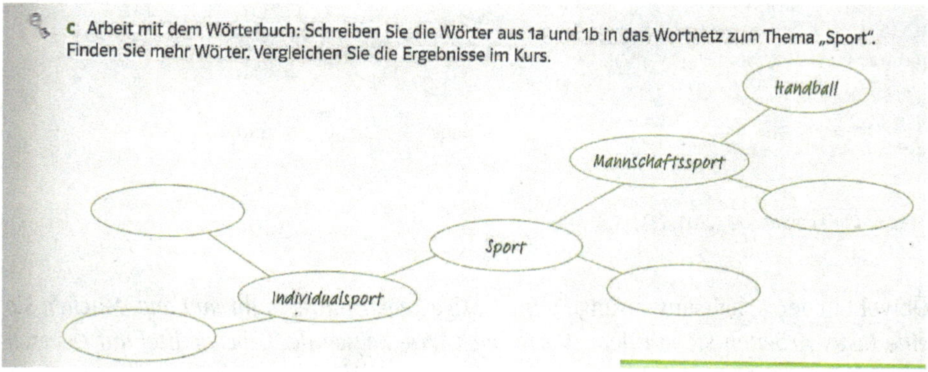

Abb. 8: *DaF kompakt. A1* (2011: 37)

Ähnlich verhält es sich im folgenden Beispiel (Abb. 9). Da es nur ganz allgemein um die Arbeit mit dem Wörterbuch geht, ergeben sich verschiedene Szenarien. Würden die Lernenden in einem Print-Wörterbuch nachschlagen (müssen), würden sie vermutlich in dem von ihnen generell bevorzugten zweisprachigen Wörterbuch nachschauen, möglicherweise zuerst nach dem Gegenteil in der L1 suchen, um dann das entsprechende deutsche Äquivalent in der vorgegebenen Liste auszustreichen. Vielleicht müssten sie noch einen weiteren Schritt machen und (falls sie sich nicht erinnern) zuerst das deutsche Adjektiv nachschlagen. Um Antonyme in einem allgemeinsprachlichen Wörterbuch zu finden, bedarf es folglich mehrerer Schritte. Dieses Szenario ist außerdem nur denkbar, wenn ihnen im Unterricht nur Print-Wörterbücher zur Verfügung stehen. Wird diese Aufgabe von Lernenden zu Hause erledigt, dann ist davon auszugehen, dass sie direkt in einer Suchmaschine das Adjektiv und einen metasprachlichen Begriff aus der L1 eingeben, z. B. „altmodisch opposite" (englischsprachige Lernende) oder „altmodisch contrario" (italienischsprachige Lernende) oder sogar „opposite of altmodisch" / „contrario di altmodisch" eingeben (vgl. Müller-Spitzer et al. 2018). Ob sie zum gewünschten Ergebnis gelangen, ist dann natürlich davon abhängig, welche dargebotene Ressource sie öffnen und wie sie weiter recherchieren und ob sie aufmerksam lesen. Dabei wäre die Aufgabe selbst eine passende Gelegenheit, um die Arbeit mit Internet-Ressourcen, in denen Antonyme aufgelistet sind, zu fördern, mit dem Ziel, mit weniger Schritten und Klicks die Aufgabe lösen zu können. Gleichzeitig würde man die Kenntnisse über die Wörterbuchlandschaft erweitern.

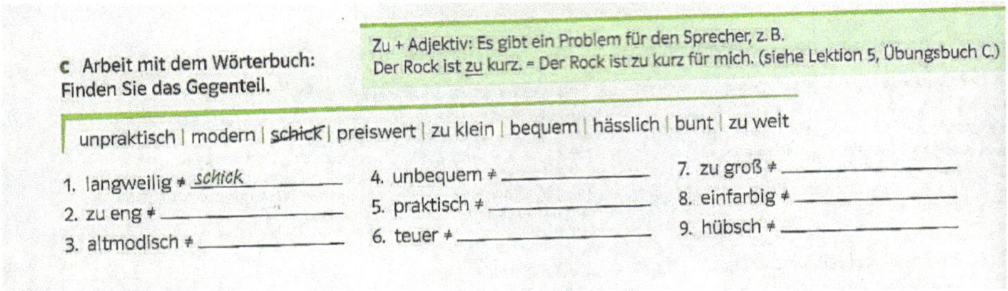

c Arbeit mit dem Wörterbuch: Finden Sie das Gegenteil.

Zu + Adjektiv: Es gibt ein Problem für den Sprecher, z. B.
Der Rock ist zu kurz. = Der Rock ist zu kurz für mich. (siehe Lektion 5, Übungsbuch C.)

unpraktisch | modern | ~~schick~~ | preiswert | zu klein | bequem | hässlich | bunt | zu weit

1. langweilig ≠ schick
2. zu eng ≠ ____
3. altmodisch ≠ ____
4. unbequem ≠ ____
5. praktisch ≠ ____
6. teuer ≠ ____
7. zu groß ≠ ____
8. einfarbig ≠ ____
9. hübsch ≠ ____

Abb. 9: *DaF kompakt*. A2 (2011: 116)

Bei manchen Arbeitsanweisungen ist völlig unklar, was, wann und wie im Wörterbuch nachgeschlagen werden soll und ob die Benutzung eines Wörterbuchs tatsächlich für die Aufgabenbewältigung das adäquate Hilfsmittel ist, z. B. für die Arbeitsanweisung *Arbeit mit dem Wörterbuch: Welche Verben bilden das Perfekt mit „sein", welche mit „haben"? Schreiben Sie sie in die Tabelle in Ihr Heft. Das Wörterbuch kann helfen.* Wissen die Lernenden, wo sie im Wörterbuch nach den Informationen des Hilfsverbs für das Perfekt schauen müssen? *Das Wörterbuch kann helfen.* Wie? Hat das Wörterbuch einen Grammatikteil mit Verbtabellen (z. B. in den Print-Wörterbüchern)? Für solche Fragen benutzen junge DaF-Lernende heutzutage Internetseiten, in denen sich Verbtabellen und -listen befinden (vgl. Müller-Spitzer et al. 2018). Das Wörterbuch ist dafür nicht unbedingt das geeignete Hilfsmittel, zumindest ist die Recherche wesentlich zeitaufwändiger.

Im folgenden Beispiel (Abb. 10) ist die Handlungsanweisung konkreter, obwohl man auf den ersten Blick denken könnte, es ginge nur um das Lesen eines Wörterbuchauszugs. Aufgrund der anschließenden Aufforderung, Fragen zu beantworten, werden die Lernenden aufgefordert, die Informationen aus den Wörterbuchartikeln mit den Informationen in den Fragen zu vergleichen, d. h. sie müssen vor Beantwortung der Fragen die Informationen aus dem Wörterbuchartikel verstehen. Dies ist m.E. eine adäquate Aufgabe für die Wörterbuchdidaktik, da sie den Umgang mit dem Wörterbuch bzw. mit einem Wörterbuchartikel in eine konkrete sprachliche Situation einbezieht und sich so einer Recherche annähert, wie sie in der Realität wirklich vorkommen kann.

2 Arbeitszeitregelung und andere Fragen

a Lesen Sie die Auszüge aus einem Wörterbuch und beantworten Sie die Fragen. ÜB: C 3a–b

Gleit.zeit die <-> *(kein Pl.)* Arbeitszeitregelung: Man kann Anfang und Ende der Arbeitszeit in Grenzen, die vom Betrieb festgelegt werden, selbst bestimmen.	Schicht die <-, -en> ein Abschnitt der Arbeitszeit in einem Betrieb, in dem man 24 Stunden oder über 10 Stunden arbeitet: in der Früh-, Spät-, Nachtschicht arbeiten, S. arbeiten.	Ü.ber.stun.de die <-, -n> *(meist Plural)* Stunden, die man zusätzlich zur vertraglichen Arbeitszeit arbeitet = Überstunden machen ≠ Überstunden abbauen.

1. Kann man bei Gleitzeit kommen und gehen, wann man will? ____________
2. Jemand beginnt um 6.00 Uhr morgens mit der Arbeit. Welche Schicht ist das? ____________
3. Bei Ritter Sport arbeitet man 38 Stunden wöchentlich. Eine Mitarbeiterin hat diese Woche 36 Stunden gearbeitet. Hat sie Überstunden gemacht oder abgebaut? ____________

Abb. 10: *DaF kompakt.* A2 (2011: 145)

Interessant sind m.E. auch die „vorsichtigen" Formulierungen in Lehrwerken, die die Arbeit mit dem Wörterbuch nur vorschlagen, z. B. *Arbeiten Sie ggf. mit dem Wörterbuch.* Oder *Verwenden Sie bei Bedarf Ihr Wörterbuch.*, aber auch *Das Wörterbuch kann helfen.* Es wird den Lehrenden und den Lernenden überlassen, ob sie ein Wörterbuch verwenden oder nicht. Meines Erachtens ist dies eine Formulierung, die in dieser Art völlig überflüssig ist, denn, haben Lernende das Bedürfnis ein Wörterbuch zu benutzen, dann tun sie das (vgl. Kap. 1). Außerdem suggeriert die Formulierung, dass man ein Wörterbuch nicht wirklich für die Lösung der Aufgabe braucht. Also, wieso sollte man es benutzen...

2.2.3 Aufgaben zu Wortschatz, Grammatik und sprachlichen Aktivitäten

Es ist wichtig, sich nochmals zu vergegenwärtigen, dass es beim Erlernen einer Fremdsprache darum geht, den entsprechenden Wortschatz zu erlernen und ihn im Rahmen der sprachlichen Aktivitäten (Lesen, Hören, Schreiben, Sprechen bzw. Rezeption mündlich/schriftlich, Produktion mündlich/schriftlich, Interaktion mündlich/schriftlich) anwenden zu können. Das Wörterbuch als Hilfsmittel steht im Dienste des Erwerbs von kommunikativen Kompetenz. Nur sehr wenige Aufgaben aus dem Korpus werden jedoch mit sprachlichen Aktivitäten verbunden.

Über die Hälfte der Aufgaben (36 Belege), in denen ein Wörterbuch benutzt werden soll, können dem Bereich des Wortschatzerwerbs und -erweiterung zugeordnet werden (Tab. 3).

Tab. 3: Anzahl der Aufgaben in den sprachlichen Bereichen

Sprachlicher Bereich	Anzahl der Aufgaben	Nachschlagehandlung	Anzahl
Wortschatzerwerb/ -erweiterung	36	Unbekannte Wörter nachschlagen, Wortbedeutung erschließen	20
		Wörterbuchartikel bzw. Definitionen in Wörterbuchartikeln/-auszügen verstehen	10
		Antonyme suchen	1
		Weitere/neue Wörter finden (Wortschatzerweiterung)	4
		Sprachliche Ausdrücke aus einer Varietät in die Standardsprache übertragen	1
Grammatik	12	Genus, Singular- und Pluralform nachschlagen	8
		Genitivendung im Wörterbuchartikel nachschlagen	1
		Hilfsverben zu Verben nachschlagen	1
		Konjugation von Verben nachschlagen	1
		Partizip-Perfekt-Formen nachschlagen	1
Orthographie	3	Wörter korrigieren	3
Aussprache	1	Akzentvokal nachschlagen	1

Dabei handelt es sich meist um Aufgaben zum *decoding* (20 Belege), das Nachschlagen unbekannter Wörter (Betonung auf Wörter, d.h. einzelne Wörter und nicht Wortverbindungen, Wendungen, Ausdrücke, bzw. Phraseologismen im weiteren Sinne!). Unter den 20 Belegen lassen sich (leider) nur zwei Aufgaben zu Wortverbindungen bzw. Wendungen anführen: *Was bedeuten diese Wortverbindungen? Ordnen Sie zu. Das Wörterbuch hilft.* (*Studio. Die Mittelstufe.* B2 2011) und *Wendungen verstehen. Ordnen Sie die Wendungen aus dem Liedtext den Bedeutungen zu. Das Wörterbuch kann helfen.* (*Studio. Die Mittelstufe.* C1 2015) Es muss jedoch erwähnt werden, dass auch das Auffinden von Wendungen in einem (Print-)Wörterbuch für viele Lernende ein Problem darstellt (und ohne Wörterbuchdidaktik oft nicht zu einem erfolgreichen Nachschlagen führt). Wogegen bekannt ist, dass junge Lernende im Internet mittlerweile nicht nur einzelne Wörter recherchieren und ihre Suchstrings an die Ressourcen anpassen (vgl. Müller-Spitzer 2018).

Noch gibt es wenige empirische Forschungen mit Hilfsmitteln der Künstlichen Intelligenz (KI) in der Fremdsprachendidaktik. Aber man kann sich vorstellen, dass sich das Rechercheverhalten der Fremdsprachenlernenden in der jetzigen Zeit nochmals verändert hat. Viele der Aufgaben würden sich sehr schnell und effizient mithilfe von

KI wie z. B. ChatGPT lösen lassen, wie z. B. die folgende Aufgabe: *Welches Wort passt nicht in die Reihe?* (Abb. 11). Junge Lernende recherchieren heutzutage vor allem ergebnisorientiert, das bedeutet, dass eine Recherche schnell und effizient das Ergebnis präsentieren soll (Es geht dabei weniger um den Lernprozess (sic!)). Man darf annehmen, dass die Lernenden, bevor sie also jedes einzelne Wort in einem Wörterbuch suchen, die Aufgabe direkt von ChatGPT erledigen lassen würden.

C Ernährung – nur Privatsache?

1 Ernährung als staatliche Aufgabe ▸ KB C1b

a Welches Wort passt nicht in die Reihe? Streichen Sie durch. Verwenden Sie ggf. ein Wörterbuch.

1. a. Kampagne	b. Initiative	c. ~~Plan~~	d. Maßnahme
2. a. wirkungsvoll	b. erfolgreich	c. effektiv	d. oberflächlich
3. a. begründet	b. berechtigt	c. korrekt	d. legitim
4. a. Beobachter	b. Anhänger	c. Befürworter	d. Vertreter
5. a. respektlos	b. verantwortungslos	c. bedenkenlos	d. leichtsinnig
6. a. Käufer	b. Verbraucher	c. Hersteller	d. Konsument
7. a. alarmierend	b. überraschend	c. erschreckend	d. beunruhigend
8. a. erfolglos	b. gescheitert	c. unpassend	d. misslungen

Abb. 11: *Kompass DaF.* B2 (2020: 212)

Die Aufgaben zum Wortschatz in denen es um das Lesen von Wörterbuchartikeln oder Auszügen und das Verstehen von Definitionen und Beispielen geht, können im Allgemeinen als positiver beurteilt werden. Dafür gibt es insgesamt zehn Belege (vgl. Abb. 10).

Interessant ist, dass an 2. Stelle die Belege im Bereich der Grammatik stehen (12 Belege). In acht der zwölf Aufgaben geht es darum, Genus, Singular- und Pluralformen nachzuschlagen. Zwei Beispiele dafür sind: *Arbeit mit dem Wörterbuch: Ordnen Sie die Endungen in 4b und die folgenden Wörter nach Maskulinum, Femininum, und Neutrum. Ergänzen Sie auch die Pluralformen.* und *Sie kennen Artikel, Singular oder Plural nicht? Arbeiten Sie mit dem Wörterbuch.* In einer einzigen Aufgabe geht es um das Nachschlagen der Genitiv-Form. In jeweils drei weiteren Belegen werden Aufgaben formuliert, die m.E. weniger geeignet für die Arbeit mit dem Wörterbuch sind, insbesondere, wenn man nicht weiß, welches Wörterbuch dafür benutzt werden soll und ob das Wörterbuch überhaupt diese grammatischen Informationen enthält. Bei den Aufgaben handelt es sich um das Nachschlagen der Partizip-Perfekt-Formen, Hilfsverben für die Partizip-Perfekt-Formen, Konjugation von Verben.

Im Bereich der Orthographie ist die Formulierung der Aufgabe meist gleich. Es geht bei allen drei Belegen um das Kontrollieren und Korrigieren der Wörter mithilfe des Wörterbuchs, z. B. *Hören Sie und schreiben Sie die Wörter. Kontrollieren Sie mit dem Wörterbuch oder der Wörterliste.*

Nur ein Beleg[13] lässt sich finden, in dem die Aussprache im Wörterbuch kontrolliert werden soll. Diese Aufgabe enthält in der Marginalspalte einen Tipp, wie man Ausspracheregeln (hier: kurzer und langer Akzentvokal) in einem Wörterbuch erkennen kann (Abb. 12). Dies ist sicherlich eine wichtige Information, wenn man in einem Print-Wörterbuch nachschlägt, ist aber weniger von Bedeutung, wenn man ein Online-Wörterbuch oder ein Übersetzungsprogramm konsultiert, wo sich meist ein Lautsprecher-Symbol befindet, auf das man klicken kann, um sich die korrekte Aussprache des Lemmas anzuhören, was – wie wir aus der Wörterbuchbenutzungsforschung wissen – viele Fremdsprachenlernenden nutzen.

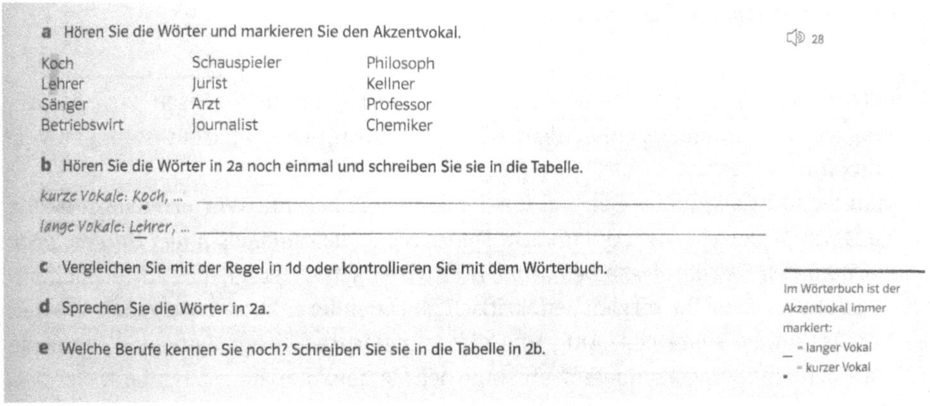

a Hören Sie die Wörter und markieren Sie den Akzentvokal. 28

Koch	Schauspieler	Philosoph
Lehrer	Jurist	Kellner
Sänger	Arzt	Professor
Betriebswirt	Journalist	Chemiker

b Hören Sie die Wörter in 2a noch einmal und schreiben Sie sie in die Tabelle.

kurze Vokale: Koch, ...

lange Vokale: Lehrer, ...

c Vergleichen Sie mit der Regel in 1d oder kontrollieren Sie mit dem Wörterbuch.

d Sprechen Sie die Wörter in 2a.

e Welche Berufe kennen Sie noch? Schreiben Sie sie in die Tabelle in 2b.

Im Wörterbuch ist der Akzentvokal immer markiert:
_ = langer Vokal
. = kurzer Vokal

Abb. 12: *DaF kompakt neu*. A1 (Übungsbuch) (2016: 45)

2.2.4 Direkte und indirekte Wörterbuchdidaktik

Im Allgemeinen kann man sagen, dass die meisten Aufgaben zur Wörterbuchbenutzung in den Lehrwerken im Bereich der indirekten Wörterbuchdidaktik angesiedelt sind, was bedeutet, dass das Wörterbuch als Hilfsmittel für die Erledigung bestimmter Aufgaben vorgesehen ist und es nicht darum geht, die Arbeit mit dem Wörterbuch selbst zu erlernen. (vgl. Zöfgen 2010) Meines Erachtens können nur wenige Aufgaben der direkten Wörterbucharbeit mit dem Ziel, die Benutzung des Wörterbuchs zu erlernen (im Hinblick auf Methoden- und Medienkompetenz), zugeschrieben werden. Ein gelungenes Beispiel dafür ist m. E. die Aufgabe *Arbeit mit dem Wörterbuch. Markieren Sie: Wo finden Sie die Informationen zum Wort?*

13 Diese Aufgabe aus der 1. Auflage von *DaF kompakt* wurde auch in der überarbeiteten Version *DaF kompakt neu* übernommen.

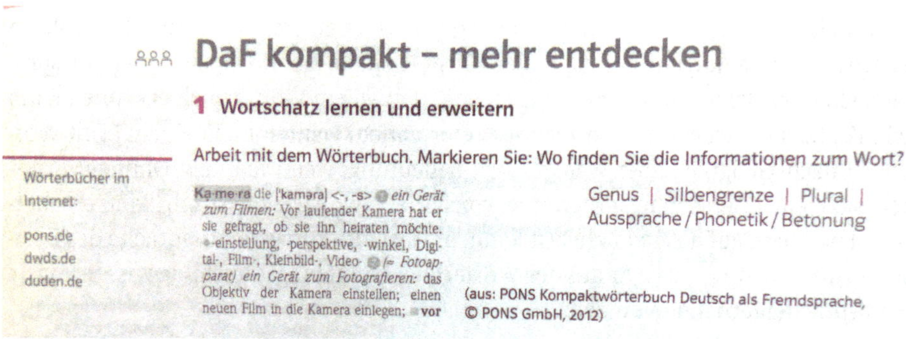

DaF kompakt – mehr entdecken

1 Wortschatz lernen und erweitern

Wörterbücher im Internet:

pons.de
dwds.de
duden.de

Arbeit mit dem Wörterbuch. Markieren Sie: Wo finden Sie die Informationen zum Wort?

Ka·me·ra die ['kaməra] <-, -s> ① *ein Gerät zum Filmen:* Vor laufender Kamera hat er sie gefragt, ob sie ihn heiraten möchte. ◆-einstellung, -perspektive, -winkel, Digital-, Film-, Kleinbild-, Video- ② (= *Fotoapparat*) *ein Gerät zum Fotografieren:* das Objektiv der Kamera einstellen; einen neuen Film in die Kamera einlegen; ◆**vor**

Genus | Silbengrenze | Plural | Aussprache / Phonetik / Betonung

(aus: PONS Kompaktwörterbuch Deutsch als Fremdsprache, © PONS GmbH, 2012)

Abb. 13: *Daf kompakt neu.* A1 (Übungsbuch) (2016: 28)

Bemerkenswert ist, dass auf konkrete Online-Wörterbücher hingewiesen wird. Die Abbildung jedoch stammt aus einem Printwörterbuch, was nicht kohärent ist und zu Verwirrung führen kann.

Ein weiteres adäquates Beispiel für die direkte Arbeit mit Wörterbüchern ist die Aufgabe *Vergleichen Sie die Definitionen. Finden Sie Gemeinsamkeiten und Unterschiede und formulieren Sie eine eigene Definition.* Hier wird dazu angeregt, die Wörterbucheinträge zu analysieren, zu vergleichen, kritisch zu reflektieren und mit eigenen Worten eine Definition zu schreiben. Aufgrund dieser metasprachlichen Reflexion kann die Wörterbuchbenutzungskompetenz im Sinne der Medienkompetenz aufgebaut werden. Positiv zu bewerten ist auch die Verbindung mit einer sprachlichen Aktivität, der schriftlichen Produktion, da hier die sprachlichen Strukturen, die aus den Wörterbuchauszügen herausgefunden wurden, für den konkreten Schreibprozess angewandt werden sollen.

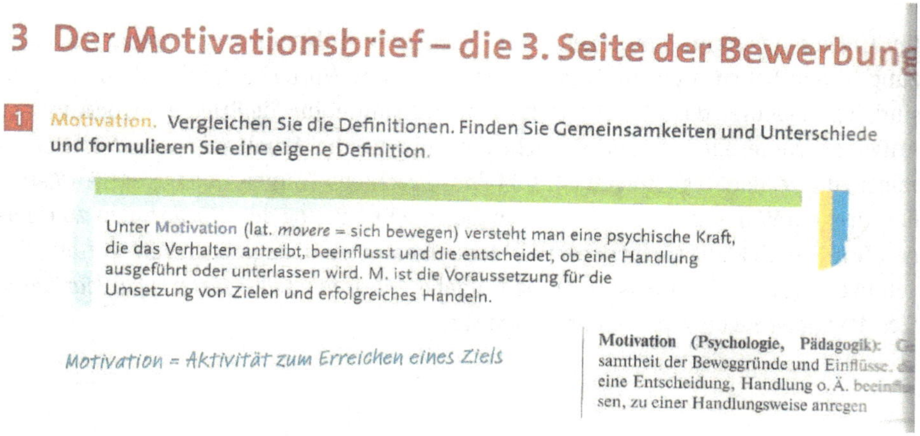

3 Der Motivationsbrief – die 3. Seite der Bewerbun[g]

1 Motivation. Vergleichen Sie die Definitionen. Finden Sie Gemeinsamkeiten und Unterschiede und formulieren Sie eine eigene Definition.

Unter Motivation (lat. *movere* = sich bewegen) versteht man eine psychische Kraft, die das Verhalten antreibt, beeinflusst und die entscheidet, ob eine Handlung ausgeführt oder unterlassen wird. M. ist die Voraussetzung für die Umsetzung von Zielen und erfolgreiches Handeln.

Motivation = Aktivität zum Erreichen eines Ziels

Motivation (**Psychologie, Pädagogik**): G[e]samtheit der Beweggründe und Einflüsse, d[ie] eine Entscheidung, Handlung o. Ä. beeinf[lus]sen, zu einer Handlungsweise anregen

Abb. 14: *Studio. Die Mittelstufe.* C1 (2015: 50)

2.2.5 Das vorhandene Potential für eine zukünftige Wörterbucharbeit

Aus der Analyse geht hervor, dass die meisten Arbeitsanweisungen mit Wörterbüchern zu vage formuliert sind und ihr Sinn manchmal fragwürdig ist. Sie orientieren sich immer noch an Print-Wörterbüchern, lassen sich v. a. im Bereich des Wortschatzerwerbs finden und sind nur sehr selten mit sprachlichen Aktivitäten im Sinne des handlungsorientierten Ansatzes und dem Aufbau von Sprachlernstrategien sowie Methode- und Medienkompetenz verbunden. Dabei gäbe es viele Anknüpfungspunkte für die Arbeit mit Online-Wörterbüchern. Nicht nur dass die Lernenden die Wörterbuch-Landschaft im Internet besser kennenlernen würden, auch die vielseitige Arbeit mit einem einzigen Online-Wörterbuch wie bspw. *Duden* (duden.de) oder das *Digitale Wörterbuch der deutschen Sprache* (dwds.de) bieten sich an, um verschiedene Informationen zu recherchieren, in denen die lexikographische Ressource tatsächlich als wichtiges Hilfsmittel den Sprachlernprozess unterstützen kann. Gleichzeitig kann die Medienkompetenz aufgebaut werden und die Lernenden haben die Chance, erfolgreiche Wörterbuchbenutzer zu werden. Die Wörterbuchdidaktik kann dabei direkt und indirekt erfolgen, je nachdem, welches Ziel die Aufgabe hat.

Es soll an dieser Stelle aufgezeigt werden, wie mit bereits vorhandenen Aufgaben in Lehrwerken sinnvoll mit Online-Wörterbüchern gearbeitet werden kann.

Wichtig wäre zuallererst, die Arbeitsanweisungen zu konkretisieren und nicht nur den Satz *Arbeiten Sie mit dem Wörterbuch* an eine Aufgabe anzuhängen. Außerdem wäre es wichtig, eine Ressource zu nennen. Bei der Aufgabe *Was passt nicht? Streichen Sie das nicht passende Verb. Überprüfen Sie gegebenenfalls im Internet* (Abb. 15) könnte man bspw. eine Ressource angeben oder abbilden, die Kookkurrenzen und häufige Wortverbindungen abbildet. Man könnte aber auch Wörterbuchauszüge zeigen, an denen man anhand der Beispiele die frequenten Wortverbindungen bzw. Kollokationen herausarbeiten sollte. Diese Konkretisierung in der Formulierung ist insbesondere bei Aufgaben der indirekten Wörterbucharbeit wichtig.

3 Was passt nicht? **Streichen Sie das nicht passende Verb. Überprüfen Sie gegebenenfalls im Internet.**

1 einen Zeitplan	aufstellen/verwerfen/machen/kontaktieren
2 einen Messekatalog	erstellen/stattfinden/bestellen/durcharbeiten
3 einen Ansprechpartner	bestellen/kontaktieren/recherchieren/suchen
4 Interesse	festlegen/bestellen/bestimmen/eingrenzen
5 etw. per E-Mail oder Telefon	bestellen/anfordern/knüpfen/nachfragen
6 Kontakt	stellen/aufnehmen/abbrechen/pflegen

Abb. 15: *Studio. Die Mittelstufe*. B2/2 (2011: 143)

Aufzuzeigen, welches Potential Online-Ressourcen haben, gerade im Hinblick auf Wortverbindungen, wäre eine wichtige Aufgabe der Wörterbuchdidaktik. Die Lernenden müssen auch mithilfe der Ressourcen sich auf das Erlernen von Wortverbindungen konzentrieren und sollten zukünftig nicht mehr nur einzelne Wörter in die Suchmaschine eintippen (was sie leider oft noch tun). Mit Aufgaben, in denen es um Wortschatzerweiterung geht, wie in Abb. 16 könnte man zeigen, welche Ressourcen derartige Wortverbindungen beinhalten und welche Ressourcen eine Recherche nur nach einzelnen Wörtern ermöglichen. Man sollte außerdem zeigen, wo Wortverbindungen in der Ressource zu finden sind. Dafür sollte man jedoch auch die Formulierung ändern. Besser wäre: *Schlagen Sie neue Wortverbindungen im Wörterbuch nach.*

1 Wie feiert man das?

a Was macht man auf den Feiern? Ordnen Sie den Kategorien zu und schreiben Sie in Ihr Heft. Es gibt oft mehrere Möglichkeiten. Schlagen Sie neue Wörter im Wörterbuch nach.

eine Rede halten | ~~mit Sekt anstoßen~~ | Kerzen ausblasen | tanzen | zur Kirche gehen | Geschenke bekommen | Freunde und Verwandte einladen | bis spät in die Nacht feiern | eine Torte anschneiden | festliche Kleidung tragen | ein schwarzes Barett tragen | ein Gruppenfoto machen | Adressen austauschen | ein Menü mit vielen Gängen essen | Fingerfood / Häppchen essen | ein Lied singen

Abb. 16: *DaF kompakt neu*. A1-B1. Übungsbuch (2016: 80)

In den Lehrwerken kommen nicht nur Kollokationen vor, sondern auch Redewendungen wie *im Geld schwimmen, Kohle machen, frieren wie ein Schneider* usw. Auch hier gibt es spezifische Online-Ressourcen (z. B. redensarten-index.de) um die Bedeutung nachzuschlagen, was viele Lernende oft nicht wissen. Aber auch eine Anfrage an einen Chatbot ist möglich. Die Informationen aus den verschiedenen Quellen können verglichen werden und geben sicherlich Anlass zur Diskussion, was wiederum das Bewusstsein für die Ressourcen schärft und die eigene Benutzungskompetenz fördert.

In den meisten Lehrwerken gibt es Aufgaben zu den semantischen Relationen wie Homonymie, Polysemie, Synonymie (ohne dass sie natürlich so bezeichnet werden), zu Paronymen, Fremdwörtern usw. Die Aufgaben dazu könnten Ausgangspunkt sein, um auf unterschiedliche Wörterbuchtypen und die dazugehörigen Internetseiten hinzuweisen und so die Kenntnisse der existierenden Wörterbuchlandschaft zu erweitern. Auch Variantenwörterbücher können für Lernende interessant sein, denn unterschiedliche regionale Wörter und Ausdrücke sind bei Lernenden i. d. R. sehr beliebt. Auch etymologische Wörterbücher zu kennen, kann für Lernende sehr motivierend sein. Im Kursbuch von *DaF kompakt neu* wird in der Lektion zu München die Etymologie von *Dirndl* und *Mädchen* erklärt (2016: 121). Auch derartige Erklärungen könnten Anlass sein, den Bedeutungswandel von verschiedenen Wörtern im Bereich von Wortfeldern zu recherchieren und auf ihre negativen und positiven Konnotationen hinzuweisen.

Für die direkte Wörterbuchdidaktik sollte auf jeden Fall der Aufbau eines Wörterbuchartikels gezeigt werden und wo wichtige Informationen zu finden sind, so wie es bei der Aufgabe in Abb. 13 der Fall ist. Es sollte jedoch auch ein Beispiel aus einem Online-Wörterbuch präsentiert werden. Aufgaben im Bereich der direkten Wörterbuchdidaktik können auch Anlass sein, um verschiedene Online-Wörterbücher zu vergleichen, damit Qualitätsunterschiede deutlich werden. Konkret zu diesem Beispiel könnte man die Informationen mit Ressourcen vergleichen, die von DaF-Lernenden häufig verwendet werden, wie z. B. *leo.org* oder *pons.de*, in denen grammatische Informationen nicht systematisch vorhanden sind.

Wichtig wäre es auch, den DaF-Lernenden ganz explizit wichtige lexikographische Ressourcen und Portale wie *woerterbuchnetz.de* und *owid.de* für das Deutschlernen vorzustellen, sie gemeinsam auszuprobieren und im Unterricht zu besprechen, wofür sie nützlich sind. Auch Applikationen wie *Alle deutschen Wörterbücher*, das bei der Suche eines Wortes oder einer Wortverbindung zeitgleich die Ergebnisse aus verschiedenen lexikographischen Online-Ressourcen zur deutschen Sprache (z. B. *DWDS*, *Wortschatz Uni Leipzig*, *Wikipedia*, *OWID*, *Duden*, u. v. m.) sind für DaF-Lernende sicherlich sehr interessant.

Die Aufgaben in Lehrwerken bieten unzählige Anlässe, um auch in Zukunft mit Wörterbüchern noch sinnvoll zu arbeiten. Der Blick sollte dabei jedoch auf Online-Ressourcen und Applikationen gelegt werden, da gerade junge DaF-Lernende diese heutzutage bevorzugen.

3 Zusammenfassung der Ergebnisse und Schlussfolgerungen

Mit dieser Analyse kann nur ein kleiner Ausschnitt dessen gezeigt werden, was in der DaF-Didaktik in Bezug auf Wörterbücher stattfindet oder besser gesagt nicht stattfindet. Da es sich hier um eine exemplarische Analyse von nur wenigen DaF-Lehrwerken handelt, kann selbstverständlich keine verallgemeinernde Aussage für den Bereich Deutsch als Fremdsprache gemacht werden. Dafür wäre eine umfangreichere Analyse von DaF-Lehrwerken nötig (möglichst mit allen in der Unterrichtspraxis eingesetzten Lehrwerken der letzten 20 Jahre). Es ist zudem nicht klar, inwiefern der Bereich Deutsch als Fremdsprache als repräsentativ für andere Fremdsprachen zu betrachten ist.

Es sieht trotz allem leider nicht positiv aus. Es scheint, als würden Wörterbücher – und schon gar nicht modernere digitale lexikographische Ressourcen – nur eine sehr geringe Rolle im unterrichtlichen Geschehen spielen. Man kann davon ausgehen, dass diese Vernachlässigung der Arbeit mit Wörterbüchern nicht unbedingt durch die Lehrkräfte kompensiert wird. Obwohl wir aus der Wörterbuchbenutzungsforschung annehmen dürfen, dass Lernende lexikographische Ressourcen verwenden, wird die Arbeit mit Wörterbüchern im Unterricht nicht oder kaum thematisiert.

Die Transformation in der Lexikographie, die Veränderung vom gedruckten Wörterbuch hin zur digitalen Ressource werden in den Lehrwerken nicht reflektiert. Es gibt zwar generell viele Texte mit Quellenangaben aus dem Internet oder Arbeitsanweisungen wie *Schreiben Sie einen Blog-Beitrag*, aber in Bezug auf Online-Wörterbücher scheint die Didaktik noch beim traditionellen Print-Wörterbuch stecken geblieben zu sein. Es wird nur von „Wörterbuch" gesprochen, so als ginge es immer noch – wie in den vergangenen Jahrzehnten – nur um gedruckte Wörterbücher, und auch nur um ein- oder zweisprachige. Für das Erlernen einer Sprache geeigneten Wörterbuchtypen wie Lernerwörterbuch, Bildwörterbuch, Synonym- und Antonym-Wörterbücher werden überhaupt nicht berücksichtigt (Sie wurden aber auch in ihrer gedruckten Form vernachlässigt.). Die Aufgabenformate und die Aufgabenformulierungen, aber auch die Abbildungen bestätigen diesen Bezug zum Printwörterbuch (vgl. Abb. 13). Man könnte meinen, die Formulierungen wie *Arbeit/Arbeiten Sie mit dem Wörterbuch* werden irgendwie aus älteren Lehrwerken, in denen die Arbeit nur mit Print-Wörterbüchern möglich war, weitervererbt. Es klingt fast so, als sähe man sich gezwungen, irgendeine Aufgabe mit dem Wörterbuch vorzuschlagen, aber eben nur vielleicht nur, wenn absolut notwendig. Die Formulierung *Arbeit/Arbeiten Sie mit dem Wörterbuch* klingt wie ein Dinosaurier, der nicht in die heutige Zeit mehr passt, denn das Medium, das es früher gab, ist mittlerweile ausgestorben. Aus der Perspektive der Lexikographie ist es frustrierend zu sehen, dass selbst neuere Lehrwerke diesen Satz verwenden und keine Online-Wörterbücher oder andere lexikalische Ressourcen im Internet thematisieren. Es ist nicht klar, ob dies noch mit dem Verständnis einer kommunikativ ausgerichteten Methode, in der Wörterbücher keine Rolle spielen sollten, zusammenhängt oder ob die Gründe darin liegen, dass sich die Online-Ressourcen schnell entwickeln und ständig verändern, so dass Lehrkräfte und Autorinnen und Autoren von Verlagen nicht auf dem neusten Stand sind. Wie bereits erwähnt, scheinen auch Lehrkräfte keine adäquate Wörterbuchbenutzungskompetenz im digitalen Bereich aufzuweisen und fühlen sich im Vergleich zu den *digital natives* weniger sicher im Umgang mit Online-Ressourcen, so dass sie keine Unterstützung im Unterricht für das Erlernen eines adäquaten und erfolgreichen Umgangs mit den digitalen Ressourcen sind.

Es ist sehr bedauerlich, dass dem konkreten, sehr vielfältigen, Angebot an lexikographischen Ressourcen nicht Rechnung getragen wird, denn Nachschlagewerke, ob gedruckt oder online, sind ein zentrales und grundlegendes Instrument nicht nur für die Übersetzung und das Erlernen einer Fremdsprache; sie zu konsultieren gehört zu den grundlegenden Strategien, um sich neue Informationen zu beschaffen und Zugang zur Welt des Wissens zu erhalten, auch in der eigenen Muttersprache bzw. L1. Die Suche nach Informationen in Wörterbüchern und Enzyklopädien ist eine elementare Arbeitstechnik, die ein Leben lang notwendig ist, um sich Informationen anzueignen (*lebenslanges Lernen*). Ein angemessener Umgang nicht nur mit Wörterbüchern, sondern mit allen Arten von Recherchetools ist eine der wichtigsten Fähigkeiten für alle Schulfächer und auch außerhalb der Schule. In diesem Sinne ist auch die Analyse verschiedener Ressourcen, der Vergleich zwischen ihnen und ihr kritischer Umgang zum Erwerb einer adäquaten Methoden- und Medienkompetenz und zum Aufbau von Sprachlernbewusstheit zu sehen, so wie sie im GeR und in vielen Bildungsrichtlinien gefordert wird.

Anlass zur Kritik bietet das Ergebnis auch aus der Sicht der den potentiellen Benutzerinnen und Benutzern von lexikographischen Online-Ressourcen, den Fremdsprachen- bzw. DaF-Lernenden. Aufgabenformate, bei denen immer noch Print-Wörterbücher gebraucht werden, gehen an der Realität komplett vorbei. Fremdsprachenlernende kaufen heute meist kein gedrucktes Wörterbuch mehr. Benutzen sie überhaupt ein Wörterbuch, dann nutzen sie Online-Versionen oder auch Applikationen. Zudem konsultieren sie Mischformen im Internet wie Wörterbuch + Grammatiktabelle, Wörterbuch + Grammatiktabelle + Paralleltext oder sogar Wörterbuch + Paralleltext + automatischer Übersetzer – Ressourcen, oft auch nur Suchmaschinen und Übersetzungsprogramme. Dieses Benutzungsverhalten wird in den Lehrwerken überhaupt nicht berücksichtigt. Die Verwendung von Medien mit Internetzugang bietet den Lernenden die verschiedensten, fast unbegrenzten Möglichkeiten, und dies in kürzester Zeit, direkt und meist kostenfrei. Es wäre jedoch wichtig, diese mit den Lernenden zu diskutieren, denn die unterschiedlichen Ressourcen haben unterschiedliche Ziele und Funktionen und sind auch nicht alle qualitativ gleichwertig. Eine adäquate Verwendung von Hilfsmitteln, verknüpft mit einer bewussten und kritischen Recherchekompetenz, wie sie von einer modernen Gesellschaft gefordert wird, kann bei den jungen Lernenden nicht immer als selbstverständlich vorausgesetzt werden (vgl. Zöfgen 2010, Nied Curcio 2014).

Wie wir exemplarisch aus der Analyse sehen konnten, sind die Aufgaben, die in den DaF-Lehrwerken angeboten werden, auch oft nicht sinnvoll. Sie sind zu vage und haben keine konkreten Handlungsanweisungen. Sie sind z. T. sogar überflüssig. Viele Aufgaben sind wenig ansprechend, kaum handlungsorientiert formuliert und entsprechen nicht dem, was man unter einer modernen Wörterbuchdidaktik verstehen sollte. Zudem gehen sie nicht von konkreten Benutzungssituation aus. Wie aus 2.5 hervorgeht, gibt es ein großes Potential, die Arbeit mit Online-Wörterbüchern und anderen Recherchetools sinnvoll an unterschiedliche Aufgaben anzuknüpfen und in den Lernprozess einzubeziehen.

Auch auf das Benutzungsverhalten der DaF-Lernenden, das wir aus der Wörterbuchbenutzungsforschung kennen, wird nicht eingegangen. Das Aufgabenformat ist meist nicht anwendbar auf die Arbeit mit Online-Wörterbüchern oder anderen Ressourcen im Internet. Die Aufgaben zur Grammatik und Orthographie, können nicht so, wie sie präsentiert werden, auf Online-Ressourcen übertragen werden und entsprechen nicht dem aktuellen Benutzungsverhalten von Lernenden. Wie exemplarisch gezeigt wurde, würden Fremdsprachenlernende manche der Aufgaben vermutlich schneller mit Übersetzungsprogrammen oder ChatGPT oder anderen Ressourcen wie Verb- und Konjungationstabellen oder auch mit einfachen Recherchen in Suchmaschinen lösen, gerade da sie ergebnisorientiert arbeiten und weil dies weniger zeitaufwändig ist – was natürlich nicht bedeutet, dass sie erfolgreich recherchieren. Ganz im Gegenteil. Auch deshalb brauchen wir eine sinnvolle Wörterbuchdidaktik. Gerade die

Umstellung vom „Wörter“buch, mit der Suche nach dem einzelnen Wort, zu Ressourcen, die auch eine Recherche nach Wortverbindungen, Ausdrücken, Wendungen, etc. zulassen, wurde in den Lehrwerken bisher noch nicht vollzogen.

Kommen wir nochmals auf die Ausgangshypothesen zurück. Bedauerlicherweise können alle bestätigt werden:

- Es sind nur wenige Aufgaben und Übungen zu Wörterbüchern in den Lehrwerken vorhanden.
- Gibt es Aufgaben zur Wörterbuchbenutzung, dann ist die Aufgabenstellung zu allgemein und zu vage gehalten.
- Die digitale Transformation ist nicht in den Lehrwerken angekommen. Es wird auch in neueren Lehrwerken nicht auf Online-Ressourcen (inkl. Mischformen) eingegangen.
- Die Aufgaben zur Wortschatzarbeit sind immer noch sehr traditionell angelegt, so als würde man immer noch mit Print-Wörterbüchern arbeiten,
- Die Aufgaben beziehen sich vor allem auf den Wortschatzerwerb und nicht auf konkrete sprachlichen Aktivitäten (wie bspw. Lesen, Schreiben).
- Die Arbeit mit den lexikographischen Ressourcen ist nicht in konkrete für den Lernenden sprachlich relevante Verwendungsszenarien eingebettet.
- Es gibt kaum Aufgabenformate, in denen das adäquate Benutzen von lexikographischen Hilfsmitteln als Teil der Lernstrategien und Medienkompetenz erlernt wird.
- Die Lehrwerke enthalten keine Aufgabenformate für eine kritische Auseinandersetzung mit den lexikographischen Ressourcen.

Wie wir gesehen haben, verschwinden gedruckte Wörterbücher immer mehr aus dem Alltag der Fremdsprachenlernenden, und zum jetzigen Zeitpunkt ist noch nicht klar, welche Rolle lexikographische Online-Ressourcen in Zukunft im DaF-Unterricht, spielen werden. Es scheint sehr wahrscheinlich zu sein, dass, wenn keine Anstrengungen im bildungspolitischen Bereich unternommen werden, die Arbeit mit diesen Ressourcen komplett aus dem Unterricht verschwindet. In der digitalen, globalen und mehrsprachigen Welt, die durch lebenslanges Lernen gekennzeichnet ist, ist eine gut entwickelte Methoden- und Medienkompetenz (mit entsprechender Nutzung von Wörterbüchern und lexikographischen Online-Ressourcen) als Lernstrategie unerlässlich. Obwohl der GeR ausdrücklich auf die Bedeutung diese Kompetenzen hinweist und obwohl die Bildungsrichtlinien vieler europäischer Länder den Einsatz von Wörterbüchern/Online-Ressourcen im Fremdsprachenunterricht ausdrücklich vorsehen, scheint dies in der Ausarbeitung von Lehrwerken für DaF nur vereinzelt angekommen zu sein. Für die Erstellung zukünftiger Lehrwerke ist es jedoch wichtig, dass Lehrbuchautorinnen und -autoren konkrete, sinnvolle, anregende und motivierende Aufgaben entwickeln, die in ihrer Zielsetzung klar definiert sind. Zudem sollten sich die Aufgaben an den tatsächlichen Benutzungsbedürfnissen der Lernenden orientieren und konkrete, realistische Benutzungsszenarien beschreiben.

Online-Ressourcen sollten generell im DaF-Unterricht – für den Aufbau einer adäquaten Benutzungskompetenz von Online-Ressourcen – erlaubt und explizit benutzt werden. Es reicht weder aus, die Wörterbücher, Ressourcen und Online-Apps, die die Lernenden benutzen, zu kritisieren, noch die Lernenden allein zu lassen. Es wäre viel sinnvoller, die von ihnen verwendeten Recherchetools in den Unterricht zu integrieren, ihre Verwendung zu reflektieren und die Lernenden in die Lage zu versetzen, erfahrene und kompetente Benutzer zu werden. Der Umgang mit modernen lexikographischen Hilfsmitteln muss unbedingt gelehrt werden, und der DaF-Unterricht könnte ein hervorragender Ort sein, um dies zu tun. Wie aus der Analyse ersichtlich ist, bieten viele in den Lehrwerken präsentierten Aufgaben und Übungen das Potential, die Wörterbucharbeit sowohl direkt als auch indirekt einzubeziehen. Dies sollte genutzt werden. Allerdings scheint das Bewusstsein sowohl bei Autorinnen und Autoren, aber auch den Lehrkräften dafür zu fehlen. Hinzukommt, dass sie nicht unbedingt kompetente Benutzer von lexikographischen Online-Ressourcen sind. Daher kann der Wörterbuchunterricht nicht direkt umgesetzt werden. Lehrkräfte, genauso wie Autorinnen und Autoren von Lehrwerken, müssen zuerst geschult werden. Diese Anstrengungen sollten nicht gescheut werden, denn ansonsten laufen wir Gefahr, dass Wörterbücher bzw. lexikographische Online-Ressourcen für immer aus dem DaF-Unterricht verschwinden. Und dies wäre schade, nicht nur für Verlage und Institutionen, die diese lexikographischen Ressourcen erarbeiten, sondern auch gerade für die Lernenden, da ihnen sowohl der Aufbau wichtiger Strategien und der Erwerb wichtiger Kompetenzen für ein erfolgreiches Sprachenlernen vorenthalten wird. Und last *but not least* kann die Arbeit mit Wörterbüchern/Online-Ressourcen – wenn sie handlungsorientiert und sinnvoll eingesetzt wird – für Lehrende und Lernende sehr motivierend sein und auch viel Freude bereiten.

4 Literatur

Herbst, Thomas/Klotz, Michael (2009): Lexikographie. Paderborn: Schöningh.

Müller-Spitzer, Carolin et al. (2018): Correct Hypotheses and Careful Reading Are Essential: Results of an Observational Study on Learners. Using Online Language Resources. In: Lexikos 28, 287–315.

Nied Curcio, Martina (2014): Die Benutzung von Smartphones im Fremdsprachenerwerb und -unterricht. In: Abel, Andrea/Vettori, Chiara/Ralli, Natascia (Hrsg.): EURALEX International congress: The user in focus. 15–19 luglio 2014. Bozen: Eurac, 263–280.

Nied Curcio, Martina (2015a): Wörterbuchbenutzung und Wortschatzerwerb. Werden im Zeitalter des Smartphones überhaupt noch Vokabeln gelernt? In: Info DaF 5 (Themenreihe Wörterbücher für Deutsch als Fremdsprache), 445–468.

Nied Curcio, Martina (2015b): Spielen Wörterbücher bei der Sprachmittlung noch eine Rolle? In: Nied Curcio, Martina/Katelhön, Peggy/Basic, Ivana (Hrsg.): Sprachmittlung – Mediation – Mediazione linguistica. Ein deutsch-italienischer Dialog. Berlin: Frank & Timme, 291–317.

Nied Curcio, Martina (2022): Dictionaries, foreign language learners and teachers. New challenges in the digital era. In: Klosa-Kückelhaus, Annette/Engelberg, Stefan/Möhrs, Christine/Storjohann, Petra (Hrsg.): Dictionaries and Society. Proceedings of the XX EURALEX International Congress, 12–16 July 2022, Mannheim, Germany. Mannheim: IDS Verlag, 71–84.

Zöfgen, Ekkehard (2010). Wörterbuchdidaktik. In: Hallet, Wolfang/Königs, Frank G. (Hrsg): Handbuch Fremdsprachenunterricht. Seelze-Velber: Klett Kallmeyer, 107–110.

5 Lehrwerke

***DaF kompakt*. A1-A2-B1. 2011**

Braun, Birgit et al. (2011): DaF kompakt. A1-B1. Kursbuch. Stuttgart: Ernst Klett Sprachen.

Braun, Birgit et al. (2011): DaF kompakt. A1-B1. Übungsbuch. Stuttgart: Ernst Klett Sprachen.

***DaF kompakt neu*. A1-A2-B1. 2016**

Braun, Birgit et al. (2016): DaF kompakt neu. A1-B1. Kursbuch. Stuttgart: Ernst Klett Sprachen.

Braun, Birgit et al. (2016): DaF kompakt neu. A1-B1. Übungsbuch. Stuttgart: Ernst Klett Sprachen.

***Kompass DaF*. B2. 2020**

Braun, Birgit et al. (2020): Kompass DaF. Deutsch für Studium und Beruf. B2. Stuttgart: Ernst Klett Sprachen.

***Kurs DaF*. A1-A2. 2024**

Nied Curcio, Martina et al. (2024): Kurs DaF. Deutsch für Studium und Beruf. A1. Stuttgart: Ernst Klett Sprachen.

Bahn, Steve et al. (2024): Kurs DaF. Deutsch für Studium und Beruf. A2. Stuttgart: Ernst Klett Sprachen.

***Motive*. A1-A2-B1. 2023**

Puchta, Herbert (2023): Motive. Kompaktkurs DaF. A1-B1. Kursbuch. 4. Aufl. Ismaning: Hueber.

Puchta, Herbert (2023): Motive. Kompaktkurs DaF. A1-B1. Arbeitsbuch. 4. Aufl. Ismaning; Hueber.

***Studio. Die Mittelstufe*. B2. 2010/2011**

Kuhn, Christina et al. (2010): Studio. Die Mittelstufe. Deutsch als Fremdsprache B2/1. Kurs- und Übungsbuch. Berlin: Cornelsen.

Kuhn, Christina et al. (2011): Studio. Die Mittelstufe. Deutsch als Fremdsprache. B2/2. Kurs- und Übungsbuch. Berlin: Cornelsen.

***Studio. Die Mittelstufe*. C1. 2015**

Kuhn, Christina et al. (2015): Studio. Die Mittelstufe. Deutsch als Fremdsprache C1. Kursbuch. Berlin: Cornelsen.

***Studio express*. A1-A2-B1. 2018**

Funk, Hermann/Kuhn, Christina et al. (2018): Studio express. Kompaktkurs Deutsch als Fremdsprache. A1. Kurs- und Übungsbuch. Berlin: Cornelsen.

Funk, Hermann/Kuhn, Christina et al. (2018): Studio express. Kompaktkurs Deutsch als Fremdsprache. A2. Kurs- und Übungsbuch. Berlin: Cornelsen.

Funk, Hermann/Kuhn, Christina (2018): Studio express. Kompaktkurs Deutsch als Fremdsprache. B1. Kurs- und Übungsbuch. Berlin: Cornelsen.

Stefania Nuccorini

Words on words: usage labels indicative of positive connotation in Learner's Dictionaries

Abstract: After a brief, chronological summary of the history of usage notes carrying a negative connotation in English lexicography, the paper analyses and compares the definitions and examples of the following labels indicative of positive connotation: *formal, humorous, informal, ironic.* These labels, which are listed in the *Oxford English Dictionary* online (OEDO), and *approving/approval* are used in the following Learner's Dictionaries' print and online editions, published at different times: *Cambridge Advanced Learner's Dictionary* (CALD/O), *Collins Cobuild Advanced Learner's Dictionary* (COBUILD/O), *Longman Dictionary of Contemporary English* (LDOCE/O), and *Oxford Advanced Learner's Dictionary* (OALD/O). The label *politeness* is only used in COBUILDO. Most of the words chosen as examples of each label occur rather rarely in (written) communication, according to the OEDO's frequency bands, and the association of positive connotation with a label in a definite (one-)way is more the exception than the rule because it often depends on the context and co-text of use.

Keywords: usage, labels, connotation, Learner's Dictionaries

Schlagwörter: Gebrauch, Symptomwertangabe, pragmatische Angabe, Konnotation, Lernwörterbuch

1 Introduction

Usage notes and labels have long been used in English lexicography, and their inclusion in Learner's Dictionaries (LDs) has by now become part of a time-honoured tradition. Usage, according to Allen, is "the relationship between any linguistic feature and the context in which it typically occurs", and usage labels reflect "an attitude toward usage and not usage itself" (1979: 193). According to Atkins and Rundell, the "first thing to think about is: what does a label label?", bearing in mind "the difference between labelling a word and labelling what it refers to" (2008: 226). They identified three different types of labels: register labels, which "indicate a formal, familiar, etc. manner of speech or writing"; style labels, which "indicate that the item is normally used in a 'literary, newspaper, etc. text'"; and attitude labels "such as pej (pejorative), derog (derogatory), and apprec (appreciative)" (226–229). Some of these and other usage labels are listed

Stefania Nuccorini, Honorary Professor, University of Roma Tre, Università degli Studi Roma Tre, Via del Valco S. Paolo 19, 00146 Roma, Italia, E-Mail: stefania.nuccorini@uniroma3.it

https://doi.org/10.1515/9783111676531-018

exclusively in the print editions of the *Cambridge Advanced Learner's Dictionary* (CALD), the *Cobuild Advanced Learner's English Dictionary* (COBUILD), the *Longman Dictionary of Contemporary English* (LDOCE), and the *Oxford Advanced Learner's Dictionary* (OALD), but they are also used in their online editions (CALDO, COBUILDO, LDOCEO and OALDO). For example, the labels "formal", "literary" and "approving/disapproving" ("approval/disapproval" in COBUILD which defines them as "style" and "pragmatic" labels), are used in all of them.

Most labels have been applied to words or their meanings, carrying a negative connotation in general, and/or with reference to specific co-texts and contexts. These attitude labels were, and are, meant to warn dictionary users and, more specifically, learners of English as a foreign language, against their inappropriate and indiscriminate use. Generally speaking, in English lexicography labels have been essentially prescriptive. After shortly summarising the historical lexicographical background and treatment of usage labels, often indicative of a negative connotation, this paper will focus on descriptive labels indicative of a positive connotation in Learner's Dictionaries.

In the *Oxford English Dictionary online* (OEDO)[1] usage labels denote "the register, subject area, or other specific application of a word or phrase" (s. v. usage label). According to Landau (1989: 195) Edward Phillips (1668) was the first to compile "a list of hard words to be used warily, and upon occasion only, or totally to be rejected". However, according to Cassidy (1997: 103) "there was no real innovation in English dictionaries until 1721 with Nathan Bailey's *Universal Etymological English Dictionary*". It must be said that Bailey too, like his predecessors, did not employ labels but a symbol (like a dagger) "to distinguish questionable usages from standard ones" (Landau 1989: 195). It was Samuel Johnson, the "originator of usage labels" (Allen 1979: 193), who first used "a deluge of labels" (Béjoint 2023: 8) in his 1755 dictionary, which is "often regarded as the first to have delivered prescriptive judgements on usage" (Brewer 2016: 489). As Allen[2] remarked, "the label words, expressions of his [Johnson's] linguistic censure, number more than one hundred" (1979: 198), and they usually carry a negative connotation: "proper", in the senses "fit; accommodated; adapted; suitable; qualified" and "exact; accurate; just" (1979: 199), probably the only labels in Johnson's dictionary which have a positive connotation, were used much more rarely.

More than a century later James Murray and the other editors of *A New English Dictionary on Historical Principles* (later *Oxford English Dictionary* – OED) moved away from prescriptive judgements on usage, in favour of "an objective pattern of labelling" (Cassidy 1997: 110), and played a crucial role as the forerunners "of descriptive lexicography" (Brewer 2016: 490).

1 https://www.oed.com/ (last access: 20.05.2025).

2 In his article on "Samuel Johnson: Originator of Usage Labels" Allen lists all the labels used by Johnson in his Dictionary though the expression 'usage label' was not used by Johnson.

Robert Burchfield, the editor of the four *Supplements* (1986) to the first edition of the OED, wondered if there is "such a thing as merely descriptive lexicography which does not imply something of the prescriptive" (1975: 358). However, he did use *status labels*, though, as Brewer wrote (2005: 263) "nowhere are we provided with a list of status labels" in any edition of the OED.

The locution status label itself was not included in the print editions of the OED, nor is it in its online edition, the OEDO, which – perhaps in consideration of Brewer's remark – does list and define twenty-two register labels indicating "typical usage" in its "labelling our datasets" section[3], in order "to help our users to understand the full context of the word, such as where the word is spoken and in which situations it is usually used", by adopting a pragmatic (and descriptive) approach, as exemplified by "it's not considered polite" as part of the definition of the label "vulgar slang". Most labels carry a negative connotation with reference to their typical contexts of use. Only five of them, namely *euphemistic, formal, humorous, informal* and *ironic*, at least in some cases have a positive connotation, always depending on the context of their use and according to the definitions given in the above-mentioned datasets. These definitions will be briefly commented on below to provide a lexicographical and linguistic background for the analysis of LDs' labels which have a positive connotation, bearing in mind that, unlike the OEDO, LDs address learners of English as a foreign language and therefore have specific and different aims. In Section 2.1, in addition to the labels selected from the OEDO's list, the paper will also describe and comment on LDs' definitions and examples of the labels *approving/approval*[4] and *politeness*, whose positive connotation is inherent in the words that name them.

OEDO's labels

- *Euphemistic*: Used as a polite or gentle way of indirectly referring to something that is unpleasant or embarrassing.
- *Formal*: Formal words are found in contexts such as official or legal documents, and even people with good knowledge of English may not be sure what they mean.
- *Humorous*: Used when someone is trying to be light-hearted or amusing.
- *Informal*: Used when speaking to friends or family and when chatting online but not at work or in serious writing such as news reports.
- *Ironic*: You use an ironic word to mean the opposite of its literal meaning, normally when you want to be funny. For example, if you call someone 'your

3 The datasets also include region and subject labels. Other labels are also used in the dictionary: for example colloquial and slang, allusive, irregular. https://www.oed.com/search/advanced/Entries (last access: 20.05.2025).

4 The comment "with approving connotation" is occasionally used in the OEDO, but not as a label, for example in the definition of *dude*: "with approving connotation: a person (usually a man) regarded as being 'cool' or fashionable, or as embodying some other admirable or desirable quality".

> lordship', you're probably being ironic because they are not a lord and you think they're pretentious.

The presence of the prefix 'eu' (from old Greek, English well) in the word *euphemistic*, and of *polite* and *gentle* in the definition of its use as a label per se carry, in linguistic terms, a positive connotation. The label actually refers, in terms of communication, to something (inherently) negative, as conveyed in the words unpleasant or embarrassing. Interestingly, however, *euphemistic* is not used as a label in any LDs, and *ironic* is used in OALD only.

Formal words are typically used in official contexts usually associated with scientific, sociological, managerial, or professional jargon, that may sound obscure. They are not overtly associated with positive connotation, but experts' knowledge and the appropriate use of them may be positively assessed.

The words *light-hearted* and *amusing*, as used in the definition of the label *humorous*, convey a pleasant atmosphere and explain why that label usually has a positive connotation.

The contextually appropriate use of *informal* language with friends and family members, as exemplified in the first part of the definition above, has a positive connotation. Conversely, when associated with "work" and "serious writing" the use of a word belonging to the *informal* register would be inappropriate and its communicative misuse would presumably take on a negative connotation.

The use of *ironic* words is supposed to be purposeful in order to be "funny", an adjective that seems to have a positive connotation, though it might occasionally turn out to be contextually inappropriate.

The definitions and uses of *formal, humorous, informal, ironic*, together with *approving/approval* and *politeness* (which are not included in the OEDO) will be analysed and commented on in the following section. Notably, *ironic* is used in OALD only, and *politeness* in COBUILD only.

The main purpose of the following analyses is to provide a comprehensive picture of the definitions and examples of usage labels carrying a positive connotation in LDs. Usage labels are listed, as already said, and defined exclusively in LDs' print editions[5] and only COBUILD and OALD give examples of them.

Bearing in mind that "language changes constantly" and that "all usage is relative" (Landau 1989: 204)[6], the paper first describes and comments on the definitions of the labels *formal, humorous, informal, ironic, approving/approval* and *politeness*, given in CALD's, COBUILD's, LDOCE's and OALD's print editions published in the early years of

---

5 No online dictionary lists usage labels.

6 These quotations, as Landau stated, come from the *National Council of Teachers of English* (NCTE): *English Language Arts* in the Secondary School, Volume 3 (1952), but the concept they incorporate is still valid.

the twenty-first century, and then compares them with those used in their online editions, namely CALDO. COBUILDO, LDOCEO and OALDO, first published some ten/fifteen years later (and based on their latest print editions) in Section 2.1. The entries for the lemmas *formal, humorous, informal, ironic, approving/approval* and *politeness* given in the online editions of the same dictionaries will be com-pared in Section 2.2. Other labels, for example "colloquial" (Landau 1989: 175), or those included in different types of scales giving "diaevaluative" information, such as, for example, "appreciative (neu-tral) derogatory" (Hartmann and James (1998: 40 and 151), will not be commented on since they are not listed in LDs. While labels with negative connotation have been extensively analysed in several publications – for example Norri (2000), Pinnavaia (2014) and, partially, Stachurska (2018) – labels carrying a positive connotation have rarely been commented on, for example in Murphy (2019).

2 Labels with positive connotations

2.1 The labels *formal, humorous, informal, ironic, approving/approval* and *politeness* in LDs' definitions and examples

Formal

Definitions and examples:

- CALD (2003): used in serious or official language or when trying to impress other people.
- COBUILD (2004): used mainly in official situations or by political or business organizations, or when speaking or writing to people in authority, ex: *gratuity*.
- LDOCE (2003): a word or phrase that is suitable for formal speech or writing, but would not normally be used in everyday conversations.
- OALD (2005): expressions are usually only used in serious or official language and would not be appropriate in normal everyday conversation. Examples are *admonish, besmirch.*

The word "official" occurs in CALD's, COBUILD's and OALD's definitions and gives an aura of authority, competence and legitimacy to the label *formal.* LDOCE hints at the suitability of given words for 'formal' use, which at the same time defines the label 'formal' in a tautological way. The occurrence of *official* and *serious* in all dictionaries, but LDOCE, and LDOCE's and OALD's reminder that a word labelled as formal would not normally be used and would not be appropriate in everyday conversation, point to a positive connotation of the label *formal* in as far as it is appropriately used in the sense of 'explicit' and 'solemn', and not in in the sense 'not essential'.

Both *gratuity* and *admonish* are labelled "formal" in all online LDs. *Besmirch* is labelled "formal" in OALDO and "literary" in CALDO. It has no label in COBUILDO and LDOCEO. Only *gratuity* will be analysed in detail.

Interestingly, COBUILDO gives two definitions for *gratuity*: 1. "a gift of money to someone who has done something for you", and 2. "a large gift of money that is given to someone when they leave their job". COBUILDO uses the label *formal* for both, though their contexts of use differ widely.

LDOCEO too defines *gratuity* in two ways: 1. "a small gift of money given to someone for a service they provided" and adds that "tip" is a synonym for it; 2. "a large gift of money given to someone when they leave their job, especially in the army, navy etc." LDOCEO, which defines "tip" as "a small amount of additional money that you give to someone such as a waiter or a taxi driver", strangely adds the label "formal" to the first definition and not to the second. Also according to OALDO "tip" is a synonym for *gratuity* in the sense "money that you give to somebody who has provided a service for you", while only the definition "money that is given to employees when they leave their job (British English)" is appropriately labelled "formal". CALDO gives only one definition, "an extra amount of money given to someone to thank them for providing a service", which is worded in a less clear (and not exactly formal) way, and adds no label.

According to OEDO, *gratuity* and *besmirch* are in frequency band 4 (both "typically occur about 0.2 times per million words in modern written English")[7] and *admonish* in frequency band 5 "which contains words occurring between 1 and 10 times per million words in modern written English"[8]. Both bands contain words occurring rather rarely, and low frequency of use seems to be inherent in words labelled as *formal*.

Humorous

Definitions and examples:

- CALD (2003): used when you are trying to be funny.
- COBUILD (2004): used mainly to indicate that a word or expression is used in a humorous way, ex: gents.
- LDOCE (2003): a word that is normally used in a joking way.
- OALD (2005): expressions are intended, to be funny, for example *ankle-biter*, *lurgy*.

The very presence of the words *funny* and *joking* in three definitions immediately points to the core of the meaning and use of the label *humorous*. COBUILD includes *humorous* in the definition of the label itself, in a tautological way analogous to that of *formal* in LDOCE.

In this case too only COBUILD and OALD give examples of *humorous* words. According to OALDO and CALDO *gents* is *British* (*English*) *informal* (notably, not humorous),

7 https://www.oed.com/dictionary/gratuity_n?tab=frequency#2719005 (last access: 20.05.2025).
8 https://www.oed.com/dictionary/admonish_v?tab=frequency#10765395 (last access: 20.05.2025).

while LDOCEO applies no label to it. Interestingly enough, while in COBUILD *gents* is the example of the label *humorous*, COBUILDO labels it as *informal*. This suggests that the (perceived) use of *gents* has changed over time and so has its 'status', from a *humorous* word carrying a positive connotation to an *informal* one that might have it only in specific contexts.

Ankle-biter is a different case: CALDO labels it *informal, humorous*, pairing the same labels used differently in COBUILD and COBUILDO in the case of gents. COBUILDO labels *ankle-biter* as *Australian slang*. LDOCEO does not include it.

As for *lurgy*, quite interestingly CALDO only labels it as *humorous*, while according to COBUILDO its use is *facetious* (a label not included in any list) and LDOCEO, once more, does not include it.

The frequency of occurrence of both *ankle-biter* and *lurgy* is rather low: in both cases OEDO states that there are "fewer than 0.01 occurrences per million words in modern written English", while *gents* "is in frequency band 3, which contains words occurring between 0.01 and 0.1 times per million words in modern written English"[9].

Informal

- Definitions and examples:
- CALD (2003): used in ordinary speech (and writing) and not suitable for formal situations.
- COBUILD (2004): used mainly in informal situations, conversations and personal letters, ex: *pep talk*.
- LDOCE (2003): a word or phrase that is used in normal conversation but may not be suitable for use in more formal contexts, for example in writing essays or business letters.
- OALD (2005): expressions are used between friends or in a relaxed or unofficial situation. They are not appropriate for formal situations. Examples are *bonkers*, *dodgy*.

Three dictionaries, CALD, LDOCE and OALD, highlight that a word labelled as *informal* would not be suitable or appropriate for formal situations, while COBUILD once more uses the same word – *informal* – in its definition and as a label in its usual tautological way.

COBUILDO gives two definitions for *pep talk*, both labelled as informal: "a speech which is intended to encourage someone to make more effort or feel more confident", and "an enthusiastic talk designed to increase confidence, production, cooperation, etc". Both include words such as "encourage" and "enthusiastic" which have a positive connotation. CALDO does not apply any label to *pep talk*, while for both LDOCEO and

9 https://www.oed.com/dictionary/ankle-biter_n?tab=frequency#10318866 (last access: 20.05.2025).

OALDO it is also *informal*. *Pep talk* "is in frequency band 4, which contains words occurring between 0.1 and 1 times per million words in modern written English"[10].
OALDO defines *bonkers* as "completely crazy" and labels it as informal: it adds that it is also used in the as informal idiom "(stark) raving mad/bonkers". Interestingly, CALDO labels it as *informal, humorous*; according to COBUILDO it is *informal* and it also expresses *disapproval*; LDOCEO too defines it as *informal*. On the one hand, all dictionaries agree on the informal use of *bonkers,* but on the other hand CALDO's use of the label *humorous*, which is usually indicative of a positive connotation, and COBUILDO's overt reference to *disapproval*, which carries a negative connotation, seem contradictory. As for its frequency of use *bonkers* is "in frequency band 3, which contains words occurring between 0.01 and 0.1 times per million words in modern written English."[11]

In the case of *dodgy*, all dictionaries use the word *dishonest* in their definitions. Despite the negative connotation of *dishonest,* CALDO, LDOCEO, and OALDO label *dodgy* as *informal*; COBUILDO as *informal, disapproval,* if it refers to people, and adds that "if you say that something is dodgy, you mean that it seems rather risky, dangerous, or unreliable", all words which carry a negative connotation. In all these cases *informal* does not seem the (only) appropriate label. *Dodgy* "is in frequency band 3, which contains words occurring between 0.01 and 0.1 times per million words in modern written English".[12]

Examples contextualise the typical use of words in short sentences or phrases. Labels usually apply to words and their definitions, but also to what words refer to (see Introduction). Different co-texts and contexts might explain the use of as diverse labels as *humorous*, which usually has a positive connotation, and *disapproval*, which definitely has a negative connotation, when applied to the same word.

Ironic

Definition and example:
– OALD (2005): language uses words to mean the opposite of the meaning that they seem to have as in *You're a great help, I must say!* (= no help at all).

The label *ironic* is used in OALD only, which does not give a proper definition of it: rather, it provides advice on its use through a sentence and an interjection which seem to carry a negative connotation, though, as will be seen in 2.2, the word *ironic* can also have a positive connotation depending on the context.

OALDO's definition is "showing that you really mean the opposite of what you are saying; expressing irony", and the only example is "an ironic comment".

10 https://www.oed.com/dictionary/pep-talk_n?tab=frequency#31161428 (last access: 20.05.2025).
11 https://www.oed.com/dictionary/bonkers_adj?tab=frequency#16732229 (last access: 20.05.2025).
12 https://www.oed.com/dictionary/dodgy_adj?tab=frequency#6360383 (last access: 20.05.2025).

Approving/approval

Definitions and examples:

- CALD (2003): praising someone or something, ex: *an approving smile.*COBUILD (2004): [*approval*]: you can choose words and expressions to show that you approve of the person or thing you are talking about, e.g. *angelic.*
- LDOCE (2003): a word that is used to praise things or people, although this may not be clear from its meaning: showing support or agreement for something.
- OALD (2005): expressions show that you feel approval or admiration, for example *feisty, petite*: showing that you believe that somebody/something is good or acceptable.

The words *praise, admiration, approve/approving,* used in the definitions of the label for both people and things, *per se* have a positive connotation.

COBUILDO defines *angelic* with a sentence: "you can describe someone as angelic if they are, or seem to be, very good, kind, and gentle" and adds the label "[*approval*]", which is a noun, while labels are usually adjectives. The other dictionary definitions also include the same adjectives: CALDO and OALDO add *beautiful.* Notably, all adjectives have a positive connotation. In LDOCEO's example, "she had an angelic smile, but a dreadful temper", the word *dreadful,* which according to its meaning carries a negative connotation, does not give it to *angelic. Angelic* is in "frequency band 5, which contains words occurring between 1 and 10 times per million words in modern written English".[13]

OALDO's definition of *feisty* is "(of people) brave, determined and not afraid of arguing or defending yourself". *Feisty* is labelled as *informal* in addition to *feel approval* (see OALD 2005 definition above). In the example "viewers love her for her feisty and outspoken character" the word *outspoken,* which OALDO defines as "saying exactly what you think, even if this shocks or offends people", seems to explain the presence of the label *informal.* CALDO's definition is as usual rather short: it only includes the synonyms *active, confident, and determined.* COBUILDO too gives the following lengthy definition in its usual style: "if you describe someone as feisty, you mean that they are tough, independent, and spirited, often when you would not expect them to be, for example because they are old or ill". The second part of the definition points to a specific communicative function. LDOCEO's definition, "having a strong determined character and being willing to argue with people – use this to show approval", explicitly mentions the word (and label) *approval* and describes its communicative function.[14] *Feisty* is in

13 https://www.oed.com/dictionary/angelic_adj1?tab=frequency#3727674 (last access: 20.05.2025).

14 The OEDO defines *feisty* as *aggressive, excitable, touchy.* None of these adjectives are used in any online LDs' definitions.

"frequency band 4, which contains words occurring between 0.1 and 1 times per million words in modern written English".[15]

OALDO defines *petite*, "from French, approving", as "(of a girl, woman or her figure) small and thin". LDOCEO and CALDO use mostly the same words to define *petite*, respectively "short and attractively thin", and "small and thin in an attractive way". According to COBUILDO "if you describe a woman as petite, you are politely saying that she is small and slim". Apart from OALDO, no other LD applies a usage label to *petite*. Interestingly, Namatende (2011: 306) wonders whether "to call a woman petite, slim or slender implies an approving attitude towards her in contrast to skinny, which suggests disapproval". In cases such as *petite/skinny* it is indeed attitude, and not meaning *per se*, that makes a/the difference in communication. Labels are also meant to make learners aware of the stylistic and conceptual subtleties words imply.

Petite "is in frequency band 5, which contains words occurring between 1 and 10 times per million words in modern written English".[16]

Politeness

Definition and example:

- COBUILD (2004): "certain words and expressions in English are used to express politeness, sometimes even to the point of being euphemistic, e.g. *elderly*". The adjective *euphemistic* – one of the labels in the OEDO's datasets[17] – is not used as a label in any LD.

The label *politeness*[18] is listed only in COBUILD, which once more also uses it as a word in its definition. Interestingly, COBUILDO adds the following pragmatics note on *politeness* at the end of the entry "polite": "in this dictionary, the label politeness indicates that you use the word or expression in order to show good manners, and to avoid upsetting or embarrassing people. An example of an expression with this label is 'would you mind...?".[19]

In COBUILDO the word *elderly* is defined as "you use elderly as a polite way of saying that someone is old", but it has no label. One of the examples, "the elderly are people who are old", is accompanied by the warning that its "use could cause offence." In its

15 https://www.oed.com/dictionary/feisty_adj?tab=frequency#4583915 (last access: 20.05.2025).

16 https://www.oed.com/dictionary/petite_adj?tab=frequency#31049010 (last access: 20.05.2025).

17 See Introduction.

18 Usually lexicographers use adjectives to describe, and name, most labels in different dictionaries. In COBUILD the labels *approval* and *politeness* are listed and defined in the section *Pragmatics*, while the section on *style labels* lists and defines all the other labels analysed above: both sections are shown in detail in the introductory pages of the print dictionary.

19 "would you mind...?" is included in the entry for the verb *mind* as an example of its use: "you use mind in the expressions 'do you mind?' and 'would you mind?' as a polite way of asking permission or asking someone to do something [politeness].

"usage" section at the end of the entry, COBUILDO adds that "many people [...] prefer to talk about *older* rather than *elderly* people for similar reasons". This further shows the relevance of the context in which words are used, with reference to their (positive or negative) connotation.

CALDO defines *elderly* as "a more polite word for old", and adds that it is "used to describe people." One of the examples is "children should show respect for the elderly". In this case "the elderly" is not directly associated with any connotative value, unless in contexts in which children do not show respect for old people.

According to LDOCEO, *elderly* is used as "a polite way of saying that someone is old or becoming old". OALDO's definition is very similar to LDOCEO's one: "(of people) used as a polite word for old". Though no label is used in the above definitions with reference to *politeness*, (which is a label in COBUILD only), the word *polite* is used in all the above definitions of *elderly*. *Elderly* is in "frequency band 6, which contains words occurring between 10 and 100 times per million words in modern written English. It is one of the 5,000 most common words in modern written English".[20]

2.2 CALDO's, COBUILDO's, LDOCEO's and OALDO's entries for *formal, humorous, informal, ironic, approving/approval*, and *politeness*: selected senses and examples

Formal

Definitions and examples:

- CALDO: "formal language, clothes, and behaviour are suitable for serious or official occasions". Ex: "it's incorrect to address people by their first names at these formal events. He writes in a formal and rather stilted style".
- COBUILDO: "formal speech or behaviour is very correct and serious rather than relaxed and friendly, and is used especially in official situations". Ex: "he wrote a very formal letter of apology to Douglas. Business relationships are necessarily a bit more formal".
- LDOCEO: "formal language is used in official or serious situations". Ex: 'Yours sincerely' is a formal way of ending a letter".
- OALDO: (of a style of dress, speech, writing, behaviour, etc.) very correct and suitable for official or important occasions". Ex: "he kept the tone of the letter formal and businesslike".

All definitions include the adjective *official*, which contains a reference to someone in authority, as hinted at in Section 2.1 above. The adjectives *serious*, *correct*, and *suitable* have a positive connotation. On the other hand, the adjective *stilted* (used in CALDO's

20 https://www.oed.com/dictionary/elderly_adj?tab=frequency#5813162 (last access: 20.05.2025).

example above) seems to contradict this assumption, since it is labelled *disapproving* in OALDO (and *unnatural* in the other LDs).

Humorous

Definitions and examples:

- CALDO: funny, or making you laugh. Ex: a humorous book.
- COBUILDO: if someone or something is humorous, they are amusing, especially in a clever or witty way. Ex: he was quite humorous, and I liked that about him.
- LDOCEO: funny and enjoyable: humorous stories. *Register*[21]: in everyday English, people usually say something is funny rather than humorous. Ex: he told lots of funny stories [plus many other examples].
- OALDO: funny; showing a sense of humour. Ex: he gave a humorous account of their trip to Spain.

The words *laugh, amusing, enjoyable*, and *funny* (used in three definitions) *per se* carry a positive connotation.

Informal

Definitions and examples:

- CALDO: relaxed and friendly: Ex: an informal discussion/meeting: suitable for normal situations: Ex: informal clothes, informal language.
- COBUILDO: Informal speech or behaviour is relaxed and friendly rather than serious, very correct, or official. Ex: his friend was less good-looking, but a lot more informal and relaxed.
- LDOCEO: 1. relaxed and friendly without being restricted by rules of correct behaviour. Ex: the atmosphere at work is fairly informal. The two groups met for informal talks. 2. an informal style of writing or speaking is suitable for ordinary conversations or letters to friends.
- OALDO: 1. relaxed and friendly; not following strict rules of how to behave or do something. Ex: informal discussions/talks, an informal chat/conversation. 2. (of language) suitable for normal conversation and writing to friends rather than for serious speech and letters. Ex: informal expression [compare formal, slang].

Significantly the words *friendly* and *relaxed* are used in all the definitions of *informal*, together with *behave/behaving in a pleasant and kind way*. All of them suggest that *informal* usually has a positive connotation, if appropriate to the context, with reference to *normal situations*, and to the use of *relaxed and friendly* in all dictionaries. OALDO's recommendation to compare *informal* with *formal* is, in a sense, self-evident since they

21 The section *Register* gives extra information about the context in which the entry word or a synonym is typically used.

are in most cases opposites, while comparing *informal* with *slang* represents a slightly different case, since the label *slang*, defined as "extremely informal language" in CALD, and "very informal language" in OALD, is not included in COBUILD and in LDOCE, neither is it in the OED's dataset.

Ironic

Definition and examples:

– OALDO: showing that you really mean the opposite of what you are saying, as in "an ironic comment"; (of a situation) "strange or funny because it is very different from what you expect", followed by the example "it's ironic that she became a teacher – she used to hate school".

The word *funny* seems to have a positive connotation, though irony can also have unexpectedly unpleasant aspects, as in the example "the irony is that when he finally got the job, he discovered he didn't like it." It seems that *ironic* has two different functions and both a positive and a negative connotation according to its context of use. Indeed, irony "applies at the utterance level, rather than the lexical level", and accounting for possible ironic usages is "beyond the remit of a dictionary definition" (Murphy, 2019: 64).

Approving/approval

Definitions and examples:

– CALDO: showing that you think something is good or right: Ex: an *approving smile.*[22]
– COBUILDO: in this dictionary, the label approval indicates that you use the word or expression to show that you like or admire the person or thing you are talking about. An example of a word with this label is *broad-minded.*
– LDOCEO: showing support or agreement for something. Ex: *an approving nod/glance/smile* etc.
– OALDO: showing that you believe that somebody/something is good or acceptable. *He gave me an approving nod.*

Interestingly, in CALDO's and LDOCEO's definitions, *approving* only refers to *something*, while in COBUILDO's and OALD's ones *approval* and *approving* also apply to *person* and *somebody.* OALDO's definition also includes the adjective *acceptable* which describes *something*, while *good* applies to somebody.

All the examples and pairs of words such as "good or right", "like or admire", "support or agreement" clearly "show" or "indicate" that the words *approving* and *approval*, and, indirectly, the labels so named, have a positive connotation. All definitions include

22 Notably, the definition of the lemma approving in CALD is "showing that you have a positive opinion about something or someone". Ex: "she gave him an approving smile, praising someone or something, showing support or agreement for something" (definition of the word, not the label).

the conjunction *or* which usually connects alternatives. In OALDO the adjective *acceptable* seems to be a downtoner. All examples include the word *approving*, but only COBUILDO gives an example of "a word with this label", *broad-minded*. Its definition, "if you describe someone as broad-minded, you approve of them because they are willing to accept types of behaviour which is different from their own [approval]", includes the verb *approve*. *Acceptable* and *accept*, in different co-texts, carry slightly different connotations.

Politeness

Definition and examples:

– COBUILDO: certain words and expressions in English are used to express politeness, sometimes even to the point of being euphemistic, e.g. *elderly*.

Politeness is an entry in all LDs, but it is used as a label in COUILD/O only: its function has already been described in 2.1 above.

3 Concluding remarks

The definitions of each label analysed in 2.1 usually share main points, though with linguistic differences due to the stylistic and rhetorical characteristics of each dictionary. Only COBUILD and OALD systematically give examples of words labelled *formal, humorous, informal, approving*. The words given as examples – *gratuity, admonish, besmirch, gents, ankle-biter, pep talk, lurgy, bonkers, dodgy, angelic, feisty, petite* – occur (more or less) rarely according to the OEDO's frequency bands, which are based on written English. Examples of words labelled "formal" most probably occur as rarely, or even more rarely, also in the spoken language, in which, conversely, words labelled "informal" are presumably more frequent. Also "humorous" words – such as *gents* – (which is also labelled informal) probably occur more often in the spoken language. "Angelic" is the most frequently occurring example of words expressing approval, and *elderly* is by far the most frequently occurring word among those analysed above. It is often compared with *older*, which, according to the OEDO, is in "frequency band seven" and with *old*, which is "one of the 500 most common words in modern written English".

Independently of the frequency of occurrence of the words chosen as examples in the different LDs, the analysis of the labels *formal, humorous, informal, ironic, approving/approval*, and *politeness* has highlighted different lexicographical approaches to their descriptive and didactic roles. The words meant to exemplify the different labels are often rather rare. However, the association of positive connotation with a label in a definite (one-)way is more the exception than the rule, since it is the context of use and of communication that is the most telling aspect, as in the cases of the appropriate use of *formal* and *informal* words and of *ironic* language. The slight differences, for example, between *informal* and *humorous* words, as exemplified by *gents*, or between a really *polite* and a *euphemistic* expression, as in the case of *elderly*, show that actual use can be different in terms of communication, with special reference to intonation, one of the most relevant aspect of spoken language which dictionary definitions and examples cannot convey. However, the definitions and the examples given in the LDs analysed above offer learners enough information about labels indicative of a positive connotation and the words associated with them, so that they can understand their actual role in communication, bearing in mind that "doubtlessly, pragmatic information supplied by labels is as vital as the semantic information supplied by the definition" (Vrbinc 2015: 122).

4 Bibliography

Allen, Harold B. (1979): Samuel Johnson, Originator of usage labels. In: Jazayeri, Mohammad A./Polomé, Edgar C./Winter, Werner (eds.): Linguistics and Literature/Sociolinguistics and Applied Linguistics. The Hague/Paris/New York: de Gruyter Mouton, 193–200.

Atkins, Beverly/Rundell, Michael (2008): The Oxford Guide to Practical Lexicography. Oxford: Oxford University Press.

Béjoint, Henri (2023): Usage Labels in the History of English Dictionaries. In: Faraci, Dora et al. (eds.): When I Use a Word, It Means Just What I Choose It to Mean – Neither More nor Less. Studies in Honour of Stefania Nuccorini. Rome: Roma TrE-Press, 1–21.

Brewer, Charlotte (2005): Authority and Personality in the Oxford English Dictionary. In: Transactions of the Philological Society 103, 261–301.

Brewer, Charlotte (2016): Labelling and Metalanguage. In: Durkin, Peter (ed.): The Oxford Handbook of Lexicography. Oxford: Oxford University Press, 488–500.

Burchfield, Robert (1975): The Art of the Lexicographer. In: Journal of the Royal Society of Arts 123, 349–361.

Cassidy, Frederic Gomes (1997): The Rise and Development of Modern Labels in English Dictionaries. In: Journal of the Dictionary Society of North America 18, 97–112.

Hartmann, Reinhard Rudolf Karl/James, Gregory (1998): Dictionary of Lexicography. London: Routledge.

Landau, Sidney (1989): Dictionaries. The Art and Craft of Lexicography. Cambridge: Cambridge University Press.

Murphy, M. Lynne (2019): Defining your P's and Q's: Describing and Prescribing Politeness in Dictionaries. In: Dictionaries: Journal of the Dictionary Society of North America 40, 61–92.

Namatende-Sakwa, Lydia (2011): Problems of Usage Labelling in English Lexicography. In: Lexikos, 21, 305–315.

Norri, Juhani (2000): Labelling of derogatory words in some British and American Dictionaries. In: International Journal of Lexicography 13, 71–106.

Pinnavaia, Laura (2014): Defining and proscribing bad language words in English Learner's Dictionaries. In: Iannaccaro, Giuliana/Iamartino, Giovanni (eds.): Enforcing and Eluding Censorship. British and Anglo-Italian Perspectives. Newcastle upon Tyne: Cambridge Scholars Publishing, 217–231.

Stachurska, Anna (2018): On the Codification of Usage by Labels. In: Journal of Language and Cultural Education 6, 89–107.

Vrbinc, Marjeta/Vrbinc, Alenka (2015): Diasystematic Information in Learner's Dictionaries: The Usability of Multiple Labels. In: Journal of Language Studies 15, 111–128.

Christian Rink

Zum hundertjährigen Bestehen des Chinesisch-Deutschen Wörterbuchs von Werner Rüdenberg

Abstract: The research field of bilingual lexicography for Chinese and German is still in its early stages. This paper serves as a starting point for further extensive metalexicographical research in this area. Rüdenberg's 1924 *Chinese-German Dictionary* is considered the first widely available dictionary for both languages, introduced to the German public at the beginning of the twentieth century. This paper examines its history, reception, and lexicographic structures. The results indicate that, despite several defects and flaws, the dictionary stands among the great works of a largely imperialistic era – yet one that facilitated and ultimately normalized linguistic interaction between the inherently different languages of Chinese and those of the European continent.

Keywords: bilingual lexicography Chinese/German, Werner Rüdenberg, dictionary analysis, dictionary structures

Schlagwörter: bilinguale Lexikographie Chinesisch/Deutsch, Werner Rüdenberg, Wörterbuchanalyse, Wörterbuchstrukturen

1 Einleitung

Vor etwa hundert Jahren – im Jahre 1924 – erschien das erste einschlägige lexikographische Standardwerk (vgl. Creamer 1991a: 3109, Hänisch 1925: 315) zum Sprachenpaar Chinesisch/Deutsch: Das *Chinesisch-Deutsche Wörterbuch* von Werner Rüdenberg. Wenn auch in der damaligen Zeit in verschiedenen Rezensionen besprochen, fehlt bis heute eine metalexikographische Beschreibung des Wörterbuches, die sich eingehender mit seinen Strukturen auseinandersetzt. Dies gilt allerdings auch für den gesamten Bereich der bilingualen Lexikographie für das Sprachenpaar. In Rink (2016: 155–156) findet sich ein Überblick zu den wenigen Arbeiten der letzten 50 Jahre in diesem Bereich. In der neueren Zeit wurden in der Dissertation von Zhang (2022) lexikographische Aspekte in der Lernerlexikographie mit Chinesisch (auch „ChaF-Lexikographie", ebd.: 63–95) in Ansätzen diskutiert und in Rink/Ganslmayer/Evert (2024) erste Schritte zum Thema KI und bilinguale Lexikographie Chinesisch-Deutsch gemacht. Die metalexikographische Beschreibung des *Rüdenbergs* stellt perspektivisch einen notwendigen und

Christian Rink, Friedrich-Alexander-Universität Erlangen-Nürnberg, Lehrstuhl für Religionswissenschaft und Interkulturelle Theologie, Jordanweg 2, 91054 Erlangen, E-Mail: christian.rink@fau.de

https://doi.org/10.1515/9783111676531-019

interessanten Startpunkt dar, um allmählich sämtliche Wörterbücher (Print sowie digital) für das Sprachenpaar Chinesisch/Deutsch seit dem *Rüdenberg* einer eingehenden metalexikographischen Untersuchung zu unterziehen, um schlussendlich Rückschlüsse auf die gesamte Entwicklung der Lexikographie für das Sprachenpaar bis heute ableiten zu können.

Während im 19. und 20. Jahrhundert die kulturelle Praxis der Lexikographie (*sensu* Wiegand 2010: 3) in Europa wie auch China längst etabliert war, stellt ferner die Zusammenkunft beider ein spannendes Feld für die wissenschaftliche Untersuchung dar, da hier beide aneinander angepasst werden mussten. Das äußert sich u. a. auf der einen Seite in der Entwicklung von mannigfaltigen Lautschriften, welche die chinesischen Silben an eine Alphabetschrift anpassten, und der damit zusammenhängenden für das Chinesische neuartigen Sortierung der Lemmata sowie auf der anderen Seite in einer für die Europäer neuen Art des Zugriffs auf den Wortschatz einer (Zeichen-)Sprache, die in bestimmten Benutzungssituationen (Suche nach Zeichen, dessen Lautung unbekannt ist) vom unkundigen nicht-chinesischen Benutzer noch erlernt werden musste. Wie die lexikographischen Werke von de Guignes (1813), Couvreur (1911), Morrison (1815–1823), Medhurst (1847), Giles (1892) Karlgren (1923), Palladius/Popov (1888) und anderen fällt auch der *Rüdenberg* in die Kategorie der ersten großen und umfangreicheren Wörterbücher des 19. und frühen 20. Jahrhunderts mit Chinesisch als Ausgangssprache, welche in Europa aufgrund missionarischer, imperialistischer und den damit in China verbundenen wirtschaftlichen Interessen entstanden.

2 Das Wörterbuch

Der Hauptteil dieses Beitrags wird sich eingehend mit dem *Chinesisch-Deutschen Wörterbuch* (im Folgenden CDW) beschäftigen, indem es sich mit seiner Geschichte sowie seinen Strukturen auseinandersetzt und es typologisch einzuordnen sucht. Da mehrere Auflagen des Wörterbuches erschienen sind, wovon die dritte Auflage (CDW3) eine umfassende Überarbeitung des CDW darstellt, wird diese bezüglich ihrer wesentlichen Änderungen in den jeweiligen Kapiteln kontrastiv zur ersten Auflage (CDW1) ebenfalls Erwähnung finden.

Zum Aufbau: Im Folgenden werden neben allgemeinen Informationen (2.1) zum Wörterbuch, Textverbundstruktur (*sensu* Kammerer/Wiegand 1998, Wiegand 2010) (2.2), Makrostruktur (*sensu* Wiegand 2010) (2.3), Zugriffstruktur (*sensu* Wiegand 2007, 2010) (2.3) und Mikrostruktur (*sensu* Wiegand 1989, 2010) (2.5) des Wörterbuches beschrieben.

2.1 Allgemeine Informationen

Zu den allgemeinen Informationen sind die Details zu den Vorgängern des Wörterbuchs (2.1.1), zu seiner Geschichte und zur zeitgenössischen Rezeption (2.1.2) und eine erste typologische Einordnung (2.1.3) zu zählen.

2.1.1 Vorgänger

Rüdenbergs Wörterbuch ist nicht das erste Wörterbuch für das Sprachenpaar Chinesisch/Deutsch: erste monoskopale Wörterbücher Deutsch-Chinesisch waren die von der Katholischen Mission Süd-Shandong herausgegebenen Wörterbücher *Deutsch-Chinesisches Hand-Wörterbuch. Mit besonderer Berücksichtigung der Schantung-Sprache* 德華字典 (*déhuá zìdiǎn*) (1906, 1917) (DCHW) und das *Deutsch-Chinesische Taschen-Lexikon*, ebenfalls 德華字典 (*déhuá zìdiǎn*) im Jahre 1908 (DCTL) (vgl. Hu 2023: 40–42).

Für die Richtung Chinesisch-Deutsch sind das 1914 erschienene *Chinesisch-Deutsche Taschen-Wörterbuch*華德字典 (*huádé zìdiǎn*) (CDTW) von Joseph Stangier– ebenfalls veröffentlicht von der Shandonger Mission (vgl. Hu 2023: 43–44, Jäger 1926: 338) – sowie die handschriftlich verfasste *Sammlung chinesischer Mehrsilber* (SCM), die 1919 von deutschen Kriegsgefangenen, die im japanischen Kriegsgefangenenlager Bandō auf der Insel Shikoku interniert waren, verfasst und in der Lagerdruckerei als Manuskript gedruckt worden ist (vgl. Vorwort, ohne Seite), zu nennen. Das CDTW enthält etwa 4000 (Kapitel-)Zeichen mit untergeordneten alphabetisch nach Umschrift sortierten polysyllabischen lexikalischen Einheiten (chin. 合成词, *héchéngcí*), die das jeweilige Lemma als erste Silbe aufweisen. Das SCM-Manuskript enthält laut Vorwort (ohne Seite) ca. 15.000 polysyllabische Einheiten[1]. Sortiert sind diese primär nach den 214 Kangxi-Radikalen (gemäß ihrer Strichzahl) und sekundär nach der Aussprache des zweiten Zeichens eines Lemmas. Beide Wörterbücher zeigen bereits Formen der in Rink (2016: 148) besprochenen Tonartikelstrecken, welche auch moderne chinesische Wörterbücher wie das 现代汉语词典 (*xiàndài hànyǔ cídiǎn*) ['Wörterbuch des modernen Chinesisch'] (XHC) aufweisen. Anfang des 20. Jahrhunderts wurden vor allem bezüglich des Wörterbuchs von Stangier der Umfang des Wörterverzeichnisses (vgl. Bröring 1925: 359, Jäger 1926: 338) sowie die allgemeine Zugänglichkeit dieser Wörterbücher in Europa kritisiert (vgl. Pelliot 1926: 271). Das in Kriegsgefangenschaft publizierte SCM war in Europa offenbar kaum bekannt, da es außer bei Jäger (1926) nirgends Erwähnung findet und selbst Rüdenberg diese nicht als Quelle für seine Wörterbuchbasis angibt. In Yong/Peng/Zhang (2024: 64) wird noch ein weiteres Wörterbuch aus dem Kreis der

1 Ein Teil des Vorwortes ist in der Online-Version auf https://bando-doitsu.com/de/archive/view/114 (letzter Zugriff: 20.03.2025) nicht abgebildet, wodurch nicht ersichtlich wird, wie viele Lemmata die Autoren letztendlich ausweisen.

Missionare aus dem Jahre 1911 mit dem Titel 中德字典 (*zhōngdé zìdiǎn*) ['Chinesisch-Deutsches Zeichenwörterbuch'] erwähnt, zu welchem keine weiteren Informationen vorliegen. Dementsprechend stellt der *Rüdenberg* das erste in Europa und Deutschland öffentlich zugängliche Wörterbuch für das Sprachenpaar Chinesisch/Deutsch mit Chinesisch als Ausgangssprache dar.

2.1.2 Geschichte und zeitgenössische Rezeption

2.1.2.1 Geschichte des CDW

Laut Angaben des Autors geht die Motivation, das *Chinesisch-Deutsche Wörterbuch* zu verfassen, auf die Ermangelung von Wörterbüchern oder ähnlichen Quellen mit Chinesisch als Ausgangs- und Deutsch als Zielsprache in den 1910er-Jahren in Shanghai in Unterrichtsklassen des Vereins für chinesische Sprache und Landeskunde zurück (vgl. CDW1 1924: V). Aufgrund der angegebenen Adressaten des Wörterbuchs, lässt sich annehmen, dass in diesem Verein Chinesischunterricht für „Dolmetscher, Kaufleute, Ingenieure, Missionare" (ebd.) und andere an der chinesischen Sprache Interessierte und in China ansässigen Deutsche gegeben wurde. Schon während dieser Zeit beginnt Rüdenberg den Wortschatz für seine Wörterbuchbasis zusammenzutragen und setzt diese Arbeit später nach der „1919 zwangsweise erfolgten Heimsendung der Deutschen" (ebd.) in Deutschland fort. Wirtschaftliche Interessenvertreter in Deutschland jener Zeit schienen zudem sehr interessiert an dieser Publikation gewesen zu sein, da Rüdenberg von diesen mit ausreichenden Mitteln unterstützt wurde, um dieses Wörterbuch herstellen und veröffentlichen zu können (vgl. ebd. VII).

Das Wörterbuch wurde insgesamt dreimal aufgelegt, wobei zur ersten Auflage im Jahre 1925 ein Zusatzband herausgegeben worden ist, in welchem alle Lemmata mit den Aussprachen des Kantoner- und des Hakka-Dialekts versehen worden sind und mittels nummerischer Verweisangabe (Kapitelzeichennummer) auf die deutschen Äquivalente im eigentlichen Wörterbuch verweisen (vgl. Schmitt 1925: 199). „Innerhalb eines Jahrzehnts war die erste Auflage vergriffen, und 1936 erschien eine zweite verbesserte Auflage" (Franke 1966: 243). In dieser sind laut Vorwort (vgl. CDW3: VII) lediglich Ausbesserungen von Druckfehlern, Übersetzungen und Tonangaben vorgenommen worden. Laut Franke (vgl. 1966: 243) wurde diese Ausgabe auch in China als „photographischer Nachdruck" 1940 in Shanghai veröffentlicht. Die dritte Auflage (CDW3) hingegen stellt eine umfangreiche Überarbeitung des Wörterbuches durch den Sinologen Hans Otto Heinrich Stange dar; zu den Änderungen gehören vor allem der Austausch der Umschrift (vgl. CDW3: IX–XIII, Franke 1966: 244, Kratochvíl 1961: 304), welcher eine umfassende Umstellung der Makrostruktur des Wörterbuches zur Folge hat sowie das Hinzufügen von weiteren 2893 Schriftzeichen (vgl. CDW3: 753), welche vor allem aus den Bereichen „Buddhism [...], law and chemistry" (Jonker 1959: 108) stammen; ferner sind die Artikel teilweise inhaltlich erweitert worden. 1971 wurde weiterhin als letzte Publikation der *Deutsche Index zu Rüdenberg-Stange* herausgegeben (vgl. Lippert 1971), welcher ebenfalls lediglich Verweisartikel mit deutschem Lemma und nummerischen Verweisangaben – nämlich Seitenzahl(-en) im Zielwörterbuch – aufweist.

2.1.2.2 Zeitgenössische Rezeption des CDW

Die vorliegenden Rezensionen zur Erstauflage des CDW fallen eher positiv aus; die hierfür berücksichtigten Besprechungen stammen allesamt von damalig bekannten Sinologen, darunter: der Schweizer Theodor Bröring (Missionar des SVD), Paul Pelliot aus Frankreich und die drei deutschen Sinologen Erich Hänisch, Fritz Jäger[2] und Erich Schmitt sowie der österreichische Sinologe Erwin v. Zach. Während die Besprechungen von Bröring (1925), Schmitt (1925) und v. Zach (1926) eher kurz ausfallen, beschäftigen sich Hänisch (1925), Pelliot (1925) und Jäger (1925) etwas ausführlicher mit dem *Rüdenberg*. Interessant dabei erscheint, dass teilweise nicht nur rezensiert, sondern auch indirekt auf die Bitte Rüdenbergs im Vorwort eingegangen wird, Vorschläge zur Verbesserung des Wörterbuchs zu machen (vgl. CDW1: VII). Gelobt wird vom Gros der Rezensenten vor allem die reine Existenz eines solchen Wörterbuches für das Deutsche sowie dass es im Gegensatz zu den unter 1. genannten englischen, französischen und russischen Pendants zeitgenössischen umgangssprachlichen und handelsspezifischen Wortschatz beinhalte (vgl. Bröring 1925: 359, Hänisch 1925: 315, Jäger 1925: 337–338, Pelliot 1925: 271, Schmitt 1925: 986). Kritisiert wird u. a. die verwendete Umschrift, die vergleichsweise geringe Anzahl der Lemmata (vgl. Bröring 1925, Jäger 1925: 338–339, Schmitt 1925: 986–987) und der wenig genutzte Platz auf den Seiten und das damit zusammenhängende Großformat des Wörterbuches (vgl. Bröring 1925, Schmitt 1925: 987). Die Besprechung von Hänisch fällt überaus positiv aus; vor allem hebt er die Vorzüge eines Wörterbuches hervor, bei dem man nicht den Umweg über eine dritte Fremdsprache gehen müsse, um chinesische Texte zu übersetzen; weiterhin lobt er die fehlerfreie Quellenarbeit Rüdenbergs bei der Lemmaselektion in fremdsprachlichen Quellen, im Gegensatz zu anderen die generelle Übersichtlichkeit der Wörterbuchartikel sowie die Richtigkeit der Bedeutungsangaben. Pelliots (1925: 272) Kritik beschäftigt sich hauptsächlich mit Ungenauigkeiten und Fehlern bezüglich historischer und geographischer Namen sowie buddhistischer Terminologie, wozu er knapp 70 Verbesserungsvorschläge hinsichtlich der Aussprache- und Bedeutungsangaben verschiedener Lemmata sowie der Äquivalente der Kapitelzeichen (*sensu* Karl 1990: 51) und der polysyllabischen Einheiten macht. Auch Schmitt (1925) listet ca. zehn inhaltliche Fehler und Ungenauigkeiten auf; Jäger (1925: 340) bemängelt zudem, dass klassischer und moderner Wortschatz nicht extra gekennzeichnet wird; Bröring merkt darüber hinaus an, dass eine Umschriftangabe der Folgezeichen in den mehrsilbigen Einheiten in der nächsten Auflage hinzugefügt werden sollten. V. Zach (1926: 153) hingegen sieht das Wörterbuch eher als

2 Von Fritz Jäger liegen außerdem eine weitere Rezension zur zweiten Auflage (vgl. Jäger 1939) sowie ein 1944 im Rahmen seiner Arbeit an der Universität Hamburg verfasstes Gutachten zum CDW vor (vgl. Walravens 2007: 183–185).

Hilfsmittel zum Erlernen des Chinesischen an, welches zu diesem Zweck zu viele Lemmata beinhalte, da man zum Sprechen weniger Zeichen als die 6400 angebenden brauche; auch dieser Rezensent listet einige Fehler auf und spricht konträr zu Hänisch dem Wörterbuch mittels weniger Beispiele grundsätzlich ab, hilfreich bei der Übersetzung klassischer Texte zu sein (vgl. Zach 1926: 153), was sich mit seiner Einschätzung des *Rüdenbergs* als einer Art Vorläufer eines Lernerwörterbuchs als durchaus kohärent darstellt. Die angemerkten Verbesserungen von Pelliot und v. Zach wurden laut Jäger (1939: 188) für die zweite Auflage auch berücksichtigt.

Die Rezensionen zur dritten Auflage stammen von D. R. Jonker[3], vom tschechischen Sinologen Paul Kratochvíl, vom britischen Sinologen Georg Weys und vom deutschen Sinologen Wolfgang Franke. Obwohl ihm nur die erste Lieferung des CDW3 vorlag, fällt die Besprechung von Jonker (1959) ziemlich negativ aus, da der Autor einiges zu bemängeln hat; darunter etwa die neu implementierte Umschrift (vgl. Jonker 1959: 108–109), die makrostrukturelle Ordnung unter den Kapitelzeichen (vgl. Jonker 1959: 109), die immer noch fehlende Ausspracheangabe der Folgezeichen bei polysyllabischen Einheiten (vgl. Jonker 1959: 110), fehlende Variantenangaben bei der Aussprache (vgl. Jonker 1959: 110), Ungenauigkeiten bei den Tönen (vgl. Jonker 1959: 110) und fehlleitender Fettdruck bei Bedeutungsangaben (vgl. Jonker 1959: 111). Ferner listet er, wie Pelliot vor ihm, ca. 150 inhaltliche Fehler auf, die bei einzelnen Lemmata auftreten (vgl. Jonker 1959: 113–128). Kratochvíls (1961) Rezension fällt trotz oder gerade wegen der umfangreichen Überarbeitung durch Stange ebenfalls negativ aus; der Autor hält die Änderung der Umschrift für überflüssig (vgl. Kratochvíl 1961: 303), unterstellt Stange Unachtsamkeit in der Arbeit mit den Quellenwörterbüchern, da dieser Fehler aus Mathews *Chinese-English dictionary* eins-zu-eins übernommen habe (vgl. Kratochvíl 1961: 304) und befindet das Wörterbuch generell für veraltet, indem er schreibt:

> Zitat 1: Rüdenberg's dictionary, even its new edition, is nothing less, but unfortunately also nothing more, than one of the old-type handbooks used for reading texts. Most of these handbooks try to cover vocabulary of texts from the most ancient times until today without regard to its historic level and its linguistic features. (Kratochivil 1961: 304)

Auch Franke (1966) beschäftigt sich in seiner Besprechung ausführlich mit der letzten Ausgabe des *Rüdenbergs* und ist dementsprechend in der Lage detaillierte Kritik zu üben: Wie auch die anderen hält er die Umschrift für keine Verbesserung und beanstandet ebenfalls, dass die unsystematische Anordnung der Sublemmata unter den Kapitelzeichen beibehalten wurde (vgl. Franke 1966: 244). Ferner zeigt er anhand von Beispielen auf, dass viele der vorgenommenen Änderungen als unwesentlich oder verschlimmernd zu werten sind und einige Fehler nicht getilgt wurden (vgl. ebd.: 255). Ein weiterer wesentlicher Punkt ist für Franke, dass der Wortschatz den großen

3 D. R. Jonker: Informationen zum Autor konnten nicht gefunden werden.

Veränderungen im China dieser Zeit[4] keinerlei Rechnung trage und immer noch den Wortschatz der ersten Republikjahre beinhalte (vgl. Franke 1966: 255).

Weys (1973: 242–244) übt ebenfalls hauptsächlich Kritik an der dritten Auflage; auch für ihn stellt die veränderte Umschrift eine Verkomplizierung dar, er beanstandet die unsystematisch sortierten Sublemmata und die fehlende Ausspracheangabe der zweiten Silbe dieser; ferner merkt er an, dass Stange es versäumt hat, die Prinzipien der Vergrößerung des Wortschatzes zu erläutern. Auch Weys (1973: 243) hebt besonders hervor, dass Wörterbücher, welche den Wortschatz aller Epochen beinhalten sollen, zum Scheitern verurteilt seien.

Zusammenfassend kann konstatiert werden, dass die Rezensionen zur dritten Auflage allesamt Verrisse darstellen. Franke (1966: 255–256) lässt anklingen, dass möglicherweise die völlige Nichteinbeziehung des in der Zeit des Nationalsozialismus zwangsemigrierten Werner Rüdenbergs in die Überarbeitung seines eigenen Wörterbuchs etwas mit der mangelnden Qualität dieser letzten Auflage des CDWs zu tun haben könnte.

2.1.3 Typologische Merkmale und Wörterbuchbasis

2.1.3.1 Typologische Merkmale

Zur typologischen Einordnung des CDW sollen in diesem Abschnitt zwei Zitate aus dem Vorwort vorangestellt werden:

> Zitat 2: Wie die ganze Arbeit [am Wörterbuch] den praktischen Erfahrungen der damaligen vielseitigen Schanghaier Unterrichtsklassen ihre Entstehung verdankt, so will sie auch im wesentlichen denen dienlich sein, die nach dem überwinden der Anfangsgründe sich mit Ernst dem Erlernen der chinesischen Umgangs- und Schriftsprache klassischen oder modernen Stils zuwenden, seien es Dolmetscher, Kaufleute, Ingenieure, Missionare oder Anhänger anderer Berufe. Auch Sinologen dürften das Buch nützlich finden, obwohl es als Werk eines reinen Praktikers und nicht Wissenschaftlers nicht eigentlich für sie bestimmt sein kann. Brauchbar wird es sich hoffentlich auch für chinesische Studenten an deutschen Hochschulen erweisen, da es das erste derartige Werk auf breiterer Grundlage in deutscher Sprache ist. (CDW1: V)

> Zitat 3: [...] 查是書最便德人之初學華文者無待言矣同時亦予我國青年一大便利蓋華譯德之要推初步德語作文時實不亞於德譯華 [...]
> [chá shì shū zuì biàn dé rén zhī chūxué huáwén zhě wú dài yán yǐ tóngshí yì yǔ wǒguó qīngnián yī dà biànlì gài huá yì dé zhī yào tuī chūbù déyǔ zuòwén shí shí bù yǎ yú dé yì huá] (Rekonstruktion des handschriftlichen Originaltextes in CDW1: IV)
> ['Dieses Buch ist nicht nur für Deutsche, die Chinesisch lernen, sehr nützlich, sondern ist auch für unsere junge Generation von erheblichem Nutzen. Denn die Bedeutung der Übersetzung vom

4 Zu den großen Veränderungen in China von Anfang bis Mitte des 20. Jhd. gehören u. a. der Chinesische Bürgerkrieg (1927–1949), der Zweite Japanisch-Chinesische Krieg (1937–1945), der Zweite Weltkrieg (1939–1945) und die Gründung der Volksrepublik China (1949).

Chinesischen ins Deutsche, besonders beim Verfassen erster deutscher Aufsätze, ist nicht weniger wichtig als die Übersetzung vom Deutschen ins Chinesische.']

Laut Wiegand (2010: 83) können Wörterbücher typologisch „nach dem Benutzerbezug, nach dem Wörterbuchgegenstand, nach der Wörterbuchform und [...] nach trägermedialen Eigenschaften" eingeteilt werden. Während sich Letzteres für Anfang des 20. Jahrhunderts weitestgehend erübrigt, ist es sinnvoll, das CDW hinsichtlich seiner Adressaten und der damit zusammenhängenden Funktionen sowie seiner Form zu kategorisieren.

Die vom Autor intendierten Adressaten lassen sich vereinfacht als berufstätige Sprachlerner zusammenfassen, außerdem werden von Rüdenberg eingeschränkt auch Sinologen (Experten) und chinesische Muttersprachler, die das Deutsche erlernen, genannt (vgl. Zitat 1). Letztere Gruppe wird auch im chinesischen Vorwort von einem chinesischen Sprachlehrer der damaligen Sinologie der Universität Berlin (vgl. Leutner 2015: 146) namens Zeng Chuiqi (曾垂祺) erwähnt, wobei interpretiert werden kann, dass auch er sich auf chinesische Studenten, welche Deutsch lernen, bezieht (vgl. Zitat 2).

In der frühen Rezeption wurde die erste Gruppe durchweg bestätigt (vgl. u. a. Hänisch 1925: 217, Jäger 1926: 337, Schmitt 1925: 986, v. Zach 1926: 153); bezüglich der Experten waren sich die Rezensenten weniger einig: so schreibt Jäger etwa: „Darüber hinaus bedeutet aber das vorliegende Werk auch für die sinologische Wissenschaft einen Gewinn" (Jäger 1926); Hänisch schließt seine Besprechung mit: „das Rüdenbergsche Wörterbuch, für den deutschen Praktiker das gegebene Wörterbuch, bedeutet auch für den Sinologen einen Gewinn, ein willkommenes, bequemes Hilfsmittel und wertvolles Ergänzungsstück zu der vorhandenen lexikalischen Literatur." V. Zach (1926; vgl. auch Kap. 2.1.2) sieht es zumindest „für Studenten der Sinologie in den ersten Semestern" noch als brauchbar an; Schmitt (1925: 987) hingegen befindet das CDW als ein rein praxisbezogenes Wörterbuch, das auch für Sinologiestudenten wenig geeignet sei. In der späteren Rezeption im Zuge der Veröffentlichung der nächsten Auflagen und Zusatzbände wird in der Retrospektive diese vereinzelt anklingende Abneigung revidiert. So schreibt etwa Jäger (1939: 188) in seiner Rezension zur zweiten Auflage, dass „das Werk in der Zwischenzeit auch dem Wissenschaftler gute Dienste geleistet" habe und der Prager Sinologe Paul Kratochvíl (1961: 303) merkt in seiner Rezension zur dritten Auflage nahezu enthusiastisch an, dass der *Rüdenberg* über viele Jahre Sinologen aus aller Welt als eines der wichtigsten Wörterbücher gedient habe. Auch Franke (1966: 243) würdigt in seiner Besprechung der dritten Auflage das originale CDW hinsichtlich seiner Bedeutung: „Die Sinologen – nicht nur im deutschen Sprachgebiet – fanden es tatsächlich nützlich und es erhielt auch in Fachkreisen die ihm zukommende Beachtung." Chinesische Muttersprachler werden in allen Rezensionen nicht berücksichtigt.

In Hausmann/Werner (1991: 2740–2744) werden hinsichtlich der Typologisierung von zweisprachigen Wörterbüchern Skopus, Funktion und Direktion als Kriterien angeführt. Skopus bezieht sich auf die „Sprachrichtung", Funktion auf den „Instruktionszweck" und die Direktion auf die „Ausrichtung auf nach Muttersprachen definierte

Adressatengruppen“ (Hausmann/Werner 1991: 2742). Während der Skopus des CDW mit der Ausrichtung Chinesisch-Deutsch monoskopal ist, ist es hinsichtlich der intendierten Adressaten als bidirektional zu werten, da es sich an Muttersprachler beider Sprachen richtet (vgl. ebd.). Hinsichtlich seiner Funktionen ist das Wörterbuch als polyfunktional zu bezeichnen, da es für die Ausrichtung auf deutsche Muttersprachler vier Funktionen aufweist[5]: (a) Instruktion für Rezeption des Chinesischen (FS[6] →), (b) Instruktion für die Herübersetzung aus dem Chinesischen (FS → MS), (c) Instruktion für die Produktion des Chinesischen (→ FS) sowie (d) Instruktion für die Hinübersetzung ins Chinesische (MS → FS). Die aktiven Funktionen (c) und (d) gelten allerdings nur eingeschränkt (siehe Kap. 2.4.2). Für chinesische Muttersprachler können zwei Funktionen angesetzt werden: (e) Instruktion für Produktion des Deutschen (→ FS) und (f) Instruktion für die Hinübersetzung ins Deutsche (MS → FS). Diese Funktionen werden bei Wiegand (2010: 84) analog als Produktions- und Herübersetzungsfunktion (aktiv) sowie Rezeptions- und Hinübersetzungsfunktion (passiv) bezeichnet.

Bei einer Typologisierung nach dem Wörterbuchgegenstand kann das CDW als polyinformatives und polyselektives[7] allgemeines zweisprachiges Wörterbuch (vgl. Wiegand 2010: 85) bezeichnet werden, obwohl es laut Rezensenten auch klassischen Wortschatz (vgl. Jäger 1926: 338) wie bspw. aus dem *Buch der Lieder* (7.–11. Jh.) oder dem *Daodejing* (ca. 4. Jh.) enthält (vgl. Pelliot 1925: 274, 276).

Bei der Typologie nach der Wörterbuchform sei hier hauptsächlich auf die (unvollständige) Typologie in Creamer (vgl. 1991: 2599–2603, auch Rink 2016) hingewiesen, in der grundlegend Zeichenwörterbücher 字典 (*zìdiǎn*) und Wörterbücher 词典 (*cídiǎn*) unterschieden werden. Beinhalten Erstere nur Einzelzeichen, weisen Letztere unter einem Kapitelzeichen aufgeführt eine n-Anzahl an mehrsilbigen Wörtern auf. Zu dieser ist auch das CDW zu zählen. Weitere Kategorisierungen ergeben sich aus den folgenden Kapiteln wie etwa der makrostrukturellen Ordnung (initialalphabetische vs. finalalphabetische etc.), der Zugriffsformen (monoakzessiv vs. polyakzessiv) sowie der Textverbundstruktur (einfach vs. rechtserweitert etc.; vgl. Wiegand 2010: 87).

2.1.3.2 Wörterbuchbasis

Wiegand (2010: 12) unterscheidet drei Arten von Quellen (primär, sekundär, tertiär) für die Wörterbuchbasis wovon primäre Quellen bestehend aus Texten und „größeren Textausschnitten von natürlichen oder quasinatürlichen Kommunikationssituationen“ ein lexikographisches Korpus bilden; die sekundären sind die Quellenwörterbücher und die tertiären bestehen aus sonstigen „sprachliche[n] Materialien“, „die sich auf den

5 Schema vgl. Hausmann und Werner 1991: 2742.

6 FS = Fremdsprache, MS = Muttersprache.

7 polyselektiv: beschränkt sich nicht auf eine Klasse von Lemmata wie bspw. Wortklassen, Neologismen, Schimpfwörter usw. (vgl. Wiegand 2010: 86).

Wörterbuchgegenstandsbereich des geplanten Wörterbuchs beziehen" (Wiegand 2010: 12).

> Zitat 4: Meine Arbeit lehnte sich ursprünglich stark an das in China von uns viel benutzte »Analytical Chinese-English Dictionary« von F. W. Baller an, dessen Rahmen im wesentlichen übernommen wurde. Außer Standwerken wie Giles, Couvreur usw. wurden auch die bekannten »4000 字« von W. E. Soothill, das erwähnte »Taschenwörterbuch« von Jos. Stangier, das »Chinese and English Vocabulary« von Stent und Mac Gillivray und die Sammlungen moderner Ausdrücke von Mateer (»New Terms for New Ideas«) und Morgan (»Chinese New Terms and Expressions«) und manche andere herangezogen. Mir zweifelhaft erscheinende Wendungen habe ich mit kundigen Chinesen nachgeprüft und bei den modernen Ausdrücken mich bemüht, nur die bereits eingebürgerten zu bringen. Auch die Bezeichnungen der wichtigsten Warengattungen des chinesischen Handels habe ich in das Buch aufgenommen.
> Den Grundstock des Buches bilden 6400 der gebräuchlichsten Schriftzeichen, die in den Klassikern und modernen Schriften, Büchern und Zeitungen allgemein vorkommen und den gebildeten Chinesen geläufig sind. Über die Auswahl der Zeichen kann man sehr verschiedener Meinung sein; denn die tatsächlich gebräuchlichen Zeichen wechseln oft im Laufe der Jahre, und die Verwendbarkeit des Buches soll sich auf viele Gebiete erstrecken. (CDW: V–VI)

Primäre Quellen werden vom Autor keine respektive nicht direkt angegeben, lediglich dass „die gebräuchlichsten Schriftzeichen, die in den Klassikern und modernen Schriften, Büchern und Zeitungen allgemein vorkommen" in das Wörterbuch aufgenommen worden sind. Diese Aussage bleibt so vage und unspezifisch, dass man nicht davon ausgehen kann, die erwähnte Literatur bilde das lexikographische Korpus. Quellenwörterbücher scheinen die größte nachvollziehbare Quelle darzustellen, wobei der Rahmen des Wörterbuchs auf Ballers 1900 veröffentlichtes *Analytical Chinese-English Dictionary* zurückgehe. Außerdem gibt Rüdenberg an, weitere sieben Wörterbücher verwendet zu haben. Tertiäre Quellen werden nicht genannt. Woher die „Bezeichnungen der wichtigsten Warengattungen des chinesischen Handels" genommen wurden, bleibt ebenfalls offen.

Für die Wörterbuchbasis der dritten Auflage gibt Stange (1963: VII–IX) ausschließlich sekundäre Quellenwörterbücher chinesischer, japanischer und europäischer Provenienz an, die er für die Überarbeitung des CDW genutzt habe; darunter: Matthews *A Chinese-English Dictionary*, das „Ts'e-yüan[8]", das „Sin-tse-tien[9]", Lee Yu-wens „A New Chinese-English Dictionary", das „Tschung-hua Ta-tse-tien[10]", das „Wang Yün-wu Ta-tse-

8 Ts'e-yüan = 辭源 [*cí yuán*] ['Ursprung der Wörter'] [1915].

9 Sin-tse-tien = 新辭典 [*xīn cídiǎn*] ['Neues Wörterbuch'] [1914].

10 Tschung-hua Ta-tse-tien = 中華大辭典 [*zhōnghuá dà cídiǎn*] ['Großes Wörterbuch der chinesischen Sprache'] [1916].

tien[11]"; das „Ts'e-t'ung[12]", das „Ts'e-hai[13]", die japanischen Wörterbücher „Kan-wa jiten[14]" und „Daijiten[15]", das „Große Japanisch-Deutsche Wörterbuch" sowie „der Große Brockhaus, Brehms Tierleben, Miehes Taschenbuch der Botanik, Rothschilds Taschenbuch für Kaufleute u. a.".

2.2 Textverbundstruktur

Eine generelle systematische Theoretisierung der Textverbundstruktur chinesischer Wörterbücher oder zweisprachiger Wörterbücher mit Chinesisch wurde in Rink (2016) noch nicht vorgenommen, weshalb hier vorsichtig ein erster Grundstein gelegt werden, aber noch nicht verallgemeinert werden kann, da nur ein einziges zweisprachiges Wörterbuch hier Untersuchungsgegenstand ist. Zur systematischen Theorie von Textverbundstrukturen, auf denen die folgenden Ausführungen basieren, sind Kammerer/Wiegand (1998) und Wiegand (2010: 24–28) zu nennen.[16]

Der Textverbund des CDW besteht aus den folgenden elf Textverbundkonstituenten:

1. Wörterbuchtitelei
2. Impressum
3. Inhaltsverzeichnis
4. Chinesisches Vorwort
5. Vorwort inklusive Benutzerhinweise
6. Umschrifttabelle
7. Wörterverzeichnis
8. Radikal-Index
9. Zeichen-Index
10. Index für Zeichen mit schwer erkennbaren Radikalen
11. Fehlerindex

---

11 Wang Yün-wu Ta-tse-tien = 王雲五大辭典 [*Wáng yúnwǔ dà cídiǎn*] ['Wang Yunwus Großes Wörterbuch'] [1928]
12 Ts'e-t'ung = 辭通 [*cí tōng*] ['Verbundene Wörter'] [1934]
13 Ts'e-hai = 辭海 [*cí hǎi*] ['Wörtermeer'] [1938]
14 Kan-wa jiten = 漢和辞典 ['Chinesisch-Japanisches Wörterbuch'] [1916]
15 Daijiten = 大辞典 ['Großwörterbuch'] [1917]
16 Auf Wiegand'sche Strukturgraphen wird hier aus Platzgründen verzichtet.

Tafel der Lautumschreibung

(nach Lessing und Othmer) mit je einem Beispiel.

Die eingeklammerten Wörter zeigen die englische Umschreibung nach Wade.

a 阿 (*a*)	bu 布 (*pu*)	djing 京 (*ching*)	dschĕng 正 (*chêng*)	dsuan 鑽 (*tsuan*)	gan 甘 (*kan*)	hau 好 (*hao*)	hua 花 (*hua*)	jung 榮 (*jung*)
ai 愛 (*ai*)	da 大 (*ta*)	djiu 酒 (*chiu*)	dschï 知 (*chih*)	dsui 罪 (*tsui*)	gang 岡 (*kang*)	he 黑 (*hei*)	huai 懷 (*huai*)	ka 哈 (*k'a*)
an 安 (*an*)	dai 代 (*tai*)	djiung 垌 (*chiung*)	dscho 卓 (*cho*)	dsun 尊 (*tsun*)	gau 告 (*kao*)	hĕn 恨 (*hên*)	huan 換 (*huan*)	kai 開 (*k'ai*)
ang 卬 (*ang*)	dan 旦 (*tan*)	djü 居 (*chü*)	dschou 州 (*chou*)	dsung 宗 (*tsung*)	ge 給 (*kei*)	hĕng 恒 (*hêng*)	huang 黃 (*huang*)	kan 看 (*k'an*)
au 奧 (*ao*)	dang 當 (*tang*)	djüan 卷 (*chüan*)	dschŏ 者 (*chê*)	du 肚 (*tu*)	gĕn 跟 (*kên*)	ho 和 (*ho*)	hui 回 (*hui*)	kang 康 (*k'ang*)
ba 巴 (*pa*)	dau 刀 (*tao*)	djüă 決 (*chüeh*)	dschu 主 (*chu*)	duan 短 (*tuan*)	gĕng 更 (*kêng*)	hou 後 (*hou*)	hun 昏 (*hun*)	kau 考 (*k'ao*)
bai 白 (*pai*)	de 得 (*tei*)	djün 軍 (*chün*)	dschua 抓 (*chua*)	dui 兌 (*tui*)	go 各 (*ko*)	hsi 西 (*hsi*)	hung 紅 (*hung*)	kĕn 肯 (*k'ên*)
ban 板 (*pan*)	dĕng 等 (*têng*)	do 多 (*to*)	dschuai 曳 (*chuai*)	dun 鈍 (*tun*)	gou 狗 (*kou*)	hsia 下 (*hsia*)	huo 火 (*huo*)	kĕng 坑 (*k'êng*)
bang 邦 (*pang*)	di 地 (*ti*)	dou 斗 (*tou*)	dschuan 專 (*chuan*)	dung 東 (*tung*)	gu 古 (*ku*)	hsiang 香 (*hsiang*)	i 以 (*i*)	ko 可 (*k'o*)
bau 保 (*pao*)	diau 弔 (*tiao*)	dŏ 德 (*tê*)	dschuang 壯 (*chuang*)	ĕn 恩 (*ên*)	gua 瓜 (*kua*)	hsiau 小 (*hsiao*)	jan 然 (*jan*)	kou 口 (*k'ou*)
be 北 (*pei*)	diă 迭 (*tieh*)	dsa 雜 (*tsa*)	dschui 追 (*chui*)	fa 法 (*fa*)	guai 拐 (*kuai*)	hsiă 歇 (*hsieh*)	jang 讓 (*jang*)	ku 庫 (*k'u*)
bĕn 本 (*pên*)	diăn 店 (*tien*)	dsai 在 (*tsai*)	dschun 准 (*chun*)	fan 反 (*fan*)	guan 官 (*kuan*)	hsiăn 先 (*hsien*)	jau 繞 (*jao*)	kua 誇 (*k'ua*)
bĕng 崩 (*pêng*)	ding 定 (*ting*)	dsan 贊 (*tsan*)	dschung 中 (*chung*)	fang 方 (*fang*)	guang 光 (*kuang*)	hsin 心 (*hsin*)	jĕn 人 (*jên*)	kuai 快 (*k'uai*)
bi 比 (*pi*)	diu 丟 (*tiu*)	dsang 臧 (*tsang*)	dse 賊 (*tsei*)	fe 非 (*fei*)	gue 鬼 (*kuei*)	hsing 星 (*hsing*)	jĕng 扔 (*jêng*)	kuan 款 (*k'uan*)
biau 表 (*piao*)	dji 記 (*chi*)	dsau 早 (*tsao*)	dsĕn 怎 (*tsên*)	fĕn 分 (*fên*)	gun 棍 (*kun*)	hsiu 修 (*hsiu*)	jï 日 (*jih*)	kuang 狂 (*k'uang*)
biă 別 (*pieh*)	djia 家 (*chia*)	dscha 乍 (*cha*)	dsĕng 增 (*tsêng*)	fĕng 風 (*fêng*)	gung 公 (*kung*)	hsiung 兄 (*hsiung*)	jo 若 (*jo, jê*)	kue 揆 (*k'uei*)
biăn 便 (*pien*)	djiang 江 (*chiang*)	dschai 窄 (*chai*)	dsï 字 (*tzŭ*)	fo 佛 (*fo*)	guo 國 (*kuo*)	hsü 許 (*hsü*)	jou 肉 (*jou*)	kun 坤 (*k'un*)
bin 賓 (*pin*)	djiau 叫 (*chiao*)	dschan 占 (*chan*)	dso 左 (*tso*)	fou 缶 (*fou*)	ha 哈 (*ha*)	hsüan 宣 (*hsüan*)	ju 如 (*ju*)	kung 孔 (*k'ung*)
bing 兵 (*ping*)	djiă 借 (*chieh*)	dschang 章 (*chan*)	dsóu 走 (*tsou*)	fu 夫 (*fu*)	hai 海 (*hai*)	hsüă 穴 (*hsüeh*)	juan 軟 (*juan*)	kuo 闊 (*k'uo*)
bo 玻 (*po*)	djiăn 見 (*chien*)	dschau 召 (*chao*)	dsŏ 則 (*tsê*)	ga 戛 (*ka*)	han 汗 (*han*)	hsün 巡 (*hsün*)	jui 瑞 (*jui*)	la 拉 (*la*)
bou 抔 (*pou*)	djin 斤 (*chin*)	dschĕn 針 (*chên*)	dsu 足 (*tsu*)	gai 改 (*kai*)	hang 杭 (*hang*)	hu 胡 (*hu*)	jun 閏 (*jun*)	lai 來 (*lai*)

VIII

Abb. 1: Tafel der Lautumschreibung (CDW1: VIII)

In Wiegands (vgl. 2010: 87) Typologie für Wörterbücher als Textverbünde liegt mit dem CDW ein rechtserweiterter Textverbund vor, da es einen Vorspann (1 bis 6), ein Wörterverzeichnis (7) und einen Nachspann (8 bis 11) aufweist.

Auf die genuinen Zwecke der häufig besprochenen Textverbundkonstituenten wird nicht eingegangen, wohl aber auf jene, die für einsprachige chinesische Wörterbücher oder zweisprachige Wörterbücher mit Chinesisch als Ausgangssprache obligatorisch oder typisch sind. So sind die drei Indices im Nachspann ausschließlich dazu gedacht, die Akzessivität des Wörterverzeichnisses für den Fall *Lautung und/oder Bedeutung eines Schriftzeichens sind unbekannt* zu gewährleisten. Dabei bilden 8 und 9 ein zusammenhängendes Zugriffsregister, das nur zusammen funktionieren kann (vgl. Rink 2016: 144) und 10 einen weiteres einteiliges Zugriffsregister, welches zusätzlich Akzessivtät für den Fall *Lautung und/oder Bedeutung eines Schriftzeichens sind unbekannt und das Radikal kann nicht erkannt werden* gewährleisten soll.

Eine weitere für die bilinguale Lexikographie mit Chinesisch historisch typische Textverbundkonstituente ist die Umschrifttabelle (Abb. 1); diese war vor allem vom frühen 19. bis Mitte des 20. Jahrhunderts in Wörterbüchern europäischer Herkunft notwendig, da bis zur Einführung der heute in China offiziellen Lautschrift 汉语拼音 (*hànyǔ pīnyīn*) im Jahre 1958 (vgl. DeFrancis 2006: 16) nahezu unzählige[17] verschiedene Lautschriften existierten, mit welchen die jeweilig benutzte abgeglichen werden konnte. Im CDW wird die Umschrift von Lessing und Othmer benutzt und die von Wade als Referenz angegeben. Da diese „Tafel der Lautumschreibung" (CDW1: VIII–IX) keinen direkten Zugriff auf das Wörterverzeichnis darstellt, kann sie als Ausspracheindex zur Erweiterung der Benutzerhinweise gezählt werden, der einerseits die verwendete Umschrift vorstellt und damit anderseits die primäre Makrostruktur abbildet.

Der Textverbund der 3. Auflage zeigt einige Veränderungen in den Umtexten des Wörterbuchvor- sowie -nachspanns, bleibt aber typologisch gleich:

1. Wörterbuchtitelei
2. Impressum
3. Inhaltsverzeichnis
4. Chinesisches Vorwort
5. Vorwort inkl. Benutzerhinweise
6. Vorwort zur 2. Auflage
7. Vorwort zur 3. Auflage inkl. Umschrifttabelle
8. Benutzungshinweise
9. Abkürzungsverzeichnis
10. Wörterverzeichnis
11. Radikal-Index

17 Legeza (1969) listet 28 Umschriften auf, die Ende der 1960er-Jahre nicht mehr in Gebrauch waren, darunter sechs deutsche Umschriften. Ca. 20 weitere waren zu dieser Zeit noch neben der Pinyin-Umschrift aktuell (vgl. Legeza 1968).

12. Zeichen-Index
13. mehrteiliger Anhang

Auffällig ist das Fehlen des Registers für Zeichen mit schwererkennbaren Radikalen, was die Arten des Zugriffs auf das Wörterverzeichnis verringert sowie der mehrteilige Anhang, der neben einer Tabelle zu den im Zuge der Schriftreform der Volksrepublik neu etablierten einfacheren Kurzzeichen (简体字, *jiǎntǐzì*) ebenso wie das CDW1 fehlerhafte Angaben in den Wörterbuchartikeln und Registern aufzeigt und zum Ausschneiden und Überkleben dieser die korrekte Angabe enthält. Zudem verweist die im CDW3 verwendete Umschrifttabelle weder auf die ursprünglich genutzte Umschrift noch auf eine andere in dieser Zeit häufig verwendete, was den Zugriff weiterhin erschwert, da Benutzer ggf. eine weitere Umschrift erlernen müssten.

Sobald die wichtigsten Printwörterbücher für das Sprachenpaar analysiert worden sind, können zum Textverbund statistische Daten festgestellt werden, wie etwa a) welche Arten der Zugriffsregister werden hauptsächlich zu welcher Zeit verwendet, b) wo werden diese Register positionell in den Umtexten angelegt und c) gibt es dabei Unterschiede zwischen Wörterbüchern chinesischer und deutscher Provenienz und ist dies der jeweiligen kulturellen lexikographischen Praxis geschuldet?

2.3 Makrostruktur

Der Grundstein der Theoretisierung von Makrostrukturen in chinesischen Wörterbüchern ist bereits in Rink 2016 (146–149) vorgenommen worden. Im Folgenden kann dazu der nächste Schritt gegangen werden. In Anbetracht der vielen damals noch verwendeten Umschriften bzw. allein der zwei Umschriften in den verschiedenen Auflagen des CDW kann die Hypothese aufgestellt werden, dass im Falle von Wörterbüchern mit Chinesisch als Ausgangsprache historische alphabetische Makrostrukturen als *umschriftspezifisch* zu bezeichnen sind, da sich die Anordnung der Zeichen je nach gebrauchter Lautschrift verändern kann. Als erstes Beispiel sei hierzu das Schriftzeichen für Herz/Sinn/Zentrum 心 (*xīn*) genannt: Während in modernen Wörterbüchern mit Pinyin *xin* mit *x* im hinteren Teil des Wörterverzeichnisses zu finden ist, steht es in historischen Wörterbüchern mit der Wade-Giles-Umschrift unter *h* bzw. *hsin* und etwa bei Franke bzw. im CDW3 unter *sin*. Auch wenn dies auf den ersten Blick banal erscheint, ist es makrostrukturell als signifikant zu bezeichnen. Die Gegenüberstellung der Makrostrukturen von CDW1 und CDW3 soll das veranschaulichen. Dazu die Artikelstrecke *h*:

CDW1 (228–304):
h = (ha < hai < han < hang < hao < he < hën < hëng < ho < hou < hsi < hsia < hsiang < hsiao < hsiä < hsiän < hsin < hsing < hsiu < hsiung < hsü < hsüan < hsüä < hsün < hu < hua < huai < huan < huang < hui < hun < hung < huo) (< geht voraus)

CDW3 (32–94):
h = (ha < hai < han < hang < hao < hei < hen < heng < hi < hia < hiang < hiao < hie < hien < hin < hing < hiu < hiung < ho < hou < hu < hua < huai < huan < huang < hui < hun < hung < huo < hü < hüan < hüe < hün)

In dieser ersten Darstellung ist quantitativ mit jeweils 33 Silben wenig auszusagen, aber sobald die Beschaffenheit der Auslaute der Silben betrachtet wird, zeigen sich strukturell deutlichere Unterschiede. Schaut man bspw. auf die Teilstrecke *hi+* zeigt sich, dass im CDW1 keine und im CDW3 zehn Silben unter dieser angeordnet sind; bei *hs+* ist mit 13 vs. 0 Gegenteiliges der Fall. Stellt man weiterhin die Umschriftäquivalente vom CDW3 hinter die makrostrukturelle Anordnung im CDW1 für die Teilstrecke *hs+*, wird das Ausmaß der Veränderung noch weiter verdeutlicht:

Teilstrecke hs = (< hsi [hi, si] < hsia [hia] < hsiang [hiang, siang] < hsiao [hiao, siao] < hsiä [hie, sie] < hsiän [hien, sien] < hsin [hin, sin] < hsing [hing, sing] < hsiu [hiu, siu] < hsiung [hiung] < hsü [hü, sü] < hsüan [hüan, süan] < hsüä [hüe, süe] < hsün [hün, sün])

Die bereits erwähnte Pinyin-Silbe *xin* wird im CDW1 als *hsin* dargestellt; im CDW3 hingegen als *hin* oder *sin*. Für konkrete Lemmata sieht das wie folgt aus: 心 wird im CDW1 unter Zeichen 2570 in der *h*-Strecke bzw. *hs*-Teilstrecke aufgeführt; im CDW3 mit Zeichennummer 5535 in der *si*-Teilstrecke. Das Lemma 欣/忻 (*xīn*) – 'Freude/Vergnügen' findet sich im CDW1 unter der Nummer 2578 in der *hs*-Teilstrecke (wie auch Herz); im CDW3 hingegen unter Nr. 693 in der *hi*-Teilstrecke. Diese signifikanten makrostrukturellen Unterschiede zwischen beiden Auflagen unterstreichen die anfangs gestellte Hypothese der *umschriftspezifischen historischen Makrostrukturen* in Wörterbüchern mit Chinesisch als Ausgangssprache; qualitativ werden die Umschriften hier nicht diskutiert.

In Rink 2016 (146–149) werden die Makrostrukturen in Wörterbüchern mit Pinyin weiterhin hinsichtlich tieferer Ebenen analysiert; dies wird im Folgenden lediglich für das CDW1, aus Platzgründen nicht aber für das CDW3 exerziert, um die Darstellung der Makrostruktur abzuschließen.

Zitat 5: Die 6400 Schriftzeichen sind nach ihrer Aussprache in alphabetische Gruppen eingeteilt und in diesen nach der Ähnlichkeit ihrer Zusammensetzung angeordnet. (CDW1: VII)

Werden in Wörterbüchern mit Pinyin in den Tonartikelstrecken (*sensu* Rink 2016: 148) die Kapitelzeichen sekundär nach ihren Tönen sortiert (*xīng* < *xíng* < *xǐng* < *xìng*), gibt Rüdenberg im CDW1 hingegen an, dass diese nach „Ähnlichkeit ihrer Zusammensetzung" geordnet seien. Hier befinden wir uns im Bereich der Form der Schriftzeichen; gängige Sortierungen richten sich diesbezüglich nach Strichzahl oder Strichform (vgl. Rink 2016: 147). Was mit der Aussage Rüdenbergs gemeint sein mag, lässt sich vorerst nur mutmaßen. Stellt man eine Artikelstrecke zusammen, lassen sich möglicherweise Rückschlüsse auf diese Sortierung ziehen: in der Artikelstrecke *hsing* = (行 < 杏 < 興 < 刑 < 型 < 形 < 邢 < 鉶 < 星 < 惺 < 猩 < 腥 < 醒 < 姓 < 性 < 幸< 悻 < 馨< 顋餳 < 騂) (CDW1.

268–271) zeigt sich, dass teilweise Zeichen aufeinander folgen, die gleiche Bestandteile aufweisen, wie z. B. 开 in 刑, 型, 形, 邢, 鉶 oder 星 in 星, 惺, 猩, 腥, 醒; während 星ein Phonetikum (声, *shēngpáng*), also das lauttragende Element eines Phonogramms (形聲, *xíngshēng*) darstellt und bei den Folgezeichen hinsichtlich des Radikals aufwärts nach Strichzahl sortiert, eine logische Anordnung vorliegt, zeigt die gesamte Zusammenstellung nur partiell anordnungslogische Zusammenhänge: 姓 < 性 und 幸 < 悻 = Strichzahl des Radikals. Warum aber 姓 auf 醒 folgt oder 興 vor 刑 angeführt wird, bleibt unersichtlich. Es ist also davon auszugehen, dass bis auf kleine Teilstrecken, die Sortierung arbiträr sein muss oder aber sich an einer Vorlage orientiert. Diese Vorlage ist laut Autor das Wörterbuch von Baller: *hsing* = (行 < 杏 < 陘 < 興 < 騂 < 餳 < 顈 < 馨 < 姓 < 性 < 幸< 倖 < 悻 <刑 < 型 < 形 < 邢 < 鉶 < 星 < 惺 < 猩 < 腥 < 醒) (Baller 187–190). Diese Annahme kann mit jener Darstellung bestätigt werden, wobei zwei Zeichen (陘, 倖) herausgenommen, einige Teilstrecken verschoben bzw. in der Reihenfolge verändert worden sind; für Baller können fünf Teilstrecken {x} angenommen werden: ({1a} = 行-興 < {1b} = 騂-馨 < {2} = 姓-性 < {3} = 幸-悻 < {4} = 刑-鉶 < {5} = 星-醒); diese finden sich im CDW wie folgt wieder: ({1a} < {4} < {5} < {2} < {3} < {1b umgekehrt}). Es kann somit konstatiert werden, dass im CDW1 die teilweise Übernahme der Lemmata und deren Anordnung von Baller sowie eine sonstig arbiträre Zusammenstellung der Lemmata vorliegt, wobei eine diesbezügliche Prüfung der gesamten Makrostruktur hier nicht vorgenommen werden kann.

Eine weitere Sortierungsdimension bilden die Sublemmata unter den Kapitelzeichen: Bei Wörterbüchern mit Pinyin wird in dieser Dimension primär alphabetisch nach dem Laut, sekundär nach dem Ton und tertiär nach der Strichzahl des zweiten Zeichens angeordnet (vgl. Rink 2016: 148). Im CDW1 sind ebenfalls Sublemmata aufgelistet, welche aber wiederrum keiner logischen Sortierung zu folgen scheinen; hierzu exemplarisch die Sublemmata zu 形 (Pinyin: *xíng*, CDW: *hsing*) – Form, Gestalt, Körper (CDW1: 270):

> 形 (hsing) < 形像 (hsinghsiang) < 形質 (hsingdschï) < 形體 (hsingti) < 形樣 (hsingyang) < 形魄 (hsingpo) < 形學 (hsinghsuä) < 形影(hsingdjing) < 形跡 (hsingdji) < 形勢 (hsingschï) < 形狀 (hsingdschuang) < 形況 (hsingkuang) < 形容 (hsingjung) < 形貌 (hsingmau) < 形景 (hsingdjing) < 形響 (hsinghsiang) < 形現 (hsinghsiän) < 形式 (hsingschï) < 形似 (hsingsï) < 形骸 (hsinghai) < 形單 (hsingdan) < 形家 (hsingdjia) < 形諸紙筆 (hsingdschu dschïbi) < 形容出來 (hsingjung tschulai) < 形影相弔 (hsingdjing hsiangdiau) < 形單影隻 (hsingdan djingdschï) < 扇形 (schanhsing)

Diese Darstellung der Sublemmatastrecke dieses Kapitelzeichens zeigt, dass weder Aussprache noch Strichzahlen oder -formen bei der Sortierung eine Rolle spielen; es zeigt sich lediglich, dass auf zweigliedrige Einheiten, viergliedrige folgen und auf diese ein Lemma, bei welchen *hsing* als zweiter Teil auftritt. Auffallend ist ferner, dass für die Folgezeichen keine Ausspracheangabe vorgesehen ist, sodass ein Benutzer-in-actu jedes dieser Zeichen bei Unbekanntheit des Lautes unter diesem Zeichen nachschlagen muss, was wiederum mehrere Verweisbefolgungshandlungen voraussetzt (vgl. Rink 2016:

144). Diese Feststellungen zur Anordnung der Folgezeichen der Sublemmata werden von Rüdenberg im Vorwort teilweise bestätigt:

> Zitat 6: Die Aussprache der zweiten (und folgenden) Schriftzeichen der Beispiele wurde, wie in größeren Wörterbüchern üblich, nicht, angegeben. [...] In den dann folgenden Beispielen, die gleichfalls nach Möglichkeit sinngemäß geordnet sind, bedeutet der kleine senkrechte Strich die Wiederholung des Hauptzeichens. Diese Beispiele sind im wesentlichen mehr oder weniger feststehende Doppelausdrücke und Redewendungen der Umgangs- oder Schriftsprache; doch sind manche nur aufgenommen worden, um die Übersetzung des Schriftzeichens in Zusammensetzungen zu veranschaulichen. Zwar wurde hierdurch die Anzahl der Beispiele erhöht; doch habe ich ihre Häufung nicht gefürchtet, da sie manchem Benutzer willkommen sein dürften. Alle Doppelausdrücke und sonstigen Beispiele wurden, um eine feste Regel zu haben, durchweg (die wenigen Ausnahmen wird der Benutzer des Buches sich leicht selbst begründen) unter dem ersten Schriftzeichen des betreffenden Ausdrucks aufgenommen. (CDW1: VI–VII)

Rüdenberg gibt in Zitat 6 den Hinweis auf die intendierte Sortierung der Folgezeichen, welche „nach Möglichkeit sinngemäß geordnet" seien. Schaut man auf die Äquivalente der Sublemmata unter dem Kapitalzeichen 形 (Abb. 2), lassen sich tatsächlich vage Cluster von sinnähnlichen Sublemmata feststellen: So haben die ersten sechs Sublemmata *Form* als erstes Semem der Bedeutungsangabe, die nächsten fünf *Erscheinung/Aussehen*; die restlichen bleiben semantisch weitestgehend unzusammenhängend. 14 der 26 Sublemmata entsprechen der Auswahl in Baller, wobei sich die Reihenfolge nicht gleicht; sie wurde demgemäß um 12 Sublemmata erweitert.

形² } 彡 **Form**, Gestalt, Körper; **Erscheinung**, Aussehen;
彤² } Lage; erscheinen, (sich) bilden; ähneln; -förmig

2587

| 像 Form, Aussehen, Erscheinung, Abbild

| 質 Form, Gestalt, Beschaffenheit

| 體 Form, Gestalt, Körper, Masse; Aussehen, Erscheinung

| 樣 } Form, Erscheinung
| 魄 }

| 學 Formenlehre: Geometrie

| 影 Form und Schatten: Gestalt

| 跡 sichtbare Form, Zeichen; Wesen, Gebaren

| 勢 Erscheinung, Form, Aussehen; Gestalt, Zustand, Lage

| 狀 Erscheinung, Aussehen; Umstände

| 況 Erscheinung; Umstände, Lage

| 容 Aussehen, Äußeres; Darstellung, beschreiben

| 貌 Aussehen, Äußeres

| 景 Aussichten; Anblick, Ausblick

| 響 Spur; Nachricht

| 現 erscheinen; zeigen

| 式 Muster, Vorlage, Vorbild; Form, Äußeres

| 似 ähneln; anscheinend; vorstellen, verkörpern

| 骸 Skelett; Körper

| 單 allein

| 家 Geomanten

| 諸紙筆 schriftliche Form geben

| 容出來 deutlich verkörpern

| 影相弔 } allein, vereinsamt
| 單影隻 }

扇形 fächerförmig

Abb. 2: Gesamter Artikel für 形 (CDW1: 270)

Einige Rezensenten des CDW haben bereits auf die überwiegend unsystematische Sortierung der Kapitelzeichen einer Teilstrecke aufmerksam gemacht:

> Zitat 7: Was die Bedeutungen der Zeichen betrifft, so hat der Verfasser eine logische Anordnung versucht, und in allen Fällen, wo die Bedeutungen sich häufen, die wichtigsten durch fette Schrift herausgehoben. Ob diese logische Anordnung immer dem tatsächlichen Gang der Bedeutungsentwicklung entspricht, erscheint mir fraglich. (Jäger 1926: 339)

> Zitat 8: The fist type of inconsistencies concerns the order of the compounds under the single characters; according to the preface of the first edition, the compounds have been arranged in the same order as the meanings indicated for the single characters ("sinngemäsz") [sic!]. Obviously such an arrangement is impractical; in order to find a compound, it is necessary to know its meaning beforehand, at least the meaning of the first character. I wonder what is to be the use of a dictionary in this case. Besides, such an arrangement cannot possibly be carried through with the faintest hope of consistency. Take e.g. characters like 打 or 發 whose meanings are so manifold or vague that no satisfactory arrangement will ever be achieved according to this principle. Therefore the inconsistencies in this respect are innumerable. They are to be found under practically every heading, and in general it will be necessary to go through the whole article in order to find a compound. It goes without saying that this involves a waste of time and seriously impairs the practical usefulness of the dictionary. And how simple an arrangement would have been possible! Perhaps most appropriate would have been the arrangement of the compounds according to their pronunciation, just as has been done with the single characters. Simple and convenient would also have been the arrangement according to the radicals [...], or that according to the number of strokes [...]. (Jonker 1959: 109–110)

Auch auf die Anordnung der Sublemmata unter einem Kapitelzeichen ist in Retrospektive eingegangen worden:

> Zitat 9: Ein weiterer bereits den ersten beiden Auflagen anhaftender Mangel, der in einer Neubearbeitung hätte beseitigt werden sollen, ist die unsystematische Anordnung der Verbindungen. Es wäre leicht möglich gewesen, die Verbindungen nach der Aussprache, nach der Strichzahl oder nach dem Klassenzeichen des zweiten Zeichens übersichtlich anzuordnen. So muß der Benutzer nach wie vor stets unter dem ersten Zeichen die gesamte Liste der Verbindungen durchsehen, bis er die gewünschte findet — oder nicht findet. (Franke 1966: 244)

Abschließend kann konstatiert werden, dass bis 1924 die makrostrukturellen Prinzipien der chinesischen Lexikographie bei Rüdenberg keine Berücksichtigung fanden, da weder traditionelle Strichzahlen- oder Strichformensortierungen noch Anordnungen nach Radikalen im Wörterverzeichnis dieses Wörterbuchs zu finden sind. Die durchweg logische Anordnung von Wörterbüchern, die später durch die Verwendung einer einheitlichen Umschrift wie Pinyin möglich werden sollte, war zu diesem Zeitpunkt zumindest in der deutschen Lexikographie mit Chinesisch weitestgehend noch nicht existent. Die unausgereifte makrostrukturelle Ordnung des CDW beruht hauptsächlich auf der durch Rüdenberg teilweise abgeänderten Vorlage des Wörterbuchs von Baller, welches dementsprechend seinerseits weitergehend untersucht werden müsste, um auf die intendierten Kriterien und Gründe der Sortierung schließen zu können.

2.4 Zugriffsstruktur

Zu Zugriffsstrukturen in chinesischen Wörterbüchern finden sich die Grundlagen ebenfalls bereits in Rink (2016: 143–150). Aus diesem Grund soll in diesem Kapitel lediglich ein Datenakzessivitätsprofil (*sensu* Wiegand 2010: 71) des CDW erstellt werden. Ferner soll eine erste Systematisierung der Arten von Konsultationssituationen erfolgen, indem diese hinsichtlich der in Kap. 2.1.3.1 genannten Wörterbuchfunktionen sowie der Zugriffsmöglichkeiten des Wörterbuches kategorisiert werden. Darüber hinaus soll eine Analyse der Benutzerhinweise erfolgen, um festzustellen, ob der Autor in verständlicher und nachzuvollziehender Weise, den Zugriff in verschiedenen Benutzungssituationen für ungeschulte Benutzer (Sprachlerner) gewährleistet.

2.4.1 Datenakzessivitätsprofil der äußeren Zugriffsstrukturen

Laut Wiegand (2010: 72) besteht ein Datenakzessivitätsprofil „aus einem äußeren und einem inneren Zugriffsprofil", welches alle Arten von inneren und äußeren Zugriffsstrukturen wiedergibt. Aus Platzgründen wird im Folgenden lediglich das äußere Zugriffsprofil des CDW dargestellt, wobei hier zusätzlich die jeweiligen Zugriffspfade (*sensu* Wiegand 2007) besprochen werden:

1. lexikographisches Inhaltsverzeichnis mit Seitenzahlzugriffsstruktur (vgl. Wiegand 2010: 72)
2. Umschrifttabelle mit alphabetischer[18] äußerer Zugriffsstruktur: Wörterbuchinterne Zugriffspfade können in diesem Lautschrift-Index nicht weiter etabliert werden, da die Fundortdaten aus Beispiel-Kapitelzeichen einer Artikelstrecke (häufig das erste, aber nicht immer) sowie eine Referenz zur Wade-Umschrift enthalten. Wie in 2.2 dargestellt, informiert diese Tabelle den Nutzer lediglich über die primäre makrostrukturelle Sortierung des Wörterbuches.
3. Wörterverzeichnis mit (gestörter) alphabetischer Makrostruktur: Wie unter 2.3 beschrieben, ist nur die erste Dimension der Sortierung chinesischer Zeichen nach

18 Alphabetisch: Auch wenn in Rink (2016) bezüglich der Zugriffs- und Makrostrukturen von chinesischen Wörterbüchern, die nach Lautschrift (Pinyin) sortiert sind und eine alphabetische äußere Zugriffsstruktur aufweisen, Termini wie „glattalphabetisch" (z. B. Rink 2016: 147) und „striktalphabetisch" (ebd.: 148) verwendet werden, müssen für die speziellen Sortierungen in chinesischen Wörterbüchern oder in bilingualen Wörterbüchern mit Chinesisch als Ausgangssprache eigene Termini gefunden werden. So ist dort bereits u. a. etwa der Terminus *tonalphabetisch* (ebd.: 149) vorgeschlagen worden, der sich speziell auf eine der verschiedenen Sortierungsdimensionen in Wörterbüchern mit Pinyin bezieht. Dementsprechend soll im Folgenden sowie zukünftig auf Termini in diesem Bereich weitestgehend verzichtet werden, die in der deutschen Lexikographie bereits etabliert sind, aber nicht eins-zu-eins auf die ein- sowie zweisprachige Lexikographie mit Chinesisch übertragen werden können. Statt ‚strikt- oder ‚glattalphabetisch' soll demgemäß vorerst ‚alphabetisch' ausreichen, um eine alphabetische äußere Zugriffstruktur zu beschreiben.

einer Lautumschrift im CDW gewährleistet. Die zweite Dimension, nämlich die Sortierung gleichlautender Kapitelzeichen sowie die dritte Dimension – die Sortierung der Sublemmata – nach einem Ordnungsprinzip sind nicht gegeben. D. h., dass ein Benutzer-in-actu ein Kapitelzeichen innerhalb einer Artikelstrecke sowie Sublemmata unter einem Kapitelzeichen nur finden kann, wenn er die ganze Artikelstrecke einer Silbe durchgeht. Wie in 2.3 gezeigt, können sich einzelne Silbenstrecken (im obigen Beispiel *hsing*) über mehrere Wörterbuchseiten erstrecken. Das gilt für den Fall, dass die Lautung nicht aber die Bedeutung eines Zeichens bekannt ist.

4. Zwei Umtextregister im Nachspann, mit welchen Zugriffspfade auf das Wörterverzeichnis etabliert werden können:
   a. Radikal-Zeichen-Index: zweiteiliges Register, dass im Radikal-Index 214 Radikale primär nach Strichzahlen und sekundär nach Strichformen sortiert und mittels einer Radikalnummer eine registerinterne Verweisbefolgungshandlung auslöst, welche den Benutzer zum Zeichenindex führt; dort wird eine binnenkurrente kolumnentitelorientierte Verweisbefolgungshandlung durch Fundortdaten in Form von Zeichennummern (alle 6400 Kapitelzeichen sind durchnummeriert) veranlasst, welche auf den Kolumnentitel in der Kopfzeile einer Wörterbuchseite verweist. Um etwa 德 (*dö*) – „**Tugend**, Güte [...]“ (CDW1: 107) im CDW1 zu finden, muss bei unbekannter Lautung ein Benutzer-in-actu beim Lesen des Zeichens, das Radikal 彳 sowie dessen Strichzahl erkennen und im Radikal-Index unter allen Radikalen mit drei Strichen suchen (äußere registeradkurrente Zugriffshandlung); dort erhält er die Fundortdaten: Radikal Nr. 60 bzw. „60 彳 “ (ebd.: 651), welche registerintern zu allen Zeichen mit dem Radikal führen; weiterhin muss er die restlichen Striche des Zeichens ohne Radikal zählen und es beim Radikal zuzüglich der 12 Striche suchen; den Anfang dieser Spalte bildet eine einmalige Angabe, die auf die Strichzahl ohne Radikal verweist: „12 徹 5515“ (ebd.: 660). Unter dieser Angabe muss weitergesucht werden, bis der erwünschte Eintrag „德 1085“ (ebd.) gefunden wird; die Fundortdaten führen dann zum Kolumnentitel auf Seite 107 „Dou1076–1085 Dö“; von diesem aus, muss die Seite nach dem Kapitelzeichen durchsucht werden.
   b. Zeichen-Index für Zeichen mit schwererkennbarem Radikal:
      Dieses Register wird dann gebraucht, wenn der Benutzer-in-actu das Radikal eines Zeichens nicht erkennen kann. Dazu müssen als externe Zugriffshandlung lediglich alle Striche des Zeichens gezählt und im Register unter dieser Strichzahl gesucht werden; findet der Benutzer-in-actu das Zeichen, wird dort die Zeichennummer angegeben, die wiederum zum Kolumnentitel führt (Wörterbuch-binnenkurrente Verweisbefolgungshandlung).
5. Fehlerindex mit Seitenzahlzugriffsstruktur:
   Dieser Index bzw. diese Liste bezieht sich im Gegensatz zum Inhaltsverzeichnis nicht auf die Seitenzahlen der Textverbundkonstituenten, sondern allein auf das Wörterverzeichnis, indem Seitenzahlen sowie Zeichennummern angegeben

werden, um fehlerhafte Kapitelzeichen bzw. Zeichenkombinationen in den Sublemmata zu finden.

Das Profil im CDW 3 gleicht dem des CDW1, wobei es um das zweite Umtextregister reduziert worden ist:
1. Lexikographisches Inhaltsverzeichnis mit Seitenzahlzugriffsstruktur;
2. Umschrifttabelle mit äußerer alphabetischer Zugriffstruktur (dient nur zur Vermittlung der neuen Umschrift); (ferner eine Lautschrifttabelle mit äußerer alphabetischer Zugriffstruktur in den Benutzungshinweisen (dient der Vermittlung der Aussprache, IPA));
3. Wörterverzeichnis mit (gestörter) alphabetischer Makrostruktur; die Defekte des CDW1 sind übernommen worden;
4. Umtextregister im Nachspann: Radikal-Zeichen-Index;
5. Fehlerindex mit Seitenzahlzugriffsstruktur.

Bei allen Auflagen des CDW liegt folglich eine Kombination aus Form- und Lautzugriffsstrukturen vor, wobei diese teilweise gestört sind; erstere werden durch die/das Umtextregister im Nachspann, letztere durch die alphabetische Makrostruktur realisiert. Das Wörterbuch ist hinsichtlich der Typologie zu Zugriffsstrukturen folglich als polyakzessiv zu bezeichnen.

Die Integration des Registers für Zeichen mit schwererkennbaren Radikalen in den Radikal-Zeichen-Index führt dazu, dass Zeichen unter mehreren falschen Radikalen gelistet sind: z. B. wird 吏 (*lì*) – „(Zivil-)Beamter; Unterbeamter“ (CDW3: 236) im Radikal-Index unter Radikal Nr. 1 一, Nr. 4 丿 und unter dem korrekten Radikal Nr. 30 口 gelistet. Das hat zur Folge, dass der Zeichen-Index um *n*-Zeichen (~130) erweitert wird, was allerdings den Zugriff nicht stört, sondern nur das ursprüngliche System der Sortierung nach den feststehenden 214 Radikalen im Zeichen-Index signifikant verändert.

2.4.2 Systematisierung der Benutzungssituationen

Chinesische Einzelschriftzeichen weisen immer mind. eine Form, mind. einen Laut und mind. eine Bedeutung auf (vgl. Karl 1993: 4): bspw. hat das Schriftzeichen 日 die Form 日, den Laut *rì* und die Bedeutung ‘Sonne’ (+ weitere); das gilt für jedwedes chinesische Zeichen, wobei Zeichen auch Formvarianten wie Kurz- und Langzeichen 汉 vs. 漢, Lautvarianten 行 = *xíng* vs. *háng* vs. *héng* oder 经 = *jīng* vs. *jìng* und verschiedene Bedeutungen (z. B. Polysemie; sich ändernde Bedeutung bei sich änderndem Laut) aufweisen können. Ein Sprachlerner des Chinesischen trifft folglich u. a. auf die Schwierigkeit beim Erlenen von Schriftzeichen, immer alle Aspekte der Form, des Lauts und der Bedeutung lernen zu müssen. Wenn man auf unbekannte Zeichen oder eine unbekannte gesprochene Einheit trifft, ergibt sich immer mindestens eine Wissenslücke (Nullstelle) bei einem Sprachlerner: Beim Übersetzen etwa kann ein Zeichen auftreten, dessen Laut und/oder Bedeutung unbekannt ist; beim Hören in einer Konversation o.Ä. analog,

Form und/oder Bedeutung. Es hängt somit erst einmal davon ab, auf welche Repräsentation einer lexikalischen Einheit man trifft, bis eine mögliche Nullstelle in dem „Tripel Form-Laut-Bedeutung" (ebd.) auftritt. Weiterhin sind auch weitere Formen möglich wie etwa Form und Laut sind bekannt, Bedeutung aber unbekannt; oder man kann den Laut durch das Phonetikum des Zeichens erahnen, weiß aber nicht den exakten Laut.

Aus diesen Annahmen heraus lassen sich für Lerner mit Deutsch als Muttersprache verschiedene Konsultationssituationen eines monoskopalen Wörterbuchs Chinesisch-Deutsch inklusive des Zugriffs ableiten, welche entsprechend der jeweiligen Funktion kategorisiert werden können:

Tab. 1: Zugriff nach Funktionen

Funktionen			**Nullstelle/-n**		**Zugriff (Beispiel)**	
Passiv	Rezeption	lesen	Laut	Bedeutung	Über Form	Radikal-Zeichen-Index (RZI) u. a.
		hören	Form	Bedeutung	Über Laut	Alphabetische Makrostruktur (AM) u. a.
	Herübersetzen	schriftlich	(Laut)	Bedeutung	Über Form	RZI
		mündlich	(Form)	Bedeutung	Über Laut	AM
Aktiv	Produktion	schreiben	Form	X	nur wenn Laut bekannt	AM
		sprechen	Laut	X	nur wenn Form bekannt	RZI
	Hinübersetzen	schriftlich	Form	X	nur wenn Laut bekannt	AM
		mündlich	Laut	X	nur wenn Form bekannt	RZI

Benutzungssituationen, die von den passiven Funktionen des Wörterbuchs abgedeckt werden, lassen sich wie folgt kategorisieren:

1. *Wenn beim Lesen (Rezeption) die Lautung und/oder Bedeutung eines Schriftzeichens unbekannt ist, findet der Zugriff über die Form des Zeichens statt, indem ein Formenregister genutzt wird.*
2. *Wenn beim Hören (Rezeption) die Form und/oder Bedeutung einer Silbe (Laut) unbekannt ist, findet der Zugriff über den Laut des Zeichens statt, indem z. B. die alphabetische Makrostruktur genutzt wird.*
3. *Wenn beim schriftlichen Herübersetzen aus dem Chinesischen die Bedeutung (Laut ist irrelevant) eines Schriftzeichens unbekannt ist, findet der Zugriff über die Form des Zeichens statt, indem ein Formenregister genutzt wird.*
4. *Wenn beim mündlichen Herübersetzen aus dem Chinesischen die Bedeutung (Form ist irrelevant) eines Begriffs/Wortes unbekannt ist, findet der Zugriff über den Laut der Einheit statt, indem z. B. die alphabetische Makrostruktur genutzt wird.*

Erfolgreiche Benutzungssituationen hinsichtlich der aktiven Funktionen des Wörterbuches sind lediglich mit Einschränkungen möglich:

5. *Wenn beim Schreiben eines chinesischen Textes (Produktion), die Form des Zeichens unbekannt ist, kann nur dann ein (monoskopales) Wörterbuch konsultiert werden, wenn die Lautung bekannt ist, um z. B. die alphabetische Makrostruktur nutzen zu können.*
6. *Wenn bei der mündlichen Produktion des Chinesischen, die Lautung des Zeichens unbekannt ist, kann nur dann ein Wörterbuch konsultiert werden, wenn die Form bekannt ist, um z. B. ein Formenregister nutzen zu können.*
7. *Wenn beim schriftlichen Hinübersetzen ins Chinesische die Form (Bedeutung ist irrelevant) eines Schriftzeichens unbekannt ist, kann nur dann ein Wörterbuch konsultiert werden, wenn der Laut des Zeichens bekannt ist.*
8. *Wenn beim mündlichen Hinübersetzen ins Chinesische die Lautung (Bedeutung ist irrelevant) eines Zeichens unbekannt ist, kann nur dann ein Wörterbuch konsultiert werden, wenn die Form des Zeichens bekannt ist.*

Hieraus lassen sich weitere Unterformen entwickeln, die sich auf spezielle Zugriffsregister beziehen:

9. *Wenn beim Lesen (Rezeption) die Lautung und/oder Bedeutung eines Schriftzeichens unbekannt ist und das Radikal nicht erkannt wird, findet der Zugriff über die Form des Zeichens statt, indem das Register für Zeichen mit schwer erkennbaren Radikalen genutzt wird.*

Diese Systematisierung ist damit noch nicht abgeschlossen, weil weitere Möglichkeiten auftreten können; sie wird aber hier aus Platzgründen nicht weiter ausgearbeitet. Ferner ist diese Typologie nur auf die Kapitelzeichen ausgelegt, nicht aber auf der Gros chinesischer Wörter, welche mehrsilbig sind; auch die Perspektive für Lerner des Deutschen mit chinesischer Muttersprache ist hiermit noch nicht berücksichtigt worden.

Ob nach seinem Erscheinen vor hundert Jahren hinsichtlich aller oben genannten Benutzungssituationen erfolgreiche Wörterbuchkonsultation mit dem CDW1 möglich waren, lässt sich heute nicht mehr hinreichend verifizieren. Es ist allerdings davon auszugehen, dass zumindest der Zugriff über den Laut ab der zweiten Sortierungsdimension gestört war/ist, da die Makrostruktur wie in 2.3 und 2.4.1 beschrieben, ab diesem Punkt keinen systematischen Prinzipien mehr folgt. Kapitel 2.4.3 wird zudem aufzeigen, dass auch der Zugriff über die Form mit Schwierigkeiten verbunden gewesen sein kann, da alle Möglichkeiten des Zugriffs nur unzureichend von Rüdenberg vermittelt werden.

2.4.3 Benutzungshinweise und Zugriffsstruktur

Was folglich auch im Nachhinein noch erörtert werden kann, ist die Frage, ob der Autor seinen intendierten Adressaten ausreichende und verständliche Instruktionen gibt, um das Wörterbuch angemessen benutzen zu können. Hierzu muss er Aufschluss darüber geben, wie der Zugriff über den Laut und über die Form möglich ist. Dazu soll hierauf folgend kurz auf die Benutzungshinweise in den verschiedenen Auflagen des CDWs eingegangen werden:

> Zitat 10:
> [10.1]
> Die 6400 Schriftzeichen sind nach ihrer Aussprache in alphabetische Gruppen eingeteilt und in diesen nach der Ähnlichkeit ihrer Zusammensetzung angeordnet. [...]
> [10.2]
> In den dann folgenden Beispielen, die gleichfalls nach Möglichkeit sinngemäß geordnet sind, bedeutet der kleine senkrechte Strich die Wiederholung des Hauptzeichens. [...]
> [10.3]
> Dieses Verzeichnis der 6400 Schriftzeichen, nach Klassenzeichen und Anzahl der Striche in der allgemein üblichen Form geordnet, befindet sich am Ende des Buches. Ihm folgt zum Schluß eine Liste der Schriftzeichen mit schwer erkennbarem Klassenzeichen, nur nach der Anzahl der Striche jedes Zeichens geordnet. (CDW1: VI–VII)

Es lässt sich konstatieren, dass Rüdenberg seine Benutzer nicht gerade an die Hand nimmt, um ihnen die Benutzung des Wörterbuches zu erleichtern: Erstens setzt er offenbar voraus, dass sie wissen, wie ein alphabetisch geordnetes Wörterbuch zu benutzen ist [10.1] und zweitens gibt er zwar den Ort des Zeichen-Indexes an, lässt aber den Radikal-Index unerwähnt und die Benutzung des gesamten Registers bleibt ebenfalls unbesprochen [10.3]. Das zweite Register wird zumindest benannt, aber auch hier bleibt Rüdenberg die Erklärung, wie man es verwendet, schuldig [10.3]. Der Zugriff auf die Sublemmata wird ebenso nicht erläutert [10.2]. Die reine Erwähnung, wie diese Register bzw. Sublemmata angeordnet sind, lässt kaum auf ihre Verwendung bzw. den Zugriff auf sie schließen.
Diesbezüglich gibt es im CDW3 einige Verbesserungen, wie etwa Benutzerhinweise („Gebrauchsanweisung“, CDW3: XIV–XIX), die nicht Teil Vorwortes sind:

> Zitat 11:
> [11.1]
> Will man ein chinesisches Wort aufsuchen, dessen Aussprache man nicht kennt, was für den Anfänger in den meisten Fällen in Frage kommt, so muß man sich zuerst darüber klar sein, unter welchem Klassenzeichen das gesuchte Schriftzeichen steht. Daher muß man so früh wie möglich mit dem Erlernen der 214 Klassenzeichen beginnen. Man braucht sich nicht von der Zahl 214 entmutigen zu lassen, denn es sind gerade zweimal zwei Dutzend, unter denen neun Zehntel aller Schriftzeichen zu finden sind. Zuerst lerne man von den Klassenzeichen die Nummern, die am häufigsten vorkommen: [...]
> Diese präge man sich mit ihren Nummern, Bedeutungen und etwaigen Nebenformen so fest ein, daß man Nummer und Klassenzeichen unzertrennlich im Gedächtnis hat. Das erleichtert, wie man bald merken wird, die Benutzung des Wörterbuches sehr. Von den übrigen braucht man nicht die Nummern auswendig zu kennen, sondern nur zu wissen, daß sie Klassenzeichen sind. Man zählt dann die Strichzahl und findet sie damit leicht in der Tafel der Klassenzeichen. Schließlich lernt man sie durch den Gebrauch. Hat man das Klassenzeichen des zu suchenden Schriftzeichens

> gefunden, zählt man die Zahl der Striche, die das Schriftzeichen außer der des Klassenzeichens hat, und findet dann mühelos im Index das gesuchte Schriftzeichen. Dabei ist aber zu beachten, daß bei den Typen verschiedener Größen, wie einerseits im alphabetischen Teil und andererseits im Index, (ähnlich wie bei den lateinischen Buchstaben) Abweichungen im Duktus vorkommen. Das muß man in Kauf nehmen und sich schnell daran gewöhnen.
> [11.2]
> Da es eine große Anzahl von Schriftzeichen gibt, bei denen das richtige Klassenzeichen schwer zu erkennen ist, weil mehrere möglich sind, wurden diese früher in einem besonderen Index nach der Gesamtstrichzahl des Zeichens geordnet aufgeführt. Der Herausgeber ist in diesem Falle dem Beispiel UEDA's (s. oben S. VIII) gefolgt, d. h. die betreffenden Zeichen sind unter den jeweils möglichen Klassenzeichen aufgeführt. Das richtige Klassenzeichen ist dann nach Auffindung des gesuchten Zeichens im alphabetischen Teil zu ersehen. Die Reihenfolge der Schriftzeichen gleicher Aussprache im alphabetischen Teil richtet sich grundsätzlich nach dem dem [sic!] Klassenzeichen beigefügten Teil des Schriftzeichens, also in den meisten Fällen nach dem lautgebenden Bestandteil. [...]
> [11.3]
> Hat man schon einige Erfahrung und kennt die Aussprache und die Umschrift des Schriftzeichens, so findet man das gesuchte unmittelbar im alphabetischen Teil. Es kann gar nicht genug betont werden, wie nützlich es ist, auch solche Schriftzeichen wieder nachzusehen, von denen man schon eine der Bedeutungen kennt. [...]
> Aus diesem Grunde richtet sich die Reihenfolge der Verbindungen von zwei oder mehreren Schriftzeichen wie in der ersten Auflage nach dem Bedeutungszusammenhang. [...]
> (CDW3: XIV–XVI)

Auch inhaltlich werden in Stange mehr Informationen zu den Zugriffsstrukturen gegeben, welche aber hinsichtlich bestimmter Formen immer noch unvollständig erscheinen: Während der Zugriff über die Form durch den Radikal-Zeichen-Index ausreichend erläutert wird [11.1], wird auch hier die Kenntnis über das Benutzen alphabetisch sortierter Wörterbücher vorausgesetzt; auch die Erklärung zur Sortierung der Sublemmata gibt wie schon im CDW1 keinen Aufschluss über den Zugriff auf diese [11.3]. Die Erklärung über die Integration des Registers für Zeichen mit schwererkennbaren Radikalen in den Radikal-Zeichen-Index ist verständlich [11.2].

Die teilweise komplizierten Zugriffstrukturen werden folglich in beiden Auflagen nur mehr oder weniger hinreichend erklärt, was vor allem hinsichtlich der ersten Auflage zu Schwierigkeiten geführt haben muss. In der dritten Auflage wurde vor allem der Zugriff über die Form ausführlich erklärt.

2.5 Mikrostruktur

Zum Abschluss soll der Fokus auf der Mikrostruktur des CDW liegen. Es liegen zwei Artikelmikrostrukturtypen vor, nämlich die der Kapitelzeichen und die der Sublemmata. Die Kapitelzeichen können wiederum weiter in zwei Typen unterteilt werden: die ohne (Abb. 3) und die mit Variantenangabe (Abb. 5); die Unterscheidung wird hier getroffen, weil Artikel mit Variantenangabe eine multiple Lemmazeichengestaltangabe und zusätzliche nichttypographische Bauteile aufweisen.

斜 ^{2} 斗 **schräg**, schief; abschüssig, Abhang; seitwärts
2483 Wird auch *hsia*^{2} gelesen

Abb. 3: wa1 (CDW1: 257)

Der Typ ohne Varianten kann wie folgt hinsichtlich der elementaren Angabeklassen linear segmentiert werden:

斜 $|_{1}$ ^{2} $|_{2}$ 斗 $|_{3}$2483 $|_{4}$ **schräg**, schief; abschüssig, Abhang; seitwärts $|_{5}$ Wird auch *hsia*^{2} gelesen $|_{6}$

1. Lemmazeichengestaltangabe
2. Ausspracheteilangabe
3. Radikalangabe
4. Nummerierungsangabe
5. Äquivalentangabe
6. Aussprachevariantenangabe

Davon bilden 1.–3. den Formkommentar, 4. den *Subkommentar*, 5. den Semantikkommentar und 6. den Postkommentar. Subkommentar deswegen, weil diese Angabe wie die Sublemmata unter der Kapitelzeichenmikrostruktur unter der Lemmazeichengestaltangabe steht. Die Nummerierungsangabe in diesem Subkommentar hat den genuinen Zweck, die Akzessivität des Lemmas über den Formenzugriff zu gewährleisten (siehe 2.4.1). Darüber steht die Lemmazeichengestaltangabe in Fettdruck und ist hinsichtlich der Schriftgröße etwa 2,5 x größer als die restlichen Angaben, um sie als Kapitelzeichen hervorzuheben; die Ausspracheteilangabe bezieht sich auf den Ton der Silbe: in diesem Fall *hsiä* im 2. Ton (diese Angabe kann auch Varianten aufweisen); dabei fällt auf, dass der Artikel keine eigentliche Ausspracheangabe enthält; diese ist am Anfang jeder *Silbenartikelstrecke* sowie im Kolumnentitel zu finden. Die Radikalangabe zeigt das Radikal des jeweiligen Schriftzeichens an. In der Äquivalentangabe des polysemen Zeichens liegen drei Sememe vor, welche mittels typographischem Mikrostruktur-anzeiger „;“ voneinander getrennt werden; der Fettsatz des ersten Wortes stellt laut Autor die „wichtigsten“ Bedeutungen „im Falle der Häufung solcher“ (CDW1: VI) dar. Im Postkommentar liegt eine Aussprachevariantenangabe vor, welche darauf hinweist, dass dieses Zeichen noch eine weitere Lautung besitzt; die Lautung wird durch Kursivsatz angezeigt, die hochgestellte Zahl „2“ bezieht sich wiederum auf den Ton der Silbe.

Der Strukturgraph in Abb. 4 zeigt die abstrakte Mikrostruktur von wa$_{1}$:

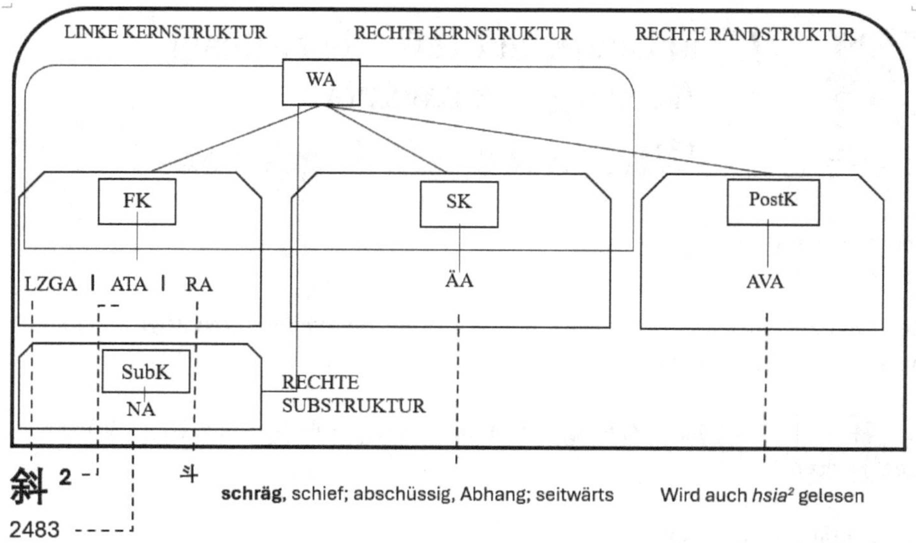

Abb. 4: Einfacher kommentierter Strukturgraph zur abstrakten Mikrostruktur von wa1; Abkürzungen: WA = Wörterbuchartikel, FK = Formkommentar, SK = Semantikkommentar, PostK = Postkommentar, LZGA = Lemmazeichengestaltangabe, ATA = Ausspracheteilangabe, RA = Radikalangabe, ÄA = Äquivalentangabe, AVA = Aussprachevariantenangabe, SubK = Subkommentar, NA = Nummerierungsangabe

Beim zweiten Typus (Abb. 5) kommen bis zu drei Schriftzeichenvariantenangaben hinzu, welche zudem ggf. jeweils eine weitere Radikalangabe besitzen können; weiterhin werden diese untereinander aufgelisteten Angaben bzw. der gesamte Formkommentar mit einem nichttypographischen Mikrostrukturanzeiger in Form einer großen geschweiften Klammer von Semantik- und ggf. Postkommentar getrennt. Bei wa_2 liegen vier Variantenangaben, eine vierfache Ausspracheteilangabe und 3/4 unterschiedliche Radikalangaben im Formkommentar sowie sechs Polysemieangaben, wovon vier die „wichtigsten" Bedeutungen darstellen, im Semantikkommentar vor; im Postkommentar gibt es den Hinweis darauf, dass dieses Zeichen oft falsch geschrieben werde (evtl. Fehlerangabe).

Beim Typus der Sublemmamikrostrukturen liegen lediglich Lemmazeichengestaltangaben (Formkommentar) und Äquivalentangaben (Semantikkommentar) in der folgenden Form als Sublemma von wa_1 vor:

wa_3 = | 徑 Nebenstraße, Seitenweg; Sehne eines Kreises

Die Lemmazeichengestaltangabe beginnt mit einem nichttypographischen Mikrostrukturanzeiger in Form eines Striches, der stellvertretend für das Kapitelzeichen steht; in diesem Fall sind auch zwei Sememe angegeben; Postkommentare in der vorher beschrieben Form (zur Aussprache o. Ä.) sind möglich.

曆 4 日
歷 4 止
[illegible] 4 厂
厤 4 厂
3485
Kreislauf der Sterne; **Kalender; Geschichte; durchlaufen,** dauern; durchmachen, hindurchgehen, hindurch; entlang, **Reihenfolge,** aufeinanderfolgen, fortlaufend; bisher; mehrmals, jedesmal; fälschlich 歴 oder 厯 geschrieben

Abb. 5: wa2 (CDW1: 353)

Damit sind die Beschreibungen der Mikrostrukturen im CDW abgeschlossen, auch wenn hier nicht der Anspruch der Vollständigkeit erhoben werden kann. Die Mikrostrukturen des CDW3 gleichen strukturell denen der 1. Auflage.

2.6 Zusammenfassung

In diesem Beitrag ist das Chinesisch-Deutsche Wörterbuch von Werner Rüdenberg in seinen verschiedenen Auflagen hinsichtlich seiner Rezeption und seiner wichtigsten lexikographischen Strukturen untersucht worden. Zusammenfassend kann über dieses Wörterbuch gesagt werden, dass es seinerzeit einen Meilenstein darstellte, der es erstmals einem breiteren deutschsprachigen Publikum möglich machte, die chinesische Sprache zu erlernen, ohne fremdsprachliche Wörterbücher zu Hilfe nehmen zu müssen. Die Rezensionen haben zudem gezeigt, dass es zumindest in erster Auflage auch der Wissenschaft, der Sinologie, gute Dienste leisten konnte. Die Analyse der Wörterbuchstrukturen hat ferner offenbart, dass dieses Wörterbuch einige Mängel aufweist: vor allem die nicht alle Sortierungsdimensionen berücksichtigende Makrostruktur und die damit verbundene gestörte Zugriffsstruktur sind diesbezüglich zu nennen. Auch die fehlende bzw. stark unzureichende Unterweisung der intendierten Benutzer des Wörterbuches, wie es angemessen zu benutzen ist, verstärkt die genannten Defekte. Darüber hinaus hat die Analyse der dritten Auflage gezeigt, dass diese als lexikographisches Nachschlagewerk stark an Bedeutung verloren hatte; vor allem deswegen, weil knapp

30 Jahre nach Veröffentlichung der ersten Auflage der wenig angepasste, größtenteils veraltete Wortschatz und die Änderung in eine bei Erscheinen obsoleten Umschrift nicht den großen Änderungen der Zeit gerecht werden konnten. Nichtsdestotrotz ist der *Rüdenberg* als eines der historisch am wichtigsten einzuschätzenden lexikographischen Werke für das Sprachenpaar Chinesisch/Deutsch am Anfang des 20. Jahrhunderts zu werten, da es den Auftakt einer 100-jährigen Historie der Wörterbuchherstellung in dem Bereich der zweisprachigen Lexikographie mit Chinesisch als Ausgangssprache darstellt.

3 Ausblick

Sobald weitere Untersuchung zu einschlägigen Wörterbüchern, welche dem CDW nachfolgten, vorliegen, böte es sich an, diese kontrastiv einer systematischen Evaluierung zu unterziehen, welche weitere Erkenntnisse zur Entwicklung der zweisprachigen Lexikographie mit Chinesisch hervorbrächte. Bei der Einbeziehung von digitalen Wörterbüchern sowie KI unterstützen lexikographischen Texten könnte damit ferner die Qualität moderner Wörterbücher in jedweder Form nachhaltig unterstützt werden. Einen solchen Evaluierungsrahmen bieten Evert/Ganslmayer/Rink (2024) sowie Rink/Ganslmayer/Evert (2024) mit dem von ihnen entworfenen *Multi-level evaluation framework for AI-generated dictionary entries*, welcher sich leicht für Wörterbuchartikel sowie ganze Wörterbücher weiterentwickeln und anpassen ließe.

4 Literatur

4.1 Monographien und Aufsätze (ohne Quellen aus Zitaten)

Creamer, Thomas B. I. (1991): Chinese Lexicography. In: Hausmann, Franz Josef et al. (Hrsg): Wörterbücher. Dictionaries. Dictionnaires. Ein internationales Handbuch zur Lexikographie. An International Encyclopedia of Lexicography. Encyclopédie internationale de lexicographie. Dritter Teilbd. Berlin/New York: de Gruyter, 2595–2611.

Creamer, Thomas B. I. (1991a): Bilingual Lexicography with Chinese. In: Hausmann, Franz Josef et al. (Hrsg): Wörterbücher. Dictionaries. Dictionnaires. Ein internationales Handbuch zur Lexikographie. An International Encyclopedia of Lexicography. Encyclopédie internationale de lexicographie. Dritter Teilbd. Berlin/New York: de Gruyter, 3107–3113.

DeFrancis, John (2006): The Prospects for Chinese Writing Reform. In: Sino-Platonic Papers, 1–26. Online: https://sino-platonic.org/complete/spp171_chinese_writing_reform.pdf (letzter Zugriff: 18.08.2025).

Evert, Stephanie/Ganslmayer, Christine/Rink, Christian (2024): Multi-Level Analysis as a Systematic Way to Evaluating the Quality of AI-Generated Dictionary Articles. In: Kristina Š. Despot/Ana Ostroški Anić/Ivana Brač (Hrsg.): Proceedings of the XXI EURALEX International Congress. 298–315.

Hausmann, Franz Joseph/Werner, Reinhold (1991): Spezifische Bauteile und Strukturen zweisprachiger Wörterbücher: eine Übersicht. In: Hausmann, Franz Josef et al. (Hrsg): Wörterbücher. Dictionaries. Dictionnaires. Ein internationales Handbuch zur Lexikographie. An International Encyclopedia of Lexicography. Encyclopédie internationale de lexicographie. Dritter Teilbd. Berlin/New York: de Gruyter, 2729–2769.

Hu, Anthony (2023): Neo-Missionaries in Republican China. A Study of Selected Training Materials Mostly in Bilingual Format for the Divine Word Missionaries in Shandong. In: Religions & Christianity in Today's China3), 27–58. Online: https://www.china-zentrum.de/fileadmin/PDF-Dateien/E-Journal_RCTC/2023/RCTC_2023-3.27_Anthony_Hu_-_Neo-Missionaries_in_Republican_China._A_Study_of_Selected_Training_Materials_Mostly_in_Bilingual_Format_for_the_Divine_Word_Missionaries_in_Shandong.pdf (letzter Zugriff: 08.02.2025).

Kammerer, Matthias/Wiegand, Herbert Ernst (1998): Über die textuelle Rahmenstruktur von Printwörterbüchern. Präzisierungen und weiterführende Überlegungen. In: Lexicographica 14, 224-238.

Karl, Ilse (1990): Sprachtyp und Fragen der Wortliste von Wörterbüchern. In: Zeitschrift für Phonetik, Sprachwissenschaft und Kommunikationsforschung 43, 50–58.

Karl, Ilse (1993): Generelle Aspekte einiger Grundbegriffe der Wortbildung und Annahmen zu einem Lexikon im Chinesischen. In: Karl, Ilse et al. (Hrsg.): Chinesische Wortbildung. Studien zur Theorienbildung und Wortstrukturbeschreibung. SinoLinguistica 4, 1–40.

Leutner, Mechthild (2015): FORSCHUNG – LEHRE – INFORMATIONEN. Zehn Thesen zur historischen Entwicklung der Chinastudien in Deutschland. In: ASIEN 137, 141–155.

Legeza, Ireneus László (1968): Guide to transliterated Chinese in the modern Peking dialect I. Leiden: Brill.

Legeza, Ireneus László (1969): Guide to transliterated Chinese in the modern Peking dialect II. Leiden: Brill.

Rink, Christian (2016): Bilinguale Fachlexikographie – Konzeption eines Fachwörterbuches zur antiken Baukunst Chinas. In: Lexicographica 32, 138–204.

Rink, Christian/Ganslmayer, Christine/Evert, Stephanie (2024): Towards a comprehensive method for evaluating and utilizing AI-generated bilingual lexicographic data in language learning using the example of Chinese as a foreign language. In: Ai Inoue/Naho Kawamoto/Makoto Sumiyoshi (Hrsg.), Asian Lexicography – Merging cutting-edge and established approaches. 133–142.

Walravens, Hartmut (2007): Aus der Arbeit der Hamburger ostasiatischen Lehrstühle: Gutachten von Fritz Jäger, Karl Florenz und Wilhelm Gundert. In: NOAG 181/182, 149–186.

Wiegand, Herbert Ernst (1989): Der Begriff der Mikrostruktur: Geschichte, Probleme, Perspektiven. In: Hausmann, Franz Josef et al. (Hrsg): Wörterbücher. Dictionaries. Dictionnaires. Ein internationales Handbuch zur Lexikographie. An International Encyclopedia of Lexicography. Encyclopédie internationale de lexicographie. Erster Teilb. Berlin/New York: de Gruyter, 409–462.

Wiegand, Herbert Ernst (2007): Über Zugriffspfade in Printwörterbüchern. Ein Beitrag zur Schnittstelle von Benutzungshandlungen und Wörterbuchform. In: Lexikos 17, 180–211.

Wiegand, Herbert Ernst (2010): Systematische Einführung. In: Wiegand, Herbert Ernst et al. (Hrsg.): Wörterbuch zur Lexikographie und Wörterbuchforschung. Dictionary of Lexicography and Dictionary Research. Bd. 1: Systematische Einführung/Systematic Introduction. A–C. Berlin/New York: de Gruyter, 1–121.

Yong, Heming/Peng Jing/Zhang Xiangming (2024): Chinese lexicography in the twentieth century. New York: Peter Lang.

Zhang, Yao (2022): Zeichen- und Wortschatz des Chinesischen effizienter lernen: Konzeption einer Lernwörter-App für deutsche ChaF-Lernende auf der Basis einer empirischen Bedarfsanalyse. Hannover: Gottfried Wilhelm Leibniz Universität, Diss. https://doi.org/10.15488/11905 (letzter Zugriff: 08.02.2025).

4.2 Zeitgenössische Rezensionen

Bröring, Theodor (1925): Rüdenberg, Werner. Chinesisch-Deutsches Wörterbuch. 6400 Schriftzeichen mit ihren Einzelbedeutungen und den gebräuchlichsten Zusammensetzungen. In: Anthropos 20(1/2), 359-360.

Franke, Wolfgang (1966): Zur Neuauflage von Werner Rüdenberg, Chinesisch-Deutsches Wörterbuch. In: Oriens Extremus 13(2), 243–256.

Hänisch, Erich (1925): Rüdenberg, Werner 華德辭典 [*huá dé cídiǎn*] Chinesisch-Deutsches Wörterbuch, 6400 Schriftzeichen mit ihren Einzelbedeutungen und den gebräuchlichsten Zusammensetzungen. In: Ostasiatische Zeitschrift 12, 315–318.

Jäger, Fritz (1926): Werner Rüdenberg, Chinesisch-Deutsches Wörterbuch 6400 Schriftzeichen mit ihren Einzelbedeutungen und den gebräuchlichsten Zusammensetzungen. In: Zeitschrift der Deutschen Morgenländischen Gesellschaft 80(4), 336–340.

Jäger, Fritz (1939): Rüdenberg, Werner: Chinesisch-Deutsches Wörterbuch 6400 Schriftzeichen mit ihren Einzelbedeutungen und den gebräuchlichsten Zusammensetzungen. In: Orientalistische Literaturzeitung 3, 188–193.

Jonker, D. R. (1959): Werner Rüdenberg, Chinesisch-Deutsches Wörterbuch. Dritte erweiterte, völlig neu bearbeitete Auflage von Hans O. H. Stange, 1. Lieferung. In: T'oung Pao 47, 107–128.

Kratochvíl, Paul (1961): Rüdenberg, W.: Chinesisch-Deutsches Wörterbuch. 3. Aufl., bearb. v. H. O. H. Stange, Lfg. 1-3. In: Orientalistische Literaturzeitung 56(5), 303.

Lippert, Wolfgang (1971): Zum Deutschen Index zu Rüdenberg-Stange, Chinesisch-Deutsches Wörterbuch. In: Oriens Extremus 18(2), 253–260.

Pelliot, Paul (1926): 華德辭典 [*huá dé cídiǎn*] Chinesisch-Deutsches Wörterbuch, 6400 Schriftzeichen mit ihren Einzelbedeutungen und den gebräuchlichsten Zusammensetzungen. In: T'oung Pao 24 (2/3), 271- 282.

Schmitt, Erich (1925): Rüdenberg, Werner: Chinesisch-Deutsches Wörterbuch. 6400 Schriftzeichen mit ihren Einzelbedeutungen und den gebräuchlichsten Zusammensetzungen. In: Orientalistische Literaturzeitung 28, 985.

Schmitt, Erich (1927): Kollecker, Dr. C. A.: Anhang zum Chinesisch-Deutschen Wörterbuch von Weener Rüdenberg, enthaltend die 6400 Schriftzeichen mit ihren Aussprache- und Tonbezeichnungen in der Kantoner und Hakka-Mundart. In: Orientalistische Literaturzeitung 3, 198–199.

Weys, Georg (1973): Werner Rüdenberg, „Chinesisch-Deutsches Wörterbuch". Dritte erweiterte, völlig neu bearbeitete Auflage von Hans O. H. Stange. In: Asia major 18(2), 242–244.

Zach, Erwin v. (1926): Werner Rüdenberg, Chinesisch-Deutsches Wörterbuch. In: Asia major 3(1), 153–154.

4.3 Wörterbücher

Baller = Analytical Chinese-English Dictionary. Compiled for the China Inland Mission. Hrsg. v. Baller, Frederik W. Shanghai: China Inland Mission and American Presbyterian Mission Press, 1900.

CDTW = Chinesisch-Deutsche Taschen-Wörterbuch華德字典 (*huádé zìdiǎn*). Hrsg. v. Stangier, Joseph Tsingtau: Druck und Verlag der katholischen Mission, 1911.

CDW1 = Chinesisch-Deutsches Wörterbuch: 6400 Schriftzeichen mit ihren Einzelbedeutungen und den gebräuchlichsten Zusammensetzungen. Hrsg. v. Rüdenberg, Werner. Hamburg: Friederichsen, 1924.

CDW3 = Chinesisch-Deutsches Wörterbuch. Hrsg. v. Rüdenberg, Werner/Stange, Hans O. H. Hamburg: Cram, de Gruyter & co., 1963.

Covreur = Dictionnaire classique de la langue Chinoise suivant l'ordre alphabétique de la pronunciation. Couvreur, Séraphin. Ho Kien Fou: Impr. de la Mission Catholique, 1911.

DCHW1 = Deutsch-Chinesisches Hand-Wörterbuch. 德華字典 [*déhuá zìdiǎn*]. Mit besonderer Berücksichtigung der Schantung-Sprache. Hrsg. v. Katholische Mission Süd-Shandong. Jentschoufu: Druck und Verlag der katholischen Mission, 1906.

DCHW2 = Deutsch-Chinesisches Handwörterbuch. De Hua zidian 德華字典. Unter besonderer Berücksichtigung der Schantung Sprache, mit Angabe der Töne, der Tonveränderungen, des Wort- und Satzakzentes, nebst kurzer Grammatik. Jentschoufu: Druck und Verlag der Katholischen Mission, 1917

DCTL = Deutsch-Chinesische Taschen-Lexikon德華字典 [*déhuá zìdiǎn*]. Mit besonderer Berücksichtigung der Schantung-Sprache. Hrsg. v. Katholische Mission Süd-Shandong. Jentschoufu: Druck und Verlag der Katholischen Mission, 1908.

De Guignes = Dictionnaire Chinois, Francais et Latin. Hrsg. v. De Guignes, Chretien Louis Joseph Paris: Imprimerie impériale, 1813.

Giles = A Chinese-English Dictionary. Hrsg. v. Giles, Herbert A. London: B. Quaritch, 1892.

Karlgren = Analytic dictionary of Chinese and Sino-Japanese. Hrsg. v. Karlgren, Bernhard. Paris: Libr. Orientaliste, Geuthner, 1923.

Kollecker, C. August (1925): Anhang zum Chinesisch-Deutschen Wörterbuch von Werner Rüdenberg, enthaltend die 6400 Schriftzeichen mit ihren Aussprache- und Tonbezeichnungen in der Kantoner und Hacka- Mundart.

Mathews = A Chinese-English Dictionary: Compiled for the China Inland Mission by R. H. Mathews. Cambridge, Mass.: Harvard Univ. Press, 1963.

Medhurst = English and Chinese dictionary in two volumes. Hrsg. v. Medhurst, Walter Henry. Shanghai: Mission Press, 1847.

Morrison = A dictionary of the chinese language in three parts; first part containing Chinese and English, arranged according to the radicals, second part, Chinese and English arranged alphabetically and third part English and Chinese. Hrsg. v. Morrison, Robert. Macao: East India Co. Press, 1815-1823.

Palladius/Popov = Kitajsko-russkij slovar, sostavlennyj byvshim nachalnikom pekinskoj duhovnoj missii arhimandritom Palladiem i starshim dragomanom diplomaticheskoj missii v Pekine P.S. Popovym ['Chinesisch-Russisches Wörterbuch, zusammengestellt von Archimandrit Palladius, ehemaliger Leiter der Pekinger Geistlichen Mission, und P.S. Popov, Senior-Dragoman der diplomatischen Mission in Peking']. Hrsg. v. Palladius, Achimandrit/Popov, Pavel Stepanovič. Peking: Tongwen Press, 1888.

SCM = Sammlung chinesischer Mehrsilber. Hrsg. v. Hülsenitz, Rudolf. Bando: Druckerei Bando Ost, 1919. Online: https://bando-doitsu.com/de/archive/view/114 (letzter Zugriff: 01.03.2025).

Stange, Hans O. H. (1971): Deutscher Index zu Rüdenberg-Stange. Chinesisch-Deutsches Wörterbuch. Berlin: de Gruyter.

XHC = 现代汉语词典[Xiandai Hanyu Cidian] ['Wörterbuch des modernen Chinesisch']. Hrsg. v. der Chinesischen Akademie der Sozialwissenschaften. Peking: Commercial Press, 2006.

Elmar Schafroth

Zwischen Lexikon und Grammatik

Im Niemandsland der Sprachbeschreibung?

Abstract: This essay explores how schematic lexicogrammatical units can be adequately described, focusing on the interface between dictionary and grammar. While grammatical information has always been part of dictionaries, the idea that vocabulary and grammar—especially syntax—interlock is a relatively recent phenomenon influenced by Cognitive Linguistics, Construction Grammar, Lexicogrammar, and Pattern Grammar. The central question is how far lexicography should extend into grammar and how to establish a fluid boundary between lexis and syntax. After a brief overview of grammar in dictionaries (Chapter 2), the discussion turns to the lexicon–grammar interface (Section 3). General considerations (3.1) are followed by examples of collocations and verbal idioms (3.2). The concept of the lexicon–syntax continuum is explained through phraseological types ranging from specific to schematic (3.3). The theoretical approach of lexicogrammar (3.4) leads to the challenge of representing schematic constructions (idiomatic patterns) in dictionaries (3.5). The conclusion (Chapter 4) highlights limitations of traditional semasiological dictionaries and points to projects enabling holistic descriptions.

Keywords: dictionaries, the lexicon-syntax continuum, set phrases, idiomatic patterns, lexicogrammar

Schlagwörter: Wörterbücher, Lexikon-Syntax-Kontinuum, Phraseme, Phraseoschablonen, Lexikogrammatik

1 Einleitung

Solange es noch Wörterbücher[1] gibt – ob als einzelne (digitale oder gedruckte) Werke oder als Komponente eines größeren digitalen Verbundes (DWDS, Académie française, Accademia della Crusca) oder eines KI-Produkts (Linguee/DeepL), werden Informationen zu Wörtern und deren Bedeutungen sowie zur Morphologie gesucht. Vielleicht suchen manche auch Namen. Diese sind jedoch in Lexika oder Enzyklopädien zu finden,

1 Die folgenden Ausführungen beziehen sich, wenn nicht anders angegeben, auf die deutsche Sprache und auf Wörterbücher des Deutschen. Mitunter wird auch auf andere Sprachen Bezug genommen.

Elmar Schafroth, Heinrich-Heine-Universität Düsseldorf, Institut für Romanistik, Universitätsstraße 1, 40225 Düsseldorf, E-Mail: elmar.schafroth@hhu.de

https://doi.org/10.1515/9783111676531-020

was aber nicht jeder weiß. Andere suchen Neologismen, Zitate, Sprichwörter oder Phraseme aller Art. Wenn die Wörterbücher sie registriert haben, findet man sie in aller Regel recht einfach, ob durch Blättern oder Eingabe am Computer, gegebenenfalls auch mit einer Volltextsuche. Den Bedarf, Unbekanntes oder nicht Verstandenes in der eigenen oder einer fremden Sprache zu klären oder auszuräumen, wird es weiterhin geben, auch wenn dies vielfach nur noch durch den schnellen Mausklick erledigt wird, sei es im (Online-)Duden, die Rechtschreibung oder Grammatik betreffend, sei es in den Online-Wörterbüchern für Fremdsprachen, die von einschlägigen Verlagen, aber auch von nicht-professionellen Anbietern zur Verfügung gestellt werden. Letztlich ist es in der Geschichte der Lexikographie immer darum gegangen, potenziellen Wissensdefiziten im Bereich von Sprache vorzubeugen, weshalb das eigentliche Ziel von Wörterbüchern ein didaktisches ist – im etymologischen Sinne von gr. *didaktikós* (*διδακτικ*, s. https://www.dwds.de/wb/didaktisch – Herkunft) 'zur Belehrung geeignet, lehrhaft' (DUW; DWDS). Das war bereits bei Robert Cawdrey der Fall, dessen 1604 erschienene *Table alphabeticall*[2] diejenigen „hard vsual English wordes", die aus dem Griechischen, Lateinischen und Französischen entlehnt wurden, also „Fremdwörter", durch „plaine English words" zu erklären suchte, z. B. „*scandall*, [...] an offence, or stumbling block" (aus dem Griechischen entlehnt), „*recite*, rehearse, or repeate" (aus dem Lateinischen) oder „*cancell*, to vndoe, deface, crosse out, or teare" (aus dem Französischen).

Etwas nicht zu wissen, ist also geradezu die *raison d'être* von Wörterbüchern und Enzyklopädien. Es ist deshalb nicht verwunderlich, wenn Lexikographen dieses „didaktische" Sendungsbewusstsein auf möglichst viele Wissensaspekte von Wörtern anwenden, welche, wie Wiegand es treffend formuliert,

> als vor- und nachtextuell vermittelnde Instanzen zwischen abstrakten Sprachformen auf der einen und Bausteinen des Wissens über die Welt und/oder über die zugehörige Sprache sowie deren Gebrauch auf der anderen Seite gedacht werden können, so daß das Lexikon als ein zentraler Teil einer Sprachtheorie zu konzipieren ist (Wiegand 1998: 2).

Zu diesem (sprachlichen) Wissen gehören auch morphologische Eigenschaften von Lexemen, welche die Beziehungen zu anderen Lexemen und Funktionswörtern zur Bildung größerer syntaktischer Einheiten wie Syntagmen und Sätzen regeln. Dies bedeutet, dass die syntagmatische Achse im Sprachsystem eine entscheidende Rolle bei der Sprachproduktion und Sprachrezeption spielt. Und es liegt nahe anzunehmen, dass dies auch bei der Erfassung der Wörter in Wörterbüchern so ist. Die Frage ist nur, wie weit sich die Lexikographie in das Gebiet der Grammatik, besser gesagt in die Syntax, hineinwagt. Um dies zu besprechen, gehe ich wie folgt vor: Zunächst soll ein resümierender

2 Das erstmals 1604 gedruckte Werk gilt allgemein als der erste voll entwickelte Vertreter des einsprachigen Wörterbuchs in englischer Sprache. Für jedes der 2543 Stichwörter in seiner ersten Auflage lieferte Cawdrey eine knappe Bedeutungsparaphrase, die oft nur ein paar Wörter, meist Synonyme, umfasst (vgl. „Introduction" unter der im Literaturverzeichnis angegebenen URL).

Blick auf *Grammatik im Wörterbuch* geworfen werden (Kap. 2). Anschließend behandle ich das Thema *Lexikon und Grammatik* (Kap. 3), wobei zunächst allgemeine Überlegungen zu Schnittstellen zwischen Lexikon und Syntax in Wörterbüchern angestellt werden (3.1), die dann anhand von *Kollokationen* und *verbalen Idiomen* konkretisiert werden (3.2). Im Anschluss hieran wird das Konzept des *Lexikon-Syntax-Kontinuums* erläutert und anhand phraseologischer Typen, die von „maximal spezifisch" bis „maximal schematisch" reichen, illustriert (3.3). Sodann wird der theoretische Ansatz der *Lexikogrammatik* skizziert (3.4) und das Problem aufgeworfen, schematische Konstruktionen, die auch *Phraseoschablonen* genannt werden, im Wörterbuch zu erfassen. Um eine Vorstellung zu bekommen, welcher Art diese Konstruktionen sein können, werden gut zwei Dutzend dieser syntagmatischen Patterns aufgelistet und durch Beispiele bzw. Korpusbelege illustriert (3.5). In den Schlussbemerkungen (Kap. 4) wird vor allem auf die Aporie traditioneller semasiologischer Wörterbücher, schematisch-abstrakte Konstruktionen zu erfassen, Bezug genommen, aber auch auf Möglichkeiten hingewiesen, die eine – im Idealfall ganzheitliche – Beschreibung solcher Einheiten leisten könnten.

2 Grammatik im Wörterbuch

Ausgehend von Wiegands Überzeugung, dass „Wörterbücher [...] eine bestimmte Form der textuellen Wissensrepräsentation dar[stellen]" (1998: VIII), ist es nur konsequent, dass neben Semantik und (bis zu einem gewissen Grad) Pragmatik auch Grammatik[3] zu den „Eigenschaftsausprägungen" (Wiegand 1998: 10) eines Wortes oder sprachlichen Ausdrucks gehört, die im Wörterbuch verarbeitet werden. Lexikographisch darstellbar sind traditionell Eigenschaften der Grammatik von Adjektiven (vgl. Mogensen 2003), Substantiven (vgl. Schierholz 2003) und Verben (vgl. Schafroth 2002, Kubczak 2003). Beim Adjektiv sind flexionsmorphologische Aspekte von Interesse (starke/schwache/fehlende Rektion, Komparation), ebenso syntaktische Angaben (attributiv/prädikativ, Rektion, Valenz), beim Substantiv morphologische Informationen (Genus, Flexion, Numerus) und syntaktische Angaben, vor allem „Artikelverwendung, obligatorische Attribute, regierte Präpositionen, Nebensatzanschlussmöglichkeiten" (Schierholz 2003: 337). Verben werden hinsichtlich ihrer Flexion (stark/schwach/unregelmäßig), der Trennbarkeit von Partikeln, des Auxiliars beim Perfekt, ihrer Passiv- und Passiversatzformen und natürlich bezüglich ihrer Rektion und möglicher Valenzanschlüsse beschrieben.[4] Auch Wortbildungselemente wie Präfixe und Suffixe lassen sich finden,

3 Zu flexionsmorphologischen Angaben im Wörterbuch s. Mugdan (1989). Das Thema „Lexikographie und Grammatik" wird in Bergenholtz/Mugdan (1985) aus verschiedenerlei Blickwinkeln betrachtet.

4 Nur am Rande eingegangen werden kann hier auf die britische Tradition der *verb patterns*, die 1942 von Hornby eingeführt wurde: Syntaktische Muster, wie z. B. *Subject x Verb x Object x Past Participle*, werden mit sprachlichen Beispielen im Stile eines strukturalistischen Substitutionstests so in Tabellen

sofern sie lemmatisiert wurden. Und das schon sehr lange, wie ein Blick in die erste Ausgabe des Wörterbuchs der Académie française von 1694 zeigt, welches die „reduplikative Partikel" (i.e. das Präfix) **re**, als Stichwort enthält und Derivate wie *remettre* ('wieder zurückstellen') und das dazugehörige Substantiv *remise* ('Übergabe' und weitere lexikalisierte Bedeutungen) als Beispiele gibt; oder in den *Dictionary of the English Language* (1755 und 1773) von Samuel Johnson („Dr. Johnson"), der etwa die „[i]nseperable particle" **Re** als Lemma verzeichnet und dazu die Bedeutung 'to denote iteration or backward action' angibt (z. B. *return, revive, repercussion*).

Einzelne Morpheme werden in einem Wörterbuch in aller Regel allerdings nicht zu finden sein,[5] es sei denn, sie sind, wie gesagt, für die Bildung komplexer Lexeme relevant. Affixe, Affixoide, Erst- und Zweitglieder von Komposita können also durchaus Bestandteile der Makrostruktur sein, z. B. im Lernerwörterbuch LGDaF: *be-* (*bedrohen, bedrucken, beunruhigen*), *-heit* (*Freiheit, Seltenheit*), *Mega-* (*Megabyte, Megahit*), *-oid* (*faschistoid, humanoid*), *Rahmen-* (*Rahmenabkommen, Rahmengesetz*), *-muffel* (*Krawatten-, Fußball-, Modemuffel*).

Das „Wort" – nach Leibniz „Grund und Boden einer Sprache"[6] und nach Wiegand „Inbegriff lexikalischer Einheiten" (Wiegand 1998: 2) – wird also lexikographisch durchaus in kleinere Teile zerlegt. Aber wird es syntagmatisch vergrößert?[7] Bis zu einem gewissen Grad ja: in der Wortbildung (Derivationen, Komposita), als Teil von Kollokationen (Hausmann 1984, 1985, 1997a, Schafroth 2003, Scherfer 2008, Konecny 2010) und von Phrasemen (z. B. *Schwarzes Brett, gang und gäbe, offene Türen einrennen*) einschließlich Sprichwörtern.

---

dargestellt, dass die Benutzer die beteiligten grammatikalischen Kategorien und ihre syntagmatische Interaktion leicht erkennen können, z. B. *You must get* | *your hair* | *cut* oder *She had* | *a new dress* | *made* (vgl. Schafroth 2025). Ab der zweiten Auflage im Jahre 1963 wurde in den Mikrostrukturen der Verben mit einem Kürzel auf diese in den Benutzerhinweisen erläuterten Muster verwiesen, z. B. bei *decline*: „(VP 1, 2, 21)" (vgl. ALD2).

5 Eine Ausnahme stellt der *Robert méthodique* (*Robméth*) für das Französische dar, der als morphosemantisches „Extremwörterbuch" bezeichnet werden kann, indem er die synchrone Morphemgrenze durchbricht und neben Lexemen und Affixen auch (etymologisch verstandene) lexikalische Wurzeln wie *célér-* (in *célérité, accélérer, décélération*) lemmatisiert (Schafroth 2014b: 99–100).

6 Die Anregung, die *Unvorgreiffliche*[n] *Gedancken, betreffend die Ausübung und Verbesserung der Teutschen Sprache* von Gottfried Wilhelm Leibniz (um 1697) zu konsultieren, habe ich Wiegand (1998: 2) entnommen. Das metaphorische Zitat von Leibniz lautet im Zusammenhang: „Der Grund und Boden einer Sprache sind die Worte, worauf die Redensarten gleichsam als Früchte hervorwachsen, woher denn folgt, daß eine der Hauptarbeiten, deren die deutsche Hauptsprache bedarf, sein würde eine Musterung und Untersuchung aller deutschen Worte [...]" (Pietsch 1908: 17).

7 Ich möchte daran erinnern, dass Saussure die syntagmatischen Beziehungen eines sprachlichen Zeichens sowohl für das Innere eines (komplexen) Lexems (wie *relire* 'noch einmal lesen' im Verhältnis zu *lire* 'lesen' oder *maître* 'Meister' zu *contremaître* 'Vorarbeiter') als auch außerhalb desselben geltend macht (z. B. *lire un livre* 'ein Buch lesen', *dépasser son maître* 'seinen Meister übertreffen') (vgl. Saussure 2013).

3 Lexikon und Grammatik

3.1 Wörterbücher und Schnittstellen zwischen Lexikon und Syntax

Das einzelne Wort ist und bleibt zwar der Ausgangspunkt eines semasiologisch-alphabetischen Wörterbuchs, jedoch fügen sich die Wörter gemäß dem Prinzip der Linearität des sprachlichen Zeichens in der *chaîne de la parole* zu Syntagmen zusammen (Saussure 2013: 262). Auf Systemebene haben sich viele dieser Syntagmen zu mehr oder weniger festgeprägten Verbindungen zusammengeschweißt, die von muttersprachlichen Sprechern als Ganzes aus dem Sprachwissen abgerufen werden. Sinclair (1991) nennt dieses sprachliche Steuerungsprinzip *idiom principle*, welches im Sprachgebrauch weitaus öfter zum Einsatz kommt als das *open-choice principle*, welches unserem sprachlichen Wissen über morphologische Paradigmen, syntaktische Regeln und über Bedeutungen sprachlicher Zeichen entspricht.

Wörterbücher nehmen also durchaus syntagmatische Verbindungen auf, die konventionalisiert und mehr oder weniger strukturell und kognitiv verfestigt sind, vorausgesetzt, sie sind nicht schematisch, enthalten also keine (lexikalischen) Slots und/oder (Argument-)Leerstellen, die, bestimmten semantisch-pragmatischen und morphosyntaktischen Restriktionen folgend, im Sprachgebrauch aufgefüllt werden, Konstruktionen also wie [X *hin*, X *her*], die nicht vollständig lexifiziert sind (Černyševa 1986: 216, Ágel 2017: 187) und deren lexikalische Füllungen sich erst im Sprachgebrauch ergeben, z. B. *Krise hin, Krise her, Ehrgeiz hin, Ehrgeiz her* (vgl. Dobrovol'skij 2022).

Es ist aus lexikographischer Sicht natürlich nachvollziehbar, nur diejenigen polylexikalischen Verbindungen in die Makro- und Mikrostrukturen aufzunehmen, die sich nach einer zu bestimmenden Sortierungskonvention ins Alphabet einpassen und somit auffinden lassen. Deshalb sind Idiome wie *sich ins eigene Fleisch schneiden* im DUW und *unsicherer Kantonist* z. B. unter dem Substantiv oder *kurz angebunden* unter dem Verb verzeichnet, und *Kollokationen* allein schon aus ökonomischen Gründen in aller Regel unter den Basen zu finden (DUW: *ungelöstes* ***Problem***, ***Unheil*** *stiften*),[8] außer das Semem des Kollokators verlangt bereits in der Bedeutungsparaphrase die Nennung der Basis bzw. eines Hyperonyms mit anschließender Angabe der ganzen Kollokation, z. B. im DUW bei **rupfen (1b)**: „*geschlachtetem Geflügel die Federn zupfend ausreißen*: ein Huhn, eine Gans r.“, oder bei **stimmen (5)**: „*einem Instrument die richtige Tonhöhe geben*; *auf die Höhe des Kammertons bringen*: die Geige s., die Saiten höher, tiefer s.; das Klavier s. lassen“ (vgl. Hausmann 1997a, Schafroth 2003). Auch *Routine- und*

8 Fairerweise muss gesagt werden, dass sich im DUW viele Kollokationen sowohl unter den Basen als auch unter den Kollokatoren finden.

Gesprächsformeln[9] sind polylexikalische fest geprägte Einheiten. Der lexikographische Umgang mit ihnen ist nicht einfach, weil sie im alphabetischen Wörterbuch einem Lexem (kodiert als Lemmazeichen) zugeordnet werden müssen, obwohl Formeln oft eine komplexe semantisch-pragmatische Bedeutung haben, die sich nicht an einem ihrer lexikalischen Bestandteile festmachen lässt. So ist noch in etwa nachvollziehbar, dass die Gesprächsformel *Das wäre ja noch schöner!* im DUW im Artikel **schön** unter der Bedeutungsziffer **8** „(ugs. iron.) *wenig erfreulich, zu Unmut, Veränderung Anlass gebend*" zusammen mit *Das sind ja schöne Aussichten!, Das war ein schöner Reinfall!, schöne Scheiße!* und *Da hast Du etwas Schönes angerichtet* steht. Wesentlich unklarer ist jedoch der Bezug der Gesprächsformel *Wird's bald?* zu **werden (3b)** „(ugs.) sich so im Ergebnis zeigen, darstellen, wie es auch beabsichtigt war". Die Paraphrase „energetische Aufforderung, sich zu beeilen" klärt zwar in etwa die Bedeutung, man hat jedoch den Eindruck, dass diese Formel besser in einem semantischen Feld oder Frame *Ungeduld* aufgehoben wäre, den es jedoch in einem traditionellen Printwörterbuch, welches ja auch in seiner elektronischen Fassung nur retrodigitalisiert ist, nicht geben kann.[10] Andere Formeln sind erst gar nicht enthalten, obwohl die hier vorliegende 10. Auflage aus dem Jahre 2023 datiert: z. B. *Kein Problem!* (als Erwiderung eines Danks), *Alles gut!* (als Dissensvermeidungssignal), *Hau rein!* und *Was geht?* als Begrüßung besonders unter jungen Männern.

3.2 Kollokation und verbale Idiome

Bereits bei den Kollokationen offenbart sich das Ausgreifen des einzelnen Wortes (hier der lexikalischen Basis) in Richtung Grammatik, hier Syntax. Im *BBI Combinatory Dictionary of English* wird im Vorwort nicht einfach nur von lexikalischen Verbindungen gesprochen, sondern von „grammatical and lexical *recurrent word combinations*" (BBI: vii). Dahinter verbirgt sich die auf den Britischen Kontextualismus zurückgehende Tradition (Steiner 2000), auch rektions- und valenzinduzierte syntagmatische Verbünde zu den Kollokationen zu zählen, für die dann auch ein eigener Terminus, *colligations*, zur

9 Routineformeln (z. B. *Guten Appetit!, Gern geschehen!, Gesundheit!*) sind erwartbare verbale Reaktionen auf einen verbalen oder nicht-verbalen Stimulus, die zwar kulturell gebunden, jedoch in vielen Sprachen (desselben Kulturkreises) in analoger Weise vorhanden sind. Wesentlich mehr einzelsprachliche Beschränkungen sind mit den Gesprächsformeln verknüpft, die zwar nicht wie die Routineformeln an eine bestimmte Situation gebunden sind, jedoch an eine prototypische Gesprächskonstellation oder Gemütslage, z. B. *Na, wer sagt's denn?, Du bist gut!*. Gesprächsformeln sind semantisch-pragmatisch meist nicht ohne Weiteres in einer anderen Sprache wiederzugeben (vgl. Kösters Gensini/Schafroth 2020).

10 Das neu digitalisierte DWDS geht aber ebenfalls traditionell-semasiologisch vor: Das mit der Markierung *salopp* versehene und mit *„ungeduldige, energische Aufforderung, etw. sofort zu tun"* paraphrasierte *na, wird's bald?* ist unter Bedeutung 4 'geschehen' mit dem Zusatz *„umgangssprachlich* weist auf Zukünftiges" verzeichnet; zusätzlich findet sich der Hinweis „Grammatik: in Fragesätzen".

Verfügung steht (vgl. Svensén 2009: 167–168). Laut Sinclair (1996: 85) sind *colligations* „the co-occurrence of grammatical choices", also „Kombinationen grammatischer Kategorien, zum Beispiel Wortklassen" (Mukherjee 2009: 109). Laut BBI-Wörterbuch sind damit Substantive, Adjektive und vor allem Verben gemeint, die entweder eine Präposition regieren (*to decide on something*) oder einen *to*-Infinitivsatz (*to decide to do something*) bzw. einen *that*-Nebensatz (*to decide that*) anschließen können. In der germanistischen Linguistik und Lexikographie wird eine Kategorie wie diejenige der „Kolligationen" meines Wissens begrifflich nicht ausdifferenziert: Es geht bei Kookkurrenzen entweder um Kollokationen oder um Valenzstrukturen. Im DUW bekommt man z. B. zum Verb **entscheiden** keine verwertbaren Informationen zum Satzbauplan samt Valenzen und Komplemente. Das LGDaF gibt einige Strukturformeln an, was bereits ein Fortschritt gegenüber dem DUW ist, aber es fehlen Patterns, die explizit den *dass*-Nebensatz und den Infinitivanschluss ankündigen, auch wenn beide durch die Angabe der Transitivität von *entscheiden* und einen Beispielsatz mit dem erweiterten Infinitiv implizit vorhanden sind. Will man Genaueres wissen, so muss man auf eine Spezialressource wie das E-VALBU zurückgreifen.

Dabei wären genau diese Angaben, sofern sie systematisch in eine Strukturformel oder Pattern gegossen werden, eminent wichtig, um die grammatikalischen Beziehungen der Wörter im Satz zu beschreiben. Betrachten wir die drei folgenden Sätze:

(1) *Er* gehört zu den ganz wenigen, die öffentlich *Kritik üben am* Kurs der Bundesregierung und der Parteiführung (deTenTen20)

(2) Die USA und Großbritannien haben *mit ihren* Spähprogrammen *den Bogen überspannt.*

(3) Dass der Lehrer [...] *mit* dem Thema der unmöglichen Liebe *bei* seinen Schülerinnen *offene Türen einrennen* würde, war auch ihm vorher klar.

Sowohl die Kollokation *Kritik üben* (1) als auch die verbalen Idiome *den Bogen überspannen* und *offene Türen einrennen* (2 und 3) regeln die Komplementstrukturen der Sätze (1) bis (3) und sind dadurch die tragenden Säulen deren Satzbaupläne. Es handelt sich um fakultative Komplemente, die grammatisch durch Präpositionalphrasen realisiert werden: ([[NP_1] [*übt Kritik an*] [NP_2]]; [[NP_1] [*überspannt den Bogen*] [*mit* NP_2]]; [[NP_1] [*rennt*] [*mit* NP_2] [*bei* NP_3] [*offene Türen ein*]].

Es ist wichtig – und wird von der ein- und zweisprachigen Lexikographie im Allgemeinen auch so praktiziert –, Kollokationen und Idiome im Wörterbuch aufzunehmen, wenngleich natürlich numerisch begrenzt, vor allem was Erstere betrifft. Idiome müssen darüber hinaus hinsichtlich ihrer semantisch-pragmatischen Bedeutung und ihrer Gebrauchsrestriktionen so beschrieben werden, dass man sie nicht nur ganzheitlich versteht, sondern auch aktiv anwenden kann. Was jedoch meist nicht in ausreichendem

Maße geschieht (Schafroth 2014a: 95–103). Aber sie haben Strukturpotenzial.[11] Und hier leisten die Wörterbücher zu wenig.

Aber welcher linguistischen Theorie folgend sollten sie dies auch tun? Werden diese denn überhaupt rezipiert? Und damit meine ich nicht nur die deutsche Lexikographie. Lernerwörterbücher zeichnen sich in der Regel dadurch aus, dass sie Valenzpatterns systematisch integrieren.[12] Es gibt aber auch Definitionswörterbücher, vor allem zum Italienischen, die hier mit gutem Beispiel vorangehen, allen voran Sabatini/Coletti; aber auch Garzanti und Devoto/Oli können mit Strukturformeln aufwarten.

Es gibt jedenfalls Grammatiktheorien wie die Pattern Grammar (Hunston/Francis 2000), die Theorie der *lexical chunks* (Lexikogrammatik, s. Kap. 3.4) und die Konstruktionsgrammatik, die einen ganzheitlichen Blick auf Sprache werfen und dabei von der Prämisse ausgehen, dass Grammatik und Lexikon nicht getrennt voneinander gedacht (und untersucht) werden sollten (Kap. 3.3). Alle drei Ansätze haben erkannt, dass es gerade die *multi-word expressions* sind, die als Bindeglied zwischen Grammatik und Lexikon fungieren können (vgl. Stefanowitsch/Gries 2003: 210), also beispielsweise Kollokationen und insbesondere verbale Idiome, aber auch Phraseoschablonen (Kap. 3.5).

3.3 Das Lexikon-Syntax-Kontinuum

Eine grundlegende Prämisse der Kognitiven Linguistik und Konstruktionsgrammatik lautet, dass zwischen dem Lexikon und der Grammatik bzw. (enger gefasst) Syntax einer Sprache ein Kontinuum besteht (Dobrovol'skij 2011: 113). Mit anderen Worten: „Beide – Lexikon und Grammatik – gehorchen denselben Formationsmechanismen, beide haben denselben (ontologischen) Status und beide bilden eine untrennbare Einheit" (Ziem/Lasch 2013: 90). Bereits Fillmore (1989) hat auf die Unmöglichkeit hingewiesen, zwischen syntaktischen, phraseologischen und lexikalischen Strukturen scharf zu unterscheiden und die Überzeugung geäußert, dass phraseologische Patterns die mit Abstand häufigsten Strukturen darstellen.[13] Lexeme bzw. Lexemverbindungen und syntaktische Strukturen greifen in sehr vielen Fällen derart ineinander, dass ein Satz kaum analysiert werden kann, ohne den Beziehungen bestimmter Lexeme zu anderen

11 Für Ágel (2017: 263, 266) sind verbale Idiome lexikalische Valenzträger, also Verbalprädikate. Nach Auffassung von De Knop/Mollica (2016: 53) haben ditransitive Phraseme dasselbe abstrakte semantische und syntaktische Muster wie nicht-phraseologische ditransitive Konstruktionen, jedoch mit einigen zusätzlichen figurativen Aspekten.

12 Gut schlägt sich hier das *De Gruyter Wörterbuch Deutsch als Fremdsprache* (DGWDaF) (vgl. Schafroth 2002).

13 Gebrauchsbasierte Untersuchungen haben gezeigt, dass vorgeformten Konstruktionen (*multi-word units/prefabs*) im Durchschnitt 55% der gesprochenen und geschriebenen Sprache ausmachen (vgl. Erman/Warren 2000: 37–38).

Lexemen und Syntagmen Rechnung zu tragen (vgl. Fillmore 1989: 34). Der Kontinuumsgedanke und der ontologische Status von Konstruktionen kommen bereits deutlich bei Langacker zum Ausdruck: „Cognitive grammar, by contrast, claims that lexicon, morphology, and syntax form a continuum of symbolic units serving to structure conceptual content for expressive purposes" (Langacker 1987: 35).

In Abbildung 1 wird das Lexikon-Grammatik-Kontinuum anhand der *caused motion construction* beispielhaft dargestellt. Während am linken Pol dieses Kontinuums eine freie, nicht-lexikalisierte Instanziierung der Konstruktion vorzufinden ist, liegt am anderen Pol das verbale Idiom *jemandem etwas in die Schuhe schieben*. In der Mitte sind Kollokationen, da sie im Grenzbereich zwischen freier Syntax und völlig idiomatischen Phrasemen (Lexikon) liegen.[14]

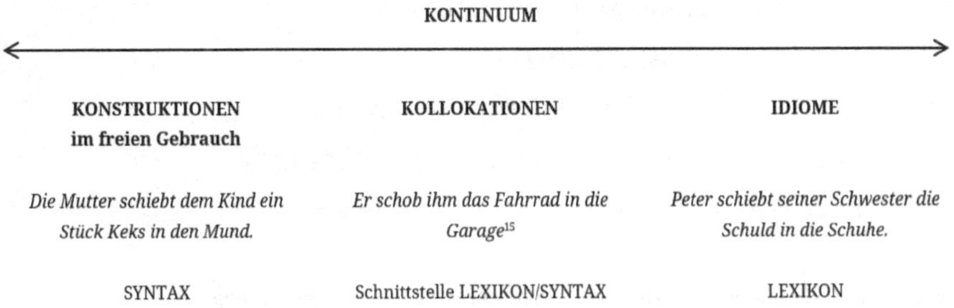

Abb. 1: Lexikon-Grammatik-Kontinuum der *caused motion construction* (in Anlehnung an Mollica/Schafroth 2021: 226)[15]

Der Satzbauplan ist in allen drei Fällen der gleiche, jedoch vergrößert sich die lexikalische Kohäsion von der freien Syntax bis zum Lexikon über das „Halbfertigprodukt" (Hausmann 1984: 398), d. h. von der Kollokation *das Fahrrad schieben* bis hin zur phraseologischen Einheit *jemandem die Schuld in die Schuhe schieben*, wobei das direkte Objekt (*die Schuld*) den im Idiom vorhandenen lexikalischen Slot füllt.

Phraseologische Verbindungen können je nach Definition von *phraseologisch* von mindestens zweigliedrigen Einheiten (sieht man vom umstrittenen Spezialfall monolexematischer Formeln wie *Gesundheit!* ab) bis zu formelhaften Texten und sogar Textsortenmustern reichen (Stein/Stumpf 2019).

---

14 Sowohl bei der freien Instanziierung als auch bei der Kollokation stellt die Dativphrase ein fakultatives freies Element dar (es handelt sich um einen sogenannten *freien Dativ*), das jedoch bei dem Idiom nicht entbehrlich ist.

15 Laut Häcki Buhofer (2014) ist *das Fahrrad schieben* eine Kollokation. Das hier angegebene Beispiel könnte in einem entsprechenden Kontext etwa lauten: „Nachdem der Junge gestürzt war, schob ihm der Vater das Fahrrad in die Garage."

Ein Versuch, ein solches Kontinuum für den Bereich der Phraseme (hier des Deutschen) zu modellieren, wurde in Abbildung 2 unternommen:

A: LEXIKALISCH GESCHLOSSEN – MAXIMAL SPEZIFISCH (MINIMAL SCHEMATISCH)	
runder Tisch; bei weitem; Kein Problem!; Das geht auf keine Kuhhaut!; Alte Liebe rostet nicht	1
(Guten) Morgen!; Mach's gut!; Das wäre ja noch schöner!	2
[[NP] *ist auf dem Holzweg*]	3
[[NP] *stellt sich/setzt sich auf die Hinterbeine*]	4
[[NP$_1$] *hat an* [NP$_2$] *einen Narren gefressen*]; [*Das ist* (*nicht*) [POSS] *Bier!*]; [X *ist Silber*, Y *ist Gold*]	5
[[NP$_1$] *rennt* (*mit* [NP$_2$]) (*bei* [NP$_3$]) *offene Türen ein*]	6
[[Satz$_1$] *geschweige denn* (*dass*) [Satzglied/Satz$_2$]]	7
[[NP$_1$] *hin,* [NP$_1$] *her*]	8
[[DET] [[NP$_1$] *von* ([ART$_{indef}$]) [NP$_2$]]; [*je* [KOMP$_1$] *desto* [KOMP$_2$]]	9
[[Konstituente$_1$] (*und*) [Konstituente$_2$] ?] (*ICR*-Konstruktion); [[NP$_1$] [PREP] [NP$_1$]]	10
B: LEXIKALISCH OFFEN – MAXIMAL SCHEMATISCH (MINIMAL SPEZIFISCH)	

Abb. 2: Lexikon-Syntax-Kontinuum innerhalb der Klasse der Phraseme mit dem Versuch der Skalierung durch Stufen (1–10)[16] (adaptiert aus Schafroth 2024: 37)

Wir wissen aus verschiedenen Quellen (z. B. Fillmore/Kay/O'Connor 1988, Sinclair 1991, Hausmann 1997b, Taylor 2012), dass phraseologische Verbindungen, also solche, die in irgendeiner Weise idiosynkratisch sind,[17] einen großen Anteil in der Sprache ausmachen. Verbale Idiome ([3] bis [6]) zeigen verschiedene Arten von grammatikalischer „Offenheit" und lexikalischer Variabilität und tendieren mit ihrer inneren Syntax zum Teil bereits stark zur Schematizität. Uns interessiert hier der Bereich zwischen ‚teil-schematisch' und ‚maximal schematisch', der in Abb. 2 in vereinfachender Weise zwischen

16 Diese „Stufen" stellen lediglich einen Versuch dar, die Gradienz zwischen Spezifizität und Schematizität darzustellen. Wichtig ist dabei, dass es nicht nur um *lexikalische Slots* geht, sondern auch um *grammatikalische Leerstellen* (vgl. Ágel 2017: 164). Dies wird in ähnlichen Kontinuumsdarstellungen meist nicht berücksichtigt.

17 Als *idiosynkratisch* werden hier alle sprachlichen Einheiten bezeichnet, die nicht auf produktive und vorhersagbare Regeln zurückzuführen sind, sondern zur Erklärung ihrer in irgendeiner Weise irregulären Form und/oder ihres (partiell oder vollständig) nicht-kompositionellen Inhalts spezifischer Regeln oder sogar unikaler Regeln bedürfen. Idiomatizität ist die stärkste Form von Idiosynkrasie, es gibt jedoch zahlreiche Erscheinungsweisen und Ausprägungen von Idiosynkrasie, so z. B. die feste Reihenfolge eines koordinativen Lexempaars (*Kaffee und Kuchen, Ebbe und Flut*). Vgl. den im Handbuch der italienischen Phraseologie vertretenen Ansatz (Imperiale/Autelli/Schafroth 2025).

Stufen 7 und 10 dargestellt ist. Die propositionalen und syntaktischen Anschlüsse an das konjunktionale Phrasem (nicht phraseologisch ausgedrückt: an die komplexe Konjunktion) *geschweige denn* sind alles andere als trivial und bedürfen, gerade was die pragmatischen Gebrauchsrestriktionen betrifft, einer ausführlichen Beschreibung, die zwar ihren angestammten Platz in einer Grammatik hat (oder hätte), aber durchaus auch in einem (lexikogrammatisch konzipierten) Wörterbuch erklärt werden könnten (DUW gibt zumindest „(nur nach einer verneinten oder einschränkenden Aussage, meist in Verbindung mit ‚denn')" an). Wie komplex das Ineinandergreifen von Syntax, Semantik und Pragmatik hier ist, haben Fillmore/Kay/O'Connor (1988) zum analogen *let alone* im Englischen aufgezeigt (vgl. Schafroth 2021a: 48–50).[18] Eine weitere Phraseoschablone ist die Konstruktion [[NP_1] *hin,* [NP_1] *her*] (*Krise hin, Krise her*). Fast vollständig schematisch sind [[DET] [[NP_1] *von* ([ART_{indef}]) [NP_2]] (*ein Baum von einem Mann; ein Klotz von Lagerhaus*) und [*je* [$KOMP_1$] *desto* [$KOMP_2$]] (*je schneller, desto besser; Je weniger wir tanken, desto mehr sparen wir*). Maximal schematisch ist die stark prosodisch und pragmatisch markierte *Incredulity Response Construction* (*IRC*) [[$Konstituente_1$] (*und*) [$Konstituente_2$] ?],[19] die, angesichts der Abwesenheit jeglichen lexikalischen Ankers, in einem auf Lexem- bzw. Lemmafixiertheit ausgerichteten semasiologischen Wörterbuch praktisch nicht darstellbar ist, z. B. *Ich ins Kino gehen?, Stefan und Ruhestand?*[20] Die Konstruktion [[NP_1] [PREP] [NP_1]] ist in ihrer abstrakten Form ebenfalls maximal schematisch, jedoch dann lexikalisch teilspezifiziert, wenn man eine konkrete Präposition verwendet, die der Phraseoschablone ihre semantisch-pragmatische Prägung verleiht: [[NP_1] *um* [NP_1]] (*Chance um Chance*), [[NP_1] *für* [NP_1]] (*Woche für Woche*), [[NP_1] *über* [NP_1]] (*Fragen über Fragen*), [[NP_1] *an* [NP_1]] ((*es reiht sich*) *Hindernis an Hindernis*) (vgl. Ziem 2018b). Diese primär der Intensivierung dienende reduplikative Konstruktion ist eine klassische Phraseoschablone, mit der auch Sprechakte realisiert werden können, z. B. derjenige der Kritik oder der Verärgerung (z. B. *Wochenende für Wochenende das gleiche Szenario!*). Analoge Konstruktionen mit vergleichbarer Pragmatik gibt es auch in anderen Sprachen, z. B. im Englischen und in den romanischen Sprachen (vgl. Schafroth 2020; 2025; Schafroth/Schafroth (2025), aber auch im Tschechischen und Griechischen.[21]

---

18 Zur weiteren Beschreibung von *geschweige denn* vgl. den entsprechenden Eintrag im frame-semantisch konzipierten Konstruktikon von Ziem (2021–), hier: https://framenet-constructicon.hhu.de/constructicon/construction?id=10 (letzter Zugriff: 21.08.2025).

19 Wobei gilt: {$Konstituente_1$= PRON/NP/Eigennamen}, {$Konstituente_2$=ADJ, VERBINF, NP}, {und=nicht koordinierend oder additiv}.

20 Gemeint sind ungläubige, als Fragen formulierte Reaktionen auf etwas Gesagtes, die in Wirklichkeit Kritik oder Ironie ausdrücken. Vgl. zu dieser Konstruktion Fillmore/Kay/O'Connor (1988), Feilke (2007), Bücker (2012), Dobrovol'skij (2022), Schafroth (2020; 2024).

21 Diese Hinweise verdanke ich Zora Obstová (Prag) und Lisa Onufrieva (Paris).

3.4 Lexikogrammatik

Die Aufhebung der Grenze zwischen Grammatik und Lexikon ist nicht erst seit der Konstruktionsgrammatik Gegenstand linguistischer Sprachtheorien. Die Rede ist von dem, was unter dem Ausdruck *lexicogrammar* zusammengefasst wird. Der Begriff der Lexikogrammatik geht zurück auf die Arbeiten von Michael Halliday im Rahmen seiner *Systemic Functional Linguistics* seit den 1970er-Jahren,[22] insbesondere auf die erste Ausgabe seiner *Introduction to Functional Grammar* (*IFG*) von 1985 (nach Matthiesen 2005: 765). Der Terminus *lexicogrammar* hat sich im Rahmen des *lexical approach* (mit Bezug auf den Fremdsprachenunterricht) ab Mitte der 1980er-, insbesondere Anfang der 1990er-Jahre etabliert (Nattinger/De Carrico 1992, Lewis 1993, vgl. Kreyer 2023). Im Zentrum stehen die Lexeme und ihre multiplen syntagmatischen Anbindungen, die lexikalischer (einschließlich phraseologischer) oder grammatikalisch-syntaktischer Natur sein können: *Jemand schiebt etwas* (*irgendwohin*), *jemand schiebt jemanden (irgendwohin)*, *jemand schiebt etwas* (*die Schuld, die Verantwortung* etc.) *auf jemanden/etwas*, *jemand schiebt etwas* (*weit*) *von sich*, *jemand schiebt* (*Bedenken, einen Gedanken*) *beiseite*. Es handelt sich hierbei nicht mehr nur um die Beschreibung des Lexems *schieben*, sondern um dessen strukturelles Potenzial und um seine festen oder halbfesten oder auch nur typischen lexikalischen Umgebungen, die durch *token entrenchment* (vgl. Ziem/Lasch 2013: 104–105, 194–195) idiosynkratische, also phraseologische Züge angenommen haben können. So ist *(den Kuchen, Braten) in den Ofen schieben* eine typische (kompositionelle) Instanziierung der *caused motion*-Konstruktion, *das Fahrrad schieben* eine Kollokation, ein „Halbfertigprodukt" mit lexikalisiertem Kollokator; *Wache/Panik/Frust schieben* sind ebenfalls Kollokationen (mit Idiosynkrasien im Artikelgebrauch). Maximale Verfestigung bei gleichzeitiger Nicht-Kompositionalität liegt bei verbalen Idiomen wie *etwas auf die lange Bank schieben* und *eine ruhige Kugel schieben* vor. Dass Muttersprachler in der Regel spontan auf all diese *chunks* oder *prefabs* zurückgreifen können, trägt zur kognitiven Erleichterung in Sprachproduktion und Sprachrezeption bei (Nattinger/DeCarrico 1992, Arnon/Snider 2010) und unterstreicht ein weiteres Mal, dass das *idiom principle* das vorherrschende Steuerungsprinzip in der Sprache ist und nicht das *open-choice principle*. Das grammatische Sprachwissen bildet meist nur den großen syntaktischen Rahmen (Konstituentenfolge, Argumentstrukturen, Morphologie der Wortarten), die diskursive Ausgestaltung erfolgt durch lexikogrammatisches Wissen (vgl. Pawley/Syder 1983, Nattinger/DeCarrico 1992, Scrivener 2005).

22 In Halliday (1961) erscheint der Terminus *lexicogrammar* noch nicht.

3.5 Von der Schwierigkeit, schematische Konstruktionen im Wörterbuch zu erfassen

Phraseoschablonen[23] sind, wie gesagt, die idealen Untersuchungsobjekte, um den fließenden Übergang zwischen Lexikon und Syntax zu illustrieren (vgl. auch Ziem 2018a: 6). Sie sind insofern schematisch und spezifisch zugleich, als sie eine syntaktische Struktur aufweisen, die sowohl lexikalisch aufzufüllende Slots aufweist als auch lexikalisch feste Elemente enthält. Zudem hat im Unterschied zu einer syntaktischen Struktur (z. B. einer Argumentstruktur) die Phraseoschablone auch eine (idiosynkratische) *lexikalische* Bedeutung (vgl. Fleischer 1997, Dobrovol'skij 2011; 2015). Die kategoriale Einordnung dieses Konstruktionstyps (Lexikon oder Syntax) ist allerdings umstritten. Außerdem verhält es sich so, dass eine Zuordnung gar nicht ohne Weiteres stattfinden kann, weil viele Phraseoschablonen als *types* gar nicht bekannt sind. Wenn man nun noch in Rechnung stellt, dass viele Phraseme,[24] vor allem Sprichwörter, verbale Idiome, idiomatische Sätze und komparative Phraseme, durch Slot-Bildungen zur Musterbildung neigen und somit eine Schnittstelle zu Phraseoschablonen aufweisen (vgl. Dobrovol'skij 2018, Schafroth 2020, GEPHRI),[25] erscheint es umso dringlicher, diesem phraseologischen Phänomen mit umfangreicheren Korpusanalysen auf den Grund zu gehen und es lexikographisch zu erfassen. Auf diese Weise können nicht nur bereits bekannte *schematische Idiome* oder *Modellbildungen*, wie *Phraseoschablonen* (Terminus nach

---

23 Auf die begriffliche Differenzierung von *Phraseoschablone* und *Phrasem-Konstruktion* kann ich an dieser Stelle nicht eingehen. Vgl. hierzu Dobrovol'skij (2022) und Schafroth (2024).

24 Das verbale Idiom *sich die (besten, größten, dicksten) Rosinen herauspicken* etwa (DUW) zeigt sich besonders anfällig für Modifikationen, sodass man durchaus von einer Musterbildung sprechen kann: einerseits, syntagmatisch, durch attributive Adjektive ((*die günstigsten, saftigsten, interessantesten* etc.) *Rosinen herauspicken*), andererseits, paradigmatisch, durch Ersatz des Substantivs *Rosinen* (*Filetstücke, Sahnestückchen, Highlights, Perlen, Lieblinge, Favoriten* etc.). – Ein ähnliches Phänomen zeigt sich beim komparativen Phrasem *dumm wie (Bohnen-)Stroh*, dessen nominaler Slot durch allerlei Substantive aus dem *Brot*-Frame lexifiziert wird (z. B. *Fladenbrot, Toastbrot, Weißbrot*) oder durch andere Substantive (*(ein Stück) Rohrzucker, Holz, Schnitzel, ein Stein, die Nacht*) bzw. das Muster [NUM *Meter Feldweg*], also z. B. *dumm wie zwei, drei, fünf,* etc. *Meter Feldweg* (Mollica/Schafroth 2018). – Das verbale Idiom *sich etwas an den Hut stecken können* (DUW) ist auch als idiomatischer Satz (*Das kannst Du Dir an den Hut stecken!*) in Erscheinung getreten. Ähnliche Fälle sind *Das kannst Du Dir in die Haare schmieren!, Das kannst Du in der Pfeife rauchen!, Das kannst Du in die Tonne treten!* etc., die Finkbeiner (2008) als idiomatisches Konstruktionsmuster [*Das kannst Du* + INF] zusammengefasst hat. – Schließlich sind auch bei Sprichwörtern durch Slotbildung Muster möglich, wie z. B. bei *Reden ist Silber, Schweigen ist Gold,* wofür Mellado Blanco (2018) letztlich die Muster [*Reden ist* X, *Schweigen ist* Y] und [X *ist Silber*, Y *ist Gold*] oder sogar [X *ist* A, Y *ist* B] ansetzt.

25 Einige der unten aufgelisteten Phraseoschablonen werden gemäß der neueren Fachliteratur auch als *snowclones* aufgefasst, die sich dadurch auszeichnen, dass aus (meist medial bekannten) geflügelten Worten oder Zitaten syntagmatische Muster werden, die Hartmann/Ungerer (2024) als *extravagant formulaic patterns* bezeichnen. Als Beispiele geben die beiden Autoren unter anderem [X BE *the new* Y] und [*the mother of all* X].

Fleischer 1997) auch genannt werden (Schafroth 2020: 178), ganzheitlich beschrieben werden, z. B. [N_1 PREP N_1], sondern auch bisher nicht entdeckte, wie z. B. die stark pragmatisch aufgeladene italienische Konstruktion [*Che* (*cosa*) VP *a fare?*] (z. B. in *Che me lo chiedi a fare?* 'Wieso fragst du mich das jetzt?'), die einen klassischen Fall der Nichtberücksichtigung von Phraseoschablonen durch Lexikographie, Grammatikographie und Phraseologie darstellt. Dabei ist sie im Sprachgebrauch des Italienischen sehr präsent, aufgrund ihrer Expressivität sehr beliebt und in Korpora leicht nachweisbar (Schafroth 2021a: 66–67).

Abschließend sollen einige noch nicht genannte Phraseoschablonen identifiziert[26] bzw. in Erinnerung gerufen werden und dadurch noch einmal das Bewusstsein für die Notwendigkeit der Beschreibung lexikogrammatischer Einheiten mit offenen lexikalischen Slots und einer eigenen strukturellen Bedeutung geschärft werden, denn dass sie nicht im Wörterbuch stehen, ist der Tatsache geschuldet, dass sie de facto „projektionistisch nicht erfassbare Idiosynkrasien" sind:[27]

(1) [Wie ADJ ist das denn?]: Wie krass/geil/abgefahren/schräg/... ist das denn? (s. Auer 2016)

(2) [$X_{[positiv]}$ sieht anders aus!]: Glücklich/Erfolgreich/Professionell etc. sieht anders aus!, Glück/Erfolg/Diplomatie etc. sieht anders aus! (deTenTen20)

(3) [X ist unter die Y_{NPl} gegangen]: Die britische Sängerin Amy Winehouse (27) ist offenbar unter die Hobbygärtner gegangen; ich bin inzwischen unter die Läufer gegangen; bist du jetzt unter die Philosophen gegangen? etc. (deTenTen20)

(4) [Lass(t) (Art_{def}) X_{N1} X_{N1} sein!]: lass mal die Diät Diät sein; lasst die Sorgen Sorgen sein; lass den Computer Computer sein; lass Dalì Dalì sein etc. (deTenTen20)

(5) [Und das $X_{ADVtemp/lok/mod}$!]: Und das gestern!/kostenfrei!/in München!/mitten im Semester!/pünktlich zum Finale!/kurz vor der Prüfung!/bei einem Neuwagen! etc.

(6) [X_{Num} geschlagene $Y_{NP(temp)}$]: fünf geschlagene Stunden!, drei geschlagene Wochen etc. Vereinzelt auch ohne Zeitbezug: geschlagene 20 kg, geschlagene 10 m, geschlagene zwölf Mal (deTenTen20)

(7) [Ich sehe nur noch X!]: Ich sehe nur noch Beton/Bremslichter/Omas mit ihren Enkelkindern/Pfeifen/Planlosigkeit, Hilflosigkeit, Besserwisserei und Schlamperei etc. (deTenTen20)

(8) [Ich höre immer nur X!]: Geschenke, Geschenke, ich höre immer nur Geschenke; ich höre immer nur Ausreden/„das wird schon"/Auto, Auto und Auto etc. (deTenTen20)

26 Stein/Stumpf (2019: 83) ist beizupflichten, wenn sie zu bedenken geben, dass „[a]llein sprachintuitiv und kompetenzbasiert [...] eine Bestimmung möglicher bzw. verbreiteter Slotbesetzungen (z. B. X *ist das neue* Y) [...] nicht möglich [ist]". Steyer (2011: 224) präzisiert, dass die lexikalischen Slotfüller „nur bottom up über die Analyse rekurrenter Verwendungen in Korpora rekonstruiert werden [können]".

27 Einige der aufgezählten Konstruktionen finden sich in Fleischer (1997: 130–134), Jacobs (2008) und Burger (2015: 54–55, 59–60).

(9) [X (Pause) und kein Ende (in Sicht)!]: Reformen/Baustellen, Sperrungen/Wagner/Pisa und kein Ende/Schnee und kein Ende in Sicht (deTenTen20)

(10) [Weg mit (all) ART_{def} (ADJ) $X_{[negativ]}$!]: Weg mit dem Ding/Dreck/Krempel/Mist/Müll/Zeug!; weg mit all den Gedanken, weg mit all der Diktatur in der Sprache!; weg mit der alten Ölheizung! etc. (deTenTen20)

(11) [X KOPULA X]: Gesagt ist gesagt, Rom bleibt Rom, Kinder sind eben Kinder etc.

(12) [XYZ]: Der Uhu ist der Luchs unter den Adlern; Das ist der Chuck Norris unter den Redakteuren (deTenTen20)

(13) [X kann auch Y]: Deutschland kann auch Eskalation; Sony kann auch Komödie; Kürbis kann auch süß; München kann auch lustig etc. (deTenTen20)

(14) [X ist der/die/das neue Y]: Grau ist das neue Bunt; Schwarz ist das neue Gold; Tee ist der neue Kaffee; Mixen ist das neue Kochen etc. (deTenTen20)

(15) [Es hat sich ausge-X-t]: X = ausgekuschelt, ausgesext, ausgefreut, ausgetrumpt, ausgebeckert, ausgeoskart, ausgeobamat, ausgesusit etc. (deTenTen20)

(16) [sich einen Wolf X-en]: X = (ab)laufen, rechnen, fahren, tanzen, klopfen, trampeln, ärgern, wundern, googeln, rappen etc. (deTenTen20)

(17) [X pur]: Ruhe pur; Chaos pur; Spannung und Dramatik pur; hier ist relaxen pur angesagt; Service pur für Unternehmer; Segeln pur; Die Frau ist die Sünde pur etc. (deTenTen20) (vgl. Stumpf 2017)

(18) [(ART_{indef}) (ADJ) SUBST vor dem Herrn]: Vollidioten/ein begeisterter Bastler/ein Schnarcher/ein Sänger/ein Wanderfreak vor dem Herrn (deTenTen20)

(19) [NP V und V (und V)]: Die Uhr tickt und tickt und tickt; Der Rheinpegel fällt und fällt und fällt; Allerdings fängt und fängt sie nicht an; Der Weg wollte und wollte nicht enden; und Du lachtest, lachtest und lachtest (deTenTen20)

(20) [NP_1 | VP bis ART_{def} NP_2 V]: Lachen bis die Tränen rollen, Tanzen bis der Arzt kommt; Backen bis die Ofen glühen; Biken bis die Beine brennen; wir segeln Südwest bis die Butter schmilzt, etc. (deTenTen20)

(21) [nach dem | der NP_1 ist vor dem | der NP_1 | NP_2]: So, nach dem Barcamp ist vor dem Barcamp; Denn nach dem Griechenland-Paket ist vor dem Griechenland-Paket; Denn nach der WM ist vor der EM, etc. (deTenTen20)

(22) [NP | ADJ kann jeder]: Billig kann jeder; Vegan kann jeder; Leicht kann jeder; Hollywoodschaukel kann jeder; Gekaufte Rosen und den Hundeblick am Klavier kann jeder etc. (deTenTen20)

(23) [nicht der ADJ_{sup} einer | eine | eines]: da er nicht der hellsten einer war; Die Geschichte [...] ist nun wahrlich nicht der schlechtesten eine; Der Wein ist sicher nicht der körperreichsten einer; Das Batterierohr ist nicht der allerdicksten eines, etc. (deTenTen20)

(24) [ART_{def}|PRON NP, ART_{def}|PRON ADJ !]: die Lumpen, die versoffenen!, der Esel, der blutdürstige!, (reg.) du Matz, du verreckte!,[28] Lasst die Blicke, die scheelen! (deTenTen20)

(25) [so was von X]: Aber das ist ja so was von uncool; Und Du hast Deine Sache so was von gut gemacht!; Wir wurden so was von belohnt!; Nachdem meine [Schneidematte] schon so was von gar nicht klebt; wenn man so was von nicht daran glaubt; Ich hab so was von keinen Bock mehr; So was von Verstellung!, etc. (deTenTen20)[29] (vgl. Brône/Schoonjans 2022).

(26) [(ART_{def}) NP_1 der NP_1]: das Sakrament der Sakramente, mit dem Popsong der Popsongs, König der Könige, nun zur Frage der Fragen, im Buch der Bücher, eine unvergessliche Nacht der Nächte (deTenTen20).

Es versteht sich von selbst, dass jede dieser Schablonen einer ausführlichen Annotation bedürfte, um alle konstruktionsrelevanten formalen und semantisch-pragmatischen Eigenschaften und Restriktionen zu erfassen. Exakt nach diesen Prämissen ist das *FrameNet-Konstruktikon des Deutschen* (Ziem 2021–, 2024) angelegt, in dem weitere Konstruktionen beschrieben werden, die auf den ersten Blick unauffällig erscheinen, auf den zweiten Blick jedoch Idiosynkrasien und *constraints* erkennen lassen, z. B. [Annäherung:so_gut_wie_X], [Antikorrelation:Alter_schützt_vor_X_nicht], [Antikorrelation:X_schützt_vor_Y_nicht], [Attribution:NP_von_Rang], [Attribution:NP1_voller_NP2].

4 Schlussbemerkungen

Obwohl die Forderung an Linguistik und Didaktik, lexikalische und grammatische Phänomene nicht mehr an verschiedene Inventare zu delegieren, sondern als Erscheinungen eines Kontinuums zwischen Lexikon und Grammatik zu begreifen, längst erhoben wurde, wird in der Fremdsprachendidaktik dieser Konzeption noch kaum Rechnung getragen (Bürgel 2021, Bürgel/Gévaudan/Siepmann 2021, Schafroth 2021b, Schafroth/Schafroth (2025). In der Sprachwissenschaft wurden lexikogrammatische Ansätze einschließlich der Sinclairschen Sprachauffassung auch außerhalb der angelsächsischen Welt durchaus rezipiert. Sie schlagen sich jedoch, vor allem was Konstruktionen betrifft, die schematischer Natur sind und Leerstellen enthalten, nicht in den Wörterbüchern nieder. Das semasiologisch-alphabetische Prinzip lässt eine

28 Diese Konstruktion tritt vor allem im Bairischen noch mit Wiederholung desselben Adjektivs auf (*der dumme Hund, der dumme!; der versoffene Depp, der versoffene!; die blöde Kuh, die blöde!*). Lexikalisiert ist die Variante mit denominalem Adjektiv: *du Depp, du depperter!*

29 Als eine Art nachklappende (bekräftigende) Intensivierung kann es nähesprachlich in absoluter Verwendung auch am Ende einer Äußerung stehen: *und das nervt so was von*; (*ich war so froh, dass ich nicht recht hatte*) *Echt jetzt, so was von*; (*Damit fällt man echt auf*) *Und zwar so was von* (deTenTen20).

„Einsortierung" von Konstruktionen wie [N_1 PREP N_1] (*Fragen über Fragen*), [X KOPULA X] (*Rom bleibt Rom*), [[NP_1] *hin,* [NP_1] *her*] (*Krise hin, Krise her*), [NP V *und* V (*und* V)] (*Die Uhr tickt und tickt und tickt*) oder [*Wie* ADJ *ist das denn?*] selbstredend nicht zu, auch wenn versucht wird, dieses Defizit dadurch abzufedern, dass eine Sublemmatisierung erfolgt, sobald ein lexikalischer Anker aus dem phraseologischen Schema herauszulösen ist. Vergleiche die beiden Auszüge aus dem DUW:

> **über** [...] **4.** <mit Akk.> (emotional verstärkend) in Verbindung mit zwei gleichen Substantiven als Ausdruck einer Häufung, des Überhandnehmens von etw.: Schulden ü. Schulden, Fehler ü. Fehler.

> **hin** [...] 7. als Glied eines Wortpaars [...] c) [...] **hin**..., ...**her** (ugs.: *es bleibt sich gleich, ob..., ob nicht..., ... [trotzdem]...*: Regen h., Regen h., die Arbeit muss [trotzdem] getan werden.

Diese Bemühungen sind durchaus anerkennenswert, aber sie lassen (bei *über*) den Hinweis auf ein abstraktes Schema oder zumindest auf ähnlich funktionierende Präpositionen (*an, für, um*) vermissen und können (bei *hin*) die pragmatische und syntaktische Komplexität dieser Konstruktion bei weitem nicht erfassen.

Phraseoschablonen, aber auch musterbildende Phraseme wie verbale Idiome, idiomatische Sätze, komparative Phraseme und Sprichwörter, die de facto zu schematischen Konstruktionen werden, sind als Untersuchungsgegenstand in der Konstruktionsgrammatik gut aufgehoben. Gleichwohl darf nicht vergessen werden, dass die Phraseologie Wegbereiter für die Wahrnehmung dieser syntagmatischen Patterns war, die – unabhängig davon, ob sie mehr oder weniger oder sogar völlig abstrakt sind wie die *Incredulity Response Constructions* à la *Die und naiv?, Du und kompromissbereit?* – ebenso wie Lexeme symbolische Einheiten sind und deshalb im sprachlichen Wissen von Muttersprachlern als solche verankert und abrufbar sind (vgl. Tomasello 2008: 21). Und gerade weil *chunks, prefabs, multi-word units, lexical phrases, formulaic sequences* (Wray 2002), *schematic idioms* oder eben *Phraseoschablonen* (und welche Bezeichnungen es noch für analoge Strukturen geben mag) zusammen mit anderen Phrasemtypen ein umfangreiches Inventar bilden und im Sprachgebrauch signifikant häufig auftreten, *müssen* sie von Linguistik und Lexikographie in zuverlässiger Weise beschrieben werden.

Die Sprachwissenschaft hat diesen im Grenzbereich zwischen Lexik und Syntax angesiedelten Phrasemen durch das Wirken der Konstruktionsgrammatik einen systematischen und theoriebasierten Anstrich gegeben, der sich in der sprachgebrauchsbasierten Beschreibung idiosynkratischer Phänomene niederschlägt. In dieser ganzheitlichen Beschreibung wird ein besonderes Augenmerk auf die semantische *und* pragmatische Bedeutung und einer exakten Analyse der diversen Restriktionen gelegt (s. z. B. GEPHRI, IDEFITS, Ziem 2019–, Ziem 2024).

Schematische Konstruktionen (zunächst) einzelsprachlich zu inventarisieren und exhaustiv zu beschreiben sowie sie innerhalb eines framebasierten „Konstruktikons" mit semantisch affinen Konstruktionen desselben Frames zu verknüpfen, sollte in naher Zukunft Aufgabe der Linguistik sein. Ein weiteres Desiderat bestünde in sprachvergleichenden Analysen inhaltlich (und/oder formal) ähnlicher Konstruktionen.

Kehren wir abschließend zurück zu den Wörterbüchern. Ihre Aufgabe ist zweifelsohne gewaltig. Sie besteht darin, den „Grund und Boden einer Sprache" zu bestellen. Teil dieses Areals sind jedoch auch die syntagmatischen Verbindungen und paradigmatischen Beziehungen, die das Einzelwort mit anderen Wörtern eingeht. Dass solche linearen Verbindungen auch nicht-materialisierte, nicht-lexifizierte Schemata umfassen, die nichtsdestotrotz im Sprachwissen und im Sprachgebrauch vorhanden sind, ist nicht vorgesehen und mit traditionellen Wortschatzerfassungsmethoden nicht oder nur schwer darstellbar. Insofern befinden sich lexikogrammatische Spracheinheiten, insbesondere, wenn sie sich auf ein partiell oder vollständig abstraktes Schema zurückführen lassen, tatsächlich im Niemandsland zwischen Lexikon und Grammatik. Die Lösung kann nur in digitalen Neukonzeptionen bestehen, sei es in Form eines onomasiologisch angelegten, nach Sprechakten gegliederten Inventars mit allgemeinverständlicher Beschreibung, einem Spezialwörterbuch sozusagen (à la GEPHRI), sei es in Form eines konventionell semasiologischen Wörterbuchs, in das jedoch Phraseoschablonen und andere schematische Konstruktionen eingearbeitet werden – unter Umständen, für die Fälle, bei denen kein lexikalischer Anker erkennbar ist, auch als eine mit dem semasiologischen Teil verlinkte onomasiologisch ausgerichtete Ressource.

5 Literatur

5.1 Monographien und Aufsätze

Ágel, Vilmos (2017): Grammatische Textanalyse. Textglieder, Satzglieder, Wortgruppenglieder. Berlin/Boston: de Gruyter.

Arnon, Inbal/Snider, Neal (2010): More than words: Frequency effects for multi-word phrases. In: Journal of memory and language 62, 67–82.

Auer, Peter (2016): „Wie geil ist das denn?" Eine neue Konstruktion im Netzwerk ihrer Nachbarn. In: Zeitschrift für Germanistische Linguistik 44, 69–92.

Bergenholtz, Henning/Mugdan, Joachim (1985) (Hrsg.): Lexikographie und Grammatik. Akten des Essener Kolloquiums zur Grammatik im Wörterbuch, 28.–30.6.1984. Tübingen: Niemeyer.

Brône, Geert/Schoonjans, Steven (2022): „So was von spannend". Zur Distribution der „so was von X"-Konstruktion. In: Zeitschrift für Germanistische Linguistik 50, 499–532.

Bücker, Jörg (2012): Sprachhandeln und Sprachwissen. Grammatische Konstruktionen im Spannungsfeld von Interaktion und Kognition. Berlin/Boston: de Gruyter.

Bürgel, Christoph (2021): Lexiko-grammatische Konstruktionen als Kern der Spracharbeit im Spanischunterricht. In: Hispanorama 174, 10–17.

Bürgel, Christoph/Gévaudan, Paul/Siepmann, Dirk (2021): Konstruktionen und Konstruktionslernen. In: Dies. (Hrsg.): Sprachwissenschaft und Fremdsprachendidaktik: Konstruktionen und Konstruktionslernen. Tübingen: Stauffenburg, 7–15.

Burger, Harald (2015): Phraseologie. Eine Einführung am Beispiel des Deutschen. 5. Aufl. Berlin: Schmidt.

Černyševa, Irina I. (1986): Phraseologie. In: Stepanova, Marija D./Černyševa, Irina I.: Lexikologie der deutschen Gegenwartssprache. 2. Aufl. Moskau: Vysšaja škola, 175–230.
De Knop, Sabine/Mollica, Fabio (2016): A construction-based analysis of German ditransitive phraseologisms for language pedagogy. In: De Knop, Sabine/Gilquin, Gaëtanelle (Hrsg.): Applied Construction Grammar. Berlin: de Gruyter Mouton, 53–88.
Dobrovol'skij, Dmitrij (2011): Phraseologie und Konstruktionsgrammatik. In: Lasch, Alexander/Ziem, Alexander (Hrsg.): Konstruktionsgrammatik III. Aktuelle Fragen und Lösungsansätze. Tübingen: Stauffenburg, 111–130.
Dobrovol'skij, Dmitrij (2018): Sind Idiome Konstruktionen? In: Steyer, Kathrin (Hrsg.): Sprachliche Verfestigung. Wortverbindungen, Muster, Phrasem-Konstruktionen. Tübingen: Narr, 11–23.
Dobrovol'skij, Dmitrij (2022): Deutsche Phrasem-Konstruktion [X *hin*, X *her*] in kontrastiver Sicht: eine korpusbasierte Analyse. In: Mellado Blanco, Carmen/Mollica, Fabio/Schafroth, Elmar (Hrsg.): Konstruktionen zwischen Lexikon und Grammatik. Phrasem-Konstruktionen monolingual, bilingual und multilingual. Berlin/Boston: de Gruyter, 227–245.
Erman, Britt/Warren, Beatrice (2000): The idiom principle and the open choice principle. In: Text & Talk 20, 29–62.
Feilke, Helmuth (2007): Syntaktische Aspekte der Phraseologie III: Construction Grammar und verwandte Ansätze. In: Burger, Harald et al. (Hrsg.): Phraseologie. Ein internationales Handbuch der zeitgenössischen Forschung. Berlin/New York: de Gruyter, 63–76.
Fillmore, Charles J. (1989): Grammatical construction theory and the familiar dichotomies. In: Dietrich, Rainer/Graumann, Carl F. (Hrsg.): Language processing in social context. Amsterdam: Elsevier Science, 17–38.
Fillmore, Charles J./Kay, Paul/O'Connor, Mary Catherine (1988): Regularity and idiomaticity in grammatical constructions. The case of *let alone*. In: Language 64, 501–538.
Finkbeiner, Rita (2008): Idiomatische Sätze im Deutschen. Syntaktische, semantische und pragmatische Studien und Untersuchung ihrer Produktivität. Stockholm: Acta Universitatis Stockholmiensis.
Fleischer, Wolfgang (1997): Phraseologie der deutschen Gegenwartssprache. 2. Aufl. Tübingen: Niemeyer.
GEPHRI = Schafroth, Elmar et al. (2018–2022): Gebrauchsbasierte Phraseologie des Italienischen (GEPHRI). Düsseldorf: Universität Düsseldorf, Romanistik IV. http://gephri.phil.hhu.de/ (letzter Zugriff: 21.08.2025).
Häcki Buhofer, Annelies (2014): Feste Wortverbindungen des Deutschen. Kollokationenwörterbuch für den Alltag. Elektronische Ressource. Tübingen: Narr.
Halliday, Michael Alexander Kirkwood (1961): Categories of the theory of grammar. In: Word 17, 242–292. DOI: 10.1080/00437956.1961.11659756
Hartmann, Stefan/Ungerer, Tobias (2024): Attack of the snowclones: A corpus-based analysis of extravagant formulaic patterns. In: Journal of Linguistics 60, 599–634. DOI: 10.1017/S0022226723000117
Hausmann, Franz Josef (1984): Wortschatzlernen ist Kollokationslernen. Zum Lehren und Lernen französischer Wortverbindungen. In: Praxis des neusprachlichen Unterrichts 31, 395–406.
Hausmann, Franz Josef (1985): Kollokationen in deutschen Wörterbüchern. Ein Beitrag zur Theorie des lexikographischen Beispiels. In: Bergenholtz, Henning/Mugdan, Joachim (Hrsg.), Lexikographie und Grammatik. Tübingen: Niemeyer, 118–129.
Hausmann, Franz Josef (1997a): Semiotaxis. In: Konerding, Klaus-Peter/Lehr, Andrea (Hrsg.): Linguistische Theorie und lexikographische Praxis. Tübingen: Niemeyer, 171–179.
Hausmann, Franz Josef: (1997b): Tout est idiomatique dans les langues. In: Martins-Baltar, Michel (Hrsg.): La locution entre langue et usages. Fontenay-St Cloud: ENS Éditions, 277–290.
Hunston, Susan/Francis, Gill (2000): Pattern Grammar: A corpus-driven approach to the lexical grammar of English. Amsterdam/Philadelphia: Benjamins.
IDEFITS = Schafroth, Elmar (2022–): Idiome des Französischen im täglichen Sprachgebrauch. Düsseldorf: Heinrich-Heine Universität, Romanistik IV. https://idefits.phil.hhu.de/ (letzter Zugriff: 21.08.2025).

Imperiale, Riccardo/Autelli, Erica/Schafroth, Elmar (2025) (Hrsg.): Manuale di fraseologica italiana. Alessandria: Edizioni dell'Orso.
Jacobs, Joachim (2008): Wozu Konstruktionen? In: Linguistische Berichte 213, 3–44.
Kösters Gensini, Sabine E./Schafroth, Elmar (2020): Grußformeln im Italienischen und im Deutschen. Korpusbasierte Überlegungen am Rande von *FRAME* (*FRAseologia Multilingue Elettronica*). In: Flinz, Carolina/Brambilla, Marina/Luppi, Rita (Hrsg.): Deutsch im Vergleich. Textsorten und Diskursarten (= Annali. Sezione germanica 30/2020). Neapel: Università degli Studi di Napoli "L'Orientale", 213–236.
Konecny, Christine (2010): Kollokationen. Versuch einer semantisch-begrifflichen Annäherung und Klassifizierung anhand italienischer Beispiele. München: Meidenbauer.
Kreyer, Rolf (2023): The Linguistic Toolkit for Teachers of English: Discovering the Value of Linguistics for Foreign Language Teaching. Tübingen: Narr Francke Attempto.
Kubczak, Jacqueline (2003): Die Grammatik der Verben im GWDS. In: Wiegand, Herbert Ernst (Hrsg.): Untersuchungen zur kommerziellen Lexikographie der deutschen Gegenwartssprache I. Duden. Das große Wörterbuch der deutschen Sprache in zehn Bänden. Print- und CD-ROM-Version. Tübingen: Niemeyer, 319–336.
Langacker, Ronald W. (1987): Foundations of Cognitive Grammar, Vol. 1: Theoretical Prerequisites. Stanford: Stanford University Press.
Lewis, Michael (1993): The Lexical Approach: The State of ELT and a Way Forward. Hove, UK: Language Teaching Publications.
Matthiessen, Christian (2005): Lexicogrammar in Systemic Functional Linguistics: descriptive and theoretical developments in the "IFG" tradition since the 1970s. In: Hasan, Ruqaiya/Matthiessen, Christian/Webster, Jonathan J. (Hrsg.): Continuing Discourse on Language. A Functional Perspective, Vol. 2. Toronto: University of Toronto Press, 765–858. https://doi.org/10.3138/9781845535803-028.
Mellado Blanco, Carmen (2018): Wenn modifizierte Sprichwörter zu Mustern werden. Eine korpusbasierte Studie am Beispiel von *Reden ist Silber, Schweigen ist Gold*. In: Nicklaus, Martina et al. (Hrsg.): Lexeme, Phraseme, Konstruktionen. Aktuelle Beiträge zu Lexikologie und Phraseologie. Festschrift für Elmar Schafroth. Berlin etc.: Lang, 183–203.
Mogensen, Jens Erik (2003): Die Grammatik der Adjektive im GWDS. In: Wiegand, Herbert Ernst (Hrsg.): Untersuchungen zur kommerziellen Lexikographie der deutschen Gegenwartssprache I. Duden. Das große Wörterbuch der deutschen Sprache in zehn Bänden. Print- und CD-ROM-Version. Tübingen: Niemeyer, 353–374.
Mollica, Fabio/Schafroth, Elmar (2018): Der Ausdruck der Intensivierung in komparativen Phrasem-Konstruktionen im Deutschen und im Italienischen: eine konstruktionsgrammatische Untersuchung. In: Steyer, Kathrin (Hrsg.): Sprachliche Verfestigung. Wortverbindungen, Muster, Phrasem-Konstruktionen. Tübingen: Narr, 103–136.
Mollica, Fabio/Schafroth, Elmar (2021): Valenz, interne und externe Syntax bei Phrasemen. Konstruktionsgrammatische und begriffstheoretische Überlegungen anhand des Deutschen und Italienischen. In: Schafroth, Elmar/Mollica, Fabio/Mellado Blanco, Carmen (Hrsg.): Kollokationen. Theoretische, forschungspraktische und fremdsprachendidaktische Überlegungen. Berlin etc.: Lang, 207–258.
Mugdan, Jóachim (1989): Information on Inflectional Morphology in the General Monolingual Dictionary. In: Hausmann, Franz Josef et al. (Hrsg.): Wörterbücher. Dictionaries. Dictionnaires. Ein internationales Handbuch zur Lexikographie. Erster Teilband. Berlin/New York: de Gruyter, 518–525.
Mukherjee, Joybrato (2009): Anglistische Korpuslinguistik. Eine Einführung. Berlin: Schmidt.
Nattinger, James R./DeCarrico, Jeanette S. (1992): Lexical phrases and language teaching. Oxford: Oxford University Press.
Pawley, Andrew/Syder, Frances H. (1983): Two puzzles for linguistic theory: native-like selection and native-like fluency. In: Richards, Jack C./Schmidt, Richard W. (Hrsg.): Language and Communication. London/New York: Routledge, 191–226.

Pietsch, Paul (1908): Leibniz und die deutsche Sprache (III). In: Wissenschaftliche Beihefte zur Zeitschrift des Allgemeinen Deutschen Sprachvereins, Vierte Reihe, Heft 30, 313–356, 360–371. Digitale Fassung bearbeitet von Thomas Gloning, Stand 22.7.2000. https://www.uni-giessen.de/de/fbz/fb05/germanistik/absprache/sprachverwendung/gloning/tx/lbnz-ug.htm (letzter Zugriff: 27.03.2025).

Saussure, Ferdinand de (2013) : Rapports syntagmatiques et rapports associatifs/Syntagmatische Beziehungen und assoziative Beziehungen. In: Wunderli, Peter (Hrsg.), Cours de linguistique générale. Zweisprachige Ausgabe französisch-deutsch mit Einleitung, Anmerkungen und Kommentar. Tübingen: Narr, 262–270.

Schafroth, Elmar (2002): Die Grammatik der Verben im de Gruyter Wörterbuch Deutsch als Fremdsprache. In: Wiegand, Herbert Ernst (Hrsg.): Perspektiven der pädagogischen Lexikographie des Deutschen II. Untersuchung anhand des de Gruyter Wörterbuchs Deutsch als Fremdsprache. Tübingen: Niemeyer, 57–74.

Schafroth, Elmar (2003): Kollokationen im GWDS. In: Wiegand, Herbert Ernst (Hrsg.): Untersuchungen zur kommerziellen Lexikographie der deutschen Gegenwartssprache I. Duden. Das große Wörterbuch der deutschen Sprache in zehn Bänden. Print- und CD-ROM-Version. Tübingen: Niemeyer, 397–412.

Schafroth, Elmar (2014a): Eine Sache des Verstehens: Phraseme als Konstruktionen und ihre Beschreibung in der Lexikographie Französisch/Deutsch. In: Domínguez Vázquez, María José/Mollica, Fabio/Nied Curcio, Martina (Hrsg.): Zweisprachige Lexikographie zwischen Translation und Didaktik. Berlin/New York: de Gruyter, 83–111.

Schafroth, Elmar (2014b): Französische Lexikographie. Einführung und Überblick. Berlin/Boston: de Gruyter.

Schafroth, Elmar (2020): Fraseologismi a schema fisso – basi teoriche e confront linguistico. In: Mellado Blanco, Carmen (Hrsg.): Nuevas aportaciones de la Gramática de Construcciones a los estudios de fraseología en las lenguas románicas. (= Romanica Olomucensia 32), 173–199. DOI: doi.org/10.5507/ro.2020.009

Schafroth, Elmar (2021a): Das Lexikon-Syntax-Kontinuum. In: Döhla, Hans-Jörg/Hennemann, Anja (Hrsg.): Konstruktionsgrammatische Zugänge zu romanischen Sprachen. Berlin: Frank & Timme, 43–83.

Schafroth, Elmar (2021b): Konstruktionsgrammatik und Fremdsprachenlernen: Chancen und Lösungsansätze (illustriert am Französischen). In: Bürgel, Christoph/Gévaudan, Paul/Siepmann, Dirk (Hrsg.): Sprachwissenschaft und Fremdsprachendidaktik: Konstruktionen und Konstruktionslernen. Tübingen: Stauffenburg, 97–123.

Schafroth, Elmar (2024): Phraseoschablonen. In: Tacke, Felix/Hennemann, Anja (Hrsg.): Konstruktionen, Kontexte, Gattungen/Constructions, contexts, genres. Göttingen: Vandenhoeck & Ruprecht, 27–54.

Schafroth, Elmar (2025): *Layer upon layer, mistake after mistake* – a case for learner's dictionaries? In: Giacomini, Laura/Piunno, Valentina (Hrsg.): Patterns of meaning in lexicography and lexicology. Berlin/Boston: de Gruyter, 159–180.

Schafroth, Elmar/Schafroth, Julian (2025): Idiomatic patterns of the type *day by day, faute sur faute*: linguistic description and possibilities for foreign language teaching and learning. In: International Journal of Bilingualism. Special issue. Wolf, Johanna/Gruber, Teresa (Hrsg.): Multi-Word Units in Multilingual Learning: Chunks, Phrasemes and Formulaic Language in Learning and Teaching Contexts. London: Sage.

Scherfer, Peter (2008): Lexikalische Kollokationen. In: Kolboom, Ingo/Kotschi, Thomas/Reichel, Edward (Hrsg.): Handbuch Französisch. Sprache, Literatur, Kultur, Gesellschaft. Für Studium, Lehre, Praxis. 2. Aufl. Berlin: Schmidt, 238–245.

Schierholz, Stefan J. (2003): Die Grammatik der Substantive im GWDS. In: Wiegand, Herbert Ernst (Hrsg.): Untersuchungen zur kommerziellen Lexikographie der deutschen Gegenwartssprache I. Duden. Das große Wörterbuch der deutschen Sprache in zehn Bänden. Print- und CD-ROM-Version. Tübingen: Niemeyer, 337–351.

Scrivener, Jim (2005): Learning teaching: a guidebook for English teachers. Oxford: Macmillan Education.

Sinclair, John (1991): Corpus, concordance, collocation. Oxford: Oxford University Press.
Sinclair, John (1996): The search for units of meaning. In: Textus 9, 75–106.
Stefanowitsch, Anatol/Gries, Stefan T. (2003): Collostructions: investigating the interaction between words and constructions. In: International Journal of Corpus Linguistics 8, 209–243.
Stein, Stephan/Stumpf, Sören (2019): Muster in Sprache und Kommunikation. Eine Einführung in Konzepte sprachlicher Vorgeformtheit. Berlin: Schmidt.
Steiner, Erich (2000): Der Britische Kontextualismus. In: Brinker, Klaus et al. (Hrsg.): Text- und Gesprächslinguistik. 1. Halbbd. Berlin/Boston: de Gruyter Mouton, 60–64. https://doi.org/10.1515/9783110194067-009.
Steyer, Kathrin (2011): Von der sprachlichen Oberfläche zum Muster. Zur qualitativen Interpretation syntagmatischer Profile. In: Travaux neuchâtelois de linguistique 55, 219–239.
Stumpf, Sören (2017): Phraseologie pur – Die Konstruktion $X_{[Nomen]}$ *pur* als produktive und keineswegs ungrammatische Modellbildung. In: Deutsche Sprache 45, 317–334.
Svensén, Bo (2009): A Handbook of Lexicography. The Theory and Practice of Dictionary-Making. Cambridge: Cambridge University Press.
Taylor, John R. (2012): The mental corpus: how language is represented in the mind. Oxford: Oxford University Press.
Tomasello, Michael (2008): Konstruktionsgrammatik und früher Erstsprachenerwerb. In: Fischer, Kerstin/Stefanowitsch, Anatol (Hrsg.): Konstruktionsgrammatik I. Von der Anwendung zur Theorie, Tübingen: Stauffenburg, 19–37.
Wiegand, Herbert Ernst (1998): Wörterbuchforschung. Untersuchungen zur Wörterbuchbenutzung, zur Theorie, Geschichte, Kritik und Automatisierung der Lexikographie. 1. Teilbd. Berlin/New York: de Gruyter.
Wray, Alison (2002): Formulaic language and the lexicon. Cambridge: Cambridge University Press.
Ziem, Alexander (2018a): Construction Grammar meets Phraseology: eine Standortbestimmung. In: Ziem, Alexander (Hrsg.): Muster im Sprachgebrauch: Construction Grammar meets Phraseology (= Special Issue *Linguistik online* 12, 3–19). https://bop.unibe.ch/linguistik-online/issue/view/791 (letzter Zugriff: 30.03.2025).
Ziem, Alexander (2018b): *Tag für Tag, Arbeit über Arbeit*: konstruktionsgrammatische Zugänge zu Reduplikationsstrukturen im Deutschen. In: Steyer, Kathrin (Hrsg.): Sprachliche Verfestigung. Wortverbindungen, Muster, Phrasem-Konstruktionen. Tübingen: Narr, 25–48.
Ziem, Alexander (2021–): Frame-Net-Konstruktionen des Deutschen. https://framenet-constructicon.hhu.de/ (letzter Zugriff: 31.03.2025).
Ziem, Alexander (2024): Das konstruktikographische Paradoxon: dynamische Netzwerkstrukturen als sprachliches Archiv. In: Attig, Matthias et al. (Hrsg.): Netz und Werk: Zur Gesellschaftlichkeit sprachlichen Handelns. Berlin/Boston: de Gruyter, 123–136. https://doi.org/10.1515/9783111086514-010.
Ziem, Alexander/Lasch, Alexander (2013): Konstruktionsgrammatik. Konzepte und Grundlagen gebrauchsbasierter Ansätze. Berlin/Boston: de Gruyter.

5.2 Wörterbücher, Korpora und Plattformen

Académie française (o. J.) = Dictionnaire de l'Académie française (https://www.dictionnaire-academie.fr/). In: https://www.academie-francaise.fr/ (Portal) (letzter Zugriff: 27.03.2025).
Accademia della Crusca (2019–): Scaffali digitali. In: https://accademiadellacrusca.it/ (Portal) (letzter Zugriff: 27.03.2025).
ALD2 = The Advanced Learner's Dictionary of Current English. Hrsg. v. Hornby, Albert Sidney/Gatenby, Edward Vivian/Wakefield, A. Harold. London: Oxford University Press, [2]1963.

BBI = The BBI Combinatory Dictionary of English. A Guide to Word Combinations. Hrsg. v. Benson, Morton/Benson, Evelyn/Ilson, Robert. Amsterdam/Philadelphia: Benjamins, 1986.

Cawdrey, Robert (1604): A Table Alphabeticall, conteyning and teaching the true writing and understanding of hard usuall English words. Hrsg. v. Peters, Robert A. Gainesville, Florida: Scholars' Facsimiles & Reprints, 1966. Digitale Version hrsg. v. Siemens, Raymond G. Vancouver: Department of English, University of British Columbia, 1994, https://extra.shu.ac.uk/emls/iemls/work/etexts/caw1604w_removed.htm#work (letzter Zugriff: 27.03.2025).

DeepL (2017–) = Deep Learning. Onlinedienst für maschinelle Übersetzung, https://www.deepl.com (letzter Zugriff: 27.03.2025).

deTenTen20 = German Web 2020, The Sketch Engine, http://www.sketchengine.co.uk (letzter Zugriff: 03.04.2025).

Devoto/Oli = Nuovo Devoto-Oli. Il vocabolario dell'italiano contemporaneo. Hrsg. v. Serianni, Luca/Trifone, Maurizio. Firenze: Le Monnier. Digitale Version (https://www.elexico.com/dl/it/disc): Milano: RCS, 2023.

DGWDaF = De Gruyter Wörterbuch Deutsch als Fremdsprache. Hrsg. v. Kempcke, Günter. Berlin/New York: de Gruyter, 2000.

Duden (o. J.) = Duden online, https://www.duden.de (letzter Zugriff: 27.03.2025).

DUW = Deutsches Universalwörterbuch. Berlin: Munzinger Online, [10]2023, https://online.munzinger.de/document/DSWD0 (letzter Zugriff: 27.03.2025).

DWDS = Digitales Wörterbuch der deutschen Sprache. Das Wortauskunftssystem zur deutschen Sprache in Geschichte und Gegenwart. Hrsg. v. der Berlin-Brandenburgische Akademie der Wissenschaften, https://www.dwds.de/ (letzter Zugriff: 27.03.2025).

E-VALBU = Leibniz-Institut für Deutsche Sprache: Elektronisches Valenzwörterbuch deutscher Verben. Grammatisches Informationssystem *grammis*, https://grammis.ids-mannheim.de/verbvalenz (letzter Zugriff: 25.06.2025).

Garzanti = Il Grande Dizionario Garzanti di Italiano. Milano: Garzanti, 2014.

Hornby, Albert Sidney/Gatenby, Edward Vivian/Wakefield, A. Harold (1942): Idiomatic and Syntactic English Dictionary. Tokio: The Institute for Research in Language Teaching (1948 als *A Learner's Dictionary of Current English*, 1952 als *The Advanced Learner's Dictionary of Current English*, beide London: Oxford University Press).

Johnson, Samuel (1755/1773): A Dictionary of the English Language. Hrsg. v. Young, Beth Rapp et al. 2021. https://johnsonsdictionary.com (letzter Zugriff: 27.03.2025).

LGDaF = Langenscheidt Großwörterbuch Deutsch als Fremdsprache. Neubearbeitung. Hrsg. v. Götz, Dieter in Zusammenarbeit mit der Langenscheidt-Redaktion. München/Wien: Langenscheidt, 2019.

Linguee (2019–): Webservice der DeepL SE, https://www.linguee.de (letzter Zugriff: 27.03.2025).

Robméth = Le Robert méthodique. Dictionnaire méthodique du français actuel. Hrsg. v. Rey-Debove, Josette. Paris: Dictionnaire Le Robert, [2]1989.

Sabatini/Coletti = Dizionario italiano Sabatini Coletti. Nuova ed. Versione digitale. Hrsg. v. Sabatini, Francesco/Coletti, Vittorio/Manfredini, Manuela. Milano: Hoepli, 2024, https://www.elexico.com/dl/it/disc (letzter Zugriff: 25.06.2025).

Alexander Werth

Freie und gebundene Variation in der Wortbildung

Derivation bei Lokaladverbien in thüringischen Dialekten

Abstract: This study examines the variation between -e and -Ø in adverbial derivation in Thuringian dialects, e.g., in *heim* vs. *heime*, meaning 'at home' or 'to home'. In addition to an evaluation of historical and dialectal dictionaries and grammars, the results of a corpus study with dialect recordings and annotations from the corpus "Deutsche Mundarten: DDR" are presented. In addition to lexical meaning (*heim* is preferred in the meaning 'to home', *heime* in the meaning 'at home'), prosody also emerges as an influencing factor in inter- and intra-individual variation, in that schwa is used more frequently when the preceding word is also a trochee. Nevertheless, the statistical analyses show a high degree of variation that cannot be explained by the factors applied. This indicates free variation in word formation.

Keywords: adverbial derivation, Thuringian, free and bounded variation in grammar, prosody, dictionary

Schlagwörter: Adverbialderivation, Thüringisch, freie und gebundene Variation in der Grammatik, Prosodie, Wörterbuch

1 Einleitung

Häufigkeitsangaben in Wörterbüchern stellen ein interessantes, m. W. in der Forschung aber bislang selten beachtetes Indiz für sprachliche Variation dar.[1] So findet sich etwa im *Thüringischen Wörterbuch* für das Lexem *dort* der folgende Eintrag:

1 Der Beitrag ist entstanden im Rahmen des von der DFG geförderten Projektes „Freie und gebundene Variation in der Grammatik. Diachronie und Diatopik der Auxiliarvariation im Deutschen" (Projektnr. 509137817; zus. mit Melitta Gillmann, Univ. Duisburg-Essen). Ergebnisse der hier präsentierten Studie wurden vorgetragen und diskutiert im Rahmen der Tagung „(Morpho-)Syntax des Thüringischen und angrenzender Dialekträume" (Univ. Jena, 21.02.2025). Ich danke dem dortigen Plenum für wertvolle Anregungen, besonders Rüdiger Harnisch, der sich schon deutlich länger als ich mit der Morphologie von Lokaladverbien in Dialekten beschäftigt. Christoph Eichinger danke ich zudem für Unterstützung bei der Datenauswertung.

Alexander Werth, Univ. Passau, Innstr. 25, 94032 Passau, E-Mail: Alexander.Werth@uni-passau.de

https://doi.org/10.1515/9783111676531-021

> **dort** Adv. 1. Lokal 'an jenem bestimmten Ort' nur söNOThür WThür nwZThür [...] sonst **verstr[eut]**, doch **selt[en]** nöNThür nw NOThür, Eichs; [...] Erweitert mit -ə: **selt[en]** wNThür sZThür sSOThür [...] mit -ən: **verstr[eut]** söNOThü, sö°Sömm s°Erf, **selt[en]** Mittl. NThür [...]. (ThWb, Bd. 1: 1298; eigene Hervorhebungen)

Die Angaben zu den Häufigkeiten entspringen meist wohl weniger Quantifizierungen, sondern mehr individuellen Eindrücken der Lexikographinnen und Lexikographen zum Belegmaterial,[2] in dem Fall zum Zettelbestand des *Thüringischen Wörterbuchs*.[3] Sie sind damit von außerhalb der Wörterbuchstelle schlecht zu intersubjektivieren, können aber durchaus einen hypothesenbildenden Wert haben, wie ich im Folgenden anhand einer Korpusstudie darlegen möchte. Mich interessiert, was es mit den oben genannten „verstreut"- und „selten"-Angaben der stammerweiternden *-e-* und *-en-*Bildungen (phonetisch: [ə] und [ən]) bei Lokaladverbien in thüringischen Dialekten auf sich hat (z. B. in (1) und (2)) und zu welchen Anteilen die Variation motivierbar, d. h. linguistisch oder extralinguistisch gebunden ist. Damit steht der Beitrag in einem größeren Forschungszusammenhang zu freier und gebundener Variation in der Grammatik, wie er im Rahmen des oben genannten DFG-Projektes zur Hilfsverbvariation im Deutschen untersucht wird. Der vorliegende Beitrag versteht sich diesbezüglich als Perspektiverweiterung aus der Syntax in die Wortbildung.

(1) *dorten steht dr Teegaffe* 'dort steht der Bäcker' (ThWb, Bd. 1: 1298)
(2) *an'n schennsten äs es heime, drheime!* 'am schönsten ist es zuhause, daheime' (ThWb, Bd. 2: 978)

2 Die *e*(*n*)-Erweiterung bei Lokaladverbien im Deutschen

Auch wenn die große Arbeit zur Adverbialbildung im Deutschen noch fehlt, lassen sich aus der Forschung doch einige Hinweise zur Diachronie und Diatopik der *en*-Bildungen

---

2 Im *Thüringischen Wörterbuch* (Bd. 1: VI) heißt es dazu wie folgt: „Die Zuverlässigkeit der Angaben zur Verbreitung und Gebräuchlichkeit ist durch das Archivmaterial bedingt. Deshalb müssen sie mehr als Annäherungswerte an die Sprachwirklichkeit verstanden werden denn als absolute Größen. [...] Die Gebräuchlichkeit oder Belegdichte einer Bedeutung oder Lautform ist angegeben: [...] 2. durch 'verstr.' (= verstreut) mit Verbreitungsangabe bei einer mäßig dichten Streuung im bezeichneten Gebiet; d.h., wenn daneben andere Synonyme gelten oder Wort und Sache nicht überall gebräuchlich sind [...]. 3. durch 'selt.' (= selten) mit Verbreitungsangabe, wenn nur vereinzelte Belege im bezeichneten Gebiet bezeugt sind".

3 Das *Thüringische Wörterbuch* und seine Materialien sind heute an der „Arbeitsstelle Thüringische Dialektforschung" an der Universität Jena untergebracht, s. https://www.gw.uni-jena.de/440/arbeitsstelle-thueringische-dialektforschung (letzter Zugriff: 10.03.2025).

zusammentragen. Im Folgenden ausgespart bleibt die Betrachtung anderer Adverbialsuffixe (vgl. Duden 2016: 773, diachron Heinle 2004), insbesondere die mit *-s*, zu der mit Fischer (2024) zumindest eine aktuelle empirische Studie zu Diachronie und Diatopik vorliegt. Auch wird *-en* nach Adverbialsuffix *-lich* (*grimmechlichen* usw.) nicht weiter berücksichtigt, da hier wohl sehr eigene Distributionsbedingungen vorliegen (dazu Becker 1824: 322). Da die Lokaladverbien zwar eine weitgehend geschlossene, aber dennoch recht umfangreiche Klasse bilden, werde ich mich für die folgende Untersuchung auf zwei Lexeme, *dort* und *heim*, beschränken. Auch die Wörterbuchrecherche bezieht sich im Folgenden auf diese beiden Lexeme.

Eine Bemerkung noch vorweg: Ich werde im Folgenden nur dort zwischen adverbialem *-e* und *-en* unterscheiden, wo es mir die Daten zulassen, sprich in meiner Korpusstudie zu den thüringischen Dialekten. Ansonsten schreibe ich vom *e*(*n*)-Suffix und meine damit das aus Ahd. *-o* oder *-a*(*n*) entstandene Adverbialsuffix. Sprachgeschichtlich betrachtet ist die Variation zwischen *-e* und *-en* vermutlich auf unterschiedliche Kasus zurückzuführen (s. unten), die Etymologie wurde bislang aber noch nicht sauber aufgearbeitet. Zudem sind Unterschiede zwischen den einzelnen semantischen Klassen zu erwarten: Lokaladverbien z. B. können mit *-e* (*vorne*) oder *-en* (*hinten*) auftreten, Temporaladverbien hingegen nur mit *-e* (*lange*). Erschwerend kommt aber auch hinzu, dass manche Dialekträume in unbetonter Endsilbe Nasalausfall zeigen, nicht nur beim Adverbialsuffix, sondern z. B. auch im Infinitiv (vgl. z. B. Hucke 1961: 70–71 zum Thüringischen). So ist letztlich unklar, in welchem Maße *-e* und *-en* morphologisch opponieren oder der *n*-Ausfall nicht vielmehr rein phonologisch bedingt ist – dies könnte z. B. anhand des Schwa-Erhalts bzw. -Verlusts in unterschiedlichen Wortarten und bei verschiedener morphologischer Komplexität getestet werden (vgl. z. B. *heim-e* vs. *(im) Haus-e* vs. *Hase* vs. *(ich) mach-e*). Für die folgende empirische Studie wird dies aber keine Relevanz haben, da das Suffix in den ausgewerteten Daten ausschließlich als *-e*, also mit Nasalausfall belegt ist.

2.1 Die *e*(*n*)-Suffigierung in der Sprachgeschichte

Das untersuchte Phänomen ist sprachgeschichtlich alt und bereits im Ahd. (Braune/Heidermanns 2023: 332–333) bzw. Altsächsischen (Gallée 1993: 232–233) belegt.[4] So weist Wilmanns (1899: 629) etwa die ahd. (noch volltonige) Adverbialbildung *wîsûn* neben morphologisch distinkter Adjektivbildung *wîsa* ‘in jeder Weise’ aus, ebenso Adv. *in gâhûn* neben Adj. *in gâhî* ‘in Eile’. Henzen (1965: 229–230) führt für Adverbien aus Pronominalstämmen u. a. Ahd. *dara* ‘dort, dahin’, *hera* ‘her’ und *dana* ‘von da aus’ auf, alles einsilbig gewordene Simplizia im Nhd. Hinzu kommen heute zweisilbig gewordene

4 Siehe bereits zum Gotischen Braune/Heidermanns (2004: 175–176), zum Indogermanischen allgemein kurz Weinhold (1877: 275).

Derivate wie *oben*, *unten* und *hinten* aus ahd. *obana*, *untana* und *hintana*. Ansonsten gilt laut Ahd. Grammatik (Braune/Heidermanns 2023: 329) v. a. *-o* als reihenbildend für Adverbien im Ahd. (*snëllo* 'schnell', *ëbano* 'gleichmäßig'; bei Grimm (1890: 172) aber auch *darot* und *deret* neben *dara* für 'dort'). Die Reihenbildung ist im Ahd. im Wesentlichen semantisch konditioniert (zu Lokaladverbien Harnisch 1998), gleichsam sind die Übergänge zwischen den semantischen Klassen, etwa zwischen Ruhelage, Richtung und Herkunft, fließend (Braune/Heidermanns 2023: 333).

Zum Mhd. hin schwächen sich die Nebensilben dann bekanntermaßen ab, sodass sich etwa Adv. *besîten* und Adj. *besîte* 'besolden' nur noch in der Nasalendung unterscheiden (vgl. Wilmanns 1899: 629). Doch wird selbst diese Unterscheidung nicht konsequent durchgeführt, bei Willmanns (1899: 630) findet sich z. B. mhd. Adv. *allerwëgen* neben Adv. *allerwëge* 'stets'. Reste der Fortführung adverbialer *o*-Bildung sind mhd. noch erhalten – und von adjektivischem -Ø unterschieden – in *dicke* 'oft', *harte* 'sehr' und *sanfte* 'sanft' (vgl. Henzen 1965: 230), doch wurde auch diese Unterscheidung zwischen Adj. und Adv. bereits im Mhd. aufgegeben bzw. nicht konsequent durchgeführt[5] und ist im Nhd. eben nun zum Einfallstor für sprachliche Variation geworden (dazu gleich mehr).[6] Auswertungen in Lindgren (1953: 201) deuten für die mhd. Zeit zudem darauf hin, dass adverbiales *-en* „in den östlichen Mundarten viel häufiger [vorkommt] als in den westlichen".[7] Während Blatz ([1895]1970: 586; vgl. in normativem Duktus auch Heyse/Lyon ([1814]1893: 159, 355) für *-e(n)* vs. -Ø eine historisch-kontingente Systematik zu erkennen meint, *-e*-Erhalt bei alten adjektivischen *jo*- und *o*-Stämmen, ansonsten -Ø, sieht Engelien ([1892]1902: 273) rhythmische Notwendigkeiten der Versdichtung, Adelung ([1782]1971: 47–48) Aussprachepräferenzen der – modern gesprochen – prosodisch-phonotaktischen Wohlgeformtheit am Werk. Auch diesen Gedanken werde ich später noch einmal aufgreifen. Zudem prognostiziert Adelung ([1782]1971: 48) einen Sprachwandel in Richtung *-e*.

Von solchen Motivationserwägungen abgesehen ist bei den *e(n)*-Bildungen diachron zu unterscheiden zwischen organischen Bildungen, also solchen, bei denen die Derivation historisch-etymologisch bezeugt ist (wie in den Beispielen oben bei Henzen 1965), und unorganischen, bei denen die Derivation wohl auf Analogiebildung beruht (vgl. Wilmanns 1899: 630). So sortiert Harnisch (2017: 42) für das ostfränkisch-thüringische Übergangsgebiet die rezent zweisilbigen Lokaladverbien in drei Gruppen ein: Gruppe A, bei der *-en* historisch immer schon bezeugt ist und die als Attraktor für das

---

5 Siehe dazu die einzig mir bekannten Korpusstudien zum Mhd. von Heinle (2004) und Barteld (2015); Heinle (2004: 56) zudem mit einer bibliografischen Zusammenstellung von Grammatiken zum Suffixerhalt bzw. -abbau, Paul [1919]1959: 119) mit Ausführungen zum Distinktionserhalt.

6 Auch Umlaut hätte zur Unterscheidung zwischen Adjektiven und Adverbien morphologisiert werden können, entsprechende Übertragungen haben laut Blatz ([1895]1970: 586) aber in beide Richtungen stattgefunden und sich so in Bezug auf Umlaut gegenseitig neutralisiert.

7 Mit direktem Bezug auf Lindgren verweist Heinle (2004: 56, 159) darauf, dass sich eine solche areale Verteilung in ihren Daten (14. bis 17. Jh.) nicht abzeichnet.

gesamte Paradigma dient, Gruppe B, wo *-en* diachron opak ist und deshalb nach dem Muster von Gruppe A *-en* renoviert wird sowie Gruppe C, für die Harnisch (2017) nach dem Muster ebenfalls von Gruppe A *en*-Neubildungen ansetzt (s. Abb. 1).

	-Ø-Suffix		-en-Suffix		
Gruppe A			*unt*	*-en*	
			hint	*-en*	
			(a)uß	*-en*	
			inn	*-en*	
Gruppe B	**vor-en* > *vorn*	>	*vorn*	*-en*	
	ob-en > *oom*	>	*om*	*-en*	
	üb-en > *üüm*	>	*üm*	*-en*	
Gruppe C	*(dr)an*	>	*ann*	*-en*	
	(dr)um / *-ü-*	>	*umm*	*-en*	/ *-ü-*
	(da)von	>	*vonn*	*-en*	
	(dr)auf	>	*(dr)uff*	*-en*	
	daheim	>	*heim*	*-en*	
	fort	>	*fort*	*-en*	
	dort	>	*dort*	*-en*	
	hier	>	*hier t*	*-en*	!
	hie-sît 'diesseits' > *hest*	>	*hest*	*-en*	

Abb. 1: Alte *en*-Förmigkeit und neue *-en*-Suffigierung bei statischen Adverbien im Südthüringischen und Ostfränkischen aus Harnisch (2017: 42)

Konkret zur historischen Beleglage für *dorte(n)* und *heime*: Dem *Grimmschen Wörterbuch* (DWB, Bd. 2: 1306) zufolge handelt es sich bei *dorte* um eine unorganische Form, „die sich vom 15ten bis zum 18ten jahrhundert zuweilen zeigt, aber jetzt nur noch landschaftlich vorkommt, wie auf dem lande um Leipzig". Auch *dorten* wird aufgeführt, komme seit dem 16. Jahrhundert vor (vgl. auch FWB-Eintrag „dort") und habe sich „bis jetzt" erhalten. Und in der Neuauflage heißt es dazu: *dorten* „in der 2. hälfte des 19. jhs. veraltend, modern noch gelegentlich obd" ([2]DWB, Bd. 6: 1288). Sanders (Bd. 1: 309) schreibt, dass *dort* zu *dorten* „oft verlängert" wird, Weigand (Bd. 1: 371) ordnet die Form bereits um 1500 ein (mit Bezug zu Fastnachtsspielen), ebenso Trübner (Bd. 2: 76), für den sich die Form ebenfalls „bis in unsere Zeit [erhalten hat] und ihre Endung vielleicht dem Vorbild von *hüben* und *drüben* [verdankt]". Auch wird *dorte* bei Trübner (Bd. 2: 76) als Verkürzung von *dorten* angegeben, mit regionaler Verortung in Obersachsen und im Vogtland. Ähnlich verweist schon Weinhold (1877: 284) in seiner Mhd. Grammatik auf *dorte* im Mitteldeutschen, Heyse (Bd. 1: 267) sieht ausschließlich eine landschaftliche

Verwendung für *dorten*, Adelung (Bd. 1: 1529) „müßige Verlängerungen der neuern Alemannen".

Die Form (*da*)*heime*(*n*) ist umfangreich in Kehrein ([1854]2004: 278) für die frühe Neuzeit belegt, das *Frühneuhochdeutsche Wörterbuch* (FWB) nennt Belege ab ca. 1400.[8] Weinhold (1877: 280) und Mausser (1933: 973) führen die Form für das Mhd. auf (ohne konkrete Sprachbelege), das DWB (Bd. 10: 856–864) führt *heime* zwar auf, bringt dafür aber nur einen einzigen Beleg (bei Ludwig Tieck: *wenn er des abends betrunken heime schwärmt*, 862). Expliziter fällt hingegen der Eintrag für *daheimen* aus: „nimmt die form eines dativs an und kommt zuerst im 15ten jahrh. vor" (Bd. 2: 678), laut Neuauflage verstärkt im 16. und 17. Jahrhundert (^{2}DWB, Bd. 6: 73). Häufig wird hierbei auf Verwendungen der *e*(*n*)-erweiterten Form bei Luther verwiesen (DWB, Bd. 2: 679). Laut Neuauflage (^{2}DWB, Bd. 6: 73) ist *daheime* die mhd. Form, *daheimen* die frnhd. Sanders (Bd. 1: 728) führt *heim* nur suffixlos auf und sieht *daheime*(*n*) als veraltet an, Weigand (Bd. 1: 836) verortet *heeme* in „Mitteldeutschland". Bei Heyse (Bd. 1: 688) schließlich wird ein interessanter, kasusbedingter Bedeutungsunterschied zwischen -*e* und -Ø aufgemacht: „ehem. unterschied man den Accus. *heim*, nach Hause, domum, und den Dat. *heime*, zu Hause, domi" (ähnlich auch Schmeller, Bd. 1: 1107–1108, Trübner, Bd. 3: 386). Es ist allerdings noch unklar, wie strikt diese Form-Funktionsunterscheidung historisch tatsächlich gegriffen hat.[9] Der angesprochene vermeintliche Bedeutungsunterschied bei *heim*/*heime*(*n*) wird uns später aber noch beschäftigen.

Die angesprochene Variation zwischen -*e*(*n*) und -Ø, wie sie sich spätestens ab nhd. Zeit für viele Adverbien abzeichnet, wurde von Fleischer et al. (2018) korpuslinguistisch untersucht. Ich gehe auf diese Studie etwas genauer ein, da sie mir für die eigene Untersuchung einen wichtigen, auch methodischen Orientierungspunkt bietet. Fleischer et al. (2018) werten für die Adverbien *heut*/*heute*, *bald*/*balde* und *gern*/*gerne* die Variation zwischen -*e* und -Ø in ca. 13.500 Briefen (über 2,8 Mio. Token) zwischen 1764 und 1832 von Johann Wolfgang Goethe aus. Es zeigt sich in der statischen Auswertung, dass eine ganze Reihe an linguistischen Faktoren die Variation bedingen, dass deren Einfluss aber pro Lexem unterschiedlich ausfällt und auch nicht kategorisch ist. So ist -*e* bei *heut*(*e*) zu 80% belegt (N=2.445), während es bei *gern*(*e*) (26%, N=1926) und *bald*(*e*) (3%, N=3031) deutlich seltener verwendet wird (Fleischer et al. 2018: 63). Folgende Faktoren haben den Auswertungen zufolge einen statistisch-signifikanten Einfluss auf die Variation (vgl. Fleischer et al. 2018: 65–73; für Beispiele s. unten, Abschnitt 3):

i) Sandhi-Phänomene: -*e* wird tendenziell vermieden, wenn das nachfolgende Wort mit einem Vokal beginnt.

8 Siehe https://fwb-online.de/lemma/heim.s.4adv (letzter Zugriff: 15.08.2025).

9 Belege wie der bereits angeführte von Ludwig Tieck (*wenn er des abends betrunken heime* 'nach Hause' *schwärmt*, DWB, Bd. 10: 862) sprechen eher gegen eine solche strikte Trennung. Vgl. auch Schötensack ([1856]1976: 302) mit einem entsprechenden Beleg schon bei Otfrid: *si zugen heime*.

ii) Stress clash: *-e* wird präferiert, wenn das nachfolgende Wort mit einer betonten Silbe beginnt.
iii) Serialisierung: *gerne* wird im topologischen Feldermodell am Ende des Mittelfelds präferiert, *gern* hingegen zu Beginn und in der Mitte des Mittelfeldes; *heut* präferiert das Vorfeld, *heute* hat eine Präferenz für alle Positionen des Mittelfeldes.
iv) Prosodische Grenzen: *gerne* wird an Intonationsphrasengrenzen und an Satzgrenzen präferiert, *heute* an Satzgrenzen.
v) Bei Akzentverschiebung (*úngern*(*e*) im Vergleich zu *gérn*(*e*)) wird überzufällig häufig die Ø-Variante verwendet.

Hinzu kommen Interaktionseffekte zwischen den einzelnen Faktoren, die hier aber nicht weiter besprochen werden (s. für Details Fleischer et al. 2018: 74–78).

Für das Gegenwartsdeutsche ist mir hingegen keine detaillierte Studie zur adverbialen *e*(*n*)-Derivation bekannt. Die Situation ist mitunter auch unübersichtlich, manche Adverbien nehmen (zumindest in der schriftlichen Distanzsprache) obligatorisch ein *-e* (*heute*), bei anderen ist *-e* weiterhin fakultativ (*gern*(*e*)) und bei wieder anderen ausgeschlossen (*spät*). Der Zweifelsfall-Duden behandelt die Variation mitunter als Zweifelsfall, so etwa für *gern*/*gerne*, die laut Duden „ohne Bedeutungsunterschied nebeneinander verwendet [werden]. In den meisten deutschsprachigen Regionen wird *gerne* bevorzugt, im Osten Deutschlands *gern*" (Hennig 2021: 398). Die Karten zu *beinah*/*beinahe* im Atlas zur Aussprache des deutschen Gebrauchsstandards (AADG) hingegen weisen eher den ostoberdeutschen Raum mit -Ø aus.[10] Und zu *lang*/*lange* heißt es im Zweifelsfall-Duden: „Das Adjektiv *lang* kann sowohl eine räumliche als auch eine zeitliche Erstreckung bezeichnen [...]. Dagegen wird *lange* mit zeitlicher Bedeutung fast ausschließlich adverbial verwendet [...]. In der Alltagssprache, bes. in Süd- und Südwestdeutschland, wird auch als Adverb die kürzere Form gebraucht" (Hennig 2021: 618).

Kurz zusammengefasst: Adverbiales *-e*(*n*) bzw. deren historische Vorläufer sind in den Grammatiken vielfach bezeugt, die diachrone Variation fügt sich aber nicht gut zu einem Gesamtbild zusammen. Dies hat zum einen sicher mit der schlechten Forschungslage zu tun, zum anderen aber wohl auch mit dem hohen Variationspotential, das der Wortbildung hier zukommt. Dieses Variationspotential zeigt sich besonders in der Korpusstudie von Fleischer et al. (2018), in der, lexemabhängig in unterschiedlicher Gewichtung, prosodisch-phonologische und syntaktische Faktoren für die Variation ursächlich sind. Für die historische Verwendung von *dort*(*en*) und *heim*(*en*) zeigt die Wörterbuchexegese ebenfalls kein klares Bild, die *-e*(*n*)-haltigen Formen sind etwa ab 1500 belegt, wobei ein regionaler Schwerpunkt im Ostmitteldeutschen gesehen wird. Zugleich handelt es sich wohl immer schon um wenig frequente Nebenformen der suffixlosen Varianten, Nennungen mit -Ø überwiegen jedenfalls mitunter deutlich in den

---

10 Unter: https://prowiki.ids-mannheim.de/bin/view/AADG/BeinaheAkzent (letzter Zugriff: 04.04.2025).

historischen Arbeiten. Speziell für *heim* wird die Variation zudem mit einem Bedeutungsunterschied verbunden, Akk. *heim* meint 'nach Hause', Dat. *heime(n)* 'zu Hause'.

2.2 Die Situation im Thüringischen und in anderen Dialekträumen

Das Thüringische scheint bzgl. der Adverbialderivation besonders *e*-freundlich zu sein. So bemerkt Spangenberg (1998: 162):

> Die Bewahrung der Endung -ə in nord- und ostthüringischen Sprachlandschaften läßt sich mit der Erhaltung von -ə bei vielen Adjektiven in prädikativer Stellung vergleichen. Bsp. *alleine, balde, daheime, feste* [...]. Hierzu zählen auch die Lokaladverbien o:mnə, undənə, hindənə, hi:mnə, dri:mnə 'oben, unten, hinten, hüben, drüben', die umgsprl. neben endungslosen Formen im öNThür NOThür öZThür IlmThür wOThür vorkommen.

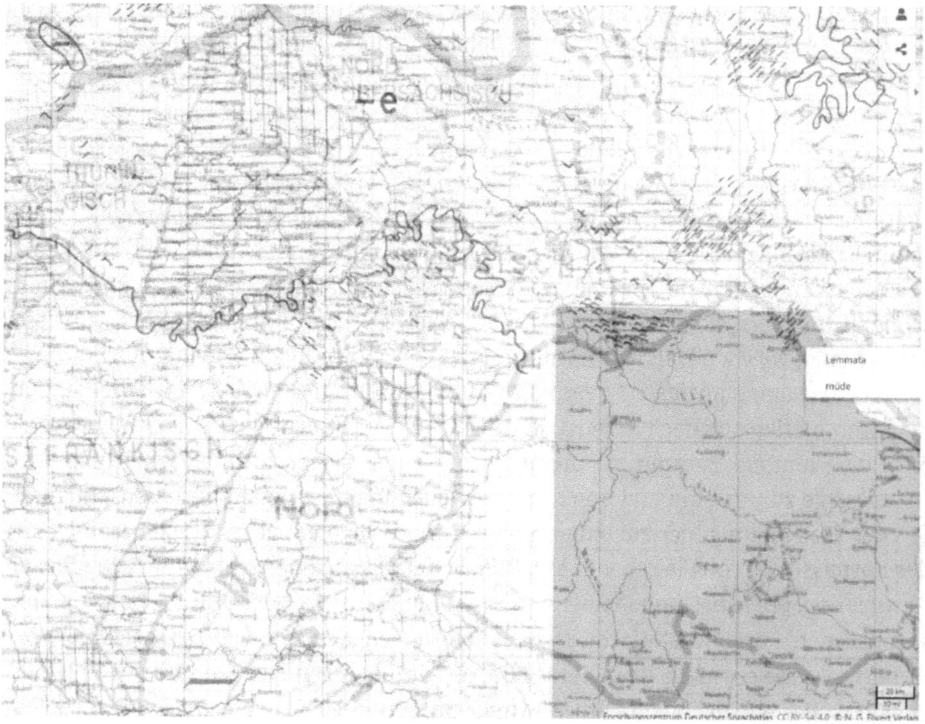

Abb. 2: Kartenausschnitt aus DSA-Karte 98 zu Wenkersatz 23 „Wir sind **müde** und haben Durst." Unterlegt ist die Dialekteinteilungskarte aus Wiesinger (1983)

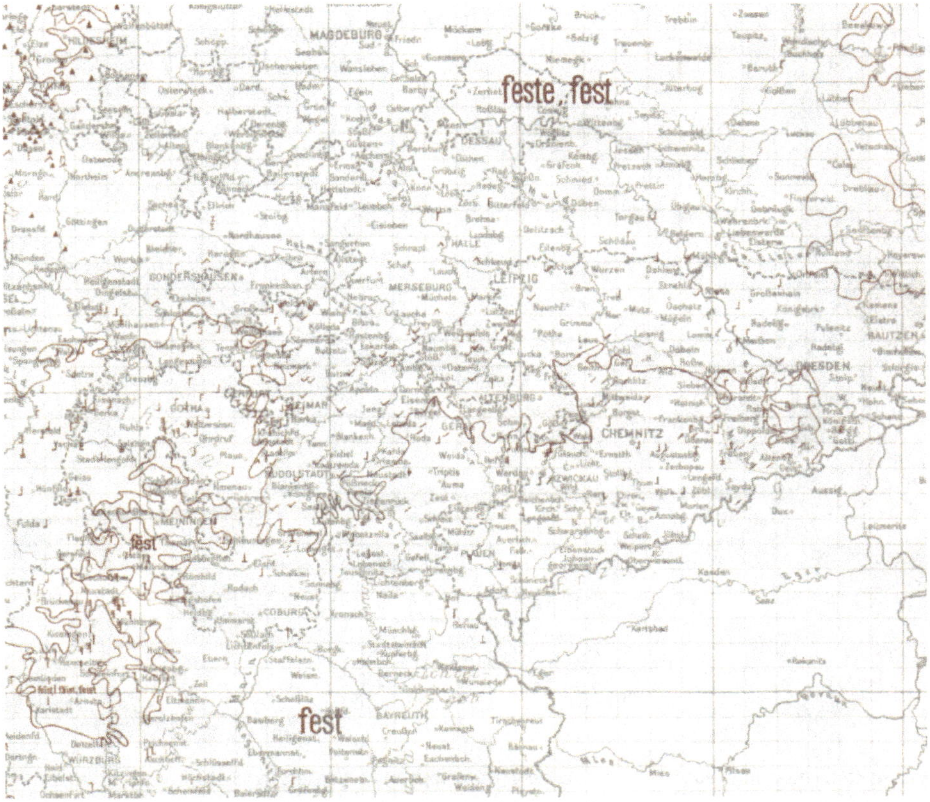

Abb. 3: Kartenausschnitt aus DSA-Karte *fest/feste* (ohne Nummer) zu Wenkersatz 24 „Als wir gestern Abend zurück kamen, da lagen die Andern schon zu Bett und waren **fest** am schlafen". Unterlegt ist die Dialekteinteilungskarte aus Wiesinger (1983)

Stützen lässt sich diese Einschätzung durch drei DSA-Karten, die für ostmitteldeutsche Regionen ein verstärktes Auftreten von adverbialem *-e* ausweisen.[11]

11 Die folgenden Kartenausschnitte stammen von der Forschungsplattform REDE unter: www.regionalsprache.de (letzter Zugriff: 26.03.2025). Auch die eigenen Karten in diesem Beitrag sind mit REDE erstellt.

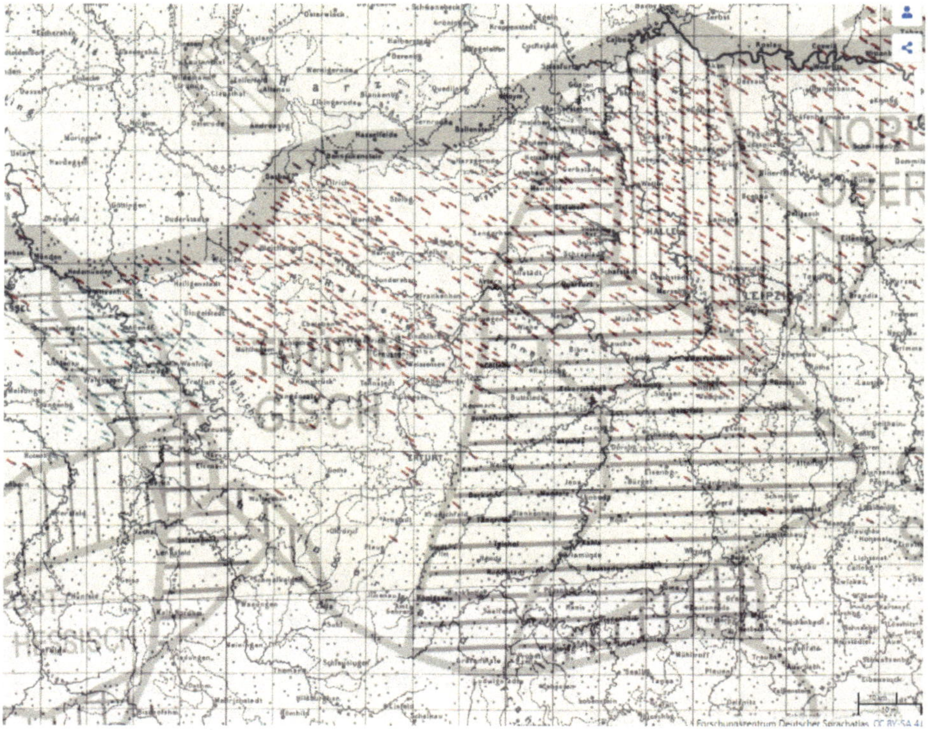

Abb. 4: Kartenausschnitt aus DSA-Karte 205 *heim* (Formenkarte) zu Wenkersatz 15: Du hast heute am meisten gelernt und bist artig gewesen, Du darfst früher **nach Hause** gehn als die Anderen". Unterlegt ist die Dialekteinteilungskarte aus Wiesinger (1983)

Die Karten in Abb. 2 und 3 zeigen für das Thüringische *-e* als Leitform, in Abb. 2 verläuft die Isoglosse zwischen nördlichem *müde* und südlichem *müd* fast exakt an der Grenze vom Thüringischen zum Ostfränkischen, wie sie Wiesinger (1983) in seiner Dialekteinteilung angenommen hat. Die Verteilung von *fest*/*feste* in Abb. 3 ist hingegen komplexer, die DSA-Karte dokumentiert hier ein nördliches Areal, in dem beide Varianten vorkommen (Variation unklar), und ein südliches, für das ausschließlich suffixlose Formen verzeichnet sind. Die Grenze verläuft dabei mitten durch den thüringischen Sprachraum (südlich von Sondershausen, westlich von Weimar, südlich von Rudolstadt), was im Kartenvergleich aber auch bedeutet, dass -Ø- und *e*-Formen im Thüringischen innerhalb eines Lexems, aber auch über Lexeme hinweg variieren können. Inwiefern für die areale Verteilung dabei allgemeine Prozesse der *e*-Apokope zu berücksichtigen sind, wie es im Wörterbuch der obersächsischen Mundarten (Bd. 1: 446) angedeutet ist, wird hier letztlich offenbleiben müssen, auch wenn die Ergebnisse der Korpusstudie eher dagegensprechen werden.

Die DSA-Karte in Abb. 4 dokumentiert für die Bedeutung 'nach Hause' die entsprechenden Übersetzungen mit *heime*(*n*). Es zeigt sich für die Adverbialderivation eine recht klare Nord-Süd-Verteilung, indem im Norden bis in die Mitte des Thüringischen (auch im Übergangsgebiet zum Obersächsischen) die Variante mit *-e* belegt ist (diagonale rote Striche), während im Süden des Thüringischen *heime* nicht vorkommt. Inwiefern die suffixlosen Belege allerdings auf tatsächlichen *heim*-Gebrauch zurückzuführen sind oder nicht vielmehr auf in der Übersetzung vorgegebenen *nach Hause*-Belegen beruhen, ist der Karte nicht zu entnehmen.

Weitere Evidenz für *e*(*n*)-suffigierte Adverbien findet sich verstreut in der Forschungsliteratur, z. B. in Kürsten/Krämer (1935: 69) mit einer ganzen Liste an *-e*(*n*)-haltigen-Adverbien im Thüringischen:

> Das Thür. hat das zu e verdumpfte o noch erhalten in: balde (an Balde früh), dicke (satt), dünne (gemacht), feste (gefeiert) (Neubildung!), griene, leichte, reine (weg), d'quere (gelatscht), schonne (aufgestanden) (für schon), sachte (gegangen), schöne (gemacht), getreue (bleiben), vorne (angespannt. -en, außen, innen, hüben, drüben, hinten, oben, offen, vorn, unten. Thür.: hinne, hübne, drübne, hengne, obne, ongne, vorne.

Zu beachten ist, dass auf der Formebene auch *e*(*n*)-Formen entstehen können, die historisch möglicherweise nicht auf Derivationssuffixe zurückzuführen sind, sondern auf Verschleifungen beruhen, wie sie etwa Frank (1898) für Frankershausen annimmt: *hine* aus *hier innen*.[12] Hier ist für die etymologische Bestimmung der Formen also besondere Vorsicht geboten.

Die Suffixvariation von *dort(en)*, wie sie im *Thüringischen Wörterbuch* verzeichnet ist, wurde einleitend bereits kurz angerissen und soll hier noch vervollständigt werden. Demnach sind für das gesamte Wörterbuchgebiet „selt[en]" Formen mit *-e*, „verstr[eut]" bzw. „selt[en]" welche mit *-en* und an einzelnen Orten auch solche mit *-ene* verzeichnet (ThWb, Bd. 1: 1298). Für das Lemma *heim* findet sich *-e* in der Bedeutung 'zu Hause' in einzelnen aufgeführten Sprachbelegen (z. B. *an'n schennsten äs es heime*), das Suffix ist im Formenteil aber nicht systematisch verzeichnet (ThWb, Bd. 2: 978). Zudem hat die Form *heimen* mit der Bedeutung 'zu Hause' einen eigenen kurzen Eintrag im Wörterbuch, allerdings ohne weiterführende Erläuterungen zu Häufigkeit und Verbreitung (ThWb, Bd. 2: 980).

Ein Blick in andere großlandschaftliche Wörterbücher zeigt eine grobe Verteilung der *e*(*n*)-Suffigierung, die durch Korpusstudien, etwa anhand des Zwirner- und DDR-Korpus, aber noch erhärtet werden müsste.

---

12 Spangenberg (1998: 159) hingegen sieht *-e*(*n*) in *hinne*(*n*) in einer Wortbildungsreihe stehen mit „drinə(n)/*hinə*(*n*) 'hier innen', *drusə*(*n*), *-au-*/*husə*(*n*), *-au-* 'hier außen', *drewən*(ə)/*hewən*(ə) 'hier hüben', *dro:wə, dro:m*/*ho:wə, ho:m* 'hier oben', *drundən*/*hundən* 'hier unten'". Er schreibt dazu: „Der intensiven mdal. Nutzung von reduziertem dâ(r) + Adverb steht eine polarisierende Verwendung von reduziertem 'hie(r)' gegenüber, die auf den Standort des Sprechers zurückweist [...]". Vgl. zur Beleglage im historischen Schriftdeutschen auch Blatz ([1895]1970: 599), zur Reihenbildung von Lokaladverbien in Abhängigkeit von der Sprecher-/Hörerperspektive Harnisch (1998).

Für *dorte(n)*: Wörterbuch der obersächsischen Mundarten (Bd. 1: 446), Wörterbuch der obersächsischen und erzgebirgischen Mundarten (Bd. 1: 232), Schweizerisches Idiotikon (Bd. 13: 1697), Rheinisches Wörterbuch (am Einzelort) (Bd. 1: 1423),[13] Vorarlbergisches Wörterbuch (Bd. 1: 587), Wörterbuch der elsässischen Mundarten (Bd. 2: 718a), Pfälzisches Wörterbuch (Bd. 2: 363), Bayerisches Wörterbuch (meist mit -n verzeichnet) (Bd. 4: 19), Schmeller (Bd. 1: 544), Digitales Wörterbuch von Bayerisch-Schwaben,[14] Fränkisches Wörterbuch,[15] Badisches Wörterbuch („Jedoch nirgends als der herrschende Ausdruck, sondern nur Nebenform zur einsilbigen"; Bd. 1: 512), Preußisches Wörterbuch (Bd. 1: 1196), Brandenburg-Berlinisches Wörterbuch (Bd. 1: 1007), Sudetendeutsches Wörterbuch (Bd. 3: 268–269).

Nicht verzeichnet ist *dorte(n)* hingegen im Südhessischen Wörterbuch (Bd. 1: 1593), im Wörterbuch der deutsch-lothringischen Mundarten (Bd. 1: 97a), im Schwäbischen Wörterbuch (Bd. 2: 284), im Mecklenburgischen Wörterbuch (Bd. 2: 381–386), im Schleswig-Holsteinischen Wörterbuch (Bd. 1: 774–775),[16] im ostfriesischen Wörterbuch bei Buurman (Bd. 2: 803) und im Niedersächsischen Wörterbuch (Bd. 3: 424), wobei einschränkend zu beachten ist, dass im Niederdeutschen das genuin ferndeiktische Lokaladverbial auch *dar* ist, nicht *dort* (vgl. schon Adelung, Bd. 1: 1529).

Die *-e(n)* Suffigierung bei *(da)heim* (*heim* teils monophthongisch realisiert) findet sich in: Wörterbuch der obersächsischen Mundarten (Bd. 1: 287), Wörterbuch der obersächsischen und erzgebirgischen Mundarten (Bd. 1: 494), Rheinisches Wörterbuch (Bd. 3: 444–449), Schweizerisches Idiotikon (nur historisch dokumentiert; Bd. 2: 1279), Schwäbisches Wörterbuch (*heime(n)* veraltet für 'zu Hause'; Bd. 2: 1366; *daheime(n)*, Bd. 2: 31–32: „In der mod[ernen] MA[Mundart] ist eine reinliche geographische Scheidung längerer und kürzerer Formen […] unmöglich; vielmehr gehen beide vielfach nebeneinander her"; 32), Wörterbuch der elsässischen Mundarten (Bd. 1: 336a), Pfälzisches Wörterbuch („seltener" als *heem*; Bd. 3: 771), Westfälisches Wörterbuch (Bd. 3: 163), Fränkisches Wörterbuch,[17] Badisches Wörterbuch (Bd 1: 405; Bd. 2: 602), Schmeller (Bd. 1: 1107–1108), Südhessisches Wörterbuch (ortsbezogen nur *deheme*; Bd. 1: 1312), Niederhessisches Wörterbuch (*derheme* 'zu Hause', aber *hem* 'nach Hause'; 75, 119), Mittelelbisches

13 Im *Rheinischen Wörterbuch* (Bd. 1: 1423) ist *dort* zudem als flektiertes attributives Adjektiv verzeichnet: *die lorde Wise* ('die dortigen Wiesen').

14 Unter: https://bdo.badw.de/suche?stichwort=&options%5Bcase%5D=1&options%5Bexact%5D=1&lemma=d%C3%B6rten&bedeutung=&beleg=&wortfamilie=&etymologie=&options%5BcreatePermalink%5D=0 (letzter Zugriff: 13.03.2025).

15 Unter: https://bdo.badw.de/suche?stichwort=&options%5Bcase%5D=1&options%5Bexact%5D=1&lemma=dorten&bedeutung=&beleg=&wortfamilie=&etymologie=&options%5BcreatePermalink%5D=0 (letzter Zugriff: 13.03.2025).

16 Im *Schleswig-Holsteinischen Wörterbuch* (Bd. 1: 774–775) ist *dor* ('dort') u. a. als flektiertes Adjektiv aufgeführt. Diese Verwendung ist nicht mit der uns hier interessierenden Derivation vergleichbar.

17 Unter: https://bdo.badw.de/suche?stichwort=&options%5Bcase%5D=1&options%5Bexact%5D=1&lemma=heime&bedeutung=&beleg=&wortfamilie=&etymologie=&options%5BcreatePermalink%5D=0 (letzter Zugriff: 13.03.2025).

Wörterbuch (Bd. 1: 743), Brandenburg-Berlinisches Wörterbuch (nur in der Bedeutung 'nach Hause', Bd. 1: 907, Bd. 2: 564) und Sudetendeutsches Wörterbuch (nur für *daheime*, Bd. 5: 201).

Nicht verzeichnet ist die Derivation hingegen im *Vorarlbergischen Wörterbuch* (hier mit Unterschied zu *dorte*, Bd. 1: 519, 1359), im *Luxemburger Wörterbuch* (Bd. 1: 213), im *Oberhessischen Wörterbuch* (455), im *Preußischen Wörterbuch* (Bd. 2: 773) und im ostfriesischen Wörterbuch von Buurman (Bd. 5: 303).

Die Angaben in den Wörterbüchern zum Ostmitteldeutschen sind auch insofern interessant, als sie die oben bei Heyse und Schmeller angesprochene historische Bedeutungsunterscheidung zwischen Akk. *heim* 'nach Hause' und Dat. *heime* 'zu Hause' arealbedingt zumindest in Frage stellen: So heißt es im *Brandenburg-Berlinischen Wörterbuch* (Bd. 1: 564, eigene Hervorhebung): „Das Nebeneinder von mhd. heime (Adv. Dat.) und heim (adv. Akk.) wirkt mundartl. noch in der Weise nach, daß heem auf die Bedeutung 2 beschränkt ist, während heeme **in beiden Bedeutungen** gilt". Und im *Wörterbuch der obersächsischen Mundarten* steht dazu: „Im Südmärk. EEGeb., bis ins Osterländ. reichend, Zusammenfall von heim u. heime > hēm(e) in beiden Bedeutungen". Die historische Bedeutungsunterscheidung, sofern sie denn je strikt angewandt wurde, scheint also nicht überall bewahrt zu sein. Dafür spricht auch eine Karte aus dem *Atlas der deutschen Alltagssprache* zur Verteilung von *zu Hause*/*heim* (*heeme*)/*daheim* für 'zu Hause' im deutschsprachigen Raum (s. Abb. 5). Während im gesamten oberdeutschen Raum bis nach Thüringen *daheim* als vorherrschende Variante genannt wird, findet sich in Thüringen gleichermaßen die Variante *zu Hause*, bei der *-e* vs. -Ø für die Bedeutungsunterscheidung von 'zu Hause' vs. 'nach Hause' keine Rolle spielt.[18]

18 Zu beachten ist, dass durch die in der Abfrage angebotenen Varianten das uns hier interessierende Phänomen nur bedingt abgefragt werden kann (durch die Variante *heeme*). Inwiefern in südlichen Varietäten *daheime(n)* üblich ist, wird hingegen nicht erfasst.

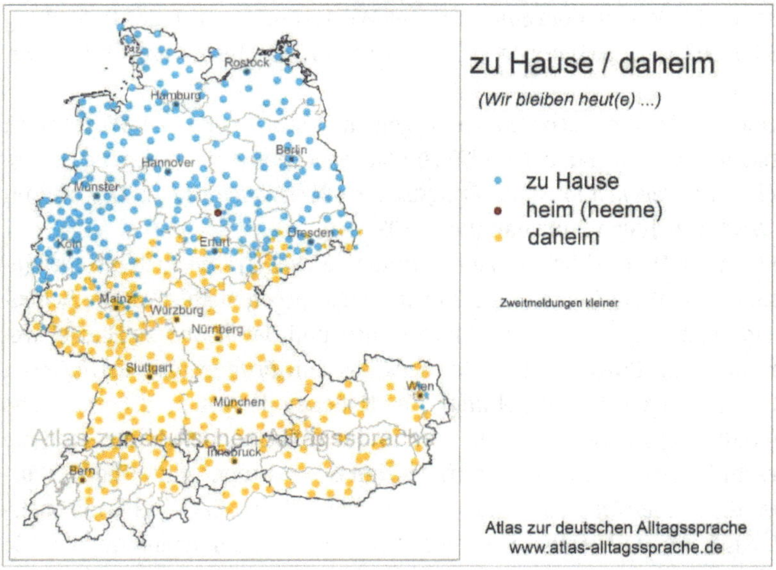

Abb. 5: Karte „zu Hause/daheim" aus dem *Atlas der deutschen Alltagssprache* (Frage 13_2g)[19]

Auch hier kurz zusammengefasst: Adverbiales *-e*(*n*) ist grundsätzlich in allen Dialektregionen des Deutschen belegt, der ostmitteldeutsche Raum scheint dabei einen interessanten, auch lexikalisch gesteuerten Interferenzraum zwischen nördlichem Schwa-Erhalt und südlichem Schwa-Verlust zu bilden. Auch *dorte*(*n*) und *heime*(*n*) sind nach den großlandschaftlichen Dialektwörterbüchern grundsätzlich für alle Dialektregionen bezeugt, hier ergibt sich anders als für andere *n*-haltige Derivationsphänomene (vgl. Werth 2021 zu *Muttern* vs. *Mutter* 'Mutter' mit klarer Ost-West-Verteilung) auch kein deutliches Raumbild, wie es manche historischen Wörterbücher mit dem ostmitteldeutschen Raum zu sehen meinen. (Allenfalls das Niederdeutsche könnte hier zur Suffixlosigkeit tendieren, dies müsste durch eine empirische Studie aber abgesichert werden). Damit wird auch deutlich, dass die ostmitteldeutsche Schwerpunktsetzung der arealen Komplexität des Phänomens wohl nur bedingt gerecht wird. Das Gleiche gilt für die vermeintliche Funktionsteilung zwischen *heim* und *heime*, die laut Wörterbüchern nicht überall zu gelten scheint, zumal in thüringischen Regionalsprachen für 'zu Hause' mitunter auch standardkonformes *zu Hause* belegt ist.

19 Abruf unter: https://www.atlas-alltagssprache.de/r13-f2g/?child=runde (letzter Zugriff: 26.03.2025).

3 Anlage der Untersuchung

Im Hinblick auf die Variation zwischen adverbialem *-e(n)* und -Ø wurden die thüringischen Aufnahmen im Korpus „Deutsche Mundarten: DDR" ausgewertet. Das Korpus ist digital zugänglich über die „Datenbank gesprochenes Deutsch (DGD)",[20] dort findet sich auch eine Korpusbeschreibung, auf die hier Bezug genommen wird. Für das Thüringische (nach der korpuseigenen Dialektraumeinteilung, die mir identisch zu der des *Thüringischen Wörterbuchs* zu sein scheint; vgl. ThWb, Bd. 1: XV) umfasst dies 125 Tonaufnahmen von ebenso vielen Sprecher:innen, die zwischen 1960 und 1964 aufgenommen wurden. Ausgewertet wurden hierbei allein die freien bzw. initiierten Erzähl- und Gesprächspassagen, diese dauern pro Aufnahme zwischen ca. 10 und 15 Minuten. Insgesamt 34 Aufnahmen lassen sich dort Varianten der Lexeme *dort* und *heim* identifizieren, die dazugehörigen Orte sind in Abb. 6 kartiert.[21] Wie zu sehen ist, verteilen sich die Belegorte über den gesamten thüringischen Dialektraum inkl. der in der Dialekteinteilung von Wiesinger (1983; hier unterlegt) ausgewiesenen Übergangsgebiete zum Obersächsischen.

Abb. 6: Verteilung der Belegorte für *dort(en)* und *heim(en)*. Unterlegt ist die Dialekteinteilung in Wiesinger (1983)

20 Unter: https://dgd.ids-mannheim.de/dgd/pragdb.dgd_extern.corpora?v_session_id=E233A0451C611C6853323251013436F9&v_doctype=c&v_corpus=DR-- (letzter Zugriff: 17.03.2025).

21 Die Daten und Annotationen sind auf zenodo.org abgelegt unter https://doi.org/10.5281/zenodo.16882183.

Da von den 125 thüringischen Aufnahmen in der DGD bislang nur 26 Aufnahmen normorthografisch transkribiert vorliegen (und damit lexematisch durchsuchbar sind), mussten 99 Aufnahmen manuell auf Formen von *dort* und *heim* abgehört werden. Während sich für *dort(e)* insgesamt nur eine schwache Beleglage vorfinden lässt (s. Abschnitt 4), erbringen die Recherchen für *heim(e)* ausreichend viele Belege, um einen möglichen Einfluss linguistischer und extralinguistischer Faktoren auf die intra- und interindividuelle Variation zwischen *-e* und *-Ø* untersuchen zu können. In Anlehnung an die oben referierte Studie von Fleischer et al. (2018) werden ausgewählte Daten, nämlich all jene im Korpus, bei denen intraindividuelle Sprechervariation oder interindividuelle Ortsvariation zwischen *heim* und *heime* auftritt, nach den folgenden linguistischen und extralinguistischen Parametern klassifiziert:

Lexikalische Bedeutung 'Ort' vs. 'Richtung': Nach der zitierten Literatur in Abschnitt 2 bedeutet *heime* 'zu Hause', *heim* hingegen 'nach Hause'. Die Bedeutung der Beleg wurde, wo möglich, entsprechend annotiert, z. B. in (3) und (4):[22]

(3) und aber ich bin ganz gut heim gekommen. (DR_211-2, Teuchern) 'nach Hause'
(4) und ich hatte ja glücke, mein mann war nicht heim. (DR_211-2, Teuchern) 'zu Hause'

Funktion des Adverbs „adverbial", „attributiv" oder „prädikativ" (vgl. Albers 2022: 125):

(5) na nun bin ich wieder glücklich heime gekommen. (DR_389-5, Unstruttal) ⟶ adverbial
(6) ich war aber heime und hatte mich hingesetzt. (DR_398-3, Etzleben) ⟶ prädikativ
(7) da haben wir von der mutter heime die eier geklaut. (DR_423-1, Nikolausrieth) ⟶ attributiv

Sandhi: Führt *-e* [ə] zu einer (hier schwachen) Hiatbildung mit dem vokalischen Anlaut des darauffolgenden Wortes (8) oder liegt kein Hiat vor (9)? Mit Fleischer et al. (2018: 66) ist zu erwarten, dass *-e* und damit (Hiatusbildung) bei vokalischem Anlaut vermieden wird.

(8) na, da habe ich dann heeme angefangen, habe ich den zaun auseinandergenommen. (DR_211-3, Teuchern) ⟶ Hiat
(9) da haben wir von der mutter heime die eier geklaut. (DR_423-1, Nikolausrieth) ⟶ kein Hiat

22 Die Belege werden hier und im Folgenden mit Sprechersigle und Herkunftsort der Gewährsperson angegeben, wie sie im DDR-Korpus verzeichnet sind. Die Schreibung ist jeweils an die Lautung angepasst, aus Gründen der besseren Lesbarkeit wird auf eine phonetische Umschrift mittels IPA verzichtet.

Stress clash: Führt *-e* (unbetonte Schwa-Silbe) zu einer Vermeidung der wortübergreifenden Adjazenz zweier betonter Silben (10) oder nicht (11)? Zu erwarten ist, dass *-e* überzufällig häufig dort verwendet wird, wo damit stress clash vermieden werden kann (vgl. Fleischer et al. 2018: 68).

(10) wie mer heime fuhren. (DR_444-2, Windehausen) ⟶ stress clash
(11) dann wären wir erst um nine heime gekommen. (DR_444-2, Windehausen) ⟶ kein stress clash

Serialisierung „Vorfeld", „Mittelfeld", „Nachfeld": Nach den Resultaten in Fleischer et al. (2018) gibt es für *-e* vs. -Ø lexembedingt eine Präferenz für bestimmte topologische Felder.[23]

(12) daheim ham wir sie auseinandergenommen. (DR_384-1, Leinefelde-Worbis) ⟶ Vorfeld
(13) und fritzchen ist nach heim gekommen. (DR_254-1, Rottleberode) ⟶ Mittelfeld
(14) und dann nehme ich das mit heim. (DR_211-3, Teuchern) ⟶ Nachfeld

IP-Grenze: Liegt *heim(e)* an einer IP-Grenze oder nicht? Nach Fleischer et al. (2018: 71) sind Effekte dahingehend zu erwarten, dass *-e* an IP-Grenzen überzufällig häufig verwendet wird.[24]

(15) gehst du lieber mit der heim. da ist der weg nicht so weit. (DR_229-2, Nebra) ⟶ IP-Grenze
(16) da will keiner heime gehen. (DR_399-1, Großenehrich) ⟶ keine IP-Grenze

(*da-*)Fußstruktur: *heim* wird in den Daten mitunter kompositionell als *daheim(e)* realisiert (17). Dies führt zu einer Verschiebung der Akzentstruktur, der Hauptakzent liegt nun nicht mehr auf *héim*, sondern auf *da* (*dáheim*).[25] Fleischer et al. (2018: 72) untersuchen eine ähnliche Akzentverschiebung für *gérn* vs. *úngern* und stellen fest, dass *-e* häufiger auftritt, wenn der Akzent nicht verschoben wird (*gérne*).

(17) will wollten auch nicht daheem fahren. (DR_440-1, Nobitz)

---

23 Fleischer et al. (2018) unterscheiden neben Vor-, Mittel- und Nachfeld auch verschiedene Positionen im Mittelfeld und können hierfür schwache Effekte für *-e* vs. -Ø nachweisen. Mangels ausreichend vieler Daten wird auf eine Binnenunterteilung des Mittelfeldes hier verzichtet.

24 Fleischer et al. (2018: 70–72) untersuchen das Auftreten von *-e* auch an anderen Grenzen (z. B. Satzgrenzen). Auf eine solche Einteilung wird hier ebenfalls verzichtet.

25 Wobei Variation zwischen *dáheim* und *dahéim* nicht ausgeschlossen ist und im Einzelfall ohrenphonetisch oder gar mit akustischen Messungen überprüft werden müsste. Mindestens mal ist *da* hier aber nebenbetont und stärker betont als die qua definitionem unbetonte Schwasilbe.

Prosodischer Parallelismus: Wiese/Speyer (2015) finden im Deutschen eine Tendenz zu Trochäen, wenn das vorangehende Wort selbst einen Trochäus bildet. Sie bezeichnen dieses Phänomen als prosodischen Parallelismus. Da *-e* im Vergleich zu -Ø trochäische Strukturen hervorbringt, wäre zu erwarten, dass *heime* häufiger nach Trochäen verwendet wird (18) und *heim* häufiger nach Wörtern mit anderen Fußstrukturen (19).

(18) als ich nachts um zwölfe heime kam. (DR_389-2, Unstruttal) ⟶ prosod. Parallelismus

(19) kommt erst spät heime. (DR_389-4, Unstruttal) ⟶ kein prosod. Parallelismus

Als mögliche extralinguistische Einflussfaktoren wurden zudem das Geschlecht (in den Metadaten hinterlegt: männlich oder weiblich) und das damalige Alter der Gewährspersonen berücksichtigt.[26] Zum Geschlecht liegen inzwischen dialektübergreifende Befunde vor, nach denen Frauen in der Tendenz standardnäher sprechen als Männer (vgl. Bülow i. E.). Demnach wäre für Frauen hier eher standardkonformes *heim* als regionalsprachliches *heime* zu erwarten. Ähnlich zielt auch die Berücksichtigung der Variable Alter auf standardkonformes Sprechen ab, jüngere Gewährspersonen sollten in den Daten demnach stärker zu -Ø tendieren als ältere.[27]

4 Ergebnisse

Die Recherche ergibt 93 Belege für *dort(e)* (die Bedeutung des ferndeiktischen Lokaladverbs *dort* wird in den Dialekten häufig durch *da* ausgedrückt) und 389 Belege für *heim(e)*.[28] Von den 93 *dort*-Belegen werden nur vier mit *-e* realisiert, *-en-* oder *-ene*-Formen, wie sie noch im *Thüringischen Wörterbuch* verzeichnet sind (wenn auch mit der Angabe „selten"), kommen im Belegmaterial überhaupt nicht vor. Die areale Verteilung

26 Für die Annotation bzw. statistische Auswertung habe ich hierfür, beginnend bei null, Alterskohorten in Zwanzigjahresschritten gebildet.

27 Im DDR-Korpus ist zudem die Sprechlage der Gewährspersonen klassifiziert (von „Dialekt" bis „Standardsprache"). Mein Eindruck ist allerdings, dass diese Einteilung nur bedingt valide ist und durch empirische Studien überprüft werden müsste. Die Sprechlage der Gewährspersonen ist hier deshalb nicht mit in die Auswertung aufgenommen worden.

28 Im Westen des Thüringischen wird *heim* häufig monophthongisch realisiert, im Osten (inkl. Übergangsgebiet zum Obersächsischen) gelten diphthongische Formen (vgl. z. B. DSA-Karte 204: *heim*). Aufgrund der doch recht klaren arealen lautlichen Verteilung, die lexem- und wortartenübergreifend funktioniert und damit nichts mit adverbialem *-e* zu tun hat, wird auf eine Berücksichtigung dieser Variable für die Auswertungen verzichtet.

für *dort(e)* zeigt sich in Abb. 7, eine areale Clusterbildung für *-e* ist bei überhaupt nur vier Belegen nicht zu erwarten und zeigt sich im Kartenbild auch nicht.

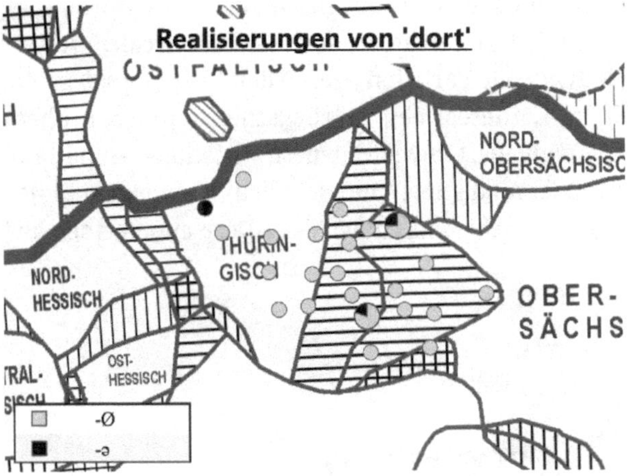

Abb. 7: Areale Verteilung für *dort(e)* im Thüringischen. Die Größe der Torten repräsentiert die Anzahl der Gesamtbelege für *dort(e)* pro Ort, unterlegt ist ein Ausschnitt der Dialekteinteilungskarte in Wiesinger (1983)

Ergiebiger ist die Beleglage für *heim(e)*, 184 Belege für *-e* stehen hier 205 Belegen für -Ø gegenüber. In Abb. 8 lässt sich auch hier kein klares Raumbild erkennen, wohl aber eine leichte areale Schwerpunktbildung für *-e* im Nordthüringischen. Selbige zeichnete sich ja auch bereits durch die DSA-Karte *heime(n)* ab (s. Abb. 4).

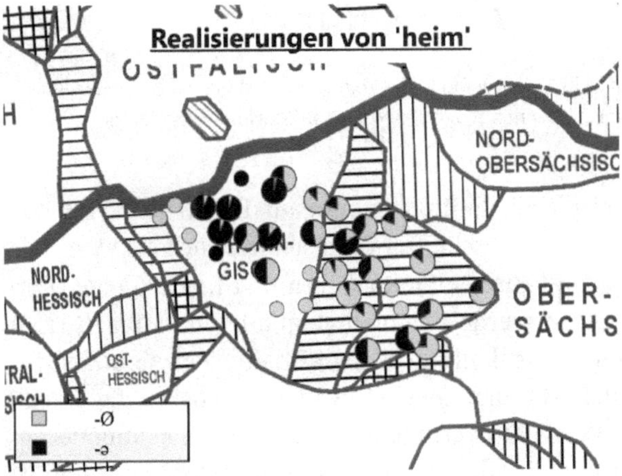

Abb. 8: Areale Verteilung für *heim*(e) im Thüringischen. Die Größe der Torten repräsentiert die Anzahl der Gesamtbelege für *heim*(e) pro Ort

Die Tortendiagramme in Abb. 8 bilden die Variation zwischen *-e* und *-Ø* über alle Gewährspersonen an einem Erhebungsort ab, in Abb. 9 hingegen ist die intraindividuelle Sprechervariation verzeichnet. Die Karte liest sich so, dass sich Kreise in horizontaler Reihung auf die unterschiedlichen Gewährspersonen am gleichen Erhebungsort beziehen, intraindividuelle Variation wird dadurch sichtbar, auch in ihrer arealen Verteilung. Es zeigt sich hier, dass intraindividuelle Variation eher in den Übergangsgebieten zum Obersächsischen auftritt als im Kernareal des Thüringischen, wo, wenn überhaupt, die Variation stärker interindividuell ist. Inwiefern diese Variationsbefunde auf einen sich vollziehenden Sprachwandel hindeuten, muss letztlich offenbleiben, in jedem Fall zeigt sich aber, dass das Thüringische hinsichtlich der *e*-Derivation keinen homogenen Sprachraum bildet.

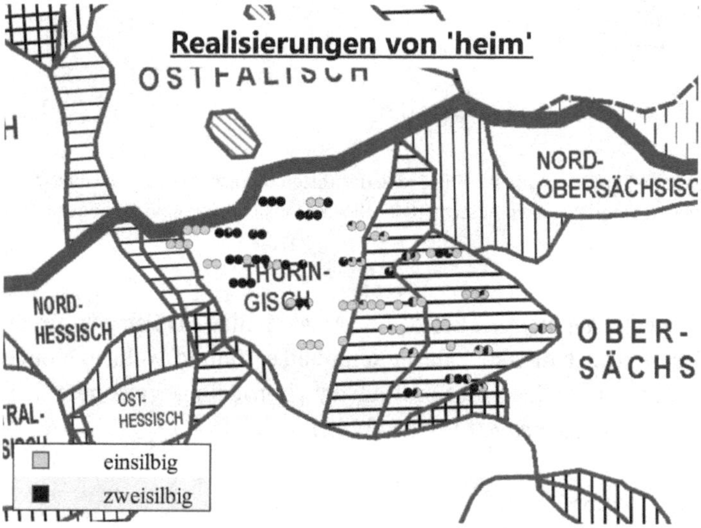

Abb. 9: Intra- und interindividuelle Variation für *heim(e)*. Die Kreise repräsentieren hier einzelne Gewährspersonen, die horizontale Reihung der Kreise bezieht sich auf die Menge an Gewährspersonen pro Ort

Widmen wir uns damit nun den möglichen Einflussfaktoren auf die intra- und interindividuelle Variation, wie sie nach den in Abschnitt 3 vorgestellten Variablen von mir annotiert wurde. Um statistisch signifikante Einflussfaktoren und Interaktionen zwischen diesen Faktoren zu identifizieren, wurde ein Conditional Inference Tree (C-Tree) berechnet. Abb. 10 präsentiert die Baumstruktur mit allen Aufspaltungen, die auf einem Niveau von $p<0.05$ signifikant sind. Die grauen Anteile („ja") repräsentieren die Anteile für *-e*, die schwarzen („nein") für *-Ø*. Die Auswertung zeigt, dass von allen annotierten Variablen nur zwei einen signifikanten Einfluss auf die Variation zwischen *-e* und *-Ø* haben. Diese interagieren zudem miteinander. Die erste und damit relevanteste Aufteilung ergibt sich für die Variable „Bedeutung". So ist *heime* in den Daten statistisch hoch signifikant belegt, wenn das Lexem mit der Bedeutung 'zu Hause' verwendet wird. Die Bedeutung 'nach Hause' hingegen evoziert eine Präferenz für -Ø. Wie gesagt, es handelt sich dabei jeweils um Tendenzen, für die es im Korpus immer auch entsprechende Gegenbeispiele gibt: vgl. z. B. Bsp. (19) für 'nach Hause' mit *-e* und Bsp. (12) mit -Ø für 'zu Hause'. So weist mit Finne (Lossa) im Übergangsgebiet vom Thüringischen zum Obersächsischen überhaupt nur einer der Erhebungsorte eine Verteilung von -e vs. -Ø auf, wie sie sich durch die Bedeutungsunterscheidung von 'nach Hause' und 'zu Hause' vollständig erschließen würde. Für alle anderen Erhebungsorte wird in den Daten morphologisch zumindest nicht vollständig zwischen den Bedeutungen differenziert.

Ein nachfolgender untergeordneter Knoten im C-Tree weist zudem aus, dass *heim(e)* 'zu Hause' sensitiv ist für prosodischen Parallelismus, indem *-e* häufiger dann gebraucht wird, wenn dem Wort ein trochäisches Wort vorangeht. Alle anderen getesteten Variablen stellen sich in der statistischen Auswertung als nicht signifikant im Hinblick auf die Variation zwischen *-e* und -Ø heraus.

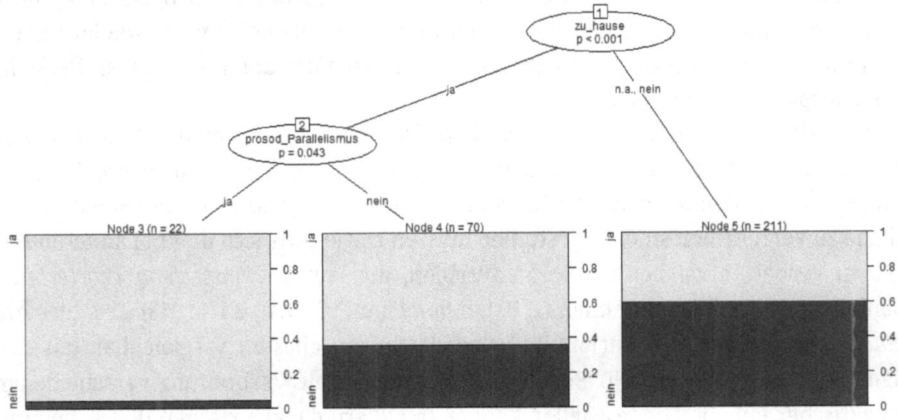

Abb. 10: Conditional Inference Tree der Variation zwischen *heim* und *heime*

Blicken wir abschließend noch auf den C-Wert der statistischen Berechnung, der die Anpassungsgüte des Modells darstellt. Er liegt hier bei 0,63, was nach der Einteilung in Hosmer/Lemeshow (2000: 162) zwischen den Kategorien „no discrimination" (C=0.5) und „acceptable discrimination" (0.7 ⋜ C ⋝ 0.8) liegt. Mit anderen Worten: Die im Modell berücksichtigten unabhängigen Variablen erklären uns die Variation zwischen *-e* und -Ø in den analysierten Daten insgesamt nur schwach, ein Großteil der Variation ist aus dem Modell heraus nicht erklärbar und deutet damit auf freie Variation hin. Dies ist insofern auch erstaunlich, als wir für das statistische Modell doch recht viele

Variablen berücksichtigt haben, die nach Forschungslage die Variation hätten beeinflussen können.

5 Einordnung der Befunde und Ausblick

Es sollte deutlich geworden sein, dass wir es bei der Adverbialderivation mit *-e(n)* mit einem hochgradig variablen Phänomen zu tun haben. Dies gilt für die thüringischen Dialekte und die Sprachgeschichte, vermutlich aber auch für andere Dialekträume und für die rezente Schriftsprache des Deutschen. Variation spiegelt sich in den Daten zuvorderst in der Lexik wider, *dort* weist im Thüringischen fast keine Suffigierung auf, *heim* hingegen suffigiert im Raum recht stark, was nach den Befunden mit der identifizierten Bedeutungsunterscheidung in Verbindung steht: *-e* vs. -Ø wurde hier hinsichtlich Orts- und Richtungsangabe semantisch funktionalisiert, was aber natürlich nur eine einzellexikalische Funktionalisierung sein kann und spätestens bei Temporaladverbien dann auch nicht mehr trägt. Bezogen auf den gesamten thüringischen Sprachraum ist die Funktionalisierung aber als schwach zu bezeichnen, immer wieder finden sich in den Daten auch Gegenbelege, was Fragen nach der kommunikativen Verstehbarkeit des Phänomens aufwirft.

Dass sich nach den Angaben im *Thüringischen Wörterbuch* und durch die entsprechenden Karten des DSA das Nordthüringische als besonders *e*-freundlich erweist, zeigt sich für *heime* in den Daten ebenfalls, wenn hier auch eher graduelle denn kategorische Effekte zu verzeichnen sind. Folgestudien müssen zeigen, wie sich dies bei anderen Adverbien verhält, etwa bei Temporaladverbien, die laut *Thüringischem Wörterbuch* ebenfalls mit *-e* auftreten können (z. B. bei *nune* 'nun'; ThWb, Bd. 4: 913). Das hier für *heim*/*heime* identifizierte Kartenbild ist vielleicht am ehesten vergleichbar mit der „schiefen Ebene", wie sie z. B. Seiler (2005) für die areale Verbreitung verschiedener syntaktischer Phänomene feststellen konnte. Inwiefern dabei zwischen DSA-Erhebung Ende des 19. Jahrhunderts und DDR-Erhebung um 1960 Diffusion von *-e* im Raum vorliegt, muss allerdings offenbleiben, ebenso, inwiefern es einen ortsbezogenen Zusammenhang zwischen wortartenübergreifend durchgeführter Apokope und *e*-Verlust bei Adverbien gibt. Was sich anhand der Befunde aber sicher sagen lässt ist, dass die *n*-haltigen Formen *-en* und *-ene*, wie sie historisch für die thüringischen Dialekte noch bezeugt sind, im DDR-Material fürs Thüringische überhaupt nicht mehr verwendet werden. Hier hat also ein Sprachwandel stattgefunden, dessen Abbaustadien und Abbaumotive in Folgestudien aber noch genauer untersucht werden müssten, diachron, diatopisch und möglicherweise auch diastratisch.

Abschließend möchte ich die oben (Abschnitt 2.1) von Adelung formulierte und von Fleischer et al. (2018) empirisch überprüfte Idee wieder aufgreifen, der zufolge die Adverbialderivation mit *-e(n)* auch aus Gründen prosodisch-phonologischer Wohlgeformtheit erfolgen kann. Wird die Opposition zwischen -Ø und *-e* bis in mhd. Zeit noch zur

Wortartenunterscheidung genutzt (s. noch mit gegenwartssprachlichem Bezug die Anmerkung im Zweifelsfall-Duden zu *lang*/*lange* in Abschnitt 2.1), wird die Variation in der Wortbildung nun zumindest im hier untersuchten Thüringischen frei für den Ausdruck anderer kommunikativer Bedürfnisse, etwa dem hier identifizierten Ausdruck von Rhythmus (prosodischer Parallelismus). Der hohe Anteil an (vermeintlich) freier Variation bleibt davon unberührt und gilt es in Folgestudien weiter zu überprüfen. Die vorliegende Studie wollte hierzu für die Dialekte einen ersten Impuls liefern.

6 Literatur

AdA = Atlas zur deutschen Alltagssprache. Hrsg. v. Elspaß, Stephan, Robert Möller, 2003ff., www.atlas-alltagssprache.de (letzter Zugriff: 12.06.2025).

Adelung = Grammatisch-kritisches Wörterbuch der Hochdeutschen Mundarten. 4 Bde. Hrsg. v. Adelung, Johann Christoph. Wien: Bauer, 1793–1801.

Albers, Marius (2022): Prenominal adverbs in German? The cases of *auf* and *zu*. In: Duplâtre, Olivier/Modicom, Pierre-Yves (Hrsg.): Adverbs and Adverbials. Categorial Issues. Berlin/Boston: de Gruyter, 109–133.

Badisches Wörterbuch. 5 Bde. Hrsg. v. Müller, Karl Friedrich et al. München: Oldenbourg, 1940–2012.

Barteld, Fabian (2015): On the distinction between adverbs and adjectives in Middle High German. In: Pittner, Karin/Elsner, Daniela/Barteld, Fabian (Hrsg.): Adverbs. Functional and diachronic aspects. Amsterdam/Philadelphia: Benjamins, 157–177.

Bayerisches Wörterbuch. 4 Bde. Hrsg. v. Kommission für Mundartforschung. München: Oldenbourg, 1995–2024.

Becker, Karl Ferdinand ([1824]1990): Die deutsche Wortbildung. Hildesheim et al.: Olms.

Blatz, Ferdinand ([1895]1970): Neuhochdeutsche Grammatik mit Berücksichtigung der historischen Entwicklung der deutschen Sprache. Bd. 1. Neudruck. Hildesheim/New York: Olms.

Brandenburg-Berlinisches Wörterbuch. 4 Bde. Hrsg. v. Sächsische Akademie der Wissenschaften zu Leipzig, Sprachwissenschaftliche Kommission. Berlin: Akademie Verlag, 1976–2001.

Braune, Wilhelm/Heidermanns, Frank (2004): Gotische Grammatik. 20. Aufl. Berlin/Boston: de Gruyter.

Braune, Wilhelm/Heidermanns, Frank (2023): Althochdeutsche Grammatik. Bd. 1. Laut- und Formenlehre. 17. Aufl. Berlin/Boston: de Gruyter.

Bülow, Lars: Gender und sprachliche Variation. Ein Forschungsüberblick zu den Dialekten Österreichs. In: Schamberger-Hirt, Andrea/Erhard, Felicitas/Schnabel, Michael/Schwab, Vincenz (Hrsg.): 200 Jahre Dialektologie. Forschungsstand und Auftrag. Regensburg: vulpes. [im Erscheinen]

Duden (2016): Die Grammatik. 9. Aufl. Berlin: Dudenverlag.

DWb = Deutsches Wörterbuch. 33 Bde. Hrsg. v. Grimm, Jacob/Grimm, Wilhelm. Nachdruck München: Dt. Taschenbuch-Verl, 1984 [1854–1971].

^{2}DWb = Deutsches Wörterbuch. 2. Aufl. Hrsg. v. Berlin-Brandenburgische Akademie der Wissenschaften/Akademie der Wissenschaften zu Göttingen. Hirzel: Stuttgart, 1965–2016.

Engelien, August ([1892]1902): Grammatik der neuhochdeutschen Sprache. 5. Aufl. Berlin: Schultze.

Fischer, Hanna (2024): Von der Flexion in die Wortbildung und darüber hinaus. Zur diachronen Entwicklung des *s*-Suffixes im Deutschen. In: Zeitschrift für germanistische Linguistik 52 (2), 257–286.

Fleischer, Jürg et al. (2018): Variation and its determinants: A corpus-based study of German schwa in the letters of Goethe. In: Zeitschrift für Sprachwissenschaft 37 (1), 55–81.

Frank, Julius (1898): Die Frankenhäuser Mundart. Halle a. S.: Karras.

Gallée, Johann Hendrik (1993): Altsächsische Grammatik. 3. Aufl. Tübingen: Niemeyer.

Grimm, Jacob ([1890]1989): Deutsche Grammatik. Bd. 3. Hildesheim u. a.: Olms. Nachdruck.
Harnisch, Rüdiger (1998): Prozesse der Optimierung von Form-Funktion-Beziehungen. Disambiguierung bei den lokalen Wortarten des Deutschen. In: ZAS Papers in Linguistics 13, 67–78.
Harnisch, Rüdiger (2017): Räumliche Ausdrücke in osthochdeutschen Dialekten – morphosemantisch, syntaktisch, textfunktionell. In: Lenz, Alexandra N. et al. (Hrsg.): Bayerisch-österreichische Varietäten zu Beginn des 21. Jahrhunderts – Dynamik, Struktur, Funktion. Stuttgart: Steiner, 33–58.
Heinle, Eva-Maria (2004): Diachronische Wortbildung unter syntaktischem Aspekt. Das Adverb. Winter: Heidelberg.
Hennig = Sprachliche Zweifelsfälle. Das Wörterbuch für richtiges und gutes Deutsch. Hrsg. v. Hennig, Mathilde. 9. Aufl. Berlin: Dudenverlag, 2021.
Henzen, Walter (1965): Deutsche Wortbildung. 3. Aufl. Tübingen: Niemeyer.
Hessen-Nassauisches Volkswörterbuch. 4 Bde. Hrsg. v. Berthold, Luise et al. Marburg: Elwert, 1943–2015.
Heyse, Johann Christoph August (1833): Handwörterbuch der deutschen Sprache. 4 Bde. Magdeburg: Heinrichshofen.
Heyse, Johann Christoph August/Lyon, Otto ([1814]1893): Deutsche Grammatik oder Lehrbuch der deutschen Sprache. 25. Aufl. Hannover/Leipzig: Hahnsche Buchhandlung.
Hochdeutsch-plattdeutsches Wörterbuch. Auf der Grundlage ostfriesischer Mundart. 12 Bde. Hrsg. v. Buurman, Otto. Neumünster: Wachholtz, [1962–1975]1993. Neudruck.
Hosmer, David W./Lemeshow, Stanley (2000): Applied logistic regression. 2. Aufl. New York u. a.: Wiley.
Hucke, Herman (1961): Thüringischer Dialektatlas. Lieferung 1 (Textteil). Berlin: Akademie Verlag.
Kehrein, Joseph ([1854]2004): Grammatik der deutschen Sprache des fünfzehnten bis siebenzehnten Jahrhunderts. Hildesheim et al.: Olms, Neudruck.
Kürsten, Otto/Krämer, Walter (1935): Von der Mundart zur Hochsprache. Sprachkunde und Sprachlehre für Thüringer und Sachsen. Erfurt: Stenger.
Lindgren, Kaj B. (1953): Die Apokope des mhd. -e in seinen verschiedenen Funktionen. Helsinki: Finnische Literaturgesellschaft.
Luxemburger Wörterbuch. 5 Bde. Hrsg. v. Ludovicy, Ernest Luxemburg: Linden, 1954–1977.
Mausser, Otto (1933): Mittelhochdeutsche Grammatik auf vergleichender Grundlage. München: Max Hueber.
Mecklenburgisches Wörterbuch. 7 Bde. Hrsg. v. Sächsische Akademie der Wissenschaften zu Leipzig. Neumünster: Wachholtz, 1942–1992.
Mittelelbisches Wörterbuch. 2 Bde. Hrsg. v. Kettmann, Gerhard. Berlin: Akademie Verlag, 2002–2008.
Niederhessisches Wörterbuch. Hrsg. v. Hofmann, Fritz. Marburg: Elwert, 1926.
Niedersächsisches Wörterbuch. 10 Bde. Hrsg. v. Busch, Albert. Neumünster: Wachholtz, 1965–2021.
Paul, Hermann (1959): Deutsche Grammatik. Bd. 3. 5. Aufl. Halle (Saale): Niemeyer.
Pfälzisches Wörterbuch. 6 Bde. Hrsg. v. Akademie der Wissenschaften und der Literatur, Mainz. Stuttgart: Steiner, 1965–1997.
Preußisches Wörterbuch. 6 Bde. Hrsg. v. Akademie der Wissenschaften und der Literatur, Mainz. Neumünster: Wachholtz, 1974–2005.
Rheinisches Wörterbuch. 9 Bde. Hrsg. v. Müller, Josef/Dittmaier, Heinrich/Franck, Johannes. Bonn: Klopp, 1928–1971.
Sanders = Wörterbuch der deutschen Sprache. 3 Bde. Hrsg. v. Sanders, Daniel. Leipzig: Wigand, 1860–1865.
Schleswig-Holsteinisches Wörterbuch. 5 Bde. Hrsg. v. Klose, Olaf. Walluf: Sändig, 1973–1983.
Schmeller = Bayerisches Wörterbuch. 2 Bde. Hrsg. v. Schmeller, Johann Andreas. Nachdruck der 2. Ausg.. München: Oldenbourg, [1872–1877] 1985.
Schötensack, Heinrich August ([1856]1976): Grammatik der neuhochdeutschen Sprache. Hildesheim/New York: Olms. Neudruck.
Schwäbisches Wörterbuch. 6 Bde. Hrsg. v. Fischer, Hermann/Keller, Adelbert von/Pfleiderer, Wilhelm. Tübingen: Laupp, 1904–1936.

Schweizerisches Idiotikon. 16 Bde. Hrsg. v. Staub, Friedrich et al. Frauenfeld: Huber, 1881–2012.
Seiler, Guido (2005): Wie verlaufen syntaktische Isoglossen und welche Konsequenzen sind daraus zu ziehen? In: Eggers, Eckhard/Schmidt, Jürgen Erich/Stellmacher, Dieter (Hrsg.): Moderne Dialekte – Neue Dialektologie. Stuttgart: Steiner, 313–341.
Spangenberg, Karl (1998): Die Umgangssprache im Freistaat Thüringen und im Südwesten des Landes Sachsen-Anhalt. Rudolstadt/Jena: Hain.
Sudetendeutsches Wörterbuch. 6 Bde. Hrsg. v. Engels, Heinz/Schwarz, Ernst. München: Oldenbourg, 1973–1983.
SüdhWb = Südhessisches Wörterbuch. 6 Bde. Hrsg. v. Mulch, Roland/Stroh, Friedrich/Mulch, Rudolf. Marburg: Elwert, 1968–2010.
Thüringisches Wörterbuch. 6 Bde. Hrsg. v. Sächsische Akademie der Wissenschaften zu Leipzig, Sprachwissenschaftliche Kommission. Berlin: Akademie Verlag, 1966–2006.
Trübner = Trübners Deutsches Wörterbuch. 8 Bde. Hrsg. v. Mitzka, Walther et al. Berlin: de Gruyter, 1939–1957.
Vorarlbergisches Wörterbuch. 2 Bde. Hrsg. v. Österreichische Akademie der Wissenschaften Wien: Holzhausen, 1960–1965.
Weigand, Friedrich Ludwig Karl (1910): Deutsches Wörterbuch. 2 Bde. 5. Aufl. Gießen: Töpelmann.
Weinhold, Karl (1877): Mittelhochdeutsche Grammatik. Paderborn: Schöningh.
Werth, Alexander (2021): Morphologie und Semantik der n-Erweiterung bei *Muttern* und *Vatern* im Deutschen. In: Zeitschrift für Wortbildung/Journal of Word Formation 1, 2021, 37–77.
Westfälisches Wörterbuch. 5 Bde. Hrsg. v. Kommission für Mundart- und Namenforschung des Landschaftsverbandes Westfalen-Lippe. Neumünster: Wachholtz, 1969–2021.
Wiese, Richard/Speyer, Augustin (2015): Prosodic parallelism explaining morphophonological variation in German. In: Linguistics 53 (3), 525–559.
Wiesinger, Peter (1983): Die Einteilung der deutschen Dialekte. In: Besch, Werner et al. (Hrsg.): Dialektologie. Ein Handbuch zur deutschen und allgemeinen Dialektforschung. Zweiter Halbband. Berlin/New York: de Gruyter, 807–900.
Wilmanns, Wilhelm (1899): Deutsche Grammatik. Zweite Abteilung: Wortbildung. Straßburg: Trübner, 1899.
Wörterbuch der elsässischen Mundarten. 2 Bde. Hrsg. v. Martin, Ernst/Lienhart, Hans. Straßburg: Trübner, 1899–1907.
Wörterbuch der obersächsischen Mundarten. 4 Bde. Hrsg. v. Bergmann, Gunter/Frings, Theodor/Grosse, Rudolf. Berlin: Akademie Verlag, 1994–2003.
Wörterbuch der obersächsischen und erzgebirgischen Mundarten. 2 Bde. Hrsg. v. Müller-Fraureuth, Karl Dresden: Baensch, 1911–1914.

Kolibri 360 GmbH
Ferdinand-Jühlke-Straße 7
99095 Erfurt, Deutschland
produktsicherheit@kolibri360.de